DICTIO... D
RESTAU...

3200 articles pour entrer
dans le monde de la gastronomie

par Bernard GALLIOT

Le plaisir de la table est de tous les âges, de toutes les conditions, de tous les pays et de tous les jours ; il peut s'associer à tous les autres plaisirs, et reste le dernier pour nous consoler de leur perte.

J.A. Brillat-Savarin
Physiologie du goût

38, rue Mozart - 92110 Clichy - Tél. 01 41 40 81 40

Collection DICTIONNAIRE DE...

- DICTIONNAIRE DE LA DÉGUSTATION DES VINS, par É. Glatre (parution 2006)
- DICTIONNAIRE DE LA PÂTISSERIE, par É. Glatre (parution 2007)
- DICTIONNAIRE DE LA VIANDE, par É. Glatre (parution 2007)
- DICTIONNAIRE DE LA CUISINE, par É. Glatre (parution 2009)
- DICTIONNAIRE D'HÉBERGEMENT, par H. Enhart et H-C. Bayol (parution 2009)
- DICTIONNAIRE DE MARKETING, par J-J. Carriou (parution 2005)
- DICTIONNAIRE DE GESTION, par J-P. Barret et É. Le Bouvier (parution 2007)

Collection ENSEIGNEMENT – FORMATION
RESTAURATION – HÔTELLERIE

- LA CUISINE DE RÉFÉRENCE, Techniques et préparations de base et Fiches techniques de fabrication - version complète, par M. Maincent (parution 1993 ; mise à jour 2002)
- LA CUISINE DE RÉFÉRENCE, Fiches techniques de fabrication, par M. Maincent (parution 2003)
- CUISINE DE RÉFÉRENCE, Préparations et techniques de base et Fiches techniques de fabrication - en un volume, par M. Maincent (parution 1993)
- LA CUISINE EXPLIQUÉE, par G. Charles (parution 2009)
- TECHNO CULINAIRE Bac Pro 3 ans, par M. Maincent et R. Labat (parution 2009)
- TECHNOLOGIE CULINAIRE, par M. Maincent (parution 1995)
- TRAVAUX PRATIQUES DE CUISINE, Fiches techniques de fabrication, par M. Maincent (parution 1984)
- PRACTICAL KITCHEN WORK, The basic arts of cooking, par M. Maincent, traduction M. Anker (parution 1988)
- AIDE-MÉMOIRE DE L'APPRENTI CUISINIER, par R. Labat (parution 1993 ; mise à jour 1999)
- AIDE-MÉMOIRE DES CUISINES EUROPÉENNES ET DES CUISINES RÉGIONALES FRANÇAISES, par R. Labat (parution 2006)
- AIDE-MÉMOIRE DE LA GASTRONOMIE EN FRANCE, par K. Stengel (parution 2006)
- COMPRENDRE LA CUISINE POUR MIEUX LA MAÎTRISER, par D. Béhague (parution 1991)
- BONS GESTES EN RESTAURATION, par M. Brunet (parution 2006)
- LA TECHNOLOGIE APPLIQUÉE EN CUISINE, par D. Béhague (parution 2001)
- MODULES DE TECHNOLOGIE CULINAIRE – en deux tomes + Fiches d'évaluation, par M. Faraguna et M. Muschert
  Tome 1 : Les produits. Versions professeur et élève (parution 2001 ; mise à jour 2006)
  Tome 2 : Versions professeur et élève (parution 2002)
- LA CUISINE DE COLLECTIVITÉ, par M. Grossmann et A. Le franc (parution 2006)
- MODULES DE TECHNOLOGIE RESTAURANT - BEP/CAP - en deux tomes, par I. Saujot, M. Strauss et M. Muschert
  Tome 1. Versions professeur et élève (parution 2005)
  Tome 2. Versions professeur et élève (parution 2006)
- CULTURE ET CONNAISSANCE CULINAIRE - en deux tomes, par S. Ollivier
  Bac Techno Hôtellerie Snd (parution 2002)
  Bac Techno Hôtellerie 1ère (parution 2003)
- SAVOIRS ET TECHNIQUES DE RESTAURANT - en deux tomes, par C. Ferret
  Tome 1 : Un savoir professionnel pour un service de qualité (parution 2003)
  Tome 2 : Organisation et technologie professionnelles (parution 2002)
- TP RESTAURANT, par C. Ferret (parution 2003)
- CONNAISSANCE DES PRODUITS EN RESTAURATION, par C. Ferret et J-M. Framery (parution 1999 ; mise à jour 2003)
- PRODUITS DE RESTAURANT, Fiches d'exercices, par P. Boileau, D. Gautier, M. Grosgeorge et D. Herry (parution 2000)
- TRAVAUX PRATIQUES DE RESTAURANT – en deux tomes, par T. Boulicot et D. Jeuffrault (tome 1) (parution 1987 et 1988)
- FORMATION EN RESTAURATION, par A. Chevais, J. Coadic et R. Ortuño (parution 2010)
- SERVICE ET COMMERCIALISATION, par C. Nadiras et I. Boussange (parution 2009)
- LE VIN ET LES VINS AU RESTAURANT, par P. Brunet (parution 1999 ; mise à jour 2010)
- LE VIN ET LES VINS ÉTRANGERS, par P. Brunet (parution 1987 ; mise à jour 2004)
- VINS ET AUTRES BOISSONS - BEP/CAP, par P. Brunet (parution 2008)

© Editions BPI 2011 - ISBN : 978-2-85708-477-8

Tous droits de traduction, d'adaptation et de reproduction par tous procédés réservés pour tous pays.

« Le code de la propriété intellectuelle et artistique n'autorisant, aux termes des alinéas 2 et 3 de l'article L.122.5, d'une part, que les « copies ou reproductions strictement réservées à l'usage privé du copiste et non destinées à une utilisation collective » et, d'autre part, que les analyses et les courtes citations dans un but d'exemple et d'illustration, « toute représentation ou reproduction intégrale, ou partielle, faite sans le consentement de l'auteur ou de ses ayants droit ou ayants cause, est illicite » (alinéa 1er de l'article L.122-4). « Cette représentation ou reproduction, par quelque procédé que ce soit, constituerait donc une contrefaçon sanctionnée par les articles 425 et suivants du Code pénal. »

Préface

L'art de la table regroupe des champs de compétences si divers qu'il serait vain de vouloir tous les englober dans le détail. Pas de panique! Désormais « Le Petit Galliot » est là pour palier à nos moindres lacunes : déterminer la différence entre le Bleu de Gex et le Bleu de Germignon, connaître la composition du Gin Fizz ou de tout autre cocktail, la différence entre la salade Manon et la salade Lorette, se remémorer les Grands Crus bordelais inscrit au classement de 1855, la date de naissance d'Alain Ducasse ou nous rappeler qu'un nabuchodonosor équivaut à 20 bouteilles, c'est-à-dire à 15 litres…

Outre ces données qui éclaireront le novice comme l'amateur de cuisine, ce dictionnaire de la restauration, écrit avec passion par Bernard Galliot, comporte également des informations techniques précieuses comme la composition physico-chimique des eaux minérales, la coupe géologique de différents terroirs, la description de la cryoextraction sélective voire même des informations légales sur la législation actuelle du tabac ou la définition de nébuleux acronymes utilisés dans le secteur alimentaire.

Mais l'amoureuse des mots que je suis a également déniché dans ces pages quelques perles rares. Il faut picorer avec gourmandise ce dictionnaire professionnel pour découvrir, comme au début du 19ème siècle dans la bibliothèque du gourmet Grimod de la Reynière, quelques spécialités dont le nom préfigure déjà le goût comme ce chocart, gâteau feuilleté d'Yffiniac à base de marmelade de pommes, la caramote, variété de crevette rose pêchée en méditerranée ou le birlou, spiritueux fabriqué à Veinazès dans le Cantal ou apprendre avec délectation que le vitophile est un collectionneur de bagues de cigares…

Le mot juste, désuet ou anecdotique, est toujours l'appropriation mentale d'une pratique ; sa nomination, déjà un plaisir de bouche.

Un index thématique vient à propos compléter cette nouvelle édition afin de pouvoir identifier les différentes catégories abordées (boissons, produits agro-alimentaires, préparations et termes culinaires, gastronomie et art de la table, termes spécifiques à la restauration et à l'alimentation) et, par exemple, déterminer avec certitude que l'airén, le calitor et le camaralet sont bien des cépages, respectivement, de la Mancha, des côtes de Provence et du Béarn.

Vous l'aurez compris, « Le Petit Galliot » est un guide précieux pour tout amateur de bonne chère. Il est l'indispensable mémento de tout professionnel des métiers de la restauration, du néophyte comme du professionnel, mais il saura également devenir le compagnon de tous les amoureux de la cuisine qui aiment ces termes imagés fleurant bon le terroir, curieux des moindres subtilités techniques et légales de cette pratique culturelle dont les vertus sont désormais unanimement - et à juste titre ! - reconnues comme faisant partie du patrimoine immatériel de l'humanité. Feuilletez les pages de ce livre et vous en comprendrez la raison.

Marie-Christine CLEMENT
Écrivain du goût

Comment utiliser ce dictionnaire ?

Tous les astérisques* rencontrés dans chaque définition renvoient à d'autres mots du dictionnaire que l'on trouve à leur place alphabétique.

Les définitions de ces nouveaux termes sont, à leur tour, ponctuées d'astérisques qui ouvrent sur d'autres termes, ce qui permet une information d'une richesse quasiment infinie…

PASTEUR
ŒNOLOGIE
FERMENTATION ALCOOLIQUE
PHYLLOXERA
A.O.C.
A.O.V.D.Q.S .
VINS DE PAYS
I.G.P.
V.S.I.G.
VINIFICATION
CÉPAGE
ÉLEVAGE
FOULAGE
CUVAGE
PIGEAGE
SULFITAGE
DÉBOURBAGE
CHAPTALISATION
LEVURAGE
TANISAGE
PRESSURAGE
MUTAGE
COLLAGE
SOUTIRAGE
OUILLAGE
V.D.N.
V.D.L.
VINS EFFERVESCENTS
VINS JAUNES
VINS DE PAILLE

Entrée par **CHINON**

VIN
Breuvage quotidien pour certains, boisson festive pour d'autres, le vin garde une place particulière dans notre civilisation. Louis Pasteur* disait : "Il y a plus de philosophie dans une bouteille de vin que dans tous les livres du monde". Depuis quelques décenni… …nçais se … …tés vers u… …ts sur les gra… … oirs du pays, … …ent en Bourgogne. Au fil du temps, la production viticole n'a cessé de s'améliorer. Louis Pasteur, père de l'œnologie* moderne, fit des découvertes déterminantes dans plusieurs domaines et plus spécialement dans le processus de la fermentation alcoolique*. Les travaux de ce grand savant permirent de mieux maîtriser la fabrication, le traitement et la conservation des vins. En 1864, l'invasion du phylloxera* détruisit presque totalement les vignobles français qui s'élevaient alors à 2 500 000 hectares, soit plus de la moitié de la surface plantée d… …le monde. Sui… …ette catastrophe. cert… …e seron… …antés (… … …a nouvelle réglement… …on distingue déso…mais les vins avec indication géographique (les vins A.O.C.*, A.O.V.D.Q.S* et Vins de Pays* I.G.P.*) des vins sans indication géographique (V.S.I.G.*).
Les techniques de vinification* varient en fonction du cépage* récolté, de la date des vendanges, des condition… …'ronnement… … des traditions vit… …coles loca… du… …e de vin s… …ité… …es la phase de vinificatio… proprement dite ou lors de la période d'élevage*, période plus ou moins longue qui conduit jusqu'à la mise en bouteilles. On retrouvera dans l'ouvrage les définitions d'opérations telles que foulage*, cuvage*, pigeage*, sulfitage*, débourbage*, chaptalisation*, levurage*, tanisage*, pressurage*, mutage*, collage*, soutirage*, ouillage*, etc.
Des vinifications spéciales, issues de traditions et de savoir-faire ancestraux, nous offrent V.D.N.*, V.D.L.*, vins effervescents*, vins jaunes*, vins de paille*, etc.
(1) En 2008, la surface totale des vignobles français s'élevait à 860 000 ha, dont 600 000 ha de cépages rouges et 260 000 ha de cépages blancs. La viticulture française, c'est aussi 80 000 exploitations qui représentent 10% du vignoble de la planète.

CHINON

Vins* rouges, rosés et blancs produits dans la Vallée de la Loire, A.O.C.* depuis le 31 juillet 1937. La mention "Val de Loire" peut être éventuellement adjointe à l'appellation.
Aire de production : 18 communes d'Indre-et-Loire, dont Chinon, situées à l'ouest de Tours.
Superficie du vignoble : 2 360 ha (en 2008).
Encépagement autorisé : Cabernet franc*, Cabernet-Sauvignon* et Chenin blanc*.
Rendement de base à l'hectare : 55 hl.

CABERNET (S)

Cépages* noirs d'origine bordelaise. On distingue 2 variétés de Cabernet.
Le Cabernet-Sauvignon : un des grands cépages classiques en France et dans le monde. Il est bien évidemment implanté dans le Bordelais mais aussi dans d'autres vignobles du Sud-Ouest (Bergerac*, Béarn*…) ainsi que dans la Vallée de la Loire (Touraine*, Anjou*…), la Provence (Coteaux d'Aix-en-Provence*, Coteaux Varois*…), le Languedoc-Roussillon (Côtes de Malepère*, Côtes de Cabardès et de l'Orbiel*…), les Charentes (Pineau des Charentes*), la Gascogne (Floc de Gascogne*) etc. Ce cépage est égalemen̂t en Bulgari ̂nie, Hongrie

CHENIN BLANC

Cépages* blanc originaire de la Vallée de la Loire et très cultivé dans cette région sur environ 10 000 ha *(1)*. Il est à l'origine des A.O.C.* Coteaux du Layon*, Quarts de Chaume*, Bonnezeaux*, Coteaux de l'Aubance*, Savennières*, Vouvray*, Montlouis-sur-Loire*, etc. On le trouve également en Afrique du Sud, au Chili, en Argentine, en Californie, en Australie, etc.
Vins* produits : blancs secs, demi-secs, moelleux ou effervescents selon les terroirs, les conditions de culture ̂éthodes de ̂ ̂tion*. Les vins

A.O.C. (Appellation d'Origine Contrôlée)

"Constitue une appellation d'origine la dénomination géographique d'un pays, d'une région ou d'une localité servant à désigner un produit qui en est originaire et dont la qualité ou les caractères sont dus au milieu géographique, comprenant des facteurs naturels et des facteurs humains".
(Définition officielle de l'appellation d'origine par la loi du 6 juillet 1966.)
L'Appellation d'Origine Contrôlée est placée sous le contrôle de l'État par l'intermédiaire de l'I.N.A.O.*.
Les produits bénéficiant d'une A.O.C. ne peuvent être que des ̂ ̂pés, liés ̂ ̂ ̂particul ̂

I.N.A.O.

CÉPAGE

Plant ou variété de vigne. Il existerait entre 10 000 et 20 000 cépages dans le monde. Le même cépage peut être connu sous des noms différents selon les régions ou les pays. En 1874, la Commission Ampélographique Internationale recensa 288 cépages considérés comme les plus importants, identifiés sous 1 500 synonymes. En 1910, P. Viala et V. Vermorel, ampélographes* dont les travaux font autorité, citent 24 000 noms ou synonymes pour 5 200 cépages. Un domaine complexe… qui est assurément une affaire de spécialistes.
Les cépages cité ̂ dans l'ouvrage ̂nt essentiellement des var ̂ ̂ées da ̂ ̂les franc ̂

AMPÉLOGRAPHES

À Isabelle et Lidia ...

Avant-propos

S'il existe de nombreux ouvrages sur les vins, les spiritueux, les cocktails, les eaux minérales et autres boissons, les fromages, les produits agroalimentaires de base, les préparations culinaires, l'art de la table et du service... et bien d'autres domaines relatifs à la restauration, aucun ne traite ces sujets d'une manière globale, sous forme de définitions simples, claires et concises.

Avec plus de 3 200 entrées *(1)* classées alphabétiquement et une multitude de renvois internes, le DICTIONNAIRE DE RESTAURANT propose une définition pour chaque article avec la possibilité d'approfondir la recherche en se reportant à d'autres termes *(2)*. Ce livre, véritable outil de référence, est spécialement destiné à celles et ceux qui travaillent en restauration, qu'ils soient professionnels, élèves ou enseignants, mais aussi aux nombreux épicuriens pour qui l'art culinaire est un élément important de notre culture. Après les premières publications en 2001 et 2004, cette nouvelle édition, actualisée et enrichie, conserve le concept de l'ouvrage originel qui offre une vision assez large de l'univers gastronomique.

Ce dictionnaire se veut aussi un hommage aux agriculteurs, pêcheurs et aquaculteurs sans qui nos assiettes et nos verres resteraient désespérément vides... Nous les oublions peut-être trop souvent. Dans des conditions parfois difficiles, ils assurent chaque jour la plus noble des missions, celle de produire pour nourrir les hommes. Quand les grands Chefs valorisent avec talents les produits de la terre, de la mer et autres milieux aquatiques, quand nous apprécions avec bonheur le service des mets et des vins autour d'une belle table, souvenons-nous que tout ceci n'est que l'aboutissement d'une œuvre collective qui à pour origine les richesses alimentaires de notre planète.

L'auteur

---

(1) C'est quelques 720 produits agroalimentaires, 680 préparations culinaires, 290 fromages et produits laitiers, 610 vins, 290 termes relatifs au vin, 200 alcools et spiritueux, 120 cocktails, 150 eaux minérales et autres boissons, 190 termes relatifs à la gastronomie et à la restauration (voir index thématique).

(2) Voir «Comment utiliser ce dictionnaire».

A.B.A.
Sigle constituant l'abréviation d'Apéritif à Base d'Alcool. Les Anisés*, les Gentianes* et les Bitters* sont des A.B.A.

ABAISSE
Morceau de pâte *(1)* étendu à l'épaisseur et à la forme désirée avec un rouleau à pâtisserie ou un laminoir.
(1) Pâte feuilletée*, pâte brisée*, pâte sablée*, pâte d'amande*, etc.

ABATILLES
Eau minérale naturelle* plate captée en Gironde à Arcachon. C'est en 1923, en réalisant un forage de prospection pour trouver du pétrole, que fut découverte la source à 472 mètres de profondeur. L'Académie de médecine accorda l'autorisation d'exploitation dès 1925.
Catégorie : faiblement minéralisée.

Composition physico-chimique (en mg/l)	
Cations	Anions
Sodium : 97	Bicarbonates : 130
Calcium : 20	Chlorures : 137
Magnésium : 10	Sulfates : 9
Potassium : 4	Nitrates : 0
Fluor : 0,27	
pH à 20°C : 8,2 Minéralisation totale : 350 mg/l	

ABATS
Parties comestibles d'un animal de boucherie qui ne sont pas constituées de chair musculaire au sens traditionnel du terme *(1)*. Il s'agit essentiellement d'organes (cœur*, foie*, rognons*, ris*, cervelle*, amourette*, tripes*...) ou d'extrémités (oreilles, tête, pieds, queue*...). Les abats, appelés également "cinquième morceau" ou "cinquième quartier", sont classés en 2 catégories : *les abats blancs* et *les abats rouges*.
Afin de prévenir les conséquences sur la santé humaine de certaines Encéphalopathies Spongiformes Bovines (E.S.B.) et de la Tremblante des ovins* et caprins, des types d'abats sont considérés comme Matériels à Risques Spécifiés (M.R.S.). À titre d'exemple, les cervelles* des bovins de plus de 12 mois et des ovins et caprins de plus de 6 mois sont interdites à la consommation.
(1) Le cœur, incontestablement masse musculaire creuse, n'est pas une viande mais un abat.

ABATTIS
Dénomination culinaire des abats* ou extrémités de volaille ou de gibiers à plumes. Sont considérés comme abattis : les ailerons, le cou, les pattes, le gésier*, le cœur* et le foie*. Pour le coq*, il faut ajouter les rognons* et la crête*.

ABBAYE DE CÎTEAUX
Voir Cîteaux*.

ABBAYE D'ÉCHOURGNAC
Voir Échourgnac*.

ABBAYE DE LA MEILLERAYE-DE-BRETAGNE
Fromage* de lait* de vache fabriqué en Bretagne. Il doit son nom à une localité de Loire-Atlantique où est installée l'abbaye qui le produit.
Type : pâte pressée non cuite, croûte lavée.
Forme : pavé épais.
Taille : 24 cm de côté, 4 à 5 cm d'épaisseur.
Poids : 2 kg environ.
Teneur en M.G. : 40 à 45 %.
Meilleures saisons : printemps, été, automne.

ABBAYE DE LA PIERRE-QUI-VIRE
Voir La Pierre-qui-Vire*.

ABBAYE DE MAREDSOUS
Voir Maredsous*.

ABBAYE DE TAMIÉ
Voir Tamié*.

ABBAYE DU MONT-DES-CATS
Voir Mont-des-Cats*.

ABIGNADE
Spécialité culinaire landaise qui se présente sous forme d'un ragoût* de tripes d'oie* ou de canard* préparé avec du vin* rouge et du sang.

ABLETTE
Petit poisson d'eau douce de la famille des cyprinidés. Sa taille (10 à 15 cm) en fait un poisson tout naturellement consommé en friture.

ABONDANCE
Fromage* de lait* de vache fabriqué en Haute-Savoie,

A.O.C.* (Appellation d'Origine Contrôlée) depuis le 23 mars 1990 et reconnu A.O.P.* (Appellation d'Origine Contrôlée) dans le cadre de l'U.E. Il tire son nom du Val d'Abondance, sa région d'origine.

Une plaque de caséine de couleur bleue (ovale ou carrée) apparaît sur le talon de ce fromage.

Type : pâte pressée demi-cuite à croûte morgée *(1)*.
Forme : meule plate à talon concave.
Taille : 40 cm de diamètre, 7 à 8 cm d'épaisseur.
Poids : 7 à 12 kg.
Teneur en M.G. : 48%.
Meilleure saison : se déguste toute l'année, mais les fromages fabriqués l'été sont les meilleurs.

(1) La morge est une pellicule visqueuse obtenue en frottant la croûte avec du sel* humide.

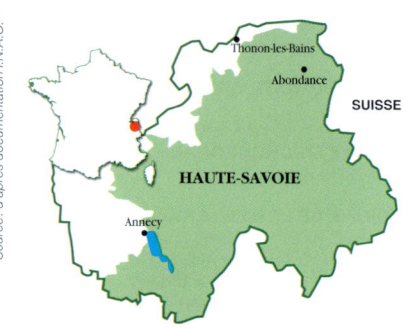

Aire géographique de l'A.O.C. Abondance

ABOURIOU
Cépage* noir originaire du Sud-Ouest, probablement des environs de Villeréal dans le Lot-et-Garonne. Il tire son nom d'un terme dialectal local exprimant la précocité.

Aires de culture : environ 400 ha, essentiellement dans le Marmandais. On trouve également quelques dizaines d'hectares d'Abouriou en Californie.

Vins* produits : rouges colorés, relativement tanniques, avec un potentiel aromatique réduit.

ABRICOT
Fruit à noyau originaire de Chine. Il se caractérise par une chair jaune, assez ferme, et une peau satinée. Les abricots consommés en France proviennent du sud du pays, d'Espagne, d'Italie, de Grèce, de Turquie, de Tunisie...

Principales variétés : *Early Blush, Rouge du Roussillon, Orangé de Provence, Boulbon, Bergeron, Luizet, Colombier, Polonais, Bulida, Stark Early, Canino, Hatif de Colomer, Jumbocot, Rouget de Sernhac...*

ABSINTHE
Boisson spiritueuse anisée élaborée à partir d'extraits de feuilles d'absinthe *(1)*.
Au début du 19ème siècle, Henri-Louis Pernod s'installa à Pontarlier (Doubs) pour lancer la fabrication d'un des premiers spiritueux* à base d'extraits d'absinthe. "Certains" artistes et intellectuels *(2)* magnifient la "Muse verte" ou "Fée verte", ce qui en fera une boisson très à la mode de l'époque. Elle était dégustée selon une tradition qui consistait à l'allonger d'une eau fraîche versée sur un morceau de sucre placé dans une cuillère perforée.

Considérée comme dangereuse pour la santé *(3)* l'absinthe est interdite en France le 16 mars 1915. Un décret du 2 novembre 1988 modifie celui de 1915 en autorisant de nouveau la fabrication d'un spiritueux aux extraits d'absinthe, mais sous réserve de respecter les limites de certains composants contenus dans la boisson (thuyone, fenchone et pinocamphone).

(1) Plante aromatique amère de la variété des armoises qui pousse sur des terres incultes.
(2) Van Gogh, Toulouse-Lautrec, Manet, Rimbaud, Verlaine et bien d'autres furent de fervents consommateurs d'absinthe. Ils prétendaient en effet y trouver leur inspiration...
(3) Le spiritueux provoque de graves troubles du système nerveux dus à la présence importante de certaines substances, notamment la thuyone réputée épileptisante.

A.B.V.
Sigle constituant l'abréviation d'Apéritif à Base de Vin. Les Vermouths* et les Quinquinas* sont des A.B.V.

ACESCENCE
Maladie du vin* due à l'action de bactéries acétiques. Elle se traduit par un excès d'acidité très désagréable.

ACÉSULFAME K
Édulcorant de synthèse* découvert en 1967. Il a un pouvoir sucrant 160 fois supérieur au sucre*.

ACHAR ou ACHARD
Condiment* d'origine indienne préparé avec des fruits et des légumes hachés macérés dans une sauce épicée.

ACHATINE
Gastéropode *(1)* terrestre introduit en France dans les années 1970. Il s'agit d'une espèce tropicale (*l'achatina fulica*) dotée d'une coquille spiralée pouvant atteindre 10 cm. L'achatine provient d'Afrique, de Chine, d'Indonésie, de Madagascar, de l'Ile Maurice, de la Réunion, de Floride...
Bien que ressemblant à un gros escargot*, l'achatine n'a pas droit à cette dénomination dans notre pays.
(1) Mollusque rampant sur un pied central.

ACQUA PANNA
Eau minérale naturelle* plate captée en Italie, au nord de Florence. Prisée par la restauration haut de gamme, Acqua Panna est distribuée dans une cinquantaine de pays.

Composition physico-chimique (en mg/l)	
Cations	Anions
Sodium : 6,4 Calcium : 32,9 Magnésium : 6,5 Potassium : 0,9	Bicarbonates : 106 Chlorures : 9 Sulfates : 21 Nitrates : 4,3
Fluor : 0,01	
pH à 20°C : 7,9 Minéralisation totale : 142 mg/l	

ACRA ou ACCRA
Spécialité culinaire créole préparée à partir de poisson émietté, légumes écrasés et aromates* mélangés avec de la pâte à beignets*. Les acras de morue* sont des beignets très populaires aux Antilles.

ADDITIF ALIMENTAIRE
Produit non nutritif ajouté à une denrée alimentaire pour colorer, retarder son oxydation, stopper la prolifération microbienne, renforcer son goût, modifier sa texture, etc.

Plus de 300 additifs alimentaires sont légalement autorisés. Ils sont répertoriés avec un nom de code (E comme Europe, suivi d'un chiffre situé entre 100 et 1518). Certaines de ces substances ne sont pas sans danger pour la santé, c'est pourquoi la législation a fixé des doses maximales d'emploi par aliment *(1)* ou des D.J.A. (Doses Journalières Admissibles).

*Colorants**	
E 140	chlorophylles, chlorophyllines
E 151	Noir brillant BN
E 160b	Rocou*, bixine, norbixine
E 160c	Extrait de paprika*, capsanthéine, capsorubine
*Conservateurs**	
E 230	Dyphényle, biphényle
E 290	Dioxyde de carbone
E 300	acide ascorbique ou vitamine C
Emulsifiants Stabilisants*, gélifiants**	
E 406	Agar-agar
E 407	Carraghénanes
E 411	Gomme d'avoine
E 413	Gomme adragante, Tragacanthe
E 414	Gomme arabique, gomme d'acacia
E 558	Bentonite*
*Exhausteurs de goût**	
E 621 à E 624 Glutamates	
*Édulcorants**	
E 950	Acésulfame K*

La nomenclature distingue 24 catégories d'additifs selon leurs effets sur les aliments. Certaines catégories sont parfois regroupées. C'est ainsi que le terme "Agent de texture" peut englober les émulsifiants, les stabilisants, les épaississants et les gélifiants. Par ailleurs, certains additifs cumulent plusieurs propriétés ; c'est le cas du E 322 (lécithines) qui est à la fois antioxydant et émulsifiant.

La liste suivante n'est pas exhaustive, elle a simplement pour but de citer des exemples pour chacune des principales catégories.

(1) A titre d'exemple, l'usage du E 123 (amarante) est limité à 30 mg/litre pour les vins d'apéritif et les spiritueux.

ADRIÀ (Ferran)
Cuisinier espagnol né à Barcelone en 1962. C'est dans sa ville natale qu'il devient en 1990 chef-propriétaire du restaurant *El Bulli*. Cet autodidacte, adepte de techniques culinaires d'avant-garde et infatigable créateur, élabore une cuisine complexe issue de recherches ou les textures nouvelles sont intimement liées à la sublimation de saveurs originales. Un univers complètement dédié de gastronomie moléculaire*. Reconnu cuisinier de génie (mais aussi controversé à cause de l'utilisation de certains additifs alimentaires*), Ferran Adrià demeure un personnage incontournable de la gastronomie* contemporaine. Le Guide Michelin* lui accorda trois étoiles dès 1997.

Début 2010, il annonce la fermeture de son restaurant à la clientèle pour deux ans, de 2012 à 2014. Cette période devrait être mise à profit pour approfondir ses recherches et inventer un nouveau concept culinaire.

ADVOCAAT
Liqueur* d'origine hollandaise élaborée à partir de jaunes d'œufs*, de miel*, de vanille* et d'aromates* divers, notamment du genièvre*. Ce spiritueux*, très onctueux, titre de 15 à 20°.

AFTER DINNER
Cocktail* "digestif" qui se consomme après un dîner. Il s'agit d'un mélange à base de liqueurs*.

AFTER LUNCH
Cocktail* "digestif" qui se consomme après un déjeuner. Comme l'After dinner*, ce type de mélange est réalisé à base de liqueurs*.

AGAR-AGAR
Additif alimentaire* *(1)* obtenu à partir d'algues rouges et employé comme gélifiant* dans l'industrie alimentaire, en cuisine, en pâtisserie et en confiserie. L'agar-agar peut se substituer à la gélatine* dans certaines préparations culinaires. Il se présente sous forme de poudre, de barres, de filaments ou de flocons.

Ce produit est également employé dans d'autres domaines que l'alimentation, notamment en bactériologie, comme milieu de culture, et en pharmacie dans l'élaboration de laxatifs.

(1) Identifié sous le code E 406.

AGARIC CHAMPÊTRE
Autre dénomination du rosé des prés*.

AGNEAU
Ovin*, petit de la brebis et du bélier âgé de moins de

300 jours; au-delà, il devient "mouton". La viande de l'animal prend alors une odeur et un goût plus prononcés moins appréciés des consommateurs.
Sous le terme "agneau" est vendue la majorité des jeunes ovins (mâles ou femelles), mais des dénominations spéciales correspondent plus précisément à certains animaux :
Agnelet ou agneau de lait : animal de 5 à 6 semaines pesant 5 à 8 kg. Ce très jeune ovin possède une chair blanche très appréciée vers Pâques.
Agneau blanc ou laiton : animal de 2 à 3 mois pesant 12 à 15 kg.
Broutard ou agneau d'herbage : animal plus âgé qui a commencé à manger de l'herbe.
Agneau de pré-salé : ovin qui a brouté sur des pâturages du littoral immergés à marée haute *(1)*. Cette végétation confère un goût et un parfum très particuliers à la chair de l'animal *(2)*.
Les morceaux de l'agneau - comme ceux du mouton - sont classés en 3 catégories. Leurs destinations culinaires sont très variées (rôtis, grillades, sautés...).
(1) Ces pâturages, appelés "herbus", sont constitués de plantes halophytes (qui poussent en milieu salé) alternativement couvertes et découvertes par la mer selon les marées.
(2) Voir "Prés-salés de la Baie de Somme"* et "Prés-salés du Mont-Saint-Michel"*.

AGRAZ
Granité* de saveur acidulée préparé en Afrique du Nord et en Espagne à partir d'amandes* et de verjus*.

AGRICULTURE BIOLOGIQUE (A.B.)
S.I.Q.O.* (Signes d'Identification de la Qualité et de l'Origine) correspondant à un mode de production spécifique assurant qu'un ensemble de pratiques agricoles sont respectueuses des équilibres écologiques. Visant à la préservation des sols, des ressources naturelles, de l'environnement et au maintien des agriculteurs, l'agriculture biologique s'inscrit dans une démarche de gestion durable du milieu rural.
En 1980, la France reconnaissait officiellement l'agriculture biologique. Plus tard, la réglementation communautaire relative à la production biologique reprendra en grande partie les principes et définitions des textes législatifs français.
En 2007, la surface consacrée à l'agriculture biologique représentait 2 % des surfaces cultivées de notre territoire.

AGRICULTURE RAISONNÉE
Selon le Ministère de l'Agriculture et de la Pêche *"L'agriculture raisonnée correspond à des démarches globales de gestion d'exploitation qui visent, au-delà du respect de la réglementation, à renforcer les impacts positifs des pratiques agricoles sur l'environnement et à en réduire les effets négatifs, sans remettre en cause la rentabilité économique des exploitations. Les modes de production raisonnés en agriculture consistent en la mise en œuvre de moyens techniques dans une approche globale de l'exploitation. Au-delà des impératifs de sécurité alimentaire des produits agricoles, qui s'imposent à toutes les productions, les modes de production raisonnés peuvent faciliter la maîtrise des risques sanitaires et contribuer à l'amélioration du bien-être animal. Ils permettent également de contribuer à l'amélioration des conditions de travail.*
En France, le concept est porté par les pouvoirs publics et la promotion est assurée par le réseau F.A.R.R.E : (Forum de l'Agriculture Raisonnée Respectueuse de l'Environnement), association interprofessionnelle créée en 1993.

AGRUME
Famille de fruits du genre *Citrus*. Avec plus de 3 millions d'hectares de culture et une récolte annuelle supérieure à 100 millions de tonnes, les agrumes représentent la première production fruitière mondiale consommée en fruits frais ou en jus. Plus de 140 pays produisent des agrumes, mais les principales zones de production restent le Brésil, le Bassin méditerranéen, Les États-Unis, la Chine et le Mexique.
Les agrumes les plus connus sont l'orange*, le citron*, la mandarine*, la clémentine*, le pamplemousse*, le pomelo*, la lime*, le kumquat*, le cédrat*, la bergamote*...

AGUARDIENTE
Terme signifiant "eau-de-vie" et désignant communément un spiritueux* dans les pays de langue espagnole.
Il peut s'agir d'une eau-de-vie* de vin ou de marc dans les régions viticoles ou d'une eau-de-vie de canne à sucre*, apparentée au rhum*, dans d'autres régions.

AGUEUSIE
Affection qui se traduit par une perte totale ou partielle des perceptions gustatives.

AÏDA (salade)
Salade composée constituée de chicorée* frisée, tomates* pelées, fonds d'artichauts* crus émincés, julienne* de piments verts, blancs d'œufs durs émincés et jaunes d'œufs durs tamisés.
Assaisonnement : sauce vinaigrette* moutardée.

AÏGO BOULIDO ou AIGUE BOULIDE
Potage* provençal réalisé essentiellement avec des gousses d'ail* bouillies.

AIGLEFIN
Voir églefin*

AIGUIÈRE
Vase allongé (ou carafe) muni d'un bec et d'une anse.

AIGUILLETTE
a) Fine tranche prélevée dans le filet d'une volaille, notamment le canard*.
b) Pièce de bœuf prélevée dans le rumsteck* ou près du rumsteck (aiguillette baronne).

AIL
Plante condimentaire originaire d'Asie Centrale dont on utilise le bulbe qui est composé de plusieurs gousses appelées aussi "caïeux". Aujourd'hui, la Chine réalise près des ¾ de la production mondiale. Depuis l'Antiquité, l'ail a une place particulière dans la médecine populaire et on lui prête de multiples vertus thérapeutiques.
Pasteur* démontra d'ailleurs l'action antibactérienne de cette plante.
L'ail, condiment* à odeur forte et au goût âcre, est employé dans de nombreuses préparations culinaires. Il se présente sous plusieurs formes : frais, déshydraté (flocons ou poudre) et en purée.
L'ail se décline en plusieurs variétés :
L'ail blanc (Messidrôme, Arleux, Thermidrôme, Lomagne…)
L'ail rose (Lautrec, Printador…)
L'ail violet (Germidour, Cadours…)

Tresse d'ail rose de Lautrec (Tarn)

AIL EN CHEMISE
Dénomination culinaire d'une gousse d'ail* cuite entière avec sa peau.

AÏOLI ou AILLOLI
Sauce* émulsionnée froide confectionnée avec une base de pommes de terre* en robe des champs et d'ail* pilés, jaunes d'œufs* et jus de citron*. Elle est montée à l'huile* d'olive.

AIRELLE
Petite baie rouge voisine de la myrtille*. Plus acide que cette dernière, elle est préparée en gelée*, en confiture* ou en marmelade. On l'emploie également dans les sauces* d'accompagnement des viandes ou des gibiers.

AIRÉN
Cépage* blanc originaire de la Mancha, en Espagne. Il est le cépage blanc le plus cultivé au monde avec près de 380 000 ha dans sa région d'origine.
Vins* produits : blancs nerveux et légèrement fruités.

AISY CENDRÉ
Fromage* de lait* de vache fabriqué en Bourgogne. Il tire son nom d'une localité de l'Yonne d'où il est originaire.
Type : pâte molle, croûte naturelle ou cendrée.
Forme : disque épais.
Taille : 10 à 12 cm de diamètre, 4 à 5 cm d'épaisseur.
Poids : 350 à 600 g.
Teneur en M.G. : 45 à 50 %.
Meilleure saison : automne.

AIX
Eau minérale naturelle* plate captée à Aix-les-Bains en Savoie.
Catégorie : faiblement minéralisée.

Composition physico-chimique (en mg/l)	
Cations	Anions
Calcium : 84	Bicarbonates : 341
Magnésium : 23	Sulfates : 27
Sodium : 2	Chlorures : 3
Potassium : 1	Nitrates : moins de 0,2
Fluor : 0,15	
pH à 20 °C : 7,3	Minéralisation totale : 312 mg/l

AJACCIO
Vins* rouges, rosés et blancs produits en Corse, A.O.C.* depuis le 3 avril 1984.
Aire de production : 36 communes de Corse-du-Sud situées dans la région d'Ajaccio.
Superficie du vignoble : 242 ha (en 2007).
Encépagement autorisé : Barbarossa*, Nielluccio*, Sciacarello*, Vermentino*, Carignan*, Cinsault*, Grenache* et Ugni blanc*.
Rendement de base à l'hectare : 45 hl.

AKVAVIT ou AKEVIT
Voir Aquavit*.

ALASKA
Cocktail* (digestif) préparé au shaker.

2 cl de Chartreuse* jaune
5 cl de gin*
Frapper et servir dans un verre à cocktail.

ALCOOL

Dans de nombreux aliments, essentiellement liquides, l'alcool est naturellement présent en quantité plus ou moins importante. Il peut résulter d'une simple fermentation *(1)* - c'est le cas pour le vin* et pour le cidre* par exemple - ou d'une distillation d'un produit déjà alcoolisé afin d'obtenir une eau-de-vie* ou un autre spiritueux* (cognac*, armagnac*, calvados*, rhum*, whisky*, liqueurs* diverses ...).

En France et dans beaucoup de pays européens, la teneur en alcool d'une boisson est exprimée le plus souvent en pourcentage (%) d'alcool contenu dans cette boisson ou en degré Gay Lussac* ou degré GL (°). Les britanniques utilisent encore le degré "Proof" qui équivaut à 0,571° GL.

Le titre alcoométrique indiqué sur un récipient contenant du vin correspond à *l'alcool acquis*, c'est-à-dire au pourcentage d'alcool réellement présent dans la boisson *(2)*. Lorsqu'on évoque *l'alcool en puissance*, il s'agit du volume d'alcool que l'on pourrait obtenir dans l'hypothèse où tout le sucre contenu dans le moût* (ou éventuellement dans un vin à fermentation incomplète) se trouve transformé en alcool *(3)*. *L'alcool total* est donc l'expression virtuelle de l'addition de l'alcool acquis et de l'alcool en puissance.

Il est rappeler que l'abus d'alcool est dangereux pour la santé et qu'en conséquence, les boissons alcoolisées doivent être consommées avec modération. Une réglementation rigoureuse et évolutive encadre la consommation d'alcool dans notre pays *(4)*.

(1) Voir Fermentation alcoolique.
(2) Voir Levures alcooliques.
(3) Il est admis que dans des conditions fermentaires normales, 17g/l de sucre génère 1° (ou 1%) d'alcool.
(4) Voir notamment Groupe de boissons et Licences*.*

Pictogramme visant à informer les femmes enceintes des dangers de l'alcool pendant la grossesse

Source : Ministère de la Santé

ALCOOL DÉNATURÉ

Produit rendu impropre à la dégustation par adjonction d'un dénaturant. L'alcool dénaturé est surtout destiné aux industries pharmaceutiques ou chimiques.

ALCOOL D'INDUSTRIE ou ALCOOL INDUSTRIEL

Eau-de-vie* résultant de la distillation industrielle de tout produit autre que des fruits fermentés. Il s'agit souvent de mélasses de betteraves, de cannes à sucre*, de topinambours*, de pommes de terre*, de céréales, etc.

Les alcools d'industrie sont des alcools d'État commercialisés par le service des alcools en direction des industries alimentaires ou des laboratoires pharmaceutiques. Ils sont également dénommés "alcools neutres" ou "alcools de rétrocession".

ALCOOL FERMIER

Eau-de-vie* de fruits distillée par un bouilleur de cru *(1)*. En milieu rural, cet alcool* était un produit à usages multiples (boisson, ajout culinaire, agent de conservation, produit antiseptique...).

(1) Propriétaire, fermier ou métayer détenant un droit de distillation pour les produits provenant de leur propre récolte. Ce droit n'est d'ailleurs plus transmissible depuis 1960.

ALCOOL RECTIFIÉ

Produit contenant 96% d'alcool obtenu par redistillation d'une eau-de-vie* afin d'éliminer certaines odeurs et augmenter la teneur en alcool* pur.

ALCOOLAT

Produit résultant de la distillation d'une macération d'éléments aromatiques *(1)* dans de l'eau-de-vie*.
Les alcoolats, simples ou composés, sont utilisés dans la fabrication des liqueurs*.

(1) Fruits, fleurs, graines, écorces, etc.

ALET

Eau minérale naturelle* plate captée à Alet-les-Bains dans l'Aude. Classée eau minérale en 1886.
Catégorie : faiblement minéralisée.

Composition physico-chimique (en mg/l)	
Cations	**Anions**
Calcium : 63	Bicarbonates : 300
Magnésium : 23	Sulfates : 14
Sodium : 7	Chlorures : 2
Potassium : 1,8	Nitrates : 2
pH à 20 °C : 7,4	Minéralisation totale : 290 mg/l

ALEXANDER

Cocktail* (digestif) préparé au shaker.
1 cuillère à café de crème fraîche*
2 cl de crème de cacao* brun
5 cl de cognac*
Frapper et servir dans un double verre à cocktail.

Source : Photo BG

ALGÉRIENNE

Garniture* composée de

petites tomates* étuvées à l'huile* et de croquettes de patates douces*.

ALICAMENT
Aliment dont la composition, naturelle ou modifiée, pourrait avoir un effet bénéfique sur la santé humaine. Certains végétaux seraient des alicaments naturels…

ALICE (salade)
Salade composée constituée de grosses pommes* blanches ou roses cernées *(1)*, évidées et garnies de petites boules de pommes, groseilles* rouges égrappées et amandes* effilées.
Assaisonnement : crème acidulée au jus de citron*.
(1) Incisées sur toute la circonférence du côté du pédoncule.

ALICOT
Spécialité culinaire du Sud-Ouest qui se présente sous forme de ragoût* d'abattis* de volaille.

ALIGOT (fromage)
Fromage* de lait* de vache fabriqué en Auvergne, appelé également "tome fraîche" et couramment utilisé pour la préparation d'une purée nommée "Aligot"*.
Type : pâte pressée, non cuite, fraîche.
Forme : gros cubes ou grosses galettes de tailles et de poids variables.
Teneur en M.G. : 45 à 50%.
Meilleure saison : été.

ALIGOT (préparation)
Préparation culinaire du Rouergue présentée sous forme de purée. Elle est préparée avec des pommes de terre*, de l'ail* et de la tome fraîche*.

ALIGOTÉ *(1)*
Cépage* blanc originaire de Bourgogne.
Aires de culture : essentiellement en Bourgogne sur les appellations Bourgogne Aligoté* et Bouzeron*.
L'Aligoté, cultivé en France sur environ 1 700 ha, est également présent dans les vignobles suisses, bulgares, roumains, russes, californiens, chiliens, etc.
Vins* produits : blancs secs et légers traditionnellement utilisés pour la préparation du Kir*.

(1) Autres orthographes: Alligoté ou Alligotay.

Source : Photo BG

ALKÉKENGE
Fruit voisin du physalis* dont la baie est de couleur rouge vif.

ALLEMANDE (sauce)
Velouté* lié aux jaunes d'œufs*.

ALLIANCES METS ET VINS
Choisir un vin* pour accompagner un mets (ou choisir un mets pour accompagner un vin) peut paraître simple. Nous pourrions imaginer une liste d'alliances exhaustive, établie classiquement et qui répondrait à des attentes générales. Ceci est certes réalisable mais finalement peu souhaitable. Notre patrimoine gastronomique possède une multitude de préparations culinaires et de vins (ou autres boissons) qui permettent des associations d'une diversité quasiment infinie. Il serait dommage de se référer uniquement à des règles classiques sans prendre en compte certains critères tels que :

La spécificité du terroir et ***le type de vinification**** : les vins d'une même A.O.C. * peuvent être différents en fonction de leur terroir d'origine *(1)* et du type de vinification* dont ils sont issus.

Le millésime* : les conditions climatiques locales propres à chaque récolte génèrent des raisins de qualités inégales. Malgré les techniques œnologiques les plus performantes, il est impossible d'obtenir des vins réellement identiques d'une année à l'autre. Et puis n'oublions pas qu'un vin jeune est naturellement différent d'un vin âgé.

La saison : nous buvons des vins plus légers l'été que l'hiver.

Les goûts personnels du consommateur : chacun d'entre nous doit pouvoir choisir en fonction de ses propres aspirations. Laissons-nous guider par notre sensibilité, voire nos intuitions.

Le type de repas : nous ne servons pas les mêmes vins pour un repas simple et pour un repas festif.

Les prix : comme pour tout produit, nous devons prendre en compte le rapport qualité/prix et rechercher des vins de qualité à prix abordable. Les grands vins, rares et chers, conservant toujours leur place dans des circonstances exceptionnelles.

L'accord horizontal ou ***l'accord vertical*** : dans le premier cas nous recherchons un vin associé à un seul plat ; dans le second, il est destiné à accompagner tout ou partie du repas.

Le type de préparation du produit : la même viande (ou le même poisson), selon qu'elle soit grillée ou en sauce, ne trouve pas les mêmes accords.

En prenant en compte ce qui précède, avançons quelques propositions d'alliances classiques qui ne constituent que des pistes à partir desquelles chacun pourra esquisser son choix :

- Charcuteries : Vins rouges légers, vins rosés.
- Foie gras* : Vins blancs moelleux* ou liquoreux*, V.D.N.* (Vin Doux Naturel) ou V.D.L.*(Vin De Liqueur), vins rouges corsés.

- Poissons : Vins blancs secs* ou demi-secs*, vins rosés.
- Coquillages et crustacés : Vins blancs secs.
- Œufs* : Vins blancs ou rouges légers selon les ingrédients qui composent la préparation.
- Volailles et viandes blanches : Vins rouges légers.
- Viandes rouges : vins rouges légers ou plus corsés selon les préparations.
- Gibiers* : Vins rouges corsés.
- Fromages* : Vins rouges ou vins blancs de différents types selon la nature de la pâte.
- Desserts : Vins blancs demi-secs à liquoreux, vins effervescents*, V.D.N. rouges avec des desserts au chocolat*.

Rappelons enfin que certains apprêts culinaires ne mettent pas le vin en valeur (ex : potages*, agrumes*, plats vinaigrés…). Avec ces mets, il est recommandé de choisir une boisson neutre (2).

(1) Exception faite des Grands Crus possédant des micro-terroirs qui leurs sont propres ; c'est le cas, par exemple, de La Romanée Conti* ou du Château-Grillet*.

(2) Les potages et les agrumes peuvent très bien se consommer sans boisson.

ALOSE
Poisson migrateur de la famille des clupéidés qui vit surtout à proximité des côtes européennes et qui remonte les fleuves et rivières pour y pondre. Sa chair est appréciée mais elle contient beaucoup d'arêtes. On distingue **la grande alose**, dont la longueur peut atteindre 70 cm et **l'alose feinte** (ou finte), de plus petite taille.

ALOUETTE
Petit passereau dont la chasse est réglementée et la commercialisation interdite. L'alouette se consomme beaucoup en pâté *(1)* mais elle peut aussi être apprêtée en croûte, en brochettes, farcie, en cocotte, etc. En cuisine, l'oiseau prend souvent le nom de *mauviette*.

(1) Le pâté d'alouettes est une des spécialités de Pithiviers, dans le Loiret.

ALOXE-CORTON
Vins* rouges et blancs produits en Bourgogne*, A.O.C.* depuis le 11 mars 1938. Pour les vins dont les récoltes proviennent de parcelles classées "Premier Cru", l'appellation communale peut être complétée par le nom du climat* d'origine *(1)* et (ou) par la mention "Premier Cru".
Aire de production : communes d'Aloxe-Corton, Pernand-Vergelesses et Ladoix-Serrigny situées au nord-est de Beaune.
Superficie du vignoble : 123,5 ha (en 2007) dont 122 ha en vins rouges et 1,5 ha en vins blancs.
Encépagement autorisé : Pinot noir*, Pinot Beurot*, Pinot Liébault* et Chardonnay*.
Rendement de base à l'hectare : 40 hl pour les rouges et 45 hl pour les vins blancs.

(1) Les Valozières, Les Paulands, Les Maréchaudes, Les Chaillots, Les Fournières, Clos du Chapître, Les Guérets, Les Vercots, Clos des Maréchaudes, La Maréchaude, Les Petites Lolières, Les Moutottes, La Coutière et La Toppe au Vert.

ALOYAU
Partie arrière du bœuf* comprenant le filet, le faux-filet*, le rumsteck* et la bavette*.

ALSACE ou VIN D'ALSACE
Vins* blancs, rouges et rosés produits dans l'Est de la France, A.O.C.* depuis 1962. Ces vins sont obligatoirement mis en bouteilles de type "Vin du Rhin" dans la région de production.
L'appellation "Alsace" ou "Vin d'Alsace" est généralement accompagnée sur l'étiquette du nom du cépage* d'origine ou de la mention "Edelzwicker"*.
Aire de production : 119 communes du Haut-Rhin et du Bas-Rhin.
Superficie du vignoble : 11 470 ha (en 2007).
Encépagement autorisé : Gewurztraminer*, Riesling*, Pinot gris*, Muscat*, Pinot blanc* ou Klevner*, Sylvaner*, Chasselas* et Pinot noir*.
Rendement de base à l'hectare : 80 hl pour les vins blancs, 75 hl pour les rosés et 60 hl pour les vins rouges.
Les vins bénéficiant de l'A.O.C. "Alsace" ou "Vin d'Alsace" suivie de la mention "Klevener de Heiligenstein" sont issus de cépage Savagnin* rose et produits sur des parcelles situées dans les communes de Bergheim, Guebwiller, Goxwiller, Heiligenstein et Obernai.
Les vins de l'A.O.C. "Alsace" présentés avec les mentions *"Vendanges tardives"* ou *"Sélection de grains nobles"* doivent impérativement :
Être issus d'un cépage unique et de vendanges manuelles.
Provenir de l'un des 4 cépages suivants et présenter une richesse minimale en sucre de :

Cépage	«Vendanges tardives»	«Sélection de grains nobles»
Gewurztraminer	243 gr/l	279 gr/l
Pinot gris	243 gr/l	279 gr/l
Riesling	220 gr/l	256 gr/l
Muscat	220 gr/l	256 gr/l

N'avoir fait l'objet d'aucun enrichissement.
Présenter un titre volumique total correspondant à la richesse en sucre imposée.
Avoir fait l'objet d'une déclaration préalable à l'I.N.A.O.
Être présentés, dégustés et agréés sous leur mention particulière au moins 18 mois après récolte.
Être présentés avec indication du cépage et du millésime*.

ALSACE GRAND CRU
Vins* blancs produits dans l'Est de la France, A.O.C. depuis le 20 novembre 1975.
La mention du cépage* *(1)* et celle du millésime*,

ainsi que le nom du lieu-dit d'origine, doivent figurer conjointement avec le nom de l'appellation.

Aire de production : 51 terroirs de 3 à 80 ha implantés sur 47 communes du Haut-Rhin et du Bas-Rhin *(2)*.

Superficie du vignoble : 620 ha (en 2007).

Encépagement autorisé : Riesling*, Muscat*, Gewurztraminer* et Pinot gris* (Le cépage Sylvaner* est autorisé pour le Grand Cru *Zotzenberg*).

Rendement de base à l'hectare : 55 hl.

Les vins de l'A.O.C. "Alsace Grand Cru" présentés avec les mentions "Vendanges tardives" ou "Sélection de grains nobles" doivent correspondre aux mêmes critères que ceux stipulés pour l'A.O.C. Alsace* et être mis en bouteilles de type "Vin du Rhin" dans la région de production.

*(1) Dérogation pour les Grands Crus **Kaefferkopf** et **Altenberg de Bergheim** où les assemblages sont autorisés.*

(2) Liste des Grands Crus d'Alsace suivis de leur commune d'origine :

Altenberg de Bergbieten
Altenberg de Bergheim
Altenberg de Wolxheim
Brand *(Turckheim)*
Bruderthal *(Molsheim)*
Eichberg *(Eguisheim)*
Engelberg *(Dahlenheim et Scharrachbergheim)*
Florimont *(Ingersheim et Katzenthal)*
Frankstein *(Dambach-la-ville)*
Froehn *(Zellenberg)*
Furstentum *(Kientzheim et Sigolsheim)*
Geisberg *(Ribeauvillé)*
Gloeckelberg *(Rodern et Saint-Hippolyte)*
Goldert *(Gueberschwihr)*
Hatschbourg *(Hattstatt et Voegtlinshoffen)*
Hengst *(Wintzenheim)*
Kaefferkopf *(Ammerschwihr)*
Kanzlerberg *(Bergheim)*
Kastelberg *(Andlau)*
Kessler *(Guebwiller)*
Kirchberg de Barr
Kirchberg de Ribeauvillé
Kitterlé *(Guebwiller)*
Mambourg *(Sigolsheim)*
Mandelberg *(Mittelwihr et Beblenheim)*
Marckrain *(Bennwihr et Sigolsheim)*
Moenchberg *(Andlau et Eichhoffen)*
Muenchberg *(Nothalten)*
Ollwiller *(Wuenheim)*
Osterberg *(Ribeauvillé)*
Pfersigberg *(Eguisheim et Wettolsheim)*
Pfingstberg *(Orschwihr)*
Praelatenberg *(Kintzheim)*
Rangen *(Thann et Vieux-Thann)*
Rosacker *(Hunawihr)*
Saering *(Guebwiller)*
Schlossberg *(Kientzheim)*
Schoenenbourg *(Riquewihr et Zellenberg)*
Sommerberg *(Niedermorschwihr et Katzenthal)*
Sonnenglanz *(Beblenheim)*
Spiegel *(Bergholtz et Guebwiller)*
Sporen *(Riquewihr)*
Steinert *(Pfaffenheim et Westhalten)*
Steingrubler *(Wettolsheim)*
Steinklotz *(Marlenheim)*
Vorbourg *(Rouffach et Westhalten)*
Wiebelsberg *(Andlau)*
Wineck-Schlossberg *(Katzenthal Ammerschwihr)*
Winzenberg *(Blienschwiller)*
Zinnkoepflé *(Soultzmatt et Westhalten)*
Zotzenberg *(Mittelbergheim)*

ALSACIENNE (à l')
Préparation contenant de la choucroute* braisée, des pommes à l'anglaise et des ronds de jambon* ou de la saucisse* de Strasbourg.

ALSACIENNE (tarte à l')
Tarte* constituée d'un fond de pâte brisée* garni de quartiers de pommes* et d'un appareil* à flan*. Elle est servie tiède.

Source : Extrait de "Vins d'Alsace et recettes du terroir" CIVA Ph. Moya

ALTESSE
Cépage* blanc, probablement originaire de Chypre et arrivé en Savoie au 14ème siècle.
Aires de culture : en Savoie et dans l'Ain sur des zones d'appellation telles que Vin de Savoie* et Bugey*.
Vins* produits : blancs secs, corpulents et aromatiques.

AMANDA
Eau minérale naturelle* plate captée à Saint-Amand-les-Eaux dans le Nord. Autorisation ministérielle d'exploitation du 8 mars 1988.
Catégorie : moyennement minéralisée.

Composition physico-chimique (en mg/l)	
Cations	Anions
Calcium : 236 Magnésium : 77 Sodium : 44 Potassium : 8,4	Sulfates : 666 Bicarbonates : 292,2 Chlorures : 62,4 Nitrates : moins de 0,5
Fluor : 2	
pH à 20 °C : 7,02	Minéralisation totale : 1 362 mg/l

AMANDE
Fruit sec et oléagineux constitué par la graine de l'amandier, arbre originaire d'Asie. On distingue 2 variétés d'amandes :

Les amandes douces qui peuvent se consommer fraîches, mais qui sont surtout employées séchées sous différentes formes (entières, effilées, hachées ou en poudre) en cuisine, en pâtisserie et en confiserie.
Les amandes amères plus aromatiques, utilisées à dose réduite en pâtisserie et en confiserie. Elles contiennent en effet de l'acide cyanhydrique, toxique à haute dose.

AMANDE DE MER
Mollusque lamellibranche bivalve vivant sur les fonds sableux des côtes de l'Atlantique et de la Méditerranée. Ce petit coquillage, qui mesure environ 5 cm de diamètre, se consomme cru ou farci.

AMANDINE
Pâtisserie qui se présente généralement sous forme de tarte* ou de tartelette en pâte sucrée garnie d'un appareil constitué d'œufs*, sucre*, poudre d'amandes*, farine* et beurre* fondu.

AMANITE DES CÉSARS
Autre dénomination de l'oronge vraie*.

AMARANTE ou AMARANTHE
Plante originaire du Mexique dont les feuilles et les graines sont comestibles. Les feuilles se consomment crues ou cuites et les graines, minuscules, sont généralement pochées.

AMARETTO
Liqueur* italienne un peu amère élaborée à partir d'amandes* d'abricots*. L'Amaretto di Saronno, qui titre 28°, est une marque déposée par la société Illua installée à Saronno, en Lombardie.

AMBASSADEUR
A.B.V.* (Apéritif à Base de Vin) de la famille des quinquinas* créé en 1936 par Pierre Pourchet. Ce produit, *Rouge* ou *Blanc*, qui titre 16°, se caractérise par un goût d'oranges* amères et un agréable équilibre entre douceur et amertume. Ambassadeur est aujourd'hui une marque du groupe Pernod*.

AMÉLIE-LA-REINE
Eau minérale naturelle* gazeuse captée à Cornillon-en-Trièvres dans l'Isère. Reconnue d'utilité publique en 1884. Catégorie : moyennement minéralisée.

Source : © photothèque Pernod

Composition physico-chimique (en mg/l)	
Cations	Anions
Calcium : 390	Bicarbonates : 1 376,6
Sodium : 45	Sulfates : 36
Magnésium : 27,5	Chlorures : 19
Potassium : 2,8	Nitrates : 2
Fluor : 2	
pH à 20 °C : 5,8	Minéralisation totale : 1 300 mg/l

AMÉRICAINE (garniture)
a) Pour poisson : garniture* composée d'escalopes de queues de homard* ou de langouste* à l'américaine.
b) Pour volaille : garniture composée de tomates* et champignons* grillés, pommes paille*, tranche de bacon* et bouquet de cresson*.

AMÉRICAINE (salade)
Salade composée constituée de rondelles de pommes de terre* et de tomates* mondées, julienne* de céleris*, anneaux d'oignons* et rondelles d'œufs* durs.
Assaisonnement : sauce vinaigrette*.

AMÉRICAINE (sauce)
Sauce* réalisée à partir de carapaces de crustacés, cognac*, vin* blanc, velouté* de poisson et tomate*. Passée au chinois, la cuisson est montée au beurre*.

AMERICANO
Cocktail* (apéritif) préparé sur glace directement dans un tumbler.
5 cl de Campari* bitter
2 cl de vermouth* italien
½ tranche d'orange*
½ tranche de citron*
5 cl de soda*
Verser le Campari, le vermouth et le soda. Remuer et décorer avec la ½ tranche d'orange et la ½ tranche de citron. Allonger de soda*.

AMOUR EN CAGE
Autre dénomination du physalis*.

AMOURETTE
Dénomination culinaire de la moelle épinière du veau*, du bœuf* ou du mouton*. Cet abat* blanc est le plus souvent poché pour être ensuite employé comme élément de garniture de bouchées, timbales*, vol-au-vent*, etc.
Par mesure de prévention, les moelles épinières des bovins*, ovins* et caprins* de plus de 12 mois, considérées comme M.R.S.*, sont interdites à la consommation (voir Abats*).

AMPÉLOGRAPHIE
Étude historique et scientifique de la vigne (connaissance des cépages*, méthodes de culture, productions vinicoles, etc.).

AMUSE-BOUCHE
Petites préparations salées, plus ou moins élaborées, qui sont servies en accompagnement de l'apéritif.

ANANAS
Fruit exotique originaire d'Amérique du Sud. Il fut découvert par Christophe Colomb lors d'une expédition à la Guadeloupe en 1493. Aujourd'hui, les

principaux pays producteurs sont la Côte d'Ivoire, les Antilles, le Cameroun, la Réunion, l'Amérique Centrale, la Floride...

Principales variétés : *Cayenne lisse, Red Spanish, Queen, Purnumbuco, Peroleru et Victoria.* Cette dernière variété, de plus petite taille, possède une chair jaune sucrée et très parfumée.

L'ananas se consomme cru, au sucre* ou en salade de fruits, en sorbet*... et cuit en beignets*, flambé, en pâtisserie, en garniture de volaille ou de porc* etc.

ANCHOIS

Poisson de mer - de la famille des engraulidés - qui vit surtout en Méditerranée mais que l'on rencontre également dans l'Atlantique, le Pacifique, la Mer Noire, etc.

De petite taille (12 à 20 cm de longueur), l'anchois se consomme frais (frit, grillé ou mariné) ou en produit de conserve sous forme de filets à l'huile* ou salés.

ANCHOYADE ou ANCHOÏADE

Spécialité provençale constituée d'une purée d'anchois* additionnée d'ail* écrasé et d'huile* d'olive.

ANDALOUSE (garniture)

Garniture* composée de tronçons d'aubergines* sautés, poivrons* farcis de riz* à la grecque, tomates* concassées et oignons*.

ANDALOUSE (salade)

Salade composée constituée de quartiers de tomates*, julienne* de piments* doux, riz* cuit à l'eau, pointe d'ail* écrasée, oignons* ciselés et persil* haché.

Assaisonnement : sauce vinaigrette*.

ANDALOUSE (sauce)

Sauce mayonnaise* additionnée de fondue de tomates* et de dés de poivrons*.

ANDOUILLE DE GUÉMÉNÉ

Charcuterie bretonne confectionnée avec des boyaux de porc* enfilés les uns dans les autres. Cette andouille est ficelée, séchée et fumée avant d'être pochée dans un bouillon.

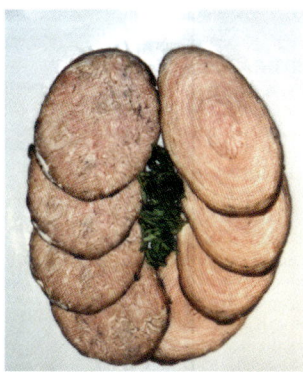

Andouille de Guéméné (à droite) et andouille de Vire (à gauche)

ANDOUILLE DE VIRE

Spécialité charcutière normande fabriquée avec la ventrée complète du porc* qui est découpée en morceaux apparents à la coupe. La teinte noire de cette andouille est due à un fumage au bois de hêtre qui dure de 1 à 2 mois.

ANDOUILLETTE

Préparation charcutière réalisée à partir de chaudin* éventuellement additionnée de fraise de veau*, caillette de bœuf, estomac ou gorge de porc*, etc. L'ensemble est embossé dans un boyau pour être poché.

Les principales andouillettes sont :

L'andouillette de Jargeau fabriquée dans le Loiret avec chaudin et maigre de porc.

L'andouillette de Troyes d'origine champenoise, fabriquée avec chaudin et estomac de porc.

L'andouillette de Cambrai spécialité du Nord, préparée essentiellement à partir de fraise de veau, parfois additionnée de caillette et de panse.

L'andouillette lyonnaise composée de fraise de veau, caillette de bœuf et panse de porc.

L'andouillette provençale faite de chaudin, gorge et panse de porc.

ANETH

Plante aromatique d'origine orientale dont les parties aériennes exhalent des parfums d'anis* et de menthe* mêlés. L'aneth est employé pour aromatiser des salades, terrines, plats de poisson, courts-bouillons* de coquillages et crustacés, etc.

ANGÉLIQUE

Plante aromatique originaire des pays nordiques

dont on utilise les tiges creuses confites dans le sucre* pour la fabrication et le décor des pâtisseries. Les racines sont, quant à elles, employées par les liquoristes pour élaborer des spiritueux*.

ANGLAISE (sauce)
Voir Worcestersauce*.

ANGOSTURA
Bitter* brun très concentré originaire d'une ville éponyme du Vénézuéla (devenue Ciudad Bolivar). Il fut créé par le Dr Siegert, médecin-général de l'armée de Simon Bolivar *(1)*. Cet amer, qui titre 44,7°, est aujourd'hui fabriqué à Trinidad à partir de rhum*, de gentiane*, d'écorces d'oranges* et de substances aromatiques diverses. L'Angostura n'est pas consommé pur mais il entre surtout à faibles doses dans la composition de cocktails* ou de préparations culinaires, notamment certaines pâtisseries.

(1) Ce produit avait été mis au point pour aider les soldats à lutter contre les conditions déprimantes du climat tropical.

ANGUILLE
Poisson d'eau douce de la famille des anguillidés qui a la particularité de se reproduire dans la Mer des Sargasses *(1)*. Les petites anguilles au corps transparent, appelées *civelles* ou *pibales*, traversent l'Océan Atlantique dans les courants marins pour rejoindre les côtes européennes où elles trouvent des eaux douces ou saumâtres. Ce poisson est également élevé en aquaculture*.
De corps serpentiforme, l'anguille adulte est de taille variable (40 à 50 cm pour le mâle et jusqu'à 150 cm pour la femelle). Sa chair, relativement grasse et pauvre en arêtes, est souvent préparée en matelote* ou en pochouse*.

(1) Algues flottantes qui s'accumulent en grandes quantités au large des côtes de Floride.

ANGUILLE AU VERT
Dans la région lilloise, spécialité faite de tronçons d'anguilles* cuisinés au vin* blanc avec de nombreuses herbes fraîches *(1)* et liée à la crème et aux jaunes d'œufs*.

(1) Classiquement on en dénombre quatorze parmi lesquelles le persil, le cerfeuil*, l'estragon*, l'oseille*, la menthe*, la sauge*, la citronnelle*...*

ANIMELLES
Dénomination culinaire des testicules de certains animaux tels que le mouton* et le taureau*. Appelées également *rognons blancs*, les animelles - très appréciées en France au 18ème siècle - ne se consomment pratiquement plus en restauration.

ANIS
Épice* originaire d'Orient. En réalité il existe plusieurs variétés d'anis dont on utilise essentiellement les graines pour aromatiser les spiritueux* (anisés* et anisettes*), les confiseries (ex : dragées* de Flavigny), les gâteaux ou les pains (pains d'épices*, fougasses*...). Certains plats cuisinés, notamment les poissons, sont parfois parfumés à l'anis.
L'anis étoilé, appelé aussi badiane*, est originaire du Sud-Est Asiatique. Il produit un fruit en forme d'étoile à 8 branches qui contient des graines au goût et aux arômes puissants.

Anis étoilé

ANISÉ
Boisson spiritueuse (A.B.A.*) élaborée à partir d'alcool* et d'essence de badiane* et d'anis* vert. D'autres plantes telles que la réglisse*, le fenouil*, la coriandre*, l'angélique* ou la verveine* entrent couramment dans la composition d'un anisé.
Les pays du bassin méditerranéen sont de gros consommateurs de boissons anisées. Parmi les marques françaises les plus connues, citons Ricard*, Pernod*, Casanis*, Berger et Duval*. Ces apéritifs, qui titrent généralement entre 40 et 45°, se dégustent "allongés" de 5 à 6 volumes d'eau fraîche. Cette addition d'eau provoque un louchissement laiteux propre à ces spiritueux*.

ANISETTE
Liqueur* élaborée à partir d'anis* vert. La Marie Brizard* est l'anisette française la plus réputée.

ANJOU
Vins* blancs et rouges produits dans la Vallée de la Loire, A.O.C.* depuis le 14 novembre 1936. La mention "Val de Loire" peut être éventuellement adjointe à l'appellation.
Aire de production : 128 communes du Maine-et-Loire, 14 communes des Deux-Sèvres et 9 communes de la Vienne.
Superficie du vignoble : 1 220 ha en 2008 (900 ha en blanc et 320 ha en rouge).
Encépagement autorisé : Chenin blanc*, Chardonnay*, Sauvignon*, Cabernet franc*, Cabernet-Sauvignon*, Pineau d'Aunis*, Gamay* *(1)*.
Rendement de base à l'hectare : 60 hl.

(1) Voir Anjou Gamay*.

ANJOU COTEAUX DE LA LOIRE
Vins* blancs produits dans la Vallée de la Loire, A.O.C.* depuis le 26 août 1946. La mention "Val de Loire" peut être éventuellement adjointe à l'appellation.
Aire de production : 10 communes du Maine-et-Loire situées à proximité d'Angers.
Superficie du vignoble : 38 ha (en 2005).
Encépagement autorisé : Chenin blanc*.
Rendement de base à l'hectare : 35 hl.
Richesse alcoolique minimum acquise : 11 %.
Teneur minimale en sucre résiduel : 17 g/l.

ANJOU GAMAY
Vins* rouges issus exclusivement de cépage Gamay* et produits sur une partie de l'aire d'appellation Anjou*. La mention "Val de Loire" peut être éventuellement adjointe à l'A.O.C.*.
Superficie du vignoble : 320 ha (en 2008).

ANJOU MOUSSEUX
Vins* blancs et rosés effervescents produits sur les aires délimitées de l'appellation Anjou*, A.O.C.* depuis le 31 décembre 1957. La mention "Val de Loire" peut être éventuellement adjointe à l'appellation.
Superficie du vignoble : 60 ha en 2008 (avec l'Anjou Pétillant*).
Encépagement autorisé : Chenin blanc*, Cabernet franc*, Cabernet-Sauvignon*, Côt*, Gamay*, Groslot noir*, Groslot gris* et Pineau d'Aunis*.
Rendement de base à l'hectare : 60 hl.
Richesse alcoolique minimum acquise : 9,5 % avant l'adjonction de la liqueur de tirage* et 10,5 % avant l'adjonction de la liqueur d'expédition*.

ANJOU PÉTILLANT
Vins* blancs pétillants* produits sur les aires délimitées de l'appellation Anjou*. La mention "Val de Loire" peut être éventuellement adjointe à l'A.O.C.*.

ANJOU-VILLAGES
Vins* rouges produits dans la Vallée de la Loire, A.O.C.* régie par le décret modifié du 14 novembre 1991. La mention "Val de Loire" peut être éventuellement adjointe à l'appellation.
Aire de production : 43 communes du Maine-et-Loire et 3 communes des Deux-Sèvres.
Superficie du vignoble : 200 ha (en 2008).
Encépagement autorisé : Cabernet franc* et Cabernet-Sauvignon*.
Rendement de base à l'hectare : 55 hl.

ANJOU-VILLAGES BRISSAC
Vins* rouges produits dans la Vallée de la Loire, A.O.C.* régie par le décret modifié du 17 février 1998. La mention "Val de Loire" peut être éventuellement adjointe à l'appellation.
Aire de production : 10 communes du Maine-et-Loire - dont Brissac-Quincé - situées au sud d'Angers.
Superficie du vignoble : 85 ha (en 2008).
Encépagement autorisé : Cabernet franc* et Cabernet-Sauvignon*.
Rendement de base à l'hectare : 50 hl.

ANONE
Famille de fruits exotiques dans laquelle on trouve le corossol*, la chérimole*, le cachiment* et la pomme-cannelle*.

ANOSMIE
Affection qui se traduit par une perte partielle ou totale de l'odorat.

ANTHOCYANES
Pigments rouges contenus dans le raisin* (ou d'autres végétaux) et qui donnent leur couleur aux vins* rouges et aux vins rosés. Les anthocyanes, principalement présentes dans la pellicule, sont très peu libérées lors du pressurage mais surtout pendant la fermentation alcoolique*. La coloration d'un vin est donc directement liée à la durée de macération pelliculaire de la cuvaison* *(1)*.
(1) N'oublions pas que la capacité de coloration de chaque cépage* influe aussi sur la robe du vin.

ANTIOXYDANT
Additif alimentaire* qui retarde l'oxydation des denrées sous l'effet de l'oxygène de l'air.

ANTIPASTO
Terme générique désignant plusieurs préparations d'origine italienne servies en hors-d'œuvre*. Les composants sont multiples : légumes, charcuteries, poissons ...

A.O.C. (Appellation d'Origine Contrôlée)
"Constitue une appellation d'origine la dénomination géographique d'un pays, d'une région ou d'une localité servant à désigner un produit qui en est originaire et dont la qualité ou les caractères sont dûs au milieu géographique, comprenant des facteurs naturels et des facteurs humains".

(Définition officielle de l'appellation d'origine par la loi du 6 juillet 1966.)
L'Appellation d'Origine Contrôlée est placée sous le contrôle de l'État par l'intermédiaire de l'I.N.A.O.*. Les produits bénéficiant d'une A.O.C. ne peuvent être que des produits typés, liés à un terroir particulier et des méthodes de production traditionnelles. De nombreux vins* et fromages* de notre production nationale ont obtenu une Appellation d'Origine Contrôlée. D'autres produits du secteur agroalimentaire

entrent également dans la grande famille des A.O.C. (cidres*, eaux-de-vie*, beurres*, crème fraîche*, huiles*, volailles, viandes, miels*, lentilles*, pommes de terre*, noix*, raisins*, oignons*, coquillages* etc.). En janvier 2010, la France compte 485 A.O.C.

Les vins d'A.O.C., institués par le décret-loi du 30 juillet 1935, sont produits dans des conditions précises *"relatives notamment à l'aire de production, aux cépages* (1), aux rendements, au titre alcoométrique volumique naturel minimum, aux procédés de culture et de vinification"*.

À terme, tous les produits bénéficiant d'une A.O.C. devraient être classés A.O.P. * au niveau européen.

(1) Les encépagements mentionnés pour les A.O.C. (et les A.O.V.D.Q.S.*) figurant dans l'ouvrage sont les encépagements autorisés publiés par l'I.N.A.O.

A.O.P. (Appellation d'Origine Protégée)

S.I.Q.O.* institué par l'Union Européenne. La plupart des produits français bénéficiant d'une A.O.C.* sont protégés au niveau européen par une A.O.P. *. Nous pouvons considérer que l'A.O.P. est la transposition au niveau européen de l'A.O.C. française.

A.O.V.D.Q.S. (Appellation d'Origine Vin Délimité de Qualité Supérieure)

Catégorie de vin* français instituée par la loi du 18 décembre 1949. Le label V.D.Q.S. est attribué à partir de critères très proches de ceux pris en compte par l'I.N.A.O*. pour les vins d'A.O.C. *. Cette catégorie doit disparaître au 31 décembre 2011 ; les vins actuellement classés A.O.V.D.Q.S. pourront accéder, sous certaines conditions, à l'A.O.C. (ou acquérir une I.G.P. * en Vin de Pays*).

APICIUS

Nom de trois gastronomes romains *(1)* qui passèrent à la postérité. Le plus célèbre d'entre-eux est Marcus Gavius Apicius, contemporain de Tibère, qui aurait écrit *De re coquinaria*, le plus ancien ouvrage culinaire sur la cuisine romaine et qui demeura une référence pendant plusieurs siècles.

(1) Il subsiste beaucoup d'incertitudes sur leur nombre – trois ou peut-être quatre – et sur leurs vies.

APOLLINARIS

Eau minérale naturelle* gazeuse captée à Bad Neuenahr, en Rhénanie-Palatinat dans le Sud-Ouest de l'Allemagne. Autorisée en France par arrêté ministériel du 1er juin 1933. Catégorie : riche en sels minéraux.

Composition physico-chimique (en mg/l)	
Cations	Anions
Sodium : 425 Magnésium : 104 Calcium : 88,9 Potassium : 25,2	Bicarbonates : 1 580 Chlorures : 137 Sulfates : 112 Nitrates : 3
Silice : 26,6	Fluor : 2
pH à 20 °C : 6,6	Minéralisation totale : 1832 mg/l

APPAREIL

Désignation de l'ensemble des ingrédients nécessaires pour réaliser une préparation culinaire.

APPENZELLER ou APPENZELL

Fromage* de lait* de vache fabriqué dans le nord-est de la Suisse. Il tire son nom d'un canton helvétique, sa région d'origine.
Type : pâte pressée cuite.
Forme : petite meule à talon légèrement convexe.
Taille : 30 à 33 cm de diamètre, 8 cm d'épaisseur.
Poids : 6 à 8 kg.
Teneur en M.G. : 50 % au minimum.
Meilleures saisons : été, automne, hiver.

APPERT (Nicolas)

Né à Châlons-sur-Marne le 17 novembre 1749 et mort à Massy le 1er juin 1841. Ce confiseur fut l'inventeur d'un procédé de conservation des aliments par traitement thermique en vase clos : *l'appertisation*. Il commença ses premières recherches en enfermant des légumes dans des bouteilles étanches qu'il plongeait un temps prolongé dans de l'eau bouillante ; mais il développera ses travaux afin de fournir aux armées un moyen de conserver les aliments sur un long terme et sans altération. Cette stérilisation* en récipients hermétiques évoluera avec l'usage d'autres contenants plus pratiques tels que la boite métallique. Afin de faire connaître son invention, Nicolas Appert publia en 1810 *"L'Art de conserver pendant plusieurs années toutes les substances animales et végétales"*. C'est plus tard, vers 1860, que Louis Pasteur* expliquera scientifiquement le principe de destruction des microbes par traitement thermique.

Nicolas Appert

APPERTISATION

Voir Appert (Nicolas) *.

APPIGNATO
Fromage* de lait* de chèvre ou de brebis fabriqué en Corse du Nord. Il tire son nom de "pignes", fruits du pin parasol, présents dans son élaboration.
Type : pâte molle plus ou moins fermentée.
Forme : variable selon le récipient de moulage.
Taille et poids : variables selon la forme.
Teneur en M.G. : 45 à 50%.
Meilleures saisons : printemps, été, automne.

APPLEJACK
Eau-de-vie* de pommes* fabriquée aux États-Unis et au Canada. L'Applejack s'apparente au Calvados* sans toutefois égaler sa finesse. En effet, les techniques de fabrication sont différentes de celles employées en Normandie.

APRICOT BRANDY
Liqueur* d'abricots* titrant généralement entre 20 et 30°.

AQUACULTURE ou AQUICULTURE
Élevage d'espèces animales ou végétales en milieu aquatique (poissons, coquillages, crustacés, algues...). L'aquaculture se pratique sur les littoraux en milieu marin ou dans les fleuves, les rivières et les étangs pour les élevages en eau douce. Avec la diminution des ressources halieutiques *(1)*, la demande croissante de produits d'origine aquatique et les réglementations internationales qui encadrent les activités de pêche, l'aquaculture a pris une telle importance que la production aquacole dépasse aujourd'hui celle de la pêche.
La pisciculture (élevage des poissons), *la conchyliculture* (élevage des coquillages en général), *l'ostréiculture* (élevage des huîtres*), *la mytiliculture* (élevage des moules*), la pectiniculture (élevage des coquilles Saint-Jacques* et pétoncles*)... sont des formes d'aquaculture.
(1) Ressources liées à la pêche et plus généralement à l'exploitation des richesses aquatiques.

AQUAVIT
Eau-de-vie* de céréales ou de pommes de terre* parfumée avec différentes substances aromatiques (cumin*, anis*, fenouil*, cannelle*, oranges* amères, etc.). L'aquavit, fabriquée et consommée dans les pays scandinaves, tire son nom du latin "aqua vitae" qui signifie "eau-de-vie".

ARACHIDE
Plante oléagineuse originaire d'Amérique du Sud ou de Chine. La graine, extraite de la gousse souterraine, produit de l'huile* ou un produit torréfié connu sous le nom de cacahuète*.

ARAIGNÉE
Pièce de boucherie sillonnée de nombreuses nervures en toile d'araignée. Il s'agit d'un morceau tendre et juteux prélevé dans le haut de la cuisse du bœuf*.

ARAIGNÉE DE MER
Crabe* vivant sur les fonds côtiers à herbiers de la Manche, de l'Atlantique et plus rarement de la Méditerranée. Les spécimens pêchés sur nos côtes mesurent jusqu'à 20 cm de diamètre. Il existe des variétés d'araignée de mer de tailles beaucoup plus importantes telles que le *Crabe royal d'Alaska* dont le poids peut atteindre 10 kg avec des pattes de 1,50 à 1,80 m. Ce dernier vit sur les côtes de l'Alaska et du Japon.

ARAK ou ARRAK
Spiritueux* anisé élaboré dans plusieurs pays de l'Est méditerranéen (Turquie, Liban, Syrie, Libye, etc.)

ARBOIS (cépage)
Cépage* blanc originaire de Touraine. Son nom vient d'un terme dialectal local ("Orbois" ou "Orboué"). Aires de culture : essentiellement dans le Loir-et-Cher et l'Indre sur des zones d'appellation telles que Cheverny* et Valençay*. L'Arbois est cultivé sur environ 650 ha.
Vins* produits : blancs souples et agréables.

Source : Photo BG

ARBOIS (vin)
Vins* rouges, rosés, blancs, vins jaunes* et vins de paille* produits dans le Jura, A.O.C.* depuis le 15 mai 1936.
Aire de production : 12 communes du Jura, dont Arbois, situées au nord-est de Lons-le-Saunier.
Superficie du vignoble : 864 ha (en 2005).
Encépagement autorisé : Poulsard*, Trousseau*, Pinot noir*, Savagnin*, Chardonnay* et Pinot blanc*.
Rendement de base à l'hectare : 55 hl pour les vins rouges et rosés, 60 hl pour les vins blancs et 20 hl pour les vins de paille.
Teneur minimale en sucre des moûts* destinés à produire des vins de paille : 306 g/l.
Richesse alcoolique minimum acquise des vins de paille : 14,5%.
Ces vins de paille ne peuvent être commercialisés qu'après 3 ans de vieillissement (dont 18 mois "sous bois") et avec indication du millésime*.

ARBOIS MOUSSEUX
Vins* effervescents produits sur les aires délimitées de l'appellation Arbois*.

ARBOIS PUPILLIN
Vins* produits dans les mêmes conditions que l'appellation Arbois* sur un territoire limité à la commune de Pupillin.

ARCENS
Eau minérale naturelle* gazeuse captée à Arcens dans l'Ardèche. Reconnue par l'Académie de médecine en 1937.
Catégorie : moyennement minéralisée.

Composition physico-chimique (en mg/l)	
Cations	Anions
Sodium : 290 Calcium : 88 Magnésium : 66 Potassium : 7	Bicarbonates : 1280 Chlorures : 52 Sulfates : 3,77 Nitrates : 0
pH à 20 °C : 6	Minéralisation totale : 1 340 mg/l

ARCHESTRATE
Poète grec originaire de Sicile qui vécut au 4ème siècle avant J-C. Ce voyageur, curieux de gastronomie*, s'intéressa au lien entre habitudes alimentaires et civilisations. Il publia *Gastrologie* ou *Gastronomie d'Archestrate* (titre variant selon les hellénistes).

ARÊCHES
Fromage* de lait* de chèvre fabriqué en Savoie. Il tire son nom de la localité où se fait la collecte du lait.
Type : pâte pressée non cuite, croûte brossée et lavée.
Forme : petit cylindre.
Taille : 7 à 8 cm de diamètre, 5 à 7 cm d'épaisseur.
Poids : 200 à 300 g.
Teneur en M.G. : 45 %.
Meilleure saison : de juin à novembre.

ARGAN
Fruit de l'arganier, petit épineux sauvage qui pousse dans le Sud-ouest marocain. L'huile* d'argan se révèle d'une grande richesse, tant médicinale que diététique *(1)*. On la retrouve ainsi en cosmétologie mais aussi dans le domaine culinaire pour de subtils assaisonnements.

(1) Pour la fabrication de l'huile à destination alimentaire, les amandons sont torréfiés. Cette torréfaction enlève de l'amertume et apporte un parfum de noisette grillée.

ARGENTEUIL (garniture)
Garniture* composée de pointes d'asperges* ou de purée de pointes d'asperges.

ARGENTEUIL (salade)
Salade composée constituée de dés de pommes de terre*, pointes d'asperges*, chiffonnade de laitues* et quartiers d'œufs* durs.
Assaisonnement : sauce mayonnaise* et sauce vinaigrette*.

ARLÉSIENNE (garniture)
Garniture* composée de lamelles d'aubergine*, rondelles d'oignon* frites et tomates* sautées.

ARLÉSIENNE (sauce)
Sauce béarnaise* additionnée de tomates* concassées et d'essence d'anchois*.

ARMAGNAC

3 zones du vignoble d'Armagnac

Eau-de-vie* provenant de vins récoltés et distillés dans une région délimitée du Sud-Ouest, A.O.C.* depuis le 6 août 1936.
Aire de production : 289 communes des départements du Gers, des Landes et du Lot-et-Garonne composant un territoire situé approximativement de Nérac à Mirande (du Nord au Sud) et de Villeneuve-de-Marsan à Fleurance (de l'Ouest à l'Est). Cette aire de production est divisée en 3 zones : le ***Bas-Armagnac***, l'***Armagnac-Ténarèze*** et le ***Haut-Armagnac***.
Superficie du vignoble : environ 15 000 ha.
Encépagement autorisé : Ugni blanc*, Colombard*, Folle blanche*, Baco blanc*, Blanc Dame*, Graisse*, Jurançon blanc*, Mauzac rosé* et Meslier Saint-François*.
Les vins à distiller se caractérisent par une faible richesse alcoolique (8 à 10%) et une acidité importante. Par ailleurs, la chaptalisation* est interdite dans le processus de vinification*.
La distillation a lieu dans des alambics du type armagnacais avant le 31 mars de l'année qui suit celle de la récolte.
Titrage alcoolique de l'eau-de-vie à la sortie de l'alambic : entre 52° et 72°.
Titrage alcoolique minimum à la vente au consommateur : 40°.
L'Armagnac subit un vieillissement en fûts de chêne d'une contenance de 400 à 420 litres. Durant ce séjour "sous-bois" l'eau-de-vie s'enrichit en arômes et en saveurs, prend progressivement une couleur ambrée et perd une partie de sa richesse alcoolique. Cette partie d'alcool* évaporée - 2 à 4% par an - est appelée "part des anges".
Certaines mentions figurant sur l'étiquette précisent le temps de vieillissement avant la mise en bouteilles :

"Trois étoiles" : 2 ans minimum.
"V.O.", "V.S.O.P." *(1)* ou "Réserve" : 4 ans minimum.
"Extra", "Napoléon", "X.O." ou "Vieille réserve" : 5 ans minimum.
"Hors d'âge" : 10 ans minimum *(2)*
(1) Very Superior Old Pale.
(2) Voir compte d'âge*.

Alambic armagnacais

ARMAGNAC SOUR
Cocktail* (apéritif) préparé au shaker.
1 cuillère à café de sucre*
2 cl de jus de citron*
5 cl d'armagnac*
2 cerises à l'eau-de-vie*
Frapper et servir dans un verre à cocktail, décorer avec les cerises.

ARMAGNAC-TÉNARÈZE
Eau-de-vie à A.O.C. * produite sur une aire délimitée composée de certains cantons ou communes des départements du Gers et du Lot-et-Garonne situés au centre du vignoble d'Armagnac, entre le Bas-Armagnac* (à l'ouest) et le Haut-Armagnac* (à l'est). Les critères de production sont ceux pris en compte pour l'Armagnac*.

ARMENONVILLE
Garniture* composée de quartiers d'artichauts, haricots verts*, pommes cocotte* et tomates* concassées.

ARMORICAINE (sauce)
Préparation identique à la sauce américaine*.

ARNÉGUY
Fromage *de lait* de brebis fabriqué au Pays Basque.
Il doit son nom à une localité située au centre du secteur montagnard de transhumance.
Type : pâte pressée non cuite.
Forme : petite meule à talon convexe.
Taille : 30 à 32 cm de diamètre, 8 à 9 cm d'épaisseur.
Poids : 4 à 5 kg.
Teneur en M.G. : 45 à 50 %.
Meilleures saisons : printemps, été, automne.

AROMATE
Plante aux propriétés aromatiques utilisée en cuisine - mais aussi en pharmacie et en parfumerie - pour renforcer la flaveur* des préparations culinaires. Selon les cas, on utilise les fleurs, les feuilles, les tiges, les fruits, les graines, la racine ou le bulbe de la plante. Le persil*, l'estragon*, le thym*, le laurier*, l'oseille*, le céleri*, le fenouil*… sont des aromates courants.
Contrairement aux épices*, les aromates sont souvent produits dans nos régions.

ARÔME
Ce terme désigne à la fois la ***perception olfactive*** d'un aliment ou d'une préparation culinaire *(1)* et une ***molécule aromatisante*** ajoutée à un aliment. Les 2 800 molécules autorisées auxquelles l'industrie alimentaire a recours pour parfumer ses produits sont divisées en 2 catégories : les *arômes naturels*, extraits de matières premières d'origine végétale ou animale et *les arômes(2)*, synthétisés chimiquement.
(1) Cette perception olfactive (odeur, parfum, exhalaison, senteur, effluve …) est variable selon le produit, sa préparation, sa température, etc. Lors de la dégustation d'un vin, on parle d'**arôme primaire**, d'**arôme secondaire** et d'**arôme tertiaire**. Ces types d'arômes se révèlent selon le cépage*, le terroir, la vinification*, le millésime*, l'élevage*, l'âge, etc.*
(2) Appelés aussi "arômes artificiels".

ARÔMES LYONNAIS ou ARÔMES DE GÈNE DE MARC
Fromages* de lait* de vache ou de lait de chèvre mis à fermenter avec du marc* de raisin en fermentation.
Type : pâte molle, croûte naturelle.
Forme : petits disques plats.
Taille : 6 à 7 cm de diamètre, 2 à 3 cm d'épaisseur.
Poids : 80 à 120 g.
Teneur en M.G. : variable.
Meilleure saison : consommés toute l'année, ces fromages présentent cependant les meilleures qualités gustatives en hiver.

ARROW-ROOT
Fécule* extraite des rhizomes, racines ou tubercules de diverses plantes tropicales (maranta, arum, petlordes, curcuma*, etc.) utilisée pour les liaisons de sauces* ou potages* et pour confectionner des bouillies et entremets*.

ARRUFIAC ou ARRUFIAT
Cépage* blanc autochtone de la Vallée de l'Adour.
Aire de culture : dans sa région d'origine sur des zones d'appellation telles que Pacherenc du Vic Bilh* et Saint-Mont*.
Vins* produits : blancs secs et fruités.

ARTICHAUT
Plante potagère originaire d'Afrique du Nord ou d'Italie. Dans l'artichaut, nous consommons le

bouton de la fleur constitué d'un réceptacle charnu (le "fond") sur lequel sont implantées des feuilles. Au centre se trouve le "foin". Seuls le fond et la base des feuilles sont comestibles ; le foin est toujours soigneusement éliminé. L'artichaut est surtout préparé cuit : en fond de garniture, à la Barigoule*, en purée, à la Grecque... Il est encore employé comme plante médicinale et entre dans la composition du Cynar*.
Principales variétés : *Camus de Bretagne, Castel, Violet de Provence, Macau ou Blanc Hyérois, Romanesco, Blanc d'Espagne*, etc.

Artichauts Camus de Bretagne

ARTICHAUT D'ISRAËL
Voir Pâtisson*.

ARVIE
Eau minérale naturelle* gazeuse captée à Augnat dans le Puy-de-Dôme. Classée eau minérale depuis 1884.
Catégorie : riche en sels minéraux.

Composition physico-chimique (en mg/l)	
Cations	Anions
Sodium : 650 Calcium : 170 Potassium : 130 Magnésium : 92	Bicarbonates : 2 195 Chlorures : 387 Sulfates : 31 Nitrates : 0
Silice : 77 Fluor : 0,9 Manganèse : 300 µg/l Zinc : 10µg/l	
pH à 20 °C : 6,4 Minéralisation totale : 2520 mg/l	

ASCO
Fromage* de lait* de chèvre fabriqué en Corse. Il tire son nom de la localité principale située dans la zone de production.
Type : pâte molle, croûte lavée et raclée.
Forme : carré à angles arrondis.
Taille : 13 à 14 cm de côté, 5 à 6 cm d'épaisseur.
Poids : 500 à 700 g.
Teneur en M.G. : 45 %.
Meilleure saison : d'avril à décembre.

ASIAGO
Fromage* de lait* de vache fabriqué en Italie qui bénéficie d'une Appellation d'Origine Contrôlée dans son pays et d'une A.O.P.* au niveau européen.
Il doit son nom à un plateau de Vénétie, sa zone de production.
Type : pâte pressée, mi-cuite.
Forme : petite meule à talon légèrement convexe.
Taille : 35 à 40 cm de diamètre, 9 à 12 cm d'épaisseur.
Poids : 9 à 14 kg.
Teneur en M.G. : 30 % et plus.
Qualité identique toute l'année.

ASPARTAME
Édulcorant de synthèse* découvert en 1965. Son pouvoir sucrant est de 180 à 200 fois supérieur à celui du sucre*. Cet additif alimentaire* est principalement utilisé pour édulcorer les boissons et aliments allégés.

ASPERGE
Plante potagère originaire d'Orient dont on consomme les pousses souterraines appelées "turions". Connue en France depuis la Renaissance, l'asperge a vu sa culture se développer dans les régions à sol sablonneux. On produit actuellement 3 grandes variétés d'asperges :
Les asperges blanches récoltées dès leur sortie de terre afin que les turions restent blancs.
Les asperges violettes dont les pointes sont violettes mais les tiges blanches.
Les asperges vertes parmi lesquelles il faut distinguer les "vraies vertes", vertes sur toute la longueur, et les "fausses vertes" qui sont des asperges blanches récoltées tardivement et dont seules les pointes sont vertes.
Les asperges sont généralement cuites dans l'eau bouillante avant d'être servies chaudes, tièdes ou froides, accompagnées d'une sauce*, et comme élément de garniture* (pointes) dans certaines préparations culinaires. Elles sont également consommées en "mouillettes" avec les œufs à la coque*.

ASPIC
Apprêt culinaire constitué d'un élément froid (poisson, crustacé, viande, volaille, foie gras*, légume, fruit...) moulé dans une gelée*.

ASPIRAN
Cépage* noir méridional.
Aires de culture : dans certains vignobles du Languedoc-Roussillon, notamment le Minervois*.
Vins* produits : rouges colorés et aromatiques.

ASSIETTE
Voir Couvert*.

ASTI SPUMANTE
Vins* blancs effervescents italiens produits dans le Piémont.
Issus de cépage Moscato bianco, élaborés en cuve close selon la Méthode Charmat* ou parfois selon la Méthode traditionnelle*, ces vins bénéficient d'une D.O.C.G. *.

ATRIAU ou ATTRIAU
Crépinette* réalisée avec un hachis composé de foie de porc*, chair de veau*, fines herbes, oignons* et aromates*. Cette spécialité se prépare en Savoie, en Franche-Comté et en Suisse dans la région de Genève.

ATTEREAU
Apprêt culinaire se présentant sous forme de brochette garnie de différents éléments *(1)* enrobés de sauce* réduite, panés à l'anglaise et frits.
(1) Il peut s'agir de morceaux d'abats, de jambon*, de légumes, de truffe*, de fruits de mer, etc.*

ATTIGNOLE
Boulette faite de viande de porc* additionnée d'oignons* et d'échalotes* ciselés ainsi que de mie de pain trempée dans du lait* et des œufs* battus. Cette spécialité normande est cuite dans la graisse pour être servie froide en début de repas.

AUBAINE
Autre dénomination du cépage* Chardonnay* en Bourgogne.

AUBERGINE
Plante potagère originaire de l'Inde. Elle est cultivée pour ses fruits allongés qui possèdent une peau généralement violacée *(1)*, lisse, brillante et une chair douce et fondante.

Principales variétés : *Violette de Barbentane, Violette de Toulouse, Black beauty, Dobrix, Giniac, Berinda, Baluroi, Telar, Vernal…*
L'aubergine se consomme cuite, en gratin ou farcie. Elle entre aussi dans la composition de la moussaka*, de la ratatouille* et de l'iman bayildi*.
(1) Il existe également une variété blanche : la Blanche de Chine et une variété jaune : la Jaune de Thaïlande.

AUBIN
Cépage* blanc originaire de Lorraine. Il n'est pratiquement plus cultivé mais on le trouve encore sur de faibles superficies dans les vignobles des Côtes de Toul*.

AUBUN
Cépage* noir originaire du Vaucluse.
Aires de culture : en Provence et en Languedoc.
Vins* produits : rouges colorés présentant parfois une amertume en fin de dégustation.

AUMÔNIÈRE
Désignation courante d'une crêpe* farcie présentée sous forme de bourse.

AURORE (sauce)
Sauce suprême* tomatée.

AUSLESE
Voir Qualitätswein mit Prädikat*.

AUTRUCHE
Grand oiseau d'origine sud-africaine dont l'élevage se développe en France. L'animal est abattu lorsqu'il atteint l'âge de 12 mois, son poids est alors d'environ 100 kg. Il possède une chair rouge goûteuse, très tendre, pauvre en lipides et qui s'apprête comme une viande rouge classique. L'œuf de l'autruche est à la taille de l'animal puisqu'il pèse en moyenne 1,5 kg.

AUVERNAT
Cépage* blanc synonyme de Chardonnay*.

AUXERROIS
Cépage* blanc qui serait originaire de Lorraine, mais dans la région de Cahors, le Côt* (ou Malbec) est aussi appelé "Auxerrois". Alors attention à la confusion !
Aires de culture : en Lorraine, Alsace *(1)*, mais aussi au Luxembourg, notamment pour l'élaboration du Crémant du Luxembourg*.
Vins* produits : blancs légers, souples, peu acides.
(1) Dans cette région, l'Auxerrois est parfois identifié sous le nom de Pinot Auxerrois.

AUXEY-DURESSES
Vins* rouges et blancs produits en Bourgogne*, A.O.C.* depuis le 31 juillet 1937. Pour les vins dont les récoltes proviennent de parcelles classées "Premier Cru", l'appellation communale peut être complétée par le nom du climat* d'origine *(1)* et (ou) par la mention "Premier Cru".
Aire de production : commune d'Auxey-Duresses située au Sud-Ouest de Beaune.
Superficie du vignoble : 135 ha (en 2007) dont 96 en vins rouges et 39 en vins blancs.
Encépagement autorisé : Pinot noir*, Pinot Beurot*, Pinot Liébault*, Chardonnay* et Pinot blanc*.
Rendement de base à l'hectare : 40 hl pour les vins rouges et 45 hl pour les vins blancs.
(1) Clos du Val, Les Bas-des-Duresses, Les Bretterins, Les Bretterins dit la Chapelle, Les Duresses, Les Ecusseaux, Les Grands Champs, Reugne, et Reugne dit la Chapelle.

AVELINE
Fruit de l'avelinier, arbrisseau originaire d'Asie proche du noisetier. L'aveline est une sorte de grosse noisette* employée pour fabriquer de l'huile* ou des dragées*.

AVÈZE
Gentiane* (A.B.A.*) mise au point à Riom-ès-Montagne en 1929 par Émile Refouvelet. Initialement dénommé "Auvergne Gentiane", le produit devient "Avèze" en 1962. Toujours élaborée dans le Cantal, Avèze existe en 2 références : *Avèze 15°* et *Avèze 20°* (spécialité régionale au goût plus amer).

AVOCAT
Fruit exotique piriforme *(1)* originaire d'Amérique centrale. Ce sont les Israéliens qui lancèrent la mode de l'avocat en Europe en développant la culture de l'avocatier dans leur pays. Principales variétés : *Ettinger, Fuerte, Hass, Edranol, Zutano, Pollock, Nabal, Lulla...*
L'avocat se caractérise par une écorce tantôt lisse, tantôt rugueuse. Sa chair, riche en matières grasses, a la consistance du beurre*. Au centre de celle-ci se trouve un énorme noyau. Ce "fruit-légume" se consomme avec une sauce vinaigrette*, en salade, en cocktail, en purée, en mousse...
(1) En forme de poire.

AVOINE
Céréale consommée par l'homme depuis des millénaires mais qui a été un peu délaissée en France au 20ème siècle, étant plutôt considérée comme un végétal à destination des animaux. On a redécouvert l'intérêt alimentaire de l'avoine depuis quelque temps (notamment pour ses propriétés nutritionnelles). Elle est présente dans des potages* ou bouillies et des préparations très connues comme le muesli* et le porridge*.

AXOA
Spécialité gastronomique basquaise à base de viande de veau* coupée en petits dés ou hachée et cuisinée avec des piments* d'Espelette.

AZYME
Désigne un pain* sans levain. Le pain azyme est le pain rituel que les Juifs consomment à la Pâque. Les hosties sont également fabriquées à partir de pain azyme.

B

BABA
Gâteau réalisé à partir d'une pâte levée additionnée ou non de raisins* secs. Après cuisson, le baba est généralement imbibé d'un sirop* parfumé au rhum*.

BACARDI (cocktail)
Cocktail* préparé au shaker.
1 cl de grenadine*
2 cl de jus de citron*
4 cl de rhum Bacardi*
Frapper et servir dans un verre à cocktail.

BACARDI (rhum)
Marque commerciale de rhum* créée à Cuba en 1862 par un Catalan, F. Bacardi. Elle est devenue aujourd'hui la marque de rhum la plus vendue dans le monde avec des distilleries installées dans de nombreux pays. Hormis son célèbre rhum blanc, Bacardi produit également une gamme de rhums ambrés.

BACO BLANC
Cépage* blanc hybride résultant d'un croisement de Folle blanche* et de Noah*. Il doit son nom à celui qui créa l'hybridation (1).
Le Baco blanc est cultivé en Gascogne pour la production de vins* blancs, acides et peu alcoolisés, destinés à la distillation de l'Armagnac* et de la Blanche Armagnac*.

(1) François Baco, instituteur et ampélographe français, réalisa le croisement des deux cépages en 1898.*

BACON
Morceau de poitrine ou filet de porc* fumé couramment consommé en fines tranches grillées ou frites.

BADIANE
Autre dénomination de l'anis* étoilé.

BADOIT

Composition physico-chimique (en mg/l)	
Cations	Anions
Calcium : 190 Sodium : 165 Magnésium : 85 Potassium : 10	Bicarbonates : 1 300 Chlorures : 44 Sulfates : 38 Nitrates : NC
Silice : 35 Fluor : 1,2	
pH à 20°C : 6 Minéralisation totale : 1 200 mg/l	

Eau minérale naturelle* gazeuse captée à Saint-Galmier dans la Loire. Reconnue d'intérêt public en 1898.
Catégorie : moyennement minéralisée.

Coupe géologique du site de Saint-Galmier

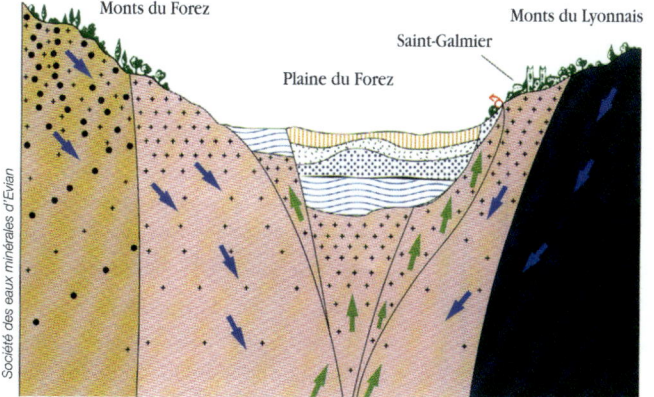

Badoit se décline en 2 versions : Badoit traditionnelle, *finement pétillante* (étiquette verte) et Badoit *intensément pétillante* (étiquette rouge).

BÄECKEOFFE (1)
Spécialité culinaire alsacienne constituée d'un ragoût* de viandes diverses (porc*, mouton*, bœuf*) garni de pommes de terre* en rondelles et d'oignons* émincés.

(1) Autres orthographes: bäeckeoffa, baeckenoffe, bäckehoffe, bäckeofe, bäkeofe, bœckeofe, baekenofe, baechenoffe...

BAGATELLE (salade)
Salade composée constituée d'une julienne* de champignons de Paris* et de carottes* complétée de pointes d'asperges* blanches.
Assaisonnement : sauce vinaigrette*.

BAG-IN-BOX (BIB)
Récipient de contenance variable constitué d'une outre en plastique incluse dans une boite en carton et doté d'un robinet de tirage. Si le Bag-in-Box ne présente pas les mêmes avantages que la bouteille en verre pour le vieillissement et la présentation du vin*, il permet en revanche une meilleure conservation de la boisson après ouverture du contenant.

BAGNES
Fromage* de lait* de vache fabriqué dans le sud-ouest de la Suisse. Il tire son nom de la vallée et du plateau de Bagnes, sa région d'origine.
Type : pâte pressée cuite.
Forme : petite meule cylindrique.
Taille : 35 à 40 cm de diamètre, 7 à 8 cm d'épaisseur.
Poids : 7 à 9 kg.
Teneur en M.G. : 45 %.
Meilleures saisons : été, automne, hiver.

BAGRATION (salade)
Salade composée *(1)* constituée de fonds d'artichauts* émincés, julienne* de céleris*, macaronis* détaillés, julienne* de blancs de volailles, morceaux de langue écarlate*, truffe*, blancs et jaunes d'œufs durs, persil* haché.
Assaisonnement : sauce mayonnaise* tomatée.
(1) Divers apprêts culinaires portent cette dénomination. Ils sont généralement inspirés de créations dédiées par Antonin Carême à la Princesse Bagration.*

BAGUETTE LAONNAISE
Fromage* de lait* de vache fabriqué en Ile-de-France. Il doit son nom à sa forme et à son lieu de production dans l'Aisne.
Type : pâte molle à croûte lavée.
Forme : pain rectangulaire à section carrée ou rectangulaire.
Taille : 15 cm de longueur et section de 6 cm de côté.
Poids : 500 g environ.
Teneur en M.G. : 45 %.
Meilleures saisons : été, automne, hiver.

BAILEYS Original Irish Cream
Liqueur* crémeuse créée à Dublin en 1974 par R. et A. Bailey. Ce produit, qui titre 17°, est en réalité une sorte de cocktail* préparé. Il est élaboré à partir de crème fraîche, de vieux whiskey* irlandais, de chocolat* et de substances aromatiques diverses. La marque a lancé récemment une gamme de liqueurs conservant la même formule de base, mais diversement aromatisées.

BAKLAVA ou BAKLAWA
Pâtisserie que l'on retrouve en Grèce, Turquie, Bulgarie, etc. réalisée en superposant des feuilles de filo* fourrées d'amandes* de pistaches* ou de noix* hachées. Détaillés en triangles ou en losanges après cuisson, les baklavas sont arrosés d'un sirop* additionné de miel* et d'eau de rose.

BALALAÏKA
Cocktail* préparé au shaker.
2 cl de jus de citron*
2 cl de Cointreau*
3 cl de vodka*
Frapper et servir dans un verre à cocktail.

BALLOTTINE
Préparation de charcuterie à base de chair de volaille, de gibier, de porc*, de veau* ou de poisson. Roulée dans un linge ou dans une peau - c'est parfois le cas pour les volailles - la ballottine est souvent pochée et quelquefois braisée.

Ballottine de volaille

BALTHAZAR
Bouteille d'une contenance équivalente à 16 bouteilles classiques, soit 12 litres.

BANANA BLISS
Cocktail* (digestif) préparé au verre à mélange.
3,5 cl de cognac*
3,5 cl de crème de banane*
Frapper et servir dans un verre à cocktail.

BANANA SPLIT
Dessert composé de trois boules de crème glacée*, deux demi-bananes* tièdes, sauce chocolat*, crème Chantilly* et cerises* confites. Il existe d'autres variantes avec meringues*, amandes* effilées, coulis de fraises*, etc.

BANANE
Fruit du bananier, plante herbacée géante originaire de l'Indonésie. Le bourgeon final de cette plante donne une inflorescence qui se transforme en un "régime" composé de 170 à 220 bananes. Les fruits doivent passer en mûrisserie (1) avant d'être mis sur le marché. La banane est le 3ème fruit consommé par les Français après la pomme* et l'orange*. La majeure partie des bananes qui arrivent dans notre pays provient de la Martinique et de la Guadeloupe, le reste nous est fourni par la Côte d'Ivoire, le Cameroun et l'Amérique centrale. L'Inde demeure le premier producteur mondial.
Principales variétés : *Poyo, Cavendish, Valery, Grande naine, Petite naine, Gros Michel, Freysinette, Banane rose* (de petite taille avec une peau rose ou rouge).

La Banane Plantain, variété de grande taille et de forme presque rectiligne, peu sucrée et riche en amidon, ne se consomme que cuite. Les autres variétés se consomment crues ou cuites.

(1) Les bananes sont cueillies vertes et transportées dans des cargos climatisés à 12°C. Une fois débarquées, elles séjournent en mûrisserie entre 16 et 18°C pendant une semaine. Elles sortiront à peine mûres pour arriver au stade de maturité sur l'étal du distributeur.

B and B
Cocktail* (digestif) préparé sur glace directement dans un verre à dégustation.
3,5 cl de Bénédictine*
3,5 cl de brandy*
"B and B" désigne également un produit commercialisé par Bénédictine* depuis 1938.

BANDOL
Vins* rouges, rosés et blancs produits en Provence, A.O.C.* depuis le 11 novembre 1941.
Aire de production : 8 communes du Var, dont Bandol, situées à l'ouest de Toulon.
Superficie du vignoble : 1 553 ha (en 2005).
Encépagement autorisé : Mourvèdre*, Grenache*, Cinsault*, Syrah*, Carignan*, Marsanne*, Semillon*, Bourboulenc*, Clairette*, Ugni blanc*, Vermentino* et Sauvignon*.
Rendement de base à l'hectare : 40 hl.

BANON
Fromage* de lait* de chèvre fabriqué en Provence. A.O.C.* depuis le 23 juillet 2003 et reconnu A.O.P.* dans le cadre de l'U.E.

Il doit son nom à un village des Alpes-de-Haute Provence, principal lieu de commercialisation. La zone de production s'étend sur 180 communes situées principalement dans les Alpes-de-Haute Provence mais aussi dans les Hautes-Alpes, le Vaucluse et la Drôme.
Ce fromage est présenté enveloppé dans une feuille de châtaignier liée avec du raphia.
Type: pâte molle à croûte naturelle.
Forme: petit disque.
Taille: 7,5 à 8,5 cm de diamètre, 2 à 3 cm d'épaisseur.
Poids: 90 à 110 gr.
Teneur en M.G.: 40% au minimum.
Meilleures saisons: Printemps, été, automne.

BANQUET
Repas, généralement festif, réunissant un grand nombre de convives à l'occasion d'événements familiaux, politiques, patriotiques, associatifs, etc. Les

banquets sont préparés par des restaurateurs ou des traiteurs. Le Banquet des Maires de France - le plus important jamais organisé - eut lieu à l'occasion de l'Exposition universelle, le 22 septembre 1900. Le Président Emile Loubet réunit les édiles de la République de France métropolitaine et d'outre-mer sous d'immenses tentes dressées dans les jardins des Tuileries. 22 500 convives *(1)* prirent place autour de 7 km de table. Ce repas mobilisa 630 cuisiniers et plus de 2 000 maîtres d'hôtels et serveurs. Le menu, constitué de sept plats *(2)*, fut servi en 90 minutes.

(1) Le chiffre est parfois controversé. Selon les sources, il varie entre 21 000 et 29 000.

(2) Darne de saumon* à la parisienne, Filet de bœuf* en Bellevue, Pain de caneton* de Rouen, Poularde* de Bresse rôtie, Ballottine* de faisan*Saint-Hubert, Salade Potel et Glace*… L'ensemble accompagné de près de 50 000 bouteilles de vin*.

Banquet des maires de France
du 22 septembre 1900

BANYULS

V.D.N* rouges, rosés et blancs produits en Languedoc-Roussillon, A.O.C.* depuis le 6 août 1936.

La mention "Rancio" peut être adjointe à l'appellation pour certains vins qui ont subi un vieillissement particulier et qui ont pris un goût de "rancio".

Aire de production : communes de Banyuls, Cerbère, Port-Vendres et Collioure situées dans le sud des Pyrénées-Orientales, sur la côte méditerranéenne *(1)*.

Superficie du vignoble : 898 ha (en 2007).

Encépagement autorisé : Grenache noir*, Grenache gris*, Grenache blanc*, Maccabéo*, Tourbat*, Muscat* à petits grains, Muscat d'Alexandrie, Carignan noir*, Cinsault* et Syrah*.

Rendement de base à l'hectare : 30 hl de moût*.

Richesse naturelle initiale en sucre : 252 g/litre au minimum.

Apport en alcool* pur : 5 à 10 % du volume de moût mis en œuvre, avec un alcool titrant au moins 95°.

Richesse alcoolique minimum acquise : 15 %.

(1) Voir carte Rivesaltes*.

BANYULS GRAND CRU

V.D.N.* produits selon des critères sensiblement identiques à ceux exigés pour l'appellation Banyuls*, avec un encépagement constitué d'au moins 75 % de Grenache* et un élevage minimum de 30 mois "sous bois".

Par ailleurs, les mentions "Dry", "Sec", ou "Brut" peuvent être adjointes à l'appellation pour les vins dont la teneur en sucre naturel après élaboration est inférieure à 54 g/litre.

Superficie du vignoble : 167 ha (en 2007).

BAR

Poisson de mer de la famille des serranidés que l'on pêche dans les eaux agitées des secteurs côtiers de Bretagne et de Méditerranée *(1)*. Il est également élevé en aquaculture* marine.

Ce redoutable prédateur, qui mesure de 30 à 80 cm, est très apprécié pour sa chair fine et délicate.

(1) En Méditerranée, le bar est appelé "loup".

BARBADINE

Voir Fruits de la passion*.

BARBARESCO

Vins* rouges italiens issus essentiellement de cépage Nebbiolo. Ils sont produits dans le Piémont et bénéficient d'une D.O.C.G.*.

BARBAROSSA

Cépage* rose cultivé en Corse sur les aires d'appellation Ajaccio* et Vin de Corse*. Il s'agirait d'une dénomination insulaire du Barbaroux*.

BARBAROUX ou BARBARROUX

Cépage* rose originaire de Provence et cultivé dans cette région, notamment sur les aires d'appellation Cassis* et Côtes de Provence*. Les vins* produits sont légers et aromatiques.

BARBEREY

Fromage* de lait* de vache fabriqué en Champagne. Il doit son nom à une localité de l'Aube, lieu de son affinage.

Type : pâte molle, croûte naturelle cendrée.
Forme : disque plat.
Taille : 11 cm de diamètre, 2,5 cm d'épaisseur.
Poids : 250 g.
Teneur en M.G. : 20 à 30 %.
Meilleures saisons : été, automne.

BARBOTTAGE

Cocktail* préparé au shaker.
1 cl de sirop de grenadine*
2 cl de jus de citron*

4 cl de jus d'orange*
5 cl de champagne*
Frapper la grenadine et les jus de fruits. Servir dans une flûte et compléter avec le champagne.

BARBOUILLE (en)
Dénomination d'une préparation de volaille comportant une sauce* au vin* rouge et au sang. Le coq en barbouille est une spécialité berrichonne.

BARBUE
Poisson de mer de la famille des pleuronectidés qui vit sur les fonds sableux de l'Atlantique. La chair de la barbue rappelle celle du turbot*.

BARDOUIN (Henri)
Pastis* de création récente fabriqué par les Distilleries et Domaines de Provence à Forcalquier, dans les Alpes-de-Haute-Provence. Se voulant un produit typiquement provençal, ce pastis qui titre 45° est élaboré à partir d'une cinquantaine de plantes et épices* *(1)* qui lui confère, à la dégustation, des notes aromatiques rafraîchissantes très marquées.

(1) Sauge*, badiane*, centaurée, girofle*, fèves de Tonka*, cannelle*, cardamone*, etc.

BARDOLINO
Vins* rouges et rosés italiens issus essentiellement de cépages Corvina Veronese et Rondinella. Ils sont produits autour du lac de Garde, en Vénétie, et bénéficient d'une D.O.C.*

BARÈGES-GAVARNIE
Voir ovin*.

BARIGOULE (à la)
Terme culinaire désignant des artichauts* farcis avec une duxelles* et du jambon* haché.

BAROLO
Vins* rouges italiens issus essentiellement de cépage Nebbiolo. Produits dans le Piémont, ils bénéficient d'une D.O.C.G.*.

BARON
Pièce d'agneau* ou de mouton constituée de la selle anglaise* et des deux gigots*.

BAROQUE ou BARROQUE
Cépage* blanc probablement originaire de la région de Tursan dans le Sud-Ouest.
Aires de culture : dans les vignobles de Tursan* où il constitue le cépage blanc principal. On trouve également du Baroque dans l'élaboration du Floc de Gascogne*.
Vins* produits : blancs fruités et bien structurés.

BAROUSSE
Fromage* de lait* de brebis fabriqué dans le Béarn. Il doit son nom à une petite région des Hautes-Pyrénées située dans sa zone de production.
Type : pâte pressée non cuite, croûte naturelle.
Forme : petite meule à bords convexes.
Taille : 20 à 22 cm de diamètre, 6 à 8 cm d'épaisseur.
Poids : 1,5 à 2 kg.
Teneur en M.G. : 45 % environ.
Meilleures saisons : printemps, été, automne.

BARSAC
Vins* blancs produits dans le Bordelais, A.O.C.* depuis le 11 septembre 1936. Ces vins peuvent être commercialisés sous l'appellation Sauternes*. (*Voir* également *Châteaux du Bordelais**.)
Aire de production : commune de Barsac.
Superficie du vignoble : 464 ha (en 2006).
Encépagement autorisé : Sémillon*, Sauvignon* et Muscadelle*.
Rendement de base à l'hectare : 25 hl (comme les Sauternes*, ces vins sont élaborés à partir de raisins arrivés à surmaturation).
Richesse alcoolique minimum acquise : 12,5%.

BARTAVELLE
Voir Perdrix*.

BAS-ARMAGNAC
a) Une des 3 zones constituant l'aire d'appellation Armagnac*. Elle est composée de certains cantons ou communes du Gers et des Landes situés au nord de l'Adour.
b) Eaux-de-vie* à A.O.C.* - les plus fines de la région - produites sur la zone "Bas-Armagnac" (voir critères de production à *Armagnac**).

BASILIC

Plante aromatique originaire de l'Inde. Son parfum, frais, pénétrant, légèrement anisé, est très prisé dans la cuisine méditerranéenne. Il est utilisé pour aromatiser les salades, les sauces*, les potages*, les pâtes, etc.

BASQUAISE (à la)
Dénomination d'apprêts culinaires contenant généralement des tomates*, des poivrons*, des oignons* et du jambon* cru (en principe du jambon de Bayonne).

BATARDE (sauce)
Sauce* à base de roux* blanc mouillé à l'eau, liée aux jaunes d'œufs*, beurrée, crémée et acidulée au jus de citron*.

BÂTARD-MONTRACHET
Vin* blanc produit en Bourgogne*, Grand Cru bénéficiant d'une A.O.C.* depuis le 31 juillet 1937.
Aire de production : parcelles délimitées des lieux-dits "Bâtard-Montrachet" - sur les communes de Chassagne-Montrachet et Puligny-Montrachet - et "Bienvenues" sur la commune de Puligny-Montrachet. La superficie totale de l'appellation est de 11,09 ha.
Encépagement autorisé : Chardonnay*.
Rendement de base à l'hectare : 40 hl.

BATAVIA
Voir Laitue*.

BAUDROIE
Voir Lotte de mer*.

BAVAROIS
Entremets* réalisé à partir d'une purée de fruit ou d'une crème anglaise* collée à la gélatine* et additionnée de crème fouettée sucrée ou de meringue* italienne.

BAVETTE
Morceau de viande de bœuf à grosses fibres prélevé dans l'abdomen de l'animal. On distingue *la bavette d'aloyau*, *la bavette de flanchet* et *la bavette à pot-au-feu*.

BÉARN
Vins* rouges, rosés et blancs produits dans le Sud-Ouest, A.O.C.* depuis le 17 octobre 1975. Le nom de "Bellocq" peut être adjoint à l'appellation pour les vins récoltés sur les communes de Bellocq, Lahontan, Orthez et Saliès.
Aire de production : 77 communes des Pyrénées-Atlantiques, 6 communes des Hautes-Pyrénées et 3 communes du Gers.
Superficie du vignoble : 258 ha (en 2005).
Encépagement autorisé : Tannat*, Cabernet-Sauvignon*, Cabernet franc*, Fer*, Manseng noir*, Courbu noir*, Petit Manseng*, Gros Manseng*, Lauzet*, Camaralet*, Raffiat*, Sauvignon* et Courbu*.
Rendement de base à l'hectare : 50 hl.
Richesse alcoolique minimum acquise : 10,5%.

BÉARNAISE (sauce)
Sauce* émulsionnée chaude confectionnée à partir d'une réduction d'échalotes* ciselées, estragon* et cerfeuil* hachés, vinaigre* et poivre mignonnette*. Après avoir été additionnée de jaunes d'œufs*, cette réduction est montée au beurre*. Passée à l'étamine, la sauce est terminée avec estragon et cerfeuil frais finement hachés.

BEAUFORT
Fromage* de lait* de vache fabriqué en Savoie. A.O.C.* depuis le 4 avril 1968 et reconnu A.O.P.* dans le cadre de l'U.E. Il doit son nom à la vallée de Beaufort, sa région d'origine. L'aire d'appellation s'étend sur 111 communes de Savoie et 2 communes de Haute-Savoie.
Ce fromage, de la famille des gruyères, porte sur le talon le terme "Beaufort" et une marque de caséine bleue de forme elliptique qui indique le numéro de l'atelier de fabrication.
Type : pâte pressée cuite.
Forme : grosse meule plate à talon convexe.
Taille : 35 à 75 cm de diamètre, 11 à 16 cm d'épaisseur.
Poids : 20 à 70 kg (le poids moyen allant de 40 à 45 kg).
Teneur en M.G. : 48 % au minimum.
Meilleures saisons : hiver, printemps, été.

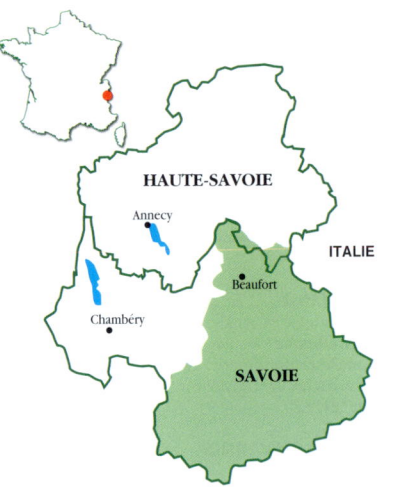

Aire géographique de l'A.O.C Beaufort

BEAUJOLAIS
Vins* rouges, blancs et rosés produits dans le sud de la Bourgogne, A.O.C.* depuis le 12 septembre 1937.
Aire de production : 96 communes du sud de la Saône-et-Loire et du nord du Rhône situées entre Mâcon et Lyon.
Superficie du vignoble : 7 399 ha (en 2008).
Encépagement autorisé : Pour les vins rouges et rosés, le cépage principal est le Gamay*; sont tolérés en cépages accessoires dans une proportion limitée à 15 % : l'Aligoté*, le Chardonnay*, le Pinot gris* et le Pinot noir*. Pour les vins blancs le seul cépage autorisé est le Chardonnay.
Rendement de base à l'hectare : 60 hl pour les vins blancs et 64 hl pour les vins rouges et rosés.

**BEAUJOLAIS NOUVEAU
ou BEAUJOLAIS PRIMEUR**
Voir Vin de primeur*.

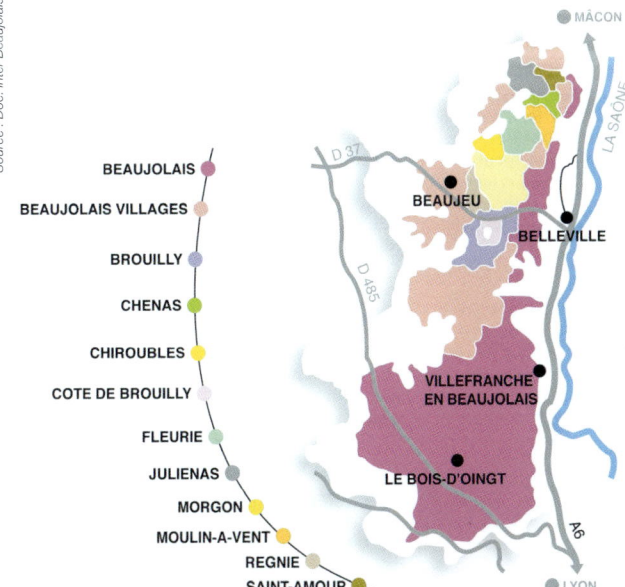

Carte du vignoble du Beaujolais

BEAUJOLAIS SUPERIEUR
Vins* rouges produits sur des parcelles sélectionnées selon des critères proches de ceux requis pour l'appellation Beaujolais*.
Superficie du vignoble : 79 ha (en 2008).
Rendement de base à l'hectare : 62 hl.

BEAUJOLAIS-VILLAGES ou BEAUJOLAIS suivi du nom de la commune d'origine *(1)*
Vins* rouges, blancs et rosés produits dans 38 communes situées dans la partie nord de l'aire délimitée de l'appellation Beaujolais* *(2)*. A.O.C.* depuis le 12 septembre 1937.
Superficie du vignoble : 5 259 ha (en 2008).
Encépagement autorisé : identique à l'A.O.C. Beaujolais*.
Rendement de base à l'hectare : 60 hl.

(1) Cette possibilité n'est pas autorisée pour ceux des communes de Chénas, Chiroubles, Fleurie, Juliénas, Régnié-Durette et Villié Morgon, afin de ne pas prêter à confusion avec le nom de ces crus.

(2) Les Ardillats , Beaujeu , Blacé , Cercié , Charentay , Chénas , Chiroubles , Denicé , Émeringes , Fleurie , Juliénas , Jullié , Lancié , Lantignié , Marchampt , Montmelas-Saint-Sorlin , Odenas , Le Perréon , Quincié-en-Beaujolais , Régnié-Durette ,
Rivolet , Saint-Didier-sur-Beaujeu , Saint-Étienne-des-Oullières , Saint-Étienne-la-Varenne , Saint-Julien , Saint-Lager , Salles-Arbuissonnas-en-Beaujolais , Vaux-en-Beaujolais , Vauxrenard , Villié-Morgon , Chânes , La Chapelle-de-Guinchay , Leynes , Pruzilly , Romanèche-Thorins , Saint-Amour-Bellevue , Saint-Symphorien-d'Ancelles , Saint-Vérand.

BEAUMES-DE-VENISE
Vins* rouges * produits dans la Vallée du Rhône au nord de Carpentras, A.O.C.* depuis le 25 octobre 2005.
Aire de production : Communes de Beaumes-de-Venise, Lafare, Suzette et La Roque-Alric.
Superficie du vignoble : 557 ha (en 2007).
Encépagement principal : Grenache*, Syrah* et Mourvèdre*. Il est également admis qu'un pourcentage limité de l'encépagement soit constitué d'autres cépages autorisés pour l'appellation Côtes-du-Rhône*.
Rendement de base à l'hectare : 37 hl.

BEAUMONT
Fromage* de lait* de vache fabriqué en Savoie. Créé par J. Girod dans les années 1880, il tire son nom d'une localité qui est son village d'origine.

essée non cuite.
e épais.
de diamètre, 4 à 5 cm d'épaisseur.
environ.
G. : 50 %.
Meilleures saisons : été, automne.

BEAUNE
Vins* rouges et blancs produits en Bourgogne*, A.O.C.* depuis le 11 septembre 1936. Pour les vins dont les récoltes proviennent de parcelles classées "Premier Cru", l'appellation communale peut être complétée par le nom du climat* d'origine (1) et (ou) par la mention "Premier Cru".
Aire de production : commune de Beaune en Côte-d'Or.
Superficie du vignoble : 410 ha (en 2007) dont 357 ha en vins rouges et 53 ha en vins blancs.
Encépagement autorisé : Pinot noir*, Pinot Gris*, Pinot Liébault*, Chardonnay* et Pinot blanc*.
Rendement de base à l'hectare : 40 hl pour les vins rouges et 45 hl pour les vins blancs.
(1) A l'Ecu, Aux Coucherias, Aux Cras, Champs-Pimont, Clos-du-Roi, En Genêt, En l'Orme, La Mignotte, Le Bas-des-Theurons, Le Clos de la Mousse, Le Clos-des-mouches, Les Aigrots, Les Avaux, Les Blanches-Fleurs, Les Boucherottes, Les Bressandes, Les Cent-Vignes, Les Chouacheux, Les Epenottes, Les Fèves, Les Grèves, Les Marconnets, les Montrevenots, Les Perrières, Les Reversées, Les Sizies, Les Teurons, Les Toussaints, Les Vignes-Franches, Montée-Rouge, Pré-Tuisots, Sur-les-Grèves, Clos Landry, Clos des Ursules, Les Tuvilains, Bellisand, Les Seurey, Les Sceaux, Clos de l'Ecu, Clos de la Féguine, Clos des Avaux et Sur les Grèves-Clos Saint Anne.

BEAUNOIS
Autre dénomination du cépage* Chardonnay* en Bourgogne.

BÉCASSE
Petit gibier migrateur dont la chasse est réglementée et la commercialisation interdite. Cet oiseau d'environ 600 g possède une chair très appréciée des gourmets. Il se prépare rôti, en salmis*, en pâté... Traditionnellement, certains amateurs cuisent l'animal sans le vider. En effet, à chaque envol, la bécasse se débarrasse de tout excrément.

BECFIGUE ou BEGUINETTE
Petit passereau des régions méditerranéennes, aujourd'hui classé en espèce protégée.

BÉCHAMEL (sauce)
Sauce* à base de roux* blanc mouillé au lait* et qui peut éventuellement être additionnée d'éléments aromatiques tels que brindilles de thym* ou oignons* ciselés.
La création de cette sauce est généralement attribuée au Marquis de Béchamel (ou Béchameil), mais il est plus vraisemblable qu'elle soit issue de l'imagination d'un cuisinier de la famille du Marquis.

BEERENAUSLESE
Voir Qualitätswein mit Prädikat*.

BEGUIGNOL ou BEQUIGNOL
Cépage* noir cultivé dans la région bordelaise et produisant des vins* rouges légers et peu tanniques.

BEIGNET
Préparation ayant pour base un élément cru ou cuit, salé ou sucré et enrobé d'une pâte (1) avant d'être frit.
(1) La pâte à frire est la plus couramment utilisée mais peut également être employée, selon l'élément de base, la pâte à brioche* ou la pâte à choux*.*

BEL PAESE
Fromage* de lait* de vache fabriqué en Italie. Il tire son nom, marque commerciale, du titre d'un livre de l'abbé Stoppani (1).
Type : pâte pressée non cuite.
Forme : disque épais.
Taille : 20 cm de diamètre, 5 cm d'épaisseur.
Poids : 2 kg environ.
Teneur en M.G. : 50 %
Qualité identique toute l'année.
(1) Antonio Stoppani, prêtre, professeur de géologie et écrivain du 19ème siècle.

BELLE HÉLÈNE (poire)
Dessert composé d'une poire* pochée (1) dressée sur de la glace* vanille* et nappée de sauce au chocolat*. Il doit son nom à la célèbre opérette d'Offenbach créée en 1864.
(1) Ce dessert est traditionnellement préparé avec une poire williams, mais il existe des variantes réalisées avec des abricots ou des pêches*.*

BELLET ou VIN DE BELLET
Vins* rouges, rosés et blancs produits en Provence, A.O.C.* depuis le 11 novembre 1941.
Aire de production : plusieurs lieux-dits situés à l'ouest de la commune de Nice
Superficie du vignoble : 48 ha (en 2005).
Encépagement autorisé : Braquet*, Folle noire*, Cinsault*, Grenache*, Roussan*, Rolle*, Spagnol*, Clairette*, Pignerol, Bourboulenc*, Chardonnay* et Muscat* à petits grains.
Rendement de base à l'hectare : 40 hl.
Richesse alcoolique minimum acquise : 10,5 % pour les vins rouges et rosés, 11 % pour les vins blancs.

BELLINI
Cocktail* préparé directement dans une flûte ou un verre à champagne.
4 cl de nectar de pêche*.
8 cl de champagne*.

BELLOCQ
Fromage* de lait* de brebis fabriqué dans le Pays Basque. Il tire son nom du monastère de Bellocq, lieu de sa création par des moines.

Type : pâte pressée non cuite.
Forme : meule plate à talon convexe.
Taille : 35 cm de diamètre, 8 cm d'épaisseur.
Poids : 5 kg environ.
Teneur en M.G. : 45% en moyenne.
Meilleures saisons : hiver, printemps, automne.

BELVAL ou TRAPPISTE DE BELVAL
Fromage* de lait* de vache élaboré en Picardie. Il doit sa dénomination à la localité éponyme où est situé le monastère qui le fabrique.
Type : pâte pressée non cuite.
Forme : disque épais.
Taille : 22 à 25 cm de diamètre, 4 à 5 cm d'épaisseur.
Poids : 2 kg environ.
Teneur en M.G. : 45 %.
Meilleure saison : de Pâques à Noël.

BÉNÉDICTINE
Liqueur* à base de plantes et d'épices* fabriquée à Fécamp, en Seine-Maritime.
L'histoire de la Bénédictine commence à la Renaissance lorsqu'en 1510, Dom Bernardo Vincelli, moine bénédictin à l'abbaye de Fécamp, élabore un élixir de santé composé de 27 plantes ou épices* dont l'hysope*, l'angélique*, le thé*, la mélisse*, la myrrhe*, le clou de girofle*, la noix de muscade*, le safran*, la vanille* et la coriandre*. Les bénédictins continueront à élaborer l'élixir jusqu'à la fermeture de l'abbaye en 1791.
Plus tard, en 1863, un négociant local, Alexandre Le Grand, retrouve la recette du spiritueux* et décide de relancer sa production sous le nom de "Bénédictine", en hommage au moine créateur. Il porta même sa devise sur les bouteilles : D.O.M. (Déo Optimo Maximo).
Aujourd'hui la société élabore 2 liqueurs : la Bénédictine classique (40°) et la B and B (titrant également 40°). Cette dernière intègre du cognac* dans sa fabrication.

BERCY (sauce)
a) Sauce* réalisée à partir d'échalotes* ciselées revenues au beurre*, mouillées au vin* blanc et au fumet de poisson. Après réduction, elle est additionnée de velouté* de poisson et finie au beurre et au persil* haché.
b) Même principe que la sauce précédente mais le mouillement se fait avec une sauce espagnole*.

BERGAMOTE
Agrume* ayant l'aspect d'une petite orange jaune. La bergamote est immangeable en l'état car sa pulpe est trop acide et trop amère. On extrait de l'écorce une essence employée en confiserie et en parfumerie. Le zeste* s'utilise en pâtisserie.

BERGER
Marque d'anisés* créée en Suisse en 1830 par C.F. Berger. Plus tard, l'entreprise viendra s'installer à Marseille. Basé aujourd'hui à Lieusaint, en Seine-et-Marne, Berger produit plusieurs spiritueux dont le *Berger blanc* et un *pastis* traditionnel (titrant tous les deux 45°) ainsi qu'une *anisette* à 25°.

BERGERAC
Vins* rouges et rosés produits en Dordogne, A.O.C.* depuis le 3 septembre 1936.
Aire de production : 90 communes de l'arrondissement de Bergerac.
Superficie du vignoble : 6 394 ha (en 2005).
Encépagement autorisé : Cabernet-Sauvignon*, Cabernet franc*, Merlot*, Côt* ou Malbec*, Fer Servadou* et Merille* ou Périgord*.
Rendement de base à l'hectare : 55 hl.

BERGERAC SEC
Vins* blancs produits en Dordogne, A.O.C.* depuis le 3 Septembre 1936.
Aire de production : 90 communes de l'arrondissement de Bergerac.
Superficie du vignoble : 1 373 ha (en 2005).
Encépagement autorisé : Sémillon*, Sauvignon*, Muscadelle*, Ondenc*, Chenin blanc* et Ugni blanc*.
Rendement de base à l'hectare : 60 hl.
Teneur maximale en sucre résiduel : 4 g/litre.

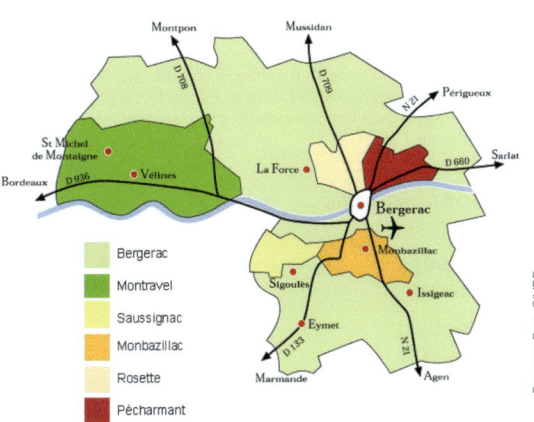

Aires des appellations de la région de Bergerac

BERGUES
Fromage* de lait* de vache fabriqué dans le Nord. Il

doit son nom au chef-lieu de canton, lieu d'origine de son élaboration et de sa commercialisation.
Type : pâte molle à croûte lavée.
Forme : disque épais ou boule aplatie.
Taille : 16 à 20 cm de diamètre, 4 à 5 cm d'épaisseur.
Poids : 2 kg environ.
Teneur en M.G. :10 à 20 %.
Meilleure saison : de mars à décembre.

BERLINGOTS DE CARPENTRAS
Confiserie de forme tétraédrique *(1)* créée vers 1850 dans cette sous-préfecture du Vaucluse. Les berlingots sont réalisés à partir de sucre* cuit transparent ou coloré, aromatisé à la menthe* poivrée.

(1) Le tétraèdre est une pyramide à base triangulaire.

BERNARD-L'ERMITE
Crustacé qui a la particularité de loger son abdomen fragile et peu protégé dans la coquille vide d'un gastéropode *(1)*. Le bernard-l'ermite, appelé aussi *pagure*, se prépare comme la crevette*.
(1) Mollusque rampant sur un pied central.

BERNIQUE ou BERNICLE
Petit gastéropode *(1)* marin doté d'une coquille en forme de tronc de cône de 3 à 6 cm de diamètre. La bernique, également appelée *patelle*, se consomme crue ou cuite.
(1) Mollusque rampant sur un pied central.

BÊTE DE COMPAGNIE
Voir Sanglier*.

BÊTE NOIRE
Voir Sanglier*.

BÊTE ROUSSE
Voir Sanglier*.

BETHMALE
Fromage* de lait de vache fabriqué dans le Comté de Foix. Il tire son nom d'un village ariégeois situé dans sa zone de production.
Type : pâte pressée non cuite.
Forme : meule plate à talon convexe.
Taille : 30 à 40 cm de diamètre, 6 à 8 cm d'épaisseur.
Poids : 5 à 7 kg. Teneur en M.G. : 45 à 50 %.
Meilleures saisons : automne, hiver, printemps.

BÊTISES DE CAMBRAI
Confiserie traditionnellement parfumée à la menthe* qui serait née de la maladresse d'un apprenti ayant mal dosé les ingrédients d'une préparation de bonbons. Depuis 1850, les maisons Afchain et Despinoy se disputent la paternité de la création.

BETTE ou BLETTE
Plante potagère originaire d'Asie dont on consomme les tiges et les feuilles. Quand on cultive la bette pour le limbe (partie verte des feuilles), elle peut prendre le nom de *Poirée*. Si on recherche plutôt les nervures principales elle est appelée *Carde*.
Parmi les variétés les plus courantes, citons: *la Carde de Lyon* et *la Carde du Chili* ou *Poirée amère*.
Les côtes de bette se mangent cuites (au beurre*, en gratin, au jus...) alors que les limbes se cuisent à la vapeur ou sont pochés pour entrer dans les tourtes*, omelettes*, gnocchi*, etc.

BETTELMAN
Spécialité alsacienne qui se présente sous forme d'entremets fabriqué à partir de pains au lait* rassis, sucre*, jaunes d'œufs, dés d'oranges*confites, cerises*, kirsch* et blancs d'œufs en neige.

BETTERAVE ROUGE
Plante potagère originaire d'Afrique du Nord dont on consomme la racine charnue, sucrée et très colorée. La betterave rouge se mange parfois crue (râpée) mais le plus souvent cuite (froide avec une sauce vinaigrette* ou chaude comme élément de garniture).
Principales variétés : *Globe, Action, Bolivar, Monopoly, Cylindra, Noire d'Egypte, Crapaudine...*

BEUGNONS
Beignets* berrichons réalisés à partir de pâte levée façonnée en petites couronnes qui sont frites dans l'huile*.

BEURRE
Corps gras obtenu par barattage de crème de lait* de vache *(1)* maturée. Il faut environ 22 litres de

lait pour obtenir la crème nécessaire à la fabrication d'un kilo de beurre qui contient 82 % de matières grasses. Les qualités spécifiques de certains beurres ont donné naissance à 4 A.O.C.* reconnues A.O.P.* dans le cadre de l'Union Européeenne.

Le beurre Charentes-Poitou (depuis 1979) produit sur un territoire englobant les départements de la Vendée, des Deux-Sèvres, de la Vienne, de la Charente et de la Charente-Maritime *(2)*.

Le beurre des Charentes (depuis 1979) produit sur les départements de la Charente et de la Charente-Maritime et sur 2 communes de Dordogne.

Le beurre des Deux-Sèvres (depuis 1979) produit exclusivement sur ce département. Le beurre d'Echiré est commercialisé sous cette A.O.C.

Le beurre d'Isigny (depuis 1986) produit sur une aire constituée de 110 communes de la Manche et de 83 communes du Calvados situées à proximité d'Isigny et de Saint-Lô.

Les beurres sont commercialisés sous différentes dénominations :

Beurre cru (obtenu à partir de lait ou de crème n'ayant subi aucun traitement thermique).

Beurre pasteurisé (obtenu à partir d'un composant ayant subi un traitement thermique au moins équivalent à la pasteurisation*).

Beurre demi-sel (contient entre 0,5 et 3 % de sel*). Pour les A.O.C. maximum 2 %).

Beurre salé (contient plus de 3 % de sel).

Beurre concentré (contient 99,8 % de matières grasses).

Beurre cuisinier (contient 96 % de matières grasses).

Beurre allégé (contient entre 60 et 65 % de matières grasses).

Beurre léger (contient entre 39 et 41 % de matières grasses).

(1) Si en France le beurre est fabriqué à partir de lait de vache, d'autres pays utilisent couramment du lait de chèvre, de brebis, de bufflonne, de chamelle, d'ânesse, de jument, etc.

(2) L'aire d'appellation déborde légèrement sur les départements suivants : Loire-Atlantique, Maine-et-Loire, Indre-et-Loire, Indre, Haute-Vienne, Dordogne et Gironde.

Source : Photo BG

BEURRE BLANC
Sauce* émulsionnée chaude réalisée à partir d'une réduction d'échalotes* ciselées, vin* blanc et vinaigre* additionnée de beurre* incorporé au fouet.

BEURRE COLBERT
Beurre composé constitué de beurre* en pommade, jus de citron*, estragon* haché, glace de viande*, sel* et poivre*.

BEURRE D'ANCHOIS
Beurre composé constitué de beurre* en pommade, purée de filets d'anchois*, sel* et poivre*.

BEURRE D'ESCARGOTS
Beurre composé constitué de beurre* en pommade, persil* haché, échalote* et ail* finement ciselés, sel* et poivre*.

BEURRÉ HARDY
Voir Poire*.

BEURRE HÔTELIER
Beurre composé constitué de beurre* en pommade, persil* haché, jus de citron*, duxelles*, sel* et poivre*.

BEURRE MAÎTRE D'HÔTEL
Beurre composé constitué de beurre* en pommade, jus de citron*, persil haché*, sel* et poivre*.

BEURRE MANIÉ
Beurre* frais ramolli travaillé en quantité égale avec de la farine*. Le beurre manié est employé pour réaliser une liaison lors de la finition d'une sauce*.

BEURRE NOISETTE
Beurre* cuit jusqu'à ce qu'il atteigne une coloration rappelant la teinte de la noisette*.

BEURRE SUZETTE
Beurre composé constitué d'un beurre en pommade* additionné de jus d'orange*, Grand Marnier*, cognac*, sucre*, zestes* d'orange* et de citron*. Le beurre Suzette est employé pour préparer les crêpes Suzette*.

BIANCO GENTILE
Cépage* blanc spécifique à la Corse qui produit des vins* plaisants avec des notes d'agrumes et de fruits exotiques.

BICHE
Voir Cerf*.

BICOT
Autre dénomination du chevreau*.

BIENVENUES-BÂTARD-MONTRACHET
Vin* blanc produit en Bourgogne*, Grand Cru bénéficiant d'une A.O.C.* depuis le 31 juillet 1937.

Aire de production : parcelles délimitées du lieu-dit "Bienvenues" - sur la commune de Puligny-Montrachet - d'une superficie totale de 3,70 ha.
Encépagement autorisé : Chardonnay*.
Rendement de base à l'hectare : 40 hl.

BIÈRE

Boisson gazeuse plus ou moins alcoolisée *(1)* obtenue par fermentation d'un moût* à base de malt (orge* germée) et parfumée au houblon*. Il semblerait que la bière soit originaire de Mésopotamie où l'on fabriquait, quatre millénaires avant J.C., des boissons fermentées à base de grains. À l'époque pharaonienne, les Egyptiens produisaient une bière qu'ils appelaient "vin d'orge". Les Gaulois consommaient la cervoise*...

Aujourd'hui la bière est présente sur tous les continents. Les principaux producteurs demeurent cependant la France, l'Allemagne, la Belgique, la Grande-Bretagne, l'Irlande, la Hollande, le Danemark, certains Pays d'Europe centrale et les Etats-Unis. Le Français consomme en moyenne 30 litres de bière par an.

Il existe de nombreux types de bières mais les phases essentielles d'élaboration sont les suivantes :

Le maltage : trempage de l'orge pendant 2 à 3 jours. Suit une germination pour obtenir un "malt vert" qui subit un touraillage, opération au cours de laquelle les graines sont séchées et chauffées. Selon l'intensité du touraillage il en résulte un malt plus ou moins coloré qui donnera une bière blonde, rousse ou brune.

Le brassage : après avoir été broyé, le malt est mélangé à de l'eau chaude. Sous une action enzymatique, l'amidon se transforme en sucre. Une filtration va débarrasser le malt d'éléments indésirables (les drêches). Le moût obtenu est alors porté à ébullition avec des fleurs de houblon. Le houblonnage confère amertume et arômes typiques à la bière.

La fermentation : le moût refroidi est ensemencé de levures pour commencer une fermentation alcoolique*. On distingue 2 types de fermentation : la fermentation basse - 7 à 12 °C pendant 7 jours qui donne des bières classiques ; et la fermentation haute – 15 à 20 °C pendant 3 ou 4 jours – qui donne des bières fruitées.

À l'issue de la fermentation, la bière est conservée pendant 3 à 4 mois en cave de garde à une température voisine de 0 °C. Elle est finalement filtrée avant d'être conditionnée en bouteilles, en boîtes ou en fûts.

La bière "pression" est servie en verres ou en chopes de différentes contenances :
Le Bock ou le Galopin : 12,5 cl.
Le Demi : 25 cl.
Le Distingué ou le Baron : 50 cl.
La Pinte : ⅛ de gallon *(2)*.
Le Parfait : 1 litre.
Le Sérieux : 2 litres.
Le Formidable : 3 litres.

(1) Selon le type, de 2,5° à parfois plus de 10°.
(2) Les gallons anglais et canadien sont égaux à 4,546 litres. Le gallon américain équivaut à 3,785 litres.

BIÈRE DE MARS

Bière* légère, fraîche et très aromatique mise sur le marché au printemps. Elle est élaborée avec l'orge* d'été et le houblon* d'automne avant de mûrir en garde durant l'hiver.

BIÈRE SANS ALCOOL

Bière* dont la teneur en alcool n'excède jamais 1,2° *(1)*.

Deux techniques sont utilisées pour fabriquer ce type de bière. La première consiste à réaliser une véritable fermentation, très brève, stoppée par un refroidissement. La seconde, appelée "osmose inverse", est basée sur l'extraction des particules d'éthanol *(2)* d'une bière courante par passage dans un filtre à fine membrane.

(1) Selon la législation française, les boissons appartenant au 1er groupe, dites "sans alcool", sont définies comme ne comportant pas de traces d'alcool supérieures à 1,2° (ou 1,2 %).
(2) Synonyme d'alcool éthylique.

BIFTECK ou BEEFSTEAK
Voir Steak*.

BIGARADE ou BIGARRADE (fruit)
Variété d'orange* dont la chair, acide et amère, n'est pas consommable. L'écorce de cet agrume fournit un zeste* très parfumé employé pour la fabrication de liqueurs*. La fleur du bigaradier produit une essence, *le néroli*, ainsi que l'eau de fleur d'oranger*.

BIGARADE ou BIGARRADE (sauce)
Sauce* réalisée avec un fond de sauce* de canard réduit, jus et zestes* d'orange* et de citron. Liaison à l'arrow-root*.

Brasserie alsacienne

Source : Doc. Scutzenberger

BIGARREAU
Voir Cerise*.

BIGORNEAU
Petit gastéropode *(1)* marin dont la coquille brune de 2 à 3 cm rappelle celle de l'escargot*. Le bigorneau vit sur les fonds côtiers rocheux ou à herbiers de Bretagne, de Normandie et de Méditerranée. Après avoir été poché, il se consomme froid, diversement accompagné.

(1) Mollusque rampant sur un pied central.

BI-MÉTAL
Récipient en cuivre dont l'intérieur est revêtu d'étain ou d'inox. Hormis l'utilisation traditionnelle comme ustensile de cuisson en cuisine, ce type de matériel est employé au restaurant pour réaliser des flambages ou des finitions devant le client.

BIOVIVE
Eau minérale* plate captée à Dax dans les Landes.
Catégorie : faiblement minéralisée.

Composition physico-chimique (en mg/l)	
Cations	Anions
Sodium : 18,6	Bicarbonates : 157,3
Calcium : 42	Chlorures : 17,1
Magnésium : 3,8	Sulfates : 14,9
Potassium : 2,4	Nitrates : 0
pH à 20°C : 7,7 Minéralisation totale : 193,7 mg/l	

BIREWECK
Pâtisserie alsacienne réalisée à partir de pâte levée parfumée au kirsch* et additionnée de fruits frais, fruits confits* et fruits secs.

BIRLOU
Spiritueux* à base de pomme* et de châtaigne* titrant 20°. Il est fabriqué depuis 2000 au Veinazès, petite localité du Cantal.

BISCUIT DE REIMS
Biscuit croquant de couleur rose créé en 1690. Cette spécialité rémoise est appréciée pour accompagner la dégustation du champagne*.

BISCUIT DE SAVOIE
Gâteau fabriqué à partir d'œufs*, sucre*, farine* et fécule*. Le fait que les blancs des œufs soient montés en neige confère à la préparation une certaine légèreté.

BISMARCK
Voir Hareng*.

BISQUE
Potage* généralement préparé avec un coulis* de crustacés (homard*, écrevisse*, crabe*, langoustine*...) relevé de cognac* et de vin* blanc.

BITRY
Fromage* de lait* de chèvre fabriqué dans l'Orléanais et le Nivernais. Il tire son nom d'un village de Puisaye situé dans son aire de production.
Type : pâte molle, croûte naturelle.
Forme : tronconique.
Taille : 8 cm de diamètre de base, 5 cm d'épaisseur.
Poids : 250 g en moyenne.
Teneur en M.G. : 45 % environ.
Meilleures saisons : printemps, été, automne.

BITTER
A.B.A.* (Apéritif à Base d'Alcool) élaboré à partir de substances végétales amères *(1)*, le terme "bitter" signifiant d'ailleurs "amer" en allemand et en anglais.
Souvent d'origine médicinale, les bitters sont classés en 4 catégories :
Les amers clairs, de couleur rouge (ex : Campari*).
Les goudrons, de couleur brune obtenue par caramélisation (ex : Amer Picon*, Fernet Branca*).
Les amers concentrés, très colorés, avec une teneur alcoolique élevée (ex : Angostura*).
Les bitters sans alcool.

(1) Gentiane, écorces d'oranges* amères, quinquina*, coriandre*, etc.*

BLACK-BASS
Poisson d'eau douce de la famille des centrarchidés qui mesure de 30 à 40 cm de longueur et pèse jusqu'à 3 kg. Originaire des Etats-Unis et appelé également *perche américaine*, le black-bass fut introduit en France au 19ème siècle. Sa chair, fine et pauvre en arêtes, est peu connue en cuisine.

BLACK COD

Autre dénomination de la charbonnière commune*.

BLACK RUSSIAN

Cocktail* (digestif) préparé sur glace directement dans un verre à old fashioned.
2 cl de liqueur de café*.
5 cl de vodka*.

BLAGNY

Vins* rouges produits en Bourgogne*, A.O.C.* régie par le décret du 21 mai 1970. Pour les vins dont les récoltes proviennent de parcelles classées "Premier Cru", l'appellation communale peut être complétée par le nom du climat* d'origine *(1)* et (ou) par la mention "Premier Cru".
Aire de production : secteur de Blagny, sur les communes de Meursault et de Puligny-Montrachet situées au sud-ouest de Beaune.
Superficie du vignoble : 5,37 ha (en 2007).
Encépagement autorisé : Pinot noir*, Pinot Beurot* et Pinot Liébault*.
Rendement de base à l'hectare : 40 hl.
(1) La Jeunelotte, La Pièce sous le Bois, Sous les Dos d'Ane, Sous Blagny, Sous le Puits, La garenne ou Sur la Garenne, Hameau de Blagny.

BLANC (Georges)

Né en 1943 à Bourg-en-Bresse, ce cuisinier français est issu d'une famille de restaurateurs installée à Vonnas (Ain) depuis 1872. Après de brillantes études à l'Ecole hôtelière de Thonon-les-Bains, dont il sort major de promotion en 1962, il se perfectionne dans les grandes maisons avant de revenir dans l'affaire familiale en 1965. Professionnel talentueux et novateur, il connaît la réussite avec notamment un titre de M.O.F.* en 1976 et une 3ème étoile au Guide Michelin* en 1981. Chef d'entreprise dynamique, gestionnaire avisé, Georges Blanc est aussi un grand défenseur des produits de sa région ; il préside d'ailleurs aux destinées du Comité Interprofessionnel de la Volaille de Bresse *(1)*. Passionné par l'écriture, la communication et soucieux de la transmission du savoir, ce grand Chef est aussi l'auteur d'une douzaine d'ouvrages dédiés à l'art culinaire.
(1) Voir Poulet Chapon *et Poularde*.*

BLANC DAME

Cépage* blanc originaire du Sud-Ouest et cultivé sur de faibles superficies dans l'aire d'appellation Armagnac*.
Vins* produits : blancs souples et légers.

BLANC DE BLANCS

Dénomination d'un vin* blanc, plus particulièrement un vin blanc effervescent* tel que le champagne*, élaboré uniquement à partir de cépage(s)* blanc(s).

BLANC DE NOIRS

Dénomination d'un vin* blanc. Le plus souvent un vin blanc effervescent* tel que le champagne*, obtenu uniquement à partir de cépage(s)* rouges(s) à pulpe blanche. Ce type de vinification implique un pressurage rapide des baies du raisin et une fermentation sans les pellicules afin d'éviter l'action colorante des anthocyanes*.

Raisin de cépage rouge à pulpe blanche

BLANC FUMÉ

Autre dénomination du cépage* Sauvignon* dans la région de Pouilly-sur-Loire.

BLANC FUMÉ DE POUILLY

Appellation identique au Pouilly-fumé*.

BLANC-MANGER

Dessert gélifié réalisé à partir d'un lait d'amande sucré, additionné de gélatine* et parfumé avec une eau-de-vie* ou une liqueur*.

BLANC-RAMÉ
Autre dénomination du cépage* Meslier Saint-François* sur l'aire d'appellation Cognac*.

BLANCHE ARMAGNAC
Eau-de-vie* provenant de vins récoltés et distillés dans une région délimitée du Sud-Ouest, A.O.C.* depuis le 27 mai 2005.
Aire de production : 289 communes des départements du Gers, des Landes et du Lot-et-Garonne composant un territoire situé approximativement de Nérac à Mirande (du Nord au Sud) et de Villeneuve-de-Marsan à Fleurance (de l'Ouest à l'Est). Cette aire correspond à l'aire de production de l'Armagnac*.
Encépagement autorisé : Ugni blanc*, Colombard*, Folle blanche*, Baco blanc*, Blanc Dame*, Graisse*, Jurançon blanc*, Mauzac rosé* et Meslier Saint-François*.

Source : Photo Michel Carossio/Collection BNIArmagnac

Les vins à distiller se caractérisent par une faible richesse alcoolique (8 à 10 %) et une acidité importante. Par ailleurs, la chaptalisation* est interdite dans le processus de vinification*.
La distillation a lieu dans des alambics du type armagnacais avant le 31 mars de l'année qui suit celle de la récolte.
Titrage alcoolique de l'eau-de-vie à la sortie de l'alambic : entre 52° et 72°.
Titrage alcoolique minimum à la vente au consommateur : 40°.
Contrairement à l'*Armagnac* traditionnel, la *Blanche Armagnac* n'est pas vieillie "sous bois" mais elle est conservée sous contenant inerte après distillation. Il en résulte une eau-de-vie incolore qui ne peut prétendre à l'agrément qu'après 3 mois de maturation.

BLANQUETTE (cépage)
Autre dénomination des cépages* Clairette* et Mauzac*.

BLANQUETTE (préparation)
Préparation culinaire réalisée à partir d'une viande blanche ou volaille pochée *(1)* et présentée avec une sauce* liée au roux*, à la crème fraîche* et au jaune d'œuf* additionnée de champignons* et petits oignons*.
(1) On rencontre également de la blanquette de poisson (ex : blanquette de lotte).*

BLANQUETTE DE LIMOUX
Vins* blancs effervescents produits en Languedoc-Roussillon, A.O.C.* depuis le 19 mars 1939.
Aire de production : 41 communes de l'Aude, dont Limoux, situées au sud-ouest de Carcassonne.
Superficie du vignoble : 670 ha (en 2005).
Encépagement autorisé : Mauzac*, Chardonnay* et Chenin blanc*.
Rendement de base à l'hectare : 7 500 kg de raisin.
Richesse alcoolique minimum acquise : 10 %.
Surpression minimum après dégorgement : 3 atmosphères.

BLANQUETTE MÉTHODE ANCESTRALE
Vins* blancs effervescents produits en Languedoc-Roussillon sur les aires délimitées de l'appellation Blanquette de Limoux*. Cette A.O.C.*, en date du 24 janvier 1986, est exclusivement réservée aux vins ayant subi une fermentation spontanée en bouteille. Ces vins étaient autrefois dénommés "Vins de Blanquette" *(1)*.
Superficie du vignoble : 126 ha (en 2005).
Encépagement autorisé : Mauzac*.
Rendement de base à l'hectare : 7 500 kg de raisin.
(1) Au 16ème siècle, les vins étaient presque toujours élevés et transportés en tonneaux. C'est à cette époque que les moines de l'abbaye Saint-Hilaire, au nord-est de Limoux, commencèrent à mettre le leur dans des bouteilles en verre dont le bouchage était renforcé par un lien. Ainsi sont apparus les premiers vins effervescents issus d'une fermentation spontanée, bien avant ceux élaborés par la Méthode champenoise de Dom Pérignon.*

BLAYE
Vins* rouges et blancs produits dans le Bordelais, A.O.C.* depuis le 11 septembre 1936.
Aire de production : 41 communes des cantons de Blaye, Saint-Savin de Blaye et Saint-Ciers-sur-Gironde.
Superficie du vignoble : 29 ha (en 2006).
Encépagement autorisé : Cabernet-Sauvignon*, Cabernet franc*, Merlot*, Malbec*, Prelongeau*, Cahors*, Béguignol*, Verdot*, Colombard*, Pineau de la Loire*, Ugni blanc*, Sémillon*, Sauvignon* et Muscadelle*.
Rendement de base à l'hectare : 50 hl pour les vins rouges et 60 hl pour les vins blancs.

BLÉ
Céréale qui produit la farine* la plus utilisée en boulangerie, en pâtisserie et en cuisine. Le blé génère aussi une semoule*. Cette céréale est également employée dans l'élaboration de certaines eaux-de-vie* (ex : vodka* et whisky*). Le blé est la première céréale cultivée dans le monde, vient ensuite le riz*. 80% de la production est absorbée pour

Source : Photo BG

la consommation humaine (le reste étant destiné à l'alimentation animale sous différentes formes). Avec 4,8 millions ha de culture pour une production de 37 millions de tonnes par an, la France est le premier producteur européen et le 5ème producteur mondial. Dans notre pays, il a été répertorié environ 120 variétés de blé qui se classent en 2 grandes familles :
Les blés tendres qui fournissent les farines de panification.
Les blés durs utilisés en semoulerie.

BLÉ NOIR
Voir Sarrasin*.

BLETTE
Autre dénomination de la bette*.

BLEU D'AUVERGNE
Fromage* de lait* de vache fabriqué en Auvergne. A.O.C.* depuis le 7 mars 1975 et reconnu A.O.P.* dans le cadre de l'U.E. Il doit son nom à la nature de sa pâte et à sa région d'origine. L'aire d'appellation s'étend sur 1 158 communes réparties sur 7 départements.
Type : pâte persillée.
Forme : cylindre.
Taille : 18 à 20 cm de diamètre, 8 à 10 cm de hauteur.
Poids : 2 à 3 kg.
Teneur en M.G. : 50 % au minimum.
Meilleures saisons : été et automne pour les fromages fermiers.

BLEU DE CORSE
Fromage* de lait* de brebis fabriqué en Corse. Il doit son nom à la nature de sa pâte et à sa région d'origine.
Type : pâte persillée.
Forme : cylindre.
Taille : 20 cm de diamètre, 10 cm d'épaisseur.
Poids : 2,5 kg.
Teneur en M.G. : 50 % environ.
Meilleures saisons : été, automne.

BLEU DE GEX HAUT-JURA
Fromage* de lait* de vache fabriqué dans le Haut-Jura, A.O.C.* depuis le 25 juillet 1935 et reconnu A.O.P.* dans le cadre de l'U.E. Il doit son nom à la nature de sa pâte et à la principale ville de collecte du lait. Le mot "Gex" est obligatoirement gravé dans la croûte du fromage, sur une des faces. L'aire d'appellation s'étend sur 75 communes de l'Ain et du Jura.
Type : pâte persillée, croûte naturelle.
Forme : meule à talon convexe.
Taille : 36 cm de diamètre, 10 cm d'épaisseur.
Poids : 6,5 à 7,5 kg.
Teneur en M.G. :50 % au minimum.
Meilleures saisons : été, automne, hiver.

BLEU DE LAQUEUILLE
Fromage* de lait* de vache fabriqué en Auvergne. Il doit son nom à la nature de sa pâte et à son lieu de création dans le Puy-de-Dôme. Le Bleu de Laqueuille fut créé vers 1850 par A. Roussel qui eut l'idée d'ensemencer le caillé avec de la moisissure prélevée sur du pain seigle. Un principe qui sera repris dans la région pour élaborer d'autres fromages à pâte persillée.
Type : pâte persillée.
Forme : cylindre.
Taille : 20 à 22 cm de diamètre, 10 cm d'épaisseur.
Poids : 2,250 kg en moyenne.
Teneur en M.G. : 45 %.
Meilleures saisons : été, automne.

BLEU DE LOUDES
Fromage* de lait* de vache fabriqué en Auvergne. Il doit son nom à la nature de sa pâte et à son village d'origine en Haute-Loire.
Type : pâte persillée.
Forme : cylindre.
Taille : 20 à 22 cm de diamètre, 10 cm d'épaisseur.
Poids : 2,250 kg en moyenne.
Teneur en M.G. : 45 %.
Meilleures saisons : été, automne.

BLEU DE SEPTMONCEL
Fromage* identique au Bleu de Gex Haut-Jura*.

BLEU DE TERMIGNON
Fromage* de lait* de vache fabriqué en Savoie. Il doit son nom à la nature de sa pâte et à son village d'origine situé sur la route du col du Mont-Cenis.
Type : pâte persillée.
Forme : cylindre.
Taille : 28 cm de diamètre, 10 cm d'épaisseur.
Poids : 7 kg.
Teneur en M.G. : 50 %.
Qualité identique toute l'année.

BLEU DE THIÉZAC
Fromage* de lait* de vache fabriqué en Auvergne. Il doit son nom à la nature de sa pâte et à son village d'origine dans le Cantal.
Type : pâte persillée.
Forme : cylindre.
Taille : 18 à 20 cm de diamètre, 9 à 10 cm d'épaisseur.
Poids : 2,250 à 2,500 kg.

Teneur en M.G. : 45 %.
Meilleures saisons : été, automne.

BLEU DE TIGNES ou TIGNARD
Fromage* de lait* de vache fabriqué en Savoie. Il tire son nom de la nature de sa pâte et d'une localité située dans la zone de production.
Type : pâte persillée, légèrement pressée.
Forme : cylindre.
Taille : 16 à 18 cm de diamètre, 10 cm d'épaisseur.
Poids : 3 à 4 kg.
Teneur en M.G. : 45 %.
Meilleures saisons : été, automne.

BLEU DES CAUSSES
Fromage* de lait* de vache fabriqué dans le Rouergue. A.O.C.* depuis le 19 novembre 1953 et reconnu A.O.P.* dans le cadre de l'U.E. Il doit son nom à la nature de sa pâte et à sa région d'origine. La zone de production du lait s'étend sur 590 communes de l'Aveyron, du Lot et de la Lozère, la zone d'affinage étant limitée à des communes de l'Aveyron, du Gard et de l'Hérault disposant de caves à fleurines *(1)*.
Type : pâte persillée.
Forme : cylindre.
Taille : 20 cm de diamètre, 8 à 10 cm d'épaisseur.
Poids : 2,3 à 3 kg.
Teneur en M.G. : 45%.
Meilleures saisons : été, automne.

(1) Failles naturelles de la roche qui permettent la circulation d'un courant d'air humide favorisant le développement des moisissures générées par le "Pénicillium Roqueforti".

BLEU DU HAUT-JURA
Voir Bleu de Gex*.

BLEU DU QUERCY
Fromage* de lait* de vache fabriqué dans le Quercy. Il doit son nom à la nature de sa pâte et à sa région de production dans le Lot.
Type : pâte persillée.
Forme : cylindre.
Taille : 20 à 22 cm de diamètre, 9 à 10 cm d'épaisseur.
Poids : 2,250 à 2,500 kg.
Teneur en M.G. : 45 à 50 %.
Meilleures saisons : automne, hiver.

BLEU DU VERCORS-SASSENAGE
Fromage* de lait* de vache fabriqué sur le plateau du Vercors, A.O.C.* depuis le 30 juillet 1998 et reconnu A.O.P.* dans le cadre de l'U.E. Il tire son nom de la nature de sa pâte et de son lieu d'origine. L'aire de production s'étend sur 27 communes du Vercors situées dans l'Isère et la Drôme.
Type : pâte persillée, croûte naturelle.
Forme : cylindre plat à talon convexe.
Taille : 28 à 32 cm de diamètre, 8 à 9 cm d'épaisseur.
Poids : 4 à 5 kg.
Teneur en M.G. : 50 %.
Meilleures saisons : été, hiver.

BLINIS
Petites crêpes* salées très épaisses réalisées avec une pâte levée à la farine* de sarrasin* *(1)*. Les blinis, issus de la cuisine russe, sont présentés avec de la crème aigre ou acidulée en accompagnement de hors-d'œuvre tels que le caviar* ou le saumon fumé*.

(1) On réalise également des pâtes à blinis avec de la farine de froment ou de la farine de riz*.*

BLOODY MARY
Cocktail* préparé sur glace directement dans un grand tumbler.
Sel au céleri
Poivre* moulu
Tabasco*
Sauce anglaise*
1 cl de jus de citron*
4 cl de vodka*
7 cl de jus de tomate*
1 tranche de citron*

Saupoudrer la glace de sel au céleri et de poivre, ajouter 2 gouttes de tabasco et 1 trait de sauce anglaise, le jus de citron, la vodka et le jus de tomate.
Remuer et décorer avec la tranche de citron.

BLUE LAGOON
Cocktail* préparé au shaker
2 cl de jus de citron*
1 cl de curaçao* bleu
4 cl de vodka*
1 zeste* de citron*
Frapper et servir dans un verre à cocktail. Décorer avec le zeste ou éventuellement une tranche de citron.

BOCUSE (Paul)
Cuisinier français né en 1926 à Collonges-au-Mont-d'Or, près de Lyon. Issu d'une famille de restaurateurs, il commence un apprentissage qui passe chez la Mère Brazier* et chez Fernand Point* avant d'intégrer les brigades de Lucas-Carton et de Lapérouse. Après un retour chez F. Point, il reprend en 1959 le restaurant familial sur les berges de la Saône qui devient rapidement un haut-lieu de la gastronomie* lyonnaise. Consacré M.O.F.* en 1961, le Guide Michelin* lui octroie trois étoiles en 1965.
Grand cuisinier reconnu par ses pairs, personnage charismatique, homme de communication, "Monsieur Paul" reste aujourd'hui un des ambassadeurs de l'art culinaire français.
On lui doit plusieurs ouvrages, la création de la célèbre école d'Ecully et le Bocuse d'or, prestigieux concours de cuisine international.

BŒUF
Animal de boucherie qui, en principe, est un taureau* castré. Il serait le descendant de l'aurochs, animal préhistorique disparu de France au 12ème siècle *(1)*. En réalité, sous le terme "bœuf", sont commercialisés plusieurs types de bovins* - mâles ou femelles - abattus à des âges différents:
Le baby-bœuf, jeune mâle castré de moins de 18 mois.
Le taurillon, mâle non castré de 18 à 20 mois.
La génisse ou taure, jeune femelle de 24 à 36 mois n'ayant jamais vêlé.
Le bouvillon, jeune animal castré n'ayant pas encore atteint l'âge et la taille du bœuf adulte.
Le bœuf, mâle castré de 30 mois à 5 ans.
La vache de réforme, femelle laitière âgée de 6 à 8 ans que l'on destine à la boucherie.
Le bœuf est la viande rouge par excellence. Les morceaux de l'animal, classés en 3 catégories, trouvent des utilisations culinaires extrêmement variées.
(1) Aujourd'hui, quelques éleveurs essaient de réintroduire l'aurochs dans notre pays, notamment en Lozère.

BOIS ORDINAIRES
(Bois à terroir et Bois communs)
Une des 6 régions qui composent l'aire d'appellation Cognac*. Situé sur le littoral atlantique et sur les îles de Ré et d'Oléron, le vignoble couvre une superficie d'environ 1 100 ha (en 2008).

BOLET
Champignon sylvestre dont l'espèce la plus connue est le cèpe*.

BOMBE GLACÉE
Dessert glacé réalisé avec un appareil* à bombe *(1)* moulé dans un récipient spécial de forme variable. À l'origine les bombes glacées se faisaient dans des moules sphériques, d'où leur nom.
(1) L'appareil à bombe se réalise traditionnellement avec des jaunes d'œufs, du sirop de sucre*, de la crème fouettée et un élément pour parfumer. De nos jours, des compositions originales et plus légères conviennent mieux aux consommateurs.*

BOMPART
Eau de source* captée à Vœuil-et-Giget en Charente.
Catégorie : faiblement minéralisée.
pH à 20 °C : 7,4.
Minéralisation totale : 320 mg/l.

BONAL
Gentiane* (à base de mistelle*) mise au point en 1865 dans le Pays de Chartreuse par le frère Hippolyte Bonal. La fabrication et la distribution de ce spiritueux*, qui titre 16°, ont été reprises depuis 1976 par la Société Dolin à Chambéry.

Source : Doc. Dolin

BONDARD
Fromage* de lait* de vache fabriqué en Normandie. Il tire son nom de sa forme particulière qui rappelle une bonde de barrique de cidre*.
Type : pâte molle à croûte fleurie.
Forme : cylindre allongé.
Taille : 8 à 10 cm de longueur, 6 à 7 cm de diamètre.
Poids : 200 à 300 g.
Teneur en M.G. : 50 à 60 %.
Meilleures saisons : automne, hiver.

BONDAROY AU FOIN
Fromage* de lait* de vache fabriqué en Orléanais. Il doit son nom à une localité du Loiret, son village d'origine.
Type : pâte molle à croûte fleurie ou naturelle.
Forme : disque plat (recouvert de brindilles de foin).
Taille : 10 à 12 cm de diamètre, 2,5 cm d'épaisseur.
Poids : 250 à 300 g.
Teneur en M.G. : 40 à 45 %.
Meilleures saisons : été, automne.

BONDE ou BONDON
Voir Neufchatel*.

BONITE
Voir Thon*.

BONNES MARES
Vin* rouge produit en Bourgogne*, Grand Cru bénéficiant d'une A.O.C.* depuis le 8 décembre 1936.
Aire de production : parcelles délimitées du climat* "Bonnes Mares", sur les communes de Morey-Saint-Denis et Chambolle-Musigny*, d'une superficie totale de 15 ha.
Encépagement autorisé : Pinot noir*, Pinot Beurot* et Pinot Liébault*.
Rendement de base à l'hectare : 35 hl.

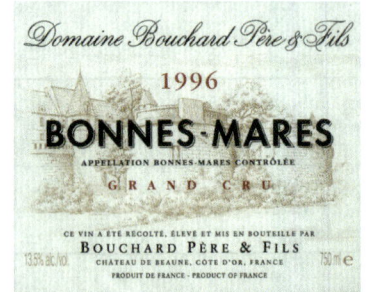
Source : Bouchard Père et Fils

BONNET DE PRÊTRE
Voir Pâtisson*.

BONNET D'ÉVÊQUE
Autre dénomination du croupion* de certaines volailles.

BONNEZEAUX
Vins* blancs produits dans la Vallée de la Loire, A.O.C.* depuis le 6 novembre 1951. La mention "Val de Loire" peut être éventuellement adjointe à l'appellation.
Aire de production : commune de Thouarcé, au sud d'Angers.
Superficie du vignoble : 104 ha (en 2005).
Encépagement autorisé : Chenin blanc*.
Rendement de base à l'hectare : 25 hl.
Richesse alcoolique minimum acquise : 12 %.
Teneur minimale en sucre résiduel : 34 g/litre.
Ces vins sont élaborés à partir de raisins arrivés à surmaturation.

BONS BOIS
a) Une des 6 zones qui constituent l'aire d'appellation Cognac*. Elle encercle les Fins Bois* avec un vignoble de 9 308 ha (en 2008).
b) Eaux-de-vie* à A.O.C.* produites sur la zone délimitée des "Bons Bois" (voir critères de production à Cognac*).

BORDEAUX
Vins* rouges et blancs produits en Gironde, A.O.C.* depuis le 14 novembre 1936.
Aire de production : 502 communes de la Gironde.
Superficie du vignoble : 49 353 ha (en 2006) dont 42 987 ha en vins rouges et 6 366 ha en vins blancs.
Encépagement autorisé : Cabernet-Sauvignon*, Cabernet franc*, Merlot*, Carmenère*, Malbec*, Petit Verdot*, Sémillon*, Sauvignon*, Muscadelle*, Merlot blanc*, Colombard*, Mauzac*, Ondenc*, Ugni blanc*.
Rendement de base à l'hectare : 55 hl pour les vins rouges et 65 hl pour les vins blancs.
Richesse alcoolique minimum acquise : 10 %.

BORDEAUX CLAIRET
Vins* rouges, légers et peu colorés, répondant aux normes de production des vins rouges bénéficiant de l'A.O.C.* Bordeaux*.

BORDEAUX CÔTES DE FRANCS
Vins* rouges et blancs produits dans le Bordelais, A.O.C.* depuis le 26 mai 1967.
Aire de production : communes de Francs, Saint-Cibard et Tayac.
Superficie du vignoble : 506 ha (en 2006) dont 500 ha en vins rouges et 6 ha en vins blancs.
Encépagement autorisé : Sémillon*, Sauvignon*, Muscadelle*, Cabernet-Sauvignon*, Cabernet franc*, Malbec* et Merlot*.
Rendement de base à l'hectare : 50 hl.
Richesse alcoolique minimum acquise : 11,5 % pour les vins blancs et 11 % pour les vins rouges.

BORDEAUX HAUT-BENAUGE
Vins* blancs produits dans le Bordelais, A.O.C.* depuis le 15 juillet 1955.
Aire de production : 9 communes situées au nord de Langon.
Superficie du vignoble : environ 10 ha.
Encépagement autorisé : Sauvignon*, Sémillon* et Muscadelle*.
Rendement de base à l'hectare : 45 hl.
Richesse alcoolique minimum acquise : 11,5 %.
Les Bordeaux Haut-Benauge sont des vins blancs moelleux.

BORDEAUX ROSÉ
Vins* rosés produits sur les aires délimitées de l'appellation Bordeaux*.
Superficie du vignoble : 3 300 ha (en 2006).
Encépagement autorisé : cépages* rouges de l'appellation Bordeaux*.
Rendement de base à l'hectare : 55 hl.
Richesse alcoolique minimum acquise : 11 %.

BORDEAUX SUPÉRIEUR
Vins* rouges et blancs produits sur les aires délimitées de l'appellation Bordeaux*, A.O.C.* depuis le 14 novembre 1943. Ces vins répondent à des critères qualitatifs plus rigoureux que les Bordeaux, notamment avec un élevage en fûts de chêne de 9 mois minimum avant commercialisation.
Superficie du vignoble : 9 477 ha (en 2006) dont 9 441 ha en vins rouges et 36 ha en vins blancs.
Encépagement autorisé : cépages* rouges et blancs de l'appellation Bordeaux*.
Rendement de base à l'hectare : 50 hl.
Richesse alcoolique minimum acquise : 10,5 % pour les vins rouges et 11,5 % pour les vins blancs.

BORDELAIS
Autre dénomination du cépage* Baroque*.

BORDELAISE (sauce)
Sauce* réalisée à partir d'une réduction d'échalotes* ciselées, poivre mignonnette*, thym*, laurier* et vin* rouge, additionnée de sauce espagnole* et de dés de moelle de bœuf*.

BORDERIES
a) Une des 6 zones qui constituent l'aire d'appellation Cognac*. Située sur la rive droite de la Charente, en aval de Cognac, son vignoble couvre 3 987 ha (en 2008).
b) Eaux-de-vie* à A.O.C.* produites sur la zone délimitée des "Borderies". (Voir critères de production à Cognac*.)

BORTSCH ou BORCHTCH
Potage* originaire de Russie. Il est réalisé à base de choux*, betteraves rouges*, viande ou poisson et lié avec de la crème aigre et épicée.

BOTRYTIS CINEREA
Champignon microscopique qui provoque le développement de la pourriture noble* dans certaines conditions climatiques.

Raisin atteint par le Botrytis cinerea

BOTTEREAUX
Beignets* de formes variables réalisés avec une pâte levée diversement parfumée (eau de fleur d'oranger*, rhum*, etc.). Les bottereaux se consomment en Anjou, en Vendée et dans les Charentes.

BOUCANAGE
Procédé de conservation très ancien qui consiste à faire sécher un aliment à la fumée. Cette déshydratation associée au fumage* apporte une saveur particulière recherchée pour certaines viandes (ex : viande des Grisons*) ou certains poissons (ex : hareng*).

BOUCAUD
Voir Crevette*.

BOUCHÉE À LA REINE
Bouchée en feuilletage* ronde et cannelée garnie d'un salpicon* de blanc de volaille, de morceaux de champignons* et de dés de truffe* (garniture parfois complétée de morceaux de ris de veau* ou de quenelles*) ; l'ensemble étant lié d'une sauce* blanche crémée.
Cet apprêt culinaire aurait été créé sur une idée de la reine Marie Leszczyinska, épouse de Louis XV.

BOUCHET ou BOUCHY
Autre dénomination des cépages* Cabernet franc* et Cabernet-Sauvignon* dans le Bordelais.

BOUCHON
Pièce cylindrique servant à fermer le goulot d'une bouteille, d'une carafe ou d'un autre récipient.
Pour le vin*, le bouchon de liège reste le plus utilisé, mais il faut constater que le bouchon synthétique et le bouchon-capsule à vis font de plus en plus d'adeptes… y compris pour des vins renommés. L'évolution technologique permet en effet de proposer des systèmes de bouchage fiables, sans incidence sur la qualité du produit à conserver et évitant le risque du regrettable "goût de bouchon"*. Beaucoup d'œnophiles expriment cependant leur préférence pour le traditionnel bouchon de liège. Les différentes expérimentations en cours et les conclusions qui pourront en être tirées ne manqueront pas d'alimenter un débat qui est loin d'être clos.

BOUCHON (droit de)
Le "droit de bouchon" est un usage pratiqué en restauration. Il s'agit d'une somme d'argent, forfaitaire par bouteille, prélevée par le restaurateur pour servir des boissons apportées par son client. Cette pratique étant en marge du processus commercial traditionnel et n'étant réglementée par aucun texte (le restaurateur vend un produit qu'il n'a pas acheté), il est recommandé d'établir un contrat dans lequel il est clairement mentionné le nombre de bouteilles apportées et le montant du droit perçu par bouteille ouverte et servie.
Le restaurateur doit également vérifier si sa licence* lui permet de servir les boissons fournies par son client.

BOUCHON (goût de)
Déviance aromatique constatée lors de l'ouverture d'une bouteille de vin* qui se traduit par une perception olfactive et gustative désagréable rappelant le liège moisi. Cette anomalie est généralement due à la présence d'une molécule issue d'une moisissure dans le bouchon*, le trichloroanisole (TCA), mais des études ont prouvé que d'autres facteurs pouvaient être responsables de cette déviance.
Si la perception de "goût de bouchon" est légère, une bonne aération du vin peut permettre de le consommer.

BOUDIN BLANC
Spécialité charcutière fabriquée à partir d'un hachis de viande de porc* (ou de veau*, voire de volaille) additionné de lait*, de crème fraîche*, d'œufs* et de mie de pain*. Le boudin blanc peut être truffé *(1)* ou diversement parfumé.

(1) La dénomination "truffé" correspond à un produit contenant au moins 3 % de truffe. Si la quantité de truffe se situe entre 1 et 3 %, le pourcentage doit être précisé.*

BOUDIN NOIR
Spécialité charcutière dont la composition classique est du sang et du gras de porc* additionnés d'oignons* et de divers aromates*.
Beaucoup de régions ont leur boudin noir qui se caractérise par des ingrédients spécifiques ajoutés au sang. Parmi les plus connus, citons :
Le boudin alsacien (couennes de porc * et pain* trempé dans du lait*. Ce boudin est fumé).
Le boudin d'Auvergne (lait et morceaux de tête de porc*).
Le boudin de Bourgogne (riz* et lait).
Le boudin créole (piments*, mie de pain, cive* et lait).
Le boudin limousin (couennes de porc, oignons et morceaux de châtaignes*).
Le boudin lyonnais (oignons*, épinards* ou bettes* et crème fraîche*).
Le boudin du Poitou (mie de pain ou semoule*, épinards, œufs*, lait, crème fraîche).
Le boudin du Sud-Ouest (langue, couennes, poumon et cœur de porc* hachés).

BOUFFI
Voir Hareng*.

BOUGON
Fromage* de lait* de chèvre fabriqué dans le Poitou. Il tire son nom d'une localité des Deux-Sèvres, son lieu d'origine.
Type : pâte molle à croûte fleurie.
Forme : disque plat.
Taille : 10 à 11 cm de diamètre, 2,5 cm d'épaisseur.
Poids : 225 à 250 g.
Teneur en M.G. : 45 % au minimum.
Meilleures saisons : été, automne.

BOUILLABAISSE
Spécialité culinaire provençale constituée d'un assortiment de poissons de mer, coquillages et crustacés pochés *(1)* avec de multiples éléments aromatiques. La bouillabaisse est servie accompagnée de rouille* et de croûtons frottés à l'ail*.
(1) Rascasse, grondin*, vive*, saint-Pierre*, baudroie*, congre*, daurade*, merlan*, loup*, moules*, crabe*, langouste*…*

BOUILLETURE ou BOUILLITURE
Spécialité culinaire des Pays de Loire qui se présente sous forme de matelote* d'anguille* au vin* rouge garnie de petits oignons*, champignons* et pruneaux*.

BOUILLINADA
Spécialité culinaire roussillonnaise inspirée de la bouillabaisse* provençale.

BOULANGÈRE
Garniture* composée de pommes de terre* et oignons* émincés cuits au four.

BOULE DE LILLE
Autre dénomination de la mimolette* française.

BOULETTE D'AVESNES
Fromage* de lait* de vache fabriqué en Thiérache. Il doit son nom à sa forme originelle et à un village du Nord, lieu de création.
Type : pâte aromatisée *(1)* réalisée à partir de maroilles* frais broyé, croûte naturelle colorée au rocou* ou au paprika*.
Forme : poire.
Taille : 6 à 8 cm de diamètre, 8 à 10 cm de hauteur.
Poids : 180 à 250 g.
Teneur en M.G. : 45 à 50 %.
Meilleures saisons : automne, hiver.
(1) Les éléments les plus couramment utilisés sont le persil, l'estragon*, le clou de girofle* et le poivre*.*

BOULETTE DE CAMBRAI
Fromage* de lait* de vache fabriqué dans le Cambrésis. Il doit son nom à sa forme originelle et au lieu où il est fabriqué.
Type : pâte fraîche aromatisée aux fines herbes.
Forme : poire.
Taille : 7 à 8 cm de diamètre, 8 cm de hauteur.
Poids : 200 g environ
Teneur en M.G. : 45 %.
Meilleures saisons : printemps, été, automne.

BOULGHOUR ou BOULGOUR
Blé partiellement cuit à la vapeur, séché et concassé. Le boulghour est très utilisé dans les pays du Proche-Orient et du Moyen-Orient. Il entre notamment dans la composition du taboulé*.

BOUQUET
Voir Crevette*.

BOUQUET GARNI
Composé aromatique assemblé en petit fagot ficelé et généralement constitué de tiges de persil*, brindilles de thym* et feuilles de laurier*. Cette composition classique peut, selon les ressources et les traditions locales, s'enrichir de poireau*, céleri-branche*, sarriette*, romarin*, sauge*, etc.
Le bouquet garni est un élément aromatique fondamental de la cuisine française.

BOUQUETIÈRE
Garniture composée de petites pommes château*, carottes*, navets*, haricots verts*, petits pois* et bouquets de choux-fleurs* nappés de sauce hollandaise*.

BOUQUIN
Voir Lièvre*.

BOURBON COLLINS
Cocktail* identique au Tom Collins* où le gin* est remplacé par du bourbon whiskey*.

BOURBON OLD FASHIONED
Cocktail* (apéritif) préparé directement dans un verre à old fashioned.

¼ de morceau de sucre*
Angostura bitter*
1 cl de soda*
4 cl de bourbon whiskey*
½ tranche d'orange*
1 cerise à l'eau-de-vie*
1 zeste* de citron*
Ecraser le sucre imbibé d'Angostura avec un peu de soda. Remplir de glace et ajouter le bourbon.
Remuer et ajouter la ½ tranche d'orange, la cerise à l'eau-de-vie et le zeste de citron.

BOURBON SOUR
Cocktail* (apéritif) préparé au shaker.
1 cuillère à café de sucre*
2 cl de jus de citron*
5 cl de bourbon whiskey*
2 cerises à l'eau-de-vie*
Frapper et servir dans un verre à cocktail
Décorer avec les cerises.

BOURBON WHISKEY
Whiskey* distillé aux Etats-Unis à partir d'un moût* de céréales comprenant au moins 51 % de maïs*.

BOURBOULENC
Cépage* blanc d'origine provençale. Dans la région de Cassis, ce cépage est dénommé Doucillon*.
Aires de culture : environ 750 ha en Languedoc-Roussillon (Corbières*, Minervois*…), en Vallée du Rhône (Côtes-du-Rhône*, Châteauneuf-du-Pape*…) et en Provence (Bandol*, Bellet*…).
Vins* produits : blancs fins et alcoolisés avec des notes florales.

BOURDALOUE (tarte)
Tarte constituée d'une base de pâte brisée* garnie de frangipane* vanillée et de demi-poires* williams pochées au sirop. Cette pâtisserie est inspirée d'un gâteau à base de poudre de noisettes* et de crème pâtissière* créé au milieu du 19ème siècle par un pâtissier, nommé Fasquelle, installé rue Bourdaloue, à Paris.

BOURDELOT
Sorte de douillon* normand à base de pomme* et parfumé au calvados*.

BOURG ou BOURGEAIS
Vins* d'A.O.C.* identiques aux Côtes de Bourg*.

BOURGEOISE
Garniture* composée de carottes*, petits oignons* glacés et lardons.

BOURGOGNE (appellation)
Vins* rouges et blancs produits en Bourgogne, A.O.C.* depuis le 31 juillet 1937. L'appellation peut être complétée, sous certaines conditions, par le nom d'un climat* ou lieu-dit *(1)*.
Aire de production : 54 communes de l'Yonne, 91 communes de Côte-d'Or, 154 communes de Saône-et-Loire et 85 communes du Rhône.
Superficie du vignoble : 2 813 ha (en 2007) dont 1 842 ha en vins rouges et 971 ha en vins blancs.
Encépagement autorisé : Pinot noir*, Pinot Liébault*, Pinot Beurot*, Chardonnay* et Pinot blanc*.
Le César* et le Tressot* étant autorisés uniquement dans l'Yonne. Rendement de base à l'hectare : 55 hl pour les vins rouges et 60 hl pour les vins blancs.
(1) "La Chapelle Notre-Dame" (commune de Serrigny), "Le Chapitre" (commune de Chenôve), "Montrecul" ou "Montre-Cul" (commune de Dijon) et "La Côte Saint-Jacques" (commune de Joigny).

BOURGOGNE (région viticole)
La Bourgogne viticole, avec près de 29 500 ha de vignoble pour une production annuelle de 200 millions de bouteilles, se divise en 5 régions principales qui s'étendent de l'Yonne au Rhône (voir carte p52). Elle dispose actuellement de 100 A.O.C.* *(1)* réparties en 4 niveaux :
23 appellations régionales
44 appellations communales ou appellations communales avec indication du climat* d'origine classé "1er Cru" *(562 climats sont classés 1er Cru")*.
33 appellations Grands Crus
(1) La dernière A.O.C. fut créée en juillet 2006 (il s'agit du "Bourgogne Tonnerre").*

BOURGOGNE ALIGOTÉ
Vins* blancs produits sur certaines communes de l'aire d'appellation Bourgogne*, A.O.C.* depuis le 31 Juillet 1937.
Superficie du vignoble : 1 698 ha (en 2007).
Encépagement autorisé : Aligoté*.
Rendement de base à l'hectare : 60 hl.

BOURGOGNE CHITRY
Vins* blancs et rouges produits en Bourgogne sur la commune de Chitry à l'est d'Auxerre. Les conditions de productions sont celles de l'A.O.C* Bourgogne*.
Superficie du vignoble : 64 ha (en 2007) dont 38 ha en vins blancs et 26 ha en vins rouges.

BOURGOGNE CLAIRET
Vins* rouges légers et peu colorés produits sur l'aire d'A.O.C.* Bourgogne*. L'appellation peut être complétée, sous certaines conditions, par le nom d'un climat* ou lieu-dit *(1)*.
Encépagement autorisé : cépages* rouges de l'appellation Bourgogne*.
Rendement de base à l'hectare : 55 hl.
(1) Voir Bourgogne.*

BOURGOGNE CLAIRET CÔTE CHALONNAISE
Vins* rouges légers et peu colorés produits sur l'aire d'A.O.C.* Bourgogne Côte Chalonnaise*.

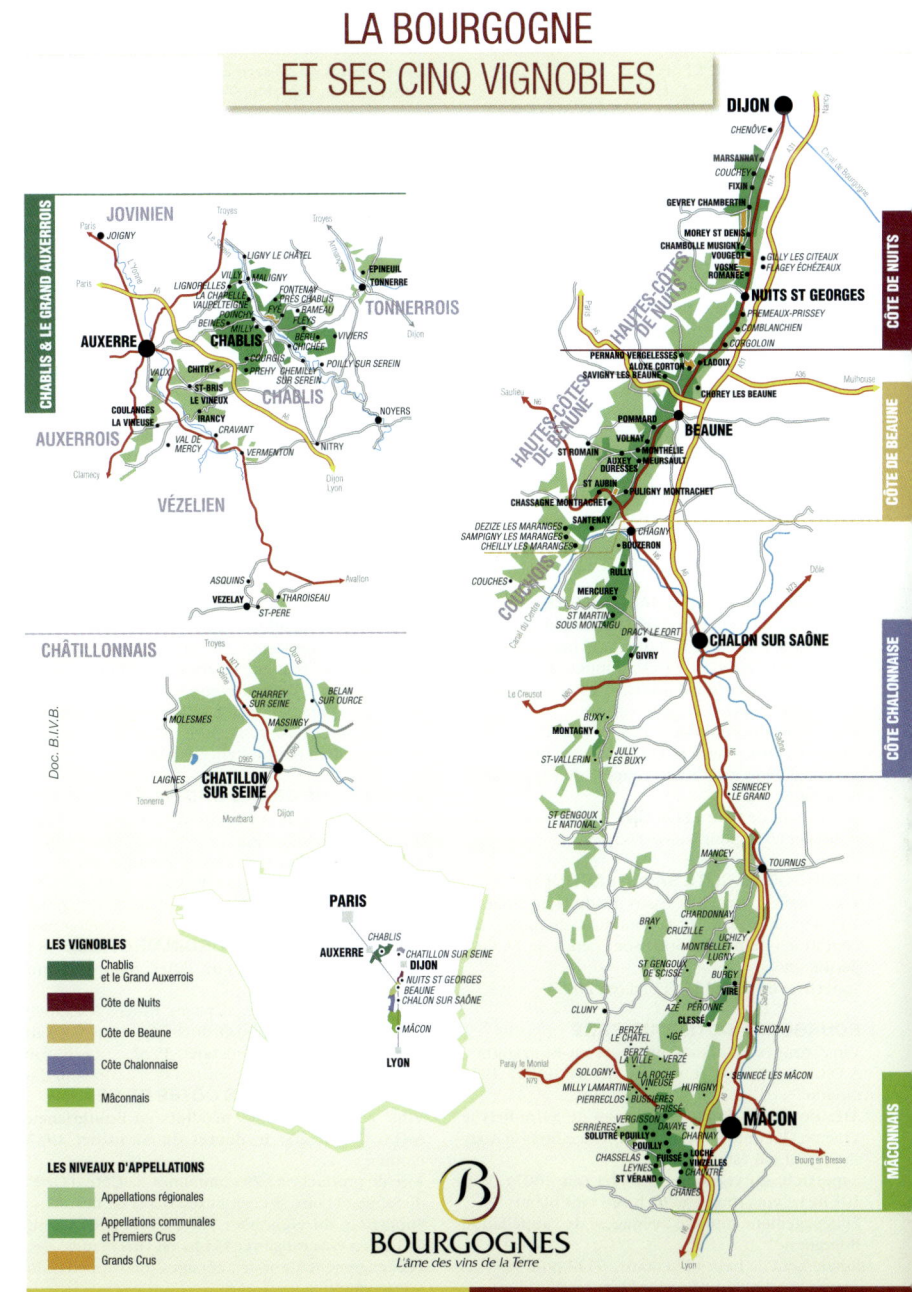

Encépagement autorisé : cépages* rouges de l'appellation Bourgogne*.
Rendement de base à l'hectare : 55 hl.

BOURGOGNE CLAIRET CÔTE D'AUXERRE
Vins* rouges légers et peu colorés produits sur l'aire d'A.O.C.* Bourgogne Côte d'Auxerre*.
Encépagement autorisé : cépages rouges de l'appellation Bourgogne*.
Rendement de base à l'hectare : 55 hl.

BOURGOGNE CLAIRET HAUTES CÔTES DE BEAUNE
Vins* rouges légers et peu colorés produits sur l'aire d'A.O.C.* Bourgogne Hautes Côtes de Beaune*.
Encépagement autorisé : cépages* rouges de l'appellation Bourgogne*.
Rendement de base à l'hectare : 50 hl.

BOURGOGNE CLAIRET HAUTES CÔTES DE NUITS
Vins* rouges légers et peu colorés produits sur l'aire d'A.O.C.* Bourgogne Hautes Côtes de Nuits*.
Encépagement autorisé : cépages* rouges de l'appellation Bourgogne*.
Rendement de base à l'hectare : 50 hl.

BOURGOGNE CÔTE CHALONNAISE
Vins* rouges et blancs produits en Bourgogne*, A.O.C.* régie par le décret du 31 juillet 1937 modifié.
Aire de production : 44 communes de Saône-et-Loire situées au nord-ouest et au sud-ouest de Chalon-sur-Saône.
Superficie du vignoble : 454 ha (en 2007) dont 341 ha en vins rouges et 113 ha en vins blancs.
Encépagement autorisé : cépages* de l'appellation Bourgogne*.
Rendement de base à l'hectare : 55 hl pour les vins rouges et 60 hl pour les vins blancs.

BOURGOGNE CÔTE SAINT-JACQUES
Vins* blancs, rouges et rosés produits en Bourgogne* septentrionale sur la commune de Joigny. Les conditions de productions sont celles de l'A.O.C* Bourgogne*.
Superficie du vignoble : 12 ha (en 2007).

BOURGOGNE CÔTE D'AUXERRE
Vins* rouges et blancs produits en Bourgogne*, A.O.C.* régie par le décret du 31 juillet 1937 modifié.
Aire de production : communes de Saint-Bris le Vineux, Quenne, Auxerre-Vaux, Vincelottes et Augy situées au sud-est d'Auxerre.
Superficie du vignoble : 169 ha (en 2007) dont 104 ha en vins rouges et 65 ha en vins blancs.
Encépagement autorisé : cépages* de l'appellation Bourgogne*.
Rendement de base à l'hectare : 55 hl pour les vins rouges et 60 hl pour les vins blancs.

BOURGOGNE CÔTES DU COUCHOIS
Vins* rouges produits en Bourgogne*, A.O.C* régie par le décret du 30 avril 2001.
Superficie du vignoble: 9 ha (en 2007).
Aire de production: 6 communes de Saône-et-Loire, dont Couches, situées au nord-ouest de Chalon-sur-Saône.
Encépagement autorisé: cépages* rouges de l'appellation Bourgogne*.
Rendement de base à l'hectare: 48 hl.

BOURGOGNE COULANGES-LA-VINEUSE
Vins* rouges, rosés et blancs produits en Bourgogne* septentrionale sur 6 communes situées au sud d'Auxerre. Les conditions de productions sont celles de l'A.O.C* Bourgogne*.
Superficie du vignoble : 80 ha (en 2007).

BOURGOGNE EPINEUIL
Vins* rouges, rosés et blancs produits en Bourgogne* septentrionale sur la commune d'Epineuil située au nord de Tonnerre. Les conditions de productions sont celles de l'A.O.C* Bourgogne*.
Superficie du vignoble : 91 ha (en 2007).

BOURGOGNE GRAND ORDINAIRE
Vins* rouges et blancs produits sur l'aire d'appellation Bourgogne*, A.O.C. * depuis le 31 juillet 1937.
Superficie du vignoble : 132 ha (en 2007).
Encépagement autorisé : Pinot noir*, Pinot Liébault*, Pinot Beurot*, Gamay*, Chardonnay*, Pinot blanc*, Aligoté*, Melon de Bourgogne* et dans le département de l'Yonne, le César*, le Tressot* et le Sacy*.
Rendement de base à l'hectare : 55 hl pour les vins rouges et 60 hl pour les vins blancs.

BOURGOGNE GRAND ORDINAIRE CLAIRET
Vins* rouges légers et peu colorés produits sur l'aire d'appellation Bourgogne*.
Encépagement autorisé : cépages* rouges de l'appellation Bourgogne Grand Ordinaire*.
Rendement de base à l'hectare : 55 hl.

BOURGOGNE GRAND ORDINAIRE ROSÉ
Vins* rosés produits sur l'aire d'appellation Bourgogne*.
Encépagement autorisé : cépages* rouges de l'appellation Bourgogne Grand Ordinaire*.
Rendement de base à l'hectare : 55 hl.

BOURGOGNE HAUTES CÔTES DE BEAUNE
Vins* rouges et blancs produits en Bourgogne*, A.O.C.* régie par le décret du 31 juillet 1937 modifié.
Aire de production : 29 communes de Côte-d'Or et de Saône-et-Loire situées au sud-ouest de Beaune.
Superficie du vignoble : 768 ha (en 2007) dont 633 ha en vins rouges et 135 ha en vins blancs.
Encépagement autorisé : cépages* de l'appellation Bourgogne*.

Rendement de base à l'hectare : 50 hl pour les vins rouges et 55 hl pour les vins blancs.

BOURGOGNE HAUTES CÔTES DE NUITS
Vins* rouges et blancs produits en Bourgogne*, A.O.C.* régie par le décret du 31 juillet 1937 modifié.
Aire de production : 19 communes de Côte-d'Or, dont Nuits-Saint-Georges, situées entre Dijon et Beaune.
Superficie du vignoble : 679 ha (en 2007) dont 561 ha en vins rouges et 118 ha en vins rouges.
Encépagement autorisé : cépages* de l'appellation Bourgogne*.
Rendement de base à l'hectare : 50 hl pour les vins rouges et 55 hl pour les vins blancs.

BOURGOGNE MOUSSEUX
Vins* rouges effervescents produits sur l'aire d'appellation Bourgogne*, A.O.C.* depuis le 16 mars 1943.
La production de ce vin reste marginale.
Encépagement autorisé : certains cépages* rouges de l'appellation Bourgogne Grand Ordinaire*.
Rendement de base à l'hectare : 55 ou 60 hl.

BOURGOGNE ORDINAIRE
Appellation identique au Bourgogne Grand Ordinaire*.

BOURGOGNE PASSE-TOUT-GRAIN ou BOURGOGNE PASSE-TOUT-GRAINS
Vins* rouges et rosés produits en Bourgogne*, A.O.C.* depuis le 31 juillet 1937.
Aire de production : identique à l'appellation Bourgogne*.
Superficie du vignoble : 606 ha (en 2007).
Encépagement autorisé : Gamay*, Pinot noir*, et Pinot Liébault*.
Rendement de base à l'hectare : 55 hl.
Ces vins doivent obligatoirement provenir d'un mélange réalisé au moment de la vendange généralement constitué des ⅔ de Gamay et ⅓ de Pinots (la proportion de Pinots ne pouvant pas être inférieure à ⅓). Il s'agit bien d'un assemblage de raisins de cuve et non pas d'un assemblage de vins comme cela se fait couramment en vinification classique.

BOURGOGNE ROSÉ
Vins* rosés produits sur l'aire d'appellation Bourgogne*. L'appellation peut être complétée, sous certaines conditions, par le nom d'une sous-région, d'une commune (1) ou d'un climat* ou lieu-dit (2).
Encépagement autorisé : cépages* rouges de l'appellation Bourgogne*.
Rendement de base à l'hectare : 55 hl.
(1) et (2) voir Bourgogne*.

BOURGOGNE ROSÉ CÔTE CHALONNAISE
Vins* rosés produits sur l'aire d'appellation Bourgogne Côte Chalonnaise*.
Encépagement autorisé : cépages* rouges de l'appellation Bourgogne*.
Rendement de base à l'hectare: 55 hl.

BOURGOGNE ROSÉ CÔTE D'AUXERRE
Vins* rosés produits sur l'aire d'appellation Bourgogne Côte d'Auxerre*.
Encépagement autorisé : cépages* rouges de l'appellation Bourgogne*.
Rendement de base à l'hectare : 55 hl.

BOURGOGNE ROSÉ HAUTES CÔTES DE BEAUNE
Vins* rosés produits sur l'aire d'appellation Bourgogne Hautes Côtes de Beaune*.
Encépagement autorisé : cépages* rouges de l'appellation Bourgogne*.
Rendement de base à l'hectare : 50 hl.

BOURGOGNE ROSÉ HAUTES CÔTES DE NUITS
Vins* rosés produits sur l'aire d'appellation Bourgogne Hautes Côtes de Nuits.
Encépagement autorisé : cépages* rouges de l'appellation Bourgogne*.
Rendement de base à l'hectare : 50 hl.

BOURGOGNE TONNERRE
Vins* blancs produits en Bourgogne*, A.O.C.* depuis le 17 juillet 2006.
Aire de production : communes de Dannemoine, Epineuil, Junay, Molosmes, Tonnerre et Vézinnes situées à l'est de Chablis dans l'Yonne.
Superficie du vignoble : 34 ha (en 2007).
Encépagement autorisé : Chardonnay*.
Rendement de base à l'hectare : 55 hl.

BOURGOGNE VEZELAY
Vins* blancs produits en Bourgogne* septentrionale sur 4 communes de l'Yonne dont Vezelay. Les conditions de productions sont celles de l'A.O.C* Bourgogne*.
Superficie du vignoble : 54 ha (en 2007).

Alluvions récentes
Alluvions modernes
Basse terrasse
Sables éoliens
Argiles à silex

Sud
La Loire
Le Lane
Nord

Coupe géologique du terroir de Bourgueil

BOURGUEIL
Vins* rouges et rosés produits dans la Vallée de la Loire, A.O.C.* depuis le 31 juillet 1937. La mention "Val de Loire" peut être éventuellement adjointe à l'appellation.
Aire de production : 8 communes d'Indre-et-Loire, dont Bourgueil, situées à l'ouest de Tours (voir coupe géologique p51).
Superficie du vignoble : 1 400 ha (en 2008).
Encépagement autorisé : Cabernet franc* et Cabernet-Sauvignon*.
Rendement de base à l'hectare : 55 hl.

BOURGUIGNONNE
Garniture* composée de petits oignons* glacés, champignons* sautés et lardons.

BOURRACHE
Plante aromatique et médicinale originaire de l'est du bassin méditerranéen. Les feuilles ciselées sont utilisées pour agrémenter, salades, sauces*, crème, potages*, omelettes*... et les fleurs, de belle couleur violette, peuvent être infusées, préparées en beignets* ; mais elles sont plutôt employées confites comme élément de décor de pâtisseries.

BOURRE
Voir Colvert*.

BOURRIDE
Soupe* de poissons provençale semblable à la bouillabaisse* avec un bouillon de cuisson lié à l'ailloli*. La bourride sétoise est une variante faite avec de la lotte*.

BOURSAULT
Fromage* de lait* de vache fabriqué en Brie. Il porte le nom de son créateur.
Type : pâte molle à croûte fleurie (double crème*).
Forme : disque épais.
Taille : 7 à 8 cm de diamètre, 4,5 cm d'épaisseur.
Poids : 200 g environ.
Teneur en M.G. : 70 à 75 %.
Qualité identique toute l'année.

BOURSETTE
Autre dénomination de la mâche*.

BOURSIN
Fromage* de lait* de vache fabriqué en Normandie. Il porte le nom du créateur de la laiterie qui l'élabore.
Type : pâte fraîche nature ou aromatisée aux fines herbes, à l'ail*, au poivre*, aux noix*...
Forme : haut cylindre.
Taille : 8 cm de diamètre, 4 cm d'épaisseur.
Poids : 125 à 150 g.
Teneur en M.G. : 70 à 75 % (double-crème*).
Fabriqué industriellement, le Boursin présente une qualité identique toute l'année.

BOUTARGUE ou POUTARGUE
Spécialité provençale réalisée avec des œufs de mulet* salés, pressés et séchés. La boutargue est préparée dans la région de Martigues (Bouches-du-Rhône).

BOUTON DE CULOTTE ou CABRION DE MÂCON
Fromage* de lait* de chèvre ou de lait de vache et de chèvre mélangés fabriqué en Bourgogne. Il doit son nom à sa taille réduite.
Type : pâte molle, croûte naturelle.
Forme : petit cylindre.
Taille : 3 à 4 cm de diamètre, 2,5 cm d'épaisseur.
Poids : 30 à 40 g.
Teneur en M.G. : 45 % en moyenne.
Meilleures saisons : été, automne.

BOUVILLON
Voir Bœuf*.

BOUZERON
Vins* blancs produits en Bourgogne*, A.O.C.* depuis le 17 février 1998.
Aire de production : communes de Bouzeron et Chassey-le-Camp situées au sud-ouest de Chagny.
Superficie du vignoble : 48 ha (en 2007).
Encépagement autorisé : Aligoté.
Rendement de base à l'hectare : 55 hl.

BOUZY
Voir Coteaux Champenois*.

BOVIN

Bovins de race Charolaise

Espèce animale qui concerne les bœufs*, les vaches*, les taureaux* et les veaux*. La France compte environ 25 races bovines qui s'identifient en 3 principales catégories *(1)* :
Les races laitières : *Prim'Holstein, Tarentaise, Abondance, Pie rouge des plaines, Jersiaise...*
Les races bouchères ou ***races à viande*** ou ***races allaitantes*** : *Charolaise, Limousine, Blonde d'Aquitaine, Maine-Anjou, Aubrac, Gasconne, Salers, Camargue...*
Les races mixtes : *Normande, Montbéliarde, Simmental française, l'Abondance, la Vosgienne...*

(1) Selon les sources, certaines races peuvent être classées dans des catégories différentes.
Maine-Anjou est une viande bovine *(1)* qui bénéficie d'une A.O.C.* depuis le 4 novembre 2004. La zone de naissance, d'élevage, d'engraissement et d'abattage des animaux s'étend sur 617 communes des départements de l'Ille-et-Vilaine, de l'Orne, de la Loire-Atlantique, du Maine-et-Loire, de la Mayenne, de la Sarthe, des Deux-Sèvres et de la Vendée.
Le ***Fin Gras*** ou ***Fin Gras du Mézenc*** est une viande bovine *(2)* qui bénéficie d'une A.O.C.* depuis le 1er septembre 2006. La zone de naissance, d'élevage et d'engraissement des animaux est limitée à 28 communes de l'Ardèche et de la Haute-Loire située à proximité du Mont Mézenc.
Le bœuf de Charolles a obtenu une A.O.C.* le 2 septembre 2010.
(1) Race unique : Maine-Anjou appelée aussi Rouge des prés.
(2) Races principales : Aubrac, salers, Charolaise et Limousine.

Depuis décembre 2002, les restaurateurs doivent porter à la connaissance de leur clientèle l'origine de la viande bovine qu'ils proposent sur leurs menus* et sur leurs cartes*. Cette mention de traçabilité est indiquée sur les supports de vente ou autres formes de supports parfaitement visibles (tableau, chevalet, etc.).
Les affichages précisent essentiellement le pays de naissance, le pays d'élevage et le pays d'abattage de l'animal.

BRABANÇONNE
Garniture* constituée de tartelettes garnies de choux de Bruxelles* nappés de sauce Mornay* et de pommes croquettes*.

BRACHET
Autre dénomination du cépage* Braquet*. En Italie, il se nomme Brachetto.

BRANDADE
Spécialité culinaire du Sud-Est à base de morue* émiettée et émulsionnée avec de l'huile* d'olive et du lait*. Il existe plusieurs variantes de brandade (nîmoise, provençale, etc.) et certains cuisiniers incorporent couramment de la purée de pommes de terre* à la préparation.

BRANDY
Terme anglo-saxon désignant une eau-de-vie*. Il vient de "burnt wine" qui signifie "vin brûlé". Employé seul, ce terme s'applique plutôt à une eau-de-vie de vin* telle que le cognac* ou l'armagnac*. Associé au nom d'un fruit, il désigne un spiritueux* provenant de ce fruit (ex: apricot brandy*, cherry brandy*).

BRANDY COLLINS
Cocktail* identique au Tom Collins* où le gin* est remplacé par du cognac*.

BRANDY EGG NOGG
Cocktail* préparé au shaker.
1 cuillère à café de sucre*
1 jaune d'œuf*
4 cl de cognac*
5 cl de lait*
Noix de muscade*
Frapper le sucre, le jaune d'œuf et le cognac. Servir dans un tumbler, compléter avec le lait et saupoudrer de noix de muscade râpée.

BRANDY FIZZ
Cocktail* préparé au shaker.
1 cuillère à café de sucre*
2 cl de jus de citron*
4 cl de cognac*
Soda*
Frapper le sucre, le jus de citron et le cognac, servir dans un tumbler. Compléter de soda. Décorer éventuellement d'une tranche de citron et d'une cerise* confite.

BRANDY FLIP
Cocktail* (digestif) préparé au shaker.
1 cuillère à café de sucre*
1 jaune d'œuf*
4 cl de cognac*
Noix de muscade*
Frapper et verser dans un verre à cocktail. Saupoudrer de noix de muscade râpée.

BRANDY OLD FASHIONED
Cocktail* préparé de la même manière que le bourbon old fashioned* en remplaçant le bourbon* par du cognac*.

BRANDY SOUR
Cocktail* (apéritif) préparé au shaker.
1 cuillère à café de sucre*
2 cl de jus de citron*
5 cl de cognac*
2 cerises* à l'eau-de-vie
Frapper et servir dans un verre à cocktail. Décorer avec les cerises.

BRANNVIN
Eau-de-vie* de céréales ou de pommes de terre*, similaire à l'aquavit*, produite en Suède ou en Finlande.

BRAQUET
Cépage* noir originaire du Sud-Est, vraisemblablement du Var.
Aires de culture : essentiellement sur les terroirs de l'A.O.C.* Bellet*.
Vins produits : rouges fins et aromatiques.

BRAS (Michel)

Cuisinier français né en 1946 à Gabriac, petit village de l'Aveyron. Ce fils de maréchal-ferrant s'initie dès son plus jeune âge à la cuisine auprès de sa mère. Autodidacte, sans formation extérieure dans les brigades des grandes toques, il acquiert un solide savoir-faire en étudiant avec passion la littérature culinaire. Ses connaissances techniques ne font pas tout, solidement enraciné dans sa terre natale, sensible à son environnement de pierre, de lumière et de végétal, il crée une cuisine raffinée directement inspirée de l'univers si particulier de l'Aubrac.
Après avoir exploité avec succès l'hôtel-restaurant familial de Laguiole, il s'installe en 1992 sur les hauteurs du plateau dans un vaste espace moderne. En 1999, le Guide Michelin* qui avait déjà reconnu son talent lui octroie une 3ème étoile. Aujourd'hui, pleinement épanoui, Michel Bras, grand cuisinier et homme discret, exerce son art épaulé par son épouse et son fils Sébastien.

BRAYAUDE

Terme utilisé pour désigner plusieurs préparations culinaires auvergnates.
L'omelette brayaude est faite avec du jambon* de pays, des pommes de terre, des dés de fromage* et de la crème fraîche*.
La soupe brayaude est composée de produits locaux (porc* et légumes).
Le gigot* brayaude, piqué à l'ail*, légèrement mariné et braisé au vin* blanc est servi avec du chou* et des haricots rouges* ou des lentilles*.

BRAZIER (Eugénie) ou LA MÈRE BRAZIER

Cuisinière française (Bourg-en-Bresse 1895 - Le Mas-Rillier 1977). D'origine paysanne, elle est d'abord occupée aux travaux de la ferme et c'est à l'âge de vingt ans qu'elle entre au service d'une famille bourgeoise lyonnaise. Chargée de la cuisine, elle s'en fait une vocation. Quelques années plus tard, elle quitte son emploi pour entrer chez la Mère Filloux *(1)* et commencer un apprentissage en restauration. En 1921, elle ouvre son premier restaurant à Lyon et ensuite un second au col de la Luère, à une vingtaine de kilomètres de la ville.
Devenue célèbre et reconnue par ses pairs, elle est la première, en 1933, à qui le Guide Michelin* décerne simultanément trois étoiles à deux restaurants différents tenus par le même chef. En 1946, elle engage un jeune cuisinier de 20 ans qui souhaite poursuivre son apprentissage, un certain Paul Bocuse*...
(1) Les "Mères" sont les cuisinières issues de maisons bourgeoises qui s'installèrent à leur compte et firent la renommée de la gastronomie lyonnaise.*

BRÉJAUDE

Soupe* limousine préparée avec du lard frais, du chou* et divers légumes.

BRÈME

Poisson d'eau douce de la famille des cyprinidés qui mesure de 30 à 50 cm de long pour un poids de 2 à 4 kg. Sa chair, moelleuse, contient de nombreuses arêtes. Elle se prépare en goujonnettes* ou comme la perche* et la carpe*.

BRÈME DE MER

Voir Daurade*.

BRESSAN

Fromage* de lait* de chèvre fabriqué en Franche-Comté. Il tire son nom de sa région de fabrication.
Type : pâte molle, croûte naturelle.
Forme : tronconique.
Taille : 5 cm de diamètre à la base, 3 à 4 cm d'épaisseur.
Poids : 60 à 70 g.
Teneur en M.G. : 45 % en moyenne.
Meilleures saisons : printemps, été, automne.

BRESSE BLEU

Fromage* de lait* de vache fabriqué dans l'Ain. Il doit son nom à la nature de sa pâte et à sa région d'origine.
Type : pâte molle persillée, croûte naturelle.
Forme : cylindre.
Taille : 6 à 10 cm de diamètre, 4 à 6,5 cm d'épaisseur.
Poids : 125 g, 250 g, 500 g.
Qualité identique toute l'année.

BRETON

Autre dénomination du cépage* Cabernet franc dans la Vallée de la Loire.

BRETZELS

Biscuits salés en forme de nœuds entrelacés saupoudrés de graines de cumin*. Cette spécialité alsacienne se consomme principalement en accompagnement de la bière* ou de l'apéritif.

BRICQUEBEC ou ABBAYE DE BRICQUEBEC

Fromage* de lait* de vache fabriqué en Normandie. Il tire son nom d'une localité du Cotentin où a été fondée l'abbaye qui le créa. Ce fromage est aussi commercialisé sous la dénomination "Providence".
Type : pâte pressée non cuite.
Forme : disque épais.
Taille : 22 cm de diamètre, 4 cm d'épaisseur.
Poids : 1,400 kg.
Teneur en M.G. : 45 %.
Qualité identique toute l'année.

BRIE DE COULOMMIERS

Fromage* de lait* de vache fabriqué en Ile-de-France. Il doit son nom à une localité de Seine-et-Marne, lieu du marché où il était initialement commercialisé.
Type : pâte molle à croûte fleurie.
Forme : disque plat.
Taille : 21 à 25 cm de diamètre, 3 cm d'épaisseur.
Poids : 1,250 kg environ.
Teneur en M.G. : 45 % environ.
Meilleures saisons : été, automne, hiver.

BRIE DE MEAUX

Fromage* de lait* de vache fabriqué en Ile-de-France, A.O.C.* depuis le 18 août 1980 et reconnu A.O.P.* dans le cadre de l'U.E. Il doit son nom à la ville de Seine-et-Marne, lieu du marché où il était initialement commercialisé. La zone de production s'étend sur de nombreuses communes des départements de la Seine-et-Marne, de l'Yonne, du Loiret, de l'Aube, de la Marne, de la Haute-Marne et de la Meuse.
Type : pâte molle à croûte fleurie.
Forme : disque plat.
Taille : 35 à 37 cm de diamètre, 3 à 3,5 cm d'épaisseur.
Poids : 2,5 à 3 kg.
Teneur en M.G. : 45%.
Meilleures saisons : été, automne, hiver.

Source : Photo BG

BRIE DE MELUN

Fromage* de lait* de vache fabriqué en Ile-de-France, A.O.C.* depuis le 18 août 1980 et reconnu A.O.P.* au niveau européen. Il doit son nom à la préfecture de Seine-et-Marne, lieu de sa commercialisation initiale.
Type : pâte molle à croûte fleurie.
Forme : disque plat.
Taille : 27 cm de diamètre, 3 cm d'épaisseur.
Poids : 1,5 à 1,8 kg.
Teneur en M.G. : 45 %.
Meilleures saisons : été, automne, hiver.

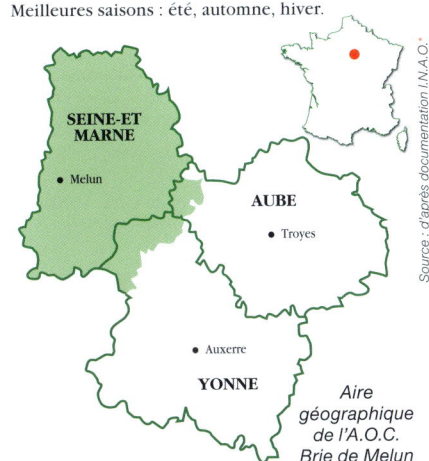

Aire géographique de l'A.O.C. Brie de Melun

Source : d'après documentation I.N.A.O.

BRILLAT-SAVARIN (fromage)

Fromage* de lait* de vache fabriqué en Normandie. Son nom lui a été attribué par le célèbre fromager H. Androuet en hommage à J.-A. Brillat-Savarin*.
Type : pâte molle à croûte fleurie (triple-crème*).
Forme : disque épais.
Taille : 13 cm de diamètre, 3,5 cm d'épaisseur.
Poids : 450 à 500 g.
Teneur en M.G. : 75 %.
Qualité identique toute l'année.

BRILLAT-SAVARIN (Jean-Anthelme)

Homme politique, magistrat, écrivain et gastronome français (Belley 1755 - Paris 1826). Cet épicurien cultivé est né Jean-Anthelme Brillat, mais une de ses tantes, Mademoiselle Savarin, l'ayant fait légataire universel, à condition qu'il porte son nom, il devint J.A. Brillat-Savarin.

Il reste célèbre grâce à la publication, en 1825, de *Physiologie du goût* (1), ouvrage qui demeure une œuvre majeure de la littérature gastronomique. Ce livre constitué d'aphorismes (2), d'anecdotes et de méditations, marque le départ d'une intellectualisation de la gastronomie*.

(1) Le titre complet est "Physiologie du Goût, ou Méditations de Gastronomie Transcendante ; ouvrage théorique, historique et à l'ordre du jour, dédié aux Gastronomes parisiens, par un Professeur, membre de plusieurs sociétés littéraires et savantes".

(2) Formules concises ou maximes.

BRINDAMOUR ou BRIN D'AMOUR

Fromage* de lait* de brebis fabriqué en Corse. Son nom est une marque commerciale choisie par un fromager.
Type : pâte molle aromatisée au romarin* et à la sarriette*.
Forme : carré à angles arrondis (1).
Taille : 12 à 14 cm de côté, 4 à 5 cm d'épaisseur.
Poids : 600 à 800 g.
Teneur en M.G. : 45 %.
Meilleures saisons : printemps, été, automne.

(1) Il existe un autre fromage corse, de forme ronde et dénommé "Fleur du maquis", qui présente les mêmes caractéristiques que le brindamour.

BRIOCHE

Préparation légère, de taille et de forme variables, réalisée à partir de pâte à brioche* additionnée ou non d'éléments sucrés ou salés.

BRIQUE DU FOREZ ET DU LIVARDOIS

Fromage* de lait* de chèvre ou de laits de chèvre et de vache mélangés.
Il tire son nom de sa forme et de sa région d'origine.
Type : pâte molle, croûte naturelle.
Forme : rectangulaire.
Taille : 12 à 14 cm de longueur, 4 à 6 cm de largeur, 3 à 4 cm d'épaisseur.
Poids : 250 g environ.
Teneur en M.G. : 45 % au minimum.
Meilleures saisons : été, automne.

BROCARD

Voir Chevreuil*.

BROCCIU CORSE ou BROCCIO

Fromage* de lactosérum et de lait* de brebis ou de chèvre fabriqué en Corse, A.O.C.* depuis le 18 juin 1983 et reconnu A.O.P.* dans le cadre de l'U.E. L'aire de production couvre la totalité de l'île. Il tire son nom du terme dialectal "brousser" qui signifie battre ou fouetter.
Type : "frais" ou "passu" (1).
Forme : tronconique.
Taille : variable selon la faisselle utilisée.
Poids : 250g, 500g, 1 kg et 3 kg.
Teneur en M.G. : 40 % au minimum.
Meilleures saisons : printemps, été, automne.

(1) le "brocciu passu" subit, après salage, un affinage d'une durée minimale de 21 jours dans l'aire de production.

BROCHET

Poisson d'eau douce appartenant à la famille des ésocidés. Ce redoutable carnassier peut atteindre une taille de 1,50 m et un poids de 20 kg. Les petits spécimens sont appelés *brocheton, sifflet* ou *poignard*. Sa chair blanche est ferme et savoureuse mais elle contient beaucoup d'arêtes, c'est pourquoi il se prépare souvent en quenelles* ou en terrine. Il peut également être servi poché entier ou en morceaux, avec un beurre blanc* ou une sauce Nantua*.

BRONX

Cocktail* (apéritif) préparé au shaker.
1 cl de jus d'orange*
1,5 cl de vermouth* dry
1,5 cl de vermouth* rouge
3 cl de gin*
Frapper et servir dans un verre à cocktail.

BROU DE NOIX

Liqueur* fabriquée dans plusieurs régions de France à partir de noix* vertes macérées dans de l'eau-de-vie*.
Le terme "brou de noix" désigne également un liquide brun extrait de la coque verte qui enveloppe une noix fraîche.

BROUILLY

Vins* rouges produits dans le Beaujolais, A.O.C.* depuis le 19 octobre 1938. La mention "Cru du Beaujolais" peut figurer sur l'étiquette. Brouilly possède un climat* : *Pisse-Vieille*.
Aire de production : communes de Saint-Lager, Odenas, Quincié, Cercié, Charentay et Saint-Etienne-la-Varenne, situées au nord-ouest de Villefranche-sur-Saône.

Superficie du vignoble : 1 299 ha (en 2008).
Encépagement autorisé : le cépage principal est le Gamay*; sont tolérés en cépages accessoires dans une proportion limitée à 15 % : l'Aligoté*, le Chardonnay* et le Melon de Bourgogne *.
Rendement de base à l'hectare : 58 hl.

BROUSSE (suivi éventuellement du lieu de production, Rove ou Vésubie)

Fromage* de lait* de brebis ou de lait de chèvre fabriqué en Provence. Il tire son nom du terme dialectal "brousser" qui signifie battre ou fouetter.
Type : pâte fraîche.
Forme : variable selon le récipient de moulage.
Taille et poids : variables.
Teneur en M.G. : 45 %.
Meilleures saisons : printemps, été, automne.

BROUTARD
Voir Veau* et Agneau*.

B.R.S.A.
Sigle constituant l'abréviation de Boisson Rafraîchissante Sans Alcool*.

BRU
Eau minérale naturelle* gazeuse captée à Chevron, dans les Ardennes belges, près de Liège. Catégorie : faiblement minéralisée.

Composition physico-chimique (en mg/l)	
Cations	Anions
Calcium: 23 Magnésium: 22 Sodium: 10 Potassium: 1,5	Bicarbonates: 209 Sulfates: 5 Chlorures: 4 Nitrates: 0,7
pH à 20 °C: 5 Minéralisation totale: 160 mg/l	

BRUGNON
Fruit à noyau d'origine française à chair juteuse et à peau lisse. Contrairement à ce qui est souvent affirmé, le brugnon n'est pas un hybride *(1)* résultant d'une greffe de prunier et de pêcher ou d'abricotier et de pêcher mais l'aboutissement d'une mutation naturelle du pêcher.
Le brugnon trouve les mêmes emplois culinaires que la pêche*.

(1) Il existe effectivement un hybride résultant du croisement d'un prunier et d'un abricotier produisant un fruit appelé "prunabricot" en France et "pluot" aux Etats-Unis (contraction de "plum" qui signifie "prune" et "apricot", traduction du mot "abricot"). Ce fruit a été obtenu en 1958 par un pépiniériste américain, F. Zaiger.

BRUNCH
Terme d'origine anglaise, contraction de "breakfast" et de "lunch", qui désigne un repas pris en fin de matinée *(1)* et qui remplace à la fois le petit déjeuner et le déjeuner*.

(1) Prestation proposée sous forme de buffet, essentiellement aux clientèles de week-end.*

BRUNELLO DI MONTALCINO
Vins* rouges italiens issus de cépage* Sangiovese. Cette D.O.C.G.*, produite en Toscane, ne peut être commercialisée qu'après un vieillissement minimum de 50 mois, dont 42 mois en barriques de châtaignier ou de rouvre.

BRUNOISE
Terme désignant une taille de légumes en petits dés de 1 à 2 mm de côté.

BRUXELLOISE
Garniture* composée d'endives* braisées, choux de Bruxelles* et pommes château*.

BUCCIN
Gastéropode *(1)* marin doté d'une coquille spiralée de 6 à 8 cm. Appelé aussi *bulot*, le buccin vit accroché aux rochers des côtes de l'Atlantique et de la Méditerranée. Il se consomme toujours cuit.
(1) Mollusque rampant sur un pied central.

BÛCHE DE NOËL
Pâtisserie traditionnelle du repas de Noël en forme de bûche (d'où son nom). Classiquement, ce gâteau est réalisé à partir de génoise* en fines couches ou de génoise roulée imbibée et garnie de crème au beurre*. Aujourd'hui, si la présentation de la bûche de Noël conserve son caractère festif, les compositions sont très variées.

Bûche au chocolat

BUCHETTE D'ANJOU
Fromage* de lait* de chèvre fabriqué en Anjou. Il doit son nom à sa forme et à sa région d'origine.
Type : pâte molle, croûte naturelle ou charbonnée.
Forme : cylindre.
Taille : 9 à 10 cm de longueur, 3 à 4 cm de diamètre.
Poids : 100 g environ.
Teneur en M.G. : 45 % au minimum.
Meilleures saisons : printemps, été, automne.

BUCK FIZZ
Cocktail* préparé directement dans une flûte à champagne*.
5 cl de jus d'orange*
7 cl de champagne*
Verser le jus d'orange et compléter de champagne.
Décor facultatif à base d'orange (tranche, zeste*, suprême*...)
Malgré son nom, ce cocktail ne fait pas partie de la famille des "Fizzes*".

BUCKLING
Voir Hareng*.

BUFFET
Table spécialement nappée et préparée pour la présentation de mets et de boissons lors d'un cocktail*, d'un lunch*, d'un brunch*, etc.
Le terme buffet désigne également un meuble, réfrigéré ou non, utilisé pour la présentation de préparations culinaires dans certaines formules de restauration.

BUGEY
Vins* blancs, rosés et rouges produits dans l'Ain, A.O.V.D.Q.S.* depuis le 27 septembre 1963. L'appellation peut être suivie du nom de l'un des 2 crus *(1)*.
Aire de production : 67 communes du sud de l'Ain.
Superficie du vignoble : 260 ha (en 2008).
Encépagement autorisé (variable selon les communes de culture) : Gamay*, Pinot noir*, Pinot gris*, Poulsard*, Mondeuse*, Chardonnay*, Altesse*, Aligoté* et Jaquère*.
Rendement de base à l'hectare: 62 hl pour les vins rouges et 68 hl pour les vins blancs et rosés (rendements inférieurs pour les vins faisant mention du cru d'origine).

(1), Montagnieu et Manicle.

BUGEY MOUSSEUX ou PÉTILLANT
Vins* effervescents rosés produits sur les aires délimitées de l'appellation Vin du Bugey*.
Superficie du vignoble : 57 ha (en 2008).

BUGEY-CERDON MÉTHODE ANCESTRALE
Vins* effervescents rosés produits sur 10 communes de l'Ain, dont Cerdon, situées au sud-est de Bourg-en-Bresse.
Superficie du vignoble : 136 ha (en 2008).

BUGEY-MONTAGNIEU MOUSSEUX ou PÉTILLANT
Vins* effervescents produits sur 3 communes de l'Ain, dont Montagnieu, situées à l'est de Belley.
Superficie du vignoble : 22 ha (en 2008).

BUGNES
Beignets* lyonnais réalisés avec une pâte *(1)* découpée à la roulette dentelée. Les bandelettes ainsi obtenues sont souvent nouées ou tressées avant d'être frites.
(1) À l'origine, il s'agissait d'une pâte levée composée de farine, de levure*, de sucre* et d'eau diversement parfumée. Aujourd'hui cette pâte est parfois enrichie de beurre*, d'œufs* et de lait*.*

BUISSON
Type de dressage en pyramide ou en cône employé pour présenter des crustacés, des légumes, des fruits, etc.

BULOT
Autre dénomination du buccin*.

BUZET
Vins* rouges, rosés et blancs produits dans le Sud-Ouest, A.O.C.* depuis le 12 février 1986 (en remplacement de l'A.O.C. "Côtes de Buzet" du 19 avril 1973).
Aire de production : 27 communes du Lot-et-Garonne situées sur la rive gauche de la Garonne, à l'ouest d'Agen.
Superficie du vignoble : 2 116 ha (en 2005).
Encépagement autorisé* : Merlot*, Cabernet-Sauvignon*, Cabernet franc*, Côt*, Sémillon*, Sauvignon* et Muscadelle*.
Rendement de base à l'hectare : 55 hl.

BYRRH
A.B.V.* de la famille des quinquinas* créé en 1873 à Thuir (Pyrénées-Orientales). Son créateur, Simon Violet, composa le nom "BYRRH" à partir des initiales des prénoms de ses enfants.
Cet apéritif, qui titre 17°, est élaboré avec des vins* du Roussillon aromatisés avec des écorces de quinquina* et d'autres substances aromatiques. Il est ensuite vieilli en fûts ou en cuves de chêne pendant 3 ans.
Depuis 1999, la marque propose également le ***Rare assemblage***, vieilli 10 ans en petits fûts de chêne.

Source : © Photothèque Pernod

C

CABARDÈS

Vins* rouges et rosés produits en Languedoc-Roussillon, A.O.C.* depuis le 12 février 1999.
Aire de production : 18 communes de l'Aude situées au nord de Carcassonne.
Superficie du vignoble : 383 ha (en 2005).
Encépagement autorisé : Grenache*, Syrah*, Cinsault*, Cabernet-Sauvignon*, Cabernet franc*, Merlot*, Côt*, Fer Servadou*.
Rendement de base à l'hectare : 50 hl.

CABASSOL

Spécialité tarnaise et aveyronnaise qui se présente sous forme d'un ragoût* de têtes de brebis au vin* blanc.

CABECOU D'ENTRAYGUES

Fromage* de lait* de chèvre fabriqué dans le Rouergue. Il tire son nom d'un mot languedocien (signifiant "petite chèvre") et de son lieu de production.
Type : pâte molle.
Forme : petit palet.
Taille : 4 cm de diamètre, 1 cm d'épaisseur.
Poids : 30 à 40 g selon le stade d'affinage.
Teneur en M.G. : 45 % en moyenne.
Meilleures saisons : printemps, été, automne.

CABÉCOU DE ROCAMADOUR

Voir Rocamadour*.

CABERNET (S)

Cépages* noirs d'origine bordelaise. On distingue 2 variétés de Cabernet.
Le Cabernet-Sauvignon : un des grands cépages classiques en France et dans le monde. Il est bien évidemment implanté dans le Bordelais mais aussi dans d'autres vignobles du Sud-Ouest (Bergerac*, Béarn*...) ainsi que dans la Vallée de la Loire (Touraine*, Anjou*...), la Provence (Coteaux d'Aix-en-Provence*, Coteaux Varois*...), le Languedoc-Roussillon (Côtes de Malepère*, Côtes de Cabardès et de l'Orbiel*...), les Charentes (Pineau des Charentes*), la Gascogne (Floc de Gascogne*) etc. Ce cépage est également présent en Bulgarie, Roumanie, Hongrie, Italie, Espagne, Chili, Etats-Unis, C.E.I., Afrique du Sud, Australie, etc.
Les vins* issus de Cabernet-Sauvignon sont des rouges de couleur soutenue, tanniques, bien structurés, avec un riche potentiel aromatique.

Le Cabernet franc : considéré - parfois à tort - comme une variété inférieure au Cabernet-Sauvignon, ce cépage vigoureux produit des vins moins tanniques et plus souples que ceux générés par ce dernier. Par ailleurs, les deux Cabernets partagent souvent les mêmes aires de culture. Notons cependant que dans la Vallée de la Loire, le Cabernet franc est plus répandu que le Cabernet-Sauvignon.
Les Cabernets représentent, en France, près de 100 000 ha de culture.
Lorsque le terme "Cabernets", sans autres précisions, figure dans l'encépagement d'une A.O.C.*, il faut considérer que le Cabernet-Sauvignon et le Cabernet franc sont complantés sur l'aire d'appellation.

Cabernet-Sauvignon

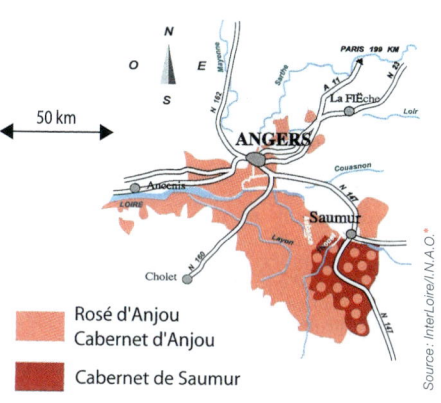

Rosé d'Anjou
Cabernet d'Anjou
Cabernet de Saumur

CABERNET D'ANJOU

Vins* rosés produits dans la Vallée de la Loire sur les aires délimitées de l'appellation Anjou*, A.O.C.* depuis le 31 décembre 1957. La mention "Val de Loire" peut être éventuellement adjointe à l'appellation.
Superficie du vignoble : 4 000 ha (en 2008).
Encépagement autorisé : Cabernet franc* et Cabernet-Sauvignon*.
Rendement de base à l'hectare : 40 hl.
Richesse alcoolique minimum acquise : 10 %.
Teneur minimale en sucre résiduel : 10 g/litre.

CABERNET DE SAUMUR

Vins* rosés produits dans la Vallée de la Loire sur les aires délimitées de l'appellation Saumur*, A.O.C.* depuis le 31 décembre 1957.
Superficie du vignoble : 75 ha (en 2008).
Encépagement autorisé : Cabernet franc* et Cabernet-Sauvignon*.
Rendement de base à l'hectare : 40 hl.
Richesse alcoolique minimum acquise : 10 %.
Teneur maximale en sucre résiduel : 10 g/litre.

CABILLAUD

Poisson de mer de la famille des gadidés que l'on pêche au large des côtes françaises mais surtout dans les régions froides de l'Atlantique nord (Terre-Neuve, Islande et Norvège). Il est également élevé en aquaculture* marine.
Le cabillaud mesure en moyenne 30 à 60 cm mais il peut atteindre 1,50 m, voire 2 m. Sa chair blanche, feuilletée, délicate, pauvre en lipides, est très appréciée.
Fendu, salé et séché, ce poisson prend le nom de *morue** ou de *stockfisch**.

Source : Doc. Alaska Seafood/Steve Lee

Filet de cabillaud

CABRALES

Fromage* de lait* de vache, de chèvre ou de brebis fabriqué en Espagne. Il porte le nom d'une localité des Asturies, sa zone de fabrication. Le Cabrales bénéficie d'une A.O.C.* dans son pays et d'une A.O.P.* au niveau européen.
Type : pâte persillée, croûte naturelle.
Forme : cylindre.
Taille : 20 à 22 cm de diamètre, 8 à 15 cm d'épaisseur.
Poids : 2 à 4 kg environ.

Teneur en M.G. : 45 % au minimum.
Meilleures saisons : printemps, été.

CABRI

Autre dénomination du chevreau*.

CABRION DE MÂCON

Autre dénomination du Bouton de culotte*.

CACAHUÈTE ou CACAHOUÈTE

Graine extraite de la gousse souterraine de l'arachide*. En France, la cacahuète est consommée torréfiée, salée ou non.

CACAO

Voir Chocolat*

CACHIMENT

Fruit d'un arbre antillais, le cachimentier. Le cachiment, qui fait partie de la famille des anones*, se présente sous deux principales espèces : *le Cœur de bœuf* et le *Cachiment morveux*. Ce fruit sphérique de couleur brune-rougeâtre ou verte-jaunâtre contient une pulpe avec de grosses graines semblables à de petites fèves.

CACIOCAVALLO SILANO

Fromage* de lait* de vache fabriqué en Italie et dont l'origine du nom est imprécise. Parmi les différentes versions, il est couramment admis que ce terme viendrait de l'italien "cacio à cavallo", signifiant "fromage à cheval". Ce produit bénéficie d'une Appellation d'Origine Contrôlée dans son pays et d'une A.O.P.* au niveau européen.
Type : pâte filée *(1)*, croûte naturelle.
Forme : gourde étranglée.
Taille : 12 à 14 cm de diamètre, 35 à 40 cm de hauteur.
Poids : 3 à 4 kg.
Teneur en M.G. : 44 %.
Qualité identique toute l'année.

(1) Pâte filée : Résultat d'une technique particulière utilisée pour la fabrication de ce fromage où le caillé est d'abord chauffé dans le petit lait à une température de 45 °C. Devenu ferme et élastique, ce caillé est ensuite découpé, immergé dans un mélange de petit lait et d'eau chaude et enfin pétri et étiré en longs fils. Cette méthode permet d'obtenir une pâte souple et malléable.

CADILLAC

Vins* blancs produits dans le Bordelais, A.O.C.* depuis le 10 juillet 1973.
Aire de production : plusieurs communes situées au nord-ouest de Langon.
Superficie du vignoble : 208 ha (en 2006).
Encépagement autorisé : Sauvignon*, Sémillon* et Muscadelle*.
Rendement de base à l'hectare : 40 hl.
Richesse alcoolique minimum acquise : 12 %.
Teneur minimale en sucre résiduel : 18 g/litre.
Ces vins sont élaborés à partir de raisins arrivés à surmaturation (voir Pourriture noble*).

CAFÉ

Le café serait originaire d'Ethiopie ou du Yémen. Une légende raconte qu'un jeune chevrier, nommé Kaldi, observa que ses animaux étaient joyeux et excités après avoir mangé les baies rouges d'un arbuste inconnu. Il parla de cette découverte aux moines d'un couvent tout proche. Curieux, les religieux firent une décoction avec ces fruits étranges. Après avoir dégusté le breuvage obtenu, ils restèrent éveillés très tard dans la nuit. Les moines prirent ensuite l'habitude de consommer cette boisson pour résister au sommeil lors des prières du soir et ils décidèrent de l'appeler "Kawa" en souvenir du roi persan Kawuskai.

C'est en 1644 que le café arrive discrètement en France et c'est seulement à partir de 1669 qu'il devient une boisson connue. En 1684, un italien nommé Procopio ouvre à Paris le "Café Procope" qui sera très vite un lieu de rendez-vous mondain.

Le café est un élément important de l'économie internationale (2ème marché après celui du pétrole), notamment dans le commerce équitable. Le Brésil occupe la 1ère place devant le Viêt Nam dans la production mondiale qui est estimée entre 6 et 7 millions de tonnes par an. La caféiculture et ses activités dérivées font vivre 125 millions d'êtres humains sur la planète.

En France, le café est aujourd'hui la seconde boisson consommée après l'eau*. 93% de nos concitoyens en boivent régulièrement pour une consommation annuelle moyenne de 5 kg par habitant.

La composition du café varie selon l'espèce, l'origine géographique, les modes de culture, les traitements après récolte et les procédés de préparation.

Il existe plus de 70 espèces différentes de caféiers mais 2 génèrent à elles seules 98% de la production mondiale, il s'agit de *l'Arabica* et du *Canephora* dont la variété la plus connue est le *Robusta*.

L'Arabica (environ 75% de la production) donne des cafés doux et parfumés, à faible teneur en caféine (1), de l'ordre de 0,8 à 1,6%. Il est cultivé sur les hauts plateaux entre 600 et 2200 mètres, en Amérique du Sud (Brésil, Colombie, Equateur, Pérou, etc.), en Amérique centrale (Guatemala, Nicaragua, Honduras, Costa Rica, etc.), au Mexique, dans quelques pays d'Afrique (Ethiopie, Kenya, etc.), aux Caraïbes (Jamaïque, Haïti, Cuba, etc.), en Océanie, en Asie... Les variétés d'Arabica les plus connues sont *le Moka, le Bourbon, le Maragogype, le Blue Mountain, le Mondo Novo, le Marella, le Typica, le Cattura, le Leroy* et le *Laurina* qui est considéré comme le meilleur café du monde.

Le Robusta donne des cafés plus corsés, plus rustiques et plus amers que l'Arabica. Il est aussi plus riche en caféine (1,4 à 3%). Cette variété est cultivée à faible altitude, jusqu'à 600 mètres. On le trouve surtout au Viêt Nam, en Indonésie, en Afrique (Côte d'Ivoire, Cameroun, Ouganda, République Centrafricaine, etc.), en Inde, à Madagascar, au Brésil... Les autres variétés de *Canephoras* sont le *Kouillou*, le *Conilon*, le *Niaouli* et le *Gimé*.

Le fruit du caféier se présente sous forme de cerise composée de pulpe rouge qui, après dépulpage, fait apparaître 2 graines accolées et enveloppées d'une parche éliminée lors du déparchage. Après triage, les grains de cafés verts sont conditionnés en sacs pour être expédiés vers les pays consommateurs où ils sont torréfiés. La torréfaction consiste à griller le café en le plaçant dans un tambour métallique où est pulsé de l'air chaud (180 à 250 °C) durant 15 à 20 minutes (2). Pendant cette opération, les grains sont brassés lentement afin d'assurer une torréfaction uniforme. Ce traitement modifie considérablement le produit : physiquement, par une perte de poids (environ 20%), une augmentation de volume (de 50 à 70%), un changement de couleur (coloration brune) et chimiquement, par une transformation de certains éléments qui aboutit à la naissance des composés aromatiques.

La préparation du café fait appel à des techniques variées, mais l'usage de la machine "express" est le plus répandu en restauration. Pour faire un bon café, il faut disposer d'un appareil performant et d'un produit de qualité, fraîchement torréfié et moulu avant utilisation. La réglementation précise que la quantité de café moulu mise en œuvre ne doit jamais être inférieure à 5 grammes par décilitre de boisson. Pour le café "express", cette quantité est portée à 7 grammes pour des tasses excédant rarement 7 cl. Les spécialistes indiquent 4 chiffres-clés qu'il est souhaitable de retenir : 7-9-20-82 (7 g de café ; 9 atmosphères, pression de la machine ; 20 secondes, durée d'infusion et de distribution ; 82 °C, température du café à la sortie du groupe).

Le café soluble, peu employé en restauration traditionnelle, représente un peu plus de 10% du marché du café. Ce produit déshydraté est obtenu par différents procédés dont le plus connu est la lyophilisation (3).

(1) La caféine est une substance euphorisante et accoutumante. Elle est inodore, incolore et de saveur neutre. Après ingestion, sa durée de vie dans l'organisme humain est de 8 heures, avec un pic d'action stimulante maximale à 5 heures.

(2) Une autre technique, plus rapide, consiste à chauffer les grains verts par un courant d'air à très haute température (400°) pendant 2 à 3 minutes. Ce

Tasse de café "express" et sucre* roux

type de torréfaction produit des cafés de moindre qualité.
(3) Procédé qui consiste à surgeler du concentré de café liquide et le chauffer sous-vide pour obtenir sa sublimation (passage de l'état solide à l'état gazeux sans passer par l'état liquide). Cette méthode de conservation appliquée à d'autres aliments est également appelé "cryodessiccation".

CAFÉ LIÉGEOIS
Coupe composée de café* glacé auquel sont ajoutées 2 ou 3 boules de glace* au café ou à la vanille*, l'ensemble étant surmonté d'une rosace de crème Chantilly* et décoré de grains de café ou de paillettes au chocolat*.

CAFÉ VIENNOIS
Café* express additionné de crème Chantilly*.

CAGHUSE
Spécialité culinaire picarde confectionnée avec du jarret* de porc* additionné d'oignons* émincés. La cuisson se fait en terrine, au four. La caghuse se consomme froide.

CAHORS (cépage)
Autre dénomination du cépage* Côt* dans le Sud-Ouest.

CAHORS (vin)
Vins* rouges produits dans le Sud-Ouest, A.O.C. depuis le 15 avril 1971.
Aire de production: 45 communes du Lot situées dans les cantons de Cahors, Catus, Lalbenque, Luzech, Montcuq et Puy-l'Évêque.
Superficie du vignoble: 4 100 ha (en 2008).
Encépagement autorisé: Côt*, Merlot* et Tannat*.
Rendement de base à l'hectare: 50 hl.

CAILLE
Oiseau sauvage ou d'élevage originaire d'Asie. Ce petit volatile, dont le poids excède rarement 200 g, appartient à la famille des phasianidés.
Il faut distinguer:
La caille sauvage ou **caille des blés**, espèce migratrice, répertoriée comme gibier et dont la chasse est réglementée et la vente interdite.
La caille d'élevage produite en captivité pour sa chair mais aussi pour ses œufs.
La caille se prépare rôtie accompagnée de cerises ou de grains de raisins*, grillée, en pâté, en gelée… sans oublier que les oiseaux sauvages, malheureusement devenus rares, possèdent une chair plus goûteuse que ceux d'élevage.

Caille des blés

CAILLEBOTTE
Fromage* de lait* de vache fabriqué dans le Poitou. Il doit son nom à la botte de joncs sur laquelle il s'égouttait autrefois.
Type: pâte fraîche non salée.
Forme: celle du récipient de moulage.
Taille et poids: variables selon le récipient de moulage.
Teneur en M.G.: variable.
Meilleure saison: été.

CAILLEBOTTE D'AUNIS
Fromage* de lait* de chèvre, vache ou brebis fabriqué dans l'Aunis. L'origine de son nom est identique à la caillebotte*.
Type: pâte fraîche non salée.
Forme: celle du récipient de moulage.
Taille et poids: variables selon le récipient de moulage.
Teneur en M.G.: variable.
Meilleures saisons: printemps, été, automne.

CAJASSE
Spécialité périgourdine réalisée à partir d'une pâte à crêpes* aromatisée au rhum* et additionnée de fruits divers.

CAKE
Gâteau d'origine anglaise confectionné à partir d'une pâte levée souvent parfumée au rhum* et additionnée de fruits confits et de raisins* secs.

CALAMAR ou CALMAR
Céphalopode (1) marin vivant sur les côtes de l'Atlantique et de la Méditerranée. Le calamar, appelé également *encornet, chipiron* ou *supion*, est constitué d'un corps fusiforme et d'une tête munie de dix tentacules, dont deux, plus longs, projettent de l'encre (sépia) comme moyen de défense. Voisin de la seiche*, le calamar trouve les mêmes préparations culinaires que cette dernière.

(1) Mollusque marin dont la tête est pourvue de tentacules à ventouses.

CALDO VERDE
Potage* très populaire au Portugal. Il est réalisé à partir de chou* vert, pommes de terre*, huile* d'olive, etc. et il est garni de rondelles de boudin* noir et de saucisson* à l'ail.

CALISSON D'AIX
Confiserie constituée d'une base de pâte d'amande et de fruits confits* posée sur un fond de pain azyme*. Un glaçage royal termine le calisson. Cette friandise, qui a la forme d'une petite navette*, est une spécialité d'Aix-en-Provence (Bouches-du-Rhône).

CALITOR

Cépage* noir d'origine provençale cultivé en Vallée du Rhône et en Provence, notamment sur les aires d'appellation Tavel* et Côtes de Provence*.

CALVADOS

Eaux-de-vie* provenant de cidres* (et poirés*) produites et distillées à l'intérieur d'une aire délimitée située sur 1 794 communes des départements du Calvados, de l'Orne, de la Manche, de l'Eure, de l'Eure-et-Loir, de la Mayenne, de la Sarthe, de la Seine-Maritime et de l'Oise. Le Calvados bénéficie d'une appellation contrôlée depuis 1942 mais c'est le décret du 11 septembre 1984 qui définit précisément la zone de production.

Le cidre à distiller doit titrer au moins 4,5% d'alcool et n'avoir fait l'objet d'aucune chaptalisation*. Il faut environ 18 kg de pommes à cidre pour obtenir 1 litre de Calvados à la sortie de l'alambic.

Titrage alcoolique maximum de l'eau-de-vie en fin de distillation : 72°.

Titrage alcoolique minimum à la vente au consommateur : 40°.

Le Calvados subit un vieillissement minimum de 2 ans en fûts de chêne. Certaines mentions figurant sur l'étiquette précisent ce temps de vieillissement :

"Trois étoiles" ou "Trois pommes" : 2 ans minimum.

"Vieux" ou "Réserve" : 3 ans minimum.

"V.O.", "V.S.O.P." *(1)* ou "Vieille réserve" : 4 ans minimum.

"Extra", "X.O.", "Hors d'âge", "Napoléon", "Très vieux" ou "Age inconnu" : 6 ans minimum *(2)*.

Sous certaines conditions (rendement maximum au pressurage, utilisation exclusive de pur jus, lieu et date de distillation, lieu de mise en bouteille, etc…) les qualifications "Production fermière" ou "Produit fermier" peuvent être inscrites en complément de l'appellation "Calvados".

(1) Very Supérior Old Pale.
(2) Voir Compte d'âge.

*Le calvados constitue la base de nombreux cocktails**

CALVADOS DOMFRONTAIS

Calvados* produit à l'intérieur d'une aire située sur de nombreuses communes des départements de l'Orne et de la Mayenne, A.O.C.* depuis le 31 décembre 1997. La mention "production fermière" ou "produit fermier" peut être ajoutée, sous certaines conditions, au nom de l'appellation *(1)*.

Les critères de production et de commercialisation de cette A.O.C.* sont sensiblement les mêmes que ceux indiqués pour le Calvados*.

(1) Voir Calvados.

CALVADOS PAYS D'AUGE

Calvados* produit à l'intérieur d'une aire située sur 290 communes des départements du Calvados, de l'Orne et de l'Eure, A.O.C.* depuis le 11 septembre 1984. La mention "production fermière" ou "produit fermier" peut être ajoutée, sous certaines conditions, au nom de l'appellation.

Les critères de production et de commercialisation de cette A.O.C.* sont sensiblement les mêmes que ceux indiqués pour le Calvados*.

(1) Voir Calvados.

Alambic à calvados en Pays d'Auge

CAMARALET

Cépage* blanc originaire du Béarn et cultivé sur de faibles superficies dans le Sud-Ouest, en particulier dans les aires d'appellation Béarn* et Jurançon*.

CAMARÈSE

Autre dénomination du cépage* Vaccarèse* en Vallée du Rhône.

CAMEMBERT DE NORMANDIE

Fromage* de lait* de vache fabriqué exclusivement dans les départements du Calvados, de l'Eure, de la Manche et de l'Orne. Il bénéficie d'une A.O.C.* depuis le 31 août 1983 et d'une A.O.P.* dans le cadre de l'U.E. Ce fromage, sous sa forme actuelle, a été créé vers 1791 par la fermière Marie Harel. Il doit son nom à

une petite localité normande de l'Orne, son village d'origine. Le camembert est l'un des plus célèbres fromages français, mais aussi l'un des plus copiés.
Type : pâte molle à croûte fleurie.
Forme : disque plat.
Taille : 10,5 à 11,5 cm de diamètre, 3 cm d'épaisseur.
Poids : 250 g.
Teneur en M.G. : 45 % au minimum.
Meilleures saisons : été, automne, hiver.

Statue de Marie Harel à Vimoutiers

CAMOMILLE (infusion)
Infusion* obtenue à partir de fleurs d'une plante odorante du même nom. La camomille est une infusion aux propriétés digestives et calmantes.

CAMPARI
Bitter* italien créé à Milan en 1862 par D. Campari. Cet amer clair, qui titre 25°, est le bitter le plus vendu dans le monde. Élaboré à partir d'infusions d'herbes et autres substances aromatiques, il se présente sous une belle couleur rouge due à la cochenille*. Le Campari se déguste sur glace allongé de soda* ou entre dans la composition de cocktails* tels que l'Américano* ou le Négroni*.

CANADA DRY
Soda* aromatisé au gingembre* qui fut créé en 1904 par le pharmacien et chimiste canadien John Mac Laughin.

CANARD
Volaille originaire de Chine et appartenant à la famille des anatidés. La quasi-totalité des canards élevés en France est de souche *Barbarie*, mais il faut distinguer certaines dénominations :
Canard nantais élevé dans la région nantaise.
Canard de Challans, élevé en Vendée. Il doit son nom à Challans, ville du nord-ouest du département, spécialisée dans l'aviculture du canard.
Canard rouennais, élevé dans la région rouennaise et *Canard Duclair*, plus précisément élevé à Duclair, petite ville située sur la rive droite de la Seine, en aval de Rouen.
Canard de Loué, volatile élevé dans la Sarthe.
Canard Mulard, espèce hybride résultant d'un croisement entre canard de Barbarie et canard rouennais. Ce volatile est spécialement engraissé par gavage pour produire du foie gras*.
Le canard possède une chair brune moelleuse, légèrement musquée. Il se prête à de nombreuses préparations culinaires, y compris des apprêts agrémentés de produits sucrés (fruits ou miel* par exemple).

Canard de Loué

CANARD À LA PRESSE
Spécialité de La Tour d'Argent, célèbre restaurant parisien *(1)*. Le canard* est cuit 15 à 20 minutes en cuisine avant d'être envoyé en salle. C'est donc devant le client que se passe l'essentiel de la préparation. Les aiguillettes* sont levées à cru et saisies sur un réchaud dans une réduction de vin* rouge. Les cuisses sont retirées de la carcasse et retournées en cuisine pour achever leur cuisson sur une grillade. La carcasse du canard est placée dans une presse spéciale à vis afin d'être pressée pour en recueillir le jus. Ce jus est additionné de cognac* et monté au beurre* ; il est ensuite versé sur les aiguillettes qui terminent leur cuisson dans cette sauce.

(1) Depuis la fin du 19ème siècle, La Tour d'Argent a numéroté tous les canards à la presse qu'elle a servis. En 2003, elle a célébré son millionième canard.

CANARD LAQUÉ
Spécialité culinaire chinoise. Il s'agit d'un canard* rôti enduit d'une sauce aigre-douce ("sauce à laquer") et qui est ensuite servi en petits morceaux, chauds ou froids.

CANARI
Apéritif constitué d'une mesure d'anisé* additionnée d'un trait de sirop* de citron*.

CANCOILLOTTE
Spécialité fromagère fabriquée à partir de metton (fromage* de "recuite" obtenu en faisant bouillir le petit lait issu de l'égouttage du caillé des gruyères* de Franche-Comté) et de beurre*.

CANNELÉ

Spécialité bordelaise qui se présente sous forme de petit gâteau cuit dans un moule spécial appelé "moule à cannelé". Cette pâtisserie est réalisée à partir de sucre*, farine*, lait*, œufs*, beurre*, vanille* et rhum*.

CANNELLE

Épice* originaire du Sud-Est asiatique qui se présente sous forme de petit tuyau constitué de fragments d'écorce de cannelier roulés à la main. La cannelle, qui est sans doute l'une plus anciennes des épices connues, dégage une odeur suave avec une saveur chaude et piquante. Elle est employée pour aromatiser les compotes, pâtisseries, vins* chauds, punchs*, liqueurs*, etc.

Bâtonnets de cannelle

CANNELLONIS

Plat d'origine italienne qui se présente sous forme de pâtes alimentaires roulées en cylindres, farcies et nappées de sauce tomate*. Les cannellonis sont généralement farcis avec de la viande mais on rencontre parfois d'autres garnitures (fromage*, poissons, fruits de mer, légumes…)

CANON FRONSAC

Vins* rouges produits dans le Bordelais, A.O.C.*depuis le 28 juillet 1964. Cette appellation s'est substituée à l'A.O.C. "Côtes de Fronsac" du 1ᵉʳ juillet 1939.

Aire de production: communes de Fronsac et Saint-Michel de Fronsac situées à l'ouest de Libourne.
Superficie du vignoble : 284 ha (en 2006).
Encépagement autorisé : Cabernet-Sauvignon*, Cabernet franc*, Bouchet*, Malbec* et Merlot*.
Rendement de base à l'hectare : 47 hl.
Richesse alcoolique minimum acquise : 11 %.

CANTAL ou FOURME DU CANTAL

Fromage* de lait* de vache fabriqué en Auvergne, A.O.C.* depuis le 17 mai 1956 et reconnu A.O.P.* dans le cadre de l'U.E. Il doit son nom aux monts d'où il est originaire. L'aire de production s'étend sur l'ensemble du département du Cantal et sur plusieurs communes des départements voisins (Puy-de-Dôme, Corrèze, Aveyron et Haute-Loire).
Ce fromage porte une plaque en aluminium authentifiant son origine.
Type : pâte pressée non cuite, croûte brossée.
Forme : gros cylindre.
Taille : 40 cm de diamètre, 40 cm de hauteur (existe également en format plus petit).
Poids : 43 kg (*Petit Cantal* 15 à 20 kg et *Cantalet* 8 à 10 kg).
Teneur en M.G. : 45 %.
Qualité pratiquement identique toute l'année.

CANTHARE

Voir Daurade*.

CAPPUCCINO

Café* express additionné de crème mousseuse (ou de lait* mousseux chauffé à la vapeur) et d'une pincée de chocolat* en poudre.

CÂPRE

Condiment* constitué par le bouton floral du câprier, arbuste épineux originaire d'Asie orientale.
La câpre se présente généralement confite dans du vinaigre* ou conservée en saumure. Ce condiment au goût aigrelet est employé dans les sauces* (ex : sauces gribiche* ou ravigote*), les tartares*, avec les poissons et les abats*…

CAPRICE DES DIEUX

Fromage* de lait* de vache élaboré en Champagne. Son nom est une marque commerciale choisie par son fabricant.
Type : pâte molle à croûte fleurie (double crème*).
Forme : petit pain ovale.
Taille : 14 cm de longueur et 6 cm de largeur, 3,5 cm d'épaisseur.
Poids : 200 g environ.
Teneur en M.G. : 60 %.
Qualité identique toute l'année.

CAPRIN

Espèce animale qui concerne la chèvre, le chevreau*, le bouc …

CAPSULE C.R.D

La capsule C.R.D. (Capsule Représentative des Droits indirects) est apposée sur les bouteilles *(1)* de vin* ou autres boissons alcoolisées de telle manière que l'ouverture du récipient occasionne systématiquement sa destruction. Autorisée depuis 1971, la C.R.D. atteste le paiement des taxes fiscales liées au mouvement des boissons concernées *(2)*.

Le diamètre de la couronne de la C.R.D. est de 23 mm minimum. Outre l'effigie de la République (Marianne), elle porte un certain nombre d'indications (contenance du récipient, département d'embouteillage, indentification de l'embouteilleur : R pour récoltant, E pour éleveur, N pour négociant, etc.)

La couleur de la capsule est différente selon le type de boisson :

Verte pour les vins* d'A.O.C.* et les vins d'A.O.V.D.Q.S.*
Bleue pour les V.S.I.G.*, les vins de pays* et boissons fiscalement assimilées
Orange pour les V.D.N.*, V.D.L.*, Pommeaux* d'A.O.C.
Grise pour des produits intermédiaires comme le ratafia*
Jaune pour le cognac* et l'armagnac*
Rouge pour les rhums* des D.O.M.
Blanche pour les autres eaux-de-vie*.

(1) Ou autre récipient.
(2) Lorsque les boissons ne sont pas revêtues de C.R.D., elles circulent accompagnées d'un "document papier" appelé D.S.A. (Document Simplifié d'Accompagnement) ou D.S.A.C. (Document Simplifié d'Accompagnement Commercial).

CAPUCIN
Voir Lièvre*.

CARAFE À DÉCANTER
Carafe, généralement en cristal, destinée à réaliser un décantage* ou une décantation.

CARAMBOLE
Fruit exotique originaire d'Indonésie. Grâce à sa forme particulière, baie ovoïde à côtes saillantes, la carambole coupée en tranches donne de belles étoiles à pulpe jaune, juteuse et acidulée, très prisées comme éléments de décoration.

CARAMEL
Produit coloré résultant de la cuisson du sucre entre 150 et 190 °C. Le caramel a de multiples usages dans le domaine culinaire, notamment en pâtisserie et en confiserie (voir sucre).
Ce terme désigne également un bonbon réalisé avec du sucre (sous différentes formes) additionné de produits divers (lait*, beurre*, crème fraîche*, cacao*, café*, zestes de fruits*, etc.)

CARAMEL D'ISIGNY
Bonbon au caramel* fabriqué avec des produits laitiers du terroir à Isigny-sur-Mer dans le Calvados.

CARAMOTE
Voir Crevette*.

CARBONADE ou CARBONNADE
Ce terme désigne des préparations culinaires différentes selon les régions.
Dans le Nord, il s'agit d'un ragoût* de bœuf* cuit avec des oignons* et de la bière*.
En Val de Loire, on trouve dénommée ainsi une préparation charcutière préparée avec des abats* de porc*, du vin* rouge et du sang.
Dans le Midi, la carbonade est une daube* de bœuf* au vin rouge.
Enfin ce mot désigne parfois de simples grillades de porc.

CARDAMONE
Épice* originaire de l'Inde méridionale et du Sri Lanka. Les graines de cardamone – à odeur pénétrante et au goût poivré, chaud, astringent – sont

utilisées pour aromatiser les compotes, pains d'épice*, charcuteries, vins* chauds, cafés*, liqueurs*, etc.

Graines de cardamone

CARDINAL (boisson)
Cocktail* (apéritif) inspiré du Kir* traditionnel où le vin* blanc est remplacé par du vin rouge.

CARDINAL (sauce)
Sauce* réalisée à partir d'un velouté* de poisson additionné d'essence de truffe* et de beurre de homard*.

CARDON
Plante potagère d'origine méditerranéenne, voisine de l'artichaut*, dont on consomme les côtes charnues des feuilles. Ces côtes ou "cardes" sont préparées à la crème, avec une sauce béchamel*, frites, à la moelle, aux fines herbes…
Les variétés les plus courantes sont : *le Cardon de Tours, le Géant de Romagne, l'Espadon de Nice, le Monstrueux de Chari*…

CARÊME (Marie-Antoine dit Antonin)
Pâtissier et cuisinier français (Paris 1784 - 1833). Fils de famille nombreuse très pauvre, il commence son apprentissage chez un cabaretier servant une cuisine populaire. À 16 ans, il entre chez un pâtissier qui l'aide dans sa formation en lui permettant notamment d'étudier la gravure et l'architecture, et il devient le spécialiste des pièces montées*. Passionné par l'art culinaire, il travaille chez les grands cuisiniers et pâtissiers avant de diriger les cuisines de certaines personnalités de l'époque (Tsar de Russie, Talleyrand, Prince de Galles, etc.).
Maître incontesté des buffets monumentaux, il s'impose en fondateur d'une haute gastronomie* faite de recettes spectaculaires et raffinées. L'écriture l'occupe beaucoup et il laisse à la postérité une œuvre littéraire considérable avec *Le Pâtissier pittoresque, Le Maître d'hôtel français, Le Pâtissier royal parisien, Le Cuisinier parisien,* et *L'art de la cuisine au 19ème siècle,* ouvrage en 5 volumes qui est terminé après sa mort par son disciple Plumerey

CARIGNAN
Cépage* noir *(1)* originaire d'Espagne. Il occupe le 4ème rang mondial avec des aires de culture très développées en France *(2)*, dans tout le Midi méditerranéen, mais aussi en Espagne, Italie, Maroc, Californie, Mexique, Chili, etc.
Vins* produits : rouges puissants, colorés, tanniques, avec une légère amertume. Vinifié en macération carbonique*, ce cépage génère des vins plus souples et plus aromatiques.
(1) Il existe également un Carignan blanc dont la culture s'est développée en Languedoc-Roussillon.
(2) Près de 100 000 ha au début des années 2000.

CARMEN (salade)
Salade composée* constituée de poivrons* rouges grillés et pelés, petits pois*, riz* cuit à l'eau et dés de blancs de poulet*.
Assaisonnement : sauce vinaigrette* additionnée de moutarde* et d'estragon* haché.

CARMENÈRE
Cépage* noir originaire d'Aquitaine et cultivé dans le Bordelais. Il produit des vins* rouges de couleur soutenue, riches en tanins, avec des notes aromatiques à dominantes végétales.
Certains ampélographes* considèrent le Carmenère comme une 3ème variété de Cabernet*.

CAROLA
Eau de source* *(1)* captée à Ribeauvillé dans le Haut-Rhin.
pH à 20 °C : 6,8.
Minéralisation totale : N.C.
(1) Existe en versions naturelle plate, finement pétillante et pétillante.

Carpaccio de truite

CAROLINE
Apprêt culinaire en forme d'éclair*, confectionné avec une pâte à choux* garnie d'appareils* salés divers.

CAROTTE
Plante potagère qui serait originaire d'Afghanistan. La racine comestible orangée que nous connaissons aujourd'hui ne date que du milieu du 19ème siècle. À l'origine la carotte était beige. C'est à partir de la Renaissance que les agronomes apportèrent des améliorations au légume originel pour aboutir à des variétés plus tendres et plus sucrées, sans cœur fibreux.
Il faut distinguer 3 types de carottes :
Les carottes longues : *Colmar, Touchon, Flakkee, Berlicum, Chantenay…*
Les carottes demi-longues et *les carottes demi-courtes* : *Nantaise, Créances, Carentan, Chantenay…*
Les carottes courtes : *Grelot, Koralle, Amsterdam…*
La carotte est le deuxième légume consommé par les Français, juste derrière la pomme de terre*. Elle se prépare crue ou cuite, toute l'année, mais la carotte nouvelle reste la meilleure.

CARPACCIO
D'origine italienne, le carpaccio se présente sous forme de fines tranches de bœuf* cru accompagnées d'oignons* ou d'échalotes* finement ciselés et nappées de sauce vinaigrette* à l'huile* d'olive. Des restaurants proposent aujourd'hui du carpaccio de veau, de volaille, de saumon, de truite*, de coquilles Saint-Jacques*… diversement assaisonnés.

CARPANO
Marque commerciale de vermouth* italien créée en 1886 par Antonio Benedetto Carpano. Cette maison turinoise commercialise également le *Punt e mes*, produit à la fois doux et amer, titrant 16°.

CARPE
Poisson d'eau douce appartenant à la famille des cyprinidés. La carpe vit dans les eaux calmes et profondes des rivières, des fleuves et des étangs. Sa production en aquaculture*, la cypriniliculture, s'est considérablement développée. On distingue plusieurs variétés de carpes dont *la carpe miroir* (pourvue d'écailles rappelant des petits miroirs) et *la carpe cuir* (dépourvue d'écailles).
La carpe peut atteindre 70 à 80 cm de long et peser plus de 10 kg. Sa chair est bonne à condition que l'animal ne provienne pas d'un milieu trop vaseux. Elle se prépare farcie, rôtie, en matelote*, etc.

Carpe miroir et carpe cuir

CARRÉ
Chez l'animal de boucherie et le porc*, pièce comprenant l'ensemble des côtes*.

CARRÉ DE BRAY
Fromage* de lait* de vache fabriqué en Haute-Normandie. Il tire son nom de sa forme et du pays où il est produit.
Type : pâte molle à croûte fleurie.
Forme : carré.
Taille : 7 cm de côté, 2 cm d'épaisseur.
Poids : 100 g.
Teneur en M.G. : 45 %.
Meilleures saisons : été, automne.

CARRÉ DE L'EST
Fromage* de lait* de vache fabriqué en Alsace et en Lorraine. Il doit son nom à sa forme et à sa région de production.
Type : pâte molle à croûte fleurie.
Forme : carré.
Taille : 8 à 11 cm de côté, 2 à 3 cm d'épaisseur.
Poids : 200 à 300 g.
Teneur en M.G. : 40 à 50 %.
Qualité identique toute l'année.

CARRELET
Poisson de mer de la famille des pleuronectidés qui mesure de 30 à 50 cm. Le carrelet, également appelé *plie*, vit à proximité des côtes de l'Atlantique, de la Manche et de la Mer du Nord. Sa chair blanche, un peu molle, est légèrement iodée.

CARTE
Support de vente avec le ou les menus* où sont présentés les différents plats proposés à la clientèle d'un restaurant*. À la différence du menu, où la composition du repas est plus ou moins établie (avec ou sans choix), la carte énumère les mets par famille (entrées, poissons, viandes, garnitures, fromages*, desserts*…) et le client choisit lui-même les composants de son repas.
La carte varie selon le type d'établissement *(1)* mais elle est soumise aux mêmes contraintes légales que les menus (voir ce terme), notamment en matière d'affichage et d'information des consommateurs.

(1) La carte est bien évidemment différente entre un établissement pratiquant une restauration simple et une maison orientée vers une gastronomie de haut de gamme.*

CARTE DES VINS
Support de vente où sont présentés les vins* *(1)* proposés à la clientèle d'un restaurant*. La carte des vins est établie en fonction de la situation géographique et du standing de l'établissement, de son orientation gastronomique, des capacités de stockage et de conservation de la cave, des goûts personnels du restaurateur, des compétences professionnelles du personnel chargé du service des vins …
La rédaction de cette carte ne doit prêter à aucune confusion quant à l'origine des produits, leurs millésimes*, la contenance des récipients, etc.
Il est donc indispensable de porter une attention toute particulière sur différents points *(2)* :

- Classement des vins par régions d'origines (Le Château-Chalon* et le Château-Grillet* ne sont pas des Bordeaux) et par catégories (A.O.C*, A.O.V.D.Q.S.*, Vins de Pays* I.G.P.*, V.S.I.G. *).
- Respect de l'orthographe des appellations ou des dénominations (il suffit d'observer les étiquettes).
- Distinction entre cépage* et appellation (en Touraine, par exemple, le Gamay* n'est pas une appellation mais un cépage).
- Indication correcte des millésimes (quand un millésime est épuisé, il faut en tenir compte sur la carte).
- Indication précise du volume servi (bouteille, pichet, carafe mais aussi verre lorsque le vin est servi au verre. Ceci n'est pas valable que pour les vins, mais aussi pour toutes les autres boissons).

La carte des vins est soumise aux mêmes contraintes légales que les menus* (voir ce terme), notamment en matière d'affichage et d'information des consommateurs. Si elle est rarement affichée dans son intégralité à l'extérieur de l'établissement, il y a cependant obligation d'afficher au minimum 5 vins avec leurs prix (si la carte comporte moins de 5 vins ce qui est exceptionnel, il faut faire figurer tous les vins, et si le restaurant ne vend pas de vin, on doit présenter 5 boissons parmi les plus couramment servies).
Bien qu'actuellement le Code de la santé publique n'impose pas de mention spéciale sur les cartes des vins, il est souhaitable de préciser que "L'abus d'alcool est dangereux pour la santé. À consommer avec modération".

*(1) La Carte des vins devrait être appelée **Carte des boissons**, car on y trouve évidemment les vins, mais aussi, assez fréquemment, les eaux minérales* et B.R.S.A.*, les apéritifs et autres spiritueux*, les boissons chaudes, etc.*

(2) Selon la D.G.C.C.R.F. (Direction Générale de la Concurrence de la Consommation et de la Répression des Fraudes) chargée des contrôles des supports de vente, ce sont les Cartes des vins qui présentent le plus d'anomalies, très souvent par ignorance ou inattention et non pas par malhonnêteté.

CARTHAGÈNE
V.D.L.* produit dans le Languedoc par mutage* d'un moût* de raisin avec de l'eau-de-vie* de vin* ou de marc*.

CARVI
Épice* originaire d'Asie et d'Europe centrale et septentrionale. Les graines de carvi à odeur fraîche et épicée avec une saveur piquante et légèrement sucrée, sont utilisées pour aromatiser les choucroutes*, charcuteries, fromages* et liqueurs (ex : kummel*).
Le carvi est également appelé cumin* des prés.

Source : Illustration Ducros

CASANIS
Pastis* créé en Corse en 1948 par E. Casabianca. Ce spiritueux*, qui titre 45°, est marqué par des notes dominantes de réglisse* et d'épices*.

CASEILLE
Petite baie rouge-noirâtre récoltée sur un arbuste hybride résultant du croisement d'un cassissier et d'un groseillier à maquereaux.

CASSATE
Entremets* glacé de forme parallélépipédique constitué de glaces* diversement parfumées et d'une glace aux fruits confits*.

CASSIS (fruit)
Fruit du cassissier, arbrisseau buissonnant originaire d'Europe du Nord. Dénommé **Groseiller* noir** au Moyen Âge, il changea de nom pour devenir *Cassis* au 16ème siècle.
La production française atteint 10 000 tonnes par an. La principale région productrice est le Val de Loire (50% de la récolte), viennent ensuite la Bourgogne, l'Oise et la vallée du Rhône.
Le cassis se présente sous forme de petite baie noire luisante que l'on utilise pour la fabrication de liqueurs* (crèmes de cassis*), sirops*, confitures*, sorbets*, coulis*, pâtisseries, etc.
Les principales variétés cultivées en France sont *le Noir de Bourgogne, le Géant de Boskop, le Black Down, le Royal de Naples*...

CASSIS (vin)
Vins* blancs, rouges et rosés produits en Provence, A.O.C.* depuis le 15 mai 1936.
Aire de production : commune de Cassis, située à l'est de Marseille.
Superficie du vignoble : 196 ha (en 2005).
Encépagement autorisé : Clairette*, Marsanne*, Doucillon*, Pascal blanc*, Sauvignon*, Terret blanc*, Ugni blanc*, Barbaroux*, Carignan*, Cinsault*, Grenache*, Mourvèdre* et Terret noir*.
Rendement de base à l'hectare : 45 hl.

CASSONADE
Sucre* cristallisé roux extrait directement du jus de la canne à sucre. Ce produit brut a une saveur qui rappelle celle du rhum*.

CASSOULET
Spécialité culinaire occitane à base de haricots* blancs et garnie différemment selon les régions.
Le cassoulet de Castelnaudary est garni de porc* (jarret*, jambon*, longe*, saucisson*) et éventuellement de confit* d'oie*.
Le cassoulet de Carcassonne est complété de gigot* de mouton, voire de perdrix* durant les périodes de chasse.
Le cassoulet de Toulouse est garni de saucisses* locales, poitrine de porc, collier* de mouton, confit d'oie ou de canard*.

CASTET
Cépage* noir originaire du Sud-Ouest dont la culture a pratiquement disparu. Il est encore parmi les cépages autorisés sur les aires d'appellation des vins d'Estaing* dans l'Aveyron ou de Palette* en Provence. Les vins rouges obtenus sont charpentés, très colorés et vieillissent très bien.

CATAROISE DE BÉZIERS
V.D.L.* produit dans la région bitteroise à partir de moûts* de Cinsault* et de Grenache* mutés avec une eau-de-vie* du terroir. Il titre entre 16 et 18°.

CATIGOT
Matelote* de poisson d'eau douce (carpe* ou anguille*) préparée dans la Vallée du Rhône.

CAVA
Vins* effervescents espagnols produits en Catalogne, au sud-ouest de Barcelone. Ils sont issus de cépages Parellada, Maccabéo*, Chardonnay*, Xarello, etc. et élaborés selon la Méthode traditionnelle*.
Le Cava bénéficie d'une D.O.* dans son pays et entre dans la catégorie des V.M.Q.P.R.D.* au niveau européen.

Source : Photo J. Moreau

CAVIAR
Produit haut de gamme préparé à partir d'œufs d'esturgeon* salés par un traitement en saumure*.
Connu par les russes depuis très longtemps, il n'est arrivé en Europe qu'à la fin du 18ème siècle et c'est vers 1920 que les Français découvrirent vraiment le caviar grâce aux frères Petrossian. Son nom viendrait du turc "kâwyâr». Aujourd'hui, le caviar issu de poissons pêchés dans la Mer Caspienne est fourni essentiellement par l'Iran et la C.E.I. La France développe l'élevage d'une espèce d'esturgeon originaire de Sibérie, l'***Acipenser Baeri***, dans plusieurs régions, notamment la Gironde, le Périgord et la Sologne. Le caviar provenant des esturgeons élevés en aquaculture* est probablement différent des caviars traditionnels issus des poissons de pêche, mais sa qualité a beaucoup évolué et son avenir est prometteur eu égard à la raréfaction des esturgeons sauvages.
Le caviar est désigné sous le nom de l'espèce d'esturgeon qui le produit :
Le Béluga ou Bélouga : gros grains, gris foncé à gris moyen ; c'est le caviar le plus recherché. Il provient d'esturgeons pouvant mesurer 4 mètres et peser de 300 à 600 kg. C'est la seule espèce carnivore.
L'Osciètre ou Ossetra : grains moyens, brun doré.

Il provient d'esturgeons de taille avoisinant 2 mètres et pesant environ 150 kg.
Le Sévruga ou Sévrouga : grains plus petits, gris foncé à noir. Il provient d'esturgeons moins gros, plus élancés, pouvant atteindre 1,50 mètre.
L'Almas : caviar blanc, très rare, produit par le beluga albinos.
Le Baeri : caviar à grains moyens produit à partir d'œufs d'esturgeons élevés en aquaculture. Sa saveur présente des notes de noisette* ou de noix* fraîche.
Le Molossol ne désigne pas une espèce d'esturgeon mais simplement un traitement. Il s'agit d'un caviar peu salé, en général dans les proportions de 2 à 3%. Le caviar entre dans la composition de certaines préparations culinaires mais il se déguste surtout nature avec toasts*, beurre* et citron* ou blinis*, crème fraîche*, oignon* haché, blanc et jaune d'œuf* dur tamisés. Les boissons d'accompagnement classiques restent la vodka* et le champagne*.

Élégant présentoir 3 caviars de la Maison Petrossian

CÉDRAT

Agrume* piriforme *(1)* originaire de Chine. Le cédrat est voisin du citron* mais il est beaucoup plus gros que ce dernier. Il possède peu de chair mais une peau épaisse dont le zeste* est employé en pâtisserie, en confiserie et dans la fabrication de liqueurs*.
(1) En forme de poire.

CÉLERI-BRANCHE

Légume aromatique dont on utilise la partie aérienne dans les salades, potages*, pot-au-feu*, fonds de braisage, gratins, etc.
Principales variétés : *Géant doré, Golden Spartan, Darkelt, Tango, Vert d'Elne…*

CÉLERI-RAVE

Variété de céleri dont on consomme la racine sphérique qui possède une chair blanchâtre, ferme et lourde. Le céleri-rave se prépare râpé (assaisonné d'une sauce rémoulade* ou d'une sauce vinaigrette*) ou cuit (en purée ou en chips).
Principales variétés : *Géant de Prague, Boule de marbre, Rex, Pomme à petites feuilles, Monarch, Prinz …*

CELTIC

Eau minérale naturelle* plate *(1)* captée à Niederbronn-les-Bains dans le Bas-Rhin. Commercialisée depuis novembre 1966.
Catégorie : très faiblement minéralisée.

Composition physico-chimique (en mg/l)	
Cations	Anions
Calcium: 8,8 Potassium: 4,4 Magnésium: 2,6 Sodium: 2,5	Bicarbonates: 24,4 Sulfates: 8,2 Chlorures: 3,3 Nitrates: 3,3
Fluor: 0,03	Fer: 0,01
pH à 20 °C: 6,61	Minéralisation totale: 46 mg/l

(1) Existe également en version gazeuse (gazéifiée artificiellement).

CENDRÉS

Fromages* à pâte molle conservés autrefois dans la cendre pour la consommation des ouvriers agricoles. Ils sont encore fabriqués dans plusieurs régions : Bourgogne (Aisy*), Ardennes (Rocroi*), Champagne (Troyes et Riceys*), Orléanais (Olivet*), etc.

CÉPAGE

Plant ou variété de vigne. Il existerait entre 10 000 et 20 000 cépages dans le monde. Le même cépage peut être connu sous des noms différents selon les régions ou les pays. En 1874, la Commission Ampélographique Internationale recensa 288 cépages considérés comme les plus importants, identifiés sous 1 500 synonymes. En 1910, P. Viala et V. Vermorel, ampélographes* dont les travaux font autorité, citent 24 000 noms ou synonymes pour 5 200 cépages. Un domaine complexe… qui est assurément une affaire de spécialistes.
Les cépages cités dans l'ouvrage sont essentiellement des variétés implantées dans les vignobles français et plus particulièrement dans ceux qui bénéficient d'une appellation (A.O.C.* ou A.O.V.D.Q.S.*). Notre pays compterait actuellement plus de 200 cépages effectivement cultivés.
Parmi les différentes classifications des cépages, celle déterminant les périodes de maturité semble assez intéressante puisqu'elle fournit des indications appréciables en prenant comme référence la maturité du Chasselas*. On trouve ainsi :
Les cépages précoces qui atteignent leur maturité 8 à 10 jours avant le Chasselas, ils sont devenus très rares.
Les cépages de 1ère époque qui mûrissent pratiquement en même temps que le Chasselas (vers le 14 août, date de maturité moyenne constatée sur le site expérimental de l'I.N.R.A. au domaine de Vassal dans l'Hérault). Parmi ces cépages nous rencontrons le Chardonnay*, l'Aligoté*, le Pinot noir*, le Gamay*, etc.
Les cépages de 2ème époque qui atteignent leur maturité 2 à 3 semaines après le Chasselas. Le Sauvignon*, le Sémillon*, le Chenin blanc*, Le

Cabernet-Sauvignon*, la Syrah*, etc. font partie de cette catégorie.
Les cépages de 3ème époque qui mûrissent 4 à 5 semaines après le Chasselas. Le Bourboulenc*, le Grenache*, le Carignan*, etc. sont des cépages de 3ème époque.
Aujourd'hui, l'encépagement des vignobles est rigoureusement contrôlé, au niveau français comme au niveau européen, la limitation de la production et la qualité des vins* étant les objectifs clairement fixés par les instances dirigeantes.

CÈPE
Espèce de champignon sylvestre appartenant à la famille des "Bolets". Il existe de nombreuses variétés comestibles, les plus connues sont:
Le cèpe de Bordeaux: chapeau marron de 5 à 25 cm de diamètre, chair blanche excellente. Considéré comme le meilleur des cèpes.
Le cèpe réticulé ou cèpe d'été: chapeau brun ou noisette réticulé de 5 à 18 cm de diamètre, chair blanche.
Le cèpe tête de nègre: chapeau brun-cacao de 8 à 15 cm de diamètre, chair blanche ferme et compacte.
Le cèpe pinicole ou cèpe acajou: chapeau brun-roux de 18 à 30 cm de diamètre, chair blanche compacte.
Le cèpe royal: chapeau rouge réticulé de 8 à 20 cm de diamètre, chair jaunâtre compacte.
Le cèpe jaune des pins ou nonette jaune: chapeau brun, jaune ou gris de 4 à 14 cm de diamètre, chair jaune assez molle.
Le cèpe bai: chapeau brun foncé de 5 à 14 cm de diamètre, chair jaunâtre qui bleuit au contact de l'air.
Le bolet appendiculé: chapeau brun-roux ou ocré de 8 à 20 cm de diamètre, chair jaunâtre assez tendre.
Le bolet à pied rouge: chapeau brun de 5 à 20 cm de diamètre, chair jaune qui bleuit rapidement. Ne se consomme que cuit (vénéneux cru).
Le bolet annulaire ou nonette voilée: chapeau marron ou brun jaunâtre de 4 à 14 cm de diamètre, chair jaune ou blanchâtre assez molle.
Après avoir été soigneusement nettoyé, le cèpe entre le plus souvent cuit, dans divers apprêts culinaires.

CERF
Cervidé dont la chasse et la commercialisation sont réglementées. En France, le cerf est le plus grand de nos animaux sauvages. L'espèce la plus répandue est *le cerf élaphe* dont le mâle pèse de 160 à 220 kg et la femelle de 80 à 120 kg. *Le cerf sika*, moins courant, est de plus petite taille.
Selon le sexe ou l'âge, on trouve: *le faon* (petit cerf), *la biche* (femelle) et *le daguet* (jeune mâle de 12 à 18 mois). Le cerf s'apprête en civet*, en ragoût*, rôti accompagné d'une sauce grand veneur*, etc.

CERFEUIL
Plante aromatique originaire de Russie méridionale. Ses fines feuilles, délicatement parfumées, avec des odeurs légèrement anisées, servent d'éléments de décor, de garniture d'omelettes ou de potages*, de compléments aromatiques de sauces*, etc.
L'essence qui parfume le cerfeuil est très volatile, il convient donc d'utiliser cet aromate très frais et de l'incorporer seulement en phase finale de la préparation d'un plat.
Il existe également un *cerfeuil bulbeux* qui est peu cultivé.

CERISE
Petit fruit à noyau dont l'origine est incertaine. La légende prétend que ce serait des oiseaux migrateurs qui, après avoir consommé des cerises en Orient auraient, au cours de leurs déplacements, "semé" de nombreux noyaux dans les pays européens.
Il existe 2 grandes variétés de cerises:
Les Cerises douces qui sont des fruits de table et parmi lesquelles il faut distinguer *les Bigarreaux* (Burlat, Reverchon, Napoléon, Marmotte, Géant d'Hedelfingen, Reine Hortense, Summit, Régina…) et *les Guignes* (Hâtive de Ceret, Hâtive de Bâle, Early Rivers…).
Les Cerises acides que l'on trouve en conserves, en confitures*, à l'eau-de-vie* et dans la fabrication de spiritueux*. La Griotte, la Montmorency et la Marasque appartiennent à cette variété.

CÉRONS
Vins* blancs produits dans le Bordelais, A.O.C.* depuis le 11 septembre 1936.
Aire de production: communes de Cérons, Illats et Pondensac.
Superficie du vignoble: 53 ha (en 2006).
Encépagement autorisé: Sémillon*, Sauvignon* et Muscadelle*.

Rendement de base à l'hectare: 40 hl.
Richesse alcoolique minimum acquise: 12,5%.
Ces vins sont élaborés à partir de raisins arrivés à surmaturation (voir Pourriture noble*).

CERVELAS
Saucisse* fabriquée à partir de chair de porc* entrelardée, parfois fumée, et condimentée à l'ail.
À l'origine, cette charcuterie contenait de la cervelle*, ce qui explique son nom.

CERVELLE
Abat* blanc du porc*, de l'agneau*, du veau* et du bœuf*. La cervelle se prépare pochée, à la meunière*, à la grenobloise*, en fritots*, etc.
Par mesure de prévention, les cervelles de certains bovins*, ovins* et caprins*, considérées comme M.R.S.*, peuvent être interdites à la consommation (voir Abats*).

CERVELLE DE CANUT
Préparation fromagère de la région lyonnaise. Il s'agit en réalité d'un fromage* à pâte fraîche battu et assaisonné ou aromatisé avec sel*, poivre*, échalote*, ail* et fines herbes. Après une courte fermentation de 1 ou 2 jours, cette préparation est additionnée d'un peu de vinaigre*, d'un peu de vin* blanc et d'un filet d'huile*.
La cervelle de canut est parfois appelée "Claqueret lyonnais».

CERVOISE
Boisson fermentée fabriquée de l'Antiquité au Moyen-Âge avec de l'orge* et d'autres céréales. Breuvage favori des Gaulois, la cervoise est considérée comme l'ancêtre de la bière*.

CÉSAR
Cépage* noir qui aurait été implanté par les romains lors de l'invasion de la Gaule.
Aires de culture: En Bourgogne, dans l'Yonne, notamment sur les terroirs de l'A.O.C. Irancy*.
Vins* produits: rouges très colorés, tanniques, un peu astringents dans leur jeunesse mais qui s'assouplissent au vieillissement.

CÉTEAU
Poisson de mer de la famille des soléidés, voisin de la sole* mais de plus petite taille. Il se consomme le plus souvent frit.

CHABICHOU DU POITOU
Fromage*de lait* de chèvre fabriqué dans le Poitou, A.O.C.* depuis le 29 juin 1990 et reconnu A.O.P.* dans le cadre de l'U.E. Il tire son nom de la déformation d'un terme d'origine arabe ("chebli") qui signifie "chèvre" et de sa région d'origine. Le dessus de ce fromage porte en incrustation les lettres C.D.P. (Chabichou du Poitou).
Type: pâte molle, croûte naturelle.

Forme: petit tronc de cône.
Taille: 5 à 6 cm de diamètre de base, 6 cm de hauteur.
Poids: 100 à150 g.
Teneur en M.G.: 45%.
Meilleure saison: de mai à la fin de l'automne.

Source: D'après doc. I.N.A.O.*

L'aire géographique de l'A.O.C. "Chabichou du Poitou" s'étend sur 390 communes réparties sur 3 départements.

CHABLIS
Vins* blancs produits en Bourgogne*, A.O.C.* depuis le 13 janvier 1938.
Aire de production: 17 communes de l'Yonne, dont Chablis, situées à l'est d'Auxerre.
Superficie du vignoble: 3 218 ha (en 2007).
Encépagement autorisé: Chardonnay*.
Rendement de base à l'hectare: 50 hl.

CHABLIS GRAND CRU
Vins* blancs produits en Bourgogne*, A.O.C.* depuis le 13 janvier 1938. L'appellation est généralement suivie du nom du climat* d'origine (1).
Aire de production: 7 parcelles ou lieux-dits situés sur les communes de Chablis, Fyé et Poinchy dans l'Yonne.
Superficie du vignoble: 100,90 ha (en 2007).
Encépagement autorisé: Chardonnay*.
Rendement de base à l'hectare: 45 hl.
(1) "Les Clos" (26,43 ha), "Vaudésir"(15,42 ha), "Valmur"(11,04 ha), "Blanchot"(12,32 ha), "Preuses"(10,09 ha), "Grenouilles"(9,38 ha), et "Bougros"(16.22 ha).

CHABLIS PREMIER CRU
Vins* blancs produits en Bourgogne*, A.O.C.* depuis le 13 janvier 1938. L'appellation est généralement suivie du nom du climat* d'origine (1).

LES GRANDS CRUS DE CHABLIS

Aire de production: 40 parcelles ou lieux-dits situés à l'intérieur de l'appellation Chablis*.
Superficie du vignoble: 765 ha (en 2007).
Encépagement autorisé: Chardonnay*.
Rendement de base à l'hectare: 50 hl.

(1) "Mont de Milieu", "Montée de Tonnerre", "Chapelot", "Pied d'Aloup", Côte de Bréchain", "Fourchaume", "Vaupulent", "Côte de Fontenay", "L'Homme mort", "Vaulorent", "Vaillons", "Châtains", "Sécher", "Beugnons", "Les Lys", "Mélinots", "Roncières", "Les Epinottes", "Montmains", "Forêt", "Butteaux", "Côte de Léchet", "Beauroy", "Trœsmes", "Côte de Savant", "Vau Ligneau", "Vau de Vey", Vaux Ragons", "Vaucoupin", "Vosgros", "Vaugiraut", "Les Fourneaux", "Morein", "Côte des Prés Girots", "Côte de Vaubarousse", "Berdiot", "Chaume de Talvat", "Côte de Jouan", "Les Beauregards" et "Côte de Cuissy".

CHACHLYK ou CHACHLIK
Plat d'origine russe qui se présente sous forme de brochettes de viande de mouton* crue marinée dans une sauce vinaigrette* aromatisée avec du thym*, du laurier*, de la noix de muscade*, de l'oignon* ciselé, etc. Ces brochettes sont ensuite grillées et servies accompagnées d'un riz arrosé de beurre* fondu.

CHAINE DU FROID
Ensemble des opérations logistiques et domestiques *(1)* qui vise à maintenir un produit alimentaire à une température (positive ou négative) qui lui permettra de conserver toutes ses qualités sanitaires et organoleptiques. La rupture de la chaine du froid est à l'origine d'une grande partie des toxi-infections d'origine alimentaire.

(1) Transport, conditionnement, manutention, stockage.

CHAIR À SAUCISSE
Produit du hachage de maigre et de gras de porc* diversement assaisonné. La chair à saucisse est employée dans de nombreuses préparations charcutières (saucisse de Toulouse*, chipolata*, crépinette*, etc.), mais aussi comme farce de certains légumes (tomate*, aubergine*, courgette*, champignon*, etc.) ou composant d'autres apprêts culinaires.

CHALOSSE (S)
Cépages* cultivés dans le Sud-Ouest.
On distingue 2 variétés de Chalosse:
La Chalosse noire, dénommée aussi Négrette*.
La Chalosse blanche, autre dénomination de la Folle blanche*.

CHAMBÉRAT
Fromage* de lait* de vache fabriqué en Auvergne. Il doit son nom à une localité de l'Allier d'où il est originaire.
Type: pâte molle, croûte lavée.
Forme: disque à bords arrondis.
Taille: 18 cm de diamètre, 5 cm d'épaisseur *(1)*.
Poids: 1,4 kg *(1)*.
Teneur en M.G.: 45% au minimum.
Meilleures saisons: été, automne.

(1) Il existe également un "Petit Chambérat" dont la taille et le poids sont plus réduits.

CHAMBERTIN
Vin* rouge produit en Bourgogne*. Grand Cru bénéficiant d'une A.O.C.* depuis le 31 juillet 1937.
Aire de production: parcelles délimitées des lieux-dits "Chambertin" et "Clos de Bèze" sur la commune de Gevrey-Chambertin.
Superficie du vignoble: 15,00 ha.
Encépagement autorisé: Pinot noir*, Pinot Liébault* et Pinot Beurot*.
Rendement de base à l'hectare: 35 hl.

CHAMBERTIN CLOS DE BÈZE

Vin* rouge produit en Bourgogne*. Grand Cru bénéficiant d'une A.O.C.* depuis le 31 juillet 1937.
Aire de production: parcelles délimitées du lieu-dit "Clos de Bèze" sur la commune de Gevrey-Chambertin*.
Superficie du vignoble: 14,40 ha.
Encépagement autorisé: Pinot noir*, Pinot Liébault* et Pinot Beurot*.
Rendement de base à l'hectare: 35 hl.

CHAMBERY (vermouth de)

Vermouth* lancé par J. Chavasse en 1821. Depuis 1932, il bénéficie d'une Appellation Contrôlée *(1)* réservée aux seuls producteurs installés dans la région. Initialement élaboré à partir de vins* blancs de Savoie et de différentes substances végétales en macération (absinthe*, hysope*, camomille*, genièvre*, écorces de quinquina*, etc.), cet A.B.V.* est aujourd'hui fabriqué avec des vins neutres provenant des vignobles du Gers ou des Charentes. La Maison Dolin* est réputée pour son vermouth de Chambéry.

(1) A ne pas confondre avec une Appellation d'Origine Contrôlée (A.O.C.).*

CHAMBOLLE-MUSIGNY

Vins* rouges produits en Bourgogne*, A.O.C.* depuis le 11 septembre 1936. Pour les vins dont les récoltes proviennent de parcelles classées en "Premier Cru" *(1)*, l'appellation communale peut être complétée par le nom du climat* d'origine et (ou) par la mention "Premier Cru".
Aire de production: commune de Chambolle-Musigny située au sud-ouest de Dijon.
Superficie du vignoble: 148,16 ha (en 2007).
Encépagement autorisé: Pinot noir*, Pinot Beurot* et Pinot Liébault*.
Rendement de base à l'hectare: 40 hl.

(1) "Aux Beaux-Bruns", "Aux Combottes", "Derrière-la-Grange", "Les Amoureuses", "Les Baudes", "les Borniques", "Les Chatelots", "Les Charmes", "Aux Combottes", "Les Fuées" "Les Fousselottes", "Les Cras", "Les Groseilles", "Les Gruenchers", "Les Hauts-Doix", " Lavrottes", "Les Noirots", "Les Plantes" et "Les Sentiers".

CHAMBON

Eau minérale naturelle* plate captée à Chambon-la-Forêt dans le Loiret. Commercialisée depuis janvier 1942.
Catégorie: faiblement minéralisée.

Composition physico-chimique (en mg/l)	
Cations	Anions
Calcium: 96 Sodium: 10,6 Potassium: 3,7 Magnésium: 6,1	Bicarbonates: 297 Chlorures: 22,6 Sulfates: 9,3 Nitrates: < 0.5
Fluor: 0,18 Silice: 36,2 Lithium: 0,070	
pH à 20°C: 7,2 Minéralisation totale: 349 mg/l	

CHAMPAGNE

Vins* effervescents blancs ou rosés *(1)* élaborés à partir de vins récoltés sur des territoires de la Champagne viticole délimités par la loi du 22 juillet 1927, A.O.C.* depuis le 29 juin 1936. Ces vins sont élaborés grâce à un procédé particulier appelé "Méthode champenoise" *(2)*.

Diversité des couleurs de Champagne

Source: Photo Visuel Impact/ CIVC

Comme le cognac*, le champagne n'est pas contraint de faire figurer la mention "Appellation Contrôlée" sur son étiquetage.
Aire de production: 319 communes de la Marne, de l'Aisne et de l'Aube ainsi que quelques hectares en Seine-et-Marne et en Haute-Marne. En 2008, Le Comité National des Vins et Eaux-de-vie de l'I.N.A.O.* a retenu le principe d'intégration d'une quarantaine de nouvelles communes dans l'aire d'appellation. Cette décision doit être officialisée par décret.
Superficie du vignoble: 33 500 ha (en 2007).
Production annuelle: environ 300 millions de bouteilles actuellement (souvenons-nous que cette production était de 30 millions de bouteilles au début du 20ème siècle).
Encépagement autorisé: Chardonnay*, Pinot noir* et Pinot Meunier*.
Rendement de base à l'hectare: 12 400 kg de raisin/50 hl.
"*L'échelle des crus*" qui classait les communes viticoles champenoises de 80 à 100% a disparu en 2003. L'U.E. ayant interdit au C.I.V.C. *(3)* de fixer le prix du kg de raisin, la marché est désormais libre. Ce prix est fixé de gré à gré entre vendeurs et acheteurs.
Le champagne peut être présenté dans différentes bouteilles:
Le quart: 18,7 cl.
La demie: 37,5 cl.
La bouteille: 75 cl.
Le magnum: 1,5 l. ou 2 bouteilles
Le jéroboam: 3 l. ou 4 bouteilles
Le réhoboam: 4,5 l. ou 6 bouteilles
Le mathusalem: 6 l. ou 8 bouteilles
Le salmanazar: 9 l. ou 12 bouteilles

Le balthazar : 12 l. ou 16 bouteilles
Le nabuchodonosor : 15 l. ou 20 bouteilles.

Divers flaconnages de Champagne

Parmi les mentions figurant sur une étiquette de champagne apparait le N° d'immatriculation attribué par le C.I.V.C. précédé d'initiales qui indiquent l'origine du produit :

N.M. : Négociant Manipulant. Il élabore du champagne à partir de raisins, de moûts ou de vins dont il n'est pas le producteur.

N.D. : Négociant Distributeur. Il achète des bouteilles de champagne terminées, non habillées, sur lesquelles il appose sa propre marque.

R.M. : Récoltant Manipulant. Il élabore du champagne à partir de vins provenant de sa propre récolte. La réglementation l'autorise cependant à acheter un complément de vins limité à 5 % de sa récolte.

C.M. : Coopérative de Manipulation. Elle élabore du champagne avec les vins issus des vendanges des coopérateurs.

R.C. : Récoltant Coopérateur. Il livre sa récolte à une coopérative qui élabore partiellement ou totalement son champagne. Il reprend ensuite son produit pour le commercialiser.

R. : Récoltant. Il fait élaborer, à façon, par un manipulant, un champagne issu des vins de sa récolte.

S.R. : Société de Récoltants. Elle élabore du champagne avec les vins des sociétaires appartenant à une même famille.

M.A. : Marque Auxiliaire ou Marque d'Acheteur. Marque commerciale d'un acheteur qui commercialise un champagne élaboré par un manipulant traditionnel (négociant, coopérative ou récoltant).

La mention *R.D.* figurant sur certains champagnes n'a aucun rapport avec les mentions précédentes, elle signifie tout simplement "Récemment Dégorgé".

Le champagne se sert dans une verrerie élégante, de préférence dans une flûte ou un verre* ovoïde. La coupe présente peu d'avantages pour la dégustation car sa forme évasée favorise la dispersion du bouquet. Elle est encore utilisée par classicisme et puis il y a la légende. Certains racontent que la première coupe à champagne aurait été moulée sur un sein de Madame de Pompadour et d'autres prétendent, au contraire, que ce moulage se serait fait sur la poitrine de Marie-Antoinette. L'Histoire conserve ses mystères.

(1) Le champagne rosé est le seul vin rosé français qui peut être produit par assemblage de vins blancs et de vins rouges
(2) **MÉTHODE CHAMPENOISE:** Méthode mise au point par le moine Dom Pérignon (1639-1715), cellérier à l'abbaye d'Hautvillers (Marne).
Les principales étapes de cette méthode modernisée au cours du temps sont les suivantes :

Vendange et pressurage du raisin. Avec 4 000 kg de raisin on obtient 2 550 litres de moût* débourbé destiné à faire du champagne.

Fermentation alcoolique traditionnelle d'un vin blanc tranquille avec opérations de vinification classiques.

Elaboration de la cuvée par assemblage de plusieurs vins de base provenant souvent de différents vignobles et de différentes années (sauf pour les "millésimés").

Mise en bouteilles en additionnant une "liqueur de tirage*" (vin vieux, levures, sucre dosé à 24 g/litre et adjuvant clarificateur tel que la bentonite*). Le bouchage est provisoire.

Seconde fermentation en cave fraîche. Les bouteilles, mises sur lattes, vont subir une lente fermentation qui produira du gaz carbonique, future mousse du champagne.

Mise sur pupitres et remuage pour faire glisser progressivement le dépôt vers le bouchon. Cette opération est de plus en plus souvent remplacée par l'usage de gyropalettes.

Dégorgement qui consiste à passer le goulot des bouteilles dans une saumure à -20° C avant l'expulsion du glaçon contenant le dépôt. Autrefois, le dégorgement se faisait "à la volée".

Egalisage-dosage en remplissant des bouteilles par une "liqueur d'expédition*" (vin vieux et sucre). Selon la constitution de cette liqueur, on obtient différents types de champagne :

Brut nature, pas dosé ou dosage zéro : moins de 3 gr de sucre/litre

Extra brut : jusqu'à 6 gr de sucre/litre

Brut : jusqu'à 15 gr de sucre/litre

Extra-sec : de 12 à 20 gr de sucre/litre

Sec : de 17 à 35 gr de sucre/litre

Demi-sec : de 33 à 50 gr de sucre/litre

Doux : plus de 50 gr de sucre/litre.

Le bouchage définitif avec un bouchon* spécial et un muselet* constitue la dernière opération avant l'habillage des bouteilles qui se fera ultérieurement.

Un règlement de l'U.E. précise que la dénomination "méthode champenoise" est strictement réservée aux vins d'A.O.C. "Champagne".
(3) Comité Interprofessionnel du Vin de Champagne.

CHAMPAGNE COCKTAIL

Cocktail* (apéritif) préparé directement dans une flûte à champagne.
¼ de morceau de sucre imbibé d'Angostura* bitter
1 cl de cognac*
11 cl de champagne*
1 zeste* d'orange*
Imbiber le sucre d'Angostura, verser le cognac et compléter avec le champagne. Décorer avec le zeste d'orange.

CHAMPAGNE PICK ME UP
Cocktail* (apéritif) préparé au shaker.
1 cl de sirop de grenadine*
3 cl de jus d'orange*
3 cl de cognac*
5 cl de champagne*
1 zeste* d'orange*
Frapper la grenadine, le jus d'orange et le cognac.
Verser dans une flûte et compléter au champagne.
Décorer avec le zeste d'orange.

CHAMPIGNON DE PARIS
Sa culture prit son essor en France sous Napoléon. En effet, l'empereur encouragea la production de ce champignon dans d'anciennes carrières souterraines de Paris, d'où son nom. Aujourd'hui, nous trouvons des champignonnières en Val de Loire, dans le Nord, en Gironde et en région parisienne. Appelé également "champignon de couche" (1), le champignon de Paris se présente sous plusieurs variétés qui se différencient essentiellement par leurs couleurs (blanche, rosée ou marron clair). Il se consomme cru (en salade) ou cuit (en duxelles*, à la crème, en potage*, en garniture*...).
Le champignon de Paris est actuellement le champignon le plus consommé dans le monde avec la Chine comme 1er pays producteur.

(1) Appelé ainsi car il est cultivé sur une couche de fumier.

CHAMPOREAU
Terme désignant familièrement un café* additionné d'eau-de-vie*.

CHAMPVALLON (côtes d'agneau)
Côtes d'agneau* cuites au four avec des oignons* émincés* et des pommes de terre* en rondelles.

CHANTEMERLE
Eau minérale naturelle* plate captée à Meyras dans l'Ardèche. Autorisée à l'exploitation par arrêté ministériel du 13 août 1868.
Catégorie: faiblement minéralisée.

Composition physico-chimique (en mg/l)	
Cations	Anions
Calcium: 42 Sodium: 12,9 Magnésium: 9,8 Potassium: 1,5	Bicarbonates: 213 Sulfates: 4,4 Chlorures: 4 Nitrates: 0,05
Silice: 44,3	
pH à 20 °C: 7,05 Minéralisation totale: N.C.	

CHANTEREINE
Eau de source* captée à Chelles en Seine-et-Marne.
Catégorie: faiblement minéralisée.
pH à 20 °C: 7,9.
Minéralisation totale: 425 mg/l.

CHANTERELLE
Autre dénomination de la girolle*.

CHANTILLY (crème)
Voir Crème* Chantilly.

CHANTILLY (sauce)
Sauce mayonnaise* au jus de citron* additionnée de crème fouettée.

CHAOURCE
Fromage* de lait* de vache fabriqué en Champagne, A.O.C.* depuis le 19 août 1970 et reconnu A.O.P.* dans le cadre européen. Il doit son nom à une localité située au sud de Troyes. Sa zone de production qui s'étend sur 233 communes de l'Aube et de l'Yonne.
Type: pâte molle à croûte fleurie.
Forme: cylindre.
Taille: 8 ou 11 cm de diamètre, 4 ou 6 cm d'épaisseur.
Poids: 250 ou 450 g.
Teneur en M.G.: 50% au minimum.
Meilleures saisons: été, automne.

CHAPATI
En Inde, ce terme désigne à la fois un pain* non levé et une petite crêpe* servant de pain.

CHAPEL (Alain)

Cuisinier français (Lyon 1937 - Avignon 1990). Ce fils de restaurateur commence son apprentissage chez Jean Vignard, une référence à Lyon, puis chez le célèbre Fernand Point* à Vienne. Après plusieurs années de compagnonnage, il reprend en 1968 le restaurant de son père à Mionnay (Ain). Rigoureux, talentueux, il obtient le titre de M.O.F.* en 1972 et le Guide Michelin* lui décerne la distinction suprême, trois étoiles, en 1973. Il saura transmettre son savoir et une certaine conception de la gastronomie* à plusieurs disciples, dont Alain Ducasse*. On lui doit par ailleurs un excellent ouvrage : *La Cuisine, c'est beaucoup plus que des recettes*.

Aujourd'hui, 20 ans après la disparition du Maître des lieux, la Maison Alain Chapel est dirigée avec brio par Suzanne, son épouse, en compagnie de Philippe Jousse en cuisine.

Source : Doc. Alain Chapel

CHAPELLE-CHAMBERTIN

Vin* rouge produit en Bourgogne*, Grand Cru bénéficiant d'une A.O.C.* depuis le 31 juillet 1937.
Aire de production : parcelles délimitées des lieux-dits "Chapelle" et "Les Gémeaux" sur la commune de Gevrey-Chambertin, d'une superficie totale de 5,49 ha.
Encépagement autorisé : Pinot noir*, Pinot Beurot* et Pinot Liébault*.
Rendement de base à l'hectare : 37 hl.

CHAPELURE

Produit obtenu en écrasant ou en râpant de la mie de pain* séchée ou des biscottes. La chapelure est employée pour enrober les préparations panées ou pour recouvrir certains gratins.

CHAPON (poisson)

En Méditerranée, dénomination de la rascasse rouge*.

CHAPON (volaille)

Jeune coq* castré à l'âge de 6 semaines et spécialement nourri pendant plusieurs mois pour obtenir une chair fine et moelleuse. Il pèse généralement entre 2,5 et 6 kg. Volaille traditionnelle des fêtes de fin d'année, le chapon se prépare le plus souvent rôti, avec ou sans farce.
Le chapon de Bresse bénéficie d'une A.O.C.* depuis le 1er août 1957, reconnue A.O.P.* dans le cadre de l'U.E.
L'aire d'appellation s'étend sur 275 communes des départements de l'Ain, du Jura et de Saône-et-Loire.
Cette A.O.C. est réservée à des animaux dont le poids mort effilé est égal ou supérieur à 3 kg et qui ont été élevés, abattus et présentés à la vente dans des conditions particulières imposées par les normes de l'appellation.

CHAPTALISATION

Opération de vinification* qui consiste à ajouter du sucre* *(1)* à un moût* de raisin afin d'augmenter la teneur alcoolique du futur vin* *(2)*. Cette pratique théorisée par Chaptal *(3)* est aujourd'hui rigoureusement contrôlée. Une réglementation européenne précise que l'enrichissement autorisé d'un moût est différent selon certains critères, notamment la situation géographique de la région. L'espace viticole communautaire est divisé en 6 zones (A, B, C1a, C1b, C2 et C3). Dans notre pays, c'est l'I.N.A.O.* qui décide de l'opportunité de chaptaliser, notamment en fonction des conditions climatiques de l'année. Un procédé faisant appel à la R.M.N. (Résonnance Magnétique Nucléaire) permet de détecter les chaptalisations frauduleuses. Mis au point par le professeur Martin, de l'université de Nantes, ce procédé très fiable détermine quel sucre (raisin*, betterave* ou canne à sucre) est à l'origine de l'alcool* et dans quelle proportion il a été utilisé.
Notons que la chaptalisation est interdite pour les vins destinés à la production d'eaux-de-vie*.

(1) L'utilisation du saccharose remonte à la fin du 18ème siècle, mais l'enrichissement des moûts est une coutume très ancienne puisque les romains employaient déjà le miel* pour le sucrage en vinification. l'Union Européenne envisage de supprimer l'enrichissement par saccharose pour le remplacer par un apport de moût concentré rectifié. Il existe également des techniques d'auto-enrichissement dont la plus connue est "l'osmose inverse". Ce procédé qui n'est officiellement employé qu'à titre expérimental, consiste à extraire une partie de l'eau contenue dans le moût et ainsi augmenter la concentration des autres composés, dont le sucre.

(2) L'ajout de 17 gr de sucre par litre de moût produit, en principe, 1° d'alcool supplémentaire dans le vin.

(3) Jean-Antoine Chaptal (1756-1832), chimiste et homme politique français, Ministre de Napoléon.

CHARBONNIÈRE COMMUNE

Poisson proche du cabillaud* vivant dans les eaux profondes au large de l'Alaska et qui mesure environ 70 cm pour un poids moyen de 3,5 kg. Sa chair, excellente, est encore peu employée en France. La Charbonnière commune, qui possède une peau de couleur noire, est aussi appelée *black cod*.

CHARCUTIÈRE (sauce)
Sauce Robert* additionnée d'une julienne* de cornichons*.

CHARDONNAY
Cépage* blanc d'origine bourguignonne. Il doit son nom d'un village du Mâconnais. Très convoité dans le monde entier, le Chardonnay voit ses surfaces cultivées en constante évolution (plus de 140 000 hectares, dont 36 000 en France).
Aires de culture : en Bourgogne où il est le cépage d'origine des grands vins blancs (Chablis*, Meursault*, Montrachet*, Pouilly-Fuissé*, etc.), en Champagne où il est le seul cépage blanc autorisé, mais aussi dans d'autres régions viticoles telles que le Jura et la Savoie (Arbois*, Vin de de Savoie*, etc.) ou la Vallée de la Loire (Touraine*, Cheverny*, etc.). À l'étranger, il est présent dans une multitude de vignobles, notamment en Californie, Australie, Afrique du Sud, Argentine, Canada, Italie, Espagne et même en Grande-Bretagne…
Vins produits : blancs racés, amples, avec un remarquable potentiel aromatique pouvant être accentué par un élevage en barriques de chêne.

Vendange de Chardonnay en Champagne

CHARLEMAGNE
Vin* blanc produit en Bourgogne*, Grand Cru bénéficiant d'une A.O.C.* depuis le 31 juillet 1937. Cette appellation n'est pratiquement plus utilisée, le vin étant commercialisé sous l'A.O.C. Corton Charlemagne*.
Aire de production : parcelles délimitées des lieux-dits "Le Corton", "Le Charlemagne", "Les Pougets" et "Les Languettes" sur la commune d'Aloxe-Corton et "Le Charlemagne" sur la commune de Pernand-Vergelesses. La superficie totale de l'appellation est d'environ 32 ha.
Encépagement du vignoble : Chardonnay*.
Rendement de base à l'hectare : 40 hl.

CHARLOTTE
Terme désignant des apprêts culinaires variés préparés dans un moule chemisé *(1)* de biscuits ou de pain de mie*. On distingue :
Les charlottes froides, entremets* généralement réalisés avec un appareil à bavarois* (ex : charlotte aux poires*).
Les charlottes glacées (ex : charlotte au Grand-Marnier*).
Les charlottes chaudes, entremets confectionnés avec une marmelade de fruits (ex : charlotte aux pommes*).
Les charlottes salées, faites à partir de poissons ou de légumes et dressées en moule sans le chemisage traditionnel.
(1) Dont le fond et les parois ont été tapissés de …

Charlotte aux fruits

CHARMES-CHAMBERTIN
Vin* rouge produit en Bourgogne*, Grand Cru bénéficiant d'une A.O.C.* depuis le 31 juillet 1937.
Aire de production : parcelles délimitées du lieu-dit "Charmes" sur la commune de Gevrey-Chambertin d'une superficie totale de 29,57 ha.
Encépagement autorisé : Pinot noir*, Pinot Beurot* et Pinot Liébault*.
Rendement de base à l'hectare : 37 hl.

CHAROLAIS
Fromage* de lait* de chèvre fabriqué en Bourgogne, A.O.C.* depuis le 21 janvier 2010. L'aire de production s'étend sur de nombreuses communes de Saône-et-Loire et plusieurs communes de l'Allier, de la Loire et du Rhône.
Type : pâte molle, croûte naturelle.

Forme : petit cylindre.
Taille : 7 à 8 cm de diamètre, 7 à 8,5 cm de hauteur.
Poids : 250 à 300 g.
Teneur en M.G. : 45%.
Meilleures saisons : printemps, été, automne.

CHARRIER
Eau minérale naturelle* plate captée à La Prugne dans l'Allier. Commercialisée depuis 1933.
Catégorie : très faiblement minéralisée.
Charrier est probablement l'eau minérale la moins minéralisée de France.

Composition physico-chimique (en mg/l)	
Cations	Anions
Sodium : 3,5	Nitrates : 4
Calcium : 3,2	Bicarbonates : 3,7
Magnésium : 0,8	Sulfates : 3,4
Potassium : 0,4	Chlorures : 3,2
pH à 20 °C : 5,9 Minéralisation totale : 37 mg/l	

CHARTREUSE (liqueur)

Source : Photo Chartreuse Diffusion

Liqueur* dauphinoise élaborée au monastère de la Grande Chartreuse, installé à Voiron dans l'Isère. La recette de ce spiritueux* n'est connue que de 3 frères qui procèdent aux mélanges des plantes, pas moins de 130 variétés qui constituent la base de la célèbre liqueur dont la recette originelle fut consignée en 1737 par le frère Jérôme Maubec.
Chartreuse Diffusion, société chargée de commercialiser les produits du monastère, propose notamment :
L'Elixir végétal de la Grande Chartreuse (71°) créé en 1737.
Il se consomme sur un morceau de sucre* dans une petite cuillère.
La Chartreuse verte (55°) créée en 1764
La Chartreuse jaune (40°) créée en 1838
La Chartreuse V.E.P. verte (54°) créée en 1963 (1)
La Chartreuse V.E.P. jaune (42°) créée en 1963 (1)
La Chartreuse liqueur du 9ème centenaire (47°) créée en 1984.
(1) V.E.P. : Vieillissement Exceptionnel Prolongé.

CHARTREUSE (préparation)
Préparation culinaire constituée de légumes en particulier du chou* et de gibier, de viande ou de poisson. L'apprêt est dressé dans un moule, en couches successives, pour être cuit au bain-marie. La chartreuse est servie chaude, immédiatement après avoir été démoulée.
À l'origine, la chartreuse était un plat exclusivement composé de légumes consommé par les moines de l'ordre des Chartreux.

CHASSAGNE-MONTRACHET
Vins* rouges et blancs produits en Bourgogne*, A.O.C.* depuis le 31 juillet 1937. Pour les vins dont les récoltes proviennent de parcelles classées "Premier Cru", l'appellation communale peut être complétée par le nom du climat* d'origine (1) et (ou) par la mention "Premier Cru".
Aire de production : communes de Chassagne-Montrachet en Côte-d'Or et Remigny en Saône-et-Loire.
Superficie du vignoble : 303 ha (2007) dont 182 ha en vins blancs et 121 ha en vins rouges.
Encépagement autorisé : Pinot noir*, Pinot Beurot*, Pinot Liébault*, Chardonnay* et Pinot blanc*.
Rendement de base à l'hectare : 40 hl pour les vins rouges et 45 hl pour les vins blancs.
(1) "Clos-Saint-Jean", "Cailleret ou Chassagne", "En Caillerets", "Grandes-Ruchottes", "La Boudriotte", "La Maltroie", "La Romanée", "Les Brussolles", "Les Champs-Gain", "Les Chenevottes", "Les Marcherelles", "Les Vergers", "Morgeot-et-Morgeot dit Abbaye-de-Morgeot".

CHASSELAS
Cépage* blanc dont il existe plusieurs variétés. En France, il est surtout cultivé pour la production de raisins* de table (1) mais il est également implanté dans les vignobles d'Alsace, Vallée de la Loire (Pouilly-sur-Loire*) et Savoie (Crépy*, Vin de Savoie). Le Chasselas se rencontre aussi en Suisse (où il appelé *Fendant**), en Allemagne (où il est nommé *Gutedel*), en Autriche, en Nouvelle-Zélande et en Californie.
Vins* produits : blancs légers, vifs et peu aromatiques.
(1) Le Chasselas de Moissac bénéficiant d'une A.O.C* depuis le 25 novembre 2003 est reconnu A.O.P.* dans le cadre de l'U.E. Il est récolté sur 76 communes du Tarn-et-Garonne et du Lot.

Source : Photo BG

CHASSEUR (sauce)
Sauce* réalisée à partir de champignons* sautés, échalotes* ciselées, vin* blanc, cognac*, sauce espagnole* et sauce tomate*.

CHÂTAIGNE
Fruit du châtaignier, arbre originaire de Chine à longévité exceptionnelle (il peut vivre jusqu'à 500 ans). La châtaigne est composée de 3 graines, riches en

amidon, enfermées dans une bogue *(1)*. On dénombre une multitude de variétés de châtaignes dont *l'Olargues, la Rousse de Nay, la Marigoule, la Bourrue, la Bouche-de-Bétizac…* L'Ardèche, les Cévennes, la Dordogne et la Corse demeurent les principales régions productrices.

La Châtaigne d'Ardèche bénéficie d'une A.O.C.* depuis le 28 juin 2006. Récoltée dans 188 communes de l'Ardèche, 7 communes du Gard et 2 communes de la Drôme, elle peut être commercialisée sous différentes formes *(2)*.

La châtaigne se consomme grillée, en élément de garniture, en pâtisserie et confiserie… Par ailleurs, la farine* de châtaignes est encore employée dans certaines régions (ex : polenta* de châtaignes en Corse).

(1) Coque épineuse.
(2) Châtaignes fraîches, châtaignes sèches entières, brises de châtaignes, farine de châtaignes, châtaignes entières épluchées et purée de châtaignes.

CHÂTAIGNE DE MER
Voir Oursin*.

CHÂTEAU
Domaine viticole bordelais constitué d'un vignoble et de bâtiments d'exploitation.
Un jugement de 1938 précise qu'en Gironde, le terme "Château" est synonyme de "Domaine", de "Cru" ou de "Clos".
Les vins commercialisés avec la mention "Mis en bouteille au Château" sont généralement des produits de qualité, vinifiés et mis en bouteille sur les lieux de production (voir Châteaux du Bordelais*).

CHÂTEAUBRIAND
Tranche de filet* de bœuf* épaisse pour deux personnes préparée comme le tournedos*.

CHÂTEAU-CHALON
Vins jaunes* produits dans le Jura, A.O.C.* depuis le 29 mai 1936.
Aire de production : communes de Château-Chalon, Ménétru-le-Vignoble, Névy-sur-Seille et Domblans situées au nord de Lons-le-Saunier.
Superficie du vignoble : 48 ha (en 2005).
Encépagement autorisé : Savagnin*.
Rendement de base à l'hectare : 50 hl.
Le Château-Chalon est mis en bouteilles dans des "clavelins"* après un vieillissement en fût, sans ouillage, d'une durée minimale de 6 ans.

Tous les ans, depuis 1958, Une commission nommée par l'I.N.A.O dite de "contrôle des vignes et du rendement" examine, avant les vendanges, chaque parcelle susceptible de produire des vins à appellation Château-Chalon. Cette commission évalue la qualité et la quantité de raisin et procède à un contrôle du degré potentiel avant fermentation en définissant un rendement individuel maximum à la parcelle. Chaque parcelle peut éventuellement se voir refuser le droit à l'appellation. Enfin, au bout des 6 années de vieillissement, un nouvel examen a lieu sur le vin fini afin de délivrer un certificat d'agrément pour la mise en bouteille.*

CHÂTEAU-GRILLET
Vin* blanc produit dans la Vallée du Rhône, A.O.C.* depuis le 8 décembre 1936.
Aire de production : parcelles situées sur les communes de Saint-Michel-sur-Rhône et Vérin au sud-ouest de Vienne. L'appellation, sur un seul domaine, couvre une superficie de 3,5 ha.
Encépagement du vignoble : Viognier*.
Rendement de base à l'hectare : 37 hl.
Richesse alcoolique minimum acquise : 11 %.
Le Château-Grillet est une des plus petites A.O.C. françaises et le vin produit demeure très rare (environ 10 000 bouteilles par an).

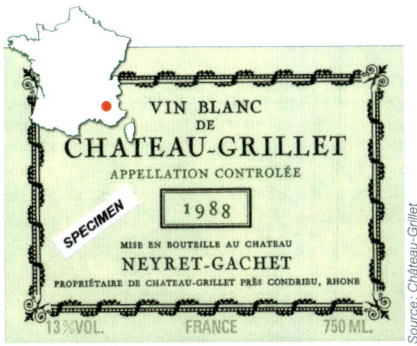
Source : Château-Grillet

CHÂTEAUMEILLANT
Vins* rosés et rouges produits dans le sud du Berry, A.O.V.D.Q.S.* (Appellation d'Origine Vin Délimité de Qualité Supérieure) en 1965 et devenu A.O.C.* depuis le 22 novembre 2010.
Aire de production : 3 communes du Cher dont Châteaumeillant et 4 communes de l'Indre situées à l'est de la Châtre.
Superficie du vignoble : 98 ha (en 2008).
Encépagement autorisé : Gamay*, Pinot noir* et Pinot gris*.
Rendement de base à l'hectare : 45 hl.

CHÂTEAUNEUF-AUVERGNE
Eau minérale naturelle* gazeuse captée à Châteauneuf-les-Bains dans le Puy-de-Dôme. Reconnue d'intérêt public en 1909.
Catégorie : riche en sels minéraux.

Composition physico-chimique (en mg/l)	
Cations	Anions
Sodium : 651 Calcium : 152 Potassium : 40 Magnésium : 36	Bicarbonates : 1799 Chlorures : 215 Sulfates : 195 Nitrates : inférieurs à 1
Fluor : 3	
pH à 20 °C : 6,3 Minéralisation totale : 2151 mg/l	

CHÂTEAUNEUF-DU-PAPE

Vins* rouges et blancs produits en Vallée du Rhône, A.O.C.* depuis le 15 mai 1936.

Aire de production : communes de Châteauneuf-du-Pape, Bédarrides, Courthézon, Orange et Sorgues situées au nord d'Avignon.

Superficie du vignoble : 3 164 ha (en 2007).

Encépagement autorisé : Grenache*, Syrah*, Mourvèdre*, Picpoul*, Terret noir*, Counoise*, Muscardin*, Cinsault*, Vaccarèse*, Picardan*, Clairette*, Roussanne* et Bourboulenc*.

Rendement de base à l'hectare : 33 hl.

Ces vins sont généralement présentés dans une bouteille spéciale portant en relief les armes pontificales et le nom de l'appellation.

CHÂTEAUX DU BORDELAIS

Avec un vignoble de 120 000 ha (plus vaste vignoble d'A.O.C.* français), 57 appellations et près de 10 000 exploitations viticoles, le Bordelais compte une multitude de "Châteaux"* (9450 sont répertoriés dans *l'Annuaire Officiel des Châteaux du Bordelais*). Certains bénéficient d'un classement officiel, c'est le cas des vins du Médoc*, des Graves*, de Sauternes* et de Saint-Emilion*, d'autres, bien que remarquables, n'ont jamais été classés. *Le Petrus*, un vin fabuleux, ne figure dans aucun classement.

Les classements de référence :

Médoc : Classement de 1855 *(1)* et modifié en 1973. Il compte actuellement 4 Premiers Crus, 14 Seconds Crus, 14 Troisièmes Crus, 10 Quatrièmes Crus et 18 Cinquièmes Crus.

Crus Bourgeois du Médoc : c'est à la fin du Moyen-âge où les bourgeois de Bordeaux acquièrent les meilleures terres de la région que naissent les "Crus des Bourgeois" puis les "Crus Bourgeois". Plusieurs classements se sont succédés et le dernier fut établi en 2003 ; il classait 247 crus en 3 catégories : **9 Crus Bourgeois exceptionnels**, **87 Crus Bourgeois supérieurs** et **151 Crus Bourgeois** *(2)*. Ce classement devenu obsolète, une nouvelle démarche de classement est mise en place : La Reconnaissance **Crus Bourgeois**. La sélection des crus est annuelle et basée sur un cahier des charges très précis. Cette reconnaissance Crus Bourgeois étant établie sur la qualité réelle par millésime et 2 ans après la récolte, le prochain classement interviendra donc en 2010 pour les vins de 2008.

Crus Artisans : ils existent depuis 150 ans à côté des grands domaines du Médoc. En janvier 2006, après une dégustation de leurs derniers millésimes par un jury professionnel, 44 propriétés des 8 A.O.C. du Médoc ont obtenu le titre de *Cru Artisan*. Il s'agit de petits domaines familiaux qui représentent environ 340 ha de vignobles.

Graves : Classement de 1953 modifié en 1959. Il compte 16 crus, dont 1 fut classé Premier Cru avec les vins du Médoc en 1855 *(1)*.

Sauternes et Barsac : Classement de 1855 *(1)*,

Source : Alliance des Crus Bourgeois du Médoc

Il compte 1 Premier Cru Supérieur, 11 Premiers Crus et 15 Seconds Crus.

Saint-Emilion : Classement initial de 1954 révisé en 1969, 1979, 1984 et 1996. Ce classement est en principe révisable tous les 10 ans. Le classement de 2006 ayant été remis en cause par décisions judiciaires, c'est la loi du 13 mai 2009 qui a permis d'officialiser un classement valable jusqu'à la récolte 2011. Il comprend 15 Premiers Grands Crus (2 classés A et 13 classés B) et 59 Grands Crus.

Les 188 Châteaux cités ci-dessous sont parmi les plus connus, mais n'oublions pas qu'il en existe beaucoup d'autres qui produisent des vins de grande qualité. Par ailleurs, il faut préciser que les chiffres relatifs aux superficies des vignobles et aux encépagements sont sujets à variations en fonction de l'évolution des domaines.

(1) Ce classement, publié le 18 avril 1855, fut établi à la demande de Napoléon III pour l'Exposition universelle.

(2) Ce nouveau classement fait suite à l'arrêté du 16 novembre 2009.

Châteaux du Médoc
Classement de 1855 modifié en 1973

Premiers Crus

Château Lafite-Rothschild : A.O.C.* Pauillac* - issu d'un vignoble de 94 ha.

Château Latour : A.O.C.* Pauillac* - issu d'un vignoble de 78 ha dont 48 autour du Château, dénommés "L'Enclos". Cet Enclos domine l'estuaire de la Gironde. Le domaine est complanté des cépages suivants : Cabernet Sauvignon*

(80%), Merlot* (18%), Cabernet franc* et Petit Verdot* (2%).
Château Margaux: A.O.C.* Margaux* - issu d'un vignoble de 90 ha.
Château Mouton-Rothschild: A.O.C.* Pauillac* - issu d'un vignoble de 75 ha.
Ce Château fut le seul "1er Cru" qui n'a pas été classé en 1855 mais seulement en 1973.
<u>Seconds Crus</u>
Château Brane-Cantenac: A.O.C.* Margaux* - issu d'un vignoble de 85 ha.
Château Cos-d'Estournel: A.O.C.* Saint-Estèphe* - issu d'un vignoble de 65 ha.
Château Ducru-Beaucaillou: A.O.C.* Saint-Julien* - issu d'un vignoble de 50 ha.
Château Durfort-Vivens: A.O.C.* Margaux* - issu d'un vignoble de 30 ha.
Château Gruaud-Larose: A.O.C.* Saint-Julien* - issu d'un vignoble de 82 ha.
Château Lascombes: A.O.C.* Margaux* - issu d'un vignoble de 83 ha.
Château Léoville-Barton: A.O.C.* Saint-Julien* - issu d'un vignoble de 45 ha.
Château Léoville-Las-Cases: A.O.C.* Saint-Julien* - issu d'un vignoble de 95 ha.
Château Léoville-Poyferré: A.O.C.* Saint-Julien* - issu d'un vignoble de 80 ha.
Château Montrose: A.O.C.* Saint-Estèphe* - issu d'un vignoble de 68 ha.
Château Pichon Longueville Baron de Pichon: A.O.C.* Pauillac* - issu d'un vignoble de 68 ha.
Château Pichon Longueville Comtesse de Lalande: A.O.C.* Pauillac* - issu d'un vignoble de 75 ha.
Château Rauzan-Gassies: A.O.C.* Margaux* - issu d'un vignoble de 30 ha.
Château Rauzan-Ségla: A.O.C.* Margaux* - issu d'un vignoble de 51 ha.
<u>Troisièmes Crus</u>
Château Boyd-Cantenac: A.O.C.* Margaux* - issu d'un vignoble de 18 ha.
Château Calon-Ségur: A.O.C.* Saint-Estèphe* - issu d'un vignoble de 74 ha.
Château Cantenac-Brown: A.O.C.* Margaux* - issu d'un vignoble de 42 ha.
Château Desmirail: A.O.C.* Margaux* - issu d'un vignoble de 30 ha.
Château Ferrière: A.O.C.* Margaux* - issu d'un vignoble de 8 ha.
Château Giscours: A.O.C.* Margaux* - issu d'un vignoble de 83 ha.
Château d'Issan: A.O.C.* Margaux* - issu d'un vignoble de 50 ha.
Château Kirwan: A.O.C.* Margaux* - issu d'un vignoble de 35 ha.
Château Lagrange: A.O.C.* Saint-Julien* - issu d'un vignoble de 113 ha.
Château La Lagune: A.O.C.* Haut-Médoc* - issu d'un vignoble de 70 ha.
Château Langoa-Barton: A.O.C.* Saint-Julien* - issu d'un vignoble de 20 ha.
Château Malescot Saint-Exupéry: A.O.C.* Margaux* - issu d'un vignoble de 23.5 ha.
Château Marquis d'Alesme-Becker: A.O.C.* Margaux* - issu d'un vignoble de 10 ha.
Château Palmer: A.O.C.* Margaux*: issu d'un vignoble de 45 ha.
<u>Quatrièmes Crus</u>
Château Beychevelle: A.O.C.* Saint-Julien* - issu d'un vignoble de 90 ha.
Château Branaire-Ducru: A.O.C.* Saint-Julien* - issu d'un vignoble de 50 ha.
Château Duhart-Milon: A.O.C.* Pauillac* - issu d'un vignoble de 65 ha.
Château Lafon-Rochet: A.O.C.* Saint-Estèphe* - issu d'un vignoble de 40 ha.
Château La Tour-Carnet: A.O.C.* Haut-Médoc* - issu d'un vignoble de 40 ha.
Château Marquis de Terme: A.O.C.* Margaux* - issu d'un vignoble de 40 ha.
Château Pouget: A.O.C.* Margaux* - issu d'un vignoble de 10 ha.
Château Prieuré-Lichine: A.O.C.* Margaux* - issu d'un vignoble de 70 ha.
Château Saint-Pierre: A.O.C.* Saint-Julien* - issu d'un vignoble de 20 ha.
Château Talbot: A.O.C.* Saint-Julien* - issu d'un vignoble de 102 ha.
<u>Cinquièmes Crus</u>
Château Batailley: A.O.C.* Pauillac* - issu d'un vignoble de 55 ha.
Château d'Armailhac: A.O.C.* Pauillac* - issu d'un vignoble de 50 ha.
Château Belgrave: A.O.C.* Haut-Médoc* - issu d'un vignoble de 55 ha.
Château Camensac: A.O.C.* Haut-Médoc* - issu d'un vignoble de 75 ha.
Château Cantemerle: A.O.C.*Haut-Médoc* - issu d'un vignoble de 85 ha.
Château Clerc-Milon: A.O.C.* Pauillac* - issu d'un vignoble de 30 ha.
Château Cos-Labory: A.O.C.* Saint-Estèphe* - issu d'un vignoble de 18 ha.
Château Croizet-Bages: A.O.C.* Pauillac* - issu d'un vignoble de 29 ha.
Château Dauzac: A.O.C.* Margaux* - issu d'un vignoble de 40 ha.
Château Grand-Puy-Ducasse: A.O.C.* Pauillac* - issu d'un vignoble de 40 ha.
Château Grand-Puy-Lacoste: A.O.C.* Pauillac* - issu d'un vignoble de 50 ha.
Château Haut-Bages Libéral: A.O.C.* Pauillac* - issu d'un vignoble de 28 ha.
Château Haut-Batailley: A.O.C.* Pauillac* - issu d'un vignoble de 22 ha.
Château Lynch-Bages: A.O.C.* Pauillac* - issu d'un vignoble de 90 ha.
Château Lynch-Moussas: A.O.C.* Pauillac* - issu d'un vignoble de 50 ha.
Château Pédesclaux: A.O.C.* Pauillac* - issu d'un vignoble de 20 ha.

Château Pontet-Canet: A.O.C.* Pauillac* - issu d'un vignoble de 79 ha.
Château Du Tertre: A.O.C.* Margaux* - issu d'un vignoble de 50 ha.

Châteaux des Graves
Classement de 1855
Château Haut-Brion: A.O.C.* Pessac-Léognan* - issu d'un vignoble de 46 ha (produit des vins rouges et blancs mais n'est classé que pour les vins rouges).
Ce Château fut le seul vin de Graves classé "1er Cru" avec les Médocs avant d'être retenu dans le classement suivant.

Châteaux des Graves
Classement de 1955 modifié en 1959
Château Bouscaut: A.O.C.* Pessac-Léognan* - Le vignoble de Bouscaut existe depuis le 15ème Siècle. Cru classé pour ses vins* rouges et ses vins* blancs. Le domaine de 47 ha (1) est complanté des cépages* suivants : Rouges : Merlot (50%), Cabernet-Sauvignon* (45%), Côt et Malbec (5%). Blancs : Sémillon* (50%) et Sauvignon* (50%).

(1) 39 ha en rouges et 8 ha en blancs.

Château Carbonnieux: A.O.C.* Pessac-Léognan* - issu d'un vignoble de 87 ha (rouges et blancs).
Château Couhins: A.O.C.* Pessac-Léognan* - issu d'un vignoble de 14,4 ha (ce domaine appartenant à l'I.N.R.A. produit des vins rouges et des vins blancs mais n'est classé que pour les vins blancs).
Château Couhins-Lurton: A.O.C.* Pessac-Léognan* - issu d'un vignoble de 6 ha (blancs).
Château de Fieuzal: A.O.C.* Pessac-Léognan* - issu d'un vignoble de 48 ha (produit des vins rouges et des vins blancs mais n'est classé que pour les vins rouges).
Château Haut-Bailly: A.O.C.* Pessac-Léognan* - issu d'un vignoble de 28 ha (rouges).
Château Laville Haut-Brion: A.O.C.* Pessac-Léognan* - issu d'un vignoble de 4 ha (blancs).
Château Malartic-Lagravière: A.O.C.* Pessac-Léognan* - issu d'un vignoble de 43 ha (rouges et blancs).
Château La Mission Haut-Brion: A.O.C.* Pessac-Léognan* - issu d'un vignoble de 20 ha (rouges).

Château La Tour Haut-Brion: A.O.C.* Pessac-Léognan* - issu d'un vignoble de 6 ha (rouges).
Château Latour-Martillac: A.O.C.* Pessac-Léognan* - issu d'un vignoble de 38 ha (rouges et blancs).
Château Olivier: A.O.C.* Pessac-Léognan* - issu d'un vignoble de 48 ha (rouges et blancs).
Château Pape Clément: A.O.C.* Pessac-Léognan* - issu d'un vignoble de 32,5 ha (produit des vins rouges et des vins blancs mais n'est classé que pour les vins rouges).
Château Smith Haut-Lafitte: A.O.C.* Pessac-Léognan* - issu d'un vignoble de 55 ha (produit des vins rouges et des vins blancs mais n'est classé que pour les vins rouges).
Domaine de Chevalier: A.O.C.* Pessac-Léognan* - issu d'un vignoble de 34,5 ha (rouges et blancs).

Châteaux de Sauternes et Barsac
Classement de 1855
Premier Cru supérieur
Château d'Yquem: A.O.C.* Sauternes*.
Lors du classement de 1855, il fut considéré comme supérieur à tous les autres, ce qui justifia une qualification particulière. Grâce au microclimat du terroir, le botrytis cinerea* permet d'obtenir une vendange exceptionnelle et plus tard un vin de légende.
Le vignoble de 110 ha est complanté de cépages* Sémillon* (80%) et Sauvignon* (20%).

Premiers Crus
Château Climens: A.O.C.* Barsac* - issu d'un vignoble de 29 ha.
Château Clos Haut-Peyraguey: A.O.C.* Sauternes* - issu d'un vignoble de 23 ha.
Château Coutet: A.O.C.* Barsac* - issu d'un vignoble de 38 ha.
Château Guiraud: A.O.C.* Sauternes* - issu d'un vignoble de 85 ha.
Château Lafaurie-Peyraguey: A.O.C.* Sauternes* - issu d'un vignoble de 40 ha.
Château Rabaud-Promis: A.O.C.* Sauternes* - issu d'un vignoble de 33 ha.
Château Rayne-Vigneau: A.O.C.* Sauternes* - issu d'un vignoble de 80 ha.
Château Rieussec: A.O.C.* Sauternes* - issu d'un vignoble de 75 ha.

Château Sigalas-Rabaud : A.O.C.* Sauternes* - issu d'un vignoble de 14 ha.
Château Suduiraut : A.O.C.* Sauternes* - issu d'un vignoble de 88 ha.
Château La Tour Blanche : A.O.C.* Sauternes* - issu d'un vignoble de 34 ha.
Devenu propriété du Ministère de l'Agriculture par donation en 1909, ce domaine accueille une École de viticulture et d'œnologie.

Seconds Crus
Château D'Arche : A.O.C.* Sauternes* - issu d'un vignoble de 30 ha.
Château Broustet : A.O.C.* Barsac* - issu d'un vignoble de 16 ha.
Château Caillou : A.O.C.* Sauternes* - issu d'un vignoble de 13 ha.
Château Doisy-Daëne : A.O.C.* Sauternes* - issu d'un vignoble de 15 ha.
Château Doisy-Dubroca : A.O.C.* Barsac* - issu d'un vignoble de 3,5 ha.
Château Doisy-Védrines : A.O.C.* Barsac* - issu d'un vignoble de 27 ha.
Château Filhot : A.O.C.* Sauternes* - issu d'un vignoble de 60 ha.
Château Lamothe : A.O.C.* Sauternes* - issu d'un vignoble de 7,5 ha.
Château Lamothe-Guignard : A.O.C.* Sauternes* - issu d'un vignoble de 17 ha.
Château De Malle : A.O.C.* Sauternes* - issu d'un vignoble de 27 ha.
L'autre partie du domaine (environ 30 ha), située sur l'aire d'appellation Graves*, produit des vins blancs et des vins rouges.
Château De Myrat : A.O.C.* Sauternes* - issu d'un vignoble de 22 ha.
Château Nairac : A.O.C.* Barsac* - issu d'un vignoble de 17 ha.
Château Romer : A.O.C.* Sauternes* - issu d'un vignoble de 6,5 ha (dont 2 hectares en production actuellement).
Château Romer Du Hayot : A.O.C.* Sauternes* - issu d'un vignoble de 16 ha.
Château Suau : A.O.C.* Barsac* - issu d'un vignoble de 8 ha.

Châteaux de Saint-Émilion
Classement initial de 1954 révisé en 1969, 1979, 1984, 1996 et 2006 (révisé en 2009)

Premiers Grands Crus Classés A
Château Ausone : issu d'un vignoble de 8 ha.
Château Cheval Blanc : issu d'un vignoble de 37 ha.

Premiers Grands Crus Classés B
Château Angelus : issu d'un vignoble de 24 ha.
Château Beauséjour : issu d'un vignoble de 7 ha.
Château Beau-Séjour Bécot : issu d'un vignoble de 16,5 ha.
Château Belair : issu d'un vignoble de 13 ha.
Château Canon : issu d'un vignoble de 18 ha.
Château Figeac : issu d'un vignoble de 40 ha.
Château La Gaffelière : issu d'un vignoble de 22 ha.
Château Magdelaine : issu d'un vignoble de 11 ha.
Château Pavie : issu d'un vignoble de 37 ha.
Château Pavie-Macquin : issu d'un vignoble de 15 ha.
Château Troplong Mondot : issu d'un vignoble de 30 ha.
Château Trottevieille : issu d'un vignoble de 10 ha.
Clos Fourtet : issu d'un vignoble de 20 ha.

Grands Crus Classés
Château Balestard la Tonnelle : issu d'un vignoble de 11 ha.
Château Bellefont-Belcier : issu d'un vignoble de 12,5 ha.
Château Bellevue : issu d'un vignoble de 6 ha.
Château Bergat : issu d'un vignoble de 4 ha.
Château Berliquet : issu d'un vignoble de 9 ha.
Château Cadet Bon : issu d'un vignoble de 6 ha.
Château Cadet Piola : issu d'un vignoble de 7 ha.
Château Canon la Gaffelière : issu d'un vignoble de 19,5 ha.
Château Cap de Mourlin : issu d'un vignoble de 14 ha.
Château Chauvin : issu d'un vignoble de 13 ha.
Château Corbin : issu d'un vignoble de 13 ha.
Château Corbin Michotte : issu d'un vignoble de 7,5 ha.
Château Curé Bon : issu d'un vignoble de 5 ha.
Château Dassault : issu d'un vignoble de 24 ha.
Château Destieux : issu d'un vignoble de 13 ha.
Château Faurie de Souchard : issu d'un vignoble de 11 ha.
Château Fleur Cardinale : issu d'un vignoble de 10 ha.
Château Fonplégade : issu d'un vignoble de 18 ha.
Château Fonroque : issu d'un vignoble de 18 ha.
Château Franc Mayne : issu d'un vignoble de 7 ha.
Château Grand Corbin : issu d'un vignoble de 13,5 ha.
Château Grand Corbin-d'Espagne : issu d'un vignoble de 26,5 ha.
Château Grand Mayne : issu d'un vignoble de 19 ha.
Château Grand Pontet : issu d'un vignoble de 15 ha.
Château Guadet Saint-Julien : issu d'un vignoble de 6 ha.
Château Haut-Corbin : issu d'un vignoble de 6,5 ha.
Château Haut-Sarpe : issu d'un vignoble de 12 ha.
Château l'Arrosée : issu d'un vignoble de 16 ha.
Château La Clotte : issu d'un vignoble de 3,8 ha.
Château La Clusière : issu d'un vignoble de 3,5 ha.
Château La Couspaude : issu d'un vignoble de 7 ha.
Château La Dominique : issu d'un vignoble de 18 ha.
Château La Marzelle : issu d'un vignoble de 5 ha.
Château La Serre : issu d'un vignoble de 7 ha.
Château La Tour du Pin Figeac (Giraud-Bélivier) : issu d'un vignoble de 11 ha.
Château la Tour du Pin Figeac (Moueix) : issu d'un vignoble de 9 ha.
Château La Tour Figeac : issu d'un vignoble de 14,5 ha.
Château Laniote : issu d'un vignoble de 5 ha.

Château Larcis Ducasse: issu d'un vignoble de 11 ha.
Château Larmande: issu d'un vignoble de 25 ha.
Château Laroque: Le Château fut édifié au 18ème siècle. Le vignoble de 58 ha qui est complanté de Merlot* (80%), Cabernet franc* (15%) et Cabernet-Sauvignon* (5%) est un des plus vastes de l'appellation. Les vignes ont en moyenne 35 ans.

Source : Jean-Bernard Nadeau /Château Laroque

Château Laroze: issu d'un vignoble de 26 ha.
Château Le Prieuré: issu d'un vignoble de 5,5 ha.
Château Les Grandes Murailles: issu d'un vignoble de 2 ha.
Château Matras: issu d'un vignoble de 14 ha.
Château Monbousquet: issu d'un vignoble de 32 ha.
Château Moulin du Cadet: issu d'un vignoble de 5 ha.
Château Pavie Decesse: issu d'un vignoble de 10 ha.
Château Petit Faurie de Soutard: issu d'un vignoble de 8 ha.
Château Ripeau: issu d'un vignoble de 15,5 ha.
Château Saint-Georges Côte Pavie: issu d'un vignoble de 6 ha.
Château Soutard: issu d'un vignoble de 22 ha.
Château Tertre Daugay: issu d'un vignoble de16 ha.
Château Villemaurine: issu d'un vignoble de 7 ha.
Château Yon Figeac: issu d'un vignoble de 24 ha.
Clos de l'Oratoire: issu d'un vignoble de 10 ha.
Clos des Jacobins: issu d'un vignoble de 8 ha.
Clos Saint-Martin: issu d'un vignoble de 1,3 ha.
Couvent des jacobins: issu d'un vignoble de 9,7 ha.

Châteaux de Pomerol (sans classement officiel)

Château Pétrus (dénommé plus précisément "Pétrus"): Le vignoble de 11,5 ha. est complanté de Merlot* (95%) et Cabernet franc* (5%). Ce modeste château produit un des vins les plus prestigieux du monde.
Château Beauregard: issu d'un vignoble de 17 ha.
Château Gazin: issu d'un vignoble de 24 ha.
Château L'Evangile: issu d'un vignoble de 14 ha.
Château La Conseillante: issu d'un vignoble de 12 ha.
Château Lafleur: issu d'un vignoble de 4,5 ha.
Château Latour à Pomerol: issu d'un vignoble de 8 ha.
Château Nénin: issu d'un vignoble de 28 ha.
Château Petit Village: issu d'un vignoble de 11 ha.
Château Trotanoy: issu d'un vignoble de 8,5 ha.
Vieux Château Certan: issu d'un vignoble de 14 ha.

CHÂTELAINE

La composition de cette garniture* varie selon les pièces qu'elle accompagne. Retenons que la composition la plus classique est constituée de fonds d'artichauts* garnis d'une purée d'oignon, de marrons* et de pommes noisettes*.

CHÂTELDON

Eau minérale naturelle* gazeuse captée à Châteldon dans le Puy-de-Dôme.
Catégorie: riche en sels minéraux.
Cette eau affiche une légère radioactivité de l'ordre de 2,77 becquerels.

Source : Doc SNC Neptune (pour la bouteille)

Composition physico-chimique (en mg/l)	
Cations	**Anions**
Calcium: 420 Sodium: 245 Magnésium: 51 Potassium: 43	Bicarbonates: 1999 Sulfates: 18 Chlorures: 6 Nitrates: 1
Fluor: 1,5	Silice: 100
pH à 20 °C: 6 Minéralisation totale: 1845 mg/l	

CHÂTILLON-EN-DIOIS

Vins* rouges, rosés et blancs produits dans la Vallée du Rhône, A.O.C.* depuis le 3 mars 1975.
Aire de production: Châtillon-en-Diois et 12 autres communes de la Drôme situées au sud-est de Valence *(1)*.
Superficie du vignoble: 40 ha (en 2005).
Encépagement autorisé: Gamay*, Pinot noir*, Syrah*, Aligoté* et Chardonnay*.
Rendement de base à l'hectare: 50 hl.
Teneur maximale en sucre résiduel: 2 g/litre pour les vins rouges et rosés, 4 g/litre pour les vins blancs.
(1) L'aire de production des vins rouges et rosés est limitée à 2 communes: Châtillon-en-Diois et Menglon.

CHAUD-FROID

Apprêt culinaire préparé à chaud et servi froid. Les morceaux de viande, volaille ou poisson cuits et refroidis sont nappés de sauce chaud-froid *(1)* et lustrés d'une fine couche de gelée*.
(1) Velouté ou fond de sauce* réduit additionné de gelée.*

CHAUDIN

En charcuterie, dénomination du gros intestin du porc*. Le chaudin est employé comme boyau d'enveloppe ou comme élément de composition des andouilles* et andouillettes*.

CHAUDRÉE
Spécialité culinaire du littoral vendéen et charentais qui se présente sous forme de soupe* de poissons cuisinée au Muscadet*.

CHAUMONT
Fromage* de lait* de vache fabriqué en Champagne. Il tire son nom de la préfecture de Haute-Marne située dans sa zone de production.
Type : pâte molle à croûte lavée.
Forme : cône tronqué.
Taille : 8 cm de diamètre de base, 5 cm d'épaisseur.
Poids : 200 g.
Teneur en M.G. : 45 %.
Meilleures saisons : été, automne.

CHAUSSON
Pâtisserie constituée d'un rond de pâte feuilletée* garni de compote ou de marmelade et replié en demi-cercle avant cuisson.

CHAVIGNOL
Voir Crottin de Chavignol*.

CHAYOTTE ou CHAYOTE
Légume exotique originaire du Mexique. La chayotte a la forme d'une poire de 7 à 20 cm de long avec des côtes irrégulières plus ou moins profondes. Sa peau verte ou blanc-ivoire renferme une pulpe douce qui se consomme le plus souvent cuite, en purée.

CHEDDAR
Fromage* de lait* de vache fabriqué en Grande-Bretagne. Il tire son nom d'une vallée située dans le Comté de Somerset d'où il est originaire. Le cheddar, copié dans de nombreux pays, est reconnu A.O.P.* dans le cadre de l'U.E. sous l'appellation West Country Farmhouse Cheddar.
Type : pâte pressée non cuite, croûte naturelle entoilée ou cirée.
Forme : haut cylindre.
Taille : 35 à 40 cm de diamètre, 35 à 40 cm de hauteur.
Poids : 35 à 40 kg.
Teneur en M.G. : 50 %.
Qualité identique toute l'année.

CHÉNAS
Vins* rouges produits dans le Beaujolais, A.O.C.* depuis le 11 septembre 1936. La mention "Cru du Beaujolais" peut figurer sur l'étiquetage.
L'Appellation compte 2 climats*: *Les Brureaux* et *Le Clos des Blémonts.*
Aire de production : communes de Chénas et La Chapelle-de-Guinchay situées au sud-ouest de Mâcon.
Superficie du vignoble : 285 ha (en 2008).
Encépagement autorisé : le cépage principal est le Gamay*; sont tolérés en cépages accessoires dans une proportion limitée à 15 %: l'Aligoté*, le Chardonnay* et le Melon de Bourgogne *.
Rendement de base à l'hectare : 58 hl.

CHENIN BLANC
Cépage* blanc originaire de la Vallée de la Loire et très cultivé dans cette région sur environ 10 000 ha *(1)*. Il est à l'origine des A.O.C.* Coteaux du Layon, Quarts de Chaume*, Bonnezeaux*, Coteaux de l'Aubance*, Savennières*, Vouvray*, Montlouis-sur-Loire*, etc. On le trouve également en Afrique du Sud, au Chili, en Argentine, en Californie, en Australie, etc.
Vins* produits : blancs secs, demi-secs, moelleux ou effervescents selon les terroirs, les conditions de culture et les méthodes de vinification*. Les vins tranquilles possèdent généralement une structure aromatique assez complexe (noisette*, miel*, coing*, amande* grillée, tilleul*, vanille*).

(1) Le Chenin blanc est également dénommé "Pineau de la Loire".

CHÉRIMOLE ou CHERIMOYA
Variété d'anone* voisine du corossol* originaire de la Cordillière des Andes. La chérimole a la forme d'un cœur constitué d'un ensemble de baies vertes soudées. Sa pulpe blanche et crémeuse est très parfumée.

CHERRY BRANDY
Liqueur* élaborée à partir de cerises* macérées dans de l'eau-de-vie*. Le cherry brandy titre généralement 25°.
Les bonnes marques, telles que Rocher, utilisent de l'eau-de-vie de vin* pour fabriquer leurs produits. D'autres produisent leurs cherries en utilisant tout simplement de l'eau-de-vie neutre.

CHERRY PETER HEERING
Liqueur* danoise élaborée à partir de cerises* foncées de petite taille. Ce spiritueux*, qui titre 24,7°, est considéré comme une des meilleures liqueurs de cerise au monde. Il est produit depuis 1818 et commercialisé dans plus de 100 pays.

CHESTER (ou CHESHIRE)
Fromage* de lait* de vache fabriqué en Grande-Bretagne. Il tire son nom de la capitale du Comté de Cheshire d'où il est originaire.
Type : pâte pressée non cuite généralement colorée en rouge *(1)*, croûte naturelle cireuse entoilée.
Forme : haut cylindre.
Taille : 35 cm de diamètre, 40 cm de hauteur.
Poids : 35 à 40 kg.
Teneur en M.G. : 45 %.
Qualité identique toute l'année.

(1) Il peut se trouver également avec une pâte non colorée ou bleu veiné.

CHEVAL

Animal de la famille des équidés. Élevé pendant des millénaires pour le transport et les travaux agricoles (1), le cheval se raréfie dans beaucoup de pays (2). 85 % de la viande hippophagique consommée actuellement en France est importée, notamment d'Europe centrale.

La viande de cheval, qui s'apprête généralement comme celle du bœuf*, possède une odeur plus marquée que celle de ce bovin*. Contrairement à cette dernière, elle n'est jamais contaminée par la tuberculose et le ténia. Elle s'altère cependant facilement et doit donc être consommée rapidement. Tendre, goûteuse, pauvre en lipides, aussi intéressante du point de vue gastronomique que du point de vue nutritif, elle n'a pourtant qu'une place marginale dans notre alimentation. Pour beaucoup d'entre-nous, le cheval demeure un animal de légende, compagnon de l'homme dans l'art équestre et dont la consommation n'est pas vraiment entrée dans nos habitudes.

(1) Une réglementation a interdit la consommation de viande de cheval jusqu'en 1811.

(2) La France comptait 3 millions de chevaux en 1914 alors que la population équine actuelle atteint à peine 500 000 têtes.

CHEVALIER-MONTRACHET

Vin* blanc produit en Bourgogne*, Grand Cru bénéficiant d'une A.O.C.* depuis le 31 juillet 1937.
Aire de production : parcelles délimitées des lieux-dits "Chevalier-Montrachet" et "le Cailleret" sur la commune de Puligny-Montrachet, d'une superficie totale de 7,08 ha.
Encépagement du vignoble : Chardonnay*.
Rendement de base à l'hectare : 40 hl.

CHEVERNY

Vins* rouges, rosés et blancs produits dans la Vallée de la Loire, A.O.C.* depuis le 26 mars 1993. La mention "Val de Loire" peut être éventuellement adjointe à l'appellation.
Aire de production : 24 communes du Loir-et-Cher, dont Cheverny, situées au sud de Blois.
Superficie du vignoble : 532 ha (en 2008).
Encépagement autorisé : Gamay*, Pinot noir*, Cabernet franc*, Cabernet-Sauvignon*, Cot*, Pineau d'Aunis*, Sauvignon*, Chardonnay*, Chenin* et Arbois*.
Rendement de base à l'hectare : 55 hl pour les vins rouges et rosés et 60 hl pour les vins blancs.

Vignoble de Cheverny

CHEVEUX D'ANGE

Variété très fine de vermicelle* qui entre dans les consommés* ou les potages*.

CHEVREAU

Petit de la chèvre et du bouc dont la chair tendre et assez fade se prépare surtout rôtie et bien condimentée. Le chevreau, appelé aussi *cabri* ou *bicot*, est un jeune mâle âgé de 4 semaines à 4 mois que l'on trouve pendant une période limitée qui va de la mi-mars au début mai.

CHEVRET

Fromage* de lait* de chèvre fabriqué en Franche-Comté. Il doit son nom à l'animal produisant le lait de fabrication.
Type : pâte molle, croûte naturelle.
Forme : carré, rectangle ou petit disque plat.
Taille : variable selon la forme.
Poids : 150 g en moyenne.
Teneur en M.G. : 45 % environ.
Meilleures saisons : été, automne.

CHEVRETTE

Voir Chevreuil*.

CHEVREUIL (animal)

Cervidé dont la chasse et la commercialisation sont réglementées. Son poids oscille entre 20 et 25 kg pour le mâle et 15 à 20 kg pour la femelle. Selon le sexe et l'âge, il faut distinguer : *la chevrette* (femelle), *le faon* (petit chevreuil), *le chevrillard* (jusqu'à 18 mois) et *le brocard* (mâle adulte).
Le chevreuil trouve sensiblement les mêmes apprêts culinaires que le cerf*.

CHEVREUIL (sauce)
Sauce* réalisée à partir d'une mirepoix* mouillée au vin* rouge et réduite, additionnée d'une sauce poivrade* et passée à l'étamine.

CHEVRIER
Autre dénomination du cépage Sémillon* en Dordogne.

CHEVRILLARD
Voir Chevreuil*.

CHEVROTIN
Fromage* de lait* de chèvre élaboré sur 39 communes de Savoie et 115 communes de Haute-Savoie. A.O.C.* depuis le 2 mai 2002 et reconnu A.O.P.* dans le cadre européen. Il doit son nom à l'animal produisant le lait de fabrication.
Elaboré uniquement à la ferme, le Chevrotin est authentifié par une petite plaque de caséine comportant le nom du fromage incrustée dans la croûte.
Type: pâte molle légèrement pressée, croûte naturelle lavée.
Forme: petit disque épais.
Taille: 9 à 12 cm de diamètre, 3 à 4,5 cm d'épaisseur.
Poids: 250 à 350 gr.
Teneur en M.G: 45 % au minium.
Meilleures saisons: été, automne.

CHIANTI
Vins* rouges italiens produits en Toscane. Essentiellement issus de cépage* Sangiovese, ils se présentent sous différentes dénominations selon leur terroir d'origine et leur qualité.
Chianti Classico: considéré comme le meilleur des chiantis, il est récolté sur un territoire situé entre Florence et Sienne.
Chianti Rufina: nord-est de Florence.
Chianti Montalbano: ouest de Florence.
Chianti Colli Fiorentini: autour de la zone de production du Classico.
Chianti Colli Pisani: collines de Pise.
Chianti Colli Senesi: collines de Sienne.
Chianti Colli Aretini: collines d'Arezo.
La D.O.C.G.* "Chianti" accordée en novembre 1984 est réservée aux vins produits dans des zones délimitées situées dans les provinces de Florence, Pise, Pistoia, Sienne et Arezo.

CHICORÉE
Plante potagère issue de la chicorée sauvage que l'on trouve sous 2 espèces:
Les Chicorées à grosses racines: cette espèce est cultivée pour la racine qui, après torréfaction, donne un produit employé comme succédané de café*.
Les Chicorées à feuillage parmi lesquelles on trouve:
L'Endive est le résultat du forçage d'une racine de chicorée dans l'obscurité. Nous devons ce légume à un jardinier belge, M. Breziers, qui expérimenta le procédé vers 1850. La variété *Witloof* est la plus répandue. *La Carmine* est un hybride issu du croisement entre une endive et une chicorée rouge.
La Chicorée sauvage dont la variété la plus connue est *la Barbe-de-capucin*.
La Chicorée frisée qui se caractérise par des feuilles frisées, jaunes au centre et vertes à l'extérieur (*Pancalière, Wallone, Ruffec…*).
La Chicorée scarole qui ressemble à la précédente avec des feuilles plus larges et moins découpées (*Grosse bouclée, Grosse Maraîchère…*).
La Chicorée rouge avec des feuilles rouges charnues, fermes et un goût un peu amer (*Trévise, Vérone, Chioggia…*).
La Chicorée pain-de-sucre qui a des feuilles jaune-vertes en forme de pain-de-sucre.
Les chicorées se consomment plutôt crues, en salades, agrémentées ou non de lardons et de croûtons, alors que l'endive se prépare crue ou cuite (braisée, au jambon*, en effeuillée, etc.).

Endive Witloof

CHIEN DE MER
Voir Roussette* (poisson).

CHIFFONNADE
Feuilles de laitue*, d'oseille* d'épinard* ciselées en lanières. Une chiffonnade est utilisée crue comme élément de décor ou fondue au beurre*.

CHILI CON CARNE
Spécialité texane inspirée d'un plat mexicain. Il s'agit d'un ragoût* de bœuf* condimenté aux piments* et garni de haricots* rouges.

CHINCHARD
Poisson de mer appartenant à la famille des carangidés. Le chinchard, caractérisé par un dos bleuâtre et un ventre argenté, mesure de 30 à 40 cm. Il s'apprête généralement comme le maquereau*.

CHINON
Vins* rouges, rosés et blancs produits dans la Vallée de la Loire, A.O.C.* depuis le 31 juillet 1937. La mention "Val de Loire" peut être éventuellement adjointe à l'appellation.
Aire de production : 18 communes d'Indre-et-Loire, dont Chinon, situées à l'ouest de Tours.
Superficie du vignoble : 2 360 ha (en 2008).
Encépagement autorisé : Cabernet franc*, Cabernet-Sauvignon* et Chenin blanc*.
Rendement de base à l'hectare : 55 hl.

CHIPIRON
Autre dénomination du calamar* au Pays Basque.

CHIPOLATA
Petite saucisse* longue et mince fabriquée avec de la chair à saucisse* traditionnelle.

CHIROUBLES
Vins* rouges produits dans le Beaujolais, A.O.C.* depuis le 11 septembre 1936. La mention "Cru du Beaujolais" peut figurer sur l'étiquetage.
L'appellation compte 2 climats* : *La Grosse Pierre* et *Les Côtes*.
Aire de production : commune de Chiroubles située au nord-ouest de Villefranche-sur-Saône.
Superficie du vignoble : 359 ha (en 2008).
Encépagement autorisé : le cépage principal est le Gamay* ; sont tolérés en cépages accessoires dans une proportion limitée à 15 % : l'Aligoté*, le Chardonnay* et le Melon de Bourgogne *.
Rendement de base à l'hectare : 58 hl.

CHOCART
Chausson* en pâte feuilletée garni d'une marmelade de pomme* additionnée de zestes* de citron*. Cette pâtisserie est une spécialité d'Yffiniac, localité des Côtes-d'Armor.

CHOCOLAT
Produit obtenu par mélange de pâte de cacao et de sucre*, éventuellement additionné de lait*, d'arômes et ingrédients divers. La pâte de cacao est élaborée à partir de fèves *(1)* issues de la cabosse, fruit du cacaoyer.
Comme le café* et le thé*, le chocolat a une longue histoire. Au 12ème siècle, le cacaoyer est déjà cultivé par les Aztèques. Au 16ème siècle, les explorateurs et conquistadors découvrent le cacao et le font connaître en Europe. En 1615, Anne d'Autriche, épouse de Louis XIII, fait la propagande du cacao à la Cour de France. Aujourd'hui, le français consomme annuellement 6,8 kg de chocolat sous différentes formes.
La culture du cacao, c'est 4 millions de tonnes de fèves produites chaque année, avec la Côte-d'Ivoire comme 1er producteur.
On distingue 3 espèces de cacaoyers :
Le Forastero est originaire d'Amazonie et représente 75 à 80 % de la production mondiale. Il est cultivé en Amérique centrale, en Amérique latine, dans l'Ouest africain...
Le Criolo est originaire du Venezuela. Plus rare (environ 1 % de la production mondiale), il est cultivé au Mexique, au Venezuela, au Nicaragua, aux Caraïbes, en Colombie...
Le Trinitario, hybride des 2 précédents, représentant environ 20 % de la production mondiale, il est cultivé en Amérique Centrale, en Amérique du Sud, aux Caraïbes, en Indonésie...
Le chocolat est présenté au consommateur sous plusieurs versions avec une teneur minimum en cacao obligatoirement indiquée sur l'emballage.
CHOCOLAT et CHOCOLAT NOIR : au moins 35 % de cacao.
CHOCOLAT NOIR avec les dénominations "dessert", "amer", "bitter", "noir", "pâtissier", "dégustation", etc. : au moins 43 % de cacao.
CHOCOLAT AU LAIT : au moins 25 % de cacao (30 % pour les chocolats avec les qualificatifs *"dégustation", "extra-fin"* ou *"supérieur"*).
LE CHOCOLAT BLANC est

Coupe géologique du terroir de Chinon

élaboré uniquement avec du beurre de cacao (au moins 20%), du sucre et du lait.
LE CACAO EN POUDRE est obtenu par pulvérisation du tourteau (1)

(1) Ces fèves sont mises à fermenter, lavées, séchées, torréfiées et broyées à chaud. En fin de broyage on obtient la pâte de cacao. De cette pâte, on peut extraire, par forte pression, du "beurre de cacao" (partie grasse) et du tourteau.

Fèves de cacao

CHOCOLAT (boisson)
Boisson obtenue en délayant du cacao* en poudre ou en faisant fondre du chocolat* dans du lait*.

CHOISY
Garniture* composée de laitues* braisées et de pommes château*.
Elle doit son nom à Choisy-le-Roi, localité du Val-de-Marne, dont les laitues étaient réputées au 18ème siècle.

CHOREY-LÈS-BEAUNE
Vins* rouges et blancs produits en Bourgogne*, A.O.C.* régie par le décret du 21 mai 1970.
Aire de production : commune de Chorey-lès-Beaune située au nord-est de Beaune.
Superficie du vignoble : 139 ha (en 2007) dont 133 ha en vins rouges et 6 ha en vins blancs.
Encépagement autorisé : Pinot noir*, Pinot Beurot*, Pinot Liébault, Chardonnay* et Pinot blanc*.
Rendement de base à l'hectare : 40 hl pour les vins rouges et 45 hl pour les vins blancs.

CHORIZO
Saucisse* sèche espagnole au goût relevé à cause du piment* rouge qui entre dans sa composition.

CHORON (garniture)
Garniture* composée de fonds d'artichauts* garnis de petits pois* ou de pointes d'asperges* et de pommes noisettes*.

CHORON (sauce)
Sauce béarnaise* tomatée.
Comme la garniture du même nom, cette sauce doit sa dénomination au cuisinier Alexandre Etienne Choron qui exerça à Paris à la fin du 19ème siècle.

CHOU (pâtisserie)
Pâtisserie soufflée de forme sphérique et de taille variable réalisée à partir d'une pâte à choux*.
Le chou est presque toujours consommé garni (crème pâtissière*, crème chantilly*, glace*, etc.)

CHOU BROCOLI
Type de chou originaire d'Italie dont la partie comestible est constituée par les pousses florales charnues. Le chou brocoli se cuit à l'eau ou à la vapeur pour être servi accompagné de sauce vinaigrette* ou être préparé en purée ou en gratin.
Principales variétés : *Calabrais, Pomme à jets verts...*

CHOU CHINOIS
Chou à feuilles dont les différentes variétés ressemblent à la laitue* romaine ou à la bette*. Parmi ces variétés, les plus connues sont *le Pak-choï, le Pétsaï* et le *Gai-lon*.

CHOU DE BRUXELLES
Type de chou qui possède de nombreux bourgeons pommés de 2 à 4 cm de diamètre situés sur la tige, à l'aisselle de chaque feuille. Le chou de Bruxelles se consomme le plus souvent poché et sauté au beurre*.
Principales variétés : *Citadel, Topscore, Peer Gynt, Lancelot, Fortress...*

CHOU-FLEUR
Type de chou présentant une énorme inflorescence blanche (1) qui constitue la partie comestible. Cette spécialité maraîchère bretonne est un légume très apprécié dans le domaine culinaire. Il est préparé cru (à la croque au sel*) ou cuit (en gratin, en purée, en potage*...).
Principales variétés : *Hâtif d'Angers, Merveille de toutes saisons, Géant d'automne, Snow crown...*
(1) Il existe également une variété de chou-fleur à inflorescence violette.

CHOU MINARET
Autre dénomination du chou Romanesco*.

CHOU POMMÉ
Type de chou qui se présente sous forme de grosse boule compacte constituée de feuilles très serrées imbriquées les unes dans les autres. *Le Chou cabus* (blanc ou rouge), *le Chou de Milan* (à feuilles vertes avec des nervures saillantes) et *le Chou à*

choucroute* (variété de gros cabus blanc) sont des choux pommés.

Chou de Milan

CHOU-RAVE
Type de chou dont la partie comestible est constituée par un renflement sphérique à la base des tiges. Il existe plusieurs variétés dont les boules sont blanches, verdâtres, rouges ou violacées.

CHOU ROMANESCO
Chou constitué de petites inflorescences coniques vertes. Cultivé à l'origine en Italie, dans la région de Rome (d'où son nom), sa production s'est développée en France où on le trouve parfois sous le nom de *Chou Minaret*.

CHOUCHEN ou CHOUCHENN
Dénomination bretonne d'une boisson semblable à l'hydromel*. Cependant, certaines fabrications traditionnelles peuvent intégrer du jus de pomme* ou du cidre* à l'eau* et au miel* en début de fermentation.

CHOUCROUTE
Spécialité culinaire alsacienne à base de chou* émincé et fermenté. La choucroute est garnie de poitrine de porc* fumée, jarret*, jambonneau*, saucisses* diverses, saucisson* à l'ail… et de pommes de terre*.

CHOUM
Eau-de-vie* asiatique obtenue par distillation de riz* fermenté.

CHOUQUETTE
Chou* non fourré parsemé de grains de sucre*.

CHRISTMAS-PUDDING
Appelé aussi "plum-pudding", ce gâteau traditionnel de tout repas de Noël britannique se caractérise par l'emploi de graisse de rognons* de bœuf* ou de veau* dans sa réalisation. Dans la recette figurent également de la farine*, de la chapelure*, des amandes*, des fruits confits*, des raisins* de Corinthe, des pruneaux*, etc. Préparé plusieurs semaines à l'avance, le Christmas-pudding est servi réchauffé, décoré d'une branche de houx et flambé (au rhum*, au whisky* ou au cognac*).

CHUTNEY
Condiment* aigre-doux ayant l'aspect d'une confiture*. Il est réalisé avec un mélange de fruits ou légumes cuit avec du sucre*, du vinaigre* et différents éléments aromatiques.

CIBOULE
Plante très proche de la cive* et de la ciboulette*.

CIBOULETTE
Plante aromatique originaire de Chine dont on consomme les tiges fines et creuses. La ciboulette est ciselée avant d'être incorporée à des salades, sauces, fromages* frais, omelettes*, etc.

CIDRE
Boisson légèrement gazeuse issue de la fermentation alcoolique* de jus de pommes* (dans certains cas, une faible quantité de poires* est mêlée aux pommes). Les régions cidricoles les plus importantes sont la Normandie et la Bretagne. 2 cidres bénéficient d'une A.O.C.* : **Pays d'Auge*** et **Cornouaille***.
Les vergers sont complantés d'une multitude de variétés de pommiers. Les pommes récoltées sont classées en 4 catégories: "amères", "douces-amères", "douces" et "acidulées". La qualité d'un cidre est largement conditionnée par l'assemblage des différents types de pommes.
L'élaboration d'un cidre s'articule autour des étapes suivantes :
La récolte des pommes qui va du 15 septembre au début décembre selon la variété de pommier.
La conservation en tas en attendant la maturité de brassage.
Le triage et le *lavage* des pommes.
Le broyage et le *pressurage*.
La défécation, phase pendant laquelle le moût se clarifie.
La fermentation en cuves ou en tonneaux. Fermentation pendant laquelle une partie du sucre* se transforme en alcool* et en gaz carbonique.
La mise en bouteilles. Elle précède une deuxième fermentation qui apportera un complément d'effervescence au cidre.

CIDRE DE GLACE
Cidre* produit au Québec dont la fabrication s'inspire de celle du vin de glace*.

CIGALE DE MER

Crustacé marin proche de la langouste* pêché sur les fonds rocheux méditerranéens. Sa chair fine trouve les mêmes destinations culinaires que le homard* ou la langouste. Il émet un bruit particulier semblable à la stridulation de la cigale, ce qui explique l'origine de son nom.

CIGARE

Au restaurant, le "service du cigare" s'adressait le plus souvent à des connaisseurs qui souhaitaient terminer un repas en fumant un cigare de qualité. Le décret de novembre 2006 officialisant l'interdiction de fumer dans les lieux publics a considérablement modifié les pratiques antérieures. Aujourd'hui, il est possible de fumer un cigare uniquement à la terrasse ou dans un fumoir spécialement aménagé, sans intervention du personnel de service *(1)*.

Les cigares sont présentés dans un élégant coffret (ou "cave") conçu pour un stockage où sont maintenues une température de 18 °C et une hygrométrie proche de 70 %.

Le cigare choisi par le client est d'abord incisé à l'aide de ciseaux spéciaux ou d'une "guillotine". La qualité de l'incision détermine la qualité du tirage, la perception des arômes et la régularité de la combustion.

Pour allumer un cigare, il faut maintenir la flamme d'une grande allumette à 1 cm au dessous du pied et le faire tourner régulièrement jusqu'à ce que le foyer s'allume sur toute sa circonférence.

Afin de mieux comprendre le langage des fumeurs de cigares, notons la signification de quelques mots clés:
Bague: petit anneau de papier qui enserre le cigare. C'est un élément d'ornement et d'identification.
Cape: feuille de tabac qui constitue l'enveloppe extérieure du cigare.
Sous-cape: sous-enveloppe située entre la cape et la tripe.
Tripe: tabac(s) constituant l'intérieur du cigare.
Tête: extrémité du cigare portée à la bouche.
Pied: Extrémité opposée à la tête où se pratique l'allumage.
Guillotine: petit ustensile utilisé pour inciser la tête du cigare.
Vitophile: collectionneur de bagues de cigares.
(1) Voir les détails de la réglementation à Tabac*. L'évocation du service du cigare dans cet ouvrage vise simplement à décrire une pratique traditionnelle en restauration. Il faut cependant rappeler que l'usage du tabac nuit gravement à la santé des fumeurs et à celle de leur entourage.

CIGARETTE RUSSE

Petit four sec réalisé à partir d'un appareil* à langues-de-chat* roulé en forme de grosse cigarette.

CIMIER

Désignation de la partie postérieure d'un bœuf* ou de certains gros gibiers comme le cerf*.

CINSAULT

Cépage* noir originaire du Sud-Est.
Aires de culture: en Languedoc-Roussillon (Banyuls*, Collioure*, etc.), Vallée du Rhône (Châteauneuf-du-Pape*, Tavel*, etc.), Provence (Bandol*, Bellet*, Côtes de Provence*, etc.), Corse (Vin de Corse*, Ajaccio*). Ce cépage est également planté en Italie, Afrique du Sud, Afrique du Nord (Maroc, Algérie), Californie, Australie, etc. En France, il couvre environ 40 000 ha.
Vins* produits: rouges colorés, souples, avec un bouquet agréable qui se développe au vieillissement. Le Cinsault génère aussi d'excellents rosés.

CINZANO

Marque commerciale de vermouths* italiens. Son origine remonte à 1757, époque où les frères Cinzano reçoivent la licence pour fabriquer des eaux-de-vie* et des liqueurs* dans la région de Turin. C'est beaucoup plus tard que ce nom est réellement associé aux vermouths.
La gamme Cinzano comprend aujourd'hui plusieurs produits:
Le Rosso (rouge, élaboré à partir d'une trentaine de plantes aromatiques).
Le Blanco (blanc, aux parfums d'agrumes et de vanille).
L'Arancio (robe dorée, aux parfums de caramel et d'oranges confites).

Cinzano Arancio

CÎTEAUX ou ABBAYE DE CÎTEAUX

Fromage* de lait* de vache fabriqué en Côte-d'Or. Il doit son nom à l'abbaye où les moines continuent sa production.
Type: pâte pressée non cuite, croûte lavée.
Forme: disque épais.
Taille: 18 cm de diamètre, 4 cm d'épaisseur.
Poids: 700 gr à 1 kg.
Teneur en M.G.: 45 %.
Meilleures saisons: été, automne.

Abbaye de Citeaux où sont fabriqués les fromages depuis 1925.

CITRON

Agrume* originaire du Cachemire. Actuellement, il est produit dans plusieurs pays du bassin méditerranéen et aux Etats-Unis. En France, bien que la culture soit très réduite, Menton est encore considéré comme le pays du citron.
Beaucoup employé dans le domaine culinaire ainsi que dans la préparation de nombreuses boissons, le citron est aussi prisé pour ses vertus médicinales.
Principales variétés : *Eureka, Verdelli, Verna, Spéciali, Primofiore…*
À noter que "Citron vert" est la dénomination commerciale courante de la lime*.

CITRONNELLE

Autre dénomination de la mélisse*.

CITROUILLE

Cucurbitacée* voisine du potiron* et qui trouve sensiblement les mêmes emplois culinaires.

CIVE

Plante à petit bulbe proche de la ciboulette*, mais avec des pousses tubulées plus grosses.

CIVELLE

Voir Anguille*.

CIVET

Apprêt culinaire se présentant sous forme de ragoût* de gibier (lièvre*, lapin de garenne*, sanglier*, chevreuil*, etc.) cuisiné au vin* rouge et dont la liaison finale de la sauce* se fait avec le sang de l'animal.

CLACQUESIN

Bitter* *(1)* français créé au 18ème siècle par Paul Clacquesin, pharmacien à Malakoff *(2)*.
Cet amer de couleur brune, qui titre 18°, est élaboré à partir de bourgeons de pin, d'épices* et de plantes aromatiques diverses. Le Clacquesin se consomme frais, pur ou additionné d'eau. Il peut aussi être préparé en grog avec de l'eau bouillante.

(1) Le Clacquesin est parfois classé dans la famille des liqueurs.*
(2) La fabrique de spiritueux avait été créée en 1775.

CLAFOUTIS

Gâteau d'origine limousine généralement préparé avec un appareil* contenant des cerises* noires non dénoyautées.

CLAIRET

Vin* rouge léger et peu coloré.

CLAIRETTE

Cépage* blanc *(1)* d'origine provençale.
Aires de culture : en Vallée du Rhône (Clairette de Die*, Châteauneuf-du-Pape*, Tavel*, etc.) en Languedoc (Clairette du Languedoc*, Clairette de Bellegarde*, etc.), en Provence (Bellet*, Bandol*, Côtes de Provence* etc.), dans le Sud-Ouest (Côtes de Saint-Mont*). On rencontre également la Clairette dans certains vignobles étrangers, notamment en Afrique du Sud, en Algérie et au Maroc, en Australie, en Sardaigne, en Californie et en Uruguay.
Vins* produits : blancs alcoolisés et aromatiques, V.D.L.* et vins effervescents selon les régions, les types de culture et les modes de vinification.

(1) Il existe aussi une Clairette rose dont la culture est très limitée.

CLAIRETTE DE BELLEGARDE

Vins* blancs produits en Languedoc-Roussillon, A.O.C.* depuis le 28 juin 1949.
Aire de production : commune de Bellegarde, située au sud-est de Nîmes.
Superficie du vignoble : 36 ha (en 2005).
Encépagement autorisé : Clairette*.
Rendement de base à l'hectare : 60 hl.

CLAIRETTE DE DIE

Vins* blancs effervescents produits dans la Vallée du Rhône.
A.O.C.* depuis le 30 décembre 1942.
Aire de production : 31 communes de la Drôme, dont Die, situées au nord-est de Valence.
Superficie du vignoble : 111 ha (en 2005).
Encépagement autorisé : Clairette*.
Rendement de base à l'hectare : 55 hl.
Teneur maximale en sucre résiduel : 15 g/litre.

CLAIRETTE DE DIE MÉTHODE DIOISE ANCESTRALE

Vins* blancs effervescents produits dans la Vallée du Rhône selon une méthode traditionnelle locale (1). A.O.C.* depuis le 30 décembre 1942.
Aire de production : identique à la Clairette de Die*.
Superficie du vignoble : 1 381 ha (en 2005).
Encépagement autorisé : Clairette* et Muscat* à petits grains.
Rendement de base à l'hectare : 55 hl.

(1) Cette méthode permet d'élaborer des vins mousseux à partir d'un moût partiellement fermenté et contenant au moment de la mise en bouteille une teneur minimale en sucre de 55 g/litre. La fermentation se poursuit sans "liqueur de tirage"* pendant au moins 4 mois et aboutit à l'obtention de vins qui contiennent au moins 35 g de sucre résiduel par litre. Le dépôt est ensuite éliminé mais il n'y a pas adjonction de "liqueur d'expédition"*.

CLAIRETTE DU LANGUEDOC

Vins* blancs et V.D.L.* produits en Languedoc-Roussillon, A.O.C.* depuis le 28 septembre 1948. L'appellation peut être éventuellement suivie du nom de la commune d'origine.
Aire de production : 11 communes de l'Hérault situées à l'ouest de Montpellier.
Superficie du vignoble : 77 ha (en 2005).
Encépagement autorisé : Clairette*.
Rendement de base à l'hectare : 50 hl.
Richesse alcoolique minimum acquise : 12%.
Les V.D.L. sont obtenus par un apport en cours de fermentation de 5% à 8% d'alcool* titrant au moins 90°. La richesse alcoolique minimum acquise de ces vins est de 17% avec une teneur en sucre résiduel comprise entre 9 et 40 g/litre.
La mention "Rancio" peut être adjointe à l'appellation pour les vins issus de raisins arrivés à surmaturité et dont la richesse alcoolique est au minimum de 14%. Un vieillissement d'au moins 3 ans est également imposé.

CLAM

Source : ASMI

Mollusque lamellibranche bivalve originaire des Etats-Unis. Le clam se rencontre en France sur les fonds sablo-vaseux des estuaires de l'Atlantique. Il est également produit en conchyliculture dans la région de Marennes. Ce coquillage, qui mesure de 5 à 10 cm de diamètre, se consomme cru ou cuit, farci par exemple.

CLAMART

Garniture* composée de petits pois* à la française dressés en tartelettes en fonds d'artichauts* et de pommes château*. Elle doit son nom à une localité des Hauts-de-Seine autrefois réputée pour la culture de ses petits pois.

CLAQUEBITOU

Fromage* de lait* de chèvre fabriqué en Bourgogne. Il doit son nom à un terme du dialecte local.
Type : pâte fraîche malaxée et aromatisée avec ail*, ciboulette*, persil*, sel* et poivre*.
Forme, taille et poids : variables selon le récipient.
Teneur en M.G. : 45% environ.
Qualité identique toute l'année.

CLAQUERET LYONNAIS

Fromage* identique à la cervelle de canut*.

CLAVELIN

Bouteille jurassienne d'une contenance de 62 cl réservée à la commercialisation du "Vin jaune"*, notamment le Château-Chalon*.

CLAVERIE

Cépage* blanc du Sud-Ouest dont la culture, très limitée, se rencontre dans les terroirs du Tursan*.
Vins* produits : blancs légers et relativement acides.

CLÉMENTINE

Agrume* hybride issu d'un croisement de mandarine* et de bigarade*. Ce fruit fut obtenu en 1902 par le père Clément Rodier, moine et agronome, dans les jardins d'un orphelinat algérien. Aujourd'hui les clémentines que nous consommons viennent d'Espagne, du Maroc et de Corse. Elles sont employées crues, en sorbet*, en pâtisserie, en confiserie…
Principales variétés : *Békria, Clémentine corse, Clémentine commune, Monréal, Hermida, Oroval, Fina, Nules…*

Source : Photo BG

CLIMAT

Terme bourguignon désignant un lieu-dit cadastral correspondant à un Cru. La Bourgogne* compte 635 climats dont 562 sont classés en "1er Cru" et 33 en "Grand cru".

CLOS DE LA ROCHE

Vin* rouge produit en Bourgogne*, Grand Cru bénéficiant d'une A.O.C.* depuis le 8 décembre 1936.
Aire de production : parcelles délimitées du climat* "Clos de la Roche" sur la commune de Morey-Saint-Denis, d'une superficie totale de 17,20 ha.

Encépagement autorisé : Pinot noir*, Pinot Beurot* et Pinot Liébault*.
Rendement de base à l'hectare : 35 hl.

CLOS DE TART
Vin* rouge produit en Bourgogne*, Grand Cru bénéficiant d'une A.O.C.* depuis le 4 janvier 1939.
Aire de production: parcelles délimitées du climat* "Clos de Tart" sur la commune de Morey-Saint-Denis, d'une superficie totale de 7,35 ha.
Encépagement autorisé : Pinot noir*, Pinot Beurot* et Pinot Liébault*.
Rendement de base à l'hectare : 35 hl.

CLOS DE VOUGEOT ou CLOS-VOUGEOT
Vin* rouge produit en Bourgogne*, Grand Cru bénéficiant d'une A.O.C.* depuis le 31 juillet 1937.
Aire de production: parcelles délimitées du climat* "Clos de Vougeot" - sur la commune de Vougeot - d'une superficie totale de 50,04 ha partagée par 92 propriétaires.
Le Domaine du Clos de Vougeot est une ancienne ferme viticole créée par les moines de l'Abbaye de Citeaux.
Encépagement autorisé : Pinot noir*, Pinot Beurot* et Pinot Liébault*.
Rendement de base à l'hectare : 35 hl.

Château du Clos de Vougeot

CLOS DES LAMBRAYS
Vin* rouge produit en Bourgogne*, Grand Cru bénéficiant d'une A.O.C.* depuis le 27 avril 1981.
Aire de production: parcelles délimitées des lieux-dits "Meix Rentier", "Les Larrets" et "Les Bouchots" - sur la commune de Morey-Saint-Denis - d'une superficie totale de 8,30 ha.
Encépagement autorisé : Pinot noir*, Pinot Beurot* et Pinot Liébault*.
Rendement de base à l'hectare : 35 hl.

CLOS SAINT-DENIS
Vin* rouge produit en Bourgogne*, Grand Cru bénéficiant d'une A.O.C.* depuis le 8 décembre 1936.
Aire de production: parcelles délimitées du climat* "Clos Saint-Denis" sur la commune de Morey-Saint-Denis, d'une superficie totale de 5.45 ha.
Encépagement autorisé : Pinot noir*, Pinot Beurot* et Pinot Liébault*.
Rendement de base à l'hectare : 35 hl.

CLOVER CLUB
Cocktail* (apéritif) préparé au shaker.
½ blanc d'œuf*
1 cl de grenadine*
3 cl de jus de citron*
6 cl de gin*
Frapper et servir dans un grand verre à cocktail.

CLOVISSE
Autre dénomination de la palourde* en Méditerranée.

CLUB SANDWICH
Sandwich* composé de 3 tranches de pain de mie* légèrement toastées qui sont garnies de feuilles de laitue*, rondelles de tomates*, lamelles de blanc de volaille, rondelles d'œufs durs*, sauce mayonnaise* et fines herbes.

COBBLERS
Long drinks* à base de vin* ou de spiritueux* confectionnés directement dans un tumbler avec glace concassée, sucre* dissous dans un peu d'eau gazeuse et décorés avec fruits de saison et menthe* fraîche.

COCA-COLA
Soda* à base de feuilles de coca (1) et de noix de cola (2) créé en 1886 par le Dr John S. Pemberton, pharmacien à Atlanta (Georgie). La formule, très complexe, est toujours bien gardée. Elle est conservée dans une chambre forte et seules 5 personnes au monde en connaissent le secret.
Le Coca-Cola est arrivé en France en 1919 et la première usine française fabriquant cette boisson sous licence a été installée en 1949.
Coca-Cola Company, numéro un mondial du soda, diffuse chaque jour 1,5 milliard de boissons (3) dans près de 200 pays.

(1) Arbrisseau d'Amérique du Sud dont les feuilles ont une action stimulante.

(2) Fruit du kolatier, arbre d'origine africaine. Kola peut s'orthographier "cola".

(3) La gamme de la société comprend plusieurs marques de sodas et jus de fruits.

COCKTAIL (boisson)
Mélange de boissons alcoolisées ou non pouvant être additionné d'éléments divers tels que fruits, légumes, aromates*, œufs*, crème fraîche*, miel*, etc. Les cocktails se préparent au shaker*, au verre à mélange*, au mixer ou directement dans le verre de service.
Les premiers cocktails auraient été lancés aux Etats-Unis dans la deuxième partie du 19ème siècle et c'est lors de l'Exposition universelle de 1889 qu'ils firent leur apparition en France. L'origine du mot anglais "cocktail" est incertaine, ce terme se traduisant par "queue de coq".

Selon leur mode de préparation et leurs composants, les cocktails sont classés en différentes familles : After dinner*, Cobblers*, Collins*, Coolers*, Coffee*, Crustas*, Cups*, Daisies*, Egg nogs*, Fixes*, Fizzes*, Flips*, Highballs*, Juleps*, "On the rocks"*, Punches*, Rainbows*, Soft-drinks*, Sours* et Cocktails (sont parfois désignés sous ce terme générique des mélanges ne présentant aucune analogie avec les familles précédentes).

COCKTAIL (réception)
Réception généralement organisée autour d'un buffet*.

COCKTAIL (sauce)
Sauce mayonnaise* additionnée de quelques gouttes de jus de citron*, ketchup*, sauce anglaise*, tabasco* et cognac*.

COCO
Voir Haricot en grain*.

COCODY
Liqueur* exotique parfumée à la noix de coco*. Le Cocody titre 21°.

COCONUT
Liqueur* à base de noix de coco* titrant 21°.

CODIVARTA
Cépage* blanc cultivé sur l'aire d'appellation Vin de Corse Coteaux du Cap Corse*.

CŒFFICIENT K
Cœfficient institué en 1996 et représentant un rapport de production entre 2 appellations situées sur la même aire. Ce cœfficient est utilisé pour les A.O.C.* produisant des vins liquoreux* et des vins de paille*.
Exemple : en considérant que le rendement de base de l'A.O.C. Quarts de Chaume* est de 25 hl/ha et que celui de l'A.O.C. Anjou* est de 60 hl/ha, on obtient : cœfficient K = 60/25 = 2,4.
En considérant sur le même terroir, la production d'un hl de Quarts de Chaume équivaut à la production de 2,4 hl d'Anjou.

CŒUR
Abat* rouge issu de différents animaux de boucherie *(1)*. Selon sa taille *(2)*, le cœur peut être braisé, poêlé, sauté, grillé…
(1) Les cœurs de volailles (poulet, canard*, pintade*, dinde*, etc.) font également l'objet de préparations culinaires. Classiquement, ils sont dénommés "abattis*.*
(2) Le cœur de bœuf peut peser plus de 3 kg alors que celui d'un veau* dépasse rarement 1 kg et que celui d'un agneau* pèse environ 150 g.*

CŒUR D'ARRAS
Fromage* de lait* de vache fabriqué en Artois. Il tire son nom de sa forme et de la préfecture du Pas-de-Calais, son lieu d'origine.
Type : pâte molle à croûte lavée.
Forme : cœur.
Taille : 10 cm environ dans sa plus grande largeur, 3 cm d'épaisseur.
Poids : 200 g environ.
Teneur en M.G. : 45 %.
Meilleures saisons : automne, hiver.

CŒUR DE BRAY
Fromage* de lait* de vache fabriqué en Normandie. Il doit son nom à sa forme et à sa région d'origine.
Type : pâte molle à croûte fleurie.
Forme : cœur.
Taille : 9 cm environ dans sa plus grande largeur, 2 à 3 cm d'épaisseur.
Poids : 160 à 170 gr.
Teneur en M.G. : 45 %.
Meilleures saisons : printemps, été, automne.

CŒUR-DE-BŒUF
Voir Cachiment*.

COFFEE
Cocktails* à base de café* servis chauds ou froids.

COGNAC
Eaux-de-vie* provenant de vins récoltés et distillés dans une région délimitée située au nord du Bordelais. A.O.C.* depuis le 15 mai 1936.
Aire de production : une grande partie des départements de la Charente et de la Charente-Maritime ainsi que quelques communes des Deux-Sèvres et de la Dordogne, soit, au total, un territoire de 776 communes. Cette aire de production est divisée en 6 zones : la "Grande Champagne"*, la "Petite Champagne", les "Borderies"*, les "Fins bois"*, les "Bons bois"* et les "Bois ordinaires"* ("Bois à terroir" et "Bois communs"). Ces zones ont été déterminées à partir des caractéristiques des sols relevées par le géologue H. Coquand en 1860.
Superficie du vignoble : 78 179 ha (en 2008).
Encépagement autorisé : Ugni blanc*, Folle blanche*, Colombard*, Blanc-Ramé*, Jurançon blanc*, Montils*, Sémillon* et Select*.
Les vins à distiller sont peu agréables à consommer en l'état, ils se caractérisent par une faible richesse alcoolique (environ 8%) et une acidité élevée. La vinification est naturelle, notamment sans chaptalisation*. Il faut 9 à 10 litres de vin pour obtenir 1 litre d'eau-de-vie titrant 70°.
La distillation a lieu impérativement avant le 31 mars de l'année qui suit celle de la récolte et elle s'effectue en 2 chauffes successives :
La première chauffe permet d'obtenir les "brouillis", liquide légèrement trouble titrant 28 à 32°.
La seconde chauffe, ou bonne chauffe, consiste à repasser les "brouillis" dans l'alambic pour obtenir une eau-de-vie n'excédant pas 72°.

À sa sortie de l'alambic, le cognac va subir un vieillissement en fûts de chêne d'une contenance de 270 à 450 litres. Durant ce séjour en barriques, les substances extraites lentement du bois par l'eau-de-vie vont donner une couleur ambrée au liquide en développant, avec le temps, arômes et saveurs. Par évaporation naturelle, la teneur en alcool va se réduire pour aboutir à un titre alcoométrique à la consommation de 40° (au minimum). Cette évaporation, qui représente environ 4 % par an du volume de l'eau-de-vie, est appelée "part des anges". Chaque année, c'est l'équivalent de 20 millions de bouteilles qui s'évanouissent ainsi dans la nature.

Le cognac ne peut être commercialisé sans être âgé d'au moins 30 mois à partir de l'année de récolte du vin de distillation. Certaines mentions figurant sur les étiquettes précisent l'âge de l'eau-de-vie :
"Trois étoiles" ou "V.S." : au moins 2 ans de vieillissement.
"V.S.O.P." *(1)* : au moins 4 ans de vieillissement.
"Réserve", "Napoléon" et "X.O." *(2)* : au moins 6 ans de vieillissement.
Les cognacs que l'on trouve sur le marché résultent souvent de savants assemblages d'eaux-de-vie d'âges différents. L'âge pris en compte est celui de la plus jeune eau-de-vie entrant dans l'assemblage *(3)*.
(1) Very Superior Old Pale.
(2) Extra Old.
(3) Voir compte d'âge*.

COING

Fruit piriforme *(1)* du cognassier, arbre originaire de Perse. Jamais consommé cru (sa chair est dure, âcre et acide), le coing est utilisé pour préparer des gelées*, confitures*, compotes, pâtes de fruit*, liqueurs*, etc.
Principales variétés : *Monstrueux de Vranja, Champion, Coing du Portugal.*
(1) En forme de poire.

COINTREAU

Liqueur* angevine élaborée à partir d'écorces d'oranges* douces et amères. La marque commerciale fut créée en 1875 par Edouard Cointreau, fils d'un confiseur d'Angers qui distillait déjà à partir de fruits de la région. Ce spiritueux* incolore, qui titre 40°, est présenté dans une bouteille carrée mondialement connue. Aujourd'hui, la marque est commercialisée dans 150 pays.
Le Cointreau se consomme en digestif, sec ou sur glace.
Il entre également dans la composition de nombreux cocktails* (White Lady*, Margarita*, Side Car*, etc.) ou préparations culinaires.

COLIN

Autre dénomination du merlu*.

COLLAGE

Opération de vinification* qui consiste à mélanger

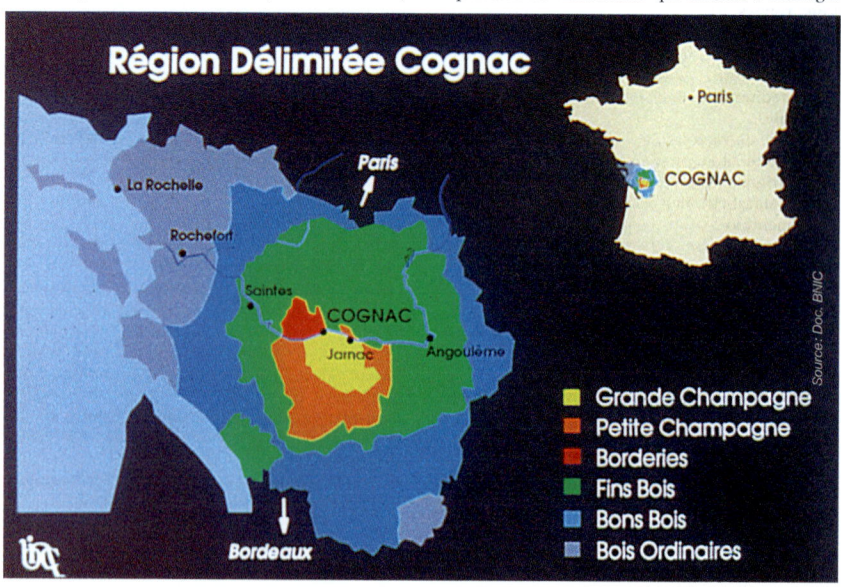

un produit de nature protéique au vin* pour le clarifier. Le blanc d'œuf* battu, le sang de bœuf* défibriné, la colle de poisson, la gélatine* et la bentonite *(1)* sont des produits qui ont la particularité de floculer au contact des tanins*. Ils s'accolent ainsi aux particules de résidus en suspension dans le vin et les entrainent vers le fond du tonneau ou de la cuve. Le collage est suivi d'un soutirage* afin d'éliminer les lies* résiduelles.

(1) Argile spéciale extraite d'un gisement de Fort Benton aux Etats-Unis.

COLLATION
Repas que l'on prend pour se sustenter rapidement. À l'origine, il s'agissait d'un repas très léger pris par les catholiques les jours de jeûne.

COLLET
Autre dénomination du collier*.

COLLIER
Chez les ovins* et les bovins*, morceau prélevé dans le cou de l'animal. Le collier, parfois appelé *collet,* est surtout destiné à des cuissons longues (pot-au-feu*, daube*, bœuf mode, sauté*, ragoût*…)

COLLINS
Long drinks* rafraîchissants préparés directement sur glace dans un tumbler avec eau-de-vie*, sucre*, jus de citron*, eau gazeuse et décorés d'une tranche de citron* et d'une cerise*.

COLLIOURE
Vins* rouges, rosés et blancs produits en Languedoc-Roussillon, A.O.C.* depuis le 3 décembre 1971. Aire de production : Communes de Banyuls, Cerbère, Collioure et Port-Vendres situées sur la Côte méditerranéenne, dans le sud des Pyrénées-Orientales.
Superficie du vignoble : 597 ha (en 2006).
Encépagement autorisé : Grenache noir*, Mourvèdre*, Carignan*, Cinsault*, Syrah*, Grenaches blancs et gris*, Macabeu*, Malvoisie*, Marsanne*, Roussane* et Vermentino*.
Rendement de base à l'hectare : 40 hl.
Richesse alcoolique minimum acquise : 12 % pour les vins rouges, 11,5 % pour les vins rosés et 11,3 % pour les vins blancs.
Teneur maximale en sucre résiduel : 4 g/l.

COLOMBARD
Cépage* blanc d'origine charentaise.
Aires de culture : vignobles du Cognac* et de l'Armagnac* ainsi que sur certaines A.O.C.* du Bordelais et du Sud-Ouest. Cultivé sur environ 7 000 ha dans notre pays, on rencontre également le Colombard en Californie, Afrique du Sud, Australie, etc.
Vins* produits : blancs frais et plaisants, avec une acidité élevée mais des arômes floraux agréables.
Dans les vignobles du cognac et de l'armagnac, ce cépage génère des vins de distillation et entre dans l'élaboration de V.D.L.* (Pineau des Charentes* et Floc de Gascogne*).

COLOMBIER
Autre dénomination du cépage Sémillon* en Gironde.

COLOMBO (ou poudre à colombo)
Mélange aromatique d'origine antillaise de composition variable. Les composants les plus courants sont le curcuma*, la coriandre*, le cumin*, le clou de girofle*, le fenugrec*, la moutarde*, le poivre* noir, le piment*, l'anis* et le gingembre*.

COLONEL
Voir Livarot*.

COLORANT
Additif alimentaire* qui colore ou renforce la coloration naturelle d'une denrée.

COLVERT
Palmipède sauvage répertorié comme gibier d'eau et faisant l'objet d'une chasse et d'une commercialisation réglementées. Le colvert, dont le poids se situe entre 1 kg et 1,200 kg, possède une chair moelleuse et goûteuse qui trouve les mêmes utilisations culinaires que le canard* domestique. Selon l'âge et le sexe, il convient de distinguer *l' halbran* (jeune canard), *le malart* (mâle adulte) et *la bourre* (femelle).

COMBAVA ou COMBAWA
Agrume* originaire de l'Inde qui a l'aspect d'un petit citron* avec une écorce verte à texture grumeleuse. Il est principalement utilisé pour son zeste* très parfumé. La pulpe produit un jus destiné à confectionner des boissons.

COMMANDARIA
Vins* rouges chypriotes concentrés et sirupeux issus de cépages Mavro et Xynisteri.

COMPTE D'ÂGE
Le vieillissement des grandes eaux-de-vie* (cognac*, armagnac* et calvados*) est réglementé *(1)*. L'âge réel de vieillissement se traduit par un *"compte d'âge"* établi ainsi : à la sortie de l'alambic, l'eau-de-vie passe en *compte 00* ou *compte d'attente* jusqu'à la date légale de fin de campagne de distillation *(2)*. Après cette date et durant 12 mois, elle passe en *compte 0* (période minimum de vieillissement "sous bois").
On trouve ensuite :
Compte 1 (vieillissement 1 à 2 ans)
Compte 2 (vieillissement 2 à 3 ans)
Compte 3 (vieillissement 3 à 4 ans)
Compte 4 (vieillissement 4 à 5 ans)
Compte 5 (vieillissement 5 à 6 ans)

Compte 6 (vieillissement 6 ans et plus)
Et ainsi de suite jusqu'au *Compte 10*. Les eaux-de-vie de plus de 10 ans restent regroupées dans le Compte 10.
(1) Depuis 1940 pour le cognac, 1964 pour l'armagnac et 1969 pour le calvados.
(2) 1ᵉʳ avril pour le cognac, 1ᵉʳ mai pour l'armagnac et 1ᵉʳ octobre pour le calvados.

COMTÉ
Fromage* de lait* de vache fabriqué en Franche-Comté, A.O.C.* depuis le 22 juillet 1952 et reconnu A.O.P.* dans le cadre européen. Il doit son nom à la province d'où il est originaire. La zone de production s'étend sur 1 221 communes réparties principalement dans les départements de l'Ain, du Jura et du Doubs mais aussi en Saône-et-Loire et en Savoie.
Type : pâte pressée cuite.
Forme : meule à talon légèrement convexe.
Taille : 50 à 70 cm de diamètre, 8 à 13 cm de hauteur.
Poids : 30 à 48 kg.
Teneur en M.G. : 45 % au minimum.
Meilleures saisons : automne, hiver, printemps.
En fin d'affinage et avant commercialisation, chaque fromage est noté. Les meules ayant une note inférieure à 12/20 sont déclassées et se voient refuser l'A.O.C., celles obtenant une note supérieure à 15/20 ont droit au logo "Comté" avec clochette verte sur le talon.

CONCOMBRE
Cucurbitacée* originaire des régions himalayennes. Le concombre est un fruit allongé avec une peau verte et une chair croquante et juteuse (96 % d'eau). Il peut se consommer cuit mais il est surtout préparé cru, avec une sauce vinaigrette* ou à la crème par exemple.
Principales variétés : *Amazone, Appolo, Conqueror, Pepinex, Blanc de Bonneuil, Provence…*

CONDÉ
Dénomination d'une préparation contenant une purée de haricots* rouges. Elle doit son nom au Prince de Condé à qui plusieurs apprêts culinaires furent dédiés.

CONDIMENT
Produit alimentaire naturel ou élaboré utilisé pour révéler ou accentuer le goût d'un mets, voire l'accompagner. Le sel*, le vinaigre*, la moutarde*, le ketchup*, le tabasco*, les cornichons*, etc. sont des condiments.

CONDRIEU
Vins* blancs produits dans la Vallée du Rhône, A.O.C.* depuis le 27 avril 1940.
Aire de production : communes de Condrieu (Rhône), Limony (Ardèche), Chavanay, Malleval, Saint-Michel-sur-Rhône, Saint-Pierre-de-Bœuf et Vérin (Loire).
Superficie du vignoble : 133 ha (en 2007).
Encépagement autorisé : Viognier*.
Rendement de base à l'hectare : 38 hl.

CONFÉRENCE
Voir Poire*.

CONFIT
Morceau de volaille ou de porc cuit dans sa propre graisse et généralement conservé en pot. Les confits d'oie*, de canard* ou de porc* sont des spécialités du Sud-Ouest.

CONFITURE
Préparation à base de fruits et de sucre* cuits ensemble. La forte quantité de sucre assure la conservation. La réglementation distingue 2 catégories de confiture :
La confiture extra avec au moins 45 % de fruits *(1)*
La confiture ordinaire avec au moins 35 % de fruits.
(1) 35 % pour l'orange, le cassis*, le coing* et l'églantine.*

CONGÉLATION
Procédé de conservation par le froid négatif sur une durée plus ou moins longue. L'abaissement de la température doit atteindre rapidement -12 °C au

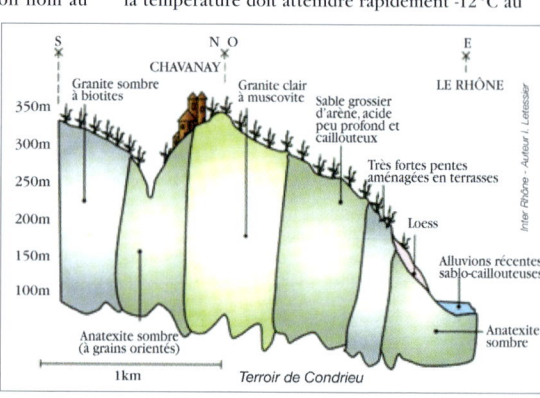

cœur du produit car la rapidité de cristallisation de l'eau contenue dans l'aliment stoppe l'évolution des micro-organismes (sans toutefois les détruire) et permet de préserver les qualités nutritionnelles et organoleptiques jusqu'à la décongélation. Il ne faut jamais recongeler un produit décongelé.
Selon les denrées, les températures de stockage varient entre *-10* et *-20 °C*.
Au minimum *-20 °C* pour les crèmes glacées* et les glaces*
Au minimum *-18 °C* pour les produits de la pêche et de l'aquaculture* ainsi que les plats cuisinés
Au minimum *-14 °C* pour les beurres* et graisses animales
Au minimum *-12 °C* pour les abats*, volailles, ovoproduits...
Au minimum *-10 °C* pour les viandes et autres denrées.
Les aliments congelés ou surgelés comportent une D.L.C. * ou une D.L.U.O. * selon le type de traitement et la nature du produit.

CONGOLAIS
Petite pâtisserie à base de noix de coco* et de meringue*.

CONGRE
Poisson de mer au corps serpentiforme appartenant à la famille des congridés. Il vit dans les cavités rocheuses de l'Atlantique et de la Méditerranée. Comme l'anguille*, le congre rejoint les profondeurs de la Mer des Sargasses *(1)* au moment de la reproduction. Ce carnassier, qui peut mesurer jusqu'à 2 ou 3 m, possède une chair ferme, couramment employée dans les matelotes*, bouillabaisses* et autres soupes de poissons.
(1) Algues flottantes qui s'accumulent en grandes quantités au large des côtes de Floride.

CONSEILLER
Voir Lièvre*.

CONSERVATEUR
Additif alimentaire* qui retarde ou ralentit la prolifération microbienne dans une denrée.

CONSOMMÉ
Potage* clair, non lié, ayant pour base un bouillon de viande, de volaille, de gibier* ou de poisson.
Une "marmite de bœuf" est un consommé obtenu par la cuisson d'un pot-au-feu*.

CONSOMMÉ BRUNOISE
Consommé* de bœuf* garni de carottes*, navets*, céleri* et poireaux* taillés en brunoise*; petits pois* et pluches de cerfeuil*.

CONSOMMÉ CANCALAISE
Consommé* de poisson au tapioca* garni de quenelles* de merlan*, julienne* de filets de sole* et huîtres* pochées.

CONSOMMÉ CÉLESTINE
Consommé* de volaille légèrement lié au tapioca* et garni d'une julienne* de crêpes* aux truffes* et aux fines herbes, blanc de volaille et pluches de cerfeuil*.

CONSOMMÉ CHASSEUR
Consommé* de gibier à plumes au porto* garni d'une julienne* de champignons*, pluches de cerfeuil* et accompagné de petites profiteroles* fourrées à la purée de gibier.

CONSOMMÉ MADRILÈNE
Consommé* de volaille à l'essence de céleri*, tomaté et additionné de dés de poivrons* et de tomates*. Ce consommé se sert froid ou chaud et peut être accompagné de paillettes au fromage*.

CONSOMMÉ VATEL*
Consommé* de poisson (fumet de soles*) garni de losanges de filets de soles et de rondelles de royale* au coulis* d'écrevisses*.

CONTI
Garniture* constituée d'une purée de lentilles* additionnée de petits lardons.

CONTRE-FILET
Voir Faux-filet*.

CONTREX
Eau minérale naturelle* plate captée à Contrexéville dans les Vosges. Reconnue par l'Académie de médecine en 1903.
Catégorie : riche en sels minéraux.

Composition physico-chimique (en mg/l)	
Cations	Anions
Calcium : 468　　Magnésium : 74,5　　Sodium : 9,4　　Potassium : 2,8	Sulfates : 1 121　　Bicarbonates : 372　　Chlorures : 7,6　　Nitrates : 2,9
Fluor : 0,36	
pH à 20°C : 7,4　　Minéralisation totale : 2 078 mg/l	

CONVERSATION
Tartelette garnie de crème frangipane* ou de crème pâtissière* aux amandes* et recouverte d'un disque de pâte et d'une couche de glace royale*.

COOKIE
Petit gâteau sec d'origine américaine réalisé avec une pâte sablée* additionnée de pépites de chocolat*, noix de pécan*, noisettes*, etc. (Voir photo P. 102).

COOLERS
Long drinks* le plus souvent préparés à base d'eau-de-vie* directement dans un grand tumbler (25 à 30 cl). Sirop*, sucre*, jus de fruits ou boisson gazeuse et écorce d'orange* ou de citron* complètent couramment ces cocktails*.
Il existe également des coolers à base de vin*.

COPRAH
Voir Noix de coco*.

COPRIN
Champignon dont il existe 2 variétés comestibles :
Le coprin chevelu ou **goutte d'encre** : chapeau ovoïde gris-brunâtre de 4 à 8 cm, chair délicate de saveur agréable.
Le coprin noir d'encre : chapeau campanulé jaunâtre de 3 à 6 cm, chair fragile.
Le coprin doit être cueilli jeune, rapidement cuisiné et immédiatement consommé. Par ailleurs, la consommation de boissons alcoolisées avec ce champignon peut s'avérer dangereuse. Elle provoque des troubles (palpitations, sueurs...) générés par l'absorption du mélange coprin-alcool*.

COQ
Volaille de la famille des gallinacés. Le coq, mâle de la poule* et emblème de notre pays, est un volatile qui peut atteindre 4 à 5 kg. Sa chair, plus ferme et plus goûteuse que celle du poulet*, se prête bien à des préparations en sauce* (coq au Chambertin*, coq au Vin jaune*, coq au Riesling*, etc.).

COQ DE BRUYÈRE
Voir Grand tétras*.

COQUE
Mollusque lamellibranche bivalve très répandu sur les fonds sablo-vaseux des côtes de la Manche, de l'Atlantique et de la Méditerranée. La coque, petit coquillage de 3 à 4 cm de diamètre, se consomme crue ou cuite (farcie, à la marinière*, à la crème...).

COQUELET
Jeune coq* pesant environ 500 à 700 gr dont la chair fade demande une préparation qui relève son goût. Il est souvent fendu dans le sens de la longueur et aplati pour être grillé et accompagné d'une sauce diable*.

COQUERET DU PÉROU
Autre dénomination du physalis*.

COQUILLE SAINT-JACQUES
Mollusque lamellibranche bivalve vivant sur les fonds sableux ou à herbiers de la Manche, de l'At-

Noix de coquilles Saint-Jacques aux pistaches

lantique et de la Méditerranée. On le trouve également sur les côtes du Japon et des Etats-Unis. La pêche intensive a abouti à une réglementation rigoureuse *(1)* et au développement de la pectiniculture *(2)*. L'intérieur de la coquille contient une noix (muscle adducteur) et le corail *(3)*. La chair ferme et fine de la coquille Saint-Jacques est très appréciée pour de multiples préparations culinaires.
Ce coquillage emblématique porte un nom qui lui fut donné par les pèlerins qui se rendaient à Saint-Jacques de Compostelle et qui se servaient de la coquille vide pour boire, manger ou mendier.
(1) Période de pêche limitée et interdiction de capturer les coquilles Saint-Jacques dont le diamètre est inférieur à 10,2 cm. ou 11 cm selon les secteurs maritimes.
(2) Elevage des coquilles Saint-Jacques et des pétoncles.
(3) Le corail est en réalité une glande génitale constituée de deux parties : l'une femelle, de couleur orangée et l'autre mâle, de couleur ivoire.

COQUILLETTES
Pâtes alimentaires* en forme de petits tubes coudés.

CORBIERES

Vins* rouges, rosés et blancs produits en Languedoc-Roussillon, A.O.C.* depuis le 24 décembre 1985.
Aire de production : 87 communes du département de l'Aude.
Superficie du vignoble : 13 034 ha (en 2005).
Encépagement autorisé : Carignan*, Grenache noir*, Lladoner pelut*, Mourvèdre*, Piquepoul noir*, Terret noir*, Syrah*, Cinsault*, Bourboulenc*, Clairette*, Grenache blanc*, Maccabéo*, Muscat* à petits grains, Piquepoul blanc*, Terret blanc*, Marsanne*, Roussanne* et Vermentino*.
Rendement de base à l'hectare : 50 hl.

CORBIERES-BOUTENAC

Vins* rouges produits au nord de la zone d'appellation "Corbières", A.O.C.* depuis le 20 mai 2005.
Aire de production : 10 communes du département de l'Aude.
Superficie du vignoble : 1 429 ha (en 2008).
Encépagement autorisé : Carignan*, Grenache*, Syrah* et Mourvèdre*.
Rendement de base à l'hectare : 45 hl.

CORIANDRE

Source : Illustration Ducros

Épice* originaire de l'est du bassin méditerranéen qui se présente sous forme de graines utilisées pour aromatiser les légumes à la Grecque*, les charcuteries, les marinades*, les poissons... mais aussi certaines eaux-de-vie* ou liqueurs*.
Les feuilles fraîches de la plante, qui dégagent une odeur pénétrante de punaise des bois, sont employées dans les cuisines des pays du Moyen-Orient.

CORN-FLAKES

Flocons de maïs* sucrés habituellement consommés avec du lait* au petit déjeuner.

CORN WHISKEY

Whiskey* distillé aux Etats-Unis à partir d'un moût* de céréales contenant au moins 80 % de maïs*.

CORNAS

Vins* rouges produits dans la Vallée du Rhône, A.O.C.* depuis le 5 août 1938.
Aire de production : commune de Cornas, située au nord-ouest de Valence.
Superficie du vignoble : 116 ha (en 2007).
Encépagement autorisé : Syrah*.
Rendement de base à l'hectare : 37 hl.

CORNE-D'ABONDANCE

Autre dénomination de la trompette-des-morts*.

CORNICHON

Plante condimentaire originaire d'Asie orientale dont on utilise les fruits, cueillis verts, pour être confits dans du vinaigre* aromatisé.
Le cornichon est en réalité un petit concombre* récolté avant maturité dont les principales variétés sont *le Vert petit de Paris, le Blanc petit de Paris* (qui blanchit à maturité), *le Vert de Massy* et le *Fin de Meaux.*
Ce condiment est présenté avec les charcuteries, les viandes froides, les viandes bouillies, etc. Il entre également dans la composition de certaines sauces* (ex : sauce charcutière*, sauce gribiche*...).
Le *Cornichon Malossol* est une spécialité d'origine russe. Il s'agit de gros cornichon préparé à l'aigre-doux qui se consomme comme condiment mais aussi comme légume.

CORNOUAILLE (cidre)

Cidre* produit en Bretagne, A.O.C.* depuis le 19 mars 1996 et reconnu A.O.P.* dans le cadre de l'U.E.
Aire de production : 38 communes du Finistère situées en Cornouaille.
Principales variétés de pommiers présentes dans les vergers :
Catégorie amère : *Kermerrien, Marie Ménard.*
Catégorie douce-amère : *Prat Yeaod, Douce Moën* et *Peau de chien.*
Catégorie douce : *Douce Coêtligné.*
Catégorie acidulée : *Guillevic.*
Rendement maximum à l'hectare : 20 tonnes pour les vergers "hautes tiges" et 30 tonnes pour les vergers "basses tiges".
Rendement maximum au pressurage : 750 litres de moût*/tonne de fruits.
Richesse saccharimétrique minimale naturelle du moût : 108 g/litre.
Teneur minimale en sucre résiduel après la prise de mousse : 20 g/litre.
Richesse alcoolique minimale acquise en fin d'élaboration : 3,5 %.

COROSSOL ou CORROSSOL

Variété d'anone* originaire d'Amérique centrale. Le corossol est une grosse baie ovoïde verte hérissée de piquants bruns. Sa pulpe blanche et crémeuse, légèrement acidulée, contient des graines brillantes brun-foncé qu'il faut éliminer. Le corossol se consomme nature ou sert à préparer des sorbets* et des boissons.

CORSE suivi ou nom d'une appellation locale

A.O.C.* identique à Vin de Corse*.

CORSICA
Fromage* de lait* de brebis fabriqué dans le nord de la Corse. Il tire son nom de sa région d'origine.
Type : pâte molle, croûte naturelle.
Forme : boule aplatie.
Taille : 10 à 12 cm de diamètre, 4 à 5 cm d'épaisseur.
Poids : 400 g environ.
Teneur en M.G. : 50 %.
Meilleures saisons : printemps, été, automne.

CORTON
Vins* rouges et blancs produits en Bourgogne*, Grand Cru bénéficiant d'une A.O.C.* depuis le 31 juillet 1937.
Aire de production : parcelles délimitées de plusieurs lieux-dits situés sur les communes d'Aloxe-Corton*, Ladoix-Serrigny et Pernand Vergelesses.
Superficie du vignoble : 94 ha (en 2007) dont 87 ha en vins rouges et 7 ha en vins blancs.
Encépagement autorisé : Pinot noir*, Pinot Beurot*, Pinot Liébault* et Chardonnay*.
Rendement de base à l'hectare : 35 hl pour les vins rouges et 40 hl pour les vins blancs.

CORTON-CHARLEMAGNE
Vin* blanc produit en Bourgogne*, Grand Cru bénéficiant d'une A.O.C.* depuis le 31 juillet 1937.
Aire de production : parcelles délimitées des lieux-dits "Le Corton", "Le Charlemagne", "Les Pougets" et "Les Languettes" sur la commune d'Aloxe-Corton, "Le Roguet-et-Corton" sur la commune de Ladoix-Serrigny et "En Charlemagne" sur la commune de Pernand-Vergelesses.
Superficie du vignoble : 51 ha (en 2007).
Encépagement autorisé : Chardonnay*.
Rendement de base à l'hectare : 40 hl.

COSTIÈRES DE NÎMES
Vins* rouges, rosés et blancs produits en Languedoc-Roussillon, A.O.C.* depuis le 6 septembre 1989.
Aire de production : 24 communes du Gard situées à proximité de Nîmes.
Superficie du vignoble : 4 185 ha (en 2005).
Encépagement autorisé : Carignan*, Grenache noir*, Mourvèdre*, Cinsault*, Clairette*, Grenache blanc*, Bourboulenc*, Ugni blanc*, Marsanne*, Roussanne*, Maccabéo*, Viognier* et Vermentino*.
Rendement de base à l'hectare : 60 hl.

COT ou CÔT
Cépage* noir originaire du Sud-Ouest, probablement de la région de Cahors. Sur certains terroirs, il est appelé Malbec*.
Aires de culture : plusieurs vignobles du Sud-Ouest (Bergerac*, Cahors*, etc.), du Bordelais, de l'Armagnacais, du Cognacais et de la Vallée de la Loire.
Cultivé sur près de 6 000 ha en France, le Cot est également présent en Argentine (25 000 ha), au Chili, en Californie, en Australie...
Vins* produits : rouges colorés et tanniques avec des notes aromatiques de mûre* et de violette.

CÔTE
Pièce de boucherie constituée d'un os de la cage thoracique et de la partie charnue attenante. Selon l'animal et l'endroit où elle est prélevée, on parle de *côte première*, de *côte seconde*, de *côte découverte*, de *basse côte*…

Côtes (ou côtelettes) d'agneau

CÔTE DE BEAUNE
Appellation identique à Beaune* avec une aire de production augmentée de quelques hectares. Sous certaines conditions, l'appellation peut être précédée du nom de la commune d'origine.
Superficie du vignoble : 33 ha (en 2007) dont 18 ha en vins rouges et 14 ha en vins blancs.

CÔTE DE BEAUNE-VILLAGES
Vins* rouges produits en Bourgogne*, A.O.C.* régie par le décret du 21 mai 1970.
Aire de production : plusieurs communes de Côte de Beaune situées au nord-est et au sud-ouest de Beaune.
Superficie du vignoble : 4,45 ha (en 2007).
Encépagement autorisé : Pinot noir*, Pinot Beurot* et Pinot Liébault*.
Rendement de base à l'hectare : 40 hl.

CÔTE DE BROUILLY
Vins* rouges produits dans le Beaujolais, A.O.C.* depuis le 19 octobre 1938. La mention du climat* d'origine ou l'expression "Premier Cru" peuvent, sous certaines conditions, figurer sur l'étiquette.
L'appellation compte 2 climats : *L'Héronde* et *l'Ecluse*.
Aire de production : communes d'Odenas, Saint-Lager, Cercié et Quincié situées au nord-ouest de Villefranche-sur-Saône.
Superficie du vignoble : 315 ha (en 2008).
Encépagement autorisé : le cépage principal est le Gamay*; sont utilisés en cépages accessoires dans une proportion limitée à 15 % : l'Aligoté*, le Chardonnay* et le Melon de Bourgogne*.
Rendement de base à l'hectare : 58 hl.

CÔTE DE NUITS-VILLAGES
Vins* rouges et blancs produits en Bourgogne*, A.O.C.* depuis le 20 août 1964.
Aire de production : communes de Brochon, Comblanchien, Corgoloin, Fixin et Prémeaux-Prissey situées au nord et au sud de Nuits-Saint-Georges.
Superficie du vignoble : 164 ha (en 2007) dont 157 ha en vins rouges et 7 ha en vins blancs.
Encépagement autorisé : Pinot noir*, Pinot Beurot*, Pinot Liébault*, Chardonnay* et Pinot blanc*.
Rendement de base à l'hectare : 40 hl pour les vins rouges et 45 hl pour les vins blancs.

CÔTE ROANNAISE
Vins* rouges et rosés produits dans le département de la Loire, A.O.C.* depuis le 14 février 1994.
Aire de production : territoire constitué de 14 communes situées à l'ouest de Roanne.
Superficie du vignoble : 215 ha (en 2008).
Encépagement autorisé : Gamay*.
Rendement de base à l'hectare : 55 hl.

CÔTE-RÔTIE
Vins* rouges produits dans la Vallée du Rhône, A.O.C.* depuis le 18 octobre 1940.
Aire de production : communes d'Ampuis, Saint-Cyr-sur-le-Rhône et Tupin-Semons situées au sud-ouest de Vienne.

Superficie du vignoble : 242 ha (en 2007).
Encépagement autorisé : Syrah* et Viognier*.
Rendement de base à l'hectare : 36 hl

*Origine de **la Côte Brune** et de **la Côte Blonde** :*
Selon une légende, le Seigneur Maugiron, propriétaire de la Côte-Rôtie, avait deux filles ; l'une était brune et l'autre blonde. Il partagea son domaine entre ses deux héritières : la partie septentrionale fut attribuée à la brune et la partie méridionale revint à la blonde. Ainsi naquirent la Côte Brune et la Côte Blonde.
Les terrasses granitiques qui constituent le terroir des deux "Côtes" étant de constitutions géologiques sensiblement

différentes, les vins produits au nord sont généralement un peu plus corsés que ceux venant du sud.

COTEAUX CHAMPENOIS
Vins* blancs, rouges et rosés "tranquilles" produits sur les territoires de la Champagne viticole délimités par la loi du 22 juillet 1927, A.O.C.* depuis le 21 août 1974 (1). Le nom de l'Appellation est éventuellement suivi de la commune d'origine (ex : Bouzy, Ambonnay, Cumières, etc.).

Coteaux champenois issus exclusivement de cépage Chardonnay

Aire de production : 319 communes de la Marne, de l'Aisne et de l'Aube ainsi que quelques hectares en Seine-et-Marne et en Haute Marne.
Encépagement autorisé : Chardonnay*, Pinot noir* et Pinot Meunier*.
Rendement de base à l'hectare : 10 400 kg de raisin/50 hl.

(1) Autrefois, ces vins étaient appelés "Vins natures de Champagne".

COTEAUX D'AIX-EN-PROVENCE
Vins* rosés, rouges et blancs produits en Provence, A.O.C.* depuis le 24 décembre 1985.
Aire de production : 47 communes des Bouches-du-Rhône et 2 communes du Var situées dans la région d'Aix.
Superficie du vignoble : 4 268 ha (en 2006).
Encépagement autorisé : Cabernet-Sauvignon*, Carignan*, Cinsault*, Counoise*, Grenache noir*, Mourvèdre*, Syrah*, Bourboulenc*, Clairette*, Grenache blanc*, Sauvignon*, Sémillon*, Ugni blanc* et Vermentino*.
Rendement de base à l'hectare : 60 hl.

COTEAUX D'ANCENIS suivi du nom du cépage
Vins* rouges, rosés et blancs produits dans la Vallée de la Loire, A.O.V.D.Q.S.* depuis le 22 janvier 1954.
Aire de production : 11 communes du Maine-et-Loire

et 16 communes de Loire-Atlantique, dont Ancenis, situées au nord-est de Nantes.
Superficie du vignoble : 220 ha (en 2008).
Encépagement autorisé : Chenin blanc*, Pinot gris* ou Pinot Beurot*, Malvoisie*, Cabernet franc*, Cabernet-Sauvignon*, Gamay*, Gamay de Chaudenay* et Gamay de Bouze*.
Rendement de base à l'hectare : 40 hl.

COTEAUX DE DIE
Vins* blancs produits dans la Vallée du Rhône, A.O.C.* depuis le 26 mars 1993.
Aire de production : identique à l'appellation Clairette de Die*.
Superficie du vignoble : 3 ha (en 2005).
Encépagement autorisé : Clairette*.
Rendement de base à l'hectare : 50 hl.

COTEAUX DE L'AUBANCE
Vins* blancs produits dans la Vallée de la Loire, A.O.C.* depuis le 18 février 1950. L'indication "Val de Loire" peut être éventuellement adjointe à l'appellation. Depuis 2003, ces vins peuvent, sous certaines conditions de récolte et de vinification, être présentés avec la mention "Sélection de grains nobles".
Aire de production : 10 communes du Maine-et-Loire situées au sud d'Angers.
Superficie du vignoble : 180 ha (en 2008).
Encépagement autorisé : Chenin blanc*.
Rendement de base à l'hectare : 35 hl.
Richesse alcoolique minimum acquise : 11 %.
Teneur minimale en sucre résiduel : 34 g/litre.
Vins élaborés à partir de raisins arrivés à surmaturation (voir Pourriture noble*).

COTEAUX DE MASCARA
Vins* rouges, rosés et blancs algériens produits au sud-est d'Oran.
Ces vins bénéficient d'une A.O.G. *(1)*.
(1)Appellation d'Origine Garantie.

COTEAUX DE PIERREVERT
Vins* rouges, rosés et blancs produits en Provence, A.O.C.* depuis le 1er juillet 1998.
Aire de production : 11 communes des Alpes-de-Hautes-Provence situées dans la région de Manosque.
Superficie du vignoble : 338 ha (en 2005).
Encépagement autorisé : Grenache noir*, Syrah*, Carignan*, Cinsault*, Mourvèdre*, Clairette*, Grenache blanc*, Marsanne*, Picpoul*, Roussanne*, Ugni blanc et Vermentino*.
Rendement de base à l'hectare : 50 hl.

COTEAUX DE SAUMUR
Vins* blancs produits dans la Vallée de la Loire, A.O.C.* depuis le 21 avril 1962. La mention "Val de Loire" peut être éventuellement adjointe à l'appellation.
Aire de production : 20 communes du Maine-et-Loire, 9 communes de la Vienne et 2 communes des Deux-Sèvres situées à l'ouest et au sud-ouest de Saumur.
Superficie du vignoble : 22 ha (en 2005).
Encépagement autorisé : Chenin blanc*.
Rendement de base à l'hectare : 35 hl.
Richesse alcoolique minimum acquise : 11 %.
Teneur minimale en sucre résiduel : 34 g/litre.
Vins élaborés à partir de raisins arrivés à surmaturation (voir Pourriture noble*).

COTEAUX DU GIENNOIS
Vins* blancs, rouges et rosés produits dans la Vallée de la Loire, A.O.C.* depuis le 15 mai 1998. La mention "Val de Loire" peut éventuellement être adjointe à l'appellation.
Aire de production : 6 communes du Loiret et 8 communes de la Nièvre situées entre Gien et Cosne-sur-Loire.
Encépagement autorisé : Gamay*, Pinot noir* et Sauvignon*.
Superficie du vignoble : 192 ha (en 2008).
Rendement de base à l'hectare : 60 hl pour les vins blancs et 55 hl pour les vins rouges et rosés.

COTEAUX DU LAYON
Vins* blancs produits dans la Vallée de la Loire, A.O.C.* depuis le 18 février 1950.
Le nom des communes de Beaulieu-sur-Layon ou Beaulieu, Faye-d'Anjou ou Faye, Rablay-sur-Layon ou Rablay, Rochefort-sur-Loire ou Rochefort, Saint-Aubin-de-Luigné ou Saint-Aubin, Saint-Lambert-du-Lattay ou Saint-Lambert peut être adjoint à celui de "Coteaux du Layon" pour les vins récoltés sur le territoire de ces communes. L'indication "Val de Loire" figure éventuellement sur l'étiquette.
Depuis 2003, les Coteaux du Layon peuvent, sous certaines conditions de récolte et de vinification, être présentés avec la mention "Sélection de grains nobles".
Aire de production : 27 communes du Maine-et-Loire situées dans la Vallée du Layon, au sud d'Angers.
Superficie du vignoble : 1 700 ha (en 2008).
Encépagement autorisé : Chenin blanc*.
Rendement de base à l'hectare : 35 hl (30 hl pour les vins dont le nom de la commune est mentionné en complément de l'appellation).
Richesse alcoolique minimum acquise : 11 %.
Teneur minimale en sucre résiduel : 34 g/litre.
Vins élaborés à partir de raisins arrivés à surmaturation (voir Pourriture noble*).

COTEAUX DU LAYON CHAUME
Vins* blancs produits dans la Vallée de la Loire, A.O.C.* depuis 18 février 1950 *(1)*.
Aire de production : Commune de Rochefort-sur-Loire dans le Maine-et-Loire.
Superficie du vignoble : 70 ha (en 2008).
Rendement de base à l'hectare : 25 hl.
Richesse alcoolique minimum acquise : 12 %.
Teneur minimale en sucre résiduel : 68 g/litre.

Vins élaborés à partir de raisins arrivés à surmaturation (voir Pourriture noble*).

(1) L'A.O.C. a été remplacée par l'appellation CHAUME en 2003. Plus tard, le Conseil d'Etat a annulé la reconnaissance de cette nouvelle appellation pour rétablir l'appellation COTEAUX DU LAYON CHAUME.

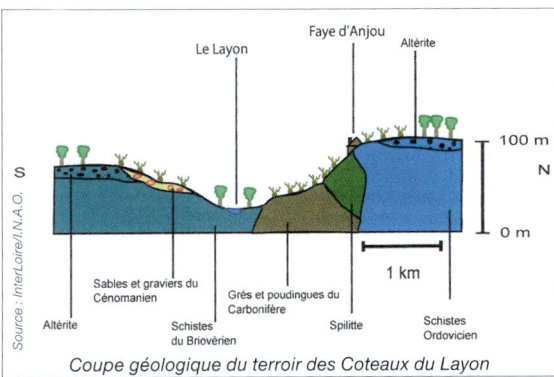
Coupe géologique du terroir des Coteaux du Layon

COTEAUX DU LOIR
Vins* rouges, rosés et blancs produits dans la Vallée de la Loire, A.O.C.* depuis le 12 mai 1948. La mention "Val de Loire" peut être éventuellement adjointe à l'appellation.
Aire de production : 16 communes de la Sarthe et 6 communes de l'Indre-et-Loire situées au nord de Tours.
Superficie du vignoble : 80 ha (en 2008).
Encépagement autorisé : Chenin blanc*, Pineau d'Aunis*, Cabernet franc*, Cabernet-Sauvignon* Gamay*, Cot* et Groslot*.
Rendement de base à l'hectare : 55 hl.

COTEAUX DU LYONNAIS
Vins* rouges, rosés et blancs produits dans le Rhône, A.O.C.* depuis le 9 mai 1984.
Aire de production : 49 communes situées à l'ouest de Lyon.
Superficie du vignoble : 357 ha (en 2005).
Encépagement autorisé : Gamay*, Chardonnay* et Aligoté*.
Rendement de base à l'hectare : 60 hl.

COTEAUX DU QUERCY
Vins* rouges et rosés produits dans le Sud-Ouest. A.O.V.D.Q.S.* depuis le 28 décembre 1999.
Aire de production : 33 communes du Tarn-et-Garonne et du Lot situées entre Montauban et Cahors.
Superficie du vignoble : 400 ha (en 2007).
Encépagement autorisé : Cabernet franc*, Merlot*, Cot*, Gamay* et Tannat*.
Rendement de base à l'hectare : 60 hl.

COTEAUX DU TRICASTIN
Vins* rouges, rosés et blancs produits dans la Vallée du Rhône, A.O.C.* depuis le 27 juillet 1973.
Depuis juin 2010, cette A.O.C.* est devenue **GRIGNAN-LES-ADHÉMARS.**
Aire de production : 21 communes de la Drôme situées entre Montélimar et Bollène.
Superficie du vignoble : 2 566 ha (en 2005).
Encépagement autorisé : Grenache noir*, Cinsault*, Mourvèdre*, Syrah*, Carignan*, Grenache blanc*, Clairette*, Bourboulenc*, Marsanne*, Roussanne* et Viognier*.
Rendement de base à l'hectare : 52 hl.

COTEAUX DU VENDÔMOIS
Vins* rosés, rouges et blancs produits dans la Vallée de la Loire. A.O.C.* depuis le 4 mai 2001.
Aire de production : 27 communes de la Vallée du Loir situées dans la région de Vendôme et de Montoire.
Superficie du vignoble : 160 ha (en 2008).
Encépagement autorisé : Gamay*, Pinot noir*, Cabernet franc*, Pineau d'Aunis*, Chenin blanc* et Chardonnay*.
Rendement de base à l'hectare : 55 hl pour les vins rouges et blancs. 60 hl pour les rosés.

COTEAUX VAROIS EN PROVENCE
Vins* rouges, rosés et blancs produits en Provence. A.O.C.* initialement reconnue le 26 mars 1993 sous l'appellation "Coteaux Varois".
Aire de production : 28 communes varoises de la région de Brignoles.
Superficie du vignoble : 2 229 ha (en 2005).
Encépagement autorisé : Grenache noir*, Syrah*, Mourvèdre*, Carignan*, Cinsault*, Cabernet-Sauvignon*, Tibouren*, Clairette*, Grenache blanc*, Vermentino*, Sémillon* et Ugni blanc*.
Rendement de base à l'hectare : 55 hl.
Teneur maximale en sucre résiduel : 3 g/l.

CÔTES D'AUVERGNE suivi ou non d'une des appellations locales "Boudes", "Chanturgues", "Châteaugay", "Corent" ou "Madargues".
Vins* rouges, rosés et blancs produits en Auvergne, A.O.V.D.Q.S.* depuis le 17 mai 1951.
Aires de production :
Côtes d'Auvergne : 53 communes du Puy-de-Dôme situées dans les arrondissements de Clermont-Ferrand, Riom et Issoire.
Côtes d'Auvergne-Boudes : communes de Boudes, Chalus et Saint-Hérent.
Côtes d'Auvergne-Chanturgues : communes de Clermont-Ferrand et Cébazat.

Côtes d'Auvergne-Châteaugay: communes de Châteaugay, Cébazat et Ménétrol.
Côtes d'Auvergne-Corent: communes de Corent, Les Martres-de-Veyre, La Sauvetat et Veyre-Monton.
Côtes d'Auvergne-Madargues: commune de Riom.
Superficie du vignoble: 410 ha (en 2008).
Encépagement autorisé: Gamay*, Pinot noir* et Chardonnay*.
Rendement de base à l'hectare: 45 hl.

CÔTES DE BERGERAC
Vins* rouges et blancs produits en Dordogne, A.O.C.* depuis le 3 septembre 1936.
Aire de production: 90 communes de l'arrondissement de Bergerac.
Encépagement autorisé: Cabernet-Sauvignon*, Cabernet franc*, Merlot*, Cot* ou Malbec*, Fer Servadou*, Mérille* ou Périgord*, Sémillon*, Sauvignon*, Muscadelle*, Ondenc*, Chenin blanc* et Ugni blanc*.
Rendement de base à l'hectare: 50 hl.
Teneur en sucre résiduel des vins blancs: entre 4 et 54 g/litre.

CÔTES DE BLAYE
Vins* blancs produits dans le Bordelais, A.O.C.* depuis le 11 septembre 1936.
Aire de production: identique à l'appellation Blaye*, plus la commune de Pugnac.
Superficie du vignoble: 6 ha (en 2006).
Encépagement autorisé: Colombard*, Sémillon*, Sauvignon* et Muscadelle*.
Rendement de base à l'hectare: 60 hl.
Teneur maximale en sucre résiduel: 4 gr/l.

CÔTES DE BORDEAUX SAINT-MACAIRE
Vins* blancs produits dans le Bordelais, A.O.C.* depuis le 31 juillet 1937.
Aire de production: 10 communes situées à l'est de Langon.
Superficie du vignoble: 52 ha (en 2006).
Encépagement autorisé: Sémillon*, Sauvignon* et Muscadelle*.
Rendement de base à l'hectare: 50 hl.
Richesse alcoolique minimum acquise: 11,5%.
Ces vins sont élaborés à partir de raisins arrivés à surmaturation (voir Pourriture noble*).

CÔTES DE BOURG
Vins* rouges et blancs produits dans le Bordelais, A.O.C.* depuis le 11 septembre 1936.
Aire de production: Canton de Bourg.
Superficie du vignoble: 3 868 ha (en 2006).
Encépagement autorisé: Cabernet-Sauvignon*, Cabernet franc*, Merlot*, Malbec*, Sauvignon*, Sémillon*, Muscadelle*, Merlot blanc* et Colombard*.
Rendement de base à l'hectare: 50 hl pour les vins rouges et 60 hl pour les vins blancs.
Richesse alcoolique minimum acquise: 10,5%.

CÔTES DE CASTILLON
Vins* rouges produits dans le Bordelais, A.O.C.* depuis le 9 février 1989.
Aire de production: plusieurs communes situées à l'est de Libourne.
Superficie du vignoble: 2 933 ha (en 2006).
Encépagement autorisé: Cabernet-Sauvignon*, Cabernet franc*, Cot* et Merlot*.
Rendement de base à l'hectare: 50 hl.

CÔTES DE DURAS
Vins* blancs, rouges et rosés produits dans le Sud-Ouest, A.O.C.* depuis le 16 février 1937.
Aire de production: 15 communes du Lot-et-Garonne situées au nord de Marmande.
Superficie du vignoble: 2 038 ha (en 2005).
Encépagement autorisé: Sémillon*, Sauvignon*, Muscadelle*, Mauzac*, Rouchelien, Pineau de la Loire*, Ondenc*, Ugni blanc*, Cabernet-Sauvignon*, Cabernet franc*, Merlot* et Cot*.
Rendement de base à l'hectare: 55 hl pour les vins rouges et rosés, 50 hl pour les vins blancs moelleux et 60 hl pour les vins blancs secs.

CÔTES DE MILLAU
Vins* rouges, rosés et blancs produits dans l'Aveyron, A.O.V.D.Q.S.* depuis le 12 avril 1994.
Aire de production: 17 communes situées dans la Vallée du Tarn, en amont et en aval de Millau.
Superficie du vignoble: 57 ha (en 2007).
Encépagement autorisé: Gamay*, Syrah*, Cabernet-Sauvignon*, Fer Servadou*, Duras*, Chenin blanc* et Mauzac*.
Rendement de base à l'hectare: 60 hl.

CÔTES DE MONTRAVEL
Vins* blancs produits dans le Sud-Ouest, A.O.C.* depuis le 31 juillet 1937.
Aire de production: 9 communes de Dordogne situées à l'ouest de Bergerac.
Superficie du vignoble: 30 ha (en 2006).
Encépagement autorisé: Sémillon*, Sauvignon* et Muscadelle*.
Rendement de base à l'hectare: 50 hl.
Richesse alcoolique minimum acquise: 11%.
Teneur en sucre résiduel: entre 8 et 54 g/litre.

CÔTES DE PROVENCE
Vins* rosés, rouges et blancs produits en Provence, A.O.C.* depuis le 24 octobre 1977.
Aire de production: 15 communes des Bouches-du-Rhône, 68 communes du Var et 1 commune des Alpes-Maritimes. Sous certaines conditions, l'appellation "Côtes de Provence" peut être complétée par une dénomination géographique correspondant à une aire de production limitée *(1)*.
Superficie du vignoble: 20 500 ha (en 2008).
Encépagement autorisé: Cinsault*, Grenache*, Mourvèdre*, Syrah*, Tibouren*, Barbaroux*, Cabernet Sau-

vignon*, Calitor*, Carignan*, Clairette*, Sémillon*, Ugni blanc* et Rolle*.
Rendement de base à l'hectare : 55 hl.
Teneur maximale en sucre résiduel : 3 ou 4 g/litre selon les types de vins.

(1) Sainte-Victoire : vins rouges et rosés produits sur 7 communes des Bouches-du-Rhône et 2 communes du Var. Superficie du vignoble en 2008 : 2 225 ha.

Fréjus : *vins rouges et rosés produits sur 8 communes du Var. Superficie du vignoble en 2008 : 238 ha.*

La Londe : *vins rouges et rosés produits sur 4 communes du Var. Superficie du vignoble en 2008 : 411 ha.*

Vignoble provençal au pied de la Montagne Sainte-Victoire

CÔTES DE TOUL
Vins* rouges, rosés (gris*) et blancs produits en Meurthe-et-Moselle, A.O.C.* depuis le 31 mars 1998.
Aire de production : 8 communes situées à proximité de Toul.
Superficie du vignoble : 74 ha (en 2005).
Encépagement autorisé : Pinot noir*, Gamay*, Meunier*, Aubin* et Auxerrois*.
Rendement de base à l'hectare : 60 hl pour les vins rosés et blancs, 45 hl pour les vins rouges.

CÔTES DU BRULHOIS
Vins* rouges et rosés produits dans le Sud-Ouest, A.O.V.D.Q.S.* depuis le 21 novembre 1984.
Aire de production : 42 communes du Tarn-et-Garonne, du Lot-et-Garonne et du Gers situées en amont d'Agen à proximité de la Garonne.
Superficie du vignoble : 206 ha (en 2005).
Encépagement autorisé : Cabernet-Sauvignon*, Cabernet franc*, Fer*, Merlot*, Cot* et Tannat*.
Rendement de base à l'hectare : 55 hl.

CÔTES DU FOREZ
Vins* rouges et rosés produits dans le département de la Loire, A.O.C.* depuis le 23 février 2000.
Aire de production : 17 communes de la région de Montbrison.
Superficie du vignoble : 147 ha (en 2008).
Encépagement autorisé : Gamay*.
Rendement de base à l'hectare : 55 hl.

CÔTES DU JURA
Vins* rouges, rosés et blancs, vins de paille* et vins jaunes* produits dans le Jura, A.O.C.* depuis le 31 juillet 1937.
Aire de production : 105 communes du Jura situées au sud et au nord de Lons-le-Saunier.
Superficie du vignoble : 640 ha (en 2007).
Encépagement autorisé : Poulsard*, Trousseau*, Pinot noir*, Savagnin* et Chardonnay*.
Rendement de base à l'hectare : 55 hl pour les vins rouges et rosés, 60 hl pour les vins blancs et 20 hl pour les vins de paille.
Teneur minimale en sucre des moûts* destinés à produire des vins de paille : 306 g/litre.
Richesse alcoolique minimum acquise des vins de paille : 14,5 %.
Ces vins de paille ne peuvent être commercialisés qu'après 3 ans de vieillissement (dont 18 mois "sous bois") et avec indication du millésime*.

CÔTES DU JURA MOUSSEUX
Vins* effervescents produits sur les aires délimitées de l'appellation Côtes du Jura* avec un rendement de base à l'hectare de 65 hl.

CÔTES DU MARMANDAIS
Vins* rouges, rosés et blancs produits dans le Sud-Ouest, A.O.C.* depuis le 2 avril 1990.
Aire de production : 27 communes du Lot-et-Garonne situées autour de Marmande.
Superficie du vignoble : 1 402 ha (en 2005).
Encépagement autorisé : Cabernet-Sauvignon*, Cabernet franc*, Merlot*, Abouriou*, Cot*, Fer*, Gamay*, Syrah*, Sauvignon*, Muscadelle*, Ugni blanc* et Sémillon*.
Rendement de base à l'hectare : 55 hl pour les vins rouges et rosés, 66 hl pour les vins blancs.

CÔTES-DU-RHÔNE
Vins* rouges, rosés et blancs produits dans la Vallée du Rhône, A.O.C.* depuis le 19 novembre 1937.
Aire de production : 171 communes du Rhône, de la Drôme, de la Loire, de l'Ardèche, du Vaucluse et du Gard.
Superficie du vignoble : 39 648 ha (en 2007).
Encépagement autorisé : Grenache noir*, Syrah*, Mourvèdre*, Carignan*, Cinsault*, Counoise*, Muscardin*, Camarèse*, Vaccarèse*, Picpoul noir*, Terret noir*, Grenache gris*, Clairette*, Grenache blanc*, Marsanne*, Roussanne*, Bourboulenc*, Viognier*, Ugni blanc* et Picpoul blanc*.
Rendement de base à l'hectare : 43 hl.

CÔTES-DU-RHÔNE VILLAGES

Vins* rouges, rosés et blancs produits sur 90 communes situées à l'intérieur de l'aire d'appellation Côtes-du-Rhône* (1), A.O.C.* depuis le 2 novembre 1966. Par ailleurs, les noms de 18 communes (2) peuvent figurer en complément de l'appellation Côtes-du-Rhône.
Superficie du vignoble : 9 495 ha en 2007.
Encépagement autorisé : Grenache noir*, Syrah*, Mourvèdre*, Grenache blanc* Clairette*, Roussanne*, Marsanne*, Bourboulenc*, Viognier et dans une proportion maximum de 20%, tous les autres cépages rouges et blancs autorisés pour l'appellation Côtes-du-Rhône.
Rendement de base à l'hectare : 39 hl (38 hl pour les vins commercialisés avec le nom de la commune d'origine).

(1) Communes réparties dans 4 départements: l'Ardèche, la Drôme, le Gard et le Vaucluse.
(2) Rochegude, Saint-Maurice-sur-Eygues, , Rousset-les-Vignes, Saint-Pantaléon-les-Vignes, Cairanne, Massif d'Uchaux, Plan de Dieu, Puyméras, Rasteau, Roaix, Séguret, Valréas, Visan, Sablet,, Chusclan, Laudun, Sinargues et Saint-Gervais.

CÔTES DU ROUSSILLON

Vins* rouges, rosés et blancs produits dans le Languedoc-Roussillon, A.O.C.* depuis le 28 mars 1977.
Aire de production : 118 communes des Pyrénées-Orientales situées dans la partie est du département.
Superficie du vignoble : 5 687 ha en 2006.
Encépagement autorisé : Carignan*, Cinsault*, Grenache noir*, Lladoner Pelut*, Syrah*, Mourvèdre*, Maccabéo*, Grenache blanc*, Tourbat*, Marsanne*, Roussanne* et Vermentino*.
Rendement de base à l'hectare : 50 hl.
Richesse alcoolique minimale acquise : 11,5 % pour les vins rouges et rosés, 10,5 % pour les vins blancs.

CÔTES DU ROUSSILLON LES ASPRES

Vins* rouges produits dans le Languedoc-Roussillon, A.O.C.* depuis le 15 juillet 2004.
Aire de production : 37 communes des Aspres et des Albères situées entre Perpignan et la frontière espagnole.
Superficie du vignoble : 35 ha en 2006.
Encépagement autorisé : Carignan*, Grenache *, Syrah* et Mourvèdre*.
Rendement de base à l'hectare : 45 hl.
Richesse alcoolique minimale acquise : 11,5 %.

CÔTES DU ROUSSILLON VILLAGES

Vins* rouges produits dans le Languedoc-Roussillon, A.O.C.* depuis le 28 Mars 1977.
Les noms de *Caramany* (1), *Latour-de-France* (2), *Lesquerde* (3) et *Tautavel* (4) peuvent compléter l'appellation.
Aire de production : 32 communes des Pyrénées-Orientales situées dans le nord-est du département.
Superficie du vignoble : 2 191 ha en 2006.
Encépagement autorisé : Carignan*, Cinsault*, Grenache noir*, Lladoner Pelut*, Syrah*, Maccabéo* et Mourvèdre*.
Rendement de base à l'hectare : 45 hl.
Richesse alcoolique minimale acquise : 12%.
Teneur maximale en sucre résiduel : 3 g/litre.

(1) Pour les vins récoltés et vinifiés sur les communes de Bélesta, Caramany et Cassagnes.
(2) Pour les vins récoltés et vinifiés sur la commune de Latour-de-France et sur certaines parcelles des communes de Cassagnes, Estagel, Montner et Planèzes.
(3) Pour les vins récoltés et vinifiés sur les communes de Lansac, Lesquerde et Rasiguères (le cépage Maccabéo étant interdit sur ce terroir).
(4) Pour les vins récoltés et vinifiés sur les communes de Tautavel et Vingrau.

CÔTES DU VENTOUX

Vins* rouges, rosés et blancs produits dans la Vallée du Rhône, A.O.C.* depuis le 27 juillet 1973.
Aire de production : 51 communes du Vaucluse situées à proximité du Mont Ventoux.
Superficie du vignoble : 5 873 ha (en 2005).
Encépagement autorisé : Grenache noir*, Syrah*, Cinsault*, Mourvèdre*, Carignan*, Picpoul noir*, Counoise*, Clairette*, Bourboulenc*, Grenache blanc*, Roussanne*, Picpoul blanc*, Pascal blanc* et Ugni blanc*.
Rendement de base à l'hectare : 50 hl.
Richesse alcoolique minimum acquise : 11 %.

CÔTES DU VIVARAIS

Vins* rouges, rosés et blancs produits dans la Vallée du Rhône, A.O.C.* depuis le 23 septembre 1999.

Collioure - Côtes du Roussillon - Côtes du Roussillon Villages
Source - Doc. CIVR

Aire de production: 9 communes de l'Ardèche et 5 communes du Gard situées au sud-ouest de Montélimar.
Superficie du vignoble: 554 ha en (2005).
Encépagement autorisé: Grenache noir*, Syrah*, Cinsault*, Carignan*, Clairette*, Grenache blanc* et Marsanne*.
Rendement de base à l'hectare: 52 hl.

COTRIADE
En Bretagne, soupe* de poissons contenant de l'oignon* et des pommes de terre*. Elle est parfois accompagnée de croûtons aillés.

COU D'OIE FARCI
Cou d'oie désossé et farci avec un mélange de viandes de volaille et de porc* hachées enrichi de foie gras*, parfumé à l'armagnac* et éventuellement additionné de truffe*. Dans cette préparation, c'est uniquement la peau du cou de l'animal qui sert d'enveloppe à la farce.

COUHÉ-VÉRAC
Fromage* de lait* de chèvre fabriqué dans le Poitou. Il doit son nom à un village situé dans sa zone de production. Le Couhé-Vérac est présenté dans une feuille de platane ou de châtaignier.
Type: pâte molle, croûte naturelle.
Forme: carré.
Taille: 8 à 9 cm de côté, 2,5 cm d'épaisseur.
Poids: 220 à 250 g.
Teneur en M.G.: 45%.
Meilleures saisons: printemps, été.

COULEMELLE
Dénomination courante de la lépiote*.

COULIBIAC ou KOULIBIAC
Apprêt culinaire d'origine russe. Il s'agit d'une sorte de pâté en croûte souvent en pâte à brioche* garni de poisson (1), de légumes, de semoule* ou de riz*, de vesiga* et d'œufs durs. Le coulibiac de saumon* est un mets classique.

(1) On peut trouver du coulibiac garni de chair de volaille.

COULIS
Ce terme désigne à la fois une purée de fruit sucrée (ex: fraise*, framboise*, abricot*...) et une sauce obtenue à partir d'une cuisson concentrée de légumes (ex: tomate*) ou de crustacés (ex: homard*, écrevisse*...).

COULOMMIERS
Fromage* de lait* de vache fabriqué en Ile-de-France. Il doit son nom à une localité de Seine-et-Marne, lieu principal de sa commercialisation.
Type: pâte molle à croûte fleurie.
Forme: disque plat.
Taille: 13 cm de diamètre, 2,5 à 3 cm d'épaisseur.
Poids: 400 à 500 g.

Teneur en M.G.: 45 à 50%.
Meilleures saisons: automne, hiver, printemps.

COUNOISE
Cépage* noir originaire du Sud-Est autrefois connu sous le nom de *Moustardier*.
Aires de culture: Vallée du Rhône (Côtes-du-Rhône*, Châteauneuf-du-Pape*, etc.), Provence (Cassis*, Les Baux-de-Provence*, etc.) et Languedoc (Coteaux du Languedoc*).
Vins* produits: rouges fruités avec des notes épicées et une légère perception d'amertume en fin de bouche.

COUPI
Fromage* de lait* de vache fabriqué dans la Creuse. Il tire son nom d'un terme dialectal local.
Type: pâte molle, croûte naturelle.
Forme: boule aplatie.
Taille: 12 à 15 cm de diamètre, 3 à 5 cm d'épaisseur.
Poids: 350 à 500 g.
Teneur en M.G.: 10% environ.
Meilleures saisons: été, automne, hiver.

COURBINE
Voir Maigre*.

COURBU
Cépage* blanc originaire du Béarn.
Aires de cultures: vignobles du Sud-Ouest pyrénéen (Pacherenc-du-Vic Bilh*, Béarn*, Jurançon*, etc.).
Vins* produits: blancs secs ou moelleux selon les types de culture et les modes de vinification.

COURBU NOIR
Cépage* noir d'origine pyrénéenne cultivé sur de faibles superficies dans le Béarn (voir A.O.C.* du même nom).

COUR-CHEVERNY
Vins* blancs produits dans la Vallée de la Loire, A.O.C.* depuis le 24 mars 1993. La mention "Val de Loire" peut être éventuellement adjointe à l'appellation.
Aire de production: 11 communes du Loir-et-Cher, dont Cour-Cheverny, situées au sud-est de Blois.
Superficie du vignoble: 48 ha (en 2008).
Encépagement autorisé: Romorantin*.
Rendement de base à l'hectare: 60 hl.

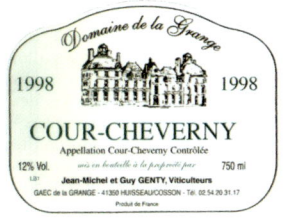

Source: GAEC de la Grange

COURGETTE

Cucurbitacée* vraisemblablement originaire d'Amérique Centrale. Actuellement elle est cultivée dans de nombreux pays, notamment en Italie, en Espagne, au Maroc et en France.

Principales variétés : *Grisette de Provence, Blanche de Virginie, Gold Rush, Verte maraîchère, Longue de Saumur, Diamant, Arlesa, Reine des noires, Prince noir, Ronde de Nice, Courgette fleur*….
Toutes ces variétés se différencient par leur forme, leur taille et leur couleur.

La courgette se consomme cuite, en purée, en flan, farcie, en gratin, en ratatouille*, etc. La fleur de courgette se prépare farcie ou en beignet*.

COURMAYEUR

Eau minérale naturelle* plate captée à Courmayeur, au pied du Mont-Blanc dans les Alpes italiennes. Connue depuis le 17ème siècle, Courmayeur est distribuée en France depuis 2000.
Catégorie : fortement minéralisée.

Composition physico-chimique (en mg/l)	
Cations	Anions
Calcium : 579 Magnésium : 59 Potassium : 2,5 Sodium : 0,7	Sulfates : 1 447 Bicarbonates : 180 Chlorures : 0,4 Nitrates : <2
Fluor : <1	
pH à 20°C : 7,1 Minéralisation totale : 2 287 mg/l	

COURT-BOUILLON

Décoction* réalisée à partir de légumes, épices et aromates*. Le court-bouillon sert à pocher divers aliments (poissons, crustacés, abats* blancs…).

COURQUINOISE

Soupe* de poissons aux poireaux* préparée sur le littoral de la Mer du Nord. La courquinoise est une spécialité calaisienne.

COUSCOUS

Préparation culinaire originaire du Maghreb réalisée à partir de semoule* de blé dur roulée à la main pendant et après cuisson à la vapeur. La garniture est variable selon les régions et les coutumes. On peut y trouver du mouton*, du bœuf*, du poulet*, des saucisses*, des pois chiches, des fèves*, des raisins secs*, des courgettes*, etc. Le couscous tunisien est plutôt garni de poisson.

COUTEAU (coquillage)

Mollusque lamellibranche bivalve doté d'une coquille de forme rectangulaire, très allongée, qui mesure de 10 à 20 cm de longueur. Le couteau vit sur les fonds sableux de la Manche, de l'Atlantique et de la Méditerranée. À marée basse, il s'enfonce dans le sable des plages. Ce coquillage, dont il existe 2 espèces principales, *le couteau droit* et *le couteau courbe*, se consomme généralement cru ou farci.

COUTEAU (ustensile)

Voir Couvert*.

COUVERT

Jusqu'à la fin du Moyen Âge, la nourriture était présentée dans des récipients collectifs où les convives se servaient avec leurs doigts qu'il était permis de sucer et ensuite d'essuyer sur la pièce de tissus qui faisait office de nappe et de serviette. L'usage voulait que les plats soient présentés "à couvert" pour éviter les empoisonnements. D'où, plus tard, l'expression "mettre le couvert" pour dresser une table.

Avec l'évolution des règles de courtoisie et la recherche d'un raffinement culinaire va apparaître un véritable "Art de la table".

L'assiette, témoignage de l'individualisation, va remplacer le tranchoir et l'écuelle. D'abord en métal et ensuite en faïence ou en porcelaine, l'assiette va devenir l'élément de base de la mise en place d'une table.

Le verre remplacera le gobelet. Ce nouveau contenant marquera une avancée significative dans la façon de consommer les boissons et plus particulièrement le vin*.

Le couteau de table à bout arrondi apparaîtra avec la fourchette. Désormais, le couteau pointu qui servait à piquer les aliments est moins utile.

La fourchette, dotée initialement de deux dents, se transformera ultérieurement en un ustensile à quatre dents.

L'usage de ***la cuillère*** (ou cuiller) se généralisera avec celui de la fourchette.

La serviette individuelle, assortie à la nappe, remplacera définitivement la longière.

Assiettes, verres et couverts ne sont pas uniquement des ustensiles pour boire et manger, ils sont aussi des pièces ouvragées, faites souvent de métaux précieux ou de matériaux nobles. Dès la Renaissance, l'élégance de la table est un moyen d'affirmer sa position sociale.

Source : Photo BG

CRABE

Crustacé décapode marin représenté par de nombreuses espèces dont les plus connues sont le tourteau*, l'araignée de mer, le crabe vert* et l'étrille*.

Le crabe royal d'Alaska qui possède 6 pattes et 2 pinces est le plus grand de tous les crabes. Son envergure peut atteindre 1,80m pour un poids de 10 kg.

Crabe royal d'Alaska

CRABE VERT ou CRABE ENRAGÉ
Petit crabe*, voisin de l'étrille*, dont la carapace est de couleur verte.

CRAMIQUE
Brioche* (ou pain au lait*) garnie de raisins* de Corinthe et généralement servie avec le café*. Le cramique est une spécialité belge.

CRAPAUDINE (en)
Désignation d'une volaille (poulet*, coquelet* ou pigeon*) fendue, partiellement désossée, aplatie, panée et grillée.

CRAQUELOT
Autre dénomination du hareng bouffi*.

CRATERELLE
Champignon sylvestre couramment appelé *trompette-des-morts**.

CRÉCY
Préparation culinaire contenant des carottes* et éventuellement du riz*. Elle doit son nom à Crécy-la-Chapelle (Seine-et-Marne), autrefois réputée pour ses productions maraîchères.

CRÉMANT
Vin effervescent* obtenu suivant la méthode traditionnelle* et présentant une surpression d'environ 3,5 atmosphères à 20 °C. Sa mousse, d'apparence "crémeuse", est à l'origine de son nom.

CRÉMANT D'ALSACE

Vins* blancs et rosés effervescents élaborés dans l'est de la France, A.O.C.* depuis le 24 août 1976.
Aire de production : 119 communes du Haut-Rhin et du Bas-Rhin.
Superficie du vignoble : 3 410 ha (en 2007).
Encépagement autorisé : Riesling*, Pinot blanc*, Pinot noir*, Pinot gris*, Auxerrois* et Chardonnay*.
Rendement de base à l'hectare : 80 hl.

CRÉMANT DE BORDEAUX
Vins* blancs et rosés effervescents élaborés à partir de vins récoltés sur les aires délimitées de l'appellation Bordeaux*, A.O.C.* depuis le 3 avril 1990.
Superficie du vignoble : 229 ha (en 2006).
Encépagement autorisé : Sémillon*, Sauvignon*, Muscadelle*, Cabernet-Sauvignon*, Cabernet franc*, Carmenère*, Merlot*, Malbec*, Petit Verdot*, Ugni blanc* et Colombard*.
Rendement de base à l'hectare : 9750 kg de raisin/65 hl.
Surpression minimum après dégorgement : 3,5 atmosphères.

CRÉMANT DE BOURGOGNE
Vins* blancs et rosés effervescents élaborés à partir de vins récoltés sur les aires délimitées de l'appellation Bourgogne*, A.O.C.* depuis le 17 octobre 1975.
Superficie du vignoble : 1 845 ha (en 2007) pour une production de 13.5 millions de bouteilles.
Encépagement autorisé : Pinot noir*, Pinot gris*, Pinot blanc*, Chardonnay*, Aligoté*, Melon de Bourgogne*, Sacy* et Gamay*.
Rendement de base à l'hectare : 7500 kg de raisin/50 hl.
Surpression minimum après dégorgement : 3,5 atmosphères.

CRÉMANT DE DIE
Vins* blancs effervescents produits dans la Vallée du Rhône, A.O.C.* depuis le 26 mars 1993.
Aire de production : identique à l'appellation Clairette de Die*.
Superficie du vignoble : 41 ha (en 2005).
Encépagement autorisé : Clairette*, Muscat à petits grains* et Aligoté*.
Rendement de base à l'hectare : 8 250 kg de raisin.

CRÉMANT DE LIMOUX
Vins* blancs effervescents produits en Languedoc-Roussillon, A.O.C.* depuis le 21 août 1990.
Aire de production : 41 communes de l'Aude dont Limoux, situées au sud-ouest de Carcassonne.
Superficie du vignoble : 482 ha (en 2005).
Encépagement autorisé : Mauzac*, Chardonnay*, Chenin blanc* et Pinot noir*.
Rendement de base à l'hectare : 7500 kg de raisin.
Richesse alcoolique minimum acquise : 10%.
Surpression minimum après dégorgement : 3,5 atmosphères.

CRÉMANT DE LOIRE
Vins* blancs et rosés effervescents élaborés à partir de vins récoltés à l'intérieur des aires délimitées des appellations Anjou*, Cheverny*, Saumur mousseux* et Touraine*. A.O.C.* depuis le 17 octobre 1975.
Superficie du vignoble : 1 200 ha (en 2008).
Encépagement autorisé : Chenin*, Cabernet franc*, Cabernet-Sauvignon*, Pineau d'Aunis*, Pinot noir*, Chardonnay*, Menu Pineau* et Grolleau*.
Rendement de base à l'hectare : 7500 kg de raisin/50 hl.
Surpression minimum après dégorgement : 3,5 atmosphères.

CRÉMANT DU JURA
Vins* blancs et rosés effervescents élaborés à partir de vins récoltés sur les 105 communes de l'aire d'appellation Côtes du Jura*. A.O.C.* depuis le 9 octobre 1995.
Superficie du vignoble : 210 ha (en 2007).
Encépagement autorisé : Chardonnay*, Savagnin*, Poulsard*, Pinot noir*, Pinot gris* et Trousseau*.
Rendement de base à l'hectare : 9750 kg de raisin/65 hl.
Surpression minimum après dégorgement : 3,5 atmosphères.

CRÉMANT DU LUXEMBOURG
Vins* effervescents luxembourgeois élaborés selon la Méthode traditionnelle* à partir de cépages Rivaner, Ebling, Auxerrois*, Riesling*, etc…
Ce V.M.Q.P.R.D.* bénéficie d'une appellation dans son pays depuis 1991.

CRÈME (potage)
Potage* onctueux dont la réalisation est proche d'un velouté* mais où la base peut être constituée d'une sauce béchamel*. La liaison finale se fait à la crème fraîche*.

CRÈME (sauce)
Sauce béchamel* additionnée de crème fraîche*.

CRÈME (spiritueux)
Liqueur* de consistance sirupeuse ayant une teneur minimale en sucre* de 250 g/litre. La dénomination "Crème de cassis" est réservée à une liqueur de cassis* contenant au moins 400 g/litre.

Gamme de crèmes de fruits

CRÈME AGNÈS SOREL
Crème* à base de velouté* de volaille, champignons* et garnie d'une julienne* de champignons, dés de blancs de volaille et de langue écarlate*.

CRÈME ANGLAISE
Crème réalisée à partir de jaunes d'œufs*, sucre*, lait* et vanille*.

CRÈME ARGENTEUIL
Crème* à base de velouté* de veau*, asperges* et garnie de pointes d'asperges* vertes et pluches de cerfeuil*.

CRÈME AU BEURRE
Crème réalisée à partir de jaunes d'œufs*, sucre* cuit, beurre* et vanille*. Cette crème peut être parfumée à volonté.

CRÈME BOÏELDIEU
Crème* à base de velouté* de volaille garnie de petites quenelles* de volaille farcies au foie gras*, de dés de blancs de volaille et de truffes*.

CRÈME BRÛLÉE
Crème entremets réalisée avec un appareil* composé de jaunes d'œufs*, sucre*, lait* ou crème fraîche* et souvent aromatisé à la vanille. Après cuisson au four et refroidissement, la crème est saupoudrée de cassonade* pour être caramélisée.

CRÈME CATALANE
Crème entremets épaisse, proche de la crème pâtissière*, aromatisée avec de la cannelle* et des zestes de citron*. Comme la crème brûlée*, elle est servie caramélisée.

CRÈME CHANTILLY
Crème réalisée à partir de crème fraîche* fouettée, sucre* et vanille*.
L'origine de cette crème est incertaine, mais il semblerait qu'elle ait été mise à l'honneur par Vatel lors d'un repas donné pour Louis XIV au château de Chantilly.

CRÈME CHIBOUST
Crème pâtissière* additionnée de blancs d'œufs* en neige ou meringue italienne* et éventuellement collée à la gélatine*. Cette crème fut mise au point par M. Chiboust, un pâtissier parisien du 19ème siècle installé rue Saint-Honoré et créateur du célèbre Saint-Honoré*.

CRÈME DE CASSIS DE DIJON
Liqueur* de cassis* élaborée dans la région dijonnaise à partir de fruits récoltés en Côte-d'Or *(1)*. Ce produit fait l'objet d'un classement en Appellation Contrôlée *(2)*. On

distingue 3 types de Crème de cassis de Dijon, classés en fonction de leurs composants :

Alcool	Sucre/litre	Fruits/litre
16°	450 g	325 g
18°	475 g	375 g
20°	500 g	450 g

La Crème de cassis de Dijon fut créée en 1841 par Auguste-Denis Lagoute. Associé avec son gendre Henri Lejay, il constituera la Société Lejay-Lagoute, un des plus grands liquoristes de Bourgogne. D'autres sociétés produisent également d'excellentes crèmes de cassis de Dijon, citons les maisons Cartron, Vedrenne, Boudier, L'Héritier-Guyot, etc.
(1) Notamment une variété spécifique, très aromatique, le Noir de Bourgogne.
(2) À ne pas confondre avec une Appellation d'Origine Contrôlée (A.O.C.*).

CRÈME DE COCO
Produit extrait de la pulpe de la noix de coco* et utilisé dans l'élaboration des cocktails* (ex : Piña colada*) ou dans certaines préparations culinaires. En Amérique du Sud, notamment au Venezuela et au Brésil, la crème de coco est couramment employée comme nappage de dessert.

CRÈME DE MARRONS
Produit réalisé à partir d'une purée de marrons* sucrée. La crème de marrons, spécialité ardéchoise, est surtout employée en pâtisserie et en confiserie.

CRÈME FRAÎCHE
Produit obtenu par centrifugation du lait* et contenant au moins 30 % de matières grasses. Le qualificatif "fraîche" ne peut s'employer que pour des crèmes crues ou pasteurisées.
Différents types de crème :
Crème crue : la plus naturelle, elle ne subit aucun traitement.
Crème fraîche pasteurisée liquide ou crème fleurette : elle est chauffée 15 à 20 secondes entre 85 et 90 °C. Cette crème conserve une saveur douce.
Crème fraîche pasteurisée épaisse ou crème maturée : après pasteurisation, elle est refroidie à 6 ou 7 °C afin de cristalliser une partie des matières grasses. Elle est ensuite ensemencée avec des ferments lactiques. Son goût est plus acide.
Crème double : elle est enrichie en matières grasses.
Crème légère : elle contient entre 12 et 30 % de matières grasses.
Crème stérilisée : elle est chauffée à 115 °C pendant 15 à 20 minutes.
Crème UHT : elle est stérilisée à 150 °C pendant 2 secondes. Comme les deux précédentes, elle n'a pas droit à la dénomination "crème fraîche".
Crème aigre : produit ayant subi une fermentation bactérienne.

La ***CRÈME D'ISIGNY*** bénéficie d'une A.O.C.* depuis 1986 et elle est reconnue A.O.P.* dans le cadre de l'U.E. Elle est produite sur un secteur limité à 110 communes de la Manche et 83 communes du Calvados situées à proximité d'Isigny et de Saint-Lô. Cette crème fraîche pasteurisée épaisse doit présenter une teneur en matières grasses au moins égale à 35 % *(1)*.
(1) Pour obtenir 1 litre de crème à 40 % de mg, il faut 10 litres de lait.

CRÈME GEORGETTE
Crème* à base de velouté de veau*, fonds d'artichauts* et garnie de perles du Japon*.

CRÈME GLACÉE
Voir Glace*.

CRÈME PÂTISSIÈRE
Crème réalisée à partir de jaunes d'œufs*, sucre, farine*, lait* et vanille. Cette crème peut être parfumée à volonté.

CRÈME RENVERSÉE AU CARAMEL
Crème entremets réalisée à partir d'œufs*, sucre*, lait*, vanille* et caramel*. Après cuisson au bain-marie au four et refroidissement, la crème est renversée pour être démoulée, nappée du caramel.

CRÈME VIENNOISE
Crème renversée dont l'appareil* (œufs*, lait*, sucre*) est parfumé au caramel*.

CRÊPE
Préparation se présentant sous forme de fine galette réalisée avec une pâte à crêpe* sucrée ou salée.

CRÊPES DU COUVENT
Crêpes* fourrées de dés de poire* fondante.

CRÊPES GEORGETTE
Crêpes* fourrées de fines lames d'ananas* macérées au marasquin* ou au rhum*.

CRÊPES GIL-BLAS
Crêpes* fourrées avec un appareil composé de beurre* pommade sucré, additionné de fine champagne*, de beurre d'aveline* et de jus de citron*.

CRÊPES NORMANDES
Crêpes* fourrées de dés de pommes* sautés au beurre.

CRÊPES PAYSANNES
Crêpes* réalisées avec un appareil parfumé à l'eau de fleur d'oranger*.

CRÊPES SUZETTE
Crêpes* parfumées avec du curaçao* et du suc *(1)* de mandarine*. Elles sont généralement fourrées d'un

appareil composé de beurre* pommade sucré, lui-même additionné de curaçao et de suc de mandarine. Des versions plus contemporaines intègrent souvent de l'orange* (jus et zestes*), du citron* (jus), du Grand-Marnier* et du cognac* pour parfumer le beurre (2). Les crêpes Suzette ne se flambent pas.
La recette originelle de cette préparation est revendiquée par plusieurs cuisiniers, notamment H.Charpentier qui aurait dédié ces célèbres crêpes à Suzette, la compagne du Prince de Galles, futur Edouard VII.

(1) Extrait liquide provenant d'un tissu végétal ou animal.
(2) Voir Beurre Suzette*.

CRÉPINE
Membrane transparente et graisseuse qui entoure les viscères du porc*, du veau* ou de l'agneau*. La crépine est également appelée *toilette*.

CRÉPINETTE
Saucisse* plate fabriquée à partir de chair à saucisse* enveloppée dans une crépine*. On trouve également des crépinettes à base de chair de veau*, d'agneau*, de volaille ou de poisson.

CRÉPY
Vins* blancs produits en Savoie, A.O.C.* depuis le 29 avril 1948.
Aire de production : communes de Ballaison, Douvaine et Loisin situées en Haute-Savoie, au sud-ouest de Thonon-les-Bains.
Superficie du vignoble : 40 ha (en 2005).
Encépagement autorisé : Chasselas*.
Rendement de base à l'hectare : 62 hl.

CRESSON
Plante herbacée à petites feuilles vertes originaire du Moyen-Orient. On le rencontre sous différentes variétés :
Le cresson de fontaine : variété la plus courante qui pousse à l'état sauvage en milieu aquatique (rivières, ruisseaux, fontaines) mais qui est surtout cultivée en cressonnières contrôlées par les services sanitaires *(1)*.
Le cresson alénois : variété à très petites feuilles de saveur piquante. Il est aussi appelé "cresson de jardin".
Le cresson des prés : variété sauvage qui croît dans les champs.
Le cresson se consomme cru, nature ou assaisonné, et cuit, en soupe*, en purée, en sauce*, etc.

(1) Un dangereux parasite, la douve du foie, peut se trouver dans les déjections animales (ovins* ou bovins*) véhiculées par l'eau d'un ruisseau ou d'une rivière. Si ce parasite est présent dans le cresson consommé par l'homme, il risque de provoquer des maladies hépatiques graves.

CRESSONNIÈRE (salade)
Salade composée constituée de rondelles de pommes de terre* et feuilles de cresson* saupoudrées d'œufs* durs et persil hachés*.
Assaisonnement : sauce vinaigrette*.

CRÊTE DE COQ
Excroissance dentelée de couleur rouge située sur la tête du volatile. Ce petit abattis* entre comme élément de garniture* dans certains apprêts culinaires.

CREUSOIS
Fromage* identique au Coupi*.

CREVETTE
Crustacé décapode marin vivant pratiquement dans toutes les mers du monde.
On dénombre environ 160 espèces, parmi les principales, citons :
La crevette grise ou *boucaud* qui mesure de 3 à 6 cm. Elle vit sur les côtes de la Manche et de la Mer du Nord. Translucide lorsqu'elle est vivante, elle rougit à la cuisson.
La crevette rose ou *bouquet* qui mesure de 7 à 10 cm. Elle est pêchée sur toutes les côtes rocheuses.
La crevette chevrette qui vit dans les mêmes milieux que la crevette rose mais qui est de taille inférieure.
La crevette rose tropicale ou *crevette du Sénégal* qui mesure de 15 à 20 cm. Elle est pêchée sur les côtes et dans les lagunes de l'Afrique tropicale.
La crevette d'Algérie ou *gamba* qui mesure de 15 à 22 cm. Elle est pêchée dans la Méditerranée et dans l'Atlantique.
Le scampi qui est une espèce identique à la précédente mais qui vit dans les eaux italiennes de la Méditerranée et de l'Adriatique.
La crevette rose de Méditerranée ou *caramote* qui mesure de 15 à 20 cm. Elle est pêchée sur les côtes du bassin méditerranéen.
L'élevage de la crevette (crevetticulture), bien maîtrisé dans certains pays (en particulier dans les pays asiatiques), permet de proposer des produits à plus faible coût que ceux provenant de la pêche. Comme la plupart des crustacés, la crevette doit être préparée et consommée très fraîche. Elle est d'ailleurs parfois cuite dans de l'eau de mer sur les lieux de pêche.

Source : Photo BG

Crevettes roses

CRÉZANCY

Fromage* de lait* de chèvre fabriqué dans le Berry. Son nom vient de son lieu de production dans le Cher.
Type : pâte molle, croûte naturelle.
Forme : petite boule aplatie.
Taille : 6 cm de diamètre, 3 cm d'épaisseur.
Poids : 80 à 100 g.
Teneur en M.G. : 45 %.
Meilleures saisons : printemps, été, automne.

CRIOTS-BATARD-MONTRACHET

Vin* blanc produit en Bourgogne*, Grand Cru bénéficiant d'une A.O.C.* depuis le 31 juillet 1937.
Aire de production : parcelles délimitées du lieu-dit "Les Criots" sur la commune de Chassagne-Montrachet d'une superficie totale de 1,57 ha.
Encépagement du vignoble : Chardonnay*.
Rendement de base à l'hectare : 40 hl.

CRISTALINE GRANDS BOIS

Eau de source* captée à Fismes dans la Marne.
Catégorie : faiblement minéralisée.
pH à 20 °C : 7,5.
Minéralisation totale : 480 mg/l.

CRISTALINE LA BONDOIRE SAINT-HIPPOLYTE

Eau de source* captée à Saint-Hippolyte dans l'Indre-et-Loire.
Catégorie : faiblement minéralisée.
pH à 20 °C : 7,5.
Minéralisation totale : 330 mg/l.

CRISTALINE SAINT-CYR LA SOURCE

Eau de source* captée à Orléans-la-Source dans le Loiret.
Catégorie : faiblement minéralisée.
pH à 20 °C : 7,45.
Minéralisation totale : 300 mg/l.

CRISTALINE SAINTE-CÉCILE

Eau de source* captée à Cairanne dans le Vaucluse. L'eau de source Sainte-Cécile est également commercialisée sous la marque "Belles Roches".
Catégorie : faiblement minéralisée.
pH à 20 °C : 7,7.
Minéralisation totale : 270 mg/l.

CRISTALINE SAINT-MÉDARD

Eau de source* captée à Saint-Martin-de-Gurçon en Dordogne.
Catégorie : faiblement minéralisée.
pH à 20 °C : 7,5.
Minéralisation totale : 320 mg/l.

CRISTALINE SOURCE DE LA DOYE

Eau de source* captée à Neyrolles dans l'Ain.
Catégorie : faiblement minéralisée.
pH à 20 °C : 7,8.
Minéralisation totale : 185 mg/l.

CROISSANT

Viennoiserie* faite à partir d'une pâte levée et feuilletée* découpée en triangle et roulée sur elle-même. Le croissant "pur beurre" est habituellement roulé droit alors que le croissant fabriqué avec un autre corps gras est incurvé en forme de croissant de lune.

Source : M. Gilbert/Cedus

CROMESQUI

Apprêt culinaire d'origine polonaise réalisé à partir d'un salpicon* de volaille, de gibier ou de poisson lié avec une sauce* réduite et du jaune d'œuf*. L'appareil obtenu est refroidi, détaillé en rectangles d'environ 70 g, fariné (1), trempé dans la pâte à frire* et cuit en friture.

(1) Le cromesqui peut aussi être enveloppé dans une fine crêpe salée ou une crépine*.*

CROQUE-AU-SEL (à la)

Façon de consommer des légumes crus (1) sans autre accompagnement que du sel*.

(1) Radis, tomate*, artichaut*, concombre*, etc.*

CROQUE-MADAME

Croque-monsieur* présenté avec un œuf* sur le plat à cheval.

CROQUEMBOUCHE

Pièce montée* conique réalisée avec des petits choux* à la crème enrobés de caramel* (1). Cette pièce de pâtisserie, dressée sur un socle de nougatine* et agréablement décorée, constitue souvent un dessert festif (repas de mariage, de communion, d'anniversaire, etc.)

(1) Le montage peut être fait avec un sucre cuit au "grand cassé", ce qui permet un glaçage incolore.*

CROQUE-MONSIEUR

Sandwich chaud constitué de deux tranches de pain* de mie beurrées garnies de jambon* et de fromage*. Il peut éventuellement être nappé de sauce béchamel* au gruyère* avant d'être mis à gratiner.

CROQUIGNOLE

Petit gâteau croquant fait avec un appareil composé de farine*, de sucre* et de blancs d'œufs*. Très légère, la croquignole accompagne bien le thé* ou les glaces*.

CROSNE
Plante originaire du Japon. Arrivé en France vers 1880, il doit son nom à Crosne, ville de l'Essonne, où sa culture fut développée avant 1914. Le crosne produit un petit tubercule noueux dont la saveur délicate rappelle à la fois celles de la pomme de terre*, du salsifis* et de l'artichaut*. Il se consomme principalement cuit, sauté au beurre*, à la crème ou au jus.

CROTTIN DE CHAVIGNOL
Fromage* de lait* de chèvre fabriqué dans le Berry, A.O.C.* depuis le 13 février 1976 et reconnu A.O.P. * dans le cadre de l'U.E. Il doit son nom à un terme dialectal local et à son lieu d'origine dans le Sancerrois.
Type : pâte molle, demi-sèche ou sèche. Croûte naturelle.
Forme : petit palet très légèrement bombé sur le côté.
Taille : 5 cm de diamètre, 3,5 cm d'épaisseur.
Poids : 60 g au minimum.
Teneur en M.G. : 45 % au minimum.
Meilleures saisons : printemps, été, automne.

CROUPION
Extrémité postérieure d'une volaille constituée des dernières vertèbres dorsales. Le croupion est aussi appelé *Bonnet d'évêque*.

CROUSTADE
Préparation culinaire composée d'un élément de base en pâte brisée*, en pâte feuilletée*, en appareil à pommes duchesse*, en pain de mie* creusé... et d'un élément de garniture*.

CROZES-HERMITAGE
Vins* rouges et blancs produits dans la Vallée du Rhône, A.O.C.* depuis le 4 mars 1937.
Aire de production : 11 communes de la Drôme dont Crozes-Hermitage, situées au nord de Valence.
Superficie du vignoble : 1 467 ha (en 2007).

Encépagement autorisé : Syrah*, Roussanne* et Marsanne*.
Rendement à l'hectare : 44 hl.

CROZETS (pâtes alimentaires)
Pâtes alimentaires qui se présentent sous formes de petits carrés. Cette spécialité savoyarde connaît plusieurs recettes de fabrication, avec de la farine* de sarrasin* ou de la farine de blé* dur.

CROZETS (préparation culinaire)
Spécialité dauphinoise qui se présente sous forme de quenelles* réalisées à partir d'un appareil* fait de farine*, de purée de pommes de terre*, d'œufs* et d'huile de noix*.

CRUCHADE
Bouillie traditionnelle du Sud-Ouest réalisée avec de la farine de maïs* et du lait*.

CRUCHINET
Cépage* blanc cultivé dans le Sud-Ouest, notamment sur l'aire d'appellation Tursan*. Le Cruchinet est classé comme synonyme de Chenin blanc* par certains ampélographes.

CRUMBLE
Pâtisserie d'origine anglaise confectionnée avec des fruits ou morceaux de fruits *(1)* recouverts d'une sorte de pâte sablée* friable, grossièrement émiettée.
(1) Pommes*, poires*, rhubarbe*, cerises*, framboises*, etc.

CRUSTAS
Short drinks* préparés au shaker* et servis dans un verre à vin préalablement givré. Sucre*, jus de citron*, angostura*, marasquin* et spiritueux* sont les composants classiques de ces cocktails*. Le décor est réalisé avec une spirale de zeste* de citron* et 2 cerises*.

CRYOEXTRACTION SÉLECTIVE

Opération de vinification* qui consiste à geler la vendange avant le pressurage*. En effet, l'expérience prouve que les raisins* les moins riches en sucre, donc généralement les moins intéressants, sont congelés avant les autres. En effectuant un pressurage lorsqu'on a atteint le point de congélation "sélectif", seuls les raisins les plus riches en sucre vont libérer leur jus. Cette extraction partielle permet d'obtenir le meilleur moût* d'une vendange. Par ailleurs, il semble que la congélation entraîne des modifications significatives de la structure des baies qui libèrent plus facilement le contenu de leurs cellules lors du pressurage après décongélation.
Les moûts issus de cryoextraction sélective génèrent des vins* plus ronds et plus aromatiques que ceux traités d'une manière traditionnelle.

CUBA-LIBRE

Cocktail* préparé directement sur glace dans un tumbler. Il est composé de rhum* blanc allongé de Coca-Cola*. Une rondelle de citron* est ajoutée en finition.

Source : Photo BG

CUCURBITACÉE

Plante à tiges rampantes ou volubiles produisant des fruits plus ou moins volumineux. Le melon*, le potiron*, la citrouille*, la courgette*, le concombre*, le cornichon*, la pastèque*, le kiwano*... sont des cucurbitacées.

CUILLÈRE ou CUILLER

Voir Couvert*.

CUISSOT

Terme désignant une gigue* de chevreuil* ou de cerf* ainsi qu'une cuisse de sanglier*.

CUMIN

Épice* originaire du Turkestan. Les graines de cumin au goût piquant, âcre, amer sont employées pour aromatiser certaines préparations culinaires (charcuteries, poissons, pâtisseries etc.) ou pour accompagner les fromages* à pâte molle et croûte lavée tels que le munster*.

CUPS

Long drinks* pour réception préparés dans de grandes coupes ("cups") où macèrent au froid différents fruits dans un mélange de spiritueux*.
Au moment de servir, ils sont complétés de vin*, de champagne*, de cidre*, de soda* ou d'autres boissons gazeuses.

CURAÇAO

Liqueur* d'origine hollandaise élaborée à partir d'écorces d'oranges* récoltées sur l'île de Curaçao, aux Antilles néerlandaises. Les fruits utilisés sont ceux du bigaradier *(1)*, variété de petites oranges amères. De nombreux distillateurs fabriquent aujourd'hui des curaçaos qui sont incolores ou roses, verts, bleus selon les colorants* ajoutés.

(1) Voir bigarade.

Source : Doc. Marie Brizard

CURCUMA

Épice* originaire du sud-est de l'Inde. Appelé également "safran indien", le curcuma est préparé à partir du rhizome d'une plante herbacée qui contient un pigment jaune orangé *la curcumine (1)*. Sous forme d'épice ou de colorant*, on le retrouve dans les apprêts culinaires, les produits laitiers, les boissons, les confiseries, etc.

(1) Additif alimentaire identifié sous le code E 100.*

CURÉ NANTAIS ou NANTAIS

Fromage* de lait* de vache fabriqué dans le Pays Nantais. Il doit son nom à son inventeur (un curé vendéen) et à sa région d'origine.
Type : pâte légèrement pressée non cuite, croûte lavée.
Forme : carré à angles arrondis.
Taille : 9 cm de côté, 4 cm d'épaisseur.
Poids : 180 à 200 g.
Teneur en M.G. : 40%.
Qualité identique toute l'année.

CURNONSKY
(Maurice Edmond SAILLAND, dit)

Journaliste, écrivain et gastronome français (Angers 1872 - Paris 1956). Ce "Prince des gastronomes" est l'auteur ou le co-auteur de nombreux ouvrages dont *La France gastronomique* en 28 volumes. Il est également le fondateur de la revue *Cuisine et Vins de France*. Talentueux chroniqueur, Curnonsky œuvra pour le renom de l'Art culinaire français dans les plus grands journaux de son époque.

CURRY ou CURRIE, CARY, CARI, CARRI, KARY

Mélange aromatique en poudre d'origine indienne dont la composition est variable selon les régions de production. Cette épice* peut comporter: poivre*, piment*, clou de girofle*, noix de muscade*, macis*, coriandre*, cumin*, curcuma*, carvi*, fenugrec*, gingembre*, tamarin*, paprika*, romarin*, ail*, graines de moutarde*, cardamone*, fenouil*, basilic*, etc. Les arômes et les saveurs d'un curry sont bien évidemment déterminés par ses composants.

On rencontre 3 types de curry:

Le Mild (doux)
Le Hot (fort)
Le Very Hot (très fort, brûlant).

Le terme "Curry" est également employé pour désigner une préparation culinaire aromatisée avec cette épice (porc*, volaille, agneau*, poisson, crustacé, risotto*…).

CUVAGE ou CUVAISON

Opération de vinification* durant laquelle le moût* de raisin séjourne en cuve. C'est lors du cuvage que le moût se transforme progressivement en vin* grâce à la fermentation alcoolique*. La durée de cuvage est variable selon la région, le cépage*, le type de vin souhaité, etc. Les vins destinés à être consommés jeunes sont cuvés moins longtemps que les vins de garde. Seuls les vins rouges subissent une cuvaison complète. Les vins rosés sont partiellement cuvés pour obtenir la coloration souhaitée. Les vins blancs sont généralement vinifiés sans macération pelliculaire, donc sans cuvage, sauf si l'on pratique un skin contact* avant le pressurage.

CYNAR

Bitter* italien élaboré à partir d'artichaut* et autres plantes amérisantes. Il se consomme sur glace allongé d'eau gazeuse ou mélangé avec de la bière*.

D

DAGUET
Voir Cerf*.

DAIM
Cervidé dont la chasse et la commercialisation sont réglementées mais qui fait également l'objet d'élevage. Le daim est un animal qui pèse de 40 à 120 kg et qui trouve les mêmes apprêts culinaires que le cerf*.

DAIQUIRI
Cocktail* préparé au shaker.
1 cl de sirop de sucre* de canne
2 cl de jus de citron*
4 cl de rhum* blanc
Frapper et servir dans un verre à cocktail.

DAISIES
Short drinks* préparés au shaker* ayant pour base du sirop de grenadine* ou du sirop d'orgeat*, du jus de citron* et complétés d'eau-de-vie*.

DAME BLANCHE
Dessert généralement réalisé avec de la glace* vanille* nappée de sauce chocolat* ou de crème Chantilly*. Ce terme peut aussi désigner des compositions plus élaborées où domine le blanc ou le pâle.

DAME-JEANNE
Bonbonne ou bouteille de grande contenance. Dans le Bordelais, la Dame-Jeanne, appelée aussi *Marie-Jeanne*, est une bouteille de 2,5 ou 2,25 litres (soit l'équivalence de 3 bouteilles classiques).

DÃO
Vins* blancs et rouges portugais issus de cépages Bical, Arinto, Dona-Branca, Fernao-Pires, Cercial, Touriga-Nacional, Alvarelhão, Bastardo, etc...
Ils sont produits dans une région située au sud du Douro, dans le centre du pays. Ces vins entrent dans la catégorie des D.O.C.*.

DARNE
Tranche de poisson épaisse débitée perpendiculairement à l'arête centrale.

DATTE
Fruit récolté sur le palmier-dattier, arbre originaire du Moyen-Orient et dont il existe aujourd'hui plus de 300 variétés cultivées essentiellement autour du bassin méditerranéen. La datte ou "fruit du désert", nourriture favorite des nomades, pousse en régimes pouvant porter jusqu'à 10 kg de fruits.
Les principales variétés sont *La Deglet Nour* ou *Deglet Noor, La Deglet Beida, La Gahr, La Khaleseh, la Halawi, la Bardhi*…
En France, la datte est surtout employée en pâtisserie, en confiserie ou préparée en confiture*.

DAUBE
Viande, gibier ou volaille cuit à l'étouffée avec du vin* ou du fond de sauce* et une garniture aromatique.

DAUPHIN
Fromage* de lait* de vache fabriqué en Thiérache. Il doit son nom à une anecdote historique liée au passage de Louis XIV et du dauphin dans la région.
Type : pâte molle aromatisée de persil*, d'estragon*, de poivre* et de clou de girofle*. Croûte lavée.
Formes : croissant, poisson ou pain.
Tailles : variables selon les formes mais épaisseur se situant entre 4 et 5 cm.
Poids : 300 à 500 g.
Teneur en M.G. : 50 % au minimum.
Meilleures saisons: automne, hiver, printemps.

DAURADE ou DORADE

Poisson de mer de la famille des sparidés que l'on rencontre sous plusieurs espèces dans la Méditerranée, la Manche, l'Atlantique… mais également élevé en aquaculture*.
Il faut distinguer :
La daurade royale ou **vraie daurade** qui vit surtout dans le golfe de Gascogne et en Méditerranée. Sa chair blanche et moelleuse est la plus recherchée. La daurade royale est la seule espèce à pouvoir s'orthographier "au".
La dorade rose ou **pageot rose** que l'on pêche essentiellement dans l'Atlantique. Sa chair est moins fine que la précédente.
La dorade grise ou **griset** (1) présente dans de nombreuses mers et qui possède une chair plus commune.
Selon les espèces, les daurades (ou dorades) mesurent entre 20 et 50 cm pour des poids allant de 300 g à 3 kg. Elles sont préparées grillées, pochées, rôties, à la meunière*, etc.
(1) Appelé aussi "canthare", "pironeau" ou "brème de mer".

Source : Photo BG

Daurade royale et dorades roses

DAX source Elvina

Eau minérale naturelle* plate captée à Dax dans les Landes. Commercialisée depuis 1977.
Catégorie : moyennement minéralisée.

Composition physico-chimique (en mg/l)	
Cations	Anions
Sodium: 126 Calcium: 125 Magnésium: 30,1 Potassium: 19,4	Sulfates: 365,6 Bicarbonates: 164,7 Chlorures: 156 Nitrates: 0
Fluor: 1,4	
pH à 20 °C: 7,3 Minéralisation totale: 934,9 mg/l	

DÉBOURBAGE

Opération commune à diverses vinifications* qui consiste à séparer les bourbes (1) d'un moût* avant sa mise en fermentation. Plusieurs techniques sont employées, notamment la décantation naturelle, la filtration et la centrifugation.
Ce terme désigne également le premier soutirage* en fin de vinification.
(1) Matières solides en suspension

DÉCAFÉINÉ

Produit dont la teneur en caféine (1) n'excède pas 0,1%. Les techniques d'extraction de la caféine les plus usitées sont :
Le trempage dans un solvant organique (chrome de méthyle ou acétate d'éthyle) suivi d'un rinçage sous forte pression.
La décaféinisation à l'eau avec trempage des grains verts dans l'eau et récupération de la caféine sur charbons actifs.
Le procédé de Zosel. Sous pression, un gaz propane se charge d'une partie des composants du café*, notamment la caféine.
La décaféinisation est coûteuse et altère plus ou moins le produit, c'est pourquoi une équipe de chercheurs japonais a mis au point un plant de café transgénique dont la teneur en caféine des grains est réduite de 50 à 70%. Nous aurons peut-être un jour un café sans caféine !
(1) voir Café.*

DECANTAE

Eau minérale naturelle* gazeuse captée dans le massif du Snowdonia, au nord du Pays de Galles. Catégorie : faiblement minéralisée.

Composition physico-chimique (en mg/l)	
Cations	Anions
Calcium: 10,6 Sodium: 7,7 Magnésium: 4,8 Potassium: 0,6	Bicarbonates: 46 Sulfates: 17,5 Chlorures: 11 Nitrates: 1
Fluor: inférieur à 0,1	
pH à 20 °C: 6,8 Minéralisation totale: 79 mg/l	

DÉCANTAGE ou DÉCANTATION

Opération qui consiste à transvaser un vin* de sa bouteille d'origine dans une carafe à décanter* afin de le séparer de son dépôt et de l'aérer. Les vins décantés sont généralement des vins rouges âgés.
L'opportunité du décantage est parfois contestée. En effet, l'oxydation qui se produit au moment du transvasement peut être bénéfique à certains vins mais préjudiciable à d'autres, notamment pour les vins très vieux dont l'équilibre est fragile.
Le décantage doit être réalisé avec beaucoup de précautions, par une personne expérimentée et peu de temps avant la dégustation. Idéalement, une bouteille à décanter doit être mise dans une position verticale ou oblique au moins 24 heures avant l'opération (ce qui n'est effectivement pas facile au restaurant quand la commande précède de peu la dégustation).

DÉCOCTION

Solution résultant de l'extraction des principes solubles d'un produit (1) soumis à une ébullition plus ou moins prolongée.
(1) Il s'agit le plus souvent d'une partie de plante aromatique (fleur, tige, écorce, racine).

D.C.R . (Date de Consommation Recommandée)
Les produits commercialisés avec une D.C.R. doivent, si possible, être consommés avant la date indiquée.

DEGRÉ ALCOOLIQUE
Unité de mesure de l'alcool* éthylique contenu dans le vin* ou dans d'autres boissons alcoolisées (voir Gay Lussac*).
Depuis 1980, la teneur alcoolique d'un produit est plus souvent exprimée en pourcentage (%) qu'en degré (°).

DÉGUSTATION
Appréciation d'un produit par une analyse sensorielle. Nous pouvons soumettre à dégustation de nombreux produits alimentaires ou préparations culinaires, cependant le terme est surtout employé pour les vins*, les spiritueux*, voire les eaux minérales*.
"Déguster c'est goûter avec attention un produit dont on veut apprécier la qualité. C'est le soumettre à nos sens, en particulier ceux du goût et de l'odorat ; c'est essayer de le connaître en recherchant ses différents défauts et ses différentes qualités et en les exprimant. C'est étudier, analyser, décrire, juger, classer". Cette citation de Jean Ribéreau-Gayon et Emile Peynaud*(1)* définit parfaitement le principe et les objectifs d'une dégustation.
La dégustation d'un vin de déroule en 3 phases principales :
La phase visuelle (robe ou couleur, brillance, limpidité, viscosité, effervescence …)
La phase olfactive (parfums, arômes*, bouquet…)
La phase gustative (saveurs, onctuosité, P.A.I.* (Persistance Aromatique Intense), effervescence, sensations tactiles diverses, perceptions retro-olfactives…).

(1) Eminents œnologues du 20ème siècle. La citation est extraite de l'ouvrage "Le Goût du vin", Ed. Dunod.

DÉGUSTATION À l'AVEUGLE
Méthode qui consiste à dissimuler l'identité, le millésime* et autres caractéristiques d'un vin* lors d'une dégustation*.

DÉGUSTATION ANALYTIQUE
Dégustation* qui consiste à préciser la typicité d'un vin*, rechercher ses qualités et ses défauts et, si possible, imaginer son évolution (potentiel de vieillissement). Elle est souvent réalisée avec une *fiche de dégustation* qui permet d'évaluer certains critères pour éventuellement aboutir à une notation.

DÉGUSTATION D'AGRÉAGE ou DÉGUSTATION D'AGRÉMENT
Dégustation analytique* obligatoire - instituée dans le début des années 1970 - pour apprécier les qualités d'un vin* afin de déterminer s'il correspond aux conditions requises pour bénéficier d'une appellation ou d'un label.

DÉGUSTATION HÉDONIQUE
Dégustation* qui consiste à exprimer le plaisir (ou la déception) ressenti lors de la dégustation d'un vin*. Ce type de dégustation se pratique généralement dans un cadre convivial, entre amis œnophiles*.

DÉGUSTATION HORIZONTALE
Dégustation* de plusieurs vins* de la même appellation ou du même cru et du même millésime*.

DÉGUSTATION VERTICALE
Dégustation* de plusieurs vins* de la même appellation ou du même cru mais de millésimes* différents.

DÉJEUNER
Repas servi en milieu de journée. Jusqu'à la fin de l'Ancien Régime, le déjeuner était le premier repas pris le matin, après le jeûne de la nuit (il représentait notre petit déjeuner actuel, mais avec des composants différents). À cette époque, le repas de midi s'appelait dîner*.

DÉLICE DE SAINT-CYR
Fromage* de lait* de vache fabriqué en Ile-de-France. Il tire son nom d'une localité de Brie où a été installée la laiterie de M. Boursault, son créateur.
Type : pâte molle à croûte fleurie (triple crème*).
Forme : disque épais.
Taille : 8 à 9 cm de diamètre, 4 à 5 cm d'épaisseur.
Poids : 300 g environ.
Teneur en M.G. : 75 %.
Qualité identique toute l'année.

DEMI-DEUIL (poularde)
Poularde* farcie d'une mousseline de volaille truffée et cloutée aux truffes* *(1)*. Cette poularde est pochée et servie avec une sauce suprême*.
(1) Lames de truffes glissées entre la peau et les filets.

DEMI-DEUIL (salade)
Salade composée* constituée de pommes de terre* et de truffes* en julienne* et en rondelles.
Assaisonnement: moutarde* à la crème.

DEMI-GLACE
Réduction de sauce espagnole* généralement additionnée de porto*, madère* ou xérès*.

DEMI-SEL
Fromage* de lait* de vache fabriqué en Normandie. Son nom vient de la faible teneur en sel de sa pâte (moins de 2 %).
Type : pâte fraîche.
Forme : carré.
Taille : 6 à 7 cm de côté, 2 cm d'épaisseur.
Poids : 75 à 100 g.
Teneur en M.G. : 40 à 45 %.
Qualité identique toute l'année.

DEMOISELLE DE CHERBOURG
Homard* de petite taille mesurant au minimum 23 cm et pesant de 200 à 300 g.

DENT-DE-LION
Autre dénomination du pissenlit*.

DERBY
Fromage* de lait* de vache fabriqué en Grande-Bretagne. Il doit son nom à la capitale du Comté du Derbyshire d'où il est originaire.
Type : pâte pressée non cuite *(1)*, croûte naturelle brossée.
Forme : meule.
Taille : 38 cm de diamètre, 12 cm d'épaisseur.
Poids : 10 à 14 kg.
Teneur en M.G. : 45 %.
Qualité identique toute l'année.
(1) La pâte est parfois verdie avec de la sauge hachée qui a été ajoutée au caillé.*

DESSERT
Terme désignant l'ensemble des mets, généralement sucrés, qui terminent un repas. Dans une acception plus ancienne, le fromage* pouvait tenir lieu de dessert ou faire partie du dessert. Dans ses aphorismes, Jean-Anthelme Brillat-Savarin* affirme : *"Un dessert sans fromage est une belle à qui il manque un œil"* *(1)*.
(1) "La Physiologie du goût" 1825.

DESSERTE
Terme culinaire désignant des restes de viandes, de volailles, de poissons, crustacés cuits... qui sont réutilisés pour d'autres préparations.

DIABLE (sauce)
Sauce* réalisée à partir d'une réduction d'échalotes* ciselées, vin* blanc et vinaigre* additionnée de sauce demi-glace* tomatée fortement relevée et de fines herbes.

DIANE (sauce)
Sauce poivrade* crémée, éventuellement additionnée de truffe*.

DIEPPOISE (à la)
Préparation de poisson poché accompagnée d'une sauce vin* blanc additionnée de moules* ébarbées, queues de crevettes* et champignons*.

DINDE
Volaille de la famille des gallinacés originaire du Mexique. La dinde traditionnelle pèse de 3 à 5 kg mais certains volatiles peuvent atteindre 15 kg. Ces derniers sont surtout commercialisés en découpes (escalopes, filets, rôtis...) alors que la dinde traditionnelle est plutôt préparée entière, rôtie ou farcie par exemple*(1)*.
Le dindonneau et *la dindette* ou *dindonne* sont des volailles de moins de 30 mois. Le mâle, appelé *dindon*, possède une chair plus sèche que la femelle.

Comme le poulet*, la dinde est produite à différents niveaux de qualité: "Standard", "Atout certifié", "Label rouge" et "A.O.C."*.
La dinde de Bresse bénéficie d'une A.O.C.depuis le 22 décembre 1976, reconnue A.O.P.* dans le cadre de l'U.E. L'aire d'appellation s'étend sur 275 communes des départements de l'Ain, du Jura et de Saône-et-Loire.
Cette A.O.C. est réservée à des animaux dont le poids mort est égal ou supérieur à 3,5 kg pour les femelles et à 6 kg pour les mâles. Ces volailles sont élevées, abattues et présentées à la vente dans des conditions particulières imposées par les normes de l'appellation.
(1) La dinde rôtie demeure un des plats traditionnels des repas festifs de Noël.

DÎNER
Repas servi le soir. Jusqu'à la Révolution, le dîner était pris vers midi comme principal repas de la journée, à la place de notre déjeuner* actuel.

DIPLOMATE (sauce)
Sauce normande* additionnée d'un coulis* de homard* et garnie de dés de homard et de truffe*.

D.L.C. (Date Limite de Consommation)
Cette indication s'applique à des produits frais ou des semi-conserves* dont la durée de conservation est limitée; ces produits doivent impérativement être consommés avant la D.L.C. Il faut également souligner qu'une denrée dont la D.L.C. est dépassée ne peut plus être commercialisée.

D.L.U.O. (Date Limite d'Utilisation Optimale)
Les produits portant une D.L.U.O. sont à consommer "de préférence" avant cette date. Ensuite, leur consommation n'est pas vraiment dangereuse mais leur aspect, leur texture, leurs qualités organoleptiques risquent d'être modifiés. La D.L.U.O. concerne essentiellement les produits appertisés et surgelés, les produits de biscuiterie, d'épicerie, etc.Une denrée dont la D.L.U.O. est dépassée reste commercialisable à condition qu'elle réunisse toutes les qualités d'un produit consommable.

D.O. (Dénominación de Origen)
Catégorie de vins* espagnols entrant dans les V.Q.P.R.D.* au niveau européen. Depuis 2002, la *Dénominación de Origen de Pago* est une qualification réservée au grand vin d'un domaine particulier.

D.O.C. (Denominacao de Origen Controlada)
Catégorie de vins* portugais assimilée aux V.Q.P.R.D.*. Depuis septembre 1986, l'Institut de la vigne et du vin, comparable à l'I.N.A.O.* français, régit la production des D.O.C.

D.O.C. (Dénominación de Origen Calificada)
Catégorie de vins* espagnols instituée en 1988, assimilée aux V.Q.P.R.D.*.

D.O.C. (Denominazione di Origine Controllata)
Catégorie de vins* italiens dont les critères de production correspondent sensiblement aux A.O.C.* françaises, assimilée aux V.Q.P.R.D.*.
Officiellement instituée en juillet 1963, la D.O.C. est actuellement attribuée à environ 300 vins.

D.O.C.G. (Denominazione di Origine Controllatae Garantita)
Catégorie de vins* italiens dont les normes de production sont encore plus rigoureuses que pour les D.O.C.*. On trouve environ 22 vins bénéficiant d'une D.O.C.G.

DODINE
Sorte de ballottine* de canard servie chaude, accompagnée d'une sauce*.
Ce terme désigne également une sauce particulière faite à partir de jus et de graisse de volaille.

DÔLE
Vins* rouges suisses produits dans le Valais. Issus majoritairement de cépages* Pinot noir* (1) et Gamay*, ils sont considérés comme les meilleurs vins rouges du pays.
La Dôle blanche est un vin rosé très peu coloré issu d'une vinification de cépages rouges sans macération pelliculaire.

(1) Si le Pinot noir n'est pas utilisé seul, il doit constituer, associé au Gamay, au moins 85 % de l'assemblage des différents cépages.

DOLIN
Vermouth* de Chambéry* qui doit son nom à Louis-Ferdinand Dolin, époux de la fille de Joseph Chavasse, créateur de l'entreprise en 1821.

DOM PÉRIGNON
Voir Champagne*.

DOMFRONT (Poiré)
Poiré* produit en Normandie, A.O.C.* depuis le 20 décembre 2002.
Aire de production : 42 communes (dont Domfront situées au sud-ouest de l'Orne, au sud de la Manche et au nord de la Mayenne).
Principale variété de poirier : *Plant de blanc*.
Rendement maximum au pressurage : 700 litres de moût*/tonne de fruits.
Richesse saccharimétrique minimale naturelle du moût : 100 g/litre.
Richesse alcoolique minimale acquise en fin d'élaboration : 3 %.

Source - Doc. Dolin

DONGINE
Cépage* blanc, également dénommé Mondeuse blanche*, cultivé dans le Bugey et en Savoie.

DORIA
Garniture* composée de concombres* tournés et étuvés au beurre*.

DORMEUR
Voir Tourteau*.

DORNECY
Fromage* de lait* de chèvre fabriqué dans le Nivernais. Il doit son nom à son village d'origine.
Type : pâte molle croûte naturelle.
Forme : cône tronqué.
Taille : 8 cm de diamètre de base, 4 à 5 cm de hauteur.
Poids : 200 g.
Teneur en M.G. : 45 % au minimum.
Meilleures saisons : été, automne.

DOUBLE-CRÈME
Dénomination légale d'un fromage* ayant une teneur en matière grasse entre 60 et 75% (1).

(1) Pourcentage de matière grasse sur l'extrait sec du produit.

DOUCETTE
Autre dénomination de la mâche*.

DOUCILLON
Cépage* blanc cultivé dans le Sud-Est, notamment sur l'aire d'appellation Cassis. Il s'agit en réalité d'une dénomination locale du Bourboulenc*.

DOUILLON
Pâtisserie normande constituée d'une poire* ou d'une pomme* pelée, évidée et beurrée qui est enfermée dans une abaisse* de pâte fine pour être cuite au four.

DRAGÉE
Confiserie traditionnelle des baptêmes et des mariages constituée d'un "noyau" enrobé de sucre* durci. Le "noyau" est souvent une amande*, mais on trouve aussi des dragées fourrées à la noisette*, à la nougatine*, au chocolat*, à la pâte d'amande*, etc.

Source : S. Pelly/Cedus

DRAMBUIE
Liqueur* d'origine écossaise fabriquée à partir de whisky* pur malt et d'herbes aromatiques, l'édulcoration se faisant avec du miel* de bruyère. Ce spiritueux*, qui se consomme en digestif nature ou sur glace, titre 40°.

DREUX À LA FEUILLE
Fromage* de lait de vache fabriqué en Ile-de-France. Il doit son nom à son lieu d'origine et à son habillage constitué de feuilles de châtaignier.
Type : pâte molle, croûte naturelle.
Forme : disque plat.
Taille : 16 à 18 cm de diamètre, 2 à 2,5 cm d'épaisseur.
Poids : 300 à 400 g.
Teneur en M.G. : 30 à 40 %.
Meilleures saisons : automne, hiver, printemps.

DROIT DE BOUCHON
Voir Bouchon (droit de)*.

DRY MARTINI
Cocktail* (apéritif) préparé au verre à mélange.
1,5 cl de vermouth* dry
5,5 cl de gin*
Frapper et servir dans un verre à cocktail. Ajouter éventuellement un zeste* de citron* ou une olive*.
Seuls les éléments de décoration font la différence entre le Dry Martini et le Gibson*.

D.S.A. (Document Simplifié d'Accompagnement)
Voir Capsule C.R.D.*.

DUBARRY ou DU BARRY
Garniture* composée de bouquets de choux-fleurs* nappés de sauce Mornay*. Elle doit son nom à la Comtesse Du Barry, favorite de Louis XV.

DUBOIS (Urbain)
Cuisinier français (Trets, Bouches-du-Rhône 1818 - Nice 1901). Il prolonge l'œuvre d'Antonin Carême* et a pour disciple Auguste Escoffier*. Précurseur en France du service* à la russe, il laisse une œuvre théorique considérable avec laquelle il communique un grand savoir-faire culinaire. Parmi ses publications citons *La Cuisine classique, La Cuisine de tous les pays, La Cuisine artistique, La Cuisine d'aujourd'hui, Le Grand livre des pâtissiers et des confiseurs,* etc.

DUBONNET
A.B.V.* de la famille des quinquinas* créé en 1846 par Joseph Dubonnet. Cet apéritif, qui titre 16°, est élaboré à partir de vins* blancs secs et de mistelles* du Languedoc-Roussillon qui vieillissent 2 ans en fûts de chêne avant d'être parfumés avec différentes substances aromatiques, notamment l'écorce de quinquina*. Il existe également un Dubonnet *Blond*, légèrement sucré et un Dubonnet *Dry*, employé pour réaliser des cocktails*.

DUBONNET COCKTAIL
Cocktail* (apéritif) préparé au verre à mélange.
3,5 cl de Dubonnet*
3,5 cl de gin*
1 zeste* d'orange* ou de citron*.
Frapper et servir dans un verre à cocktail. Décorer avec le zeste.

DUCASSE (Alain)
Cuisinier français *(1)* né à en 1956 à Castel-Sarrazin, petit village du sud des Landes. Son apprentissage commence à Soustons avant l'entrée à l'Ecole hôtelière de Talence, puis passage chez Michel Guérard*, Roger Vergé*, Gaston Lenôtre* et Alain Chapel*. Chez ces grands maîtres, il découvre la rigueur, la passion, le culte du produit, le raffinement et l'élégance de la haute gastronomie*.
En 1987, il prend la direction des cuisines de l'Hôtel de Paris à Monaco et dès 1990 le Guide Michelin reconnaît son talent en lui décernant sa troisième étoile. En 1997, la distinction suprême lui est de nouveau attribuée pour son établissement parisien. Aujourd'hui, il connaît une réussite exceptionnelle à la tête d'un véritable empire de la restauration de prestige. En 2009-2010, quatorze de ses restaurants français et étrangers cumulent vingt étoiles dans les différents guides rouges *(2)*. On lui doit par ailleurs plusieurs ouvrages culinaires et une école de cuisine.
Une citation de Jean-François Revel, dans "L'Atelier de Alain Ducasse", décrit très bien la personnalité de ce grand cuisinier : " *En véritable Chef contemporain, Alain Ducasse est tout à la fois chef de cuisine, chef d'entreprise, chef d'équipe et directeur*

d'école, chef des relations publiques et grand communicateur, gérant du personnel, éveilleur de talents, éducateur et formateur. «
(1) Naturalisé monégasque en 2008.
(2) Dont 3 restaurants triplement étoilés à Paris, Monaco et Londres.

DUCS DE BOURGOGNE
Fromage* de lait* de vache fabriqué en Bourgogne. Son nom est une marque commerciale créée par une laiterie industrielle de La Chapelle-Vieille-Forêt, dans l'Yonne.
Type : pâte molle à croûte fleurie.
Forme : cylindre.
Taille : 8 cm de diamètre, 5 cm de hauteur.
Poids : 225 g.
Teneur en M.G. : 50 %.
Qualité identique toute l'année.

DUGLÉRÉ (Adolphe)
Cuisinier français (Bordeaux 1805 - Paris 1884). Disciple de Carême*, il fut le créateur de grands classiques de la gastronomie du 19ème siècle, avec notamment les pommes Anna*, le potage Germiny* et la sole Dugléré*.

DUGLÉRÉ (à la)
Dénomination d'apprêts de poissons (sole*, turbot*, barbue*...) initiés par Adolphe Dugléré*. Les filets ou les tronçons sont pochés dans un fumet de poisson avec tomates* concassées, échalotes*, oignons* et persil* hachés. La sauce est confectionnée avec la cuisson réduite montée au beurre*.

DUMAINE (Alexandre)
Cuisinier français (Digoin 1895 - Bourg-en-Bresse 1974). Après un parcours professionnel qui passe par la province, Paris et l'Algérie, il s'installe à *La Côte d'Or* à Saulieu en 1932. L'établissement devient rapidement un haut lieu de la gastronomie et le Guide Michelin* ne tarde pas à l'honorer d'une troisième étoile. Alexandre Dumaine, qui exploite avec talent les produits du terroir, s'impose comme un des trois plus grands Chefs de son époque avec André Pic* et Fernand Point*. Aujourd'hui, *La Côte d'Or*, devenue *Le Relais Bernard Loiseau*, demeure une des plus prestigieuses tables de notre pays.

DURAS
Cépage* noir originaire du Tarn cultivé sur environ un millier d'hectares.
Aires de culture : vignobles du Tarn (Gaillac*) et de l'Aveyron (Côtes de Millau*, Vins d'Estaing*).
Vins* produits : rouges colorés et corpulents avec des notes poivrées.

DUTOURNIER (Alain)
Cuisinier français né en 1949 à Cagnotte, petit village landais. Après l'Ecole hôtelière de Toulouse, il rejoint Paris pour créer *Le Trou Gascon* en 1973, puis *Le Carré des Feuillants* en 1986 (deux étoiles au Guide Michelin*) et *Le Pinxo* en 2004. Alain Dutournier met en valeur les produits du Sud-Ouest en alliant tradition et modernité.

DUVAL
Marque d'anisés* fondée en 1798 à Pontarlier (Doubs) par M. Dubied. Aujourd'hui provençal, Duval commercialise, en plus du pastis* traditionnel à 45°, d'autres produits tels qu'un pastis-menthe aromatisé à l'essence de menthe* de Chine.

DUXELLES
Hachis de champignons de Paris* cuit au beurre* avec oignons* et échalotes* hachés. Selon son utilisation, la duxelles peut être additionnée de persil* haché et de crème fraîche*.

E

EAU
Élément essentiel de la vie terrestre, l'eau est la seule boisson indispensable dans l'alimentation humaine. Elle représente 60 à 70 % du poids corporel d'un adulte (jusqu'à 75 à 80 % chez le nourrisson). Seuls 2 à 3 litres de cette eau sont renouvelés quotidiennement. Les pertes en eau par l'organisme sont dues au fonctionnement de notre corps avec la respiration, la perspiration *(1)*, la sudation et l'élimination par les urines et les selles. Ces pertes sont compensées par les ingestions hydriques constituées de boissons et de l'eau contenue dans les aliments solides que nous absorbons.

Captée dans des nappes souterraines ou dans des nappes superficielles (lacs, fleuves et rivières), l'eau que nous consommons doit répondre à des normes de potabilité établies par le Ministère de la santé et le Conseil supérieur d'hygiène publique qui ont défini 63 paramètres de qualité. L'eau livrée au robinet du consommateur doit être exempte d'organismes pathogènes et présenter une teneur en substances toxiques ou indésirables (nitrates, plomb, fer, mercure, pesticides, etc.) limitée à des seuils très bas (ex : 50 mg/l pour les nitrates). Un décret du 26 septembre 1994 précise que les communes sont tenues d'afficher les résultats des analyses de l'eau distribuée à leurs administrés. Ces contrôles sont généralement assurés par les D.D.A.S.S. *(2)*. Les nouvelles réglementations qui encadrent la distribution de l'eau potable émanent de plus en plus souvent de directives européennes. Notons que dans notre pays, seulement 1% de l'eau sortant du robinet est destinée à la boisson.

En circulant dans le sous-sol, l'eau dissout des minéraux, absorbe des gaz, etc. ce qui lui confère une composition particulière. L'eau que nous buvons renferme donc une quantité variable de sels minéraux et d'oligo-éléments *(3)*. L'analyse physico-chimique d'une eau en général et d'une eau minérale* en particulier est bien évidemment une donnée à prendre sérieusement en compte, surtout lorsqu'il y a recherche d'effets thérapeutiques.

Avec plus de 140 litres par an, le Français est devenu un gros consommateur d'eau en bouteille. Un marché considérable, géré en grande partie par de grands groupes du secteur agroalimentaire.
On distingue 3 catégories d'eau embouteillée :
Les eaux rendues potables par traitement*
Les eaux de source*
Les eaux minérales naturelles*.

(1) Respiration naturelle de la peau, transpiration insensible en l'absence d'efforts physiques ou de fièvre.
(2) Directions Départementales des Affaires Sanitaires et Sociales.
(3) Voir eau minérale naturelle*.

EAU DE FLEUR D'ORANGER
Produit obtenu par macération et distillation de fleurs de bigaradier *(1)*, variété d'oranger sur laquelle est récolté un type d'orange* amère. L'eau de fleur d'oranger est utilisée pour parfumer pâtisseries, crèmes, pâtes à crêpes*, confiseries, boissons…
(1) Voir Bigarade*.

EAU DE PERRIER
Voir Perrier*.

EAU DE SELTZ
Eau* gazeuse couramment employée au bar, notamment dans la préparation des cocktails*. Elle est préparée dans un siphon par un mélange d'eau et de gaz carbonique.

EAU DE SOURCE
Selon la directive européenne :
"Une eau* de source est une eau d'origine souterraine, microbiologiquement saine, protégée contre les risques de pollution et apte à la consommation humaine sans traitement ni adjonction que ceux autorisés (décantation, filtration, incorporation de gaz carbonique)."
Cette eau ne peut en aucun cas revendiquer des propriétés bénéfiques pour la santé, sa minéralisation totale ne peut excéder 1500 mg/l et comme pour les eaux minérales naturelles*, cette minéralisation totale est exprimée en résidu à sec à 180°C. Par ailleurs, sa teneur en sels minéraux doit être inférieure ou égale aux valeurs suivantes :
Magnésium : 50 mg/l
Potassium : 12 mg/l
Sodium : 150 mg/l

Siphon à eau de Seltz

Chlorures: 250 mg/l
Sulfates: 250 mg/l
Nitrates: 50 mg/l
Fluor: 1,5 mg/l
Le pH *(1)* doit se situer entre 6,5 et 9.
Les eaux de sources sont naturellement plates, mais certaines sont gazéifiées artificiellement par adjonction de gaz carbonique.
L'exploitation de la source est soumise à agrément par arrêté préfectoral. La dénomination "eau de source de montagne" est réservée aux eaux captées en zone montagneuse (produit réglementé par le décret du 26 février 1988).
(1) Voir Eau minérale naturelle*.

EAU MINÉRALE NATURELLE

Eau* d'origine souterraine, naturellement pure, de composition physico-chimique constante et captée sur un site protégé. Plate ou gazeuse, une eau minérale naturelle possède des propriétés favorables à la santé. En France, l'exploitation d'une source est soumise à l'avis de l'Académie de médecine et à un arrêté du Ministère de la santé. Le captage et le débit sont contrôlés par le Service des mines.
La législation européenne définit le produit ainsi: *"Une eau minérale naturelle est caractérisée par sa teneur en certains sels minéraux, les proportions relatives de ces sels, la présence d'oligo-éléments (1) ou autres constituants et, le cas échéant, par certains effets, ainsi que par sa pureté originelle."* Les eaux minérales peuvent être classées selon trois critères principaux:

La teneur en gaz carbonique: une eau est *plate* lorsqu'elle ne contient pas de CO_2, *gazeuse* ou *carbogazeuse* quand elle contient plus de 250 mg/l de CO_2 et *gazeuse forte* au-delà de 1000 mg/l.

La minéralisation totale (exprimée en résidu sec à 180°C): une eau est *très faiblement minéralisée* avec une teneur en sels minéraux inférieure à 50 mg/l, *faiblement minéralisée* ou *oligo-minérale* quand la teneur en sels minéraux n'excède pas 500 mg/l, *moyennement minéralisée* avec une teneur située entre 500 et 1500 mg/l, riche en *sels minéraux* lorsque cette teneur est supérieure à 1500 mg/l, voire *fortement minéralisée* lorsque la minéralisation totale est très élevée.

La composition physico-chimique: la dénomination est conditionnée par la présence plus ou moins importante d'un ou plusieurs éléments. On trouve:
L'eau calcique (teneur en calcium > 150 mg/l).
L'eau magnésienne (teneur en magnésium > 50 mg/l).
L'eau sodique (teneur en sodium > 200 mg/l).
L'eau hyposodique (teneur en sodium < 20 mg/l).
L'eau sulfatée (teneur en sulfates > 200 mg/l).
L'eau fluorée (teneur en fluor > 1 mg/l).
L'eau ferrugineuse (teneur en fer > 1 mg/l).
L'eau chlorurée (teneur en chlorures > 200 mg/l).
L'eau acidulée (teneur en gaz carbonique libre > 250 mg/l).

Lorsqu'une eau porte la mention "convient pour la préparation des aliments des nourrissons", elle est plate et doit présenter une teneur en nitrates inférieure à 15 mg/l et une teneur en nitrites inférieure à 0,05 mg/l.
Les minéralisations totales et les compositions physico-chimiques des eaux minérales sont donc conditionnées par la nature des couches géologiques traversées. Les différences peuvent être considérables d'un captage à l'autre. En Auvergne, Charrier* présente une minéralisation totale de 37 mg/l alors qu'Hydroxydase* est de 9737 mg/l. C'est donc en circulant à travers le gisement hydrominéral souvent pendant plusieurs décennies, que l'eau s'enrichit en sels minéraux. Par ailleurs, chaque exploitant surveille avec attention l'impluvium *(2)* de sa source.
Le choix d'une eau minérale pour accompagner un repas doit s'orienter vers les eaux plates ou légèrement gazeuses, à minéralisation faible ou modérée, à pH *(3)* moyen et offrant une réelle neutralité gustative.
Actuellement, le conditionnement se fait, selon les clientèles, en bouteille de verre (matériau et présentation toujours très prisés en restauration traditionnelle) en bouteille P.V.C. (polychlorure de vinyle) ou en bouteille P.E.T. (polyéthylène téréphtalate).
L'étiquetage des bouteilles, qui répond à des normes précises, apporte de nombreuses indications aux consommateurs, notamment sur les lieux de captage, la composition physico-chimique, la minéralisation totale, le pH etc. Par ailleurs une D.L.U.O.* doit figurer sur l'emballage; elle est de 2 à 3 ans pour les eaux minérales plates. Pour les eaux minérales gazeuses, elle est de 9 à 12 mois en bouteille P.V.C. ou P.E.T. et de 3 à 4 ans en bouteille verre.
Avec une production estimée à 6,500 milliards de litres, la France se place à la 3ème place des producteurs européens d'eaux minérales (derrière l'Italie et l'Allemagne). Associé à l'exploitation des eaux de source*, ce secteur est en pleine expansion à cause de la désaffection pour l'eau du robinet mais aussi grâce à notre patrimoine thermal évalué à 1600 sources dont 400 sont encore exploitées.

(1) Eléments présents dans le milieu en infimes quantités. On les appelle plus scientifiquement "éléments-traces". Indispensables à la vie en participant à des réactions biochimiques qui se produisent dans notre corps, les oligo-éléments essentiels sont: le fer, l'iode, le cuivre, le zinc, le sélénium, le chrome, le molybdène, le fluor, le manganèse, le silicium, le vanadium, le nickel, l'étain, le cobalt, le brome, l'arsenic, le plomb, le cadmium et le lithium.
(2) Zone d'infiltration de l'eau météorique qui alimente l'aquifère donnant naissance à la source d'eau minérale. Cette zone fait l'objet d'une protection particulière afin de prévenir tout risque de pollution.
(3) Coefficient qui indique l'acidité ou l'alcalinité de l'eau. Lorsque le pH est inférieur à 7 l'eau est acide, avec un PH supérieur à 7 l'eau est alcaline.

EAUX MINÉRALES FRANÇAISES
Reconnues par l'Union Européenne

Désignation commerciale	Nom de la source	Lieu d'exploitation
Abatilles	Saint-Anne	Arcachon (Gironde)
Aix les Bains	Raphy St Simon Est	Grésy sur Aix (Savoie)
Aizac	Grande Source du Volcan	Aizac (Ardèche)
Alet	Eaux Chaudes	Alet les Bains (Aude)
Amanda	Amanda	Saint Amand Les Eaux (Nord)
Arcens	Ida	Arcens (Ardèche)
Arvie	Arvie	Augnat (Puy de Dôme)
Badoit	Badoit	Saint-Galmier (Loire)
Biovive	Biovive	Dax (Landes)
César	César	Saint Alban Les Eaux (Loire)
Célestines	Célestines	Saint-Yorre (Allier)
Celtic	La Liese	Niederbronn les Bains (Bas Rhin)
Chambon	Montfras	Chambon La Forêt (Loiret)
Chambon gazéifiée	Montfras	Chambon La Forêt (Loiret)
Chantemerle	Chantemerle	Meyras (Ardèche)
Châteauneuf Auvergne	Castel Rocher	Châteauneuf Les Bains (Puy de Dôme)
Châteldon	Sergentale	Châteldon (63)
Cilaos	Véronique	Saint Louis (Réunion)
Contrex	Source Contrex	Contréxeville (Vosges)
Didier	Fontaine Didier	Fort de France (Martinique)
Evian	Cachat	Evian, Publier, Neuvecelle et Maxilly
Faustine	Faustine	Saint Alban Les Eaux (Loire)
Hépar	Hépar	Vittel (Vosges)
Hydroxydase	Marie-Christine-Nord	Le Breuil sur Couze (Puy de Dôme)
Jouvence de Wattwiller	Jouvence	Wattwiller (Haut Rhin)
Julia	Julia	Saint Alban Les Eaux (Loire)
La Cairolle	La Cairolle	Les Aires (Hérault)
La Française	La Française	Propiac (Drôme)
La Salvetat	Rieumajou	La Salvetat sur Agout (Hérault)
La Vernière	La Vernière	Les Aires (Hérault)
Le Vernet	Vernet Ouest	Prades (Ardèche)
L'Incomparable	La Ferrugineuse Incomparable	Asperjoc (Ardèche)
Luchon	Lapade	Bagnères de Luchon (Haute Garonne)
Miers Alvignac	Daubet 1	Alvignac (Lot)
Mont Roucous	Mont Roucous	Lacaune (Tarn)
Nessel	Nessel	Soultzmatt (Haut Rhin)
Ogeu	Gazeuse N°1	Ogeu Les Bains (Pyrénées Atlantiques)
Orée du Bois	Orée du Bois	Saint Amand Les Eaux (Nord)
Orezza	Sorgente Sottana	Rappagio Orezza (Haute Corse)
Parot	Parot 1	Saint Romain Le Puy (Loire)
Perrier	Perrier	Vergèze (Gard)
Plancoët	Sassay	Plancoët (Côtes d'Armor)
Puits St Georges	Puits St Georges	Saint Romain Le Puy (Loire)
Quézac	Diva	Quézac (Lozère)
Reine des Basaltes	La Reine des Basaltes	Asperjoc (Ardèche)
Rozana	Des Romains	Beauregard Vendon (Puy de Dôme)
Sail Les Bains	Du Hamel	Sail Les Bains (Loire)
Saint-Alban	Antonin	Saint Alban Les Eaux (Loire)
Saint-Amand	Clos de l'Abbaye	Saint Amand Les Eaux (Nord))
Saint Antonin	Prince Noir	Saint Antonin Noble Val (Tarn et Garonne)
Saint Diéry	Renlaigue	Saint Diéry (Puy de Dôme)
Sainte Marguerite	La Chapelle	Saint Maurice ès Allier (Puy de Dôme)
Saint Géron	Gallo Romaine	Saint Géron (Haute Loire)
Saint Martial	Saint Martial	Saint Martin Le Redon (Lot)
Saint Martin d'Abbat	Native	Saint Martin d'Abbat (Loiret)
Saint Michel de Mourcairol	Saint Michel de Mourcairol	Les Aires (Hérault)
Saint-Yorre - Bassin de Vichy	Royale	Saint-Yorre (Allier)
Saint-Yorre - Bassin de Vichy	Royale-France	Saint-Yorre (Allier)
Thonon	La Versoie	Thonon Les Bains (Haute Savoie)
Vals Manon	Manon	Vals Les Bains (Ardèche)
Vals Saint Jean	Saint Jean	Vals Les Bains (Ardèche)
Vals Saint Pierre	Saint Pierre	Vals Les Bains (Ardèche)
Vals Vivaraise	Vivaraise	Vals Les Bains (Ardèche)
Vauban	Vauban 97	Saint Amand Les Eaux (Nord)
Ventadour	Ventadour	Meyras (Ardèche)
Vichy-Célestins	Célestins	Vichy (Allier)
Vittel	Bonne Source	Vittel (Vosges)
Vittel	Grande Source	Vittel (Vosges)
Volvic	Clairvic	Volvic (Puy de Dôme)
Wattwiller	Lithinée	Wattwiller (Haut Rhin)

(Source : Chambre Syndicale des Eaux Minérales)

EAU RENDUE POTABLE PAR TRAITEMENT
Eau* embouteillée ayant subi des traitements appropriés pour répondre aux normes de potabilité.

EAU-DE-VIE
Boisson spiritueuse obtenue par distillation d'un liquide ou d'une mélasse alcoolisée. Le cognac*, l'armagnac*, le rhum*, le whisky*, la vodka*, le kirsch*, etc. sont des eaux-de-vie.
À la sortie de l'alambic, les eaux-de-vie sont impropres à la consommation. Un vieillissement *(1)* plus ou moins long est alors nécessaire pour réduire leur teneur en alcool*, développer leur saveur et leurs arômes, et éventuellement acquérir une couleur ambrée.

(1) Ce vieillissement se fait "sous bois", généralement en barriques de chêne, pour les eaux-de-vie ambrées. Les eaux-de-vie incolores, appelées parfois "eaux-de-vie blanches", séjournent, quant à elles, dans des bonbonnes ou autres récipients le plus souvent en verre.*

EAU-DE-VIE BLANCHE
Dénomination courante d'une eau-de-vie* de fruit telle que le kirsch*, la mirabelle*, la framboise*, la poire williams*… qui n'a pas subi de coloration lors du vieillissement.

Gamme d'eaux-de-vie blanches

EAU-DE-VIE DE CIDRE DE BRETAGNE
Eau-de-vie* provenant de cidres récoltés et distillés dans les départements des Côtes d'Armor, du Finistère, de la Loire-Atlantique, du Morbihan et dans plusieurs cantons de l'Ille-et-Vilaine.
Appellation réglementée par le décret du 2 mai 2007. Les cidres à distiller doivent titrer au minimum 5° d'alcool* et n'avoir fait l'objet d'aucune chaptalisation*. Titre alcoométrique maximum à la sortie de l'alambic : 72,5°.
Titrage alcoolique à la vente au consommateur : entre 40° et 50°.

EAU-DE-VIE DE CIDRE DE NORMANDIE
Eau-de-vie* provenant de cidres récoltés et distillés dans les départements du Calvados, de l'Eure, de la Manche, de l'Orne, de la Seine-Maritime et dans quelques communes des départements de l'Ille-et-Vilaine, de l'Eure-et-Loir, de la Mayenne, de l'Oise, des Yvelines, du Val d'Oise, de la Sarthe et de la Somme.

Appellation réglementée par le décret du 2 mai 2007. Les cidres à distiller doivent titrer au minimum 4° d'alcool* et n'avoir fait l'objet d'aucune chaptalisation*. Titre alcoométrique maximum à la sortie de l'alambic : 72°.
Titrage alcoolique à la vente au consommateur : entre 40° et 50°.

EAU-DE-VIE DE CIDRE DU MAINE
Eau-de-vie* provenant de cidres récoltés et distillés dans de nombreux cantons des départements de la Mayenne et de la Sarthe ainsi que quelques cantons ou communes des départements du Maine-et-Loire, de l'Indre-et-Loire et du Loir-et-Cher.
Appellation réglementée par le décret du 2 mai 2007. Les cidres à distiller doivent titrer au minimum 4° d'alcool* et n'avoir fait l'objet d'aucune chaptalisation*. Titre alcoométrique maximum à la sortie de l'alambic : 72°.
Titrage alcoolique à la vente au consommateur : entre 40° et 50°.

EAU-DE-VIE DE COGNAC
Appellation d'Origine Contrôlée identique au Cognac*.

EAU-DE-VIE DE DANTZIG
Spiritueux* qui en réalité n'est pas une eau-de-vie*. Il s'agit d'une liqueur* obtenue par macération d'écorces de citron* et de macis* dans de l'alcool. À l'embouteillage, elle est additionnée de feuilles d'or ou d'argent.

EAU-DE-VIE DE FAUGÈRES
Voir Faugères*.

EAU-DE-VIE DE MARC DE BOURGOGNE
Eau-de-vie* à appellation réglementée produite dans les mêmes conditions que le marc de Bourgogne*.

EAU-DE-VIE DE MARC DE CHAMPAGNE
Eau-de-vie* à appellation réglementée produite dans les mêmes conditions que le marc de Champagne*.

EAU-DE-VIE DE MARC DE SAVOIE
Eau-de-vie* à appellation réglementée produite dans les mêmes conditions que le marc de Savoie*.

EAU-DE-VIE DE MARC DES CÔTES-DU-RHÔNE
Eau-de-vie* provenant de marcs* récoltés et distillés dans les départements du Rhône, de la Loire, de l'Ardèche, de la Drôme, du Gard et du Vaucluse sur un territoire correspondant à l'aire délimitée de l'A.O.C.* Côtes-du-Rhône*. Les marcs doivent être issus de cépages autorisés pour cette appellation. Le nom d'une autre A.O.C. de cette région peut figurer sur l'étiquette sous réserve que l'eau-de-vie provienne de marcs issus de la fabrication de vins répondant rigoureusement aux conditions imposées par le décret de contrôle de l'appellation concernée.

Titre alcoométrique maximum à la sortie de l'alambic : 71°.
Titre alcoométrique minimum à la vente au consommateur : 40°.
Cette eau-de-vie est réglementée par le décret du 19 mars 1948.

EAU-DE-VIE DE MARC ORIGINAIRE D'AQUITAINE

Eau-de-vie* provenant de la distillation de marcs* issus de vendanges récoltées sur des territoires situés dans les départements de la Gironde, du Gers, des Landes, de la Dordogne, du Lot-et-Garonne, du Lot, des Pyrénées-Atlantiques et des Hautes-Pyrénées. Les marcs doivent être issus de cépages autorisés en Aquitaine.
Appellation réglementée par le décret du 23 février 1942.
Titre alcoométrique maximum à la sortie de l'alambic : 71°.
Titre alcoométrique minimum à la vente au consommateur : 40°.

EAU-DE-VIE DE MARC ORIGINAIRE DE FRANCHE-COMTÉ

Eau-de-vie* provenant de marcs* récoltés et distillés sur des aires situées dans les départements du Jura, du Doubs, de la Haute-Saône et du Territoire de Belfort. Ces marcs doivent être issus de cépages autorisés dans les vignobles de Franche-Comté.
Appellation réglementée par le décret du 23 février 1942.
Titre alcoométrique maximum à la sortie de l'alambic : 71°.
Titre alcoométrique minimum à la vente au consommateur : 40°.

EAU-DE-VIE DE MARC ORIGINAIRE DE PROVENCE

Eau-de-vie* provenant de marcs* récoltés et distillés sur des territoires situés dans les départements des Alpes-Maritimes, du Var, des Bouches-du-Rhône, du Vaucluse, des Alpes-de-Haute-Provence, des Hautes-Alpes, de la Drôme et de l'Isère. Ces marcs doivent être issus de cépages autorisés pour la production des vins de Provence.
Titre alcoométrique maximum à la sortie de l'alambic : 71°.
Titre alcoométrique minimum à la vente au consommateur : 40°.
Cette eau-de-vie est réglementée par le décret du 23 février 1942.

EAU-DE-VIE DE MARC ORIGINAIRE DES COTEAUX DE LA LOIRE

Eau-de-vie* provenant de marcs* récoltés et distillés sur des territoires situés dans les départements de la Loire-Atlantique, de la Vendée, du Maine-et-Loire, des Deux-Sèvres (1), de la Vienne, de l'Indre-et-Loire, de la Sarthe, du Loir-et-Cher, de l'Indre, du Cher, du Loiret, de la Nièvre, de l'Allier, de la Loire et de la Saône-et-Loire. Ces marcs doivent être issus de cépages autorisés dans les vignobles implantés sur les départements concernés.
Titre alcoométrique maximum à la sortie de l'alambic : 71°.
Titre alcoométrique minimum à la vente au consommateur : 40°.
Cette eau-de-vie est réglementée par le décret du 23 février 1942.
(1) À l'exception des communes de ce département comprises dans l'aire délimitée de l'appellation contrôlée " Cognac ".

EAU-DE-VIE DE MARC ORIGINAIRE DU BUGEY

Eau-de-vie* provenant de vins* récoltés et distillés sur des territoires du département de l'Ain constitués de cantons ou communes des arrondissements de Belley, Nantua et Bourg-en-Bresse. Ces vins doivent être issus de cépages recommandés ou autorisés dans les vignobles de l'Ain.
Appellation réglementée par le décret du 9 mai 1980.
Titre alcoométrique maximum à la sortie de l'alambic : 63°.
Titre alcoométrique minimum au consommateur : 40°.

EAU-DE-VIE DE MARC ORIGINAIRE DU CENTRE-EST

Eau-de-vie* provenant de marcs* récoltés et distillés sur des territoires situés dans les départements de l'Aisne, de la Marne, de la Seine-et-Marne, de l'Aube, de la Haute-Marne, de l'Yonne, de la Côte-d'Or, de la Saône-et-Loire et du Rhône. Ces marcs doivent être issus de cépages autorisés dans les vignobles implantés sur les départements concernés.
Titre alcoométrique maximum à la sortie de l'alambic : 71°.
Titre alcoométrique minimum à la vente au consommateur : 40°.
Cette eau-de-vie est réglementée par le décret du 24 juin 1950.

EAU-DE-VIE DE MARC ORIGINAIRE DU LANGUEDOC

Eau-de-vie* provenant de marcs* récoltés et distillés sur des territoires situés dans les départements de la Haute-Garonne, de l'Ariège, des Pyrénées-Orientales, de l'Aude, de l'Hérault, du Tarn, du Tarn-et-Garonne, de l'Aveyron, de la Lozère, du Gard et de l'Ardèche. Ces marcs doivent être issus de cépages autorisés dans les vignobles languedociens.
Le nom d'une A.O.C.* de cette région peut figurer sur l'étiquette, sous réserve que l'eau-de-vie provienne de marcs issus de la fabrication de vins répondant rigoureusement aux conditions imposées par le décret de contrôle de l'appellation concernée.
Titre alcoométrique maximum à la sortie de l'alambic : 71°.

Titre alcoométrique minimum à la vente au consommateur : 40°.
Cette eau-de-vie est réglementée par le décret du 23 février 1942.

EAU-DE-VIE DE POIRÉ DE BRETAGNE
Eau-de-vie* provenant de poirés* récoltés et distillés dans les départements des Côtes d'Armor, du Finistère, de la Loire-Atlantique, du Morbihan et dans plusieurs cantons de l'Ille-et-Vilaine.
Appellation réglementée par le décret du 10 avril 1963.
Les poirés à distiller doivent titrer au minimum 4° d'alcool et n'avoir fait l'objet d'aucune chaptalisation*.
Titre alcoométrique maximum à la sortie de l'alambic : 72°.
Titrage alcoolique à la vente au consommateur : entre 40° et 50°.

EAU-DE-VIE DE POIRÉ DE NORMANDIE
Eau-de-vie* provenant de poirés* récoltés et distillés dans les départements du Calvados, de l'Eure, de la Manche, de l'Orne, de la Seine-Maritime et dans quelques cantons ou communes des départements de l'Ille-et-Vilaine, de la Sarthe, de l'Eure-et-Loir, de la Mayenne, de l'Oise, des Yvelines, du Val d'Oise et de la Somme.
Appellation réglementée par le décret du 2 mai 2007.
Les poirés à distiller doivent titrer au minimum 4° d'alcool et n'avoir fait l'objet d'aucune chaptalisation*.
Titre alcoométrique maximum à la sortie de l'alambic : 72°.
Titrage alcoolique à la vente au consommateur : entre 40° et 50°.

EAU-DE-VIE DE POIRÉ DU MAINE
Eau-de-vie* provenant de poirés* récoltés et distillés dans de nombreux cantons des départements de la Mayenne et de la Sarthe ainsi que quelques cantons ou communes des départements du Maine-et-Loire, de l'Indre-et-Loire et du Loir-et-Cher.
Appellation réglementée par le décret du 2 mai 2007.
Les poirés à distiller doivent titrer au minimum 4° d'alcool et n'avoir fait l'objet d'aucune chaptalisation*.
Titre alcoométrique maximum à la sortie de l'alambic : 72°.
Titrage alcoolique à la vente au consommateur : entre 40° et 50°.

EAU-DE-VIE DE VIN DE BOURGOGNE
Eau-de-vie* provenant de vins* récoltés et distillés sur des territoires de la Bourgogne viticole et issus de cépages autorisés pour la production de vins de Bourgogne*.
Le nom d'une A.O.C.* de la région bourguignonne peut figurer sur l'étiquette sous réserve que l'eau-de-vie provienne de vins répondant rigoureusement aux conditions imposées par le décret de contrôle de l'appellation concernée.
Titre alcoométrique maximum à la sortie de l'alambic : 71°.
Titre alcoométrique minimum à la vente au consommateur : 40°.
Cette eau-de-vie est réglementée par le décret du 11 avril 1946.

EAU-DE-VIE DE VIN DE LA MARNE
Eau-de-vie* provenant de vins* récoltés et distillés sur le territoire de la Champagne viticole et issus de cépages autorisés pour la production des vins de Champagne*.
Appellation réglementée par le décret du 23 février 1942.
Titre alcoométrique maximum à la sortie de l'alambic : 71°.
Titre alcoométrique minimum à la vente au consommateur : 40°.

EAU-DE-VIE DE VIN DE SAVOIE
Eau-de-vie* provenant de vins* récoltés et distillés sur un territoire constitué de nombreux cantons ou communes de Savoie ainsi que quelques communes de Haute-Savoie et 2 communes de l'Isère. Ces vins doivent être issus de cépages recommandés ou autorisés dans les départements concernés.
Appellation réglementée par le décret du 27 octobre 1967.
Titre alcoométrique maximum à la sortie de l'alambic : 63°.
Titre alcoométrique minimum à la vente au consommateur : 40°.

EAU-DE-VIE DE VIN DES CÔTES-DU-RHÔNE
Eau-de-vie* provenant de vins* récoltés et distillés dans les départements du Rhône, de la Loire, de l'Ardèche, de la Drôme, du Gard et du Vaucluse sur un territoire correspondant à l'aire délimitée de l'A.O.C.* Côtes-du-Rhône*. Les vins de distillation doivent être issus de cépages autorisés pour cette appellation.
Le nom d'une autre A.O.C. de cette région peut figurer sur l'étiquette sous réserve que l'eau-de-vie provienne de vins répondant rigoureusement aux conditions imposées par le décret de contrôle de l'appellation concernée.
Titre alcoométrique maximum à la sortie de l'alambic : 71°.
Titre alcoométrique minimum à la vente au consommateur : 40°.
Cette eau-de-vie est réglementée par le décret du 19 mars 1948.

EAU-DE-VIE DE VIN ORIGINAIRE D'AQUITAINE
Eau-de-vie* provenant de la distillation de vins* issus de vendanges récoltées sur des territoires situés

dans les départements de la Gironde, du Gers, des Landes, de la Dordogne, du Lot-et-Garonne, du Lot, des Pyrénées-Atlantiques et des Hautes-Pyrénées. Les vins de distillation doivent être issus de cépages autorisés en Aquitaine.
Appellation réglementée par le décret du 23 février 1942.
Titre alcoométrique maximum à la sortie de l'alambic : 71°.
Titre alcoométrique minimum à la vente au consommateur : 40°.

EAU-DE-VIE DE VIN ORIGINAIRE DE FRANCHE-COMTÉ
Eau-de-vie* provenant de vins* récoltés et distillés dans les départements du Jura, du Doubs, de la Haute-Saône et du Territoire de Belfort. Ces vins doivent être issus de cépages autorisés dans les vignobles de Franche-Comté.
Appellation réglementée par le décret du 23 février 1942.
Titre alcoométrique maximum à la sortie de l'alambic : 71°.
Titre alcoométrique minimum à la vente au consommateur : 40°.

EAU-DE-VIE DE VIN ORIGINAIRE DE PROVENCE
Eau-de-vie* provenant de vins* récoltés et distillés sur un territoire situé dans les départements des Alpes-Maritimes, du Var, des Bouches-du-Rhône, du Vaucluse, des Alpes-de-Haute-Provence, des Hautes-Alpes, de la Drôme et de l'Isère. Ces vins doivent être issus de cépages autorisés pour la production des vins de Provence.
Titre alcoométrique maximum à la sortie de l'alambic : 71°.
Titre alcoométrique minimum à la vente au consommateur : 40°.
Cette eau-de-vie est réglementée par le décret du 23 février 1942.

EAU-DE-VIE DE VIN ORIGINAIRE DES COTEAUX DE LA LOIRE
Eau-de-vie* provenant de vins* récoltés et distillés sur des territoires situés dans les départements de la Loire-Atlantique, de la Vendée, du Maine-et-Loire, des Deux-Sèvres *(1)*, de la Vienne, de l'Indre-et-Loire, de la Sarthe, du Loir-et-Cher, de l'Indre, du Cher, du Loiret, de la Nièvre, de l'Allier, de la Loire et de la Saône-et-Loire. Ces vins doivent être issus de cépages autorisés dans les vignobles implantés dans les départements concernés.
Titre alcoométrique maximum à la sortie de l'alambic : 71°.
Titre alcoométrique minimum à la vente au consommateur : 40°.
Cette eau-de-vie est réglementée par le décret du 23 février 1942.

(1) À l'exception des communes de ce département comprises dans l'aire délimitée de l'appellation contrôlée " Cognac ".

EAU-DE-VIE DE VIN ORIGINAIRE DU BUGEY
Eau-de-vie* provenant de vins* récoltés et distillés sur des territoires du département de l'Ain constitués de cantons ou communes des arrondissements de Belley, Nantua et Bourg-en-Bresse. Ces vins doivent être issus de cépages recommandés ou autorisés dans les vignobles de l'Ain.
Appellation réglementée par le décret du 9 mai 1980.
Titre alcoométrique maximum à la sortie de l'alambic : 63°.
Titre alcoométrique minimum au consommateur : 40°.

EAU-DE-VIE DE VIN ORIGINAIRE DU CENTRE-EST
Eau-de-vie* provenant de vins* récoltés et distillés sur des territoires situés dans les départements de l'Aisne, de la Marne, de la Seine-et-Marne, de l'Aube, de la Haute-Marne, de l'Yonne, de la Côte-d'Or, de la Saône-et-Loire et du Rhône. Ces vins doivent être issus de cépages autorisés dans les vignobles implantés sur les départements concernés.
Titre alcoométrique maximum à la sortie de l'alambic : 71°.
Titre alcoométrique minimum à la vente au consommateur : 40°.
Cette eau-de-vie est réglementée par le décret du 24 juin 1950.

EAU-DE-VIE DE VIN ORIGINAIRE DU LANGUEDOC
Eau-de-vie* provenant de vins* récoltés et distillés sur des territoires situés dans les départements de la Haute-Garonne, de l'Ariège, des Pyrénées-Orientales, de l'Aude, de l'Hérault, du Tarn, du Tarn-et-Garonne, de l'Aveyron, de la Lozère, du Gard et de l'Ardèche. Ces vins doivent être issus de cépages autorisés dans les vignobles languedociens.
Le nom d'une A.O.C.* de cette région peut figurer sur l'étiquette, sous réserve que l'eau-de-vie provienne de vins répondant rigoureusement aux conditions imposées par le décret de contrôle de l'appellation concernée.
Titre alcoométrique maximum à la sortie de l'alambic : 71°.
Titre alcoométrique minimum à la vente au consommateur : 40°.
Cette eau-de-vie est réglementée par le décret du 23 février 1942.

EAU-DE-VIE DES CHARENTES
Eau-de-vie* de vin à A.O.C.* identique au Cognac*.

ÉCHALOTE
Plante condimentaire bulbeuse originaire du Moyen-Orient, dont la saveur et l'odeur rappellent celles de l'oignon*.
L'échalote, crue ou cuite, est très utilisée dans nos apprêts culinaires. La France reste d'ailleurs le

premier producteur européen d'échalotes traditionnelles *(1)*. Il convient de distinguer **l'échalote grise**, **les échalotes à bulbes ronds** *(Alençon, Jersey...)* et les **échalotes à bulbes allongés** *(Cuisse de poulet, Bretagne longue...)*.

(1) L'échalote "traditionnelle" se plante mais ne se sème pas. Cette dénomination est donc réservée aux échalotes issues de bulbes en excluant celles provenant de graines.

Echalotes cuisses de poulet

ECHAUDÉ
Petit gâteau léger et croquant réalisé avec une pâte non sucrée. L'échaudé est poché avant d'être séché au four.

ÉCHEZEAUX
Vin* rouge produit en Bourgogne*, Grand Cru bénéficiant d'une A.O.C.* depuis le 31 juillet 1937.
Aire de production : parcelles délimitées des climats* "Les Orveaux", "Les Treux", "Clos Saint-Denis", "Les Cruots", "Les Rouges du Bas", "Champs-Traversins", "Les Poulaillières", "Les Laochausses", "Les Quartiers de Nuits" et "Les Échezeaux du Dessus" situés sur la commune de Flagey-Echezeaux, à proximité de Vosne-Romanée.
Superficie du vignoble : 36,35 ha (en 2007).
Encépagement autorisé : Pinot noir*, Pinot Beurot* et Pinot Liébault*.
Rendement de base à l'hectare : 35 hl.

ÉCHINE
Partie de la longe* de porc* située près de la tête de l'animal.

ÉCHOURGNAC ou ABBAYE D'ÉCHOURGNAC
Fromage* de lait* de vache fabriqué dans le Périgord. Il doit son nom à un village de Dordogne où est installé le monastère qui le fabrique.
Type : pâte pressée non cuite, croûte lavée.
Forme : disque à bords arrondis.
Tailles : 10 cm de diamètre, 3 à 4 cm d'épaisseur ou 19 cm de diamètre, 5 à 6 cm d'épaisseur.
Poids : 300 g ou 1,7 kg.
Teneur en M.G. : 50 %.
Qualité identique toute l'année.

ÉCLAIR
Pâtisserie de forme allongée, réalisée avec une pâte à choux* garnie de crème pâtissière*, parfumée au café* ou au chocolat* et glacée au fondant*.

Éclairs au café et au chocolat

ÉCREVISSE
Crustacé décapode vivant en eau douce. Devenue rare dans les cours d'eau français, notamment à cause de la pollution et de la pêche intensive et trop précoce *(1)*, l'écrevisse que nous consommons aujourd'hui provient très souvent d'aquaculture* (astaciculture) ou d'importation d'Europe centrale.
En France, on trouve 5 espèces d'écrevisses :
L'écrevisse à pattes rouges qui vit dans les ruisseaux de plaine. C'est la meilleure, donc la plus recherchée.
L'écrevisse à pattes blanches que l'on capture dans les ruisseaux de montagne.
L'écrevisse des torrents que l'on rencontre dans les cours d'eau d'altitude, en Alsace et dans le Morvan.
L'écrevisse américaine, introduite en France il y a une cinquantaine d'années et qui vit dans les rivières et les fleuves.
L'écrevisse à pattes grêles ou écrevisse de Turquie, espèce couramment reproduite en élevage.
L'écrevisse s'apprête de nombreuses façons : en sauce*, à la nage, grillée, en gratin, en garniture de poulet* ou de pigeon*, en bisque*, présentée en buisson*, etc.

(1) Il faut en effet 5 à 7 ans pour qu'une écrevisse atteigne l'âge adulte. Elle mesure alors 15 cm.

ÉCUME
Voir Espuma*.

ÉDAM
Fromage* de lait* de vache fabriqué en Hollande. Il tire son nom d'un petit port du nord du pays, son lieu d'origine. Copié dans de nombreux pays, l'édam est reconnu A.O.P.* dans le cadre de l'U.E. sous l'appellation ***Noord-Hollandse Édamer***.

Type : pâte pressée non cuite, croûte naturelle paraffinée colorée en rouge ou en jaune.
Forme : boule légèrement aplatie sur la base et le sommet et un peu plus haute que son diamètre.
Taille : 12 à 13 cm de diamètre, 13 à 14 cm de hauteur.
Poids : 1,3 à 1,5 kg.
Teneur en M.G. : 40 %.
Qualité identique toute l'année.

EDELZWICKER
Vins* bénéficiant de l'appellation Alsace* et provenant de l'assemblage de cépages* autorisés pour cette A.O.C.*.

ÉDULCORANT
Substance naturelle, chimique ou artificielle possédant un pouvoir sucrant. Le sucre* et le miel* sont des édulcorants naturels traditionnels. Par ailleurs il existe des édulcorants de synthèse* couramment employés comme additifs alimentaires*.

ÉDULCORANT DE SYNTHÈSE
Edulcorant chimique ou artificiel appelé également "édulcorant intense", dépourvu de valeur calorique et possédant un pouvoir sucrant important (voir saccharine*, aspartame*, acésulfame K*...).

EGG NOGS
Long drinks* chauds ou froids préparés au shaker avec œuf* entier ou jaune, lait*, sucre*, eau-de-vie* et saupoudrés de noix de muscade*.

ÉGLEFIN ou AIGLEFIN
Poisson de mer, voisin du cabillaud*, appartenant à la famille des gadidés. Lorsqu'il est présenté en filets fumés, il est appelé *haddock*.

Source : F Martin/FranceAgrimer

ÉGRAPPAGE
Voir Éraflage*.

EGRI BIKAVÉR
Autre dénomination du Sang de taureau*, célèbre vin* rouge produit en Hongrie.

EISWEIN
Voir Qualitätswein mit Prädikat*.

ÉLEVAGE (d'un vin)
Ensemble des soins et traitements apportés à un vin entre la fin de la vinification* et la mise en bouteille. Durant cette période, plus ou moins longue, différentes opérations (filtration, collage*, soutirage*, passage éventuel en récipients de bois, ouillage*...) vont permettre d'optimiser les qualités du vin.

ÉMERAUDE
Voir Stinger*.

EMMENTALER
Fromage* de lait* de vache fabriqué en Suisse dans le canton de Berne. Il tire son nom d'une vallée (l'Emme) d'où il est originaire. L'emmentaler bénéficie d'une Appellation d'Origine Contrôlée helvétique depuis 2006.
Type : pâte pressée cuite, croûte naturelle brossée.
Forme : grosse meule à talon convexe.
Taille : 80 à 100 cm de diamètre, 16 à 27 cm d'épaisseur.
Poids : 75 à 120 kg *(1)*.
Teneur en M.G. : 45 %.
Qualité identique toute l'année.

(1) Il faut 1 100 litres de lait cru pour fabriquer cet énorme fromage.

EMMENTAL FRANÇAIS
Fromage* de lait* de vache fabriqué essentiellement en Savoie et en Franche-Comté. Son nom lui vient de son homonyme suisse qui a inspiré sa fabrication dans notre pays.
Type : pâte pressée cuite, croûte brossée et graissée.
Forme : grosse meule à talon et surface légèrement bombée.
Taille : 70 à 100 cm de diamètre, 13 à 25 cm d'épaisseur.
Poids : 60 à 130 kg.
Teneur en M.G. : 45 %.
Qualité identique toute l'année.

EMPANADA
Terme espagnol désignant des tourtes*, pâtés en croûte, chaussons* ou friands aux garnitures variées (viande, volaille, poisson, fruits de mer).

EMPEREUR
Poisson de mer de la famille des béryciformes que l'on pêche dans les eaux profondes de l'Atlantique et du Pacifique. L'empereur, appelé aussi *hoplostète*, mesure environ 60 cm et possède une chair très appréciée qui rappelle celle de la lotte*.

ÉMULSIFIANT
Additif alimentaire* qui stabilise une émulsion et apporte une texture homogène à une denrée.

ENCORNET
Autre dénomination du calamar*.

ENDIVE
Voir Chicorée*.

ENTRAYGUES
Autre dénomination du cabecou d'Entraygues*.

ENTRECÔTE
Pièce de bœuf* prélevée dans le milieu du train de côtes*. Contrairement à la côte, l'entrecôte n'a pas de support osseux.

ENTRE-DEUX-MERS
Vins* blancs produits dans le Bordelais, A.O.C.* depuis le 31 juillet 1937.
Aire de production : 137 communes de la Gironde situées sur un territoire compris entre la Garonne et la Dordogne.
Superficie du vignoble : 1 486 ha (en 2006).
Encépagement autorisé : Sémillon*, Sauvignon*, Muscadelle*, Merlot blanc*, Colombard*, Mauzac* et Ugni blanc*.
Rendement de base à l'hectare : 60 hl.
Richesse alcoolique minimum acquise : 10 %.
Teneur maximale en sucre résiduel : 4 g/litre.

ENTRE-DEUX-MERS HAUT-BENAUGE
Vins* blancs produits dans les mêmes conditions que ceux bénéficiant de l'appellation Entre-deux-Mers*, mais sur une aire limitée à 9 communes situées au nord de Langon.

ENTREMETS
À l'origine, l'entremets était une préparation salée servie entre le rôti et le dessert*. Aujourd'hui, ce terme désigne tout simplement un mets sucré, chaud ou froid, servi en fin de repas.

ÉPAULE
Pièce de viande constituée de la partie supérieure d'un membre antérieur du porc* ou d'un animal de boucherie (veau*, agneau*, bœuf*…).

ÉPEAUTRE
Variété rustique de blé* dont les grains adhèrent à la balle *(1)*. L'épeautre est employée dans certaines soupes* et dans la fabrication de pains*, de biscuits*, de pâtes*, de bières*…

(1) La balle (ou bale) est l'enveloppe d'une graine de céréale.

ÉPERLAN
Petit poisson de mer de la famille des osméridés qui vient frayer en eau douce dans les embouchures des fleuves. L'éperlan, qui mesure rarement plus de 20 cm, est essentiellement préparé en friture ou meunière*.

ÉPICE
Substance aromatique d'origine végétale utilisée dans le domaine culinaire pour relever la saveur des mets. Le clou de girofle*, le poivre*, le paprika*, le safran*, la cannelle*, la noix de muscade*, le curcuma*, etc. sont des épices.
L'épice, couramment considérée comme une substance aromatique exotique, se distingue de l'aromate* par le fait que son goût, souvent très puissant, l'emporte sur son parfum.
Utilisées dans les cuisines du monde entier mais aussi dans l'élaboration de produits aussi divers que certains spiritueux*, médicaments ou parfums, les épices et leur commerce ont pris une place importante dans notre Histoire.

ÉPIGRAMME
Apprêt culinaire constitué d'une côte* et d'un morceau de poitrine* d'agneau*. L'épigramme est généralement pané pour être ensuite grillé ou sauté au beurre*.

ÉPINARD
Plante potagère originaire d'Asie occidentale dont les feuilles sont très souvent consommées cuites mais aussi crues, en salade. L'épinard a connu un réel succès au début du 19ème siècle lorsque certains nutritionnistes mirent en évidence sa richesse en substances minérales, notamment en fer *(1)*.
Principales variétés : *Symphonie, Samos, Géant d'hiver, Monstrueux de Viroflay, Merveille de Versailles, Resistoflay, Ploka…*

(1) Depuis, les avis sont plus nuancés. Les scientifiques ont en effet découvert que le fer contenu dans les épinards est peu assimilable et que finalement la présence de ce minéral n'est pas aussi importante que cela (3,60 mg/100g). Les épinards arrivent ainsi loin derrière les lentilles* (7,70 mg/100g), le jaune d'œuf* (7,60 mg/100g), les haricots* blancs (6,40 mg/100 g), les moules* (5,80 mg/100g) les pois cassés* (5,80 mg/100g) et le foie* de veau* (5,00 mg/100g).

ÉPOISSES
Fromage* de lait* de vache fabriqué en Bourgogne, A.O.C.* depuis le 14 mai 1991 et reconnu A.O.P.* dans le cadre européen. Il doit son nom à un village de Côte-d'Or, lieu d'origine de sa production. L'aire d'appellation s'étend sur 533 communes situées principalement en Côte-d'Or mais aussi dans l'Yonne et en Haute-Marne.
Type : pâte molle à croûte lavée.
Forme : disque épais.
Tailles : 9,5 à 11,5 cm de diamètre, 3,5 à 5 cm d'épaisseur ou 16,5 à 19 cm de diamètre, 3,5 à 5 cm d'épaisseur.
Poids : 250 à 350 g ou 700 à 1,1 kg.
Teneur en M.G. : 50 % au minimum.
Meilleures saisons : été, automne, hiver.

ÉRAFLAGE
Cette opération de vinification, appelée aussi *égrappage*, consiste à séparer les grains de raisin* de la rafle avant la mise en fermentation alcoolique*. Pour certains moûts*, l'élimination de la rafle, support pédonculaire vert et ligneux riche en tanins*, permet d'obtenir des vins moins âpres. L'éraflage se fait manuellement ou mécaniquement.
Notons que les raisins récoltés avec une machine à

vendanger sont automatiquement égrappés puisque les rafles restent sur la vigne.

ERMITAGE ou L'ERMITAGE
Appellation identique à Hermitage*.

ERVY-LE-CHÂTEL
Fromage* de lait* de vache fabriqué en Champagne. Il tire son nom d'un village de l'Aube situé dans sa zone de production.
Type : pâte molle à croûte fleurie.
Forme : cône tronqué.
Taille : 12 cm de diamètre de base, 4 à 5 cm d'épaisseur.
Poids : 500 g environ.
Teneur en M.G. : 45 à 50 %.
Meilleures saisons : printemps, été, automne.

ESAÜ
Préparation culinaire contenant une purée de lentilles*. Elle doit son nom à Esaü, personnage biblique, qui céda son droit d'aînesse à son frère Jacob en échange d'un plat de lentilles.

ESBAREICH
Fromage* de lait* de brebis fabriqué dans le Béarn. Il doit son nom à un village des Hautes-Pyrénées situé dans sa zone de production.
Type : pâte pressée non cuite, croûte naturelle.
Forme : petite meule à bords convexes.
Taille : 30 à 35 cm de diamètre, 6 à 8 cm d'épaisseur.
Poids : 4 à 5 kg.
Teneur en M.G. : 45 % environ.
Meilleures saisons : printemps, été, automne.

ESCABÈCHE
Marinade* très relevée spécialement employée pour préparer des conserves de poisson (sardines*, maquereaux*, anchois*, thon*...).

ESCALOPE
Mince tranche de viande blanche, de volaille, d'abats*, de poisson, de foie gras*, de crustacé, etc. Le terme "escalope", sans précision de produit, désigne une pièce de veau* prélevée dans la noix* ou la sous-noix.

ESCARGOT
Gastéropode (1) terrestre doté d'une coquille spiralée. En France, les 2 espèces les plus courantes sont :

Source : Photo BG

L'Escargot de Bourgogne : coquille jaune fauve d'un diamètre de 3 à 4,5 cm.

L'Escargot petit gris : coquille brunâtre d'un diamètre de 2,5 à 3 cm.

Il faut préciser que l'achatine* n'a pas droit à l'appellation "escargot".
Dans notre pays, le ramassage de l'escargot est réglementé (période de capture, diamètre minimum). Sa consommation ne doit se faire qu'après un jeûne qui écarte les risques d'empoisonnement liés à une absorption de plantes toxiques ou de produits phytosanitaires avant la capture. L'élevage des escargots (2) connaît actuellement un réel développement.
L'escargot est un des plus anciens plats consommés par l'homme, il se prépare de nombreuses façons : farci en coquille avec du beurre d'escargots*, à la bourguignonne*, grillé, en fricassée*, en feuilleté...
(1) Mollusque rampant sur un pied ventral.
(2) Débutée dans les années 80, l'héliciculture française s'est développée dans plusieurs régions. Seuls le "petit gris" et le "gros gris" (dont la taille peut atteindre celle de "l'escargot de Bourgogne") font l'objet d'un élevage.

ESCOFFIER (Auguste)
Cuisinier français (Villeneuve-Loubet 1846 - Monte-Carlo 1935). La carrière de ce grand Maître fut particulièrement brillante, il a d'ailleurs été surnommé par ses pairs " Le cuisinier des rois et le roi des cuisiniers". Il fut un rénovateur et modernisant les méthodes de travail et en simplifiant et codifiant la cuisine et les menus.
Le nom d'Escoffier reste attaché à la notoriété de grands palaces tels que *Le Savoy* et *Le Carlton* de Londres, *Le Grand Hôtel* à Rome ou *Le Ritz* à Paris. On lui confia également l'équipement des cuisines et le recrutement des brigades de 2 paquebots, *L'Amérika* et *L'Impérator*. Ses créations culinaires sont nombreuses; n'est-ce pas lui qui composa en 1893 la pêche Melba* en l'honneur d'une cantatrice australienne du même nom?
Son œuvre littéraire est considérable avec des ouvrages tels que *"Le livre des menus"*, *"Le Riz"*, *"Ma Cuisine"*, *"Les Fleurs en cire"*, *"L'Aide-mémoire culinaire"* et surtout *"Le Guide culinaire"*. Cet ouvrage, rédigé en collaboration avec Philéas Gilbert* et Emile Fetu, édité en 1903 et constamment réédité depuis, demeure la référence en matière gastronomique. Il sera le premier cuisinier à être fait Officier de la Légion d'honneur

ESCULENCE
Qualité savoureuse d'un aliment. Jean-Anthelme Brillat-Savarin* évoque le "Point d'esculence" d'une substance alimentaire: *"C'est la gastronomie qui*

fixe le point d'esculence de chaque substance alimentaire, car toutes ne sont pas présentables dans les mêmes circonstances.
Les unes doivent être prises avant que d'être parvenues à leur entier développement […] ; d'autres, au moment où elles ont atteint toute la perfection qui leur est destinée […], d'autres quand elles commencent à se décomposer […] ; d'autres, enfin, après que des opérations de l'art leur ont ôté leurs qualités malfaisantes…". (Physiologie du goût. Méditation III)

ESPADON
Poisson de mer de la famille des xiphiidés qui vit dans les mers chaudes. Cet énorme poisson qui peut atteindre 5 m de longueur et peser 500 kg possède une chair ferme qui rappelle celle du thon*. Il se prépare comme ce dernier.

ESPAGNOLE (à l')
Dénomination qui s'applique à diverses préparations culinaires où l'on retrouve des tomates*, des poivrons*, des oignons* et de l'ail*.

ESPAGNOLE (sauce)
Sauce* réalisée avec fond* brun de veau lié au roux* brun.

ESPRIT DE COGNAC
Produit obtenu en faisant subir une troisième repasse en alambic à une eau-de-vie* de Cognac*.
A.O.C.* depuis le 11 mars 1938.
Titrant entre 80° et 85°, l'esprit de cognac entre dans l'élaboration de certains vins* effervescents* *(1)*.
(1) Sous forme de composant de la "Liqueur d'expédition".*

ESPUMA
Mousse très légère élaborée à partir d'ingrédients variés *(1)*. L'appareil obtenu (purée fine, coulis ou liquide) est additionné d'un peu de gélatine* avant d'être passé dans un siphon pour obtenir un foisonnement particulier recherché en gastronomie moléculaire*. Ce type de préparation, nommé en français *écume*, a été lancé par le chef cuisinier catalan Ferran Adrià*.
(1) Légumes, fruits, œufs, fromages*, crèmes, liquides divers…*

EST ! EST ! EST !!! DI MONTEFIASCONE
Vins* blancs italiens produits au nord-ouest de Rome. Issus de cépages* Trebbiano, et Malvasia, ces vins bénéficient d'une D.O.C.*
La légende veut qu'au 12ème siècle un prélat allemand, qui allait à Rome pour se faire couronner par le Pape, envoya un serviteur pour repérer les auberges qui servaient les meilleurs vins. Ce "prospecteur" devait inscrire la mention "Est" sur la façade des établissements proposant des vins de qualité. À Montefiascone, il estima avoir dégusté un vin tout à fait remarquable et il inscrivit alors "Est ! Est ! Est !!!". Le prélat apprécia le vin autant que son valet et il décida de s'installer dans le village pour y finir sa vie.

ESTOUFFADE
Apprêt culinaire à base de viande généralement du bœuf* cuite à l'étouffée avec du vin*, des légumes* et des aromates*.

ESTRAGON
Plante aromatique originaire des pays d'Asie centrale. Elle exhale des arômes fins et pénétrants, légèrement anisés.
L'estragon est surtout utilisé pour aromatiser les sauces* (ex: sauce béarnaise*), les salades, les viandes, les condiments* (ex : cornichons*, moutarde*) etc.

ESTURGEON
Poisson migrateur appartenant à la famille des acipenséridés. Il vit dans les mers et au printemps il remonte les fleuves et rivières pour s'y reproduire.
L'esturgeon est surtout pêché dans la Mer Caspienne, la Mer Noire et la Mer d'Azov pour ses œufs qui deviennent, après traitement, du caviar* (voir ce terme). Il est aussi élevé en aquaculture*.
Peu consommé en France, ce poisson au corps fuselé est apprécié dans les pays d'Europe centrale ou orientale, notamment en Russie. Sa moelle épinière, le vesiga*, est employée dans certaines farces.

ÉTIQUETTE DE LA TABLE
Voir Protocole*.

ETIVAZ
Fromage* de lait* de vache élaboré en Suisse dans les Alpes vaudoises. Il doit son nom à un village situé dans sa zone de production. Bénéficiant d'une Appellation d'Origine Contrôlée depuis 2000, l'etivaz n'est fabriqué que de mai à octobre avec du lait provenant d'animaux s'étant nourris dans des pâturages d'altitude (entre 1000 et 2000 m).
Type : pâte pressée cuite, croûte naturelle brossée.
Forme : grosse meule.
Taille : 30 à 60 cm de diamètre, 8 à 11 cm d'épaisseur.
Poids : 10 à 38 kg.
Teneur en M.G. : 45 %.
Qualité identique toute l'année.

ÉTRAIRE DE LA DRUI
Cépage* noir originaire de l'Isère et cultivé sur de faibles superficies dans le vignoble savoyard. Il produit des vins* rouges très colorés, corsés et riches en tanins.

ÉTRILLE
Petit crabe* vivant sur les fonds côtiers de l'Atlantique et de la Méditerranée. Le corps de l'étrille atteint rarement une largeur supérieure à 15 cm. Il peut être poché dans un court-bouillon* ou entrer dans la composition d'une bisque*.

ÈVE (salade)
Salade composée* préparée comme la salade Alice* mais les pommes* évidées sont garnies de dés de pommes, d'ananas*, de bananes* et de cerneaux de noix* épluchés.
Assaisonnement : crème acidulée au jus de citron*.

EVIAN
Eau minérale naturelle* plate captée à Evian-les-Bains en Haute-Savoie. Première autorisation ministérielle en septembre 1878 et déclarée d'intérêt public en juin 1926.
Evian, caractérisée par sa légèreté, son équilibre et sa faible minéralisation, est considérée comme l'eau de référence par les dégustateurs. Sa neutralité en fait également une eau apte à être consommée couramment à table.
Catégorie : faiblement minéralisée

Composition physico-chimique (en mg/l)	
Cations	Anions
Calcium: 78 Magnésium: 24 Sodium: 5 Potassium: 1	Bicarbonates: 357 Sulfates: 10 Chlorures: 4,5 Nitrates: 3,8
Silice: 13,5	
pH à 20 °C: 7,2 Minéralisation totale: 309 mg/l	

Source : Société des eaux minérales d'Evian

EXHAUSTEUR DE GOÛT
Additif alimentaire* qui accentue la saveur d'une denrée.

EXPLORATEUR
Fromage* de lait* de vache fabriqué en Ile-de-France. Son nom est une marque commerciale déposée par son fabricant en 1955.
Type : pâte molle à croûte fleurie (triple-crème*).
Forme : petit cylindre.
Taille : 8 cm de diamètre, 5,5 à 6 cm d'épaisseur.
Poids : 250 g environ.
Teneur en M.G. : 75 %.
Qualité identique toute l'année.

F

FAISAN
Gibier à plumes sédentaire dont la chasse et la vente sont réglementées.
Il faut distinguer :
Le faisan commun : originaire d'Asie et introduit en Europe dès l'Antiquité. Il pèse en moyenne 1,4 kg.
Le faisan vénéré : superbe oiseau au plumage chatoyant originaire de Chine et introduit en France vers 1870. Il pèse de 1,4 à 1,6 kg.
Un très jeune faisan est couramment dénommé *pouillard*.
Le faisan se prépare rôti, en salmis*, en chartreuse*, en ballottine*, etc.

FAISANDAGE
Traitement appliqué à certains gibiers*. Il consiste à laisser l'animal se mortifier *(1)* dans un local frais pendant une période plus ou moins longue, jusqu'à 8 jours, afin d'attendrir les chairs et obtenir des saveurs et arômes particuliers. Cette pratique, très controversée du point de vue gastronomique, présente également des risques alimentaires.
(1) Maturation avancée.

FANCHETTE (salade)
Salade composée constituée de champignons* crus émincés, julienne* de blancs de volailles, endives* et lames de truffes*.
Assaisonnement : sauce vinaigrette*.

FANCY DRINK
Cocktail* se consommant à tous moments.

FAON
Voir Cerf* et Chevreuil*.

FAR BRETON
Flan* aux pruneaux* ou aux raisins* secs. Il s'agit bien évidemment d'une spécialité bretonne.

FAR DU POITOU
Préparation culinaire régionale constituée d'un hachis de légumes verts *(1)* et de lard lié avec de la crème* et des œufs*. Ce hachis est emballé dans des feuilles de chou* pour être cuit au court-bouillon*.
(1) Laitue, épinards*, oseille*, bettes* et chou.*

FARFALLES
Pâtes alimentaires en forme de nœud papillon.

FARIGOULE
Voir Thym*.

FARINE
Produit obtenu par mouture de grains de blé. S'il s'agit d'une autre céréale, le nom de celle-ci doit être précisé. Exemples : seigle*, méteil*, sarrasin*, châtaigne* *(1)*, avoine*, épeautre*, riz*, maïs*, etc.
La farine est classée en différents types *(2)* en fonction de son stade de raffinement *(3)*. Une farine de type 45 est très blanche alors qu'une farine de type 150 utilisée pour la fabrication de pain* complet est plus foncée.
Produit de base de notre alimentation quotidienne, la farine se retrouve bien sûr dans le pain mais aussi dans de très nombreuses préparations culinaires.
*(1) **La Farine de châtaigne corse** (Farina castagnina corsa) bénéficie d'une A.O.C.* depuis le 24 novembre 2006. Sa production, limitée à un territoire de 270 communes de l'île, est soumise à des normes précises.*

Le Florida*, le Balalaïka*, le Brandy egg nog*, le Bacardi*, et le God father* sont des Fancy drinks

(2) 6 types : 45, 55, 65, 80, 110 et 150.
(3) Plus scientifiquement à partir du "taux de cendres" relatif à la quantité de matières minérales restant dans la farine.

FAUGÈRES (eau-de-vie)
Eau-de-vie* provenant de vins* récoltés et distillés sur 7 communes de l'Hérault, dont Faugères, situées au nord de Béziers. Appellation réglementée par le décret du 19 mars 1948. Les vins destinés à la distillation doivent être issus de cépages autorisés dans la région de Faugères.
Titre alcoométrique maximum à la sortie de l'alambic : 71°.
Titre alcoométrique minimum à la vente au consommateur : 40°.

FAUGÈRES (vins)
Vins* rouges, rosés et blancs produits en Languedoc-Roussillon, A.O.C.* depuis le 5 mai 1982.
Aire de production : communes de Cabrerolles, Autignac, Caussiniojouls, Faugères, Fos, Laurens et Roquessels situées au nord de Béziers.
Superficie du vignoble : 1 927 ha (en 2005).
Encépagement autorisé : Carignan*, Cinsault*, Grenache*, Mourvèdre*, Syrah*, Lladoner Pelut*, Grenache blanc*, Marsanne*, Roussanne*, Vermentino*, Clairette*, Bourboulenc*, Macabeu* et Carignan blanc*.
Rendement de base à l'hectare : 50 hl.

FAURE-BRAC (Philippe)
Sommelier* français né à Marseille en 1960. Après une formation en cuisine et gestion en Écoles hôtelières (Sisteron, Grenoble et Nice), il découvre sa passion pour le vin et se dirige vers la sommellerie. Son parcours professionnel passe par des restaurants de la capitale et en 1984 il décide d'ouvrir le *Bistrot du Sommelier*, établissement parisien voué à l'alliance des vins et des mets.
Philippe Faure-Brac reçoit des titres prestigieux : Meilleur jeune Sommelier de France en 1984, Meilleur Sommelier de France en 1988, Meilleur Sommelier du Monde en 1992… En 2000, il est Président-fondateur de la section "Sommelier" du concours M.O.F*. Homme de communication (presse écrite, radio, télévision,) il a également publié plusieurs ouvrages dédiés au vin.

FAUX-FILET
Morceau prélevé dans la région lombaire du bœuf, à côté du filet*. Il est aussi appelé *contre-filet*.

FAVORITE (garniture)
Garniture* composée d'escalopes de foie gras*, de lames de truffes* et de pointes d'asperges*.

FAVORITE (purée)
Préparation culinaire constituée d'une purée de haricots verts*.

FAVRE (Joseph)
Cuisinier d'origine suisse (Vex 1849- Paris 1903) fondateur de la première Académie de cuisine et auteur du *Dictionnaire universel de cuisine pratique, Encyclopédie illustrée d'hygiène alimentaire,* un des plus importants ouvrages culinaires du 19ème siècle, encore édité aujourd'hui.

FÉCULE
Produit constitué de l'amidon extrait d'une partie de certains végétaux, notamment la racine ou le tubercule (ex : pomme de terre* ou manioc*). La fécule est pricipalement employée en cuisine comme élément de liaison.

FEIJOADA
Spécialité culinaire brésilienne à base de viande de porc* et de haricots* noirs.

FENDANT
Vins* blancs suisses produits dans le Valais. Ils sont issus de cépage* Chasselas* appelé localement Fendant.

FENOUIL
Plante aromatique originaire de Toscane marquée par un goût doux et anisé.
Le bulbe, constitué par la base des feuilles imbriquées les unes dans les autres, peut être consommé cru en salade ou cuit à la grecque*, farci, grillé, etc.
Les feuilles fraîches sont utilisées pour aromatiser les salades ou les soupes de poisson.
Les graines sont employées pour parfumer les cornichons*, les pains*, les pâtisseries, etc.
Sur les bords de la Méditerranée, on flambe souvent le loup* sur un lit de brindilles de fenouil séchées.

Source : Doc. Ph. Faure-Brac

Source : Arnaud 25/Wikimedia Commons

FENUGREC

Plante aromatique probablement originaire du Moyen-Orient et dont les graines sont employées pour aromatiser les vinaigres* de cornichons* et de pickles*. Elles entrent également dans la composition de certains mélanges épicés (ex : curry*).

Source : Photo BG

FER ou FER SERVADOU

Cépage* noir originaire du Sud-Ouest, vraisemblablement du Bergeracois.

Aires de culture : plusieurs régions du Sud-Ouest, notamment les terroirs des appellations Béarn*, Madiran*, Bergerac*, Gaillac*, Tursan*, Floc de Gascogne*, Marcillac*, Côtes de Millau, etc. On le rencontre également en Argentine.

Vins* produits : rouges colorés, tanniques, bien structurés.

FÉRA

Poisson d'eau douce de la famille des corégonidés qui vit dans les eaux froides et profondes des lacs alpins. Sa taille peut atteindre 60 cm. La chair fine, délicate et savoureuse de la féra est très appréciée.

FERMENTATION ALCOOLIQUE

Phase essentielle de la vinification* au cours de laquelle le sucre contenu dans le moût* de raisin se transforme totalement ou partiellement en alcool*, en gaz carbonique et en produits secondaires. La fermentation alcoolique est un phénomène naturel qui se réalise grâce aux levures alcooliques* présentes dans la vendange. De nombreuses autres boissons telles que le cidre* et la bière* sont fabriquées grâce à un processus de fermentation alcoolique.

FERMENTATION MALOLACTIQUE

Fermentation secondaire qui survient après la fermentation alcoolique*. Ce sont des bactéries contenues dans le vin* qui transforment *l'acide malique* en *acide lactique* avec dégagement de gaz carbonique. À l'issue d'une fermentation malolactique, on note une diminution de l'acidité totale du vin avec naissance de nouvelles saveurs et odeurs. Le perlant produit par le faible dégagement de CO_2 confère un caractère particulier à certains vins blancs tels que le Muscadet* ou le Gaillac* perlé.

FERNET-BRANCA

Bitter* italien créé en 1845 par les frères Branca à partir d'une formule mise au point par un herboriste, le Docteur Fernet. Il est aujourd'hui fabriqué sous licence dans plusieurs pays *(1)*.

Cet amer de couleur brune, au goût peu agréable, est surtout consommé pour ses vertus digestives. Il titre 40° et existe également dans une version aromatisée à la menthe*.

(1) Pour la France, il est fabriqué à Saint-Louis en Alsace.

FERRARELLE

Eau minérale naturelle* gazeuse captée à Ricardo, en Campanie, dans le sud de l'Italie.
Catégorie : riche en sels minéraux.

Composition physico-chimique (en mg/l)	
Cations	Anions
Calcium: 483 Sodium: 56 Potassium: 49 Magnésium: 21	Bicarbonates: 1751 Chlorures: 21 Sulfates: 5 Nitrates: 4
Fluor: 0,4	
pH à 20 °C: 5,8 Minéralisation totale: 1597 mg/l	

FETA

Fromage* de lait* de brebis *(1)* fabriqué en Grèce. La féta est reconnue A.O.P.* dans le cadre de l'U.E.
Type : pâte fraîche.
Forme : pain carré ou rectangulaire.
Taille et poids : variables.
Teneur en M.G. : 43 % et plus.
Qualité identique toute l'année.

(1) D'autres laits peuvent enter dans la composition.

FEUILLE DE BRICK

Originaire du Maghreb, cette fine feuille de pâte est fabriquée avec de la farine*, de l'eau et du sel*. Il existe des variantes qui intègrent de la semoule* bouillie, des œufs* ou de l'huile*.

FEUILLE DE CHÊNE

Voir Laitue*.

FEUILLE DE DREUX

Autre appellation du Dreux à la feuille*.

FEUILLE DE FILO

Fine feuille de pâte fabriquée avec de la farine*, de l'eau, du sel* et de l'huile* d'olive. La pâte à filo est originaire de Grèce.

FEUILLE MORTE

Apéritif constitué d'une mesure d'anisé* additionnée d'un trait de sirops* de menthe* et de grenadine*.

FEUILLETAGE

Autre dénomination de la pâte feuilletée *.

FÈVE

Grosse graine issue de la gousse d'une légumineuse qui serait originaire de Perse. La fève se consomme à différents stades de maturité :
Fraîche, de couleur vert-pâle, s'il s'agit de "févette".
Mûre, de plus grosse taille et de couleur vert-jaune.

Séchée, en gros grain beige.

Dans certains pays *(1)*, la fève a une place importante dans l'alimentation courante, comme légume ou pour la farine* qu'elle fournit. En France, avant l'arrivée des petits pois* et des haricots* secs, elle était beaucoup plus consommée qu'aujourd'hui. N'était-elle pas le légume du cassoulet* ?

(1) Notamment en Afrique du Nord et en Orient.

FÈVE DE TONKA

Graine d'une plante originaire d'Amérique du Sud et encore cultivée au Brésil, en Guyane et au Venezuela. La fève de Tonka est distillée pour obtenir un alcoolat* employé en parfumerie. Elle sert aussi à aromatiser certains pastis* (Henri Bardoin* par exemple) et elle est employée pour parfumer des crèmes ou autres préparations culinaires.

FIADONE

Pâtisserie corse réalisée avec du brocciu*, des œufs*, de sucre* et aromatisée avec des zestes* de citron* ou de l'eau-de-vie*.

FIASQUE

Bouteille à col long et à panse ventrue enveloppée de paille. Elle est utilisée en Italie pour embouteiller les Chiantis*.

FICELLE PICARDE

Crêpe* garnie d'un hachis de champignons* et de jambon* et mise à gratiner avec du fromage* râpé.

FIÉE DES LOIS

Eau de source* captée à Prahecq dans les Deux-Sèvres.
Catégorie : faiblement minéralisée.
pH à 20 °C : 7,2.
Minéralisation totale : 416 mg/l.

FIEFS VENDÉENS BREM

Vins* rouges, rosés et blancs produits en Vendée, A.O.V.D.Q.S.* depuis le 24 octobre 1984.
Aire de production : 7 communes de Vendée situées à proximité des Sables-d'Olonne.
Superficie du vignoble : 110 ha (en 2008).
Encépagement principal: Pinot noir*, Cabernet-Sauvignon*, Cabernet franc*, Négrette*, Gamay de Chaudenay*, Chenin blanc*, Sauvignon* et Chardonnay*.
Rendement de base à l'hectare : 50 hl.

FIEFS VENDÉENS MAREUIL

Vins* rouges, rosés et blancs produits en Vendée, A.O.V.D.Q.S.* depuis le 24 octobre 1984.
Aire de production : 10 communes de Vendée situées au sud-est de la Roche-sur-Yon.
Superficie du vignoble : 320 ha (en 2008).
Encépagement principal: Pinot noir*, Cabernet-Sauvignon*, Cabernet franc*, Négrette*, Gamay de Chaudenay*, Chenin blanc*, Sauvignon* et Chardonnay*.
Rendement de base à l'hectare : 50 hl.

FIEFS VENDÉENS PISSOTTE

Vins* rouges, rosés et blancs produits en Vendée, A.O.V.D.Q.S.* depuis le 24 octobre 1984.
Aire de production : commune de Pissotte, située au nord de Fontenay-le-Comte.
Superficie du vignoble : 20 ha (en 2008).
Encépagement principal: Pinot noir*, Cabernet-Sauvignon*, Cabernet franc*, Négrette*, Gamay de Chaudenay*, Chenin blanc*, Sauvignon* et Chardonnay*.
Rendement de base à l'hectare : 50 hl.

FIEFS VENDÉENS VIX

Vins* rouges, rosés et blancs produits en Vendée, A.O.V.D.Q.S.* depuis le 24 octobre 1984.
Aire de production : commune de Vix située dans le sud de la Vendée.
Superficie du vignoble : 30 ha (en 2008).
Encépagement principal: Pinot noir*, Cabernet-Sauvignon*, Cabernet franc*, Négrette*, Gamay de Chaudenay*, Chenin blanc*, Sauvignon* et Chardonnay*.
Rendement de base à l'hectare : 50 hl.

FIGATELLI

Saucisson* corse à base de chair et d'abats* de porc*, notamment du foie*.

FIGUE

Fruit du figuier, arbre originaire de Mésopotamie. Les variétés à peaux noire et violette se consomment plutôt fraîches alors que les variétés à peau verte sont souvent séchées. Parmi les variétés produites actuellement citons *La Boulbon, la Caromb, La Bourjasotte noire, la Marseillaise, la Parisienne…*

Figues fraîches

Ce petit fruit piriforme *(1)* ou globuleux, très apprécié des civilisations de l'Antiquité et un temps oublié dans notre alimentation, revient dans la gastronomie contemporaine. On peut le consommer nature,

en confiserie, en confiture*, en pâtisserie et comme garniture* de volailles, viandes blanches, gibiers et autres préparations culinaires.
La Figue de Solliès bénéficie d'une A.O.C.* depuis le 28 juin 2006. Sa production, issue de la variété *Bourjasotte Noire*, est soumise à des normes précises et limitée à 15 communes du Var situées à proximité de Toulon.

(1) En forme de poire.

FIGUE DE BARBARIE
Fruit d'une variété de cactus (l'opuntia) originaire du Mexique. Rapporté par Christophe Colomb, il est aujourd'hui bien implanté dans le bassin méditerranéen. La figue de Barbarie est une baie oblongue de 4 à 9 cm de long dont la peau jaune-orangée est hérissée de piquants noirs. Sa chair rafraîchissante est parsemée de petits pépins. Comme beaucoup de fruits exotiques, elle se consomme nature, en confiture*, en compote, en sorbet* ou comme garniture* de viandes blanches ou de volailles.

FIGUE DE MER
Voir Violet*.

FILET
a) Morceau prélevé dans la région lombaire des animaux de boucherie. Il fournit une viande dont la tendreté est particulièrement appréciée.
b) Partie charnue prélevée sur la poitrine d'une volaille.
c) Chair d'un poisson située le long de l'arête centrale.

FILET MIGNON
Chez le porc*, morceau très tendre correspondant au filet du bovin*. Cette dénomination est également employée pour le filet du veau* ou de certains cervidés (cerf*, chevreuil* …).

FIN GRAS DU MEZENC
Voir Bovin*.

FINANCIER (animal)
Voir Lièvre*.

FINANCIER (pâtisserie)
Petit gâteau de forme rectangulaire préparé avec une pâte à biscuit additionnée de poudre d'amande*, de blancs d'œufs* et de beurre*.

Source : Photo BG

FINANCIÈRE (sauce)
Sauce madère* réduite et additionnée d'essence de truffe*.

FINE BORDEAUX
Eau-de-vie* provenant de vins* récoltés et distillés sur l'aire de production de l'A.O.C.* Bordeaux*. Appellation réglementée par le décret du 5 août 1974.
Dans le vignoble, les cépages autorisés sont : l'Ugni blanc*, le Colombard*, Le Merlot blanc*, Le Mauzac* et l'Ondenc*.
Les vins destinés à la distillation ne peuvent pas être chaptalisés et doivent présenter une richesse alcoolique acquise inférieure ou égale à 10 %. La distillation doit intervenir avant le 1er avril qui suit l'année de récolte.
Titre alcoométrique de l'eau-de-vie à la sortie de l'alambic : entre 65° et 72°.
Titre alcoométrique minimum à la vente au consommateur : 40°.

FINE CHAMPAGNE
Eau-de-vie* de cognac produite en Grande Champagne* et en Petite Champagne*.
L'assemblage doit contenir au moins 50 % d'eau-de-vie originaire de Grande Champagne (voir critères de production à Cognac*).

FINS BOIS
a) Une des 6 zones qui constituent l'aire d'appellation Cognac*. Elle entoure les 3 premiers crus (Grande Champagne*, Petite Champagne* et Borderies*) avec un vignoble d'environ 31 000 ha (en 2008).
b) Eau-de-vie* à A.O.C.* produite sur la zone délimitée des Fins Bois (voir critères de production à Cognac*).

FIORE SARDO
Fromage* de lait* de brebis fabriqué en Sardaigne qui doit son nom à sa région d'origine. Il bénéficie d'une Appellation d'Origine Contrôlée en Italie et d'une A.O.P.* dans le cadre de l'U.E.
Type : pâte pressée non cuite, croûte naturelle.
Forme : petite meule.
Taille : 15 à 20 cm de diamètre, 12 à 15 cm de hauteur.
Poids : 1,5 à 4 kg.
Teneur en M.G. : 40 % au minimum.
Meilleures saisons : automne, hiver, printemps.

FITOU
Vins* rouges produits en Languedoc-Roussillon, A.O.C.* depuis le 28 avril 1948.
Aire de production : 9 communes de l'Aude - dont Fitou - situées au sud de Narbonne.
Superficie du vignoble : 2 665 ha (en 2008).
Encépagement autorisé : Carignan*, Grenache*, Syrah*, Mourvèdre*et Lladoner pelut*,
Rendement de base à l'hectare : 45 hl.
Richesse alcoolique minimum acquise : 12 %.

FIXES
Long drinks* préparés directement sur glace dans un tumbler avec du sucre* dissous dans un peu d'eau gazeuse, du jus de citron*, du curaçao* orange et de l'eau-de-vie*. Ils sont décorés de tranches de citron, d'orange* ou d'autres fruits.

FIXIN
Vins* rouges et blancs produits en Bourgogne*, A.O.C.* depuis le 8 décembre 1936. Pour les vins dont les récoltes proviennent de parcelles classées "Premier cru", l'appellation communale peut être complétée par le nom du climat* d'origine *(1)* et (ou) par la mention "Premier cru".
Aire de production : commune de Fixin *(2)*, située au sud-ouest de Dijon.
Superficie du vignoble : 89 ha (en 2007) dont 86 ha en vins rouges et 3 ha en vins blancs.
Encépagement autorisé : Pinot noir*, Pinot Beurot*, Pinot Liébault*, Pinot blanc* et Chardonnay*.
Rendement de base à l'hectare: 40 hl pour les vins rouges et 45 hl pour les vins blancs.
(1) "La Perrière", "Le Clos-du-Chapitre", "Les Arvelets", "Les Hervelets", "Aux Cheusots" et " Le Meix Bas".
(2) "La Perrière" est implantée, en partie, sur la commune limitrophe de Brochon.

FIZZES
Long drinks* préparés au shaker avec sucre*, jus de citron*, eau-de-vie* et complétés avec du soda*.
Un jaune ou un blanc d'œuf* peuvent être ajoutés au mélange de base.

FLAGEOLET
Voir Haricot en grain*.

FLAMICHE
Spécialité picarde se présentant sous forme de tarte* ou de tourte* salée garnie de poireaux* étuvés au beurre* et liés aux œufs*.

FLAMMENKÜCHE ou FLAMMEKÜECHE
Spécialité culinaire alsacienne réalisée à partir d'une fine abaisse* de pâte à pain* recouverte d'oignons* émincés, de lardons et de crème fraîche*.

FLAMRI ou FLAMERY
Entremets* froid réalisé avec de la semoule* cuite au vin* blanc, additionnée d'œufs* entiers et de blancs en neige. Après démoulage, le flamri est nappé d'un coulis* de fruits rouges.

FLAN
Terme désignant plusieurs préparations culinaires, sucrées ou salées, réalisées à partir d'un appareil à flan *(1)* additionné de fruits, légumes, salpicons* divers...
La crème renversée au caramel* et autres crèmes prises sont aussi appelées "flan".
(1) Œufs et lait* (voire crème fraîche*) constituent les ingrédients de base d'un appareil à flan.*

FLANCHET
Morceau prélevé dans la partie abdominale inférieure du bœuf*.

FLAVEUR
Ensemble des sensations olfactives et gustatives perçues lors d'une dégustation.

FLÉTAN
Poisson de mer qui vit dans les eaux profondes des mers froides mais qui est aussi élevé en aquaculture*. Le flétan est le plus grand des pleuronectidés.

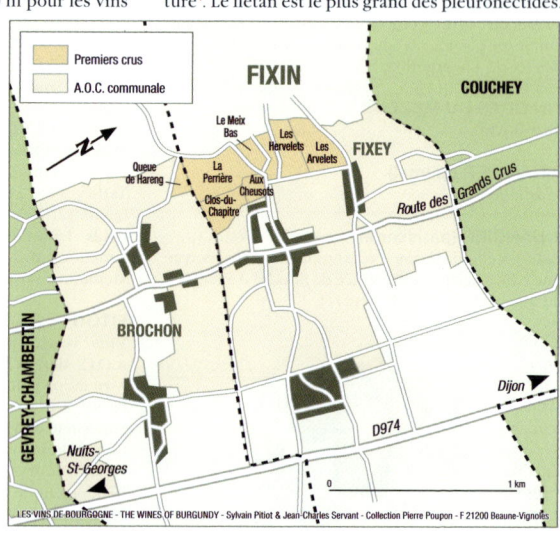

Son poids varie généralement entre 5 et 70 kg mais certains spécimens peuvent atteindre 300 kg. Sa chair blanche est fine et moelleuse.

FLEUR DE SEL
Condiment* salin "récolté" à la surface de l'eau des marais salants, dans les îles de Ré, Noirmoutier et dans la presqu'île de Guérande. La fleur de sel se présente sous forme de fins cristaux blancs, très riches en oligo-éléments. Ce condiment, délicat et parfumé (on y décèle des parfums de violette), est très apprécié des cuisiniers.
La "récolte" ne se fait que certains jours *(1)* d'une période allant de juin à septembre.

(1) Il faut des conditions atmosphériques particulières où le soleil et le vent d'Est conjuguent leurs actions pour faire évaporer l'eau du marais et "lever" la fleur de sel.

FLEUR DU MAQUIS
Fromage corse similaire au Brindamour*.

FLEURIE
Vins* rouges produits dans le Beaujolais, A.O.C.* depuis le 11 septembre 1936. La mention "Cru du Beaujolais" peut figurer sur l'étiquetage.
L'appellation compte 13 climats* : *Les Côtes, Le Bon Cru, La Roilette, Les Moriers, Les Roches, Les Garants, Poncié, Montgenas, La Chapelle des bois, La Madone, Grille-midi, Champagne* et *La Joie du palais*.
Aire de production : commune de Fleurie, située au nord de Villefranche-sur-Saône.
Superficie du vignoble : 861 ha (en 2008).
Encépagement autorisé : le cépage principal est le Gamay* ; sont tolérés en cépages accessoires dans une proportion limitée à 15 % : l'Aligoté*, le Chardonnay* et le Melon de Bourgogne *.
Rendement de base à l'hectare : 58 hl.

FLEURON
Pièce de feuilletage* de petite taille découpée en forme de croissant ou de poisson. Le fleuron est utilisé comme élément de décor.

FLIPS
Short drinks*, chauds ou froids, préparés au shaker* avec sucre*, jaune d'œuf, eau-de-vie* et autre spiritueux*. Ces cocktails sont saupoudrés de noix de muscade* râpée.

FLOC DE GASCOGNE
V.D.L.* blancs et rosés produits dans la région de l'Armagnac*, A.O.C.* depuis le 27 novembre 1990.
Aire de production : territoires délimités des appellations Armagnac*, Armagnac-Ténarèze* et Haut-Armagnac*.
Superficie du vignoble : 66 ha (en 2005).
Encépagement autorisé : Colombard*, Ugni blanc*, Gros Manseng* Petit Manseng*, Baroque*, Folle blanche*, Mauzac*, Sauvignon*, Sémillon*, Cabernet-Sauvignon*, Cabernet franc*, Cot*, Fer Servadou*, Merlot*, Tannat* et Gamay*.
Rendement de base à l'hectare : 60 hl de moût.
Mutage* du moût présentant une teneur en sucre supérieure à 170 g/l avec de l'armagnac provenant de la même exploitation et titrant au moins 52 %.
Richesse alcoolique acquise : 16 à 18 %.

FLORANIS
Anisé* incolore créé en 1872 à Alger par les frères Gras. Appelé également "Anisette des frères Gras", ce spiritueux*, qui titre 45°, se caractérise par des saveurs fraîches d'anis*.

FLORENTINE
Garniture* composée d'épinards* en branches étuvés au beurre*.

FLORIAN
Garniture* constituée de laitues* braisées, oignons* glacés, carottes* et pommes fondantes.

FLORIDA (cocktail)
Cocktail* sans alcool* préparé au shaker.
2 cl de sirop de grenadine*
3 cl de jus de citron*
6 cl de jus d'orange*
Fruits de saison et feuilles de menthe*
Frapper et servir sur glace dans un tumbler.
Décorer avec fruits de saison (fraises*, groseilles*, kiwi*, orange*, citron*, etc.) et feuilles de menthe.

FLORIDA (salade)
Salade composée constituée de feuilles de laitues* et de suprêmes* d'oranges*.
Assaisonnement : crème* acidulée au jus de citron*.

FOIE
Abat* rouge issu de différents animaux de boucherie et du porc* ; le foie de veau* étant le plus apprécié *(1)*.
Il est préparé en tranches, sauté ou grillé. Cuisiné entier, il fait l'objet d'un braisage. Le foie de porc est plutôt employé dans les préparations charcutières (mousses de foie, pâtés …).

(1) Les foies de volailles entrent également dans divers apprêts culinaires (pilaf ou risottos*, brochettes, mousses, etc.)*

FOIE GRAS
Produit obtenu par gavage d'une oie* ou d'un canard*. Le gavage des volatiles est une pratique très ancienne qui remonte probablement à l'Antiquité égyptienne. Cette opération a pour but d'engraisser anormalement l'animal et provoquer une hypertrophie de son foie. Les canards sont gavés 2 fois par jour et les oies 3 fois, avec du maïs* broyé additionné de graisse et de sel*. Un foie gras d'oie pèse de 600 à 800 g alors qu'un foie gras de canard pèse de 400 à 600 g *(1)*.
En France, le Sud-Ouest assure la majeure partie de

la production, mais l'Alsace, les Pays de Loire, la Bretagne, la Vendée, etc. sont aussi producteurs. Parmi les producteurs étrangers, exportant vers notre pays, citons la Hongrie, Israël, la Bulgarie et la Pologne. La production française représente 75 % de la production mondiale avec environ 18 000 tonnes par an (plus de 95 % en canard et le reste en oie).

Le foie gras se déguste de différentes façons (chaud ou froid, présenté entier, en tranches ou en morceaux). Les foies gras commercialisés prêts à la consommation sont soumis à une réglementation qui définit précisément les dénominations :

Foie gras entier d'oie ou de canard : un ou plusieurs lobes entiers moulés.

Foie gras d'oie ou de canard : morceaux de lobes agglomérés entre eux.

Bloc de foie gras d'oie : au moins 50 % de morceaux apparents à la coupe, agglomérés avec une purée de foie gras.

Bloc de foie gras de canard : même principe que le précédent avec au moins 35 % de morceaux apparents.

Préparations à base de foie gras :

Parfait de foie d'oie ou de canard : comporte au moins 75 % de foie gras additionné de foie maigre.

Mousse de foie d'oie ou de canard : préparation émulsionnée composée d'au moins 50 % de foie gras.

Lorsque le foie gras est vendu avec la mention "truffé", il doit contenir au moins 3 % de truffe*.

Le foie gras se sert traditionnellement avec des toasts et un vin naturellement doux* ou un V.D.N.*.

(1) La législation européenne précise qu'un foie gras de canard doit peser au moins 300 g. Par ailleurs, la réglementation française stipule que le foie gras de canard produit en France ne peut provenir que de canards mâles.

Foie gras frais

FOLLE BLANCHE

Cépage* blanc originaire des Charentes.
Aires de culture : essentiellement dans les vignobles du Cognac* et de l'Armagnac*. Ce cépage est également présent en Vallée de la Loire, notamment dans la région nantaise où il est appelé Gros Plant*. La Folle Blanche est cultivée sur de faibles superficies en Californie, Afrique du Sud, Argentine, Roumanie, etc.
Vins* produits : blancs secs, légers et relativement acides. Vinifiés spécialement pour la distillation, ces vins génèrent d'excellentes eaux-de-vie*.

FOLLE NOIRE

Appelé également "Fuella Nera", ce cépage* noir provençal est cultivé sur quelques hectares dans le vignoble de l'appellation Bellet*. Il produit des vins* rouges colorés, charpentés et bouquetés.

FONDANT

Pâte blanche, molle et collante obtenue par cuisson et brassage d'un sirop de sucre* et de glucose. Le fondant est employé en confiserie et pour glacer les pâtisseries.

FOND DE SAUCE

Préparation culinaire liquide obtenue en faisant pocher ensemble des ingrédients d'origine animale (os de veau*, os de gibier, carcasses de volaille, arêtes ou parures de poisson, etc.) et des éléments aromatiques (oignons*, carottes*, poireaux*, bouquet garni*, etc.).
Selon les ingrédients utilisés et la technique de cuisson déterminant la coloration de la préparation, on obtient un ***fond brun de veau***, un ***fond blanc de veau***, un ***fond de gibier***, un ***fond de volaille***, un ***fumet de poisson***, etc.
L'industrie agro-alimentaire met aujourd'hui sur le marché des fonds de sauces prêts à l'emploi ou semi-élaborés. Ces produits, qui ont rarement les qualités gustatives des fonds de sauces traditionnels, répondent assez bien aux besoins des professionnels en leur permettant notamment de respecter la réglementation relative à l'hygiène en restauration.

FONDUE BOURGUIGNONNE

Petits cubes de viande de bœuf* (filet* rumsteck*, faux-filet*...) plongés dans l'huile* bouillante et dégustés avec un assortiment de sauces (béarnaise*, mayonnaise*, aïoli*...) et des condiments (cornichons*, moutarde*...).

FONDUE SAVOYARDE

Spécialité alpine préparée avec des morceaux de pain* trempés dans un mélange constitué de fromage fondu *(1)*, de vin* blanc, de kirsch* et d'aromates*.

(1) Fromage à pâte cuite (beaufort, emmental*, gruyère*).*

FONT VELLA

Eau minérale naturelle* plate espagnole captée à Montseny en Catalogne.
Catégorie : faiblement minéralisée.

Composition physico-chimique (en mg/l)	
Cations	Anions
Calcium: 25,6 Sodium: 11,8 Magnésium: 4,9 Potassium: 0,7	Bicarbonates: 109,08 Sulfates: 7,5 Chlorures: 5,9 Nitrates: 4,2
pH à 20 °C: 7,5 Minéralisation totale: 161,5 mg/l	

FONTAINE DE LA REINE

Eau de source* captée à Castelnau-de-Brassac dans le Tarn.
Catégorie : très faiblement minéralisée.
pH à 20 °C : 6,5.
Minéralisation totale : 39,8 mg/l.

FONTAINEBLEAU

Fromage* de lait* de vache fabriqué en Ile-de-France. Son nom, marque choisie par son créateur, fait référence à la célèbre localité de Seine-et-Marne.
Type : pâte fraîche (additionnée de crème fraîche* fouettée).
Forme, taille et poids : variables selon le récipient utilisé.
Teneur en M.G. : 60 à 70 %.
Qualité identique toute l'année.

FONTAN

Eau de source* captée à Fontan dans les Alpes-Maritimes.
Catégorie : moyennement minéralisée.
pH à 20 °C : 7,6.
Minéralisation totale : 613 mg/l.

FONTEL

Eau de source* captée à la Roche-sur-Yon en Vendée.
Catégorie : faiblement minéralisée.
pH à 20 °C : 7,4.
Minéralisation totale : 295 mg/l.

Source : Doc SOFABO

FONTINA

Fromage* de lait* de vache fabriqué dans le Val d'Aoste, au nord de l'Italie, qui bénéficie d'une Appellation d'Origine Contrôlée dans son pays et d'une A.O.P.* au niveau européen. Son nom viendrait du terme "fonduta", signifiant "fondue".
Type : pâte pressée, semi-cuite.
Forme : meule à talon convexe.
Taille : 35 à 45 cm de diamètre, 7 à 10 cm d'épaisseur.
Poids : 10 à 20 kg.
Teneur en M.G. : 45 à 50 %.
Meilleure saison : de la fin de l'été à Noël.

FORESTIÈRE

Garniture* composée de champignons sylvestres (morilles*, cèpes*, girolles*, etc.), lardons et pommes noisettes*.

FORÊT NOIRE

Pâtisserie originaire d'Allemagne. Elle est faite à partir d'un biscuit chocolaté imbibé de kirsch*, de crème Chantilly* et de cerises* au naturel ou à l'eau-de-vie*. Le décor est réalisé avec des copeaux de chocolat*.

FOUACE

Galette de fine fleur de froment* (1) cuite dans un four sous la cendre. Les recettes de cette pâtisserie rustique varient selon les régions.

(1) Farine* de qualité supérieure, très blanche et très fine.

FOUGASSE

Sorte de pain* plat en forme de galette entaillée. Cette spécialité provençale parfumée à l'huile d'olive* peut être farcie avec des filets d'anchois*, des oignons*, des lardons, etc.

FOUGERU

Fromage* de lait* de vache fabriqué en Ile-de-France. Son nom vient de son habillage constitué de feuilles de fougères.
Type : pâte molle à croûte fleurie.
Forme : disque.
Taille : 14 cm à 16 cm de diamètre, 3 à 4 cm d'épaisseur.
Poids : 500 à 650 g environ.
Teneur en M.G. : 45 à 50 %.
Meilleures saisons : automne, hiver, printemps.

FOULAGE

Opération commune aux diverses vinifications* qui consiste à faire éclater les grains de raisin* pour en libérer le jus et obtenir un moût*. Le foulage peut être précédé d'un éraflage*.

FOURCHETTE

Voir Couvert*.

FOURME D'AMBERT

Fromage* de lait* de vache fabriqué en Auvergne, A.O.C.* depuis le 9 mai 1972 (1) et reconnu A.O.P.* dans le cadre de l'U.E. Il tire son nom d'un terme

dialectal régional et de son origine géographique. L'aire de production s'étend sur 294 communes du Puy-de-Dôme, 61 communes du Cantal et 8 communes de la Loire.
Type : pâte persillée, croûte naturelle.
Forme : haut cylindre.
Taille : 13 à 15 cm de diamètre, 26 à 30 cm de hauteur.
Poids : 1,5 à 1,7 kg.
Teneur en M.G. : 40 % au minimum.
Meilleures saisons : été, automne, hiver.

(1) A.O.C. accordée conjointement avec la Fourme de Montbrison mais remplacée par deux appellations distinctes en 2002.

Source : Photo BG

FOURME DE MONTBRISON
Fromage* de lait* de vache fabriqué dans le Forez, A.O.C.* depuis le 9 mai 1972 *(1)* et reconnu A.O.P.* dans le cadre de l'U.E. Il doit son nom à un terme dialectal régional et son origine géographique. L'aire de production s'étend sur 28 communes de la Loire et 5 communes du Puy-de-Dôme.
Type : pâte persillée, croûte naturelle.
Forme : haut cylindre.
Taille : 13 à 14 cm de diamètre, 30 cm de hauteur.
Poids : 1,7 kg.
Teneur en M.G. : 40 % au minimum.
Meilleures saisons : été, automne, hiver.

(1) A.O.C. accordée conjointement avec la Fourme d'Ambert mais remplacée par deux appellations distinctes en 2002.

FOURME DE ROCHEFORT
Fromage* de lait* de vache fabriqué en Auvergne. Il tire son nom d'un terme dialectal régional et de son lieu d'origine, un village du Puy-de-Dôme.
Type : pâte pressée non cuite, croûte brossée.
Forme : haut cylindre.
Taille : 20 à 25 cm de diamètre, 20 à 25 cm de hauteur.
Poids : 6 à 10 kg.
Teneur en M.G. : 45 à 50 %.
Meilleures saisons : automne, hiver, début du printemps.

FOURME DU CANTAL
Voir Cantal*.

FOYOT (sauce)
Sauce béarnaise* additionnée de glace de viande*. Elle doit son nom à M. Foyot, cuisinier de Louis-Philippe.

FRAGRANCE
Odeur ou parfum agréable émanant d'un produit alimentaire ou d'une préparation culinaire.

FRAISE
Fruit *(1)* récolté sur le fraisier, plante cultivée ou sauvage. C'est en 1714 qu'un officier de marine, nommé Amédée-François Frézier, rapporta des plants de fraisiers du Chili. Il les croisa ensuite avec une variété ramenée de Virginie au 17ème siècle par J. Pitton de Tournefort et les fit prospérer dans la région de Plougastel, près de Brest.

Les plants obtenus sont à l'origine des centaines de variétés actuelles que l'on peut classer en 4 catégories :

Les fraisiers non remontants dont l'unique fructification se situe entre avril et juin *(Gariguette ou Gariguette, Surprise des halles, Madame Moutot, Favette, Séquoia...).*

Les fraisiers remontants qui ont une seconde floraison, donc une seconde fructification en fin d'été *(Sans rival, Talisman, Rabunda, Ostara, Mount Everest...).*

Les fraisiers des quatre-saisons qui produisent du début de l'été jusqu'à l'automne *(Gento).*

Les fraisiers des bois, sauvages ou produits en culture *(Mara des bois, Reine des vallées...).*

La fraise se consomme crue (nature, au sucre*, à la crème*...) ou entre dans de nombreuses préparations (confitures*, coulis*, pâtisseries, glaces* et sorbets*, spiritueux*, sirops*...).

(1) Les botanistes prétendent que la fraise que nous connaissons n'est pas vraiment un fruit mais plutôt une excroissance charnue de la plante. Ce sont les akènes, petits grains disposés à la surface de la fraise qui sont les vrais fruits.

Fraise Gento

FRAISE DE VEAU
Dénomination culinaire de l'intestin grêle du veau. Cet abat* blanc est souvent poché pour être servi tiède ou chaud avec une sauce vinaigrette* ou une sauce ravigote*. Il peut aussi être pané et frit et entre parfois dans la composition d'andouillettes*.

FRAMBOISE (eau-de-vie)
Eau-de-vie blanche* obtenue à partir d'une macération de framboises* dans de l'eau-de-vie neutre qui est ensuite distillée. Ce spiritueux*, qui est très parfumé, doit être dégusté relativement jeune et dans un verre "frappé" afin d'apprécier pleinement ses arômes.

FRAMBOISE (fruit)
Baie rouge récoltée sur le framboisier, petit arbrisseau épineux d'origine française. Les principales variétés sont classées en 2 catégories :
Les framboisiers non remontants qui ne fructifient qu'une fois par an *(Mailing promise, Exploit, Meeker, Glen Moy...)*.
Les framboisiers remontants qui produisent 2 fructifications par an *(Lloyd George, Zëva, September, Héritage...)*.
La framboise trouve les mêmes emplois culinaires que la fraise*.

Framboises Zëva

FRANÇAISE (La)
Eau minérale naturelle* plate captée à Propiac dans la Drôme. Reconnue par l'Académie de médecine en 1843.
Catégorie : fortement minéralisée.

Composition physico-chimique (en mg/l)	
Cations	**Anions**
Sodium : 685	Bicarbonates : 238
Calcium : 344,5	Chlorures : 1 020
Magnésium : 85	Sulfates : 1 050
Potassium : 24,5	Nitrates : 0
pH à 20°C : 7,19 Minéralisation totale : 3 341 mg/l	

La société d'exploitation de la source propose également une version gazeuse obtenue par adjonction de gaz carbonique.

FRANÇAISE (garniture)
Garniture composée d'épinards* en feuilles et pommes Anna*.

FRANCIACORTA
Vins* blancs et rosés effervescents italiens produits en Lombardie.
Issus de cépages Chardonnay*, Pinot blanc* et Pinot noir*, élaborés selon la Méthode traditionnelle*, ces vins qui bénéficient d'une D.O.C.G *sont considérés comme les meilleurs vins effervescents d'Italie.

FRANCILLON (salade)
Salade composée constituée de pommes de terre* émincées chaudes, moules* pochées et ébarbées, lames de truffes*.
Assaisonnement : sauce vinaigrette*.
La recette de cette salade fut décrite dans une pièce de théâtre du même nom, créée en 1887 par Alexandre Dumas fils.

FRANGIPANE
Crème réalisée à partir de sucre*, poudre d'amande*, farine*, œufs*, beurre* et lait*. Elle est parfois additionnée d'extrait d'amandes amères, de vanille* ou de rhum*.
La frangipane doit son nom à un parfumeur italien, Frangipani, inventeur d'un parfum à base d'amandes amères.

FRASCATI
Vins* blancs italiens issus de cépages Malvasia di Candia et Trebbiano Toscano. Ils sont produits dans le Latium, à l'est de Rome et bénéficient d'une D.O.C.*.

FREMEGEYE
Fromage* de lait* de vache fabriqué en Lorraine. Constitué d'une pâte fraîche salée et poivrée, il est mis à fermenter en pot pendant au moins deux mois. Le produit obtenu, d'odeur très forte, est généralement dégusté sur des tartines accompagné d'un hachis d'échalotes* ou d'oignons*.

FRENCH PARADOX
Expression américaine inspirée par les observations du Dr Serge Renaud et employée pour traduire la bonne santé cardio-vasculaire des Français. Il semblerait en effet que malgré une alimentation souvent mal équilibrée, notamment riche en lipides, les Français soient relativement protégés par une absorption *modérée* de vin* de qualité. Plusieurs études sérieuses ont tendance à démontrer que les polyphénols contenus dans le vin rouge ont une action antioxydante contribuant à limiter les risques d'infarctus. Sur un sujet aussi sensible, les avis sont bien évidemment partagés.
En tenant compte de certaines contre-indications notoires, il est admis qu'une consommation journalière de bon vin rouge, limitée à 2 ou 3 verres, paraît raisonnable dans le cadre d'une alimentation équilibrée et d'une bonne hygiène de vie.

FRENEUSE
Désignation culinaire d'une purée de navets*.

FRESSURE
Ensemble d'abats* d'un animal de boucherie constitué du foie*, du cœur*, de la rate et des poumons.

FRICANDEAU

Morceau de noix de veau* lardé *(1)* et généralement braisé. Ce terme peut également désigner un morceau de poisson traité de la même façon.

(1) Piqué de bâtonnets de lard gras.

FRICASSÉE

Sorte de ragoût* de volaille, de veau* ou d'agneau* dont la sauce crémée est additionnée de petits oignons* et de champignons*.

FRINAULT

Fromage* de lait* de vache fabriqué dans l'Orléanais. Il porte le nom de son créateur.
Type : pâte molle, croûte naturelle cendrée.
Forme : disque plat.
Taille : 9 cm de diamètre, 2 cm d'épaisseur.
Poids : 130 à 140 g.
Teneur en M.G. : 50 %.
Meilleures saisons : été, automne.

FRITELLE

Beignet* corse garni d'éléments variés, notamment du brocciu*.

FRITOT

Beignet* salé préparé à partir de morceaux de volaille, d'abats* de poisson ou de fruits de mer enrobés de pâte à frire*. Les fritots sont souvent accompagnés d'une sauce* (tartare*, gribiche*, etc.).

FRITTO MISTO

En Italie, assortiment de beignets* de poissons, fruits de mer, abats* ou légumes.

FROMAGE

Le fromage est incontestablement l'un des plus anciens aliments fabriqués par l'homme qui a vite compris que le fromage était un moyen de stocker le lait, matière périssable, en le transformant en un produit consommable dans le temps. La découverte de poteries percées (premières faisselles) sur certains sites archéologiques et le contenu d'anciens écrits prouvent que le fromage était déjà présent à l'époque néolithique.

Le fromage prend donc rapidement une place prépondérante dans l'alimentation humaine mais aussi dans l'économie paysanne. Aujourd'hui, la production fromagère fermière ou industrielle représente une activité économique solide et largement tournée vers l'avenir.

La France est considérée comme un grand pays du fromage puisqu'on y dénombre actuellement près de 400 variétés dont 46 bénéficient d'une A.O.C.* en janvier 2010 *(1)*.

Régie par la loi du 28 novembre 1955, l'A.O.C. garantit un produit du terroir de qualité constante; une garantie basée sur des critères tels que l'aire géographique de production ou de collecte du lait*, les techniques de fabrication et d'affinage, la race des mammifères producteurs du lait, les qualités et les caractères du fromage (format, pâte, croûte, pourcentage en matière grasse, etc.) et les modalités de contrôle.

Nos meilleurs fromages sont maintenant protégés au niveau européen grâce à l'A.O.P.* et à l'I.G.P.*. La volonté de protection des fromages d'Europe n'est pas récente puisque certains pays s'étaient déjà engagés dans cette voie en signant la Convention de Stresa *(2)*.

La réglementation française précise que le terme "fromage" est réservé au produit fermenté ou non, obtenu par la coagulation du lait, de la crème, du lait écrémé ou de leur mélange, suivie d'égouttage. Le fromage doit contenir au moins 23 % de matière sèche.

La fabrication du fromage, artisanale ou industrielle, se décompose en 5 phases principales :

Le caillage : il s'agit de la coagulation de la caséine du lait sous l'action de ferments lactiques ou de présure*. Lors de cette opération, on obtient 2 produits, "le caillé" (solide) et le "petit lait" ou lactosérum (liquide).

L'égouttage : c'est la phase de séparation du caillé et du lactosérum. Le caillé peut être tranché, brassé, malaxé ou même chauffé pour accélérer le processus.

Le moulage : avec ou sans pression, le caillé est mis en moule perforé. Le moulage donne sa forme définitive au fromage.

Le salage : réparti dans la pâte ou saupoudré en surface, le sel* va donner au caillé l'aspect et le goût propres à chaque fromage en jouant un rôle sur la sélection et le développement des micro-organismes.

L'affinage : durant une période plus ou moins longue (de plusieurs jours à plusieurs mois), le caillé va devenir pâte. Dans des caves ou des hâloirs où la température et l'hygrométrie sont contrôlées, les fromages sont selon les types retournés, lavés, brossés, piqués pour obtenir leur apparence et leur saveur finales.

Suivant le type de lait et les techniques de fabrication utilisées, on distingue 8 familles de fromages :

Les fromages frais : de consistance molle, salés ou non, ces fromages ne sont jamais affinés. Fromages "blancs", riches en eau, ils peuvent être additionnés d'herbes aromatiques, ail*, épices*, etc. Conservés au frais entre 2 et 4 °C, ils sont consommés avant leur D.L.C.* (ex : Petits suisses*).

Les fromages à pâte molle et à croûte fleurie : après avoir été moulé et égoutté, le caillé de ces fromages est ensemencé de *pénicillium candidum*. Au cours de l'affinage, le champignon microscopique va donner une moisissure de surface blanche, d'aspect duveteux, appelée "fleur" (ex : Camembert de Normandie*).

Les fromages à pâte molle et à croûte lavée : lavés périodiquement à l'eau salée durant l'affinage dans des caves tempérées et humides, ces fromages obtiennent une croûte colorée allant de l'orangé au rouge brique. Certaines variétés sont teintées au rocou* (ex : Boulette d'Avesnes*).

Les fromages à pâte pressée non cuite : Après avoir été légèrement chauffé, le caillé enfermé dans des toiles est fortement pressé pour évacuer le lactosérum. La croûte ayant durci, un long affinage en cave est nécessaire à ces fromages pour atteindre leur maturité et un plein épanouissement de leur saveur (ex : Saint-Nectaire*).

Les fromages à pâte pressée cuite : Ce sont des fromages de grandes tailles (meules) pesant rarement moins de 40 kg et pouvant atteindre plus de 100 kg. Le lait est d'abord chauffé et emprésuré pour un caillage rapide. Le caillé est ensuite chauffé à 52-55° C avant d'être pressé. Lorsque les meules sont constituées, elles sont transportées dans des caves de maturation. Si la cave est chaude (25° C), une fermentation propionique entraîne la formation de bulles de gaz carbonique, qui, lors de l'affinage, laissent de gros trous (ex : Emmental*).

Les fromages de chèvre : Ces fromages sont fabriqués exclusivement à partir de lait de chèvre. Compte-tenu des périodes de lactation, les meilleures productions se situent entre mars et novembre. Selon la durée d'affinage, les fromages de chèvre ont une pâte tendre ou plus ou moins sèche et une croûte naturelle de couleur jaune ou une croûte saupoudrée de charbon de bois pulvérisé (ex : Selles-sur-Cher*).

Les fromages à pâte persillée : Les pâtes de ces fromages comportent des moisissures internes dues à un ensemencement de *pénicillium glaucum* ou de *pénicillium roqueforti*. En fin d'affinage, dans des caves à hygrométrie très élevée, ces fromages présentent des marbrures vertes ou bleues qui persillent la pâte (ex : Roquefort*).

Les fromages fondus : Fromages élaborés à partir d'un ou plusieurs fromages à pâte pressée cuite ou non, que l'on fait fondre. La pâte obtenue est additionnée d'autres produits laitiers tels que crème fraîche, beurre*, lait ou lactosérum. Les fromages fondus sont couramment enrichis d'épices, aromates*, noix*, etc. (ex : Fondu aux noix).

(1) *Abondance*, *Banon*, *Beaufort*, *Bleu d'Auvergne*, *Bleu de Gex*, *Bleu du Vercors-Sassenage*, *Bleu des Causses*, *Brie de Meaux*, *Brie de Melun*, *Brocciu corse* ou *Broccio*, *Camembert de Normandie*, *Cantal*, *Chabichou*, *Chaource*, *Charolais*, *Chevrotin*, *Comté*, *Crottin de Chavignol*, *Epoisses*, *Fourme d'Ambert*, *Fourme de Montbrison*, *Gruyère* , *Laguiole*, *Langres*, *Livarot*, *Maconnais* , *Maroilles*, *Morbier*, *Munster* ou *Munster de Géromé*, *Neufchâtel*, *Ossau-Iraty-brebis Pyrénées*, *Pélardon*, *Picodon*, *Pont-l'évêque*, *Pouligny-Saint-Pierre*, *Reblochon*,*Rigotte de Condrieu* , *Rocamadour*, *Roquefort*, *Saint-Nectaire*, *Sainte-Maure de Touraine*, *Salers*, *Selles-sur-Cher*, *Tome des Bauges*, *Vacherin du Haut-Doubs* ou *Mont-d'or* et *Valençay*.

(2) Convention signée en 1951 par plusieurs nations d'Europe dans le but de protéger l'appellation de certains fromages à l'extérieur de leur pays d'origine.

FROMENT
Autre dénomination du blé*.

FRONSAC
Vins* rouges produits dans le Bordelais, A.O.C.* depuis le 21 septembre 1976 (en remplacement de l'A.O.C. "Côtes de Fronsac" du 4 mars 1937).
Aire de production : 6 communes, dont Fronsac, situées à l'ouest de Libourne.
Superficie du vignoble : 837 ha (en 2006).
Encépagement autorisé : Cabernet-Sauvignon*, Cabernet franc*, Bouchet*, Malbec* et Merlot*.
Rendement de base à l'hectare : 47 hl.
Richesse alcoolique minimum acquise : 11 %.

FRONTIGNAN
V.D.N.* et V.D.L.* blancs produits en Languedoc-Roussillon, A.O.C.* depuis le 31 mai 1936.
Aire de production : communes de Frontignan et de Vic-la-Gardiole dans l'Hérault.
Superficie du vignoble : 797 ha (en 2007, avec Muscat de Frontignan et Vin de Frontignan).
Encépagement autorisé : Muscat* doré de Frontignan.
Rendement de base à l'hectare : 28 hl de moût*.
Richesse naturelle initiale en sucre : minimum de 252 g/litre pour les V.D.N. et 234 g/litre pour les V.D.L.
Apport en alcool* pur : 5 à 10 % du volume de moût mis en œuvre, avec un alcool titrant au moins 96° pour les V.D.N. Cet apport est de 15 % pour les V.D.L. L'adjonction d'alcool au moût s'effectue en cours de fermentation pour les V.D.N. et avant le départ de la fermentation pour les V.D.L.
Richesse alcoolique minimum acquise : 15%.
Teneur minimale en sucre résiduel naturel après élaboration : 110 g/litre pour les V.D.N. et 185 g/litre pour les V.D.L.

FRONTON
Vins* rouges et rosés produits dans le Sud-Ouest, A.O.C.* depuis le 7 février 1975 sous l'appellation "Côtes du Frontonnais" et depuis le 31 août 2005 sous l'appellation "Fronton".
Aire de production : 20 communes du Tarn-et-Garonne et de Haute-Garonne situées au Nord de Toulouse.
Superficie du vignoble : 2 400 ha (en 2007).
Encépagement autorisé : Négrette*, Mérille*, Gamay*, Cinsault* et Mausac*.
Rendement de base à l'hectare : 50 hl.

FRUITS CONFITS
Fruits dont on a remplacé l'eau de végétation par un sirop de sucre* concentré afin d'en assurer la conservation.

Source : L. Rouvrais/Cedus

Le confisage est un processus qui permet une imprégnation lente et progressive du sucre à l'intérieur des fruits ; il se fait par des passages successifs dans des sirops de plus en plus concentrés.

FRUITS DÉGUISÉS

Fruits divers *(1)* trempés dans du sucre* cuit ou du fondant*. Ils peuvent être fourrés ou partiellement enrobés de pâte d'amande*.

(1) Dattes*, pruneaux*, bigarreaux* confits, griottes* à l'eau-de-vie, quartiers d'ananas* ou d'orange*, cerneaux de noix*, amandes*, grains de raisin*, etc.

FRUITS DE LA PASSION

Fruits exotiques originaires d'Amérique centrale ou d'Amérique du Sud récoltés sur des lianes du genre passiflora *(1)*. Les fruits de la passion sont des baies rondes ou ovoïdes pesant jusqu'à 30 g, leurs peaux épaisses sont lisses ou ridées selon les espèces. Ils contiennent une pulpe gélatineuse et acidulée parsemée de petites graines comestibles.

Une des principales espèces donne la *Grenadille rouge* alors que sa variété "flavicarpa" produit la *Grenadille jaune*, appelée également *Maracuja*. Le *Taxo* et la *Barbadine* sont aussi des espèces de fruits de la passion.

Ces fruits se consomment nature, en jus de fruit, en sorbet*, en gelée* ou en confiture*, etc.

(1) On compte plus de 500 espèces cultivées aux Antilles, à la Réunion, à Madagascar, en Colombie, en Afrique...

Source : COLEACP

FUMAGE

Technique ancestrale de conservation des viandes et des poissons consistant à exposer un aliment plus ou moins longtemps à la fumée d'un feu de bois qui possède des propriétés antiseptiques et antioxydantes. Les essences les plus couramment utilisées sont le hêtre et le châtaignier, mais selon les régions et les traditions on emploie aussi le chêne, le charme, l'hickory *(1)*, le laurier*, le genévrier*, la sauge*, etc. *(2)*.

Quelle que soit l'essence choisie, elle est le plus souvent employée sous forme de sciure.

Il faut distinguer **le fumage à froid** (combustion lente, durant 24 heures à quelques jours, avec une température n'excédant pas 30° C) et **le fumage à chaud** (combustion plus rapide de quelques heures avec une température pouvant atteindre 60° C).

(1) Arbre d'Amérique du Nord, voisin du noyer.
(2) Les résineux sont rarement utilisés.

FUMET DE POISSON

Voir Fond de sauce*.

FYNBO

Fromage* de lait* de vache fabriqué au Danemark. Son nom vient de l'île d'où il est originaire.
Type : pâte pressée non cuite, croûte paraffinée de couleur jaune.
Forme : petite meule à talon convexe.
Taille : 30 cm de diamètre, 8 cm d'épaisseur.
Poids : 6 à 7 kg.
Teneur en M.G. : 45 %.
Qualité identique toute l'année.

G

GAGNAIRE (Pierre)

Cuisinier français né en 1950 à Apignac, petite village de la Loire. Après un passage chez Paul Bocuse, il entre chez *Tante Alice* à Lyon. Il occupe ensuite différents postes à Paris et part courir le monde pendant deux ans. En 1976, il revient dans l'affaire familiale à Saint-Priest-en-Jarez. Quatre ans plus tard, il ouvre un premier restaurant à Saint-Etienne. En 1992, c'est dans un nouvel établissement Art Déco qu'il reçoit la consécration suprême avec trois étoiles au Guide Michelin*. En 1996, il quitte le Forez pour s'installer à Paris où il retrouve ses trois étoiles dès 1998.

Depuis 2001, ce grand cuisinier, artiste créatif passionné par l'art culinaire et l'art contemporain, collabore étroitement avec Hervé This*, physico-chimiste et initiateur de la Gastronomie moléculaire*.

GAILLAC

Vins* blancs, rosés et rouges produits dans le Sud-Ouest, A.O.C.* depuis le 21 mars 1938 pour les vins blancs et 1970 pour les vins rouges et rosés.
Aire de production : 73 communes du Tarn situées dans la région d'Albi.
Superficie du vignoble : 3 500 ha (en 2007).
Encépagement autorisé : Mauzac* Len de l'El*, Muscadelle*, Ondenc*, Sauvignon*, Sémillon*, Duras*, Fer Servadou*, Gamay*, Syrah*, Merlot*, Cabernet-Sauvignon* et Cabernet franc*.
Rendement de base à l'hectare : 60 hl pour les vins blancs et 55 hl pour les vins rouges et rosés.

GAILLAC DOUX

Vins* blancs bénéficiant de l'A.O.C.* Gaillac*. La teneur en sucre résiduel de ces vins est de 45 g/litre.

GAILLAC MOUSSEUX

Vins* blancs et rosés effervescents élaborés à partir de vins récoltés sur les aires délimitées de l'appellation Gaillac*, A.O.C.* depuis le 21 mars 1938. Certains de ces vins sont élaborés avec la Méthode Gaillacoise*.

GAILLAC PERLÉ

Vins* blancs produits sur l'aire d'A.O.C.* Gaillac*. Ils ont la particularité de présenter une légère teneur en gaz carbonique qui apparaît sous forme de petites bulles. Ces fines bulles, ou "perles", picotent un peu la langue lors de la dégustation; sensation originale et agréable que l'on retrouve parfois avec des muscadets* "sur lie" vinifiés d'une manière analogue.

GAILLAC PREMIÈRES CÔTES

Vins* blancs produits sur de faibles superficies (9 ha en 2005) dans une aire limitée à 11 communes de l'appellation Gaillac*. A.O.C.* depuis le 21 mars 1938.

GALANTINE

Préparation charcutière réalisée à partir de chair de volaille, de lapin*, de porc*, de veau*, de gibier*, de poisson... additionnée ou non d'éléments divers (champignons*, foie gras*, pistaches*, etc.). Contrairement à la ballottine* qui est de forme cylindrique, la galantine est moulée dans un récipient rectangulaire.

GALETTE DES ROIS

Galette traditionnellement consommée à l'Epiphanie, réalisée à partie de pâte feuilletée* et fourrée ou non de frangipane*.

GALETTE DE LA CHAISE-DIEU

Fromage* de lait* de chèvre ou de laits de chèvre et de vache mélangés. Il doit son nom à son apparence de faible épaisseur et à son lieu d'origine en Haute-Loire.
Type : pâte molle, croûte naturelle.
Forme: briquette rectangulaire.
Taille : 15 cm de longueur, 7 à 8 cm de largeur, 2 à 3 cm d'épaisseur.
Poids : 250 g.
Teneur en M.G. : 45 %.
Meilleures saisons : printemps, été, automne.

GALLEGO

Fromage* de lait* de vache fabriqué en Galice, dans le nord-ouest de l'Espagne. Il tire son nom de sa région de production.
Type : pâte pressée non cuite, croûte naturelle grattée.
Forme : boule aplatie.
Taille : 18 à 20 cm de diamètre, 6 à 8 cm d'épaisseur.
Poids : 750 à 1 250 g.
Teneur en M.G. : 45 % environ.
Meilleures saisons : printemps, été, automne.

GAMAY

Cépage* noir d'origine bourguignonne qui doit son nom à un village situé dans le sud de la Côte-d'Or.
Aires de culture : en Bourgogne et plus particulièrement dans le Beaujolais* (1). On le rencontre également dans la Vallée de la Loire, en Savoie, en Moselle, dans le Poitou, en Auvergne, etc. Le Gamay est présent dans certains vignobles suisses, italiens, californiens, sud-africains, etc.
Vins* produits : rouges légers et gouleyants, peu tanniques avec des notes aromatiques agréables.
Ce cépage donne d'excellents résultats en macération carbonique* pour élaborer des vins de primeur*. Ces vins se caractérisent par des arômes typiques de fruits rouges ou de banane* et parfois un goût acidulé de bonbons anglais.

(1) Sur 35 000 ha de Gamay plantés dans le monde, plus de 20 000 le sont dans le Beaujolais.

GAMAY BLANC

Autre dénomination du cépage* Chardonnay dans le Jura.

GAMAY DE BOUZE

Variété de Gamay* teinturier dont la culture s'est considérablement réduite. On le trouve encore en Vallée de la Loire, notamment sur l'aire d'appellation des Coteaux d'Ancenis*.

GAMAY DE CHAUDENAY

Variété de Gamay* teinturier qui serait une mutation du Gamay de Bouze*. Il est cultivé dans les vignobles des Coteaux d'Ancenis*, Fiefs vendéens*, Haut-Poitou*, etc.

GAMBA

Voir Crevette*.

GAMMES DE PRODUITS

Les produits agro-alimentaires sont classés en 5 gammes :
1ère gamme : produits frais n'ayant subi aucune transformation (fruits et légumes, viandes et abats*, poissons, coquillages, crustacés ...).
2ème gamme: produits appertisés* plus communément appelés "conserves".
3ème gamme : produits congelés* ou surgelés*.
4ème gamme : fruits et légumes frais prêts à l'emploi (épluchés, lavés, coupés ...) conditionnés sous-vide*.
5ème gamme : produits cuisinés sous-vide, prêts à la consommation.
Selon la gamme à laquelle ils appartiennent, les produits doivent être stockés à des températures précises et comportent une D.L.C. * ou une D.L.U.O. *.

GANACHE

Appareil* à base de chocolat*, de crème fraîche* et de beurre* employé en pâtisserie pour garnir des entremets* et des gâteaux ou en confiserie pour fourrer des bonbons. La ganache est diversement aromatisée en fonction de son utilisation.

GAPERON

Fromage* de lait* de vache fabriqué en Auvergne. Il tire son nom d'un terme dialectal local, "la gape", signifiant babeurre.

Type : pâte pressée non cuite, salée, poivrée et aromatisée à l'ail.

Forme : boule aplatie sur la base.
Taille : 9 à 10 cm de diamètre, 6 à 8 cm de hauteur.
Poids : 350 à 500 g.
Teneur en M.G. : 40% environ.
Meilleures saisons : automne, hiver, printemps.

GARBURE
Potée béarnaise composée de divers légumes (chou*, haricots* blancs, fèves*, piments*, carottes*, navets*...) et de viande de porc* ou d'oie*. La garbure se sert avec son bouillon et des tranches de pain* de campagne.

GARDON
Poisson d'eau douce de la famille des cyprinidés. De petite taille (15 à 30 cm), le gardon est surtout préparé en friture.

GARIBALDI
Cocktail* (apéritif) préparé sur glace directement dans un tumbler.
4 cl de Campari* bitter
8 cl de jus d'orange*
1 tranche d'orange
Verser le jus d'orange et le Campari. Remuer et décorer avec la tranche d'orange.

Source : Photo BG

GARNITURE
Préparation culinaire généralement servie en accompagnement d'une viande, d'une volaille, d'un gibier, d'un abat*, d'un poisson, d'œufs*, etc. Une garniture est principalement composée d'un ou plusieurs légumes, mais elle peut comporter d'autres éléments.

GASPACHO ou GAZPACHO
Potage* d'origine espagnol réalisé à froid avec tomates*, concombres*, piments*, poivrons*, oignons*, ail, mie de pain*, etc. Le gaspacho se sert glacé.

GASTRIQUE
Réduction d'un mélange de vinaigre* et de sucre* qui constitue la base de certaines sauces* comportant une garniture de fruits.

GASTRONOMIE
La gastronomie est à la fois une science et une philosophie au service d'un art, celui du bien-vivre autour de la bonne chère. Dans **La physiologie du goût**, Jean-Anthelme Brillat-Savarin* évoque ainsi l'arrivée de la gastronomie dans notre civilisation : "*La gastronomie s'est présentée à son tour [...] Que pouvait-on refuser à celle qui nous soutient de la naissance au tombeau, qui accroît les délices de l'amour et la confiance de l'amitié, qui désarme la haine, facilite les affaires, et nous offre, dans le court trajet de la vie, la seule jouissance qui, n'étant pas suivie de fatigue, nous délasse encore de toutes les autres !*"(1).

Le Dr Jean Vitaux, dans **La Gastronomie** (2), distingue bien alimentation et gastronomie : "*L'alimentation est une nécessité ; la gastronomie est une quête infinie, une recherche permanente de la qualité, une passion hédoniste, un plaisir, une connaissance et une culture. Manger est un acte commun à tout être vivant, homme ou animal, alors que manger en tant que gastronome est un acte culturel.*"
(1) Méditation III.
(2) Presses Universitaires de France. 2007. J. Vitaux est médecin gastro-entérologue et gastronome.

GASTRONOMIE MOLÉCULAIRE
Discipline scientifique créée en 1988 par le physico-chimiste français Hervé This* et le physicien britannique Nicholas Kurti.
La gastronomie moléculaire est une science qui explore la cuisine et qui a pour objectif de comprendre scientifiquement les techniques culinaires traditionnelles. Les connaissances empiriques trouvent alors des explications rationnelles et raisonnées. Cette nouvelle approche de la cuisine donne évidemment accès à un espace créatif très intéressant et dépasse largement le simple domaine de la transformation des aliments.
Plusieurs grands Chefs, dont Pierre Gagnaire*, Thierry Marx et Ferran Adrià*, s'inspirent aujourd'hui des acquis de la gastronomie moléculaire.

GAUFRE
Gâteau de forme alvéolée à pâte légère. Il se consomme chaud, saupoudré de sucre* ou accompagné de crème chantilly*, de confiture* ou de sauce chocolat*.

GAUFRETTE
Petit biscuit feuilleté parfois fourré de confiture* ou de crème pralinée*.

GAY- LUSSAC (degré)
Unité de mesure de l'alcool* établie par le physicien et chimiste Louis-Joseph Gay-Lussac (1778-1850).

GÉLATINE
Substance albuminoïde incolore, inodore et insipide extraite de tissus animaux ou d'algues. Elle se présente sous forme de fines feuilles ou de poudre. La gélatine est employée pour préparer des gelées* et dans de nombreuses préparations froides pour son pouvoir gélifiant. Elle est également utilisée en vinification* pour réaliser des collages*.

GELÉE
Préparation translucide, plus ou moins colorée, riche en éléments gélifiants.

GÉLIFIANT
Additif alimentaire* qui apporte une texture particulière à une denrée par formation d'un gel.

GÉLINE DE TOURAINE

Volaille jadis réputée en Touraine. Pratiquement disparue avec le développement des élevages industriels, elle connait un nouveau succès grâce à un syndicat interprofessionnel d'éleveurs qui s'applique à produire des volatiles de qualité. La géline de Touraine est une volaille au plumage noir qui pèse 2 à 3 kg, sa chair fine et savoureuse est prisée par certains restaurateurs qui ont su la mettre en valeur dans leurs spécialités.

GÉLINOTTE

Gibier à plumes de taille légèrement supérieure à une perdrix* que l'on rencontre en montagne, entre 800 et 1500 m d'altitude. La chasse de la gélinotte est réglementée et la commercialisation interdite. Cet oiseau possède une chair blanche très fine, parfois un peu amère à cause des bourgeons de sapin qu'il consomme.

GENDARME

Voir Hareng*.

GÉNÉPI ou GÉNÉPY *(1)*

Liqueur* alpine obtenue à partir d'une macération de graines de génépi dans de l'alcool*. Ce spiritueux* titre 40° ou 25° en fonction de la technique de fabrication.

(1) Selon la terminologie retenue par les spécialistes, "Génépi" désigne une plante sauvage de haute montagne (variété d'armoise), alors que "Génépy" désigne la liqueur qui en est issue. Cependant, on rencontre les deux orthographes sur l'étiquetage du spiritueux.

Source : Doc. Dolin

GENEVER

Eau-de-vie* de céréales hollandaise parfumée aux baies de genièvre* *(1)*. En réalité, le genever est le spiritueux* qui inspira la fabrication du gin*.

(1) Le genièvre est l'élément aromatique principal, mais il peut être complété par du cumin, de la coriandre* et de l'anis*.*

GENIÈVRE (aromate)

Aromate* originaire d'Europe méridionale qui se présente sous forme de petites baies fraîches ou séchées avec des arômes résineux et une saveur poivrée, légèrement amère.

Le genièvre est employé pour parfumer les marinades*, apprêts de gibier, choucroutes* et poissons. Il entre aussi dans la fabrication de spiritueux* (ex : gin*, genever*, wacholder*).

GENIÈVRE (eau-de-vie)

Eau-de-vie* de céréales parfumées aux baies de genièvre*. Spiritueux* semblable au gin*.

GÉNISSE

Voir Bœuf*.

GÉNOISE

Gâteau réalisé à partir d'œufs*, sucre*, farine* et beurre* fondu. Le fait que les œufs, additionnés de sucre, soient battus sur feu doux ou au bain-marie confère à la préparation une certaine légèreté. La génoise constitue la base de plusieurs pièces de pâtisserie (ex : moka* ou singapour*).

GENTIANE (plante)

Plante de montagne à suc amer récoltée dans différents massifs européens et dont on utilise la racine pour élaborer certains spiritueux*. La gentiane est également employée en phytothérapie.

GENTIANE (spiritueux)

A.B.A.* aromatisé à la gentiane*. Ce spiritueux*, aux vertus apéritive et digestive, est élaboré à partir de racines de gentiane macérées dans de l'alcool* pur. Parmi les marques commerciales de gentianes, citons Suze*, Avèze*et Salers*.

GEROLSTEINER SPRUDEL

Eau minérale naturelle* gazeuse captée à Gerolstein, en Rhénanie-Palatinat, dans le sud-ouest de l'Allemagne. Autorisée en France par arrêté ministériel du 22 octobre 1952.
Catégorie : riche en sels minéraux.

Composition physico-chimique (en mg/l)	
Cations	Anions
Calcium: 347 Sodium: 119 Magnésium: 108 Potassium: 11	Bicarbonates: 1817 Chlorures: 40 Sulfates: 36 Nitrates: N.C.
pH à 20 °C: 5,8 Minéralisation totale: 2661 mg/l	

GÉROMÉ

Voir Munster Géromé*.

GÉSIER

Dernière poche digestive d'une volaille constituée d'une paroi épaisse et charnue. Cet abattis* est confit dans la graisse ou haché pour être intégré à une farce. Il entre également dans la composition de certaines salades.

GET 27

Voir Pippermint Get*.

Source : Illustration Ducros

GEVREY-CHAMBERTIN

Vins* rouges produits en Bourgogne*, A.O.C.* depuis le 11 septembre 1936. Pour les vins dont les récoltes proviennent de parcelles classées "Premier cru", l'appellation communale peut être complétée par le nom du climat* d'origine *(1)* et (ou) par la mention "Premier cru".
Aire de production : communes de Gevrey-Chambertin et Brochon situées au sud-ouest de Dijon.
Superficie du vignoble : 434 ha (en 2007).
Encépagement autorisé : Pinot noir*, Pinot Liébault* et Pinot Beurot*.
Rendement de base à l'hectare : 40 hl.

(1) "Au Closeau", "Aux Combottes", "Bel -Air", "Cazetiers", "Champeaux", "Championnois dite Petite Chapelle", "La Romanée", "Cherbaudes", "Clos Prieur", "Clos du Chapitre", "Combe-au-Moine", "Craipillot", "En Ergot", "Estournelle Saint-Jacques", "Issarts", "La Perrière", "Lavaux Saint-Jacques", "Fonteny", "Clos Saint-Jacques", "Les Corbeaux", "Les Goulots", "Les Cazetiers", "la Bossière", "Champonnet"-, "Clos des Varoilles" et "Poissenot".

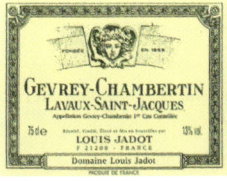

GEWURZTRAMINER

Cépage* rosé tirant son nom de "Gewurz" qui signifie épicé et de "Tramin" ou "Termeno", village du Tyrol italien.
Aires de culture : en Alsace, où il constitue l'un des éléments essentiels de l'encépagement, mais on le rencontre aussi en Autriche, Allemagne, Suisse, Italie, Nouvelle-Zélande, Australie, Etats-Unis, etc.
Vins* produits : blancs corsés, très aromatiques avec des notes florales et épicées. En vendanges tardives*, le Gewurztraminer génère de remarquables vins moelleux*.

GIANDUJA

Produit d'origine italienne composé de chocolat* couverture, beurre* de cacao, noisettes* finement broyées et sucre* glace. Il est employé en pâtisserie, confiserie et glacerie.

GIBELOTTE

Ragoût* de lapin au vin* *(1)* dont la sauce comporte des champignons*, des petits oignons* et des lardons.

(1) Classiquement, il s'agit de vin blanc, mais on trouve aussi des recettes de gibelotte au vin rouge.

GIBIER

Désignation de l'ensemble des espèces d'animaux sauvages qui sont chassés. Certaines de ces espèces sont néanmoins protégées, donc non chassables, et d'autres sont produites en élevage. La chasse de nos ancêtres, qui se pratiquait par nécessité alimentaire, a ainsi évolué vers une activité de loisir très réglementée.
La commercialisation du gibier en restauration est soumise à un ensemble de règles qui prennent en compte principalement la traçabilité* du produit et le respect des normes d'hygiène. De cette réglementation, qui fait l'objet de fréquents changements, il convient de retenir quelques éléments importants :

- Le restaurateur a obligation de tenir à jour un ***Registre de contrôle du gibier mort***. Ce document (papier ou dossier informatique) consigne les informations relatives au gibier commercialisé (nom de l'espèce, date d'arrivée au restaurant, numéro d'enregistrement, identité du fournisseur, quantité, origine qui précise s'il s'agit d'animaux de chasse ou d'élevage, date de chasse pour le gibier remis directement par un chasseur, etc.).
- Le sanglier*, fourni par un grossiste ou un chasseur, doit obligatoirement être soumis au contrôle d'un laboratoire d'analyse vétérinaire agréé pour vérifier l'absence de trichine *(1)*.
- Certains gibiers peuvent être chassés mais sont interdits à la vente. En conséquence, ils n'apparaissent pas sur les cartes et menus des restaurants. Les gibiers autorisés à la vente figurent sur une *Liste positive* qui peut être communiquée par les instances officielles comme la Fédération Nationale des Chasseurs.
- Depuis 2006, la loi a rendu possible la vente, toute année, de gibier chassé licitement. Cependant, il est souhaitable de connaître les dates d'ouverture et de fermeture de la chasse, variables selon les départements.
- Le gibier portant le logo ***Gibier de chasse-Chasseurs de France*** correspond à une marque lancée en 2008. Il s'agit d'animaux tués en France par des chasseurs qui ont reçu une formation portant sur l'hygiène alimentaire, l'examen initial du gibier et la traçabilité. Les gibiers achetés directement aux chasseurs sont entiers, n'ont subi aucune inspection sanitaire (sauf le sanglier) et ne sont

pas estampillés. Ceux achetés à des grossistes ou à des ateliers de traitement sont préparés, éventuellement découpés et ont subi un contrôle sanitaire avec estampillage.

Source : Doc FNC

(1) Petit ver parasite dont les sangliers sont parfois porteurs. L'ingestion par l'homme peut provoquer des troubles graves.

GIBSON

Cocktail* (apéritif) préparé au verre à mélange.
1,5 cl de vermouth* dry
5,5 cl de gin*
1 ou 2 petits oignons* blancs
Frapper et servir dans un verre à cocktail. Ajouter le ou les petits oignons.
Seuls les éléments de décoration font la différence entre le Gibson et le Dry Martini*.

GIEN

Fromage* de lait* de chèvre fabriqué dans l'Orléanais. Il doit son nom à une localité du Loiret située dans sa zone de production.
Type : pâte molle, croûte naturelle.
Forme : petit cylindre ou cône tronqué.
Taille : 8 cm de diamètre, 5 cm de hauteur.
Poids : 200 g.
Teneur en M.G. : 45 % au minimum.
Meilleures saisons : printemps, été, automne.

GIGOLETTE

Cuisse de volaille partiellement désossée en vue d'une préparation culinaire.

GIGONDAS

Vins* rouges et rosés produits dans la Vallée du Rhône, A.O.C.* depuis le 6 janvier 1971.
Aire de production : Commune de Gigondas, située à l'est d'Orange.
Superficie du vignoble : 1 239 ha (en 2007).
Encépagement principal : Grenache*, Syrah* et Mourvèdre*. Il est également admis qu'un pourcentage de l'encépagement soit constitué d'autres cépages autorisés, sauf le Carignan*, pour l'appellation Côtes-du-Rhône*.
Rendement de base à l'hectare : 34 hl.

GIGORIT

Civet* d'abats* de porc* cuisinés au vin* rouge et au sang. Le gigorit est une spécialité de la région Poitou-Charentes.

GIGOT

Cuisse de mouton* ou d'agneau*. En réalité, la pièce de boucherie appelée "gigot" comprend la cuisse et la selle. La cuisse seule constitue le "gigot raccourci".

GIGOT DE SEPT HEURES

Gigot d'agneau* ou de mouton* lardé *(1)* et braisé longuement à chaleur douce avec une garniture aromatique. La préparation se fait dans une cocotte chemisée de couennes de porc*. Au terme de la cuisson, la chair du gigot, moelleuse et fondante, se déguste à la cuillère.

(1) Piqué de bâtonnets de lard gras.

GIGUE

Terme désignant la cuisse d'un chevreuil* ou d'un cerf*.

GILBERT (Philéas)

Cuisinier français (La Chapelle-sur-Oreuse 1857 - Couilly-Pont-aux-Dames 1942) qui collabora à diverses revues culinaires. Auteur de plusieurs ouvrages (*La cuisine rétrospective, Cuisine de tous les mois, L'Alimentation et la Technique culinaire à travers les âges* …) il participa à la rédaction du *Guide Culinaire* publié par Auguste Escoffier*.

GIMBLETTE

Petit gâteau en forme de couronne ou d'anneau. La gimblette, dont la pâte est réalisée à partir de

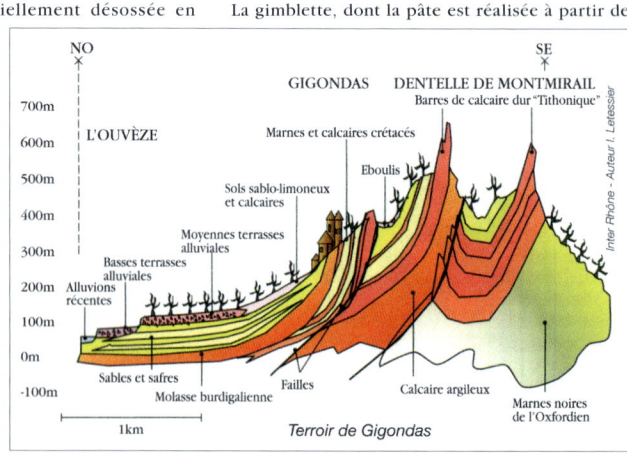

Terroir de Gigondas

farine*, sucre*, amandes* pilées, jaunes d'œufs*, zestes d'orange* et de cédrat* est une spécialité albigeoise.

GIMLET
Cocktail* préparé au verre à mélange.
2 cl de lime* juice cordial *(1)*
5 cl de gin*
Frapper et servir dans un verre à cocktail *(2)*
(1) Jus de lime.
*(2) Le mélange est parfois additionné d'un trait de sirop*de canne pour l'adoucir.*

GIN
Eau-de-vie* de céréales parfumée aux baies de genièvre*. D'origine hollandaise, où il est dénommé "Genever", ce spiritueux* est aujourd'hui fabriqué dans plusieurs pays, notamment en Grande-Bretagne et aux Etats-Unis.
L'élaboration du gin est basée sur le principe de la redistillation d'une eau-de-vie de céréales *(1)* en présence d'aromates *(2)* divers, principalement du genièvre.
Hormis le gin classique, nous trouvons :
Le London Dry Gin résultant d'une redistillation de gin.
L'Old Tom Gin qui est un gin légèrement sucré.
Le Yellow Gin, eau-de-vie qui a subi un vieillissement dans des fûts de chêne ayant contenu du xérès*.
Le Plymouth Gin élaboré dans la ville du même nom.
(1) Orge, seigle*, maïs* et blé*.*
(2) Fenouil, réglisse*, cumin*, amande*, écorce de genêt, anis*, angélique*, écorces d'oranges*, etc.*

GIN FIZZ
Cocktail* préparé au shaker.
1 cuillère à café de sucre* ou 2 cl de sirop* de sucre de canne
2 cl de jus de citron*
4 cl de gin*
6 cl de soda*
1 tranche de citron
Frapper et servir dans un tumbler. Compléter de soda et décorer avec la tranche de citron.

GIN SOUR
Cocktail* (apéritif) préparé au shaker.
1 cuillère à café de sucre*
2 cl de jus de citron*
5 cl de gin*
2 cerises* à l'eau-de-vie
Frapper et servir dans un verre à cocktail. Décorer avec les cerises.

GINGEMBRE
Plante originaire d'Asie du Sud-Est dont on consomme les rhizomes aromatiques de saveur piquante et brûlante. Frais, séché, râpé, moulu ou confit dans le vinaigre* ou le sucre*, le gingembre est utilisé en cuisine, en pâtisserie, en confiserie et pour aromatiser les boissons (ex : Canada dry*).

Rhizomes de gingembre

GINI
Soda* à base de citron* vert créé en 1971.

GIRARDET (Fredy)
Cuisinier Suisse né en 1936 à Lausanne. Installé au *Restaurant de l'Hôtel de ville* à Crissier, près de Lausanne, il devient un Chef réputé. Son talent est auréolé de nombreuses récompenses, dont trois étoiles au Guide Michelin*. Fredy Girardet passe le relais à Philippe Rochat en 1999 ; succession bien assurée puisqu'en 2010, l'établissement conserve toujours ses trois étoiles dans le Guide rouge suisse.

GIROFLE (clou de)
Épice* originaire de l'archipel des Moluques (Indonésie). Le clou de girofle est le bouton floral non épanoui et séché du giroflier. Son odeur est agréable mais sa saveur est âcre, piquante et puissante. Cette épice est utilisée pour "piquer" les oignons* comme élément aromatique mais aussi pour parfumer les choucroutes*, charcuteries, vins* chauds, etc. Le clou de girofle est également employé dans l'industrie pharmaceutique *(1)*.
(1) L'eugénol, une substance contenue dans le clou de girofle, possède des vertus antiseptiques et analgésiques bien connues pour calmer les douleurs dentaires.

GIROLLE

Champignon sylvestre, appelé aussi *Chanterelle*, qui se caractérise par un chapeau en forme d'entonnoir. Il existe plusieurs variétés de girolles dont *la Crête de coq, la Chanterelle en tube* et *la Chanterelle jaunâtre*. La girolle est très appréciée pour sa chair ferme, goûteuse et parfumée. Elle se prépare sautée, en omelette, en garniture, etc.

Source : Photo BG

GÎTE ou GÎTE-GÎTE

En boucherie, morceau issu de la partie inférieure de la cuisse d'un bœuf*.

GIVRY

Vins* rouges et blancs produits en Bourgogne*, A.O.C.* depuis le 8 février 1946. Pour les vins qui proviennent de certaines parcelles classées, l'appellation communale peut être complétée par le nom du climat* d'origine et (ou) par la mention "Premier cru"*(1)*.
Aire de production: commune de Givry, située à l'ouest de Chalon-sur-Saône.
Superficie du vignoble : 279 ha (en 2007) dont 234 ha en vins rouges et 45 ha en vins blancs.
Encépagement autorisé : Pinot noir*, Pinot Beurot*, Pinot Liébault*, Chardonnay* et Pinot blanc*.
Rendement de base à l'hectare : 45 hl pour les vins rouges et 50 hl pour les vins blancs.

(1) L'appellation compte 28 climats classés « Premier Cru ".

GLACE DE VIANDE

Préparation culinaire d'aspect sirupeux obtenue par une réduction d'un fond de sauce*.

GLACE ROYALE

Mélange de blancs d'œufs* et de sucre* glace, additionné de jus de citron* ou de vinaigre*. La glace royale est employée pour décorer au cornet ou glacer certains gâteaux.

GLACES

Desserts glacés obtenus par congélation d'un mélange pasteurisé composé d'éléments différents selon la dénomination du produit. On distingue :
Les glaces à la crème, crèmes glacées ou ice-creams (lait*, crème fraîche*, sucre* et parfum*).
Les glaces aux œufs (lait, jaunes d'œufs*, sucre et parfum).
Les glaces à... ou glaces au sirop de... (eau, sucre, éventuellement lait ou crème, arôme naturel ou fruit).
Les sorbets aux fruits (eau, sucre, fruits. Les fruits employés peuvent être frais, surgelés, lyophilisés ou en jus).
Les sorbets au vin, *à la liqueur* *ou à l'eau-de-vie** (eau, sucre, vin ou spiritueux* de référence).
Le *Code des pratiques loyales des glaces alimentaires* (décret du 18 février 2003) définit précisément la dénomination de différentes glaces.

Source : M. Gibert/Cerlis

GLOUCESTER

Fromage* de lait* de vache fabriqué en Grande-Bretagne. Il tire son nom du Comté d'où il est originaire.
Le Single Gloucester est reconnu A.O.P.* dans le cadre de l'U.E.
Type : pâte pressée non cuite demi-dure, croûte naturelle souvent cirée.
Forme : cylindre.
Taille : 25 à 30 cm de diamètre, 10 à 15 cm de hauteur pour le "single". Même diamètre avec une hauteur de 20 à 30 cm pour le "double".
Poids : 6 kg pour le "single" et 12 à 14 kg pour le "double".
Teneur en M.G. : 48 à 50% au minimum.
Meilleures saisons : été, automne.

GNOCCHIS ou GNOKIS ou NIOKIS

Préparation culinaire d'origine italienne qui se présente sous différentes formes :
Les gnocchis à la parisienne à base de pâte à choux* additionnée de fromage* râpé. Façonnés à la douille unie en petites quenelles*, ces gnocchis sont pochés avant d'être soufflés et gratinés avec une sauce Béchamel*.
Les gnocchis à la romaine préparés à partir de semoule* cuite au lait* avec jaunes d'œufs* et fromage. Détaillés à l'emporte-pièce, ils sont ensuite gratinés.
Les gnocchis à la Florentine réalisés avec purée de pommes de terre*, pâte à choux, fines herbes et jambon* cuit haché. L'appareil* est détaillé en petites quenelles qui seront gratinées.
Il existe d'autres variétés de gnocchis qui se caractérisent par les éléments de garniture employés.

GOD FATHER
Cocktail* préparé directement sur glace dans un verre à old fashioned.
2 cl d'Amaretto*
5 cl de scotch whisky*
Remuer avant de servir.

GOD MOTHER
Cocktail* préparé directement sur glace dans un verre à old fashioned.
2 cl d'Amaretto*
5 cl de vodka*
Remuer avant de servir.

GODIVEAU
Petite quenelle* de farce fine réalisée avec de la chair de veau*, de volaille ou de poisson additionnée de graisse de rognon* de bœuf, d'œufs* entiers ou de blancs et éventuellement de crème fraîche*. Le godiveau est employé comme élément de garniture de vol-au-vent* ou de pièces de boucherie.

GOLDEN DELICIOUS
Voir Pomme*.

GOLDEN FIZZ
Cocktail* préparé au shaker.
1 jaune d'œuf*
1 cuillère à café de sucre* ou 2 cl de sirop* de sucre de canne
2 cl de jus de citron*
4 cl de gin*
Soda*
1 tranche de citron
Frapper et servir dans un tumbler. Compléter de soda et décorer avec la tranche de citron.

GORET
Voir Porc*.

GORGONZOLA
Fromage* de lait* de vache fabriqué en Italie. Il doit son nom à une localité de Lombardie située sur le chemin de la transhumance. Le gorgonzola bénéficie d'une Appellation d'Origine Contrôlée dans son pays et il est reconnu A.O.P.* dans le cadre de l'U.E.
Type : pâte persillée, croûte naturelle.
Forme : cylindre.
Taille 25 à 30 cm de diamètre, 16 à 20 cm de hauteur.
Poids : 6 à 12 kg.
Teneur en M.G. : 48%.
Qualité identique toute l'année.

GOUDA
Fromage* de lait* de vache fabriqué en Hollande. Il doit son nom à un petit port du sud du pays, lieu important de sa commercialisation. Ce fromage constitue la majeure partie de la production fromagère des Pays-Bas avec un volume considérable à l'exportation.
Type : pâte pressée non cuite, croûte naturelle paraffinée.
Forme : petite meule à talon convexe.
Taille : 25 à 30 cm de diamètre, 7 à 8 cm d'épaisseur.
Poids : 3 à 5 kg.
Teneur en M.G. : 48% au minimum.
Qualité identique toute l'année.

GOUFFÉ (Jules)
Cuisinier et pâtissier français (Paris 1807-1877) disciple d'Antonin Carême*. Il est l'auteur de plusieurs ouvrages : *Le livre de Cuisine, Le livre de Pâtisserie, Le livre des soupes et des potages* et *Le livre des conserves*. Dans ce dernier, il reprend les travaux de Nicolas Appert*.

Source : Planche extraite du Livre de Cuisine/Wikimedia Commons

Poularde à la Godard

GOUGÈRE
Préparation à base de pâte à choux* additionnée de fromage*(1). La gougère se présente sous forme de petit chou ou de petite couronne.
(1) Fromage à pâte cuite (gruyère, emmental*, comté*, beaufort*).*

GOUJON
Poisson d'eau douce de la famille des cyprinidés qui vit sur les fonds sableux. De petite taille (10 à 15 cm), le goujon est un des poissons les plus appréciés en friture.

GOUJONNETTE
Petit morceau de filet de poisson (sole*, cabillaud*, merlan*...) taillé en biais.

GOULACHE ou GOULASCH
D'origine hongroise, le (ou la) goulache est un ragoût* de bœuf* cuit avec oignon*, tomate* et paprika*.

GOURNAY
Fromage* de lait* de vache fabriqué en Normandie. Il tient son nom d'un village du Pays de Bray d'où il est originaire.
Type : pâte molle à croûte fleurie.

Forme : petit disque.
Taille : 8 cm de diamètre, 2,5 cm d'épaisseur.
Poids : 100 à 120 g.
Teneur en M.G. : 45 %.
Meilleures saisons : fin du printemps, été, automne.

GOÛT DE BOUCHON
Voir Bouchon (goût de)*.

GOUZON
Fromage* de lait* de vache fabriqué dans la Creuse. Il doit son nom à un village de la Marche situé dans sa zone de production.
Type : pâte molle, croûte naturelle.
Forme : petit disque épais.
Taille : 11 cm de diamètre, 3 cm d'épaisseur.
Poids : 250 à 300 g.
Teneur en M.G. : 30 à 40 %.
Meilleures saisons : printemps, été, automne.

GOYAVE

Fruit exotique originaire d'Amérique tropicale. La goyave est une baie globuleuse ou piriforme *(1)* de 5 à 10 cm de diamètre. Sa peau épaisse jaune-verdâtre renferme une chair de texture spongieuse à saveur musquée, légèrement acidulée, très riche en vitamine C *(2)*.
Il existe de nombreuses variétés de goyaves importées des Antilles, du Brésil, d'Amérique du Sud, d'Inde, de Côte d'Ivoire, etc. Ce fruit se consomme nature, en jus de fruit, en sorbet*, en confiture*, en gelée ou en compote.
(1) En forme de poire.
(2) La goyave contient 500 mg de vitamines C pour 100 g, alors que le kiwi en contient 95 mg et l'orange* ou le citron* 50 mg.

GOYÈRE
Tarte au maroilles* préparée traditionnellement dans le Nord-Pas-de-Calais.

GRAÇAY
Fromage* de lait* de chèvre fabriqué dans le Berry. Il doit son nom à un village de la Champagne berrichonne situé dans sa zone de production.

Type : pâte molle, croûte naturelle saupoudrée de charbon de bois pulvérisé.
Forme : cône tronqué.
Taille : 10 cm de diamètre, 6 cm de hauteur.
Poids : 350 à 400 g.
Teneur en M.G. : 45 %.
Meilleures saisons : printemps, été, automne.

GRAISSE
Cépage* blanc cultivé dans le Sud-Ouest, notamment sur l'aire d'appellation Armagnac*. Sa dénomination vient de l'aspect visqueux de son moût*.
Il donne des vins* légers, neutres et relativement acides.

GRANA PADANO
Fromage* de lait* de vache fabriqué dans le nord de l'Italie. Il doit son nom à la texture granuleuse de sa pâte et à sa région de production. Le grana padano bénéficie d'une Appellation d'Origine Contrôlée dans son pays et d'une A.O.P.* dans le cadre de l'U.E.
Type : pâte pressée cuite, dure et granuleuse. Croûte naturelle graissée.
Forme : meule.
Taille : 35 à 45 cm de diamètre, 18 à 24 cm d'épaisseur.
Poids : 24 à 30 kg.
Teneur en M.G. : 32 % à 35 %.
Qualité identique toute l'année.

GRAND DUC
Garniture* composée de pointes d'asperges* et de lames de truffes*. Lorsqu'elle accompagne un poisson, elle est additionnée de queues d'écrevisses*.

GRAND MARNIER
Liqueur* élaborée à partir d'écorces d'oranges amères d'Haïti. Cette marque fut créée à Neauphle-le-Château en 1880 par Louis-Alexandre Marnier-Lapostolle. La société diffuse aujourd'hui une gamme de produits dont :
Le Cordon Jaune fabriqué avec des eaux-de-vie* communes.
Le Cordon Rouge élaboré avec du cognac*.
Les Cuvées du Centenaire et du **Cent Cinquantenaire** fabriquées à partir de vieux cognacs.
La Cuvée Louis-Alexandre élaborée
en l'honneur du créateur de la Marque. Elle est le résultat d'une alliance originale d'essences d'oranges amères et d'un assemblage de vieux cognacs. Cette cuvée spéciale, moins sucrée que les précédentes, subit une maturation d'au moins 1 an en foudre de chêne.

Cuvée Louis-Alexandre

Le Grand Marnier se consomme en digestif et il entre dans la composition de cocktails* (ex : Red lion*) ou de préparations culinaires.

GRAND ROUSSILLON
V.D.N.* rouges, rosés et blancs produits en Languedoc-Roussillon. A.O.C.* réglementée par le décret du 19 mai 1972. Cette appellation s'efface progressivement au bénéfice de l'appellation *Rivesaltes*.
La mention "rancio" peut être adjointe à l'appellation pour certains vins qui ont subi un vieillissement particulier et qui ont pris un goût de "rancio".
Aire de production : nombreuses communes des Pyrénées-Orientales et quelques communes de l'Aude.
Encépagement autorisé : Muscat* à petits grains, Muscat* d'Alexandrie, Grenache noir*, Grenache gris*, Grenache blanc*, Maccabéo*, Tourbat*, Carignan noir*, Cinsault*, Syrah* et Listan*.
Rendement de base à l'hectare : 30 hl de moût.
Richesse initiale en sucre : 252 g/litre au minimum.
Apport en alcool* pur : 5 à 10% du volume de moût mis en œuvre, avec un alcool titrant au moins 96%.
Richesse alcoolique minimum acquise : 15%.

GRAND TÉTRAS
Gibier à plumes, également appelé "coq des bruyères", dont la chasse est réglementée et la commercialisation interdite. En France, on le rencontre principalement dans les régions montagneuses. Ce superbe volatile, qui peut peser jusqu'à 7 kg, se traite comme le faisan*.

GRAND VATEL
Fromage* de lait* de vache élaboré en Île-de-France. Son nom est une marque commerciale choisie par son fabricant.
Type : pâte molle à croûte fleurie (triple crème*).
Forme : disque épais.
Taille : 13 cm de diamètre, 3 à 4 cm d'épaisseur.
Poids : 500 g environ.
Teneur en M.G. : 75%.
Qualité identique toute l'année.

GRAND VENEUR (sauce)
Sauce poivrade* à l'essence de venaison additionnée de gelée de groseille* et de crème fraîche*.

GRANDE ABSENTE
Boisson spiritueuse de création récente fabriquée par les Distilleries et Domaines de Provence à Forcalquier, dans les Alpes-de-Haute-Provence. Elle titre 69° et contient des composés aromatiques d'absinthe* (1), de badiane*, d'anis* vert, de mélisse* et de menthe*. La Grande Absente, faiblement sucrée, se consomme pure, sur glace ou en cocktail*.

(1) Voir ce terme.

GRANDE CHAMPAGNE
a) Première des 6 zones qui constituent l'aire d'appellation Cognac*. Située au cœur du vignoble, avec une superficie de 13 159 ha (en 2008), elle est le terroir d'origine des meilleures eaux-de-vie* de cette région.
b) Eau-de-vie* à A.O.C.* identique à la Grande Fine Champagne*.

GRANDE FINE CHAMPAGNE
Eau-de-vie* produite exclusivement en Grande Champagne*. La plus fine des eaux-de-vie de Cognac* bénéficie d'une A.O.C.* régie par le décret du 13 janvier 1938 (voir critères de production à Cognac*).

GRANDE RUE (LA) ou GRAND'RUE (LA)
Vin* rouge produit en Bourgogne*, Grand Cru bénéficiant d'une A.O.C.* depuis le 2 juillet 1992.
Aire de production : parcelles délimitées des lieux-dits "La Grande Rue" et "Les Gaudichots" sur la commune de Vosne-Romanée, d'une superficie totale de 1,65 ha. En 2007, la production fut de 5 850 bouteilles.
Encépagement autorisé : Pinot noir*.
Rendement de base à l'hectare : 35 hl.

GRANDE SOURCE DU VOLCAN
Eau minérale naturelle* gazeuse captée à Aizac dans l'Ardèche. Autorisée à la commercialisation en 1868 et reconnue par arrêté ministériel en 1957.
Catégorie : moyennement minéralisée.

Composition physico-chimique (en mg/l)	
Cations	Anions
Calcium: 96,6	Bicarbonates: 449
Magnésium: 34,5	Chlorures: 15
Sodium: 13,6	Sulfates: 13
Potassium: 1,3	Nitrates: inf. à 0,1
Fluor: 0,23	
pH à 20 °C: 5,9 Minéralisation totale: 520 mg/l	

GRAND-MÈRE
Garniture* composée de pommes cocotte*, champignons de Paris*, petits oignons* et lardons.

GRANDS-ÉCHÉZEAUX
Vin* rouge produit en Bourgogne*, Grand Cru bénéficiant d'une A.O.C.* depuis le 31 juillet 1937.
Aire de production : parcelles délimitées du lieu-dit "Les Grands-Échézeaux" sur la commune de Flagey-Échézeaux, près de Vosne-Romanée, d'une superficie totale de 8,04 ha.
Encépagement autorisé : Pinot noir*, Pinot Liébault* et Pinot Beurot*.
Rendement de base à l'hectare : 35 hl.

GRANITÉ
Préparation glacée semblable au sorbet*. Moins sucré que ce dernier, le granité a une texture pailletée et grenue.

Source : Doc. Distilleries et Domaines de Provence

GRAPPA
Eau-de-vie* de marc* italienne élaborée dans le nord du pays. Afin d'atténuer l'âpreté de certaines grappas, elles sont logées quelques temps en fûts de chêne de Slavonie (région de Croatie).

GRAS-DOUBLE
Préparation de triperie composée de morceaux de panse de bœuf* précuits et moulés en pain rectangulaire. Détaillé en tranches, le gras-double peut être préparé de différentes façons (ex : tablier de sapeur*).

GRASSHOPPER
Cocktail* (digestif) préparé au shaker.
2 cl de crème fraîche*
2 cl de crème de cacao* blanche
5 cl de crème de menthe* verte
Frapper et servir dans un grand verre à cocktail.

GRATARON D'ARÈCHES
Autre dénomination de l'arèches*.

GRATIN DAUPHINOIS
Voir Pommes dauphinoises*.

GRATINÉE
Soupe* à l'oignon* garnie de croûtons de pain* et de fromage* râpé (1). Elle est passée au four juste avant d'être servie.
(1) gruyère* ou emmental*.

GRATTONS
Charcuterie obtenue par la fonte de résidus de graisse d'oie* ou de porc* que l'on additionne de petits morceaux de viande.

GRAVES
Vins* blancs et rouges produits dans le Bordelais, A.O.C.* depuis le 4 mars 1937. Voir également *Châteaux du Bordelais*.

Sol de Graves

Aire de production : 43 communes de la Gironde situées au sud de la Garonne, de Bordeaux à Langon.
Superficie du vignoble : 3 519 ha (en 2006).
Encépagement autorisé : Merlot*, Cabernet-Sauvignon*, Cabernet franc*, Malbec*, Petit Verdot*, Sémillon*, Sauvignon* et Muscadelle*.
Rendement de base à l'hectare : 50 hl.
Richesse alcoolique minimum acquise : 10% pour les vins rouges et 11% pour les vins blancs.

GRAVES DE VAYRES
Vins* rouges et blancs produits dans le Bordelais, A.O.C.* depuis le 31 juillet 1937.
Aire de production : Communes de Vayres et d'Arveyres, au sud-ouest de Libourne.
Superficie du vignoble : 545 ha (en 2006) dont 444 ha en vins rouges et 101 ha en vins blancs.
Encépagement autorisé : Cabernet-Sauvignon*, Cabernet-franc*, Carmenère*, Merlot*, Malbec*, Petit Verdot*, Sémillon*, Sauvignon*, Muscadelle et Merlot blanc*.
Rendement de base à l'hectare : 40 hl pour les vins rouges et 43 hl pour les vins blancs.
Richesse alcoolique minimum acquise : 10,5%.

GRAVES SUPÉRIEURES
Vins* blancs moelleux produits sur les aires délimitées de l'appellation Graves*.
Superficie du vignoble : 337 ha (en 2006).
Rendement de base à l'hectare : 40 hl.
Teneur minimale en sucre résiduel : 18g/l.

GRAVLAKS ou GRAVLAX
Spécialité culinaire scandinave préparée à partir de filets de saumon* crus marinés avec de l'aneth*, du sel*, du sucre* et du poivre*.

GRENACHE
Cépage* noir originaire d'Espagne où il est nommé "Garnacha". Il est le cépage noir le plus cultivé dans le monde avec environ 380 000 ha de plantations (dont près de 100 000 en France).
Aires de culture : en Vallée du Rhône (Côtes-du-Rhône*, Châteauneuf-du-Pape*, Gigondas*, etc.), en Provence (Côtes de Provence*, Cassis*, Bandol*, etc.), en Languedoc-Roussillon (Corbières*, Saint-Chinian*, Banyuls*, Maury*, Rivesaltes* etc.) en Corse (Vin de Corse*, Ajaccio*, etc.). Le Grenache est bien sûr planté en Espagne, mais aussi dans beaucoup d'autres pays viticoles : l'Italie, la Grèce, l'Israël, la Tunisie, l'Algérie, le Maroc, la Californie, l'Australie, l'Afrique du Sud, l'Argentine, le Pérou, l'Uruguay, etc.
Vins* produits : rouges puissants, gras et très aromatiques, rosés corpulents et V.D.N.*.

GRENACHE BLANC
Cépage* blanc qui se distingue du Grenache* traditionnel par la couleur de ses baies .On le trouve dans le Roussillon et en Espagne où il génère des V.D.N.* et des vins* blancs secs et aromatiques. Le Grenache blanc couvrait 6 500 ha du vignoble français en 2004.

GRENACHE GRIS
Cépage* rosé qui est une forme grise du Grenache* traditionnel. Il est cultivé dans le Midi de la France pour élaborer des V.D.N.* et des vins* rosés. Le Grenache gris couvrait 2 600 ha du vignoble français en 2004.

GRENADE
Fruit du grenadier, arbre d'origine persane. La grenade est une grosse baie de la taille d'une pomme* qui possède une peau coriace de couleur cuivrée. Sa pulpe vermillon renferme une multitude de graines charnues *(1)*. Ce fruit se consomme nature, en salade de fruits ou comme base de boisson.

(1) Ces graines servaient autrefois à fabriquer le sirop de grenadine*.

GRENADIER
Poisson de mer de la famille des marcouridés qui vit dans les grandes profondeurs de l'Atlantique. Le grenadier, dont la taille peut atteindre 1 m, possède une chair blanche tendre, maigre, peu goûteuse et sans arêtes. Commercialisé en filets, il est surtout destiné à confectionner des farces et mousselines.

GRENADILLE
Voir Fruits de la passion*.

GRENADIN
Petite tranche de veau*, ronde et épaisse, prélevée dans le filet* ou la noix*. Le grenadin est bardé, et éventuellement lardé *(1)*, pour rester moelleux à la cuisson.
(1) Piqué de bâtonnets de lard gras

GRENADINE
Voir Sirop*.

GRENOBLOISE (à la)
Dénomination d'apprêts culinaires, essentiellement poissons et cervelles*, cuits à la meunière* et garnis de câpres*, dés de citron* et petits croûtons de pain de mie*.

GRENOUILLE
Batracien vivant le plus souvent dans les milieux humides tels que marais, mares ou étangs.
On distingue plusieurs espèces *(1)* :
La grenouille verte : essentiellement aquatique, elle mesure 20 à 25 cm, pattes étendues. C'est la plus répandue et la plus appréciée.
La grenouille rousse : plus petite que la précédente, elle vit dans les prés, les vignes, les lieux boisés et ne s'approche des points d'eau qu'au moment de l'accouplement. Sa chair est moins prisée que celle de la grenouille verte.
La grenouille agile : voisine de la grenouille rousse, elle est capable de faire des sauts de plus d'un mètre quand elle se sent poursuivie, ce qui explique peut-être son nom.
De la grenouille, on ne consomme que les cuisses. Leur chair fade, peu goûteuse, a absolument besoin d'être relevée pour présenter un réel intérêt gastronomique.

(1) Certaines espèces ne peuvent être commercialisées.

GRESSINS
Bâtonnets de la taille d'un crayon préparés avec une pâte à pain* additionnée de beurre* ou d'huile*. Un peu biscottés, secs, croustillants, ils se consomment à l'apéritif, parfois enroulés dans une tranche de jambon* cru et en accompagnement de potages* ou consommés*.

GRIBICHE (sauce)
Sauce émulsionnée froide similaire à la sauce mayonnaise* où le jaune d'œuf* cru est remplacé par du jaune d'œuf dur écrasé. Cette sauce est additionnée de câpres*, cornichons*, persil*, cerfeuil* et estragon* hachés, ainsi que d'une julienne* de blancs d'œufs durs.

GRIGNAN-LES-ADHÉMARS
Voir Coteaux du Tricastin*.

GRIMOD DE LA REYNIÈRE
(Alexandre Balthazar Laurent)
Avocat, écrivain et gastronome français (Paris 1758 – Villiers-sur-Orge 1837). Considéré comme l'initiateur de la critique gastronomique, il lança en 1803 la revue *L'Almanach des gourmands*.

GRINGET
Cépage* blanc autochtone de Haute-Savoie. Il génère des vins* légers surtout utilisés pour la production de vins effervescents.

GRIOTTE
Voir Cerise*.

GRIOTTE-CHAMBERTIN
Vin* rouge produit en Bourgogne, Grand Cru bénéficiant d'une A.O.C.* depuis le 31 juillet 1937.
Aire de production : parcelles délimitées du lieu-dit "Griotte" sur la commune de Gevrey-Chambertin*, d'une superficie totale de 2,71 ha.
Encépagement autorisé : Pinot noir*, Pinot Beurot* et Pinot Liébault*.
Rendement de base à l'hectare : 37 hl.

GRIS DE LILLE ou VIEUX LILLE
Fromage* de lait* de vache fabriqué dans le Nord. Il doit son nom à sa couleur et à son lieu de production.
Type : pâte molle à croûte lavée.
Forme : carré.
Taille : 12 à 13 cm de côté, 5 à 6 cm d'épaisseur.
Poids : 800 g environ.
Teneur en M.G. : 45 % au minimum.
Meilleures saisons : automne, hiver.

GRIVE
Petit passereau dont la chasse est réglementée et la commercialisation interdite.
En France, on rencontre 4 espèces de grives :
La grive draine : c'est la plus grosse des grives avec une taille identique à celle d'un pigeon*. Sa chair est parfois un peu amère à cause des boules de gui qu'elle consomme.
La grive mauvis ou *grive dorée* : plus petite que la grive draine.
La grive Litorne ou *grive des marais* : semblable à la précédente.
La grive musicienne : ainsi nommée à cause de son chant. Plus petite que les autres espèces (elle dépasse rarement 100 g), cette grive est friande de grains de raisin* et de baies sauvages.
Du point de vue culinaire, la grive s'apprête comme la caille*.

GROLLEAU ou GROSLOT
Cépage* noir *(1)* probablement originaire de la région de Cinq-Mars-la-Pile, dans l'Indre-et-Loire.

Grolleau gris

Aires de culture : vignobles de la Vallée de la Loire, notamment l'Anjou et la Touraine.
Vins* produits : rosés légers et rouges fruités, peu colorés.
(1) Il existe également deux autres variétés de Grolleau : le Grolleau gris et le Grolleau blanc. Les surfaces plantées en Grolleau noir et en Grolleau gris représentent environ 3 000 ha.

GRONDIN
Poisson de mer de la famille des triglidés qui est pêché dans de nombreuses mers ou océans. Il doit son nom aux grondements qu'il émet à sa sortie de l'eau en faisant vibrer sa vessie natatoire *(1)*. On rencontre plusieurs espèces de grondins dont les tailles varient de 20 à 50 cm. Les plus connues sont **le grondin perlon** ou **grondin tombe**, **le grondin rouge**, **le grondin gris** et le **grondin lyre**. Ce poisson, souvent commercialisé à tort sous le nom de "rouget"*, est couramment employé dans les bouillabaisses* et autres soupes de poissons.
(1) Poche abdominale de certains poissons.

GROS MANSENG
Cépage* blanc d'origine béarnaise.
Aires de culture : vignobles du Sud-Ouest sur plus de 2 000 hectares, notamment sur les appellations Jurançon*, Pacherenc du Vic Bilh*, Béarn*, Irouléguy* Floc de Gascogne*, etc.
Le Gros Manseng, est souvent associé au Petit Manseng*.
Vins* produits : blancs moelleux ou secs, corsés et aromatiques.

GROS PLANT
Autre dénomination du cépage* Folle blanche* dans la région nantaise où il produit des vins blancs secs et fruités avec des notes iodées. Son nom lui fut donné par les paysans du Pays Nantais en raison de la taille et de la rusticité de son cep.

GROS PLANT DU PAYS NANTAIS
Vins* blancs produits dans la Vallée de la Loire, A.O.V.D.Q.S.* depuis le 26 novembre 1954.
Aire de production : 92 communes de Loire-Atlantique du Maine-et-Loire et de Vendée situées à l'ouest et au sud de Nantes.
Superficie du vignoble : 1 400 ha (en 2008).
Encépagement autorisé : Gros plant*.
Rendement de base à l'hectare : 50 hl.
Les vins bénéficiant de la mention "sur lie" doivent obligatoirement :
- Porter l'indication du millésime*.
- Se trouver sur leur lieu de vinification au moment de l'embouteillage qui est réalisé entre le 1er mars et le 30 novembre de l'année qui suit la récolte.

GROSEILLE
Fruit du groseiller se présentant sous forme de petite baie ronde qui est généralement de couleur

rouge ou jaune, sauf *la Groseille à maquereau* qui a une peau duveteuse et striée de couleur vert-jaune ou violette. *Le Cassis* fut dénommé *Groseiller noir* jusqu'au 16ème siècle.

La groseille classique, qui à l'origine était blanche, nous vient d'Europe du Nord. Les variétés les plus cultivées sont *la Gloire des sablons, la Hollande rose, La Versaillaise blanche, la Jonkher Von Tets*… Ce fruit se consomme cru, nature ou au sucre*, cuit, en gelée, en confiture*, comme base de sirop*, en garniture* de gibier, en pâtisserie, etc.

La *Groseille à maquereau*, originaire d'Afrique du Nord, est un peu délaissée en France mais reste très prisée des Anglo-Saxons.

Source : Photo BG

GROSEILLE DU CAP
Autre dénomination du physalis*.

GROUPES DE BOISSONS
La classification des boissons est importante car elle conditionne non seulement leur production mais aussi leur vente. La première véritable classification des boissons a été réalisée avec la loi du 24 septembre 1941 qui classa les boissons en 5 groupes et donna une nouvelle énumération des produits interdits. Ce classement a été revu plusieurs fois depuis mais le code des débits de boissons distingue toujours 5 groupes :

1er groupe :
Boissons sans alcool* ou ne titrant pas plus de 1,2° d'alcool pur : eaux minérales*, jus de fruits ou de légumes, limonade*, B.R.S.A.* diverses, café*, thé*, infusions*, chocolat*…

2ème groupe :
Boissons fermentées non distillées : vins*, bières*, cidres*, poirés*, hydromels*, V.D.N.* bénéficiant du régime fiscal des vins, crèmes de cassis* titrant entre 15 et 18°, jus de fruits ou de légumes comportant 1,2 à 3° d'alcool, pétillant de raisin*…

3ème groupe :
Boissons spiritueuses* ne titrant pas plus de 18° : V.D.N.* n'appartenant pas au 2ème Groupe, V.D.L.* français, A.B.V.*, liqueurs* de framboises*, de fraises*, de cassis* ou de cerises*…

4ème groupe :
Rhums*, tafias*, eaux-de-vie* provenant de la distillation des vins* (cognac*, armagnac*), des cidres* (calvados*), des poirés* ou fruits ne supportant aucune addition d'essence (1). Liqueurs édulcorées au moyen de sucre*, de miel* ou de glucose à raison de 400 g minimum par litre pour les liqueurs anisées, 200 g/litre pour les autres liqueurs et ne contenant pas plus d'un ½ gramme d'essence par litre.

5ème groupe :
Toutes les autres boissons alcoolisées qui ne sont pas comprises dans les 4 premiers groupes (2) : whisky*, bourbon*, vodka*, gin*, tequila*, A.B.A. tels que les anisés* ou bitters*, V.D.N. n'appartenant pas au régime fiscal des vins, V.D.L. français titrant entre 18 et 22°, V.D.L. étrangers (porto*, madère* etc.), liqueurs titrant plus de 18°.

(1) Extrait aromatique obtenu par distillation de substances végétales (fleurs, plantes...).

(2) Sauf les boissons prohibées telles que les A.B.V. titrant plus de 18°, les V.D.L. titrant plus de 22°, les anisés titrant plus de 45°, les bitters, amers, gentianes* et autres boissons similaires dont la teneur en sucre est inférieure à 200 g/litre et titrant plus de 30°.*

GRUYÈRE (français)
Fromage* de lait* de vache produit dans une vaste zone géographique constituée de communes réparties sur 8 départements : la Haute-Marne, les Vosges, la Haute-Saône, le Doubs, l'Ain, La Haute-Savoie, la Savoie et l'Isère. A.O.C.* depuis le 28 mars 2007. Le nom de ce fromage viendrait *des officiers gruyers* qui, à l'époque de Charlemagne, levaient un impôt sous forme de fromages sur des territoires qui seront rattachés plus tard à la France et à la Suisse. La convention de Stresa (1) a d'ailleurs reconnu que la dénomination "gruyère" pouvait être utilisée dans ces deux pays.

Type : pâte pressée cuite, croûte naturelle morgée (2).
Forme : meule à talon convexe.
Taille : 53 à 63 cm de diamètre, 13 à 16 cm d'épaisseur.
Poids : 30 kg et plus.
Teneur en M.G. : 47 à 52%.
Qualité identique toute l'année.

(1) Voir fromage.*
(2) La morge est une pellicule visqueuse obtenue en frottant la croûte avec du sel humide.

GRUYÈRE (suisse)
Fromage* de lait* de vache fabriqué en Suisse, Appellation d'Origine Contrôlée depuis 2001. Il doit son nom au pays de Gruyère (1), dans le Canton de Fribourg, d'où il est originaire.

Type : pâte pressée cuite, croûte naturelle morgée (2).
Forme : meule à talon convexe.
Taille : 50 à 65 cm de diamètre, 12 cm d'épaisseur.
Poids : 20 à 40 kg.
Teneur en M.G. : 45% au minimum.
Meilleures saisons : automne, hiver.

(1) Voir origine du terme à Gruyère français.*
(2) La morge est une pellicule visqueuse obtenue en frottant la croûte avec du sel humide.

GUACAMOLE
Spécialité mexicaine préparée avec une purée d'avocat* additionnée d'oignon*, tomate*, crème fraîche*, piments* et autres épices*.

GUÉRARD (Michel)
Cuisinier français né en 1933 à Vétheuil dans le val d'Oise. Après une formation en pâtisserie, il devient M.O.F. * dans la spécialité en 1958. Il s'oriente ensuite vers la cuisine et ouvre *Le Pot-au-feu* à Asnières en 1965. C'est dans cet établissement qu'il recevra sa première étoile au Guide Michelin* en 1967, suivie d'une seconde en 1971. Adepte de la "Nouvelle cuisine", il imagine un concept culinaire inédit : la "Cuisine minceur".

En 1974, il s'installe à Eugénie-les-bains, station thermale landaise où il crée *Les Prés d'Eugénie*, un complexe d'hôtellerie, restauration et thermalisme. La notoriété ne se fait pas attendre et l'établissement est couronné d'une troisième étoile au célèbre Guide rouge dès 1977. Il développe ses recherches en diététique et devient un des premiers grands Chefs français à apporter son savoir-faire à l'industrie agro-alimentaire.

Michel Guérard publie plusieurs ouvrages, dont *La Grande Cuisine Minceur* et *La Cuisine Gourmande,* qui connaissent un vrai succès.

GUIDE CULINAIRE (Le)
Voir Escoffier (Auguste) *.

GUIGNE
Voir Cerise*.

GUIGNOLET
Liqueur* de cerise* à faible teneur en alcool* (16 à 18°) couramment consommée en apéritif, additionnée ou non de kirsch*.

GUTEDEL
Autre dénomination du Chasselas* en Allemagne.

GUYOT
Voir Poire*.

HIJK

H.A.C.C.P.
D'origine américaine *(1),* la méthode H.A.C.C.P. (Hazard Analysis Critical Control Point) a inspiré les règles d'hygiène en restauration fixées par les directives communautaires et la législation française. Il s'agit d'une démarche qui a pour but de produire des aliments dans des conditions d'hygiène optimale par une analyse des dangers, une recherche des moyens pour les maîtriser et une mise en place d'éléments de surveillance.
Nous pouvons considérer que les règlements en vigueur depuis le 1er janvier 2006, appelés "Paquet Hygiène", étendus à toutes les filières alimentaires et qui résultent d'une refonte, d'une harmonisation et d'une simplification de 18 directives européennes, ont pour base les principes de la H.A.C.C.P.
(1) Méthode créée aux Etats-Unis par la société Pillsbury vers la fin des années 60. L'objectif était de garantir la sécurité sanitaire des aliments distribués aux astronautes de la N.A.S.A. qui partaient dans l'espace.

HACHUA
Spécialité basque préparée à partir de faux-filet* et de tranches de jambon* de Bayonne braisés au vin* blanc avec poivrons*, oignons* et autres aromates*.

HADDOCK
Dénomination courante des filets d'églefin* fumés, colorés à la teinture de rocou*.

HAEBERLIN (Marc)
Cuisinier français né à Colmar en 1954. Après l'École hôtelière de Strasbourg, il travaille dans des établissements prestigieux tels que *Lasserre*, Les frères Troisgros*, Paul Bocuse*, Gaston Lenôtre*, etc. En 1976, il rejoint son père **Paul Haeberlin** et son oncle **Jean-Pierre Haeberlin** qui président depuis 1950 à la destinée de la célèbre *Auberge de l'Ill* à Illhaeusern. Quand Marc arrive dans l'entreprise familiale, elle est déjà une des plus Grandes Tables de France, auréolée de trois étoiles au Guide Michelin* dès 1967. Chez les Haeberlin, la restauration est une vocation familiale depuis 1882.
Aujourd'hui, Marc Haeberlin perpétue avec sa touche personnelle, une tradition gastronomique qui fait honneur à sa famille et à l'Alsace. Il est président des Grandes Tables du monde depuis 2001.

Source : Auberge de l'Ill, P. Morgenroth

HAGGIS
Spécialité culinaire écossaise préparée avec une panse de brebis farcie d'un hachis composé de la fressure* de l'animal, de graisse, d'oignon* et de farine* d'avoine*.

HALBRAN
Voir Colvert*.

HALICOT
Ragoût* de mouton* garni de pommes de terre*, de navets* et de petits oignons* *(1)*. Son nom vient de "halicoter", mot de vieux français signifiant "couper en morceaux".
(1) Des haricots en grains peuvent compléter la garniture.*

HAMBURGER
Préparation couramment distribuée dans les fastfoods. Elle est constituée :
a) D'un pain* rond à l'intérieur duquel se trouvent un steak* haché, de la salade et des rondelles de tomates*.
b) D'un steak haché servi avec un œuf* à cheval et du tomato ketchup*.

HAMPE
Pièce de boucherie à fibres longues prélevée dans le diaphragme du bœuf*. La hampe est parfois considérée comme un abat*.

HARENG
Poisson de mer de la famille des clupéidés vivant dans l'Atlantique nord, la Manche, la Mer du Nord et la Baltique. D'une fécondité étonnante, la femelle pond jusqu'à 40 000 œufs par an. Le hareng se caractérise par un corps fuselé avec un dos bleuâtre et des flancs argentés. Connu depuis l'Antiquité, ce

poisson peut être consommé frais mais il est aussi proposé sous différentes formes:
Hareng saur: salé, fumé à froid et présenté en filets sous sachet.
Hareng salé: salé entier ou en filets.
Bückling: salé entier et fumé à chaud.
Kipper: étêté, ouvert à plat, salé et fumé. Il s'agit d'une spécialité écossaise.
Bouffi ou **craquelot:** entier, légèrement salé et fumé jusqu'à obtention d'une couleur jaune-paille.
Gendarme: salé entier et fumé.
Bismarck: présenté à plat, sans tête ni arêtes, mariné dans le vinaigre* avec des aromates*.
Rollmops: filets garnis de cornichon* et d'oignon*, roulés, maintenus avec une brochette en bois et marinés comme le précédent.

HARICOT BEURRE
Légume semblable au haricot vert* mais avec des gousses de couleur jaune.
Principales variétés: *De Rocquencourt, Rocdor, Major, Minidor, Nain d'Ollainville…*

HARICOT DE MOUTON
Ragoût* de mouton* garni de haricots* blancs et petits oignons*.

HARICOT EN GRAIN
Ce terme désigne de nombreuses variétés de grains - frais, demi-secs ou secs - issus de gousses de haricots à écosser. Le haricot en grain est originaire d'Amérique du Sud et, comme le haricot vert*, il fut vraisemblablement ramené en Europe au début du 16ème siècle par les conquistadors.
Principaux types de haricots en grains:
Les Flageolets à grains verts ou blancs.
Les Soissons à gros grains blancs.
Les Lingots à gros grains.
Les Cocos (1) à grains blancs ou roses parfois très petits comme *le Pea bean*.
Les Haricots rouges à gros grains de couleur rouge-foncé tels que les *Haricots rouges américains* ou les *Rognons de coq*.
Les haricots en grains, toujours consommés cuits, interviennent dans une multitude de préparations culinaires.

(1) L'A.O.C. **Coco de Paimpol**, instituée par le décret du 9 février 1998, est réservée à des haricots blancs demi-secs présentés dans leurs gousses et provenant d'un type variétal répondant à des critères particuliers. Par ailleurs, l'aire d'appellation est limitée à 85 communes des Côtes-d'Armor et le rendement à l'hectare ne doit pas excéder 12 tonnes.*
Le Coco de Paimpol bénéficie également d'une A.O.P.* dans le cadre de l'U.E.

HARICOT MUNGO
Type de haricot à petits grains verts, jaunes ou bruns originaire de l'Inde. Cette légumineuse est beaucoup employée en Asie où elle est parfois transformée en farine* ou en purée. En France, on consomme plus souvent le germe cru ou blanchi improprement appelé "Germe de soja*".

HARICOT VERT
Gousse verte (1) cueillie sur une plante potagère originaire d'Amérique qui fut ramenée, comme beaucoup d'autres végétaux, par les conquistadors.
Il convient de distinguer:
Les haricots filets: gousses fines et allongées (*Fin de Bagnols, Triomphe de Farcy, Morgane, César, Finbel…*).
Les haricots mange-tout: gousses plus trapues (*Processor, Contender, Saint-Fiacre, Primel, Talisman, Radar…*).
Le haricot vert se prépare cuit, en salade, sauté au beurre*, en purée…

(1) Cette gousse est le plus souvent verte, mais on trouve parfois des variétés mouchetées de violet ou de brun.

Source : Photo BG

Haricots Contender

HARISSA
Condiment* à saveur forte utilisé dans la cuisine maghrébine. L'harissa est une purée de piments* rouges additionnée d'ail*, de tomate*, d'huile*, de poivre*, de coriandre*, de cumin*, de menthe*, de verveine*, etc.

HASE
Voir Lièvre*.

HAUT-ARMAGNAC
a) Une des 3 zones constituant l'aire d'appellation Armagnac* qui est composée de certains cantons ou communes des départements du Gers et des Landes. Elle est située dans la partie est et sud du vignoble d'Armagnac.
b) Eaux-de-vie* à A.O.C.* produites sur la zone "Haut-Armagnac" (voir critères de production à Armagnac*).

HAUT-MÉDOC
Vins* rouges produits dans le Bordelais, A.O.C.*

depuis le 14 novembre 1936. Voir également *Châteaux du Bordelais**.
Aire de production : 29 communes de la Gironde situées sur la rive gauche de l'estuaire, de Saint-Seurin-de-Cadourne à Blanquefort.
Superficie du vignoble : 4 762 ha (en 2006).
Encépagement autorisé : Cabernet-Sauvignon*, Cabernet franc*, Carmenère*, Merlot*, Malbec* et Petit Verdot*.
Rendement de base à l'hectare : 43 hl.

HAUT-MONTRAVEL
Vins* blancs produits dans le Sud-Ouest, A.O.C.* depuis le 31 juillet 1937.
Aire de production : plusieurs communes de Dordogne situées à l'ouest de Bergerac.
Superficie du vignoble : 42 ha (en 2006).
Encépagement autorisé : Sémillon*, Sauvignon*, Muscadelle*.
Rendement de base à l'hectare : 50 hl.
Teneur en sucre résiduel: entre 8 et 54 g/litre.

HAUT-POITOU
Vins* rouges, rosés et blancs produits dans le Poitou, A.O.V.D.Q.S.* régie par l'arrêté du 23 octobre 1970.
Aire de production : 49 communes de la Vienne et 2 communes des Deux-Sèvres situées au nord de Poitiers.
Superficie du vignoble : 495 ha (en 2005).
Encépagement autorisé: Pinot noir*, Gamay*, Merlot*, Cot*, Cabernet-Sauvignon*, Cabernet franc*, Gamay de Chaudenay*, Grolleau*, Sauvignon*, Chardonnay*, Chenin blanc* et Pinot blanc*.
Rendement de base à l'hectare : 50 hl.

HENNIEZ
Eau minérale naturelle* plate *(1)* suisse captée à Henniez, dans la région de Lausanne. Catégorie : moyennement minéralisée.
(1) Existe en version gazeuse, obtenue par gazéification artificielle.

Composition physico-chimique (en mg/l)	
Cations	Anions
Calcium: 108	Bicarbonates: 387
Magnésium: 20	Chlorures: 12
Sodium: 6	Sulfates: 13
Potassium: 1,1	Nitrates: 22
Fluor: 0,1	
pH à 20 °C: 7,5 Minéralisation totale: 577 mg/l	

HENRI IV (garniture)
Garniture composée de pommes pont-neuf*, cresson* et fonds d'artichauts* garnis de sauce béarnaise*.

HÉPAR
Eau minérale naturelle* plate captée à Vittel dans les Vosges.
Reconnue d'intérêt public en 1903.
Catégorie : riche en sels minéraux.

Composition physico-chimique (en mg/l)	
Cations	Anions
Sodium : 14	Bicarbonates : 383
Calcium : 549	Chlorures : 18
Magnésium : 119	Sulfates : 1 530
Potassium : 4	Nitrates : 4,3
Fluor : 0,4	
pH à 20°C : 7,2 Minéralisation totale : 2 513 mg/l	

HÉRISSON DE MER
Voir Oursin*.

HERMITAGE ou L'HERMITAGE
Vins* rouges, vins blancs traditionnels et vins de paille* produits dans la Vallée du Rhône, A.O.C.* depuis le 4 mars 1937. La mention "Vin de paille" peut, sous certaines conditions, être adjointe à l'appellation.
Aire de production : certaines parcelles situées sur les communes de Tain-l'Hermitage, Crozes-Hermitage et Larnage sur la rive gauche du Rhône, au nord de Valence.
Superficie du vignoble : 137 ha (en 2007).
Encépagement autorisé : Syrah*, Roussanne* et Marsanne*.
Rendement de base à l'hectare : 36 hl pour les vins rouges et blancs, 15 hl pour les vins de paille.
Richesse alcoolique minimum acquise pour les vins de paille : 14,5 %.

Source : Doc. Paul Jaboulet Aîné

Vignoble de l'Hermitage

HERVÉ
Fromage* de lait* de vache fabriqué en Belgique. Il doit son nom à sa région d'origine, dans la province de Liège.
Type : pâte molle à croûte lavée.
Forme : petit cube ou pain rectangulaire.
Taille : 6 à 7 cm de côté pour le cube.
Poids : 100 à 200 g.
Teneur en M.G. : 45 % au minimum.
Meilleures saisons : été, automne.

HIGHBALLS
Long drinks* préparés directement sur glace dans un tumbler avec une base d'eau-de-vie* et complétés d'eau plate ou d'une boisson gazeuse.

HOCHEPOT
Spécialité culinaire des Flandres. Il s'agit d'un pot-au-feu* de queue de bœuf et d'oreilles de porc*, éventuellement complété de morceaux de viande de porc, de bœuf ou de mouton*. On y trouve les légumes qui composent, selon les saisons, un pot-au-feu traditionnel.

HOLLANDAISE (sauce)
Sauce* émulsionnée chaude confectionnée à base d'une réduction de vinaigre* et de poivre mignonnette*. Cette réduction est additionnée de jaunes d'œufs*, montée au beurre* et légèrement citronnée.

HOMARD
Crustacé décapode marin vivant sur les fonds rocheux des côtes bretonnes, britanniques, norvégiennes, canadiennes et américaines. On le rencontre plus rarement en Méditerranée et dans les mers australes. Le homard, qui appartient à la famille des homardidés, se présente sous plusieurs espèces qui mesurent en moyenne 30 cm *(1)* :
Le homard européen, appelé aussi ***homard breton***, de couleur bleu violacé, est le plus recherché pour la finesse de sa chair.
Le homard américain ou ***canadien*** de couleur vert bronze.
Le homard du Cap de couleur marron.
Ce crustacé s'apprête de différentes façons, notamment froid accompagné de sauce mayonnaise* ou chaud, grillé, à l'américaine*, Thermidor*, etc. Il est également employé pour confectionner des bisques*.

(1) Les homards de petite taille sont appelés "demoiselles de Cherbourg"™.

HOPLOSTÈTE
Autre dénomination de l'empereur*.

HORS-D'ŒUVRE
Plat servi en début de repas. À l'origine, ce type de préparation ne faisait pas partie des composants classiques d'un menu, d'où son nom. Aujourd'hui, le hors-d'œuvre est assimilé à une entrée.

HOSPICES DE BEAUNE
Dénomination, il ne s'agit pas d'une appellation, utilisée pour désigner des vins récoltés dans les vignobles appartenant aux Hospices civils de Beaune. Depuis leur création, au 15ème siècle, les Hospices ont bénéficié de nombreux legs qui constituent aujourd'hui un patrimoine viticole de plus de 60 hectares dont les parcelles sont situées sur de prestigieux terroirs tels que Savigny-lès-Beaune*, Aloxe-Corton*, Beaune*, Pommard*, Monthélie*, Auxey-Duresses* ou Meursault*.
Chaque année la récolte est vendue aux enchères, en "pièces" (fûts neufs de 228 litres), le 3ème dimanche de novembre. En 2009, 799 pièces ont été mises aux enchères pour un montant de près de 5 millions d'euros.

HOT DOG
Petit pain* fourré d'une saucisse* de Francfort chaude enduite de moutarde*. On rencontre des formules différentes qui intègrent d'autres types de saucisses et où la moutarde peut être remplacée par un autre condiment* (ketchup* par exemple).

HOUBLON
Plante grimpante dont on utilise les fleurs pour aromatiser la bière*. Dans les pays flamands ou en Alsace, les jeunes bourgeons ou "jets" sont parfois consommés en salade ou cuits, comme des asperges*.

HUILE
Matière grasse, généralement liquide *(1)* et d'origine végétale *(2)*. Elle est utilisée pour la cuisson, l'assaisonnement ou la conservation des aliments. Il semble que les huiles les plus anciennes soient l'huile de sésame*, employée par les Egyptiens, et l'huile d'olive* consommée par les Grecs.
L'étiquetage d'une huile apporte des informations sur le type de produit et son origine, la technique de fabrication, les conseils d'utilisation, etc.
On trouve ainsi :
L'huile pure provenant d'un seul oléagineux.
L'huile végétale issue de mélange.
L'huile vierge ou ***huile naturelle***, non raffinée, extraite par moyens mécaniques traditionnels, notamment la pression à froid.
L'huile pour friture et ***assaisonnement*** qui supporte bien la chaleur. Ces huiles ont cependant "un point de fumée" qui est un point de température critique où elles commencent à se décomposer et à dégager de la fumée. Le point de fumée d'une huile pour friture se situe entre 210 et 240°C.

L'huile pour assaisonnement à réserver aux préparations froides.
Parmi les huiles les plus consommées, citons :
*L'huile d'arachide**
L'huile de tournesol
*L'huile de soja**
L'huile de colza
*L'huile de maïs**
L'huile de sésame
L'huile d'olive
*L'huile de noix** ou *de noisette**
*L'huile de pépins de raisin**
*L'huile de pépins de citrouille**
*L'huile d'argan**
*L'huile de navette**
*L'huile de pignon de pin**

Il faut préciser que *l'huile de paraffine*, préconisée dans certains régimes, n'est pas vraiment une huile alimentaire mais un composé d'hydrocarbure. Elle ne doit jamais être chauffée, donc employée exclusivement en assaisonnement.

Plusieurs huiles d'olive bénéficient d'une A.O.C.* au niveau national et d'une A.O.P.* dans le cadre européen.

L'Huile d'olive d'Aix-en-Provence A.O.C. depuis 1994
Aire d'appellation : 73 communes des Bouches-du-Rhône et du Var.

L'Huile d'olive de Nyons A.O.C. depuis 1994
Aire d'appellation : 53 communes de la Drôme et du Vaucluse.

L'Huile d'olive de la Vallée des Baux-de-Provence A.O.C. depuis 1997
Aire d'appellation : 16 communes des Bouches-du-Rhône.

L'Huile d'olive de Haute-Provence A.O.C. depuis 1999
Aire d'appellation : 95 communes des Alpes de Haute-Provence, des Bouches-du-Rhône, du Var et du Vaucluse.

L'Huile d'olive de Corse A.O.C. depuis 2004
Aire d'appellation : 293 communes de l'île.

L'Huile d'olive de Nice A.O.C. depuis 2004
Aire d'appellation : 99 communes des Alpes-Maritimes.

L'Huile d'olive de Nîmes A.O.C. depuis 2004
Aire d'appellation : 223 communes du Gard et de l'Hérault.

L'Huile d'olive de Provence A.O.C. depuis 2007 (reconnaissance d'A.O.P. en cours)
Aire d'appellation : 458 communes des Alpes de Haute-Provence, des Alpes-Maritimes, des Bouches-du-Rhône, de la Drôme, du Gard, du Var et du Vaucluse.

(1) Certains distinguent les "huiles fluides", c'est-à-dire liquides à une température de 15 °C (c'est le cas de la plupart des huiles) et les "huiles concrètes", solides à 15 °C (ex: huile de palme).

(2) Il existe également des huiles d'origine animale, peu utilisées (ex: huile de foie de morue).*

HUÎTRE

Mollusque lamellibranche bivalve provenant de l'ostréiculture *(1)*. Connue depuis l'Antiquité, l'huître fait aujourd'hui l'objet d'un élevage bien maîtrisé, produisant des coquillages de bonne qualité gustative avec des garanties de salubrité optimales.

L'élevage des huîtres : les larves qui proviennent des huîtres-mères sont captées sur des collecteurs (tuiles romaines, anciennes coquilles...) où elles restent pendant 9 mois. À l'issue de cette période, le naissain devient de petites huîtres qui atteignent 2 à 4 cm, soit 200 fois la taille des larves. L'ostréiculteur détache alors ces petits coquillages des collecteurs, c'est le détroquage. Les huîtres sont ensuite placées jusqu'à 18 mois dans un parc pour une phase de demi-élevage afin d'être finalement vendues à un ostréiculteur qui terminera l'élevage selon des méthodes qui varient avec les régions, les traditions, le produit souhaité, etc.

La France produit chaque année environ 130 000 tonnes d'huîtres qui se répartissent en 2 grandes familles. **Les huîtres plates** (1,5 % de la production) et **les huîtres creuses** (98.5 % de la production). Ces dernières étaient pourtant peu connues dans notre pays jusqu'à la fin du 19ème siècle *(2)*.

- **Les huîtres plates:**

Belon (originaire de l'embouchure d'un petit fleuve côtier breton du même nom).
Gravette ou *Arcachonnaise* (bassin d'Arcachon).
Bouzigues (bassin de Thau).
Marennes (Charente-Maritime).

- **Les huîtres creuses:**

Huître de pleine mer (côtes littorales, de la Normandie au bassin d'Arcachon).
Claire affinée pendant 1 mois dans un bassin d'eau claire contenant une algue microscopique, la "navicule bleue", qui lui confère une couleur verte tout à fait spécifique (littoral charentais).
Fine de claire qui subit un affinage de 1 à 2 mois.
Spéciale de claire dont l'affinage dure de 4 à 5 mois.
Côte bleue (bassin de Thau).

La classification des huîtres : Les catégories sont déterminées par le poids du coquillage (source DGCCRF 2008)

Huîtres creuses	
Catégorie	Poids
5	30 à 45 gr
4	46 à 65 gr
3	66 à 85 gr
2	86 à 110 gr
1	111 à 150 gr
0	Plus de 150 gr

| Huîtres plates ||
Catégorie	Poids
6	20 à 29 gr
5	30 à 39 gr
4	40 à 49 gr
3	50 à 59 gr
2	60 à 69 gr
1	70 à 79 gr
0	80 à 89 gr
00	90 à 99 gr
000	100 à 120 gr

Le Pied-de-cheval est une huître plate sauvage de 10 à 25 ans dont la pêche est réglementée. Ce gros coquillage rare qui a la taille d'un sabot de cheval peut atteindre 1 kg. Il possède un goût très iodé.
Les huîtres se consomment surtout crues et vivantes, accompagnées de pain* de seigle*, beurre*, citron* ou vinaigre* à l'échalote*. Elles sont également préparées cuites, pochées ou en soupe par exemple.

(1) Elevage des huîtres.
(2) En 1868, alors qu'il rentrait du Portugal avec une cargaison d'huîtres creuses, le navire "Le Morlaisien" fut pris dans une tempête qui l'obligea à se réfugier dans l'estuaire de la Gironde. Contraint par les intempéries, l'équipage jeta son chargement par-dessus bord. Les huîtres essaimèrent ainsi sur le littoral français et s'y acclimatèrent très bien.

HURE
Préparation charcutière faite avec des morceaux de tête de porc* ou de sanglier* moulés en gelée*.
Ce terme désigne également la tête coupée d'un porc, d'un sanglier ou d'un poisson (ex : saumon*, brochet* ou esturgeon*).

HYDNE
Espèce de champignons dont la variété la plus connue est le pied de mouton*.

HYDROMEL
Boisson alcoolisée obtenue par fermentation d'un mélange de miel* et d'eau*. Les Romains, les Grecs et les Gaulois appréciaient ce breuvage qui a traversé les époques. Comme le vin*, l'hydromel se présente sous différents types : sec, demi-sec ou doux avec une teneur alcoolique variable pouvant aller jusqu'à 15°. Distillé, l'hydromel génère un spiritueux* appelé "eau-de-vie* de miel".

HYDROXYDASE
Eau minérale naturelle* gazeuse captée à Breuil-sur-Couze dans le Puy-de-Dôme. Hydroxydase, qui doit son nom à ses propriétés particulières, n'est pas une eau de consommation courante. Le captage est réalisé entre 90 à 110 mètres de profondeur et l'embouteillage se fait à l'abri de l'air pour éviter toute altération. Conditionnée en flacons-dose de verre d'une contenance de 20 cl, cette eau, exceptionnelle par sa minéralisation, se boit aussitôt débouchée, en dehors des périodes digestives et le plus souvent en cure de 2 à 3 flacons par jour pendant 3 à 4 semaines.
Catégorie : très fortement minéralisée.

Source: Doc. Hydroxydase

Composition physico-chimique (en mg/l)	
Cations	Anions
Calcium: 213,5 Magnésium: 243 Sodium: 1945 Potassium: 192,2	Bicarbonates: 3747 Chlorures: 367 Sulfates: 10,8 Nitrates: N.C.
Lithium: 8 Borate: 3 Strontium: 2,1 Fer: 0,8 Manganèse: 0,7 Fluor: 0,2 Oligo-éléments quantifiés en µg Zinc: 36 µg Cuivre: 30 µg Nickel: 5 µg Cobalt: 4 µg Plomb: 1 µg	
pH à 20 °C : 6,8 Minéralisation totale : 9737 mg/l	

HYSOPE
Plante aromatique d'origine méditerranéenne. L'hysope, qui possède un parfum doux et camphré et une saveur amère est employée dans les salades, les sauces, les potages, les préparations de viandes et gibiers... Elle est aussi utilisée en liquoristerie pour la fabrication de spiritueux* (ex : Bénédictine*).

ICEWINE
Dénomination du vin de glace* au Canada.

IDIAZÁBAL
Fromage* de lait* de brebis fabriqué dans le nord de l'Espagne. Il tire son nom d'un terme dialectal basque.
L'idiazábal bénéficie d'une Appellation d'Origine Contrôlée dans son pays d'origine et d'une A.O.P.* dans le cadre de l'U.E.

Type: pâte pressée non cuite.
Forme: petite meule à talon convexe.
Taille: 15 à 25 cm de diamètre, 8 à 12 cm d'épaisseur.
Poids: 1 à 3 kg.
Teneur en M.G.: 45% au minimum.
Meilleures saisons: hiver, printemps, été.

IGNAME
Plante grimpante originaire de Chine ou du Japon cultivée pour son tubercule allongé qui mesure de 0,40 à 1 m et pèse généralement entre 2 et 5 kg. En France, nous produisons un peu d'igname dans une région sablonneuse du Loir-et-Cher située entre Blois et Chambord. Ce tubercule, dont la chair blanche est un peu gluante, s'apprête comme la pomme de terre*.

IGNY
Fromage* de lait* de vache fabriqué en Champagne. Il doit son nom au lieu où est installé le monastère qui le fabrique.
Type: pâte pressée non cuite, croûte naturelle lavée.
Forme: disque à talon convexe.
Taille: 20 cm de diamètre, 4 cm d'épaisseur.
Poids: 1,2 à 1,3 kg.
Teneur en M.G.: 42 à 45%.
Meilleures saisons: printemps, été, automne.

I.G.P. (Indication Géographique Protégée)
S.I.Q.O.* institué par l'Union Européenne. L'I.G.P. est attribuée à des produits agricoles et des denrées alimentaires liés à une zone géographique dans laquelle se déroule au moins leur production, leur élaboration ou leur transformation.

I.G.T. (Indicazione Geografica Tipica)
Catégorie de vins italiens correspondant aux Vins de pays* français.

ÎLE FLOTTANTE
Entremets à base de blancs d'œufs* en neige sucrés, cuits au bain-marie et dressés sur un fond de crème anglaise*. Un nappage de caramel* et des éléments de décor variés (amandes* effilées, pralines écrasées, violettes candies...) terminent la préparation. Notons que ce dessert, appelé aujourd'hui "île flottante", est en réalité des "œufs à la neige". Classiquement, "l'île flottante" est un entremets réalisé à partir de tranches de biscuit de Savoie* imbibées de kirsch* et de marasquin* qui sont masquées d'une confiture* d'abricot* additionnée de raisins* de Corinthe et d'amandes hachées. La pièce est entourée de crème anglaise ou de sirop* de framboise*.

Source : N. Edwige/CNPO

IMAM BAYILDI
Spécialité turque constituée d'aubergines* farcies avec oignon*, ail*, tomate*, poivron*... et cuites au four.

IMBRUCCIATA
Dénomination de plusieurs pâtisseries corses contenant du brocciu*.

IMPÉRIALE (bouteille)
Voir Mathusalem*.

IMPÉRIALE (salade)
Salade composée constituée de bâtonnets de carottes*, de haricots verts* et d'une julienne* de pommes* et de truffes*.
Assaisonnement: sauce vinaigrette* aux fines herbes.

I.N.A.O. (Institut National de l'Origine et de la Qualité)
Établissement public institué sous l'impulsion du Sénateur Capus par le décret-loi du 30 juillet 1935 et placé sous la tutelle du Ministère de l'Agriculture et de la Pêche. Jusqu'en 2007, l'I.N.A.O. se définissait comme *Institut National des Appellations d'Origine.*
Le champ de compétence de l'I.N.A.O. couvre plusieurs secteurs de l'agro-alimentaire, notamment les productions viticoles et fromagères.
Principales missions de l'Institut :
• Reconnaissance des S.I.Q.O.* (Signes d'Identification de la Qualité et de l'Origine) tels que les A.O.C.*, A.O.V.D.Q.S.*, A.O.P.*, I.G.P. *, Label rouge*, S.T.G.* et A.B.*.
• Défense, protection et promotion de ces signes en France et à l'étranger
• Suivi et contrôle des conditions de production
• Protections des aires d'A.O.C
• Agrément des organismes de contrôle indépendants
• Conseil aux professionnels.

INFUSION

Boisson généralement servie chaude et obtenue par macération d'une substance aromatique dans de l'eau bouillante. Compte-tenu des vertus thérapeutiques de certaines plantes, leur commerce fut longtemps réservé aux apothicaires, herboristes et pharmaciens. Aujourd'hui, la vente des plantes est régie par le Code de la Santé Publique qui officialise la commercialisation de 34 espèces (1) qui peuvent être vendues par des personnes autres que les pharmaciens et les herboristes. Le thé*, n'étant pas considéré comme une plante médicinale, ne figure pas dans cette liste restrictive

Présentées en infusettes ou en vrac, les infusions les plus consommées sont le tilleul*, la verveine*, la menthe* la camomille*…

(1) Bardane, bouillon blanc, bourgeon de pin, bourrache*, bruyère, camomille*, chiendent, cynorrhodon, eucalyptus, frêne, gentiane*, guimauve, hibiscus, houblon*, lavande*, lierre terrestre, matricaire, mauve, mélisse*, menthe*, ményanthe, olivier, oranger, ortie blanche, pariétaire, pensée sauvage, pétales de rose, queues de cerise, reine des prés, feuilles de ronce, sureau, tilleul*, verveine* et violette. Ces plantes ne peuvent être mélangées entre elles ou à d'autres espèces à l'exception des suivantes: tilleul, camomille, verveine, menthe, cynorrhodon et hibiscus.

I.P.R. (Indicacao de Proveniencia Regulamentada)

Catégorie de vins* portugais assimilés aux V.Q.P.R.D.*.

Depuis septembre 1986, l'Institut de la vigne et du vin, comparable à l'I.N.A.O.* français, régit la production des I.P.R.

IRANCY

Vins* rouges produits en Bourgogne*, A.O.C.* depuis le 26 février 1999. Le nom cadastral du lieu-dit d'origine peut être adjoint à l'appellation.
Aire de production: communes de Cravant, Irancy et Vincelottes situées au sud-est d'Auxerre.
Superficie du vignoble: 156 ha en 2007.
Encépagement autorisé: Pinot noir*, Pinot gris* et César*.
Rendement de base à l'hectare: 45 hl.

IRISH COFFEE

Cocktail* chaud préparé directement dans un verre à irish coffee.
2 cl de sirop de sucre* de canne
4 cl d'irish whiskey*
10 cl de café* noir chaud
4 cl de crème fraîche*
Réchauffer le verre, verser le sirop de sucre et l'irish whiskey. Chauffer l'ensemble (à la vapeur) et verser doucement le café très chaud sur le dos d'une cuillère afin qu'il reste sur le whiskey.
Terminer en ajoutant, en surface, la crème fraîche légèrement fouettée.

IRISH WHISKEY

Whiskey* pur malt produit en Irlande. Cette eau-de-vie* est issue de 3 distillations successives qui aboutissent à un produit titrant 86 à 90°. Elle est ensuite additionnée d'eau* pure pour être ramenée à 63°. Le vieillissement s'effectue en fûts de chêne ayant contenu du sherry*, du rhum* ou du bourbon*.

IRMA (salade)

Salade composée constituée de rondelles de concombres*, pointes d'asperges*, haricots verts* en losanges, petits bouquets de choux-fleurs*, julienne* de laitue* mélangée de cresson* alénois. Décor: fleurs de capucines et rondelles de radis* roses.
Assaisonnement: sauce mayonnaise* à la crème additionnée de cerfeuil* et d'estragon* hachés.

IROULÉGUY

Vins* rouges, blancs et rosés produits au Pays Basque, A.O.C.* depuis le 23 octobre 1970.
Aire de production: 15 communes dont Irouléguy, situées dans le sud-ouest des Pyrénées-Atlantiques.
Superficie du vignoble: 215 ha (en 2005).
Encépagement autorisé: Cabernet-Sauvignon*, Cabernet franc*,Tannat*, Courbu* et Manseng*.
Rendement de base à l'hectare: 50 hl pour les vins rouges et rosés, 55 hl pour les vins blancs.
Teneur maximale en sucre résiduel: 5 g/litre.

Vignoble d'Irouléguy

ISABELLE (eau de source)

Eau de source* captée à Saint-Goazec dans le Finistère.
Catégorie: très faiblement minéralisée.
pH à 20 °C: 6,2.
Minéralisation totale: 42 mg/l.

ISABELLE (salade)

Salade composée constituée de champignons* crus, pommes de terre*, fonds d'artichauts* cuits, céleris* et truffes*. L'ensemble étant finement émincé.
Assaisonnement: sauce vinaigrette* additionnée de cerfeuil* haché.

IVOIRE (sauce)

Sauce suprême* additionnée de glace de viande* blonde.

IZARRA

Liqueur* basque créée en 1904 par Joseph Grattau dans une distillerie de Bayonne. Elle résulte d'une préparation complexe qui dure environ 15 mois. Quatre éléments sont travaillés séparément avant d'être mélangés : des plantes distillées dans de l'alcool* neutre, une macération de fruits, pruneaux et coques diverses, dans de l'Armagnac*, un sirop de sucre* et de miel* d'acacia et une infusion de couleur safranée. L'Izarra, qui signifie "étoile" en basque, se décline en 2 versions :

l'Izarra verte élaborée à partir de 48 plantes pyrénéennes et qui titre 48°.

l'Izarra jaune issue de 32 plantes et qui titre 40°.

J

JACK ROSE

Cocktail* (apéritif) préparé au shaker.
1 cl de sirop de grenadine*
2 cl de jus de citron*
4 cl de calvados*
Frapper et servir dans un verre à cocktail.

JACQUÈRE

Cépage* blanc d'origine savoyarde cultivé sur près de 1 100 ha dans les vignobles de Savoie, de Haute-Savoie, de l'Ain et de l'Isère.
La Jacquère produit des vins* blancs légers, frais, légèrement acides.

JALOUSIE

Pâtisserie feuilletée diversement garnie (frangipane*, marmelade de pomme* ou d'abricot*, gelée* de groseille*...). Le dessus de ce gâteau est ajouré de petites fentes qui rappellent les jalousies de fenêtres, d'où son nom.

JAMBALAYA

Spécialité culinaire de Louisiane à base de riz*, poulet* et jambon*. Il s'agit d'une version américanisée de la paëlla*.

JAMBON

Dénomination réservée à la cuisse du porc* *(1)*. Le jambon est présenté cuit ou cru.

• **Principaux jambons cuits :**

Jambon braisé, cuit avec os en braisage.

Jambon bruni, noirci artificiellement par enrobage de matières colorantes.

Jambon à l'os, cuit avec os en bouillon.

Jambon au torchon, cuit en bouillon dans un torchon.

Jambon d'York, d'origine britannique, cuit avec os et parfois fumé.

Jambon des Ardennes, désossé, moulé en forme de poire et fumé.

Jambon de Prague, d'origine tchécoslovaque, cuit à l'os et parfois fumé.

• **Principaux jambons crus :**

Ils subissent tous une période de séchage plus ou moins longue, assortie ou non d'un fumage.

Jambon de Bayonne, saveur salée. Bénéficie d'une I.G.P.*.

Jambon des Ardennes, saveur fumée. Bénéficie d'une I.G.P.

Jambon d'Auvergne, saveur salée.

Jambon de Lacaune (Tarn), saveur salée.

Jambon de Luxeuil (Haute-Saône), saveur fumée.

Jambon de Vendée, saveur salée, préparé avec des herbes aromatiques et de l'eau-de-vie*.

Jambon de Savoie, saveur salée ou fumée.

Jambon du Morvan, saveur salée.

Jambon de Parme (Italie), saveur salée. Bénéficie d'une A.O.P.*.

Jambon de San Daniele (Italie), saveur salée. Il bénéficie d'une A.O.P.

Les Jambons de Serrano, Jabugo, Trevelez (Espagne), saveur salée.

Jambon ibérique (Espagne), saveur salée. Bénéficie d'une A.O.P.

Jambon de Barrancos (Portugal), saveur salée. Bénéficie d'une A.O.P.

Jambon des Ardennes (Belgique), saveur fumée. Bénéficie d'une A.O.P.

Jambon de Westphalie (Allemagne), saveur fumée.

(1) Désigne parfois la cuisse du sanglier.*

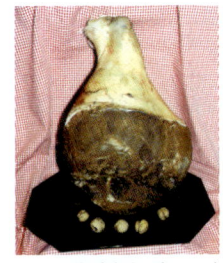

Jambon cru de fabrication artisanale

JAMBON PERSILLÉ

Spécialité de charcuterie bourguignonne constituée de gros cubes de jambon* cuits, moulés dans une gelée au vin blanc avec persil*, ail* et échalote* hachés.

JAMBONNEAU

a) Morceau constitué du jarret* avant ou arrière du porc*.
b) Préparation de charcuterie moulée en forme conique, éventuellement panée et présentée avec un péroné de porc.

JAMBONNETTE

Terme désignant une cuisse de volaille désossée et farcie.

JARDINIÈRE

Garniture* composée de navets*, carottes*, et haricots verts* en bâtonnets, petits pois*, flageolets* et bouquets de choux-fleurs* nappés de sauce hollandaise*.

JARRET

Chez les animaux de boucherie et le porc*, partie inférieure des membres antérieurs ou postérieurs, située sous l'épaule ou la cuisse. Pour l'agneau* ou le mouton*, ce morceau correspond à la souris* du gigot*.

JASNIÈRES

Vins* blancs produits dans la Vallée de la Loire, A.O.C.* depuis le 31 juillet 1937. La mention "Val de Loire" peut être éventuellement adjointe à l'appellation.
Aire de production : Lhomme et Ruillé-sur-Loir, communes de la Sarthe situées au nord de Tours.
Superficie du vignoble : 65 ha (en 2008).
Encépagement autorisé : Pineau de la Loire*.
Rendement de base à l'hectare : 52 hl.

JENEVER

Eau-de-vie* de céréales hollandaise ou belge parfumée aux baies de genièvre*. Ce spiritueux* est semblable au gin*.

JEREZ

Dénomination du Xérès* en Espagne, son pays d'origine.

JÉROBOAM

Bouteille d'une contenance équivalente à 4 bouteilles classiques, soit 3 litres.

JÉSUS

Gros saucisson* sec de porc* fabriqué dans la région lyonnaise et le Jura.

JOHANNISBERG

Vins* blancs suisses produits dans le Valais à partir de cépage* Sylvaner*.

JOINVILLE (garniture)

Garniture* composée d'un salpicon* de champignons*, de truffes* et de queues de crevettes*.
Comme la sauce du même nom, cette préparation doit sa dénomination au Duc de Joinville, fils de Louis-Philippe.

JOINVILLE (sauce)

Sauce normande* avec coulis ou beurre de crevettes* et d'écrevisses* éventuellement additionnée d'une julienne* de truffes*.

JONCHÉE NIORTAISE

Fromage* de lait* de chèvre fabriqué dans le Poitou. Il tire son nom de sa présentation (sur une natte en joncs) et de sa région de production.
Type : pâte fraîche non salée.
Forme, taille et poids : variables selon le récipient de présentation.
Teneur en M.G. : 45%.
Meilleures saisons : printemps, été, automne.

JOUBERTIN

Cépage* noir que l'on trouve encore sur de faibles superficies dans la région savoyarde. Il génère des vins corsés et très colorés.

JOUVENCE DE WATTWILLER

Eau minérale* gazeuse captée à Wattwiller dans le Haut-Rhin.
Catégorie : faiblement minéralisée

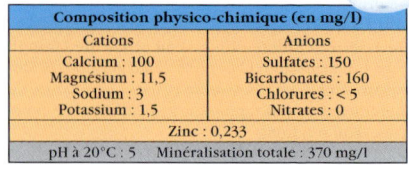

Composition physico-chimique (en mg/l)	
Cations	Anions
Calcium : 100	Sulfates : 150
Magnésium : 11,5	Bicarbonates : 160
Sodium : 3	Chlorures : < 5
Potassium : 1,5	Nitrates : 0
Zinc : 0,233	
pH à 20°C : 5 Minéralisation totale : 370 mg/l	

JUDIC (garniture)

Garniture* composée de petites tomates* farcies, laitues* braisées et pommes château*.

JUJUBE

Petit fruit ovoïde originaire de Chine. À maturité le

jujube, un peu plus gros qu'une olive, possède une peau rouge-brun et une chair blanche sucrée. Il se consomme frais ou sec.

JULEPS ou MINT JULEPS
Long drinks* préparés directement au verre sur glace pilée.
Composants : menthe* fraîche pilée avec du sucre*, eau-de-vie* et éléments de décor constitués de feuilles de menthe, demi-tranches de citron* et d'orange* et cerise* à l'eau-de-vie.

JULIÉNAS
Vins* rouges produits dans le Beaujolais, A.O.C.* depuis le 11 mars 1938. La mention "Cru du Beaujolais" peut figurer sur l'étiquetage.
L'appellation compte 4 climats* : *La Bottière, Les Capitans, Les Chers* et *Les Paquelets*.
Aire de production : communes de Juliénas, Emeringes, Jullié et Pruzilly situées au sud-ouest de Mâcon.
Superficie du vignoble : 578 ha (en 2008).
Encépagement autorisé : le cépage principal est le Gamay* ; sont tolérés en cépages accessoires dans une proportion limitée à 15 % : l'Aligoté*, le Chardonnay* et le Melon de Bourgogne *.
Rendement de base à l'hectare : 58 hl.

JULIENNE (poisson)
Autre dénomination de la lingue*.

JULIENNE (taille de légumes)
Terme désignant une taille de légumes *(1)* en filaments de 4 à 5 cm de long. Cette taille aurait été initiée au 17ème siècle par un cuisinier nommé J. Julienne.
(1) On évoque parfois des juliennes de jambon*, de crêpes*, de volailles ou de filets de poisson.

JUMEAU
Pièce de boucherie prélevée dans l'épaule du bœuf*.

JURANÇON
Vins* blancs produits dans le Béarn, A.O.C.* depuis le 8 décembre 1936. Sous certaines conditions, la mention "vendanges tardives" peut être adjointe à l'appellation. Dans ce cas, le millésime doit être indiqué.
Aire de production : 25 communes des Pyrénées-Atlantiques situées à proximité de Pau.
Superficie du vignoble : environ 1000 ha.
Encépagement autorisé : Petit Manseng*, Gros Manseng*, Courbu*, Camaralet* et Lauzet*.
Rendement de base à l'hectare : 40 hl.
Teneur minimale en sucre résiduel : 35 g/litre.
Ces vins sont élaborés à partir de raisins arrivés à surmaturation (voir pourriture noble*).

JURANÇON BLANC
Cépage* blanc originaire du Sud-Ouest. Il génère des vins* légers, acides et peu alcoolisés destinés à la distillation sur les terroirs du cognac* et de l'armagnac*.

JURANÇON NOIR
Cépage* noir probablement originaire de la région d'Agen. Il est cultivé dans plusieurs vignobles du Sud-Ouest sur des aires d'appellation telles que les Vins d'Estaing* ou les Vins d'Entraygues et du Fel*. Les vins rouges produits sont légers et peu colorés.

JURANÇON SEC
Vins* blancs produits dans le Béarn, A.O.C.* régie par le décret du 10 mai 1996.
Aire de production et encépagement du vignoble : identiques au Jurançon*.
Rendement de base à l'hectare : 60 hl.
Teneur maximale en sucre résiduel : 4 g/litre.

KABINETT
Voir Qualitätswein mit Prädikat*.

KACHA
Plat de la cuisine russe à base de semoule* de sarrasin* additionnée d'œufs*, fromage*, champignons*, etc.

KAHLÚA
Liqueur d'origine mexicaine élaborée à partir de grains de café* macérés dans l'alcool*. Créée en 1936, elle est aujourd'hui la liqueur de café la plus vendue au monde en étant présente dans plus de 150 pays.
Ce spiritueux*, titrant 26,5°, se déguste en digestif ou entre dans la composition de cocktails* tels que le Black Russian*.

KAKI
Fruit du plaqueminier *(1)*, arbre originaire de Chine. Le kaki a l'apparence d'une tomate de couleur orangée et possède une chair délicieuse lorsqu'il est très mûr. Bien acclimaté en Provence, il se consomme nature, en sorbet*, en coulis*, en compote ou en confiture*.
(1) Le kaki est parfois appelé plaquemine.

KASSERI

Fromage* de lait* de brebis fabriqué en Grèce qui bénéficie d'une A.O.P* dans le cadre européen.
Type : pâte demi-dure ou dure.
Forme : petite meule (ou parfois autre forme).
Taille : 25 à 30 cm de diamètre, 7 à 10 cm d'épaisseur.
Poids : 1 à 7 kg.
Teneur en M.G. : 40%.
Meilleures saisons : hiver, printemps.

KEBAB

Spécialité d'origine turque qui se présente sous forme de brochette de viandes *(1)* contenant ou non des légumes. Il existe plusieurs variantes préparées dans les Pays du Moyen-Orient et les Balkans.
Le kebab désigne aussi un ensemble de morceaux de viandes embrochés à la verticale et rôti en grillade tournante. Il est ensuite détaillé en fines tranches consommées en sandwich*.

(1) Mouton, veau*, buffle, etc.*

KÉFIR ou KÉPHIR

Boisson fermentée mousseuse au goût acidulé obtenue par la fermentation de lait* *(1)* avec une levure appelée "grain de kéfir". Cette boisson est consommée dans le Caucase et au Moyen-Orient.

(1) Le lait utilisé est différent selon les régions et les coutumes. On trouve ainsi des kéfirs préparés avec des laits de chèvre, chamelle, vache, brebis, jument, ânesse, etc.*

KETCHUP

Condiment* originaire de Grande-Bretagne mais fabriqué actuellement dans de nombreux pays. Ce produit se présente sous plusieurs types :
Le tomato ketchup à base de tomates*, le plus connu en France. Sa saveur aigre-douce plaît beaucoup aux amateurs de cuisine anglo-saxonne.
Le mushroom ketchup à base de champignons*.
Le walnut ketchup à base de noix*.

KIBOWI

Liqueur* élaborée à partir de kiwi* et autres fruits exotiques. Ce spiritueux titre 20°.

KIPPER

Voir Hareng*.

KIR

Cocktail* (apéritif) préparé directement dans un verre à vin de Bourgogne.
2 cl de crème de cassis* de Dijon
10 cl de bourgogne aligoté* bien frais
Création du chanoine Félix Kir *(1)*, Député-Maire de Dijon, qui faisait servir cette boisson à l'occasion des vins d'honneur à l'hôtel de ville.

(1) Lors d'une rencontre entre F. Kir et les dirigeants de la société Lejay-Lagoute, ces derniers demandèrent au chanoine l'autorisation d'utiliser son nom pour désigner commercialement un vin blanc-cassis. Il entérina cet accord* le 20 novembre 1951 par une lettre à en-tête de l'Assemblée Nationale. La marque "Un Kir" fut déposée le 19 mars 1952 pour la France et le 21 mars 1961 pour le marché international.*

Source : Photo BG

KIR ROYAL

Cocktail* (apéritif) inspiré du Kir* traditionnel et préparé directement dans une flûte à champagne.
2 cl de crème de cassis*
10 cl de champagne* bien frais.

KIRSCH

Eau-de-vie blanche* élaborée à partir de cerises* noires *(1)* mises à fermenter avec leur noyaux pendant 4 à 5 semaines. Elle tire son nom de l'alsacien "kirschwasser" qui signifie "eau de cerise". L'Alsace et la Franche-Comté sont les 2 principales régions productrices de kirsch.
Le Kirsch de commerce (comki) est fabriqué à partir d'alcool* neutre parfumé au kirsch et *le kirsch fantaisie* (frankish) est une eau-de-vie ordinaire additionnée de 2% de kirsch et aromatisée à l'essence d'amandes.

(1) Il faut 18 à 20 kg de cerises pour obtenir 1 litre de kirsch pur.

KIWANO

Petite cucurbitacée* originaire d'Afrique australe. Le kiwano est un fruit ovoïde dont la peau orangée hérissée de petites pointes renferme une pulpe verte, très juteuse, parsemée d'une multitude de petites graines. Ce fruit, parfois appelé *Melon à cornes, Concombre cornu* ou *Spoutnik*, se consomme nature, en jus de fruit, en glace*, en sorbet*...

KIWI

Fruit exotique récolté sur une liane originaire de Chine, *l'actinidia*. Introduit en Nouvelle-Zélande en 1906, il devint "kiwi" en prenant le nom de l'oiseau emblème de son pays d'adoption. Le kiwi est aujourd'hui produit dans de nombreuses régions du globe, y compris en France qui est le 4ème producteur mondial derrière l'Italie, la Nouvelle-Zélande et le Chili. Ce fruit, de la taille d'un œuf, possède une peau duveteuse et une pulpe verte douce et acidulée, riche en vitamines C *(1)*. Il se consomme plu-

tôt cru, en salade de fruits ou en composition de pâtisseries.
(1) Voir Goyave*.

KLEVENER DE HEILIGENSTEIN
Dénomination des vins issus de cépage* savagnin* rose cultivé sur certaines parcelles des communes de Bourgheim, Gertwiller, Goxwiller, Heiligenstein et Obernai, dans le Bas-Rhin. La mention "Klevener de Heiligenstein" vient alors compléter l'A.O.C.* "Alsace*" ou "Vin d'Alsace".

KLEVNER
En Alsace, autre dénomination des cépages* Pinot blanc* et Auxerrois* ou désignation d'un vin* résultant de l'assemblage de ces 2 cépages.

KLIPPFISCH
Dans les pays scandinaves, autre dénomination de la morue* ou du lieu* séché.

KORN ou KORNBRANNTWEIN
Eau-de-vie* de céréales *(1)* fabriquée en Allemagne. Le korn, spiritueux* semblable au whisky*, est traditionnellement consommé en même temps que la bière*.
(1) Seigle*, blé*, sarrasin*, avoine* et orge*.

KOUGLOF ou KOUGELHOF
Spécialité pâtissière alsacienne. Le kouglof est une sorte de brioche* garnie de raisins de Corinthe ou de Malaga et d'amandes* entières ou effilées. Il est cuit dans un moule en forme de haute couronne torsadée.

KOUING-AMAN
En Bretagne, gâteau à base de pâte à pain* additionnée de beurre* et de sucre*. La préparation est "tourée" comme une pâte feuilletée* avant d'être cuite en moule.

KOULIBIAC
Voir Coulibiac*.

KUMMEL
Liqueur* au goût anisé originaire de Hollande. Ce spiritueux* est élaboré à partir de graines de carvi*.

KUMQUAT
Petit agrume* originaire d'Asie et rapporté en Europe au 19ème siècle par l'explorateur-botaniste britannique R. Fortune. Cette orange naine (2 à 4 cm de diamètre) possède une écorce jaune orangée de saveur douce qui peut se manger avec la pulpe, légèrement acidulée. Le kumquat se consomme cru, confit, en marmelade, en confiture*, en pâtisserie, comme élément de garniture…

L

LABEL ROUGE
S.I.Q.O.* créé en 1960 qui garantit un produit de qualité supérieure liée à des conditions particulières de production, de transformation et de distribution. En France, il existe environ 500 produits bénéficiant de ce label.

LABELS et CERTIFICATIONS
Voir S.I.Q.O.*.

LA CHAPELLE (Vincent)
Cuisinier français né en 1703 (date de décès inconnue). Ce grand voyageur exerça dans plusieurs pays, notamment en Angleterre où il publia en 1733 *The Modern Cook*, ouvrage qui fut traduit en français en 1735 sous le titre *Le Cuisinier Moderne*.

LACRIMA CHRISTI ou LACRYMA CHRISTI
Vins* blancs et rouges italiens produits sur les pentes du Vésuve dans la région napolitaine.
La D.O.C.* exacte est "Lacrima Christi del Vesuvio".

LACTAIRE
Espèce de champignons dont la chair brisée laisse apparaître un suc laiteux (latex) blanc, rouge ou orangé. Les variétés comestibles présentent souvent une saveur plus ou moins amère.

LADOIX
Vins* rouges et blancs produits en Bourgogne*, A.O.C.* régie par le décret du 21 mai 1970. Pour les vins qui proviennent de certaines parcelles classées, l'appellation communale peut être complétée par le nom du climat* d'origine et (ou) par la mention "Premier cru" *(1)*.
Aire de production : commune de Ladoix-Serrigny située au nord-est de Beaune.

Superficie du vignoble : 98 ha (en 2007) dont 80 ha en vins rouges et 18 ha en vins blancs.
Encépagement autorisé : Pinot noir*, Pinot Beurot*, Pinot Liébault*, Chardonnay* et Pinot blanc*.
Rendement de base à l'hectare : 40 hl pour les vins rouges et 45 hl pour les vins blancs.
(1) L'appellation compte 11 climats classés "Premier Cru".

LAGOPÈDE
Gibier à plumes de la taille d'une perdrix* que l'on rencontre vers 2000 m d'altitude dans les Alpes et les Pyrénées. La chasse du lagopède est réglementée et la commercialisation interdite. Cet oiseau, appelé aussi *perdrix des neiges*, se prête aux mêmes utilisations culinaires que la perdrix*.

LAGUIOLE
Fromage* de lait* de vache fabriqué en Auvergne, A.O.C.* depuis le 21 décembre 1961 et reconnu A.O.P.* dans le cadre de l'U.E. Son nom lui vient d'un village de l'Aubrac situé dans sa zone de production qui s'étend sur 73 communes du Cantal, de l'Aveyron et de la Lozère.
Ce fromage est authentifié par un taureau et le terme "Laguiole" imprimés sur la croûte.
Type : pâte pressée non cuite, croûte naturelle brossée.
Forme : gros cylindre.
Taille : 40 cm de diamètre, 40 cm de hauteur.
Poids : 45 à 48 kg.
Teneur en M.G. : 45 %.
Meilleure saison : de janvier à avril.

LAIE
Voir Sanglier*.

LAIT
Liquide blanc et opaque. La définition légale précise que *"le lait est le produit intégral de la traite totale et ininterrompue d'une femelle laitière bien portante, bien nourrie et non surmenée".* Lorsqu'on parle de lait, sans indication d'espèce animale, il s'agit de lait de vache. En France, la filière laitière bovine représente un cheptel de 3,8 millions de têtes, 93 000 éleveurs et une production annuelle de 28 millions de tonnes. La consommation annuelle moyenne de lait à l'état liquide est d'environ 70 litres par habitant. Il est également produit du lait de chèvre et du lait de brebis, essentiellement pour

la fabrication des fromages*. Dans d'autres pays, les populations consomment le lait de mammifères tels que bufflonne, jument, ânesse ou chamelle.
Le lait est collecté et conservé selon des normes d'hygiène très strictes; par ailleurs l'étiquetage du produit vise à informer le consommateur sur deux critères importants: la teneur en matières grasses et la technique de conservation.
On distingue ainsi:
Le lait entier qui contient 36 g minimum de M.G. au litre (emballage rouge).
Le lait demi-écrémé qui contient entre 15,5 et 18,5 g de M.G. au litre (emballage bleu).
Le lait écrémé qui contient moins de 3 g de M.G. au litre (emballage vert).
Le lait cru qui n'a subi aucun traitement thermique. Sa conservation est très limitée et il doit être bouilli avant d'être consommé (emballage jaune).
Le lait thermisé qui est chauffé à une température supérieure à 45 °C et inférieure à 72 °C pendant un temps variable selon la température de thermisation.
Le lait pasteurisé qui est chauffé pendant 15 à 20 secondes entre 72 et 85 °C avant d'être brusquement refroidi à 4°C.
Le lait stérilisé qui est chauffé à 115 °C pendant 15 à 20 minutes, puis refroidi.
Le lait U.H.T (Ultra Haute Température) qui est stérilisé entre 140 et 150 °C pendant quelques secondes.
Il existe également du *lait concentré* (sucré ou non) obtenu par évaporation partielle de l'eau, et du *lait en poudre* obtenu par déshydratation.
Quel que soit le type de lait utilisé, il est impératif de respecter la D.L.C.* ou la D.L.U.O.*.

LAIT D'AMANDE
a) Préparation d'aspect laiteux obtenue en mouillant progressivement des amandes* pilées avec de l'eau. Un pressurage et un filtrage dans un torchon permettent de recueillir l'élément liquide.
b) Entremets froid, proche du blanc-manger*, préparé à partir de poudre d'amande, sucre* et gélatine*.
c) Gâteau circulaire réalisé à partir d'un appareil à base de pâte d'amande, de sucre* et d'œufs* qui est recouvert, après cuisson, d'une abaisse* de pâte d'amande glacée dont le pourtour est décoré d'amandes hachées et grillées.

LAIT DE COCO
Voir Noix de coco*.

LAIT DE POULE
Boisson obtenue en battant un jaune d'œuf* avec du sucre* et en le délayant avec du lait* chaud. Le mélange peut être parfumé à l'eau de fleur d'oranger*.

LAITON
Voir Agneau*.

LAITUE
Plante potagère appréciée depuis longtemps pour les vertus thérapeutiques attribuées à la substance laiteuse *(1)* qu'elle sécrète (ce qui explique l'origine de son nom). Premier type de salade consommé en France, la laitue se présente sous plusieurs variétés:
Les Pommées beurre: ce sont les laitues "classiques" dont les variétés se succèdent au fil des saisons *(Elsa, Florian, Balisto, Tropica, Nancy, Elvira, Merveille d'hiver, Reine de Mai, Merveille des 4 saisons...)*. Leurs feuilles sont tendres et forment une pomme plus ou moins aplatie.
Les Pommées batavia: dans ces variétés, il faut distinguer **les batavias blondes** *(Reine des glaces, Dorée de Printemps, Laura...)*, les ***batavias rouges*** *(Rouge de Grenoble, Rossia...)* et les ***batavias icebergs*** *(Lambada, Saladin...)*. Les feuilles de ces salades sont fermes, gaufrées et dentelées.
Les Feuilles de chêne dont les feuilles sont vertes ou rouges *(Raisa, Krizet…)*. Ces salades ne "pomment" pas.
Les Romaines ou ***chicons*** avec des feuilles vertes dressées, longues et croquantes *(Padox, Romance, Rive…)*.
La Lollo rossa *(2)*, parfois considérée comme une batavia. Ses feuilles vertes et violettes sont finement dentelées.
Selon les variétés et leurs destinations culinaires, les laitues se consomment crues (salades) ou cuites (garnitures* ou potages*).
(1) Sorte de liquide blanchâtre qui s'écoule lorsque l'on coupe la racine de la plante.
(2) Autres orthographes: Lolo rossa et Lolla rossa.

LALANDE-DE-POMEROL
Vins* rouges produits dans le Bordelais, A.O.C.* depuis le 8 décembre 1936.
Aire de production: communes de Lalande-de-Pomerol et Néac, situées au nord de Libourne.
Superficie du vignoble: 1 171 ha (en 2006).
Encépagement autorisé: Cabernet-Sauvignon*, Cabernet franc*, Bouchet*, Malbec* et Merlot*.
Rendement de base à l'hectare: 42 hl.
Richesse alcoolique minimum acquise: 10,5 %.

LAMB CHOP
Pièce de mouton* ou d'agneau* constituée d'une tranche de selle anglaise*.

LAMBRUSCO
Vins* rouges effervescents italiens produits en Émilie-Romagne. Issus de cépages Lambruchi et élaboré par la Méthode Charmat*, ils se présentent sous plusieurs D.O.C.*:
Lambrusco grasparossa di Castelvetro
Lambrusco salamino di Santa Croce
Lambrusco di Sorbara
Lambrusco di Reggiano
Ces vins sont prisés aux Etats-Unis où ils sont appelés "Red Coca-Cola*".

LAMELOISE (Jacques)

Cuisinier français né à Chagny en 1947. Après l'École hôtelière de Paris et un passage dans de grandes maisons, il rejoint l'établissement familial en 1971. Il fait de son restaurant une véritable institution gourmande et en 1979, au sommet de son art, le Guide Michelin* lui octroie une troisième étoile, faisant de lui le plus jeune cuisinier à recevoir la distinction suprême *(1)*. Aujourd'hui, Lameloise est encore une des meilleures tables de France.

(1) C'est effectivement Jacques Lameloise, à 32 ans, qui fut le plus jeune français Chef à recevoir trois étoiles, mais au niveau international, l'italien Massimilio Alajmoqui demeure le plus jeune des triplement étoilés. Il fut distingué en 2003 et il n'avait que 28 ans.

LAMPROIE

Poisson d'eau douce de la famille des pétromyzonidés. En réalité, il existe plusieurs espèces de lamproies qui vivent soit dans les fleuves, soit dans les eaux littorales. La lamproie se caractérise par un corps serpentiforme dépourvu d'écailles et une bouche en ventouse. Sa chair est légèrement grasse comme celle de l'anguille*.

La lamproie à la Bordelaise (cuisinée au vin* de Bordeaux rouge et servie avec une sauce* liée au sang) est une spécialité aquitaine.

LANCASHIRE

Fromage* de lait* de vache fabriqué en Grande-Bretagne qui doit son nom à son comté d'origine. Le lancashire est reconnu A.O.P.* dans le cadre de l'U.E sous l'appellation ***Beacon Fell Traditionnal Lancashire***.
Type : pâte pressée non cuite, croûte naturelle grattée.
Forme : cylindre.
Taille : 25 à 30 cm de diamètre, 20 à 25 cm de hauteur.
Poids : 18 à 22 kg.
Teneur en M.G. : 45 à 50 %.
Qualité identique toute l'année.

LANGOUSTE

Crustacé décapode marin vivant sur les fonds rocheux de nombreuses mers du globe. La langouste, qui appartient à la famille des palinuridés, se présente sous plusieurs espèces qui mesurent de 25 à 45 cm et dont certains spécimens peuvent atteindre 4 kg.
Il faut distinguer :
La langouste rose ou *langouste du Portugal*.
La langouste rouge ou *langouste bretonne* qui possède une chair fine et savoureuse. Elle est considérée comme la meilleure.
La langouste verte ou *langouste de Mauritanie*.
La langouste du Cap.
La langouste de Cuba.
La langouste trouve sensiblement les mêmes apprêts culinaires que le homard*.

LANGOUSTINE

Crustacé décapode marin vivant sur les fonds vaseux de l'Atlantique et de la Méditerranée. La langoustine, qui appartient à la famille des homardidés, mesure de 15 à 25 cm. Comme tous les autres crustacés, elle doit être consommée très fraîche.

Source : F. Martin/France-Agrimer

LANGRES

Fromage* de lait* de vache fabriqué en Champagne, A.O.C.* depuis le 14 mai 1991 et reconnu A.O.P.* au niveau européen. Il doit son nom à une ville de Haute-Marne située dans sa zone de production. L'aire d'appellation s'étend sur 318 communes de Haute-Marne, 25 communes des Vosges et 4 communes de Côte-d'Or.
Type : pâte molle à croûte lavée.
Forme : cylindre avec une cavité sur le dessus.
Taille (2 formats) : 16 à 20 cm de diamètre, 5 à 7 cm de hauteur pour les gros. 7,5 à 9 cm de diamètre, 4 à 6 cm de hauteur pour les petits.
Poids : 800 ou 150 g (poids minimaux selon le format).
Teneur en M.G. : 50 % au minimum.
Meilleures saisons : printemps, été, automne.

LANGUE

Abat* rouge prélevé dans la tête des animaux de boucherie et du porc*. Généralement pochée, la langue est servie accompagnée de diverses sauces* (sauce madère*, sauce piquante*, sauce tomate*, etc.).

LANGUE ÉCARLATE

Langue de bœuf* (ou de porc*) qui a été immergée un certain temps dans une saumure* au salpêtre avant d'être pochée. Ce traitement particulier confère une couleur rouge vif au produit, d'où son nom.

LANGUE-DE-CHAT

Petit gâteau sec, de forme allongée, réalisé à partir d'un appareil composé de beurre*, sucre* glace, blancs d'œufs*, farine* et vanille*.

LANGUEDOC

Vins* rouges, rosés et blancs produits en Languedoc-Roussillon, A.O.C.* depuis le 24 décembre 1985 sous l'appellation "Coteaux du Languedoc" et depuis le 3 mai 2007 sous l'appellation "Languedoc" *(1)*.
L'appellation peut être complétée par une indication géographique constituant un des 14 terroirs *(2)* situés sur l'aire d'A.O.C.
Aire de production : vaste territoire constitué de 168 communes de l'Aude, de l'Hérault et du Gard.

Superficie du vignoble : 9 960 ha (en 2005).
Encépagement autorisé (variable selon la zone de production) : Carignan*, Grenache noir*, Lladoner pelut*, Cinsault*, Mourvèdre*, Syrah*, Counoise*, Terret noir*, Picpoul noir*, Grenache rosé ou gris*, Bourboulenc*, Clairette*, Maccabéo*, Picpoul blanc*, Terret blanc*, Ugni blanc*, Grenache blanc*, Marsanne*, Roussanne*, Vermentino*, Tourbat*, Viognier* et Carignan blanc*.
Rendement de base à l'hectare : 50 hl pour les vins rouges et rosés, 60 hl pour les vins blancs *(3)*.
(1) À titre dérogatoire, l'appellation "Coteaux du Languedoc" peut être utilisé au lieu et place de l'appellation "Languedoc" jusqu'au 3 mai 2012.
(2) Cabrières, Saint-Christol ou Coteaux de Saint-Christol, Vérargues ou Coteaux de Vérargues, La Méjanelle ou Coteaux de la Méjanelle, Montpeyroux, Saint Drézéry, Saint-Georges-d'Orques, Saint-Saturnin, La Clape, Quatourze, Pic-Saint-Loup, Picpoul-de-Pinet, Grès de Montpellier, Terrasses du Larzac et Pézenas.
(3) 45 hl pour les vins bénéficiant de l'appellation "Languedoc Grès de Montpellier".

LAPIN
Mammifère rongeur, domestique ou sauvage, appartenant à la famille des léporidés.
Le lapin domestique : il possède une chair blanche serrée, un peu fade, qui se prépare à la moutarde*, en gibelote, au cidre, en pâté... Parmi les espèces les plus connues, citons *le Fauve de Bourgogne, le Géant de Bouscat, l'Argenté des champs, le Géant des Flandres, le Rex du Poitou, le Garenne domestique* et *le Normand*.
La cuniculture française, ou élevage du lapin, produit en moyenne 80 000 tonnes par an.
Le lapin de garenne ou *lapin sauvage* : il est légèrement plus petit que le lapin domestique (environ 1,5 kg) et il possède une chair au goût plus marqué que ce dernier. On le prépare en gibelote, en civet*, sauté*, en terrine...
Répertorié comme gibier, le lapin de garenne fait l'objet d'une chasse et d'une commercialisation réglementée. Il demeure un animal très prolifique avec des femelles capables de donner naissance chaque année à plusieurs portées totalisant 10 à 25 lapereaux. Cette fécondité exceptionnelle a parfois généré d'énormes populations *(1)* préjudiciables aux cultures agricoles.
(1) En juin 1952, la myxomatose (maladie contagieuse et mortelle du lapin) fut introduite en France par le professeur Armand-Delille afin de juguler une prolifération devenue inquiétante pour le milieu agricole.

LAROUSSE GASTRONOMIQUE
Ouvrage de référence sur la gastronomie* et les techniques culinaires. La première édition fut rédigée en 1938 par Prosper Montagné* et le Dr Gottschalk. Les éditions suivantes parurent en 1960, 1967, 1984, 1996 et 2007. Les deux dernières furent réalisées sous l'égide d'un Comité gastronomique présidé par Joël Robuchon*. Avec 4 000 articles, 2 500 recettes et 1 700 illustrations, *Le Grand Larousse gastronomique* 2007 offre une vision très large de l'univers culinaire contemporain.

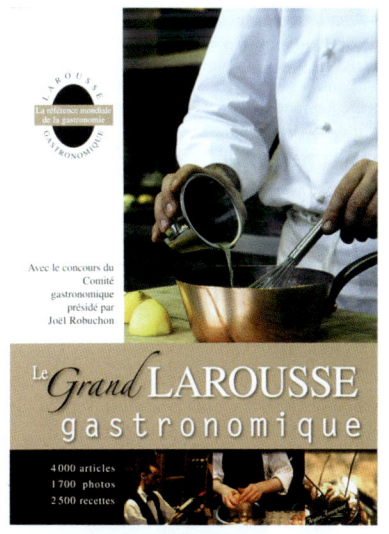

Source : Éditions Larousse

LARUNS
Fromage* de lait* de brebis fabriqué dans le Béarn. Son nom lui vient d'un village pyrénéen situé dans sa zone de production.
Type : pâte pressée non cuite.
Forme : petite meule.
Taille : 25 à 30 cm de diamètre, 8 à 9 cm d'épaisseur.
Poids : 4 à 5 kg.
Teneur en M.G. : 50 %.
Meilleures saisons : printemps, été, automne.

LARZAC
Cocktail* préparé au shaker*.
2 cl de jus de citron*.
2 cl de Suze* *(1)*.
2 cl de curaçao* bleu.
1 cl de sirop* de sucre de canne.
Frapper et servir dans un verre à cocktail.
(1) La Suze peut être remplacée par de l'Avèze ou de la Salers*.*

LASAGNES
Pâtes alimentaires en forme de larges rubans originaires d'Italie. Les lasagnes vertes sont colorées au jus d'épinard*.
La préparation des lasagnes se fait en alternant une couche de hachis de viande et de sauce tomate* avec une couche de pâte. Le dessus est nappé ou non de sauce béchamel*, mais il est toujours recouvert de

fromage* râpé (gruyère*, emmental* ou parmesan*) pour être gratiné.

LATRICIÈRES-CHAMBERTIN
Vin* rouge produit en Bourgogne*, Grand Cru bénéficiant d'une A.O.C.* depuis le 31 juillet 1937.
Aire de production : parcelles délimitées du lieu-dit "Latricières" sur la commune de Gevrey-Chambertin, d'une superficie totale de 7,05 ha.
Encépagement autorisé : Pinot noir*, Pinot Beurot* et Pinot Liébault*.
Rendement de base à l'hectare : 37 hl.

LAURIER (eau de source)
Eau de source* captée à Neufmoutiers-en-Brie en Seine-et-Marne.
Catégorie : faiblement minéralisée.
pH à 20 °C : 7,6.
Minéralisation totale : N.C.

LAURIER-SAUCE
Arbuste à feuillage persistant originaire de Grèce et dont les feuilles sont utilisées comme aromate*. Fraîches ou séchées, ces feuilles se retrouvent dans les bouquets garnis*, marinades*, terrines, etc.

LAUZET
Cépage* blanc originaire du Sud-Ouest cultivé en faible quantité sur les aires d'appellation Jurançon* et Béarn*. Il génère des vins secs aux arômes fruités.

LAVAL
Fromage* de lait* de vache fabriqué dans le Maine. Il tire son nom de la ville où est installé le monastère qui le fabrique.
Type : pâte pressée non cuite, croûte lavée.
Forme : disque épais.
Taille : 25 cm de diamètre, 4 cm de hauteur.
Poids : 2 kg environ.
Teneur en M.G. : 40 à 42 %.
Qualité identique toute l'année.

LAVANDE
Plante aromatique méditerranéenne très connue pour ses fleurs. Dans le domaine culinaire, on utilise les feuilles moins parfumées que les fleurs, pour aromatiser les salades, riz*, soupes* de poissons... et les fleurs dans la préparation de glaces* ou spiritueux*.

LA VARENNE (François Pierre de)
Cuisinier français (Dijon 1618–1678) qui publia plusieurs ouvrages dont *Le Cuisinier françois (1)* en 1651. Ce livre marqua une révolution culinaire où l'on passait d'une cuisine d'inspiration médiévale à une cuisine moderne. Des règles et des techniques nouvelles furent clairement codifiées et apparurent des recettes qui deviendront des classiques de notre gastronomie*.

(1) L'ouvrage est parfois présenté, à tort, sous le titre "Le Cuisinier français".

LAVILLEDIEU
Vins* rouges et rosés produits dans le Sud-Ouest, A.O.V.D.Q.S.* depuis le 22 janvier 1954 sous l'appellation "Vins de Lavilledieu" et le 26 mai 2005 sous l'appellation "Lavilledieu ".
Aire de production : 13 communes du Tarn-et-Garonne situées à proximité de Montauban.
Superficie du vignoble : 150 ha (en 2007).
Encépagement autorisé : Négrette*, Syrah*, Gamay*, Milgranet*, Fer*, Tannat* et Cabernet franc *.
Rendement de base à l'hectare : 60 hl.

LECKERLI DE BÂLE
Petit gâteau suisse préparé avec du miel*, du sucre*, de l'orange* ou du citron* confit, des amandes* hachées et de la farine*. Il est aromatisé avec plusieurs épices *(1)* et du kirsch*.

(1) Cannelle, clous de girofle* moulus, noix de muscade* râpée, etc.*

LEN DE L'EL ou L'EN DE L'ELH
Cépage* blanc originaire du Tarn et cultivé sur l'aire d'appellation Gaillac*. Il tire son nom d'un mode de taille ("loin de l'œil" en languedocien). Len de l'el génère des vins parfumés, riches en alcool.

LENÔTRE (Gaston)
Pâtissier, traiteur et restaurateur français (Saint-Nicolas-du-Bosc 1920 – Sennely 2009). Installé comme pâtissier à Pont-Audemer en 1947, il ouvre dix ans plus tard une boutique à Paris. Il révolutionne l'art de la pâtisserie en allégeant les préparations et en

créant des saveurs nouvelles. À cette activité, il joint celle de traiteur et gère des restaurants de prestige (*le Pré Catelan* et *le Pavillon Elysée*). Homme d'entreprise, Gaston Lenôtre exporte son savoir-faire avec plus de 50 adresses dans de nombreux pays. En 1971, il ouvre l'École Lenôtre qui reçoit chaque année de nombreux professionnels en quête de perfectionnement. Il nous laisse par ailleurs plusieurs ouvrages dédiés à la pâtisserie.

LENTILLE

Petite graine issue de la gousse d'une légumineuse originaire d'Asie. Longtemps considérée comme le légume du pauvre, la lentille est aujourd'hui appréciée pour sa valeur énergétique et sa richesse en éléments minéraux, notamment en fer *(1)*.

Il faut distinguer plusieurs variétés de lentilles : *La lentille verte (2), la lentille blonde, la lentille brune* et *la lentille corail*. Ces variétés se différencient par leur forme, leur grosseur et leur couleur.

La lentille se consomme toujours cuite, en salade, en purée, en potage*…

(1) Voir Épinard.*

(2) Bénéficiant d'une A.O.C. depuis le 7 août 1996, **La Lentille verte du Puy** est reconnue A.O.P* dans le cadre de l'U.E. Elle doit provenir de la lignée variétale Anicia, avoir un diamètre de 3,25 à 5,75 mm et un taux d'humidité qui ne dépasse pas 23 % au moment de la récolte. La conduite de la culture (semis, rotation des cultures, fertilisation, irrigation, etc.) est sévèrement contrôlée et l'aire d'appellation est limitée à 87 communes de Haute-Loire situées dans la région du Puy-en-Velay.*

Lentilles vertes du Puy

LÉPIDODE

Poisson de mer couramment dénommé sabre*.

LÉPIOTE

Champignon qui se caractérise par un chapeau ovoïde ou campanulé couvert d'écailles qui peut atteindre 35 cm de diamètre. Sa chair fine possède un léger goût de noisette.

La lépiote, également appelée *Coulemelle*, se consomme sautée au beurre*, grillée ou frite.

LES BAUX-DE-PROVENCE

Vins* rouges, rosés et blancs produits en Provence, A.O.C.* depuis le 20 avril 1995.

Aire de production : 7 communes des Bouches-du-Rhône, dont Les Baux-de-Provence, situées au nord-est d'Arles.

Superficie du vignoble : 305 ha (en 2005).

Encépagement autorisé : Grenache*, Syrah*, Mourvèdre*, Cinsault*, Counoise*, Carignan* et Cabernet-Sauvignon*.

Rendement de base à l'hectare : 50 hl.

Teneur minimale en sucre résiduel : 3 g/litre.

L'ÉTOILE

Vins* blancs, vins jaunes* et vins de paille* produits dans le Jura. A.O.C.* depuis le 31 juillet 1937.

Aire de production : communes de L'Etoile, Plainoiseau, Quintigny et Saint-Didier situées au nord de Lons-le-Saunier.

Superficie du vignoble : 50 ha (en 2005).

Encépagement autorisé : Chardonnay*, Savagnin* et Poulsard*.

Rendement de base à l'hectare : 60 hl pour les vins blancs et 20 hl pour les vins de paille.

Teneur minimale en sucre des moûts destinés à produire des vins de paille : 306 g/litre.

Richesse alcoolique minimum acquise des vins de paille : 14,5 %.

Ces vins de paille ne peuvent être commercialisés qu'après 3 ans de vieillissement (dont 18 mois "sous bois") et avec indication du millésime*.

Les vins jaunes, issus exclusivement de cépage Savagnin, sont mis en bouteilles dans des *clavelins** après un vieillissement en fût, sans ouillage, d'une durée minimale de 6 ans.

L'ÉTOILE MOUSSEUX

Vins* blancs effervescents produits sur les aires délimitées de l'appellation l'Étoile* avec un rendement de base à l'hectare de 65 hl.

LEVRAUT

Voir Lièvre*.

LEVROUX

Fromage* identique au valençay*.

LEVURAGE

Opération de vinification* qui consiste à ajouter des levures alcooliques* à un moût* dans le but d'activer le processus fermentaire lorsque les conditions naturelles sont défavorables.

LEVURE

Substance utilisée pour faire lever une pâte. On distingue 2 types de levure :
La levure chimique ou *levure alsacienne*, mélange de substances d'origine chimique capable de produire, lui-aussi, un dégagement de gaz carbonique qui génère un gonflement de la pâte. Ce type de levure est interdit en panification.
La levure biologique ou *levure de boulanger*, champignon microscopique qui provoque une fermentation en se nourrissant des sucres fournis par l'amidon de la farine*. Cette fermentation dégage du gaz carbonique qui, en cherchant à s'échapper, provoque la "pousse" de la pâte.

LEVURES ALCOOLIQUES

Agents biologiques de la fermentation alcoolique* qui se présentent sous forme de micro-organismes unicellulaires *(1)* appartenant au genre *saccharomyces*. Les levures sont naturellement présentes sur la pellicule des grains de raisin *(2)* où elles ont été déposées par le vent ou les insectes et où elles sont retenues par la pruine*. Dans le moût*, les levures se reproduisent par bourgeonnement lorsque le milieu et la température sont favorables et par sporogénèse (formation de spores) lorsque les conditions deviennent défavorables.

Les variétés de levures sont nombreuses, mais les 3 principales espèces intervenant lors d'une fermentation alcoolique sont :
Les levures apiculées qui démarrent rapidement la fermentation. Actives jusqu'à 5° d'alcool*, elles utilisent 20 à 25 g de sucre pour produire 1° d'alcool *(3)*.
Les levures elliptiques qui sont les agents principaux de la fermentation. Actives jusqu'à 12 ou 13°, elles utilisent 17 à 18 g de sucre pour produire 1° d'alcool *(3)*.
Les levures de Pasteur* qui interviennent pour finir la fermentation. Actives jusqu'à 16 ou 17°, elles utilisent 17 à 19 g de sucre pour produire 1° d'alcool *(3)*. Ces levures sont très utiles pour terminer la fermentation des vins riches en alcool (ex : Sauternes*).

(1) De taille variable, entre 4 et 10 microns.
(2) Elles sont également présentes sur la peau d'autres fruits comme la pomme à cidre.*
(3) Estimations par litre de moût.

LICENCE

Tout commerçant souhaitant vendre des boissons *(1)*, à consommer sur place ou à emporter, doit être titulaire d'une licence. La loi du 31 mars 2006 a institué l'obligation de formation pour les futurs titulaires d'une licence de débit de boissons (licences de 1ère, 2ème, 3ème et 4ème catégorie), d'une petite licence de restaurant ou d'une licence de restaurant. Cette formation, qui est sanctionnée par un *Permis d'exploitation*, vise à acquérir des connaissances sur les dispositions du Code de la Santé Publique relatives à la prévention et à la lutte contre l'alcoolisme, la protection des mineurs et la répression de l'ivresse publique, mais aussi la législation sur les produits stupéfiants, la revente de tabac*, la lutte contre le bruit, les faits susceptibles d'entraîner une fermeture administrative, les principes généraux des responsabilités civiles et pénales et la lutte contre la discrimination.
Le *Permis d'exploitation* est valable 10 ans.
Notons par ailleurs que l'implantation géographique d'un débit de boissons est réglementée *(2)*.
On distingue 3 types de licence :
Les licences de débits de boissons qui sont réparties en 4 catégories :
Licence de 1ère catégorie (vente de boissons du 1er groupe).
Licence de 2ème catégorie (vente de boissons des 2 premiers groupes).
Licence de 3ème catégorie (vente de boissons des 3 premiers groupes).
Licence de 4ème catégorie ou *Grande licence* (vente de boissons des 5 groupes).
Les licences de restaurant qui se présentent en 2 catégories :
Petite licence de restaurant (vente de boissons des 2 premiers groupes).
Licence de restaurant (vente de boissons des 5 groupes).
Ces 2 licences ne permettent de vendre que des boissons consommées à l'occasion des repas et comme accessoire à la nourriture.

Grande licence (ou licence de 4ème catégorie)

Licences de vente à emporter qui se trouvent en 2 catégories :
Petite licence à emporter (vente à emporter de boissons des 2 premiers groupes).
Licence à emporter (vente à emporter de boissons des 5 groupes).
Rappelons que la vente de boissons alcoolisées (du 2ème au 5ème groupe) est interdite aux mineurs de moins de 18 ans.

Enfin, précisons que la loi du 22 juillet 2009 a supprimé l'obligation d'avoir une licence de débits de boissons de 1ère catégorie pour la fourniture de boissons accessoire à une prestation d'hébergement. Cette simplification concerne essentiellement les hôtels et les chambres d'hôtes pour le service de boisson non alcoolisées.

(1) Voir groupes de boissons*.
(2) Le Code des débits de boissons précise notamment que la création ou le transfert d'un débit de boissons doit se faire en tenant compte de la situation de la zone d'implantation. En effet, certains espaces géographiques classés "zones protégées" ou "zones super protégées" interdisent toute ouverture de nouvel établissement. Ces zones sont fixées par arrêté préfectoral. Les édifices motivant la création de ces périmètres protégés sont les hôpitaux, les cliniques, les maisons de retraite, les édifices de culte, les stades, les piscines et autres complexes sportifs, les établissements pénitentiaires, les casernes, les cimetières, les bâtiments affectés au fonctionnement des entreprises publiques de transport etc.

Licence de restaurant

LIE

Dépôt résiduel de la fermentation alcoolique du vin* (ou du cidre*) formé de différentes substances, notamment de levures mortes. La lie est généralement éliminée par soutirage*. Cependant, certains vins comme le Muscadet* "sur lie", sont conservés volontairement sur leur lie durant quelques mois, jusqu'à la mise en bouteille, afin d'obtenir un léger perlant.

LIEU

Poisson de mer de la famille des gadidés qui vit dans l'Atlantique et dans la Manche.
On distingue 2 types de lieu : **le lieu noir** et **le lieu jaune** (le plus apprécié). Ils mesurent de 40 à 80 cm et leur chair maigre et fine rappelle celle du merlu*.

LIÈVRE

Gibier à poils dont la chasse et la commercialisation sont réglementées. Ce mammifère rongeur se rencontre sous 2 espèces :
Le lièvre brun ou **lièvre de plaine** : c'est le plus répandu. Il s'agit d'un animal au pelage roussâtre qui pèse de 3 à 5 kg.
Le lièvre variable ou **lièvre de montagne** : de plus petite taille que le précédent (1,5 à 3 kg), il possède un pelage ocré qui, après une mue complète, devient blanc l'hiver. On le trouve au-dessus de 1 500 m d'altitude.

Selon l'âge ou le sexe, le lièvre porte plusieurs noms : *hase* pour la femelle, *levraut* pour le petit, *financier* lorsqu'il atteint 4 mois, *demi-lièvre* ou *président* à l'âge de 6 mois, *trois-quarts* ou *conseiller* de 9 mois à 1 ans. Le mâle adulte est appelé *bouquin* et le vieux lièvre se nomme *capucin*.
Le lièvre se prépare en civet, en daube, rôti, à la royale* (1), en pâté, etc.

(1) Apprêt culinaire d'origine périgourdine où le lièvre désossé est garni d'une farce composée des abats* de l'animal, de foie gras*, de lard frais, de mie de pain*, de truffe*, d'oignon*... et braisé au vin* rouge.

LILLET

A.B.V.* mis au point à Podensac en 1887 par Paul et Raymond Lillet et toujours élaboré dans cette localité girondine à partir de 85 % de vins* (1) et 15 % de liqueurs* de fruits (2). Une faible quantité de quinquina* apporte une pointe d'amertume au produit.
Le *Lillet*, qui titre 17°, est diffusé en 3 versions :
Le Lillet Blanc : présente des arômes d'oranges* confites, de miel* et de fruits exotiques.
Le Lillet rouge : révèle

Lillet blanc et Réserve Jean de Lillet

des arômes de fruits rouges, de vanille* et d'épices*.
La Réserve Jean de Lillet : millésimée, issue de vins de Bordeaux A.O.C.* associés à des liqueurs naturelles de fruit, elle subit un vieillissement de 6 à 12 mois en barriques de chêne. Ce fleuron de la marque se caractérise par une richesse aromatique remarquable.
Consommé le plus souvent nature, à une température de 6 à 8°, *le Lillet* peut être additionné d'un trait de liqueur de fraise* ou de crème de cassis*. Par ailleurs, il est employé comme composant de cocktails*. Bien connu en France et à l'étranger, *le Lillet* est le premier A.B.V.* français exporté aux Etats-Unis.

(1) Issus de cépages Sémillon* et Sauvignon* pour le blanc et Cabernet-Sauvignon*, Cabernet franc* et Merlot* pour le rouge.
(2) Principalement des liqueurs à base d'agrumes* douces et amères.

LIMANDE

Poisson de mer de la famille des pleuronectidés qui vit dans la mer du Nord, la Manche et l'Atlantique. Il mesure de 20 à 45 cm.
On distingue plusieurs variétés de limandes : **la limande rouge** ou **fausse limande**, **la limande blonde** ou **limande franche**, **la limande-sole**, **la limande cardine**, etc.
La chair de la limande est moins fine que celle de la sole* mais elle se prête aux mêmes utilisations culinaires que cette dernière.

LIME

Agrume*, également appelé *Citron* vert, originaire du nord-est de l'Inde ou de Tahiti. Il est cultivé aujourd'hui dans plusieurs régions du monde, le Mexique étant le premier producteur mondial.
Il faut distinguer :
Les limes à gros fruits dont les principales variétés sont *la Tahiti, la Bearss, la Persian lime…*
Les limes à petits fruits telles que *l'Antillaise* et *la Mexicaine…*
Ce petit agrume à peau lisse de couleur verte possède une pulpe juteuse et acide employée en cuisine, en pâtisserie et dans la composition ou le décor de certains cocktails*.

Source : COLEACP

LIMONADE

Boisson gazeuse sucrée et parfumée aux extraits de citron. C'est le chimiste anglais Joseph Priestley (1733-1804) qui découvrit le procédé pour gazéifier l'eau par adjonction de gaz carbonique ; procédé qui sera utilisé pour élaborer les premières limonades. Plus tard viendront les sodas*.

LIMOUX

Vins* blancs et rouges produits en Languedoc-Roussillon, A.O.C. depuis le 13 avril 1981.
Aire de production : identique à l'appellation "Blanquette de Limoux*".
Superficie du vignoble : 156 ha (en 2005).
Encépagement autorisé : Mauzac*, Chardonnay*, Chenin blanc*, Merlot*, Cabernets*, Grenache*, Cot*, et Syrah*.
Rendement de base à l'hectare : 9 000 kg de vendange pour les vins blancs et 48 hl pour les vins rouges.

LINGOT

Voir Haricot en grain*.

LINGUE

Poisson de mer de la famille des gadidés. On distingue ***la grande lingue*** (50 cm à 1,50 m), qui vit à proximité des côtes norvégiennes, et ***la petite lingue*** (maximum 90 cm) dont l'habitat traditionnel est la Méditerranée.
Appelée également *julienne*, la lingue possède une chair blanche assez délicate.

LIQUEUR

Boisson spiritueuse obtenue par macération alcoolique de substances végétales ou par distillation en présence de ces mêmes substances. L'ajout d'un alcoolat*, d'un édulcorant* (sucre*, glucose ou miel*) et éventuellement d'un colorant* complète généralement la préparation.
En France, une liqueur doit contenir au moins 100 g de sucre par litre *(1)* et titrer entre 15 et 55 % d'alcool.
Les premières liqueurs furent élaborées par les religieux au début du 14ème siècle. À base de fruits ou de plantes, les recettes mises au point furent transmises de génération en génération. La production de liqueurs, artisanale ou industrielle, s'est aujourd'hui développée dans de nombreux pays.

(1) Ce minimum est porté à 250 gr/l pour les crèmes (400 gr/l pour les crèmes de cassis*). Il existe toutefois des dérogations : pour les liqueurs à base de gentiane*, la teneur minimale en sucre est abaissée à 80 gr/l et pour les liqueurs de cerise*, cette teneur minimale est abaissée à 70 gr/l si l'alcool utilisé est exclusivement de l'eau-de-vie* de cerise.*

À partir de ces teneurs en sucre minimales, l'édulcoration d'une liqueur est très variable. Elle peut être très élevée ; c'est le cas de la Marie Brizard qui contient 500 gr de sucre au litre.*

LIQUEUR DE TIRAGE

Mélange constitué de vin* vieux, de sucre* et de levures alcooliques*, ajouté à un vin tranquille* au moment de sa mise en bouteille pour provoquer une prise de mousse lors d'une seconde fermentation (voir champagne*).
Cette préparation est souvent additionnée de bentonite*, un adjuvant clarificateur qui doit alourdir le dépôt qui se formera ultérieurement et ainsi favoriser son glissement vers le goulot lors du remuage.

LIQUEUR D'EXPÉDITION ou LIQUEUR DE DOSAGE

Mélange de vin* et de sucre* que l'on ajoute, après dégorgement, à une bouteille de vin effervescent en fin d'élaboration (voir champagne*).
Certains champenois incorporent une peu d'esprit de cognac* au mélange.

LIRAC

Vins* rouges, rosés et blancs produits dans la Vallée du Rhône, A.O.C.* depuis le 14 octobre 1947.
Aire de production : communes de Lirac, Roquemaure, Saint-Geniès-de-Comolas et Saint-Laurent-des-Arbres situées au nord-ouest d'Avignon.
Superficie du vignoble : 664 ha (en 2007).
Encépagement autorisé : Grenache noir*, Syrah*, Mourvèdre*, Cinsault*, Carignan*, Clairette*, Grenache blanc*, Bourboulenc*, Ugni blanc*, Picpoul*, Marsanne*, Roussanne* et Viognier*.
Rendement de base à l'hectare : 35 hl.

LISBETH
Eau-de-source* (1) captée à Soultzmatt dans le Haut-Rhin.
pH à 20 °C : 6,7.
Minéralisation totale : 568 mg/l.
(1) Existe en versions naturelle plate, légèrement pétillante et pétillante.

LISETTE
Jeune maquereau* de la taille d'une sardine*.

LISTAN
Originaire d'Andalousie, ce cépage blanc est cultivé en France sur des aires d'appellation du Midi telles que Rivesaltes* et Grand Roussillon*. Il reste cependant le cépage principal du Xérès* sous la dénomination de *Palomino*. On le rencontre également dans d'autres vignobles étrangers, notamment en Afrique du Sud et en Californie.

LISTRAC MEDOC
Vins* rouges produits dans le Bordelais, A.O.C.* depuis le 27 octobre 1986 (en remplacement de l'A.O.C. "Listrac" du 8 juin 1957).
Aire de production : commune de Listrac au centre du Haut-Médoc.
Superficie du vignoble : 603 ha (en 2006).
Encépagement autorisé : Cabernet-Sauvignon*, Cabernet franc*, Carmenère*, Merlot*, Malbec* et Petit Verdot*.
Rendement de base à l'hectare : 45 hl.
Richesse alcoolique minimum acquise : 10,5 %.

LITCHI
Fruit exotique originaire de Chine. De la taille d'une grosse prune, le litchi possède une écorce rugueuse rose foncé ou rouge qui renferme une chair blanche translucide très parfumée. Il se consomme nature, en compote, en sorbet* ou comme garniture de plats asiatiques. Il entre également dans la composition de liqueurs* comme le Soho*.

LIVAROT
Fromage* de lait* de vache fabriqué en Normandie, A.O.C.* depuis le 17 décembre 1975 et reconnu A.O.P.* dans le cadre de l'U.E. Il doit son nom à une localité du Pays d'Auge d'où il est originaire. La zone de production s'étend sur 287 communes implantées principalement dans le Calvados mais aussi dans l'Orne et l'Eure.
Type : pâte molle à croûte lavée.
Forme : petit disque épais. Autrefois cerclé de *laîches* (joncs aquatiques), il est aujourd'hui présenté entouré de bandelettes de papier (1).
Taille : Il est commercialisé sous 5 formats (2) avec des diamètres variant de 7 à 12 cm pour une épaisseur de 5 cm.
Poids : 350 à 500 g.
Teneur en M.G. : 40 % au minimum.
Meilleures saisons : printemps, été, automne.
(1) Les 5 rangées de laîches qui entouraient le Livarot lui ont valu le surnom de "colonel", par analogie aux 5 galons de cet officier.
(2) le grand Livarot, le Livarot, le trois quarts Livarot, le petit Livarot, le quart Livarot.

LLADONER PELUT ou LLEDONER PELUT
Cépage* noir d'origine espagnole cultivé dans le sud de la France sur environ 500 ha, notamment en Languedoc-Roussillon (Corbières*, Côtes du Roussillon*, Fitou*, etc.) où il produit des vins* rouges corsés et aromatiques.

LOISEAU (Bernard)
Cuisinier français (Chamalières 1951 – Saulieu 2003). Après un apprentissage chez les Frères Troisgros* à Roanne, il rejoint Paris pour œuvrer dans les restaurants de Claude Verger. En 1975, ce dernier lui confie la direction de *La Côte d'Or* à Saulieu où Alexandre Dumaine* contribua jadis à la gloire de la gastronomie* française. En 1982, il devient propriétaire de l'entreprise. Talentueux, perfectionniste, passionné, travailleur acharné, Bernard Loiseau imagine une cuisine revisitée où il recherche pureté et légèreté. En 1991, il reçoit la consécration suprême avec trois étoiles au Guide Michelin*. Grand communicateur, devenu un des personnages les plus populaires de la gastronomie, il publie plusieurs ouvrages, dont *L'envolée des Saveurs*.
Depuis sa disparition tragique en février 2003, son épouse Dominique et son chef Patrick Bertron dirigent avec brio *Le Relais Bernard Loiseau* en conservant notamment les trois étoiles du Guide rouge.

LOLLO ROSSA
Voir Laitue*.

LONG DRINKS
Boissons "longues" ou "grandes boissons" rafraîchissantes et désaltérantes de 9 à 33 cl *(1)*.
Ce sont souvent des cocktails* allongés de soda*, eau gazeuse, jus de fruits, etc.
(1) Cocktails alcoolisés : 9 à 12 cl. Cocktails non alcoolisés : 12 à 33 cl.

LONGE
La longe de porc* est constituée du filet*, du carré* de côtes et de l'échine*.
La longe de veau* est constituée de la partie dorsale de l'animal située avant le quasi*.

LONGUET
Petit pain* mince, long et sec.

LONGUEUR EN BOUCHE
Voir P.A.I.*.

LORETTE (salade)
Salade composée constituée de mâches* et d'une julienne* de céleris et de betteraves*.
Assaisonnement : sauce vinaigrette*.

LORMES
Fromage* de lait* de chèvre fabriqué dans le Nivernais. Il doit son nom à un village de la Nièvre d'où il est originaire.
Type : pâte molle, croûte naturelle.
Forme : cône tronqué.
Taille : 8 cm de diamètre de base, 5 cm de hauteur.
Poids : 250 g.
Teneur en M.G. : 45 %.
Meilleures saisons : printemps, été, automne.

LOTTE DE MER
Poisson de mer *(1)* de la famille des lophiidés qui se caractérise par une tête énorme et aplatie dotée d'une grande gueule. Il est d'ailleurs toujours commercialisé étêté. La lotte de mer, également appelée *baudroie*, peut atteindre 80 cm à 1,00 m de longueur. Sa chair blanche, maigre, fine et ferme est très appréciée.

(1) Il existe aussi une lotte (ou lote) d'eau douce appartenant à la famille des gadidés. Ce poisson vit généralement dans les eaux claires et fraîches des cours d'eau et des lacs.

LOUISETTE (salade)
Salade composée* constituée de cœurs de laitues* romaines, de quartiers de tomates* et de grains de raisins* blancs épépinés et épluchés.
Assaisonnement : sauce vinaigrette*.

LOUKOUM ou LOKOM
Confiserie orientale dont les composants varient selon les pays. Elle est généralement réalisée à partir de sucre*, sirop de glucose, miel*, farine* de riz* et garnie ou parfumée d'éléments divers (amandes*, noix*, pistaches*...).

LOUP
Voir Bar*.

LOUPIAC
Vins* blancs produits dans le Bordelais, A.O.C.* depuis le 11 septembre 1936.
Aire de production : commune de Loupiac, située sur la rive droite de la Garonne au nord-ouest de Langon.
Superficie du vignoble : 394 ha (en 2006).
Encépagement autorisé : Sémillon*, Sauvignon* et Muscadelle*.
Rendement de base à l'hectare : 40 hl.
Richesse alcoolique minimum acquise : 12,5 %.
Ces vins sont élaborés à partir de raisins arrivés à surmaturation (voir Pourriture noble*).

LUBERON
Vins* rouges, rosés et blancs produits dans la Vallée du Rhône, A.O.C.* depuis le 26 février 1988 sous l'appellation "*Côtes du Luberon*" et "*Luberon*" depuis 18 septembre 2009. Aire de production : 36 communes du Vaucluse situées au sud-est d'Avignon.
Superficie du vignoble : 2 712 ha (en 2005).

LUCHON
Eau minérale naturelle* plate captée à Bagnères-de-Luchon en Haute-Garonne. Autorisation ministérielle du 12 avril 1980.
Catégorie : faiblement minéralisée.

Lotte rôtie aux olives

Composition physico-chimique (en mg/l)	
Cations	Anions
Calcium: 26,5 Magnésium: 1 Sodium: 0,8 Potassium: 0,2	Bicarbonates: 78,1 Sulfates: 8,2 Chlorures: 2,3 Nitrates: 1,8
pH à 20 °C: 8	Minéralisation totale: 83 mg/l

LUMP ou LOMPE

Poisson de mer de la famille des cycloptéridés qui vit en Mer du Nord et en Baltique. Sa chair gélatineuse, sans intérêt culinaire, est peu consommée. Le lump est surtout pêché pour ses œufs abondants (200 000 par an et par femelle) qui sont traités en saumure* et colorés en rouge ou en noir (ils sont naturellement de couleur rose pâle ou jaunâtre).

LUNCH

Terme d'origine britannique qui signifie "déjeuner". Pour les anglo-saxons, le lunch est en réalité un repas léger pris au milieu de la journée.
En France, ce mot désigne un buffet* copieusement garni *(1)* destiné à des invités qui se restaurent souvent debout. Dans ce cas, le lunch remplace un repas traditionnel.

(1) Hormis les canapés et les petits fours, le buffet de lunch présente également des charcuteries, des viandes et des poissons froids, des fromages*, des entremets*, des pâtisseries... et bien sûr un choix de boissons (jus de fruits, eaux minérales*, vins*, voire champagne*, etc.). Quelques lunchs comportent des apprêts chauds ou glacés servis à certains moments de la réception.

LUSSAC-SAINT-ÉMILION

Vins* rouges produits dans le Bordelais, A.O.C.* depuis le 14 novembre 1936.
Aire de production: commune de Lussac, située au nord-est de Saint-Émilion*.
Superficie du vignoble: 1 471 ha (en 2006).
Encépagement autorisé: Cabernet-Sauvignon*, Cabernet franc*, Bouchet*, Malbec* et Merlot*.
Rendement de base à l'hectare: 45 hl.
Richesse alcoolique minimum acquise: 11 %.

LYOPHILISATION

Voir Café*.

MACARON

Petit gâteau moelleux préparé avec une pâte à base de poudre d'amande*, sucre* et blancs d'œufs*. Cette pâte est diversement parfumée (noisette*, chocolat*, café*, fraise*, vanille*...). Les macarons sont souvent présentés accolés par deux avec un fourrage dont le parfum s'harmonise avec celui des gâteaux.

Source : M. Gibert/Cedus

MACARONIS

Pâtes alimentaires en forme de petits tubes d'environ 5 mm de diamètre.

MACCA

Cocktail* (apéritif) préparé sur glace directement dans un tumbler.
1 cl de crème de cassis*
2 cl de vermouth* dry
2 cl de vermouth* italien
2 cl de gin*
Soda
1 zeste* de citron*
Verser la crème de cassis, les vermouths et le gin.
Remuer et compléter de soda.
Presser le zeste de citron.

MACCABÉO ou MACABEU

Cépage* blanc dont l'origine est controversée (espagnole ou proche-orientale).
Aires de culture : en Languedoc-Roussillon sur plus de 5 000 ha (Banyuls*, Maury*, Corbières*, etc.) mais aussi sur de grandes superficies en Espagne. Ce cépage est également planté en Afrique du Nord (Maroc et Algérie).
Vins* produits : V.D.N.*, blancs secs et fruités, blancs effervescents.

MACÉDOINE

Terme désignant couramment un mélange de légumes taillés *(1)* servi froid (lié à la mayonnaise*), ou chaud (lié au beurre*). On trouve également des macédoines de fruits constituées de dés de fruits au sirop*.

(1) Navets et carottes* en dés de 4 à 5 mm de section, petits pois* et morceaux de haricots verts*.*

MACÉRATION CARBONIQUE

Procédé de vinification* au cours duquel des grappes de raisins* rouges sont mises en cuve, entières, avec des baies intactes, sans foulage. Hermétiquement close, la cuve est alors remplie de gaz carbonique. Il se produit ainsi une fermentation intracellulaire en milieu anaérobie qui libère des substances aromatiques recherchées pour les vins de primeur. Cette méthode apporte de bons résultats avec des vendanges de cépage Gamay* dans le Beaujolais et en Vallée de la Loire ; cependant d'autres régions viticoles, notamment la Vallée du Rhône et le Languedoc, produisent aujourd'hui des vins de primeur en ayant recours à ce procédé.

MÂCHE

Salade à petites feuilles arrondies qui pousse à l'état sauvage dans les champs et les vignes mais qui est aussi produite en grande quantité par le maraîchage du Val de Loire. La mâche, appelée également ***Doucette**, **Boursette**, **Raiponce** ou **Valérianelle*** est une salade rustique qui résiste bien au froid hivernal et qui trouve les mêmes utilisations culinaires que les autres salades.
Les principales variétés sont : *la Coquille de Louviers, La Verte de Cambrai, La Blonde de Hollande, La Ronde Maraîchère, La Verte d'Etampes, La Volhart, la Wit...*

MACIS

Voir Muscade* (noix de).

MÂCON

Vins* rouges, rosés et blancs produits en Bourgogne*,

A.O.C.* depuis le 31 juillet 1937. Sous certaines conditions, le nom de plusieurs communes d'origine peut être adjoint à celui de l'appellation.
Aire de production: nombreuses communes de la région de Mâcon.
Superficie du vignoble: 2 363 ha (en 2007).
Encépagement autorisé: Gamay*, Pinot noir*, Pinot gris*, Chardonnay* et Pinot blanc*.
Rendement de base à l'hectare: 55 hl pour les vins rouges et rosés, 60 hl pour les vins blancs.

MÂCON SUPÉRIEUR

Vins* rouges, rosés et blancs produits en Bourgogne*, A.O.C.* depuis le 31 juillet 1937.
Aire de production: certaines communes de la région de Mâcon, notamment celles retenues pour l'appellation Mâcon-Villages*.
Encépagement autorisé et rendement de base à l'hectare: identiques à l'appellation Mâcon*.

MÂCON-VILLAGES

Vins* blancs produits en Bourgogne*, A.O.C.* depuis le 31 juillet 1937.
Aire de production: 84 communes du sud de la Saône-et-Loire situées dans la région de Mâcon.
Superficie du vignoble: 1 733 ha (en 2007).
Encépagement autorisé: Pinot blanc* et Chardonnay*.
Rendement de base à l'hectare: 60 hl.

MÂCONNAIS

Fromage* de lait* de chèvre fabriqué en Bourgogne du sud, A.O.C.* depuis le 7 septembre 2007. La zone de production s'étend sur 101 communes de Saône-et-Loire et 1 commune du Rhône. Il doit son nom à sa région de production.
Type: pâte molle, demi-sèche, voire sèche, croûte naturelle.
Forme: petit cône tronqué.
Taille: 5 cm de diamètre de base, 3 à 4 cm de hauteur.
Poids: 50 à 65 g (pouvant se réduire jusqu'à 30 g en cas d'affinage prolongé).
Teneur en M.G.: 40 à 45 %.
Meilleures saisons: fin du printemps, été, automne.

MACREUSE

Morceau de viande de bœuf* prélevé dans l'épaule de l'animal.

MACVIN DU JURA

V.D.L.* rouges, rosés et blancs produits dans le Jura, A.O.C.* depuis le 14 novembre 1991.
Aire de production: 12 cantons du Jura situés sur les aires délimitées de l'appellation Côtes du Jura*.
Superficie du vignoble: 27 ha (en 2005).
Encépagement autorisé: Poulsard*, Trousseau*, Pinot noir*, Chardonnay* et Savagnin*.
Rendement de base à l'hectare: 55 hl de moût* pour les vins rouges et rosés et 60 hl pour les vins blancs.

Mutage* du moût présentant une teneur en sucre supérieure à 153 g/litre par une "eau-de-vie de marc originaire de Franche-Comté"* rassise, titrant au moins 52° et provenant de la même exploitation.
Richesse alcoolique minimum acquise: 16 à 22 %.

MADELEINE

Petit gâteau de forme ovale et bombée fait avec un appareil à base d'œufs*, sucre*, beurre*, farine* et parfumé au citron* ou à l'eau de fleur d'oranger*.
La madeleine est une spécialité de Commercy, dans la Meuse, qui aurait été créée par Madeleine Paulmier vers 1755 pour Stanislas Leszczynski, Roi de Pologne et Duc de Lorraine.

Source: M. Gibert/Cedus

MADÈRE (sauce)

Sauce demi-glace* additionnée de madère*.

MADÈRE (vin)

V.D.N.* portugais produits sur l'île de Madère, à l'ouest des côtes marocaines. Vins de la catégorie D.O.C.* produits sur un vignoble de 2 200 ha.
Élaborés par mutage*, les madères subissent également un étuvage (l'estufagem) en séjournant environ 6 mois dans des celliers chauffés à 40-45°.
Il existe 4 principaux types de madère qui portent les noms des cépages dont ils sont issus.
***Le Malmsey* ou *Malvasia*:** vin doux, corsé et aromatique.
***Le Sercial*:** vin sec, léger et parfumé.
***Le Boal* ou *Bual*:** vin doux et bouqueté.
***Le Verdelho*:** vin demi-sec.

MADÉRISATION

Altération d'un vin* blanc ou d'un vin rosé *(1)* qui se traduit par une teinte ambrée ou tuilée et un goût particulier rappelant vaguement la saveur du madère*. La madérisation est souvent la conséquence d'un vieillissement trop long ou mal conduit.
(1) Cette altération touche plus rarement le vin rouge.

MADIRAN

Vins* rouges produits dans le Sud-Ouest, A.O.C.* depuis le 19 juillet 1948.
Aire de production: 37 communes des Pyrénées-Atlantiques, des Hautes-Pyrénées et du Gers situées au nord-est de Pau.

Superficie du vignoble : 1 260 ha (en 2005).
Encépagement autorisé : Cabernet-Sauvignon*, Cabernet franc*, Fer* et Tannat*.
Rendement de base à l'hectare : 55 hl.
Richesse alcoolique minimum acquise : 11 %.
Teneur maximale en sucre résiduel : 18 g/litre.

MAGNUM
Bouteille d'une contenance équivalente à 2 bouteilles classiques, soit 1,5 litre.

MAGRET
Filet* d'un canard* spécialement engraissé pour la production de foie gras*.

MAHÓN-MENORCA
Fromage* de lait* de vache fabriqué dans l'île de Minorque (Baléares). Il bénéficie d'une Appellation d'Origine Contrôlée en Espagne et d'une A.O.P.* au niveau européen. Son nom vient de son lieu d'origine.
Type : pâte pressée non cuite, croûte lavée orangée.
Forme : pavé à bords convexes.
Taille : 20 cm de côté environ, 8 à 10 cm d'épaisseur.
Poids : 2 à 4 kg.
Teneur en M.G. : 45 % au minimum.
Qualité identique toute l'année.

MAIGRE
Poisson de mer de la famille des sciænidés, proche du bar*, qui vit dans les eaux côtières du Golfe de Gascogne à la Manche. On le trouve également dans certaines zones littorales africaines. Le maigre, appelé aussi *courbine* ou *sciène*, est par ailleurs produit en aquaculture*.
Sa chair blanche à saveur délicate n'est pas encore très connue en France.

MAILLOT
Garniture* composée de carottes* et navets* tournés, oignons* glacés, laitues* braisées, petits pois* et haricots verts*.

MAINE-ANJOU
Voir Bovin*.

MAÏS
Céréale originaire d'Amérique Centrale et introduite en Europe par Cortés au début du 16ème siècle. Elle est la troisième céréale cultivée sur la planète, après le blé* et le riz*. Les principaux pays producteurs sont les États-Unis, le Mexique, le Brésil, la France, etc. Le maïs se présente sous de nombreuses variétés destinées à l'alimentation animale ou à la consommation humaine. On peut distinguer :
Les Maïs à grains souvent utilisés comme nourriture animale mais également employés pour produire de la semoule*, de la farine*, de la fécule*, des corn-flakes*...

Les Maïs doux consommés frais, en épis ou en conserve, sous forme de grains.
Les Maïs à éclater plus spécialement destinés à fabriquer du pop-corn*.

Epis de maïs avant récolte

MAÏZENA
Produit à base de fécule* de maïs* créé aux États-Unis en 1862. La Maïzena est essentiellement employée pour réaliser des liaisons en cuisine ou en pâtisserie.

MAÎTRE D'HÔTEL
Jadis, dans les maisons royales ou princières, le Maître d'hôtel était un personnage important qui avait la charge de régir le service de la table. L'insigne symbolisant cette charge était un bâton de vermeil. Au Grand Siècle, François Vatel* fut le célèbre Maître d'hôtel de Nicolas Fouquet et du Prince de Condé. Aujourd'hui, en restauration, le Maître d'hôtel dirige la salle de restaurant, étroitement associé au chef de cuisine. C'est un cadre d'entreprise dynamique, responsable du management d'une équipe de professionnels *(1)* au service de la clientèle.
En 1993, la profession intègre le concours des M.O.F.* sous le titre de *Maître d'hôtel, Maître du service et des Arts de la table*; une forme incontestable de reconnaissance du monde du travail.

(1) Cette équipe ou "brigade" est composée de sommelier(s), chefs de rangs et commis dans sa forme la plus courante. La composition varie selon l'importance de l'établissement.*

MAÎTRE-RESTAURATEUR
Titre créé par le décret du 14 septembre 2007 visant à distinguer les restaurateurs qualifiés. Ce titre, renouvelable, est accordé par le Préfet pour une durée de 4 ans. Hormis les compétences professionnelles, un cahier des charges fixe un certain nombre de critères relatifs aux produits servis et aux normes de fonctionnement et d'aménagement de l'établissement. Un organisme certificateur agréé *(1)* est chargé de réaliser un audit afin de vérifier si le postulant répond à l'ensemble des exigences imposées.

Compétences professionnelles :
Être titulaire d'un Bac Professionnel en restauration ou d'un Brevet Professionnel dans les spécialités "Restaurant" ou "Cuisine" *(2)* ou avoir obtenu

un diplôme de niveau V (C.A.P. ou B.E.P.), accompagné d'une expérience professionnelle de 5 ans en qualité de dirigeant d'entreprise exploitant un fonds de commerce de restauration. Si le titre est demandé sur la seule expérience professionnelle (sans diplôme), l'expérience requise est d'au moins 10 ans en tant que dirigeant d'entreprise.

Produits servis :
La cuisine doit être faite sur place, sans recourir à des plats préparés et élaborée avec des produits acquis majoritairement frais. La gamme de plats proposée doit être diversifiée et renouvelée.

Accueil et service :
Le personnel de service doit être composé d'au moins une personne titulaire au minimum d'un C.A.P. ou justifiant d'une expérience supérieure à 2 ans dans ce domaine de compétence.
Le client doit être accueilli et servi dans les règles de l'art. En outre, il faut prévoir un traitement des réclamations clients.

Aménagements et équipements :
Ils doivent être réalisés en respectant les normes en vigueur (hygiène, sécurité, accueil des personnes handicapées à mobilité réduite, accueil des enfants, affichages, etc.) mais aussi avec l'objectif de proposer au client un cadre agréable, chaleureux et confortable.

(1) Le décret du 17 janvier 2008 a retenu 4 organismes certificateurs agréés.
(2) Ou d'une certification de niveau IV ou supérieur enregistrée au répertoire national des certifications professionnelles.

Source : Ministère de l'Économie, de l'Industrie et de l'Emploi

MALAGA
Vins* liquoreux espagnols issus de cépages Pedro Ximenez et Moscatel. Ils sont produits dans le sud du pays, en Andalousie et ils bénéficient d'une D.O.*.

MALART
Voir Colvert*.

MALBEC
Autre dénomination du cépage* Cot*.

MALEPÈRE
Vins* rouges et rosés produits en Languedoc-Roussillon, A.O.C.* depuis le 2 mai 2007 (avaient été reconnus A.O.V.D.Q.S.* en 1983).
Aire de production : 31 communes de l'Aude situées à l'ouest de Carcassonne.
Superficie du vignoble : 401 ha (en 2005 alors que le vignoble était encore classé A.O.V.D.Q.S.).
Encépagement autorisé : Merlot*, Cot*, Cinsault*, Cabernet-Sauvignon*, Cabernet franc*, Grenache* et Lladoner pelut*.
Rendement de base à l'hectare : 50 hl.

MALIBU
Liqueur* exotique élaborée à partir de noix de coco* et de rhum* blanc des Caraïbes ; elle titre 21°.
Depuis les années 90, la marque se décline avec d'autres saveurs : *lime*, *mangue*, *ananas*, *fruits de la passion*, *banane*, *melon*...

Source : Sodevi-France

MALTAISE (sauce)
Sauce hollandaise* additionnée de jus et zestes* d'oranges* sanguines.

MALVOISIE
Cépage* blanc probablement originaire d'Asie Mineure et dont la culture a pratiquement disparu en France. On le rencontre encore en Languedoc-Roussillon, en Corse et en Savoie *(1)*. La Malvoisie est présente dans les vignobles italiens, espagnols, portugais, allemands, autrichiens, etc. souvent sous le nom de *Malvasia*.
Vins* produits : blancs généralement capiteux et aromatiques.

(1) Dans certaines régions, le nom de "Malvoisie" est parfois utilisé pour désigner à tort d'autres cépages (Bourboulenc* dans le Languedoc ou Vermentino* en Corse).

MAMIROLLE
Fromage* de lait de vache* fabriqué en Franche-Comté. Il doit son nom à une localité du Doubs où est installée la fromagerie de l'École Nationale de l'Industrie Laitière qui le produit.
Type : pâte pressée non cuite, croûte lavée.
Forme : brique.
Taille : 15 cm de longueur, 6 à 7 cm de largeur et de hauteur.
Poids : 500 à 600 g.
Teneur en M.G. : 40 %.
Qualité identique toute l'année.

MANCHEGO
Fromage* de lait* de brebis fabriqué en Espagne. Il doit son nom à sa région d'origine, la Mancha, située au centre du pays. Le manchego bénéficie d'une Appellation d'Origine Contrôlée dans un cadre national et d'une A.O.P.* au niveau de l'U.E.

Type : pâte pressée non cuite, croûte naturelle lavée, parfois paraffinée.
Forme : petite meule à talon convexe.
Taille : 18 à 22 cm de diamètre, 8 à 9 cm d'épaisseur.
Poids : 2,5 à 3 kg.
Teneur en M.G. : 50 % au minimum.
Meilleures saisons : hiver, printemps, été.

MANDARINE
Agrume* originaire de Chine qui doit son nom aux anciens dignitaires du pays, les mandarins. Ils étaient en effet les seuls à pouvoir consommer ce fruit. La mandarine, qui a l'aspect d'une petite orange*, est constituée de quartiers facilement détachables qui renferment un jus sucré et parfumé. Elle est consommée crue, en sorbet*, en pâtisserie, en confiserie, en cuisine, etc. et entre dans la composition de certaines liqueurs* (Mandarine Napoléon* par exemple).
Principales variétés : *Mandarine commune*, *Wilking*, *Dancy*, *Satsuma*, *Fortune*...

MANDARINE NAPOLÉON
Liqueur* belge élaborée à partir de mandarines* fraîches de Sicile ou d'Andalousie et de vieux cognacs*. La marque *Mandarine Napoléon* fut commercialisée pour la première fois en 1862 *(1)*. Grande marque internationale, ce spiritueux*, qui titre 38°, est distribué sous 2 formules : La *Mandarine Napoléon classique* et la *Mandarine Napoléon Réserve Impériale*.
(1) C'est Antoine-François de Foucroy, Comte d'Empire et chimiste de Napoléon 1er qui est à l'origine de cette liqueur.

MANGOUSTAN

Fruit exotique originaire du Sud-Est asiatique. Le mangoustan est une baie sphérique de la taille d'une petite pomme dont le poids varie entre 50 et 150 g. Il possède une écorce épaisse de couleur violette qui renferme une pulpe blanche partagée en segments. Cette pulpe, succulente, très parfumée, est appréciée nature, en salade de fruits, sorbet*, confitures*...

MANGUE
Fruit exotique originaire de l'Inde. Aujourd'hui des centaines de variétés sont produites dans de nombreux pays dont le Brésil, le Mexique, le Pérou, le Congo, le Mali, la Côte d'Ivoire, l'Afrique du Sud, l'Inde, le Pakistan et Israël. Parmi les variétés les plus connues, citons *l'Irwin*, *La Tommy Atkins*, *l'Haden*, *la Zill*, *la Ruby*, *la Kent*, *l'Amélie* et la *Julie*. La forme, la couleur, la texture et le goût de la pulpe sont propres à chaque variété. Le poids varie également de 200 g pour *la Ruby* ou *la Julie* à 800 g pour *la Kent*.
La mangue se consomme nature, en sorbet*, en jus de fruit, en compote ou confiture*, en tarte* ou clafoutis*, en accompagnement de jambon*, de viande ou de poisson...

MANHATTAN
Cocktail* (apéritif) préparé au verre à mélange.
Quelques gouttes d'Angostura* bitter
2 cl de vermouth* italien
5 cl de rye whiskey*
1 cerise* à l'eau-de-vie*
Frapper et servir dans un verre à cocktail. Ajouter la cerise à l'eau-de-vie.

MANIOC
Plante tropicale dont la racine tubéreuse est une des bases de l'alimentation africaine. Le manioc fournit également le tapioca*.

MANON (salade)
Salade composée constituée de feuilles de laitues* et de suprêmes* de pamplemousses*.
Assaisonnement : sauce vinaigrette* au jus de citron additionnée de sucre*.

MANQUÉ
Pâtisserie à base de pâte à biscuit additionnée de beurre* fondu et noisettes* ou amandes* pilées. Le manqué est masqué de pralin ou glacé au fondant*.

MANSENG
Cépage* blanc cultivé dans le Sud-Ouest (voir Gros Manseng* et Petit Manseng*).

MANSENG NOIR
Cépage* noir originaire du Sud-Ouest et cultivé dans le Béarn. Il produit des vins* rouges très colorés, corpulents et tanniques.

MANZANA VERDE
Spiritueux* à base de pomme verte*. La maison Marie Brizard* diffuse ce type de liqueur* titrant 20°, sous le nom de *Manzanita*.

MAQUEREAU
Poisson de mer de la famille des scombridés qui vit dans la Méditerranée et l'Atlantique. Le maquereau se caractérise par un corps fuselé pouvant atteindre 45 cm, un dos bleu-vert rayé de noir et un ventre argenté. Sa chair ferme et compacte se prête à de multiples préparations (au vin* blanc, frit "en colère", à la meunière"...).
Le petit spécimen, gros comme une sardine*, est appelé *lisette*.

MARACUJA
Voir Fruits de la passion*.

MARANGES
Vins* rouges et blancs produits en Bourgogne*, A.O.C.* depuis le 23 mai 1989. Pour les vins dont les récoltes proviennent de parcelles classées en "Premier cru", l'appellation communale peut être complétée par le nom du climat* d'origine (1) et (ou) par la mention "Premier cru". Par ailleurs, pour les vins rouges exclusivement, l'appellation "Maranges" a la possibilité d'être suivie par la mention "Côte de Beaune". Ces vins rouges peuvent également être commercialisés sous l'appellation "Côte de Beaune-Villages*".
Aire de production : communes de Cheilly-lès-Maranges, Dezize-lès-Maranges et Sampigny-lès-Maranges situées à l'ouest de Chagny en Saône-et-Loire.
Superficie du vignoble : 179 ha (en 2007) dont 171 ha en vins rouges et 8 ha en vins blancs.
Encépagement autorisé : Pinot noir*, Pinot Beurot*, Pinot Liébault* et Chardonnay*.
Rendement de base à l'hectare : 40 hl pour les vins rouges et 45 hl pour les vins blancs.
(1) "Les Clos Roussots", "La Fussière" "Clos de la Fussière, "Clos de la Boutière", "Le Croix Moines", "Le Clos des Rois" et "Le Clos des Loyères".

MARASQUIN ou MARASCHINO
Liqueur* d'origine italienne élaborée à partir de petites cerises* acides nommées *marasches*. Elle titre de 26 à 30° et se déguste en digestif ou entre dans la composition de cocktails* et de préparations culinaires.

MARC
Produit résiduel du pressurage* de la vendange. Dans certaines régions viticoles, le marc est distillé après fermentation pour obtenir une eau-de-vie de marc*.

MARC D'ALSACE GEWURZTRAMINER
Eau-de-vie* provenant de la distillation de marcs* de Gewurztraminer* égrappés. Ces marcs doivent être récoltés sur l'aire de production des vins d'A.O.C. Alsace*.
Appellation réglementée par le décret du 22 juillet 1966.
Titre alcoométrique maximum à la sortie de l'alambic : 68°.
Titre alcoométrique minimum à la vente au consommateur : 45°.

MARC D'AUVERGNE
Eau-de-vie* provenant de marcs* récoltés et distillés sur les territoires constitués de nombreuses communes du Puy-de-Dôme et quelques communes de Haute-Loire. Ces marcs doivent être issus de cépages* autorisés pour la production des vins* d'Auvergne (voir Côtes d'Auvergne*). Appellation réglementée par le décret du 26 octobre 1949.
Titre alcoométrique maximum à la sortie de l'alambic : 71°.
Titre alcoométrique minimum à la vente au consommateur : 40°.

MARC DE BOURGOGNE
Eau-de-vie* provenant de marcs* récoltés et distillés sur les territoires de la Bourgogne viticole et issus de cépages* autorisés pour la production des vins* de Bourgogne*.
Appellation réglementée par le décret du 23 février 1942.
Titre alcoométrique maximum à la sortie de l'alambic : 71°.
Titre alcoométrique minimum à la vente au consommateur : 40°.

Source : Doc. Vedrenne

MARC DE CHAMPAGNE
Eau-de-vie* provenant de marcs* récoltés et distillés sur les territoires de la Champagne viticole et issus de cépages* autorisés pour la production des vins* de Champagne*.
Appellation réglementée par le décret du 23 février 1942.
Titre alcoométrique maximum à la sortie de l'alambic : 71°.
Titre alcoométrique minimum à la vente au consommateur : 40°.

MARC DE LORRAINE
Eau-de-vie* provenant de la distillation de marcs* issus de vendanges récoltées sur les aires de

production des vins des Côtes de Toul* et Moselle*, l'un des deux termes pouvant être adjoint, selon l'origine des marcs, au nom de l'eau-de-vie.
Appellation réglementée par le décret du 28 novembre 1979.
Titre alcoométrique maximum à la sortie de l'alambic : 68°.
Titre alcoométrique minimum à la vente au consommateur : 40°.

MARC DE SAVOIE
Eau-de-vie* provenant de marcs* récoltés et distillés sur des territoires constitués de nombreux cantons ou communes de Savoie, plusieurs communes de Haute-Savoie et 2 communes de l'Isère. Ces marcs doivent être issus de cépages* recommandés ou autorisés dans les départements concernés.
Appellation réglementée par le décret du 27 octobre 1967.
Titre alcoométrique maximum à la sortie de l'alambic : 63°.
Titre alcoométrique minimum à la vente au consommateur : 40°.

MARC DU BUGEY
Eau-de-vie* provenant de marcs* récoltés et distillés sur des territoires du département de l'Ain constitués de cantons ou communes des arrondissements de Belley, Nantua et Bourg-en-Bresse. Ces marcs doivent être issus de cépages* recommandés ou autorisés dans les vignobles de l'Ain.
Appellation réglementée par le décret du 9 mai 1980.
Titre alcoométrique maximum à la sortie de l'alambic : 63°.
Titre alcoométrique minimum à la vente au consommateur : 40°.

MARCASSIN
Voir Sanglier*.

MARCHAND DE VIN (sauce)
Sauce* obtenue à partir d'une réduction de vin* rouge et d'échalotes* ciselées additionnée de fond de sauce*, jus de citron* et persil* haché.

MARCILLAC
Vins* rouges et rosés produits dans le Sud-Ouest, A.O.C.* depuis le 2 avril 1990.
Aire de production : 11 communes de l'Aveyron situées au nord-ouest de Rodez.
Superficie du vignoble : 178 ha (en 2005).
Encépagement autorisé : Fer Servadou*, Cabernet-Sauvignon*, Cabernet franc* et Merlot*.
Rendement de base à l'hectare : 50 hl.

MARCON (Régis)
Cuisinier français né à Saint-Bonnet-le-Froid (43) en 1956. Il travaille d'abord aux côtés de sa mère dans l'auberge de son village natal et intègre l'École hôtelière de Grenoble. Sans passer par les brigades des grandes toques, ce passionné s'oriente vers une cuisine inspirée par les produits de son terroir, notamment les champignons, les lentilles* vertes du Puy, les châtaignes*... En restant à Saint-Bonnet-le-Froid, il aménage, construit, innove. Son savoir-faire est couronné de nombreuses distinctions comme le Bocuse* d'or en 1995 et consécration suprême, une troisième étoile au Guide Michelin* en 2005.
Aujourd'hui, Régis Marcon travaille avec son fils Jacques. Très impliqué dans le domaine de la formation professionnelle, le Gouvernement lui a confié, en septembre 2009, une mission sur le développement de l'alternance et de l'apprentissage dans les métiers de l'hôtellerie et de la restauration.

MAREDSOUS ou ABBAYE DE MAREDSOUS
Fromage* de lait* de vache fabriqué en Belgique. Il doit son nom à une localité de la province de Namur où est installée l'abbaye qui le créa.
Type : pâte pressée non cuite, croûte lavée.
Forme : pavé ou pain rectangulaire.
Taille : variable selon la forme.
Poids : 1,2 ou 2 kg selon la forme.
Teneur en M.G. : 45 % au minimum.
Qualité identique toute l'année.

MARENGO
Dénomination d'un sauté* de poulet ou de veau* cuisiné au vin blanc* avec tomates*, oignons*, ail* et champignons*.
La recette originelle à base de poulet, créée par Dunand, cuisinier de Bonaparte, au soir de la bataille de Marengo *(1)*, comportait une garniture d'œufs* frits, croûtons et écrevisses*.
(1) Célèbre bataille qui opposa les armées de Bonaparte aux armées autrichiennes le 14 juin 1800 près du village de Marengo, dans le Nord de l'Italie.

MARGARINE
Corps gras mis au point en 1869 par Henri Mège-Mouriès, pharmacien français, dans le cadre d'un concours ouvert par Napoléon III pour remplacer le beurre* dans l'armée et chez les populations modestes *(1)*.
La margarine est fabriquée à partir de corps gras d'origines végétales et animales (ou exclusivement végétales) émulsionnés avec de l'eau et (ou) du lait* écrémé. Elle contient également du sel*, du sucre* et divers additifs alimentaires (émulsifiants*, conservateurs*, colorants*...). Une dénomination légale la définit aujourd'hui comme "une émulsion à 82 % de matières grasses et de 16 à 18 % d'eau ou de lait écrémé ou d'un mélange des deux". Il existe cependant des *margarines allégées* (60 à 62 % de matières grasses) et des *margarines à faible teneur en matière grasse* (39 à 41 % de matières grasses).
Présentée pendant longtemps comme un produit à éviter, la margarine a bien évolué. Elle a incontestablement sa place dans notre alimentation

quotidienne, ainsi que dans des secteurs comme la pâtisserie où des types de margarine ont été élaborés pour des besoins particuliers.

(1) L'objectif étant de créer un corps gras bon marché et se conservant mieux que le beurre.

MARGARITA

Cocktail* préparé au shaker.
1 cl de jus de citron*
2 cl de Cointreau*
4 cl de tequila*
Frapper et servir dans un verre à cocktail givré au sel* fin.
La (ou le) margarita est probablement l'un des cocktails les plus connus au monde avec des recettes variables d'un pays à l'autre, la tequila restant l'ingrédient de base.

MARGAUX

Vins* rouges produits dans le Bordelais, A.O.C.* depuis le 10 août 1954. Voir également *Châteaux du Bordelais*.
Aire de production : communes de Margaux, Soussans, Cantenac, Arsac et Labarde.
Superficie du vignoble : 1 425 ha (en 2006).
Encépagement autorisé : Cabernet-Sauvignon*, Cabernet franc*, Carmenère*, Merlot*, Malbec* et Petit Verdot*.
Rendement de base à l'hectare : 40 hl.
Richesse alcoolique minimum acquise : 10,5 %.

MARIE BRIZARD

Portrait de Marie Brizard

Anisette* élaborée à partir d'anis* vert d'Andalousie, d'agrumes et de plantes aromatiques. Ce spiritueux* bordelais, qui titre 25°, est né d'une recette transmise par un marin antillais à Marie Brizard. Cette dernière créa sa propre distillerie en 1755 afin de fabriquer et de vendre ce qui n'était à l'époque qu'un élixir à base d'anis. La Marie Brizard, une des toutes premières liqueurs françaises, est très présente sur le marché international.
Comme d'autres anisettes, elle se consomme nature, sur glace, et entre dans la composition de cocktails* ou de préparations culinaires.

MARIE-JEANNE

Voir Dame-Jeanne*.

MARIE-LOUISE

Garniture* composée de fonds d'artichauts* remplis d'une duxelles* additionnée de purée soubise *(1)*.
Elle doit son nom à la seconde épouse de Napoléon 1er à qui elle était dédiée.
(1) Purée d'oignons.

MARIGNAN

Gâteau à base de pâte levée en forme de barquette. Imbibé de sirop aromatisé au rhum*, le marignan, ouvert sur le côté, est garni de crème pâtissière* ou de crème chantilly* et diversement décoré.

MARINADE

Préparation culinaire liquide condimentée dans laquelle on met à macérer un aliment (viande, gibier, poisson, etc.) dans le but d'attendrir et de parfumer les chairs.
On distingue plusieurs types de marinades : **marinade instantanée, marinade crue** et **marinade cuite**.
Une marinade peut constituer le liquide de mouillement de certaines cuissons ou de certaines sauces* (ex : sauce poivrade*).

MARINIÈRE (à la)

Dénomination d'apprêts culinaires à base de coquillages, crustacés ou poissons cuits avec du vin* blanc et des échalotes* ou des oignons* hachés.

MARINIÈRE (sauce)

Sauce Bercy* mouillée au jus de moules* et additionnée de moules ébarbées.

MARJOLAINE

Plante aromatique et médicinale originaire d'Asie dont le parfum rappelle un peu celui du basilic*. Dans le domaine culinaire, la marjolaine est utilisée pour aromatiser les pizzas*, les sauces tomates*, les viandes grillées, les marinades*, etc.

MARMITE DIEPPOISE

Soupe* de poissons normande composée de turbot*, de lotte* et de sole* cuits au vin* blanc avec une garniture aromatique. Elle est garnie de coquillages et crustacés tels que coquilles Saint-Jacques*, moules* et crevettes*. Une liaison à la crème fraîche* termine la préparation.

MAROILLES

Fromage* de lait* de vache fabriqué en Thiérache, A.O.C.* depuis le 24 mai 1976 et reconnu A.O.P* dans le cadre de l'U.E. Il doit son nom à une localité du Nord d'où il est originaire. L'aire d'appellation s'étend sur 189 communes du Nord et de l'Aisne.
Type : pâte molle à croûte lavée.
Forme : carré.
Taille : 13 cm de côté, 6 cm d'épaisseur.
Poids : 720 g.
Il existe des formats plus petits : *le sorbais (540 g), le mignon (360 g) et le quart (180 g).*
Teneur en M.G. : 45 % minimum.
Meilleures saisons : été, automne, hiver.

MARQUISE

Dénomination de plusieurs desserts qui se présentent sous des formes variées telles que :
Sorbets* aux fruits ou à l'eau-de-vie* additionnés de crème chantilly*.
Entremets* à base de fraises* macérées au kirsch et dressées sur de la crème chantilly enrichie de purée de fraises*.
Entremets au chocolat* ou à un autre parfum.

MARQUISETTE

Cocktail* de réception, préparé la veille dans un grand récipient.
Quantité pour 10 personnes :
1 litre de vin* blanc sec de bonne qualité
110 gr de sucre* en poudre (ou équivalent en sirop* de sucre de canne)
10 tranches de citron non traité*
½ gousse de vanille*
Remuer l'ensemble et faire macérer au frais pendant 24 heures.
Servir en mettant une tranche de citron dans chaque verre préalablement givré au sucre.
Cette composition, simple et faiblement alcoolisée, n'est pas la seule connue pour une *Marquisette*. Selon les régions (et l'inspiration du moment...)

nous trouvons des compositions bien différentes qui peuvent intégrer du rhum* blanc, des dés d'agrumes*, du Grand Marnier* ou du Cointreau*, du vin effervescent*, de l'eau minérale* gazeuse, etc.

MARRON

Variété de châtaigne* ne contenant qu'un seul lobe à l'intérieur de la bogue (coque épineuse du fruit).

MARRON GLACÉ

Marron* confit dans le sucre*. Cette confiserie est d'origine ardèchoise.

MARSALA

V.D.L.* italiens produits dans le nord-ouest de la Sicile à partir de cépages Catarrato, Grillo, Inzolia, etc... Sous cette D.O.C.* on trouve :
Le Fino : 17 % d'alcool minimum, 5 % de sucre résiduel et 1 an de vieillissement.
Le Superiore : 18 % d'alcool minimum, 10 % de sucre résiduel et 2 ans de vieillissement.
Le Superiore riserva : richesse alcoolique et teneur en sucre résiduel identiques au précédent mais 4 ans de vieillissement.
Le Vergine et (ou) **Solera** : 18 % d'alcool minimum, pas de sucre résiduel (sec) et 5 ans de vieillissement *(1)*.
Le marsala est parfois additionné d'ingrédients divers comme le jaune d'œuf*.
(1) Ces vins sont vieillis et assemblés selon le principe de la "solera" (voir Xérès).*

MARSANNAY

Vins* rouges et blancs produits en Bourgogne*, A.O.C.* depuis le 19 mai 1987.
Aire de production : communes de Marsannay-la-Côte, Couchey et Chenôve situées au sud de Dijon.
Superficie du vignoble : 301 ha (en 2007).
Encépagement autorisé : Pinot noir*, Pinot Beurot*, Pinot blanc* et Chardonnay*.
Rendement de base à l'hectare : 40 hl pour les vins rouges et 45 hl pour les vins blancs.

MARSANNAY ROSÉ

Vins* rosés produits sur un territoire comprenant l'aire d'appellation Marsannay*.
Superficie du vignoble : 231 ha (en 2007).

MARSANNE

Cépage* blanc originaire de la région de Montélimar.

Aires de culture: en Vallée du Rhône (Hermitage*, Saint-Joseph*, Saint-Peray*, etc.), en Languedoc-Roussillon (Corbières*, Minervois*, etc.), en Savoie (vin de Savoie*), en Provence (Cassis*). Cultivé en France sur près de 1 200 ha, ce cépage est également présent dans certains vignobles australiens, californiens, suisses, italiens, etc.

Vins* produits: blancs élégants et aromatiques, parfois élaborés en effervescents.

MARTIN (Guy)

Cuisinier français né en 1957 à Bourg-Saint-Maurice. Il commence sa carrière dans sa région natale avant de rejoindre le célèbre *Grand Véfour*, joyau de la restauration parisienne. Autodidacte et homme de passion, il crée une cuisine inspirée de sensations et d'émotions diverses où l'on retrouve tradition et modernité. Ce savoyard, qui incarne tout à fait la nouvelle génération de grands Chefs, est auréolé de nombreuses distinctions, dont trois étoiles au Guide Michelin* décernées en 2000. On lui doit par ailleurs plusieurs ouvrages culinaires tels que *Les Recettes Gourmandes de Guy Martin, Légumes, Un artiste au Grand Véfour, Cuisiner les fromages, Toute la Cuisine, Contes et Recettes, Dictionnaire des mots de la cuisine, Gourmand de père en fils, La Cuisine créative, L'Art de Guy Martin*, etc.

MARTINI

Une des premières marques mondiales de vermouths* fondée en 1863 dans la région de Turin par Alessandro Martini et Luigi Rossi. Elle diffuse une gamme de produits variés qui titrent 14,4 ° dont :
Le Rosso (rouge coloré)
Le Bianco (blanc doux)
Le Dry ou *Secco* (blanc sec)
Le Rosé ou *Rosato* (rosé de création récente).

MARTINIQUE (rhum)

Rhums* produits en Martinique, A.O.C.* depuis le 5 novembre 1996. Le nom de l'appellation est complété par la mention "Rhum agricole".

Aire de production: 23 communes du département de la Martinique réparties sur les 3 arrondissements de l'île.

Rendement moyen à l'hectare: 120 tonnes de canne à sucre.

Titre alcoométrique à la sortie de l'alambic: entre 65° et 75°.

Titre alcoométrique minimum à la vente au consommateur: 40°.

Pour les rhums blancs, le logement "sous-bois" est limité à une durée de 3 mois lors des opérations de réduction. Les rhums ambrés, élevés "sous-bois", doivent être logés en fûts de chêne pendant au moins 12 mois. Les rhums commercialisés avec la mention "vieux" ont, pour leur part, subi un vieillissement en barriques égal ou supérieur à 3 ans.

MASCARPONE

Fromage* *(1)* de lait* de vache à pâte fraîche produit en Italie. Le mascarpone est élaboré à partir de crème fraîche* pasteurisée coagulée par adjonction d'acide citrique ou d'acide tartrique. Il entre dans la composition de plusieurs desserts, notamment le tiramisu*.

(1) Le mascarpone n'est pas toujours considéré comme un fromage parce qu'il est fabriqué uniquement avec de la crème fraîche.

MASCOTTE

Garniture* composée de fonds d'artichauts* sautés, pommes cocotte* et lames de truffes*.

MASSALE

Mélange d'épices* réduites en poudre utilisé couramment dans la cuisine réunionnaise. Bien que l'on rencontre de nombreuses variantes, le massale contient traditionnellement de la coriandre*, du poivre noir*, du cumin*, du fenugrec*, des graines de moutarde*, des clous de girofle*, du curcuma*, du piment*…

MASSEPAIN

Confiserie réalisée à partir d'amandes* pilées, de sucre*, de blancs d'œufs et aromatisée à l'eau de fleur d'oranger*. Le massepain aurait été créé par des religieuses d'Issoudun (Indre), peu avant la Révolution française.

MATELOTE

Préparation culinaire à base de poisson *(1)* détaillé en morceaux et cuit au vin* rouge ou au vin blanc.

La garniture d'une matelote se compose généralement de champignons*, petits oignons*, lardons et croûtons frits.

(1) Classiquement, la matelote se prépare avec du poisson d'eau douce (anguille, carpe*, brochet*...) mais il existe également des matelotes de poisson de mer.*

MATÉRIELS À RISQUES SPÉCIFIÉS (M.R.S.)
Voir Abats*.

MATHUSALEM
Bouteille d'une contenance équivalente à 8 bouteilles classiques, soit 6 litres. Dans le Bordelais, ce type de bouteille est appelé *Impériale*.

MAURESQUE
Apéritif constitué d'une mesure d'anisé* additionnée d'un trait de sirop d'orgeat*.

MAURY
V.D.N.* rouges et blancs produits en Languedoc-Roussillon, A.O.C.* depuis le 6 août 1936.
La mention "rancio" peut être adjointe à l'appellation pour certains vins qui ont subi un vieillissement particulier et qui ont pris un goût de "rancio".
Aire de production : 4 communes des Pyrénées-Orientales dont Maury, situées au nord-ouest de Perpignan.
Superficie du vignoble : 343 ha (en 2007).
Encépagement autorisé : Grenache noir*, Grenache gris*, Grenache blanc*, Muscat* à petits grains, Muscat* d'Alexandrie, Maccabéo*, Tourbat*, Carignan noir* et Syrah*.
Rendement de base à l'hectare : 30 hl de moût*.
Richesse naturelle en sucre initiale : 252 g/litre au minimum.
Apport en alcool* pur : 5 à 10 % du volume de moût mis en œuvre, avec un alcool titrant au moins 96°.
Richesse alcoolique minimum acquise : 15 %.

Source : CIVDN à A.O.C.

Bonbonnes de Maury exposées au soleil

MAUVIETTE
Dénomination culinaire de l'alouette*.

MAUZAC ou MAUSAC
Cépage* blanc vraisemblablement originaire de la région de Gaillac dans le Tarn. Bien que les surfaces cultivées soient en régression, nous le trouvons encore sur près de 3 500 ha dans le Sud-Ouest.
Aires de culture : vignobles de Gaillac* et de Limoux, notamment pour l'élaboration de la Blanquette de Limoux*. Ce cépage se rencontre aussi dans le Gers (Armagnac*, Floc de Gascogne*), l'Aveyron (Côtes de Millau*), le Lot-et-Garonne (Côtes de Duras*) etc.
Vins* produits : blancs effervescents aux arômes de pomme, blancs tranquilles légers et fruités.

MAYONNAISE (sauce)
Sauce* émulsionnée froide réalisée à partir d'une base composée de jaunes d'œufs*, moutarde*, sel*, poivre* et vinaigre* qui est ensuite montée à l'huile*. L'origine de la mayonnaise est très controversée, mais elle n'en demeure pas moins une des grandes sauces classiques de la cuisine française.

MAYORQUIN
Cépage* blanc probablement originaire d'Afrique du Nord. La culture, très réduite, se rencontre dans les vignobles de Bellet* sous la dénomination de Spagnol*.

MAZIS-CHAMBERTIN
Vin* rouge produit en Bourgogne*, Grand Cru bénéficiant d'une A.O.C.* depuis le 31 juillet 1937.
Aire de production : parcelles délimitées des lieux-dits "Mazis-Haut" et " Mazis-Bas" sur la commune de Gevrey-Chambertin, d'une superficie totale de 9,27 ha.
Encépagement autorisé : Pinot noir*, Pinot Beurot* et Pinot Liébault*.
Rendement de base à l'hectare : 37 hl.

MAZOYÈRES-CHAMBERTIN
Vin* rouge produit en Bourgogne*, Grand Cru bénéficiant d'une A.O.C.* depuis le 31 juillet 1937.
Appellation en réalité peu employée car la plupart des vignerons commercialisent leur vin sous l'A.O.C. Charmes-Chambertin*. La superficie du vignoble en production est de 1,83 ha en 2007.

MÉDAILLON
Petite tranche ronde détaillée dans une viande blanche, un crustacé, un poisson, un foie gras*, etc.

MÉDOC
Vins* rouges produits dans le Bordelais, A.O.C.* depuis le 14 novembre 1936. Voir également *Châteaux du Bordelais*.
Aire de production : 52 communes situées sur la rive gauche de l'estuaire de la Gironde, de l'Océan Atlantique à la Jalle de Blanquefort.
Superficie du vignoble : 5 768 ha (en 2006).
Encépagement autorisé : Cabernet-Sauvignon*, Cabernet franc*, Carmenère*, Merlot*, Petit Verdot* et Malbec*.
Rendement de base à l'hectare : 50 hl.
Richesse alcoolique minimum acquise : 10 %.

MEILLERAYE-DE-BRETAGNE (LA)
Voir Abbaye de la Meilleraye-de-Bretagne*.

MELBA (pêche)
Célèbre dessert créé en 1894 par Auguste Escoffier* en l'honneur de la cantatrice australienne Nellie Melba (1861-1931).
La pêche Melba traditionnelle se compose d'une pêche fraîche pochée dans un sirop vanillé, dressée sur une couche de glace* vanille* et nappée d'une purée de framboises* *(1)*. Dans les versions plus contemporaines, ce dessert est souvent couronné de crème Chantilly*.

(1) Référence "Le Guide Culinaire".

Recette originale le la pêche Melba manuscrite par A. Escoffier.
Photo de Nellie Melba dédicacée à A. Escoffier.

MELBA (toast)
Demi-tranche de pain de mie grillée d'un seul côté. Ce toast accompagne caviar*, poissons fumés, etc.

MELCHIOR
Bouteille d'une contenance équivalente à 24 bouteilles classiques, soit 18 litres. Ce contenant est parfois appelé *Salomon* en Bourgogne et en Champagne.

MÉLISSE
Plante aromatique originaire du Moyen-Orient. Elle se caractérise par des arômes citronnés (qui lui ont certainement valu l'autre dénomination de *Citronnelle*). La mélisse est employée en complément d'infusion et pour la préparation de poissons, sauces*, potages*, pâtisseries, etc. Elle est également utilisée pour élaborer certaines boissons (ex : Eau de mélisse des Carmes ou Bénédictine*).

MELON
Cucurbitacée* d'origine incertaine (Inde ou Afrique du Nord). Le melon, sphérique ou ovoïde, possède une écorce épaisse et une chair juteuse et parfumée au centre de laquelle se trouve une multitude de pépins. Les principales variétés de melons sont regroupées en 3 catégories :

Les Melons brodés avec une écorce qui porte des lignes en relief *(Cavaillon, Jaune d'or espagnol, Boule d'or, Gallia...)*.
Les Melons cantaloups avec une écorce plus lisse *(Charentais, Bellegarde, Prescott, Cristel, Noir des Carmes, Oblong...)*.
Les Melons d'hiver sont des variétés de forme oblongue avec une écorce épaisse et une chair moins parfumée que les précédents *(Honeydew, Casaba, Perse, Juan Canari, Ogen, Christmas...)*.
Le melon se consomme cru, salé ou sucré, en hors-d'œuvre, en dessert, en sorbet*... Il peut être accompagné d'un V.D.N.* ou d'un V.D.L.*, associé à un jambon* cru ...

MELON D'ARBOIS
Autre dénomination du cépage* Chardonnay* dans le Jura.

MELON D'EAU
Autre dénomination de la pastèque*.

MELON DE BOURGOGNE
Cépage* blanc d'origine bourguignonne qui est dénommé Muscadet* dans la région nantaise. On le trouve encore en Bourgogne sur des surfaces réduites, ainsi qu'en Californie.

MELON DES TROPIQUES
Voir Papaye*.

MELSAT
Préparation charcutière du Tarn et de l'Aveyron qui se présente sous forme de gros boudin blanc*, à base de chair de porc*, pain* et œufs*, cuit dans une soupe rustique.

MENDIANT
Dénomination d'un assortiment de fruits secs dont les couleurs évoquent les robes de bure des quatre ordres religieux mendiants (les Dominicains, les Franciscains, les Augustins et les Carmes). Le mendiant est généralement composé de figues* sèches, raisins* secs, amandes* et noisettes* ou noix*.

MENEAU (Marc)
Cuisinier français né à Avallon en 1943. Après une formation à l'École hôtelière de Strasbourg, il reprend le café-épicerie de sa mère à Saint-Père-sous-Vézelay qu'il agrandit et transforme pour devenir *L'Espérance*.
Sa cuisine, grande bourgeoise, mais légère et épurée, lui vaut un grand succès, notamment avec une troisième étoile au Guide Michelin en 1983*.

MENETOU-SALON
Vins* blancs, rouges et rosés produits dans la Vallée de la Loire, A.O.C.* depuis le 23 janvier 1959. La mention "Val de Loire" peut être éventuellement adjointe à l'appellation.

Aire de production : 10 communes du Cher, dont Menetou-Salon, situées au nord-est de Bourges.
Superficie du vignoble : 465 ha (en 2008).
Encépagement autorisé : Sauvignon* et Pinot noir*.
Rendement de base à l'hectare : 55 hl pour les vins rouges et rosés, 60 hl pour les vins blancs.

Source : Doc. BIVC

Aire d'appellation Menetou-Salon

MENON
Écrivain culinaire français *(1)* qui publia, au 18ème siècle, plusieurs ouvrages qui rencontrèrent un grand succès. Parmi les plus importants, citons : *Le Nouveau Traité de Cuisine, La Cuisine bourgeoise, La Science du Maître d'hôtel cuisinier, Les Soupers de la Cour* et *Le Manuel des Officiers de bouche*.

(1) Nous ne savons rien du personnage qui écrivit sous cette signature. Son état civil et sa profession réelle demeurent une énigme. Etait-il cuisinier ou écrivain savant gastronome ? Plus de deux siècles après, le mystère reste entier.

MENTHE (infusion)
Infusion* obtenue à partir des feuilles de la plante aromatique du même nom. La menthe est une infusion aux propriétés digestives et stimulantes.

MENTHE (plante)
Plante aromatique d'origine méditerranéenne exhalant une odeur fraîche et puissante. Parmi les diverses variétés, citons :
La Menthe verte ou *Menthe douce*, la plus couramment employée.
La Menthe poivrée, très parfumée, aussi utilisée pour produire le menthol *(1)*.
La Menthe pouliot ou *Herbe de Saint-Laurent*
La Menthe aquatique.
La Menthe citronnée.
La Menthe du Japon qui donne aussi du menthol.
Dans le domaine alimentaire, la menthe est employée en infusion mais aussi pour aromatiser de nombreuses préparation culinaires (sauces*, salades, desserts, etc.) ainsi que les confiseries ou boissons (liqueurs*, sirops*, B.R.S.A.*).

(1) Substance extraite de l'essence de menthe. Le menthol est utilisé en pharmacie pour ses propriétés anti-inflammatoires et anesthésiques ainsi qu'en parfumerie pour ses qualités aromatiques..

MENU
Liste des mets qui composent un repas. Avec l'évolution de nos habitudes alimentaires et de notre manière de vivre en général, les menus des repas actuels se sont considérablement simplifiés par rapport à ceux servis autrefois. Il suffit de reprendre certains anciens ouvrages culinaires pour s'en convaincre.
Dans un restaurant*, ce terme désigne également, avec la carte*, le support de vente sur lequel sont présentés les mets : un document de présentation soignée qui doit répondre à certaines dispositions légales. Le restaurateur est ainsi soumis à plusieurs règles liées à son activité commerciale, notamment en matière d'affichage :
• Les menus et les cartes doivent être affichés de manière visible et lisible de l'extérieur de l'établissement. Cet affichage se fait pendant la durée du service et au moins à partir de 11 heures 30 pour le déjeuner et 18 heures pour le dîner. Les prestations et les prix figurant sur les supports de vente affichés à l'extérieur doivent être identiques à ceux présentés à l'intérieur.
• Si un ou plusieurs menus ne sont servis que certains jours ou à certaines heures de la journée, cette particularité doit être clairement indiquée.
• Dans les restaurants où il est perçu un service, le montant de celui-ci est inclus dans les prix affichés. Dans ce cas, il faut également faire figurer la mention "Prix service compris" suivie du pourcentage reversé au personnel.
• La mention "Boisson comprise" ou "Boisson non comprise" figure, selon le cas, en complément du ou des menus.
• La provenance de la viande bovine doit être précisément mentionnée (voir Bovin*).

MENU PINEAU ou MENU PINOT
Autre dénomination du cépage* Arbois*.

MERCUREY
Vins* rouges et blancs produits en Bourgogne*, A.O.C. depuis le 11 septembre 1936. Pour les vins récoltés sur des parcelles classées "Premier cru", l'appellation communale peut être complétée par le nom du climat* d'origine et (ou) par la mention "Premier cru" *(1)*.
Aire de production : communes de Mercurey et Saint-Martin-sous-Montaigu, situées à l'ouest de Chalon-sur-Saône.
Superficie du vignoble : 645 ha (en 2007) dont 570 ha en vins rouges et 75 ha en vins blancs.
Encépagement autorisé : Pinot noir*, Pinot Liébault*, Pinot Beurot* et Chardonnay*.
Rendement de base à l'hectare : 40 hl pour les vins rouges et 45 hl pour les vins blancs.

(1) L'appellation compte 32 climats classés "Premier Cru".

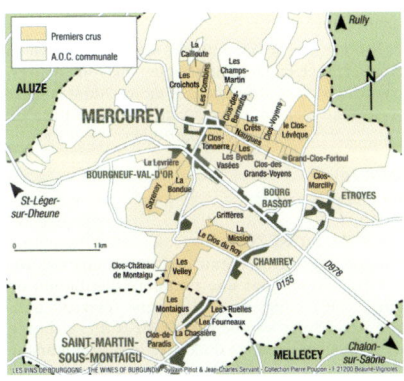

Source : Carte extraite des ouvrages Les Vins de Bourgogne et The Wines of Burgundy de Sylvain Pitiot et Jean-Charles Servant (Collection Pierre Poupon – Hameau de Chevignerot 21 200 Beaune-Vignobles. Avec l'aimable autorisation des auteurs).

MERGUEZ
Petite saucisse* originaire du Maghreb réalisée avec de la viande de bœuf* ou de mouton* (parfois les deux mélangées). Le goût généralement très relevé de la merguez est dû à la présence notable de piment*.

MERILLE
Cépage* noir originaire du Sud-Ouest. Il est encore cultivé sur une centaine d'hectares dans certains vignobles de cette région (Bergerac*, Côtes de Bergerac*, etc.) où il produit des vins* rouges légers, sans caractère particulier.

MERINGUE
Préparation culinaire faite de blancs d'œufs* en neige et de sucre* pour être cuite au four.
Selon la manière dont est incorporé le sucre on distingue :
La meringue française ou meringue ordinaire : le sucre semoule et le sucre glace (en quantités égales) sont versés en pluie dans les blancs en neige.
La meringue suisse : le sucre semoule est incorporé aux blancs d'œufs. Ce mélange est ensuite fouetté sur feu doux ou au bain-marie.
La meringue italienne : le sucre cuit au boulé (118 °C) est versé progressivement sur les blancs en neige.

MERISE
Petit fruit à noyau récolté sur le merisier. Variété sauvage de la cerise, la merise est employée pour la fabrication de confitures* ou de spiritueux* (ex : kirsch*).

MERLAN (poisson)
Poisson de mer de la famille des gadidés qui vit essentiellement dans l'Atlantique à proximité des côtes d'Europe occidentale. Le merlan, qui mesure de 20 à 40 cm, possède une chair blanche fine et feuilletée, pauvre en lipides, qui se fragilise beaucoup à la cuisson.

MERLAN (viande)
Petit morceau de viande de bœuf* long et plat, tendre et goûteux, prélevé dans la cuisse de l'animal. Sa forme rappelle celle du poisson éponyme.

MERLAN EN COLÈRE
Merlan* frit présenté la queue entre les dents et accompagné de persil* frit, d'un demi-citron* et de sauce tomate*.

MERLOT
Cépage* noir d'origine bordelaise. Il doit son nom au merle, un oiseau qui, dit-on, aurait une préférence pour ses baies.
Aires de culture : en France *(1)*, dans le Bordelais et plus particulièrement dans les vignobles de Saint-Émilion* et de Pomerol*, mais aussi sur d'autres terroirs d'appellation tels que Cahors*, Haut-Poitou*, Pineau des Charentes*, Floc de Gascogne*… Il est également cultivé en Languedoc-Roussillon pour la production de Vins de Pays *. À l'étranger, il est présent dans de nombreuses régions viticoles, notamment en Italie, Roumanie, Hongrie, Bulgarie, États-Unis, Chili, Argentine, Afrique du Sud, Australie, etc.
Vins* produits : rouges puissants, très colorés, avec une belle structure et un potentiel aromatique complexe (fruits noirs, cuir) qui se révèle avec un élevage en barriques de chêne.
(1) Plus de 100 000 ha au début des années 2000.

Source : Photo BG

MERLOT BLANC ou MERLEAU BLANC
Cépage* blanc probablement originaire du Sud-Ouest. On le rencontre essentiellement dans les vignobles bordelais (Côtes de Bourg*, Graves de Vayres*, etc.). Il produit des vins blancs généralement secs, de qualité moyenne.

MERLU
Poisson de mer de la famille des gadidés qui vit surtout dans l'Atlantique de l'Écosse au Maroc. Le merlu, souvent commercialisé sous le nom de *colin*, mesure de 0,40 à 1,00 m. Il possède une chair blanche, fine, maigre et savoureuse très fragile.

Filet de colin ou merlu

MERLUCHE
Voir Morue*.

MEROU
Poisson de mer de la famille des serranidés qui vit en Méditerranée et dans l'Atlantique, du Golfe de Gascogne aux côtes africaines. Le mérou, dont la taille varie généralement entre 80 cm et 1,50 m, possède une chair blanche, fine et parfumée.

MERVAL
Voir Silure*.

MESCAL ou MEZCAL
Boisson spiritueuse mexicaine titrant environ 20° qui est obtenue par une première distillation de pulpe d'agave fermentée. Le terme "mezcal" désigne parfois une eau-de-vie* de 40° à 43° élaborée dans plusieurs régions du Mexique situées hors de la zone légale de production de la tequila*.

Restaurants ★★★ du Guide France 2009

Localité	Établissement	Chef de cuisine
Annecy (74)	La Maison de Marc Veyrat	Marc Veyrat
Baerenthal/Untermuhlthal (57)	L'Arnsbourg	Jean-Georges Klein
Chagny (71)	Lameloise	Jacques Lameloise
Eugénie-les-Bains (40)	Les Prés d'Eugénie	Michel Guérard*
Illhaeusern (68)	Auberge de l'Ill	Marc Haeberlin*
Joigny (89)	La Côte Saint-Jacques	Jean-Michel Lorain
Laguiole (12)	Bras	Michel Bras*
Lyon (69)	Paul Bocuse	Paul Bocuse*
Marseille (13)	Le Petit Nice	Gérald Passedat
Monte-Carlo (Monaco)	Le Louis XV-Alain Ducasse	Alain Ducasse
Paris 1er (75)	Le Meurice	Yannick Alléno
Paris 4ème (75)	L'Ambroisie	Bernard Pacaud*
Paris 7ème (75)	Arpège	Alain Passard*
Paris 8ème (75)	Alain Ducasse au Plaza Athénée	Alain Ducasse
Paris 8ème (75)	Le Bristol	Eric Frechon
Paris 8ème (75)	Ledoyen	Christian Lesquer
Paris 8ème (75)	Pierre Gagnaire	Pierre Gagnaire*
Paris 16ème (75)	Astrance	Pascal Barbot
Paris 16ème (75)	Pré Catelan	Frédéric Anton
Paris 17ème (75)	Guy Savoy	Guy Savoy*
Puymirol (47)	Michel Trama	Michel Trama*
Roanne (42)	Troisgros	Michel Troigros*
Saint-Bonnet-le-Froid (43)	Régis et Jacques Marcon	Régis Marcon*
Saulieu (21)	Le Relais Bernard Loiseau	Philippe Bertron
Valence (26)	Pic	Anne-Sophie Pic*
Vonnas (01)	Georges Blanc	Georges Blanc*

MESCLE
Autre dénomination du cépage* Poulsard*.

MESCLUN
Mélange de feuilles de salades et d'herbes aromatiques. Le mesclun se compose traditionnellement de mâche*, feuille de chêne*, pissenlit*, pourpier*, chicorée*, trévise*, scarole*, roquette* et cerfeuil*.

MESLIER SAINT-FRANÇOIS
Cépage* blanc surtout cultivé pour la production de vins* de distillation dans l'aire d'appellation Armagnac*.

MÉTEIL
Mélange céréalier composé de seigle* et de blé*. Cette dénomination est réservée au produit de la culture et du battage des deux graminées, le seigle entrant au moins à 50 % dans le mélange.
La farine* de méteil, panifiable, est surtout utilisée en boulangerie.

MÉTHODE ANCESTRALE
Voir Blanquette méthode ancestrale*.

MÉTHODE CHAMPENOISE
Méthode de vinification* qui a pour but d'apporter son effervescence au champagne (voir définition de cette méthode à champagne*).

MÉTHODE CHARMAT ou METHODE CUVE CLOSE
Voir Vin mousseux*.

METHODE DIOISE
Voir Clairette de Die méthode dioise ancestrale*.

MÉTHODE GAILLACOISE
Méthode rurale traditionnelle employée dans la région de Gaillac (Tarn) pour obtenir des vins effervescents sans ajout de sucre* et de levures* (liqueur de tirage*). L'effervescence du vin est obtenue uniquement par la fermentation du sucre contenu dans le moût*.

MÉTHODE GANCIA
Voir Vin mousseux*.

MÉTHODE PAR TRANSFERT
Voir Vin mousseux*.

MÉTHODE TRADITIONNELLE
Terme autorisé pour désigner un mode d'élaboration de vin effervescent* identique à la méthode champenoise*. En effet, la mention "Méthode champenoise" est exclusivement réservée à la Champagne viticole.

MEUNIER
Autre dénomination du cépage* Pinot Meunier*.

MEUNIÈRE (à la)
Dénomination d'apprêts culinaires (poissons, cervelles*, coquilles Saint-Jacques*, etc.) qui sont farinés avant d'être poêlés au beurre* et servis avec jus de citron* et beurre noisette*.

MEURSAULT
Vins* blancs et rouges produits en Bourgogne*, A.O.C.* depuis le 31 juillet 1937. Pour les vins dont les récoltes proviennent de parcelles classées "Premier cru", l'appellation communale peut être complétée par le nom du climat* d'origine *(1)* et (ou) par la mention "Premier cru".
Aire de production : commune de Meursault située au sud-ouest de Beaune.
Superficie du vignoble : 395 ha (en 2007) dont 382 ha en vins blancs et 13 ha en vins rouges.
Encépagement autorisé : Chardonnay*, Pinot blanc*, Pinot noir*, Pinot Liébault* et Pinot Beurot*.
Rendement de base à l'hectare : 45 hl pour les vins blancs et 40 hl pour les vins rouges.
(1) "Perrières", "Les Gouttes d'Or", " Porusot","les Cras", "Les Bouchères", "Les Caillerets","Les Plures","Les Ravelles","Charmes", "Clos des Perrières", " Genevrières", "La Jeunelotte"," Sous Blagny","Sous le Dos d'Ane", "Les Santenots Blancs","La Pièce sous le bois" et "Les Santenots-du-Milieu".

MÉZÈS ou MÉZÉDAKIAS
Amuse-bouches variés couramment consommés en Grèce ou en Turquie avec des boissons telles que l'ouzo* ou le raki*.

MICHELIN (guide)
Guide gastronomique créé en 1900 par les frères Michelin, fabricants de pneumatiques. La première édition se présentait sous forme d'un petit livre broché de 400 pages, tiré à 35 000 exemplaires et distribué gracieusement aux voyageurs de ce début de siècle, les rares automobilistes, afin de leur fournir une sélection d'hôtels et de restaurants recommandés en fonction de leur confort et de leurs prix. Diverses informations (points d'approvisionnement en carburant, réparateurs, etc.) figuraient également dans le guide. À partir de 1920, ce dernier n'est plus offert mais vendu. Progressivement le "Michelin" se bâtit une solide réputation pour devenir le best-seller des guides gastronomiques qui paraît chaque année au printemps. Autrefois il était d'ailleurs appelé "l'Œuf de Pâques des automobilistes".
Les étoiles de bonne table voient le jour en 1926, mais il faudra attendre 1933 pour que le guide distingue des "Trois étoiles", consécration suprême. Plusieurs grands de la cuisine française ont réussi à obtenir simultanément trois étoiles dans 2 ou 3 établissements différents. C'est d'abord la Mère Brazier*, en 1933, avec ses 2 restaurants de la région lyonnaise et beaucoup plus tard Marc Veyrat* avec ses établissements de Veyrier-du-Lac et Megève. Joël Robuchon* et Alain Ducasse* feront encore mieux, puisque le premier cumulera en 2009-2010 pas moins de 25 étoiles

pour 12 restaurants répartis dans plusieurs pays (dont 3 triplement étoilés à Las Vegas, Tokyo et Macao) et le second 20 étoiles pour 14 restaurants français et étrangers (dont 3 triplement étoilés à Paris, Monaco et Londres).

Le plus jeune "Trois étoiles" fut l'italien Massimilio Alajmo qui a été distingué en 2003 à l'âge de 28 ans. En France, c'est Jacques Lameloise* qui fut le plus jeune Chef à recevoir la haute distinction. C'était en 1979 et il avait 32 ans.

Le guide France 2009, vendu à 380 000 exemplaires, sélectionnait 8 499 établissements : 4 429 hôtels, 539 maisons d'hôtes et 3 531 restaurants, dont 548 étoilés répartis ainsi :

449 "Une étoile", *une très bonne table dans sa catégorie.*

73 "Deux étoiles", *table excellente, mérite un détour.*

26 "Trois étoiles", *une des meilleures tables, vaut le voyage (voir tableau).*

Créé en 1997, le "Bib gourmand" signale les restaurants qui proposent des repas avec un bon rapport qualité/prix. Ils étaient 527 en 2009.

Le "Michelin" reste aujourd'hui une référence en matière de gastronomie avec un sérieux et une rigueur jamais démentis. Au fil du temps, il s'internationalise pour présenter une remarquable collection qui compte une vingtaine de guides dans le monde. Les différentes éditions 2009-2010 distinguent 85 restaurants "Trois étoiles" dont 26 en France, 18 au Japon, 9 en Allemagne, 7 en Espagne et au Portugal et 6 en Italie.

Enfin, signalons le lancement récent du magazine *Étoile*. Depuis 2008, cette publication complémentaire du guide rouge traite de nombreux sujets relatifs à la gastronomie*.

Editions 1900 et 2010 du Guide Michelin

MIEL

Substance sucrée, plus ou moins sirupeuse et de couleur ambrée, que les abeilles fabriquent à partir du nectar des fleurs qu'elles butinent. Le terme "miel" est souvent suivi du nom de la plante dont il est issu et parfois de la région ou du pays d'origine.

Apparu sur la terre avec les abeilles il y a 25 millions d'années, connu depuis l'Antiquité pour ses vertus médicinales et produit dans le monde entier, le miel a de multiples usages, notamment dans le domaine culinaire où il a toujours été employé, en particulier pour son pouvoir édulcorant (égal à 1,2 par rapport à celui du sucre*).

Deux miels bénéficient d'une A.O.C.* et d'une A.O.P.*:

Le Miel de sapin des Vosges

A.O.C. depuis juillet 1996

L'aire d'appellation s'étend sur 589 communes de 5 départements : les Vosges, la Moselle, la Meurthe-et-Moselle, la Haute-Saône et le Territoire de Belfort.

Le Miel de Corse

A.O.C. depuis janvier 1998

Il est produit sur l'ensemble des communes de l'île.

MIGNON

Petit maroilles* de 360 g.

MIGNONNETTE

Mélange de poivres* noir et blanc concassés.

MIGNOT

Fromage* de lait* de vache fabriqué en Normandie. Il doit son nom à un hameau de l'Orne situé dans sa zone de production.

Type : pâte molle, croûte naturelle.
Forme : disque épais.
Taille : 11 à 12 cm de diamètre, 4 cm d'épaisseur.
Poids : 350 à 400 g environ.
Teneur en M.G. : 40 à 45 %.
Meilleures saisons : printemps, été.

MIKADO (salade)

Salade composée constituée d'huîtres* raidies et ébarbées, riz* cuit à l'eau, dés de poivrons* rouges et verts grillés et pelés.

Assaisonnement : sauce vinaigrette* moutardée.

MIKADO (sauce)

Sauce hollandaise* additionnée de jus et zestes* de mandarines*.

MILANAISE (à la)

Désignation d'une escalope* ou d'une côte* de veau* panée à la chapelure* et au parmesan*, sautée, et servie avec une sauce madère* additionnée

d'une julienne* de langue* et de jambon*, de champignons* et de truffes*.
La garniture est constituée de spaghettis* ou de macaronis* liés à la sauce tomate*, au fromage* et au beurre*.

MILGRANET
Cépage* noir originaire du Sud-Ouest et encore cultivé dans la Vallée de la Garonne sur l'aire d'appellation Lavilledieu*.

MILLE-FEUILLE ou MILLEFEUILLE
Pâtisserie constituée de plusieurs abaisses* de pâte feuilletée* fourrées de crème pâtissière* parfumée à la liqueur* ou à l'eau-de-vie*. Le dessus de la préparation est saupoudré de sucre* glace quadrillé au fer chaud ou nappé de fondant*.

MILLÉSIME
Année de naissance d'un vin* ou année de la récolte du raisin qui a servi à élaborer ce vin. Chaque millésime possède des qualités propres liées aux conditions climatiques du site sur lequel est implanté le vignoble.

MIMOLETTE
Fromage* de lait* de vache d'origine hollandaise. Il tire son nom de la consistance de sa pâte (« mimolle »). Ce fromage est aujourd'hui produit dans plusieurs pays, y compris en France ou il est aussi dénommé **Boule de Lille**.
Type : pâte pressée non cuite de couleur orangée, croûte naturelle brossée.
Forme : boule légèrement aplatie.
Taille : 20 cm de diamètre.
Poids : 2,5 à 4 kg.
Teneur en M.G. : 40 à 45 %.
Qualité identique toute l'année.

MINERVOIS
Vins* rouges, rosés et blancs produits en Languedoc-Roussillon, A.O.C.* depuis le 15 février 1985.
Aire de production : 45 communes de l'Aude et 16 communes de l'Hérault situées au nord-ouest de Narbonne.
Superficie du vignoble : 4 289 ha (en 2005).
Encépagement autorisé : Grenache noir*, Syrah*, Mourvèdre*, Lladoner pelut*, Carignan*, Picpoul noir*, Terret noir*, Aspiran*, Grenache blanc*, Bourboulenc*, Maccabéo*, Marsanne*, Roussanne* et Vermentino*.
Rendement de base à l'hectare : 50 hl.

MINERVOIS-LA-LIVINIÈRE
Vins* rouges produits en Languedoc-Roussillon, A.O.C.* depuis le 12 février 1999.
Aire de production : 1 commune de l'Aude (Azille) et 5 communes de l'Hérault (Azillanet, Cesseras, Félines-Minervois, La Livinière et Siran) situées au nord-ouest de Narbonne.
Superficie du vignoble : 227 ha (en 2002).
Encépagement autorisé : Grenache noir*, Syrah*, Mourvèdre*, Lladoner pelut* Carignan*, Cinsault, Picpoul noir*, Terret noir* et Aspiran*.
Rendement de base à l'hectare : 45 hl.

MINESTRONE
Soupe* d'origine italienne préparée avec différents légumes *(1)* et garnie de pâtes* ou de riz*.
(1) Tomates, courgettes*, haricots* blancs, carottes*, pommes de terre*, céleris*, petits pois*, choux*, épinards*, etc. Ces légumes sont parfois additionnés de morceaux de lard ou de dés de jambon* cru.*

MIQUE
Boule de pâte faite de farine(s) *, de matière grasse (graisse d'oie* ou saindoux*) et de levure*, éventuellement additionnée d'œufs* et de lait*. Cette pâte est ensuite pochée dans un bouillon. Spécialité du Sud-Ouest, la mique remplace le pain* en accompagnement de soupes* ou de plats en sauce.

MIRABEAU
Garniture* composée de filets d'anchois*, olives* dénoyautées et beurre* d'anchois. Elle accompagne aussi bien une viande grillée (ex : entrecôte*) que des filets de poisson ou des œufs* au plat.

MIRABELLE (eau-de-vie)
Eau-de-vie blanche* élaborée à partir de petites prunes* jaunes *(1)* dans plusieurs régions de l'est de la France, notamment en Lorraine et en Alsace. La mirabelle de Lorraine* bénéficie d'ailleurs d'une appellation réglementée. Ce spiritueux*, fin et parfumé, est sensible à la lumière qui altère son arôme.
(1) 18 kg de fruits sont nécessaires pour obtenir 1 litre d'eau-de-vie pure.

MIRABELLE (fruit)
Voir Prune*.

MIRABELLE DE LORRAINE
Eau-de-vie* provenant de la distillation de mirabelles* récoltées et distillées sur des territoires situés dans plusieurs arrondissements des départements de la Moselle, de la Meurthe-et-Moselle, de la Meuse et des Vosges.
Appellation réglementée par le décret du 30 novembre 1953.
Variétés de fruits autorisées : mirabelle de Nancy et mirabelle de Metz.
Titre alcoométrique maximum à la sortie de l'alambic : 70°.
Titre alcoométrique minimum à la vente au consommateur : 45°.

MIREPOIX
Mélange de légumes taillés en dés (carottes*, oignons* et céleris*) complété de dés de jambon* cru ou lard de poitrine et d'aromates* (thym* et laurier*). La mirepoix constitue la garniture aromatique de plusieurs préparations culinaires.
Elle fut créée par le cuisinier du Duc de Levis-Mirepoix, ambassadeur et Maréchal de France sous Louis XV.

MIROTON ou MIRONTON
Bœuf* bouilli détaillé en fines tranches et cuisiné avec des oignons* émincés.

MISTELLE
Moût* de raisin dont la fermentation alcoolique* a été stoppée par l'adjonction d'alcool* (mutage*).
Les mistelles servent à la fabrication d'apéritifs, notamment les vermouths* et les V.D.L.*.

MIXED GRILL
Assortiment de viandes et abats* grillés *(1)* généralement garni de tomates* et champignons*, eux-mêmes grillés. Un beurre maître d'hôtel* peut accompagner la préparation.
(1) Agneau, *bœuf*, *veau*, *chipolata*, *foie*, *rognon*...

M.O.F. (Meilleur Ouvrier de France)
Titre officiel des lauréats d'un prestigieux concours créé en 1924 grâce à une initiative de Lucien Klotz, critique d'art et journaliste. À partir de 1935, le titre *"Un des meilleurs ouvriers de France"* est officialisé par un arrêté du Ministère de l'Éducation Nationale et sanctionné par un diplôme d'Etat (équivalent Bac + 2).
Organisé tous les 3 ans (fréquence parfois modifiée pour diverses raisons), ce concours a vécu sa 21ème édition en 2000 avec 215 métiers représentés. La 23ème édition s'est déroulée en 2007.
La restauration concourt pour 3 titres :
Cuisine (159 lauréats depuis 1936).
Les 9 lauréats de l'édition 2007 : François Adamski, Vincent Arnould, Sébastien Chambru, Johan Leclerre, Olivier Nasti, Jean-Denis Rieubland, Jean-luc Rocha Serralheiro, Andrée Rosier *(1)* et Christophe Roure.
Maître d'hôtel, Maître du service et des Arts de la table (35 lauréats depuis 1993).
Les 10 lauréats de l'édition 2007 : Eric Appenzeller, Flavien Berlaud, Sébastien Cavailles, Patrick Chauvin, Thierry Demolliens, Denis Ferault, Didier Lasserre, Pascal Obrecht, Stephan Rivière et Mathieu Simonneau.
Sommelier (10 lauréats depuis 2000).
Les 3 lauréats de l'édition 2007 : John Euvrard, Laurent Derhe et Fabrice Sommier.
La 24ème édition aura lieu en 2010 avec un titre nouveau pour les métiers de la restauration puisque la spécialité "Barman" intégrera le concours.
(1) Pour la première fois depuis la création du concours, une femme est Meilleure Ouvrière de France en Cuisine.

Source : Comité d'Organisation du concours M.O.F

MOGETTE DE VENDÉE
Petit haricot en grain* récolté dans le bocage vendéen où il fait partie du patrimoine gastronomique depuis le 16ème siècle. Actuellement, une centaine de producteurs cultive la mogette qui a une place toute particulière dans les préparations culinaires locales.

MOJITO
Cocktail* préparé directement dans un verre à highball*
6 à 8 feuilles de menthe* fraîche
½ lime*
5 cl de rhum* blanc cubain (Bacardi)
1 cuillère à café de sucre* en poudre
6 cl d'eau gazeuse
Écraser la menthe au fond du verre avec le sucre et la lime en petits dés (ou en jus). Ajouter de la glace pilée et le rhum avant de remuer. Compléter avec l'eau gazeuse et décorer éventuellement d'une sommité de menthe.
Ce long drink* aurait été créé à Cuba à la fin des années 1920 pendant la période de prohibition aux États-Unis.

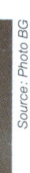

Source : Photo BG

MOJITO CRIOLLO
Mojito* additionné d'un trait d'Angostura *.

MOKA (café)
a) Variété de café* arabica.
b) Café expresso additionné de chocolat* chaud.

MOKA (pâtisserie)
Gâteau constitué de couches de génoise* fourrées et masquées de crème au beurre* au café*. Il est décoré d'amandes* hachées ou effilées.

MOLE POBLANO
Spécialité culinaire mexicaine. Il s'agit d'un ragoût* de dinde* au cacao* cuisiné avec piments*, tomates*, oignons*, ail*, raisins*, amandes*, cacahuètes*, graines d'anis* et de sésame*, clous de girofle*... Le mole poblano est servi avec des tortillas*.

MOLETTE
Cépage* blanc d'origine savoyarde et cultivé sur quelques hectares dans les aires d'appellation de cette région (vin de Savoie*, Seyssel*, Bugey*). Il produit des vins* blancs acides, sans caractères particuliers, essentiellement utilisés en assemblage pour l'élaboration de vins effervescents*.

MOMINETTE ou MOMIE
Apéritif constitué d'une demi-dose d'anisé*.

MONACO
Boisson constituée de 1/3 de limonade*, 2/3 de bière* et un trait de sirop de grenadine*.

MONBAZILLAC
Vins* blancs produits en Dordogne, A.O.C.* depuis le 15 mai 1936.
Aire de production : Monbazillac et 4 autres communes situées au sud de Bergerac.
Superficie du vignoble : 1 979 ha (en 2005).
Encépagement autorisé : Sémillon*, Sauvignon* et Muscadelle*.
Rendement de base à l'hectare : 40 hl.
Richesse alcoolique minimum acquise : 12,5 %.
Ces vins sont élaborés à partir de raisins arrivés à surmaturation (voir pourriture noble*).

MONDEUSE
Cépage* noir originaire de Savoie.
Aires de culture : vignobles de Savoie et du Bugey (Vin de Savoie*, Bugey*) sur environ 200 hectares.
Vins* produits : rouges colorés, tanniques, puissants avec des notes aromatiques de fraise*, framboise* ou violette.

MONDEUSE BLANCHE
Cépage* blanc d'origine savoyarde cultivé sur quelques hectares dans cette région. Il est également appelé Dongine*.

MONSIEUR FROMAGE
Fromage* de lait* de vache fabriqué en Normandie. Il porte le nom de son créateur, un fermier nommé Fromage.
Type : pâte molle, croûte fleurie (double crème*).
Forme : petit cylindre.
Taille : 7 cm de diamètre, 5 cm de hauteur.
Poids : 150 g.
Teneur en M. G. : 60 %.
Meilleures saisons : printemps, été, automne.

MONT-D'OR DE LYON
Fromage* de lait* de chèvre fabriqué dans le Lyonnais. Il doit son nom à un massif situé dans sa zone de production.
Type : pâte molle, croûte naturelle.
Forme : petit disque plat.
Taille : 8 à 9 cm de diamètre, 1,5 cm d'épaisseur.
Poids : 120 à 140 g.
Teneur en M.G. : 45 %.
Meilleures saisons : printemps, été, automne.

MONT-D'OR ou VACHERIN DU HAUT-DOUBS
Fromage* de lait* de vache fabriqué en Franche-Comté, A.O.C.* depuis le 24 mars 1981 et reconnu A.O.P.* dans le cadre de l'U.E. Il doit son nom à la nature du lait de fabrication et à sa zone de production.
Ce fromage, fabriqué entre le 15 août et le 31 mars, est traditionnellement présenté en boite d'épicéa.
Type : pâte molle à croûte lavée et fleurie.
Forme : disque épais.
Taille : 11 à 33 cm de diamètre, 5 à 6 cm d'épaisseur.
Poids : 480 g à 3,2 kg.
Teneur en M.G. : 45 % minimum.
Meilleures saisons : fin de l'automne et hiver.

MONT-DORE
Eau de source* captée au Mont-Dore dans le Puy-de-Dôme.
Catégorie : très faiblement minéralisée.
PH à 20°C : 7,2.
Minéralisation totale : 46 mg/l.

L'aire géographique de l'AOC Mont-d'or ou Vacherin du Haut-Doubs s'étend sur 96 communes du Doubs.

Source : d'après doc. I.N.A.O*

MONT ROUCOUS

Eau minérale naturelle* plate captée à Lacaune dans le Tarn. Homologuée "eau minérale" le 28 janvier 1993.
Catégorie : très faiblement minéralisée.

Composition physico-chimique (en mg/l)	
Cations	Anions
Sodium : 2,80	Bicarbonates : 4,90
Calcium : 1,20	Sulfates : 3,30
Magnésium : 0,20	Chlorures : 3,20
Potassium : 0,40	Nitrates : 2,30
Silice : 6,90	
pH à 20°C : 6	Minéralisation totale : 19 mg/l

MONTAGNÉ (Prosper)

Cuisinier français (Carcassonne 1865 – Sèvres 1948). Ce grand Chef, auteur gastronomique et conférencier, suit un parcours professionnel dans les meilleures maisons de l'époque avant d'écrire ou coécrire de nombreux ouvrages dont *La Grande Cuisine illustrée, Le Grand livre de la Cuisine, Le Festin occitan, Le Trésor de la cuisine du bassin méditerranéen, La Cuisine fine...* Il rédige également, avec le Dr Gottschalk, la première édition du *Larousse gastronomique** de 1938.

MONTAGNE-SAINT-ÉMILION

Vins* rouges produits dans le Bordelais, A.O.C.* depuis le 14 novembre 1936.
Aire de production : communes de Montagne, Parsac et Saint-Georges situées au nord de Saint-Émilion.
Superficie du vignoble : 1 582 ha (en 2006).
Encépagement autorisé : Cabernet-Sauvignon*, Cabernet franc*, Bouchet*, Malbec* et Merlot*.
Rendement de base à l'hectare : 45 hl.
Richesse alcoolique minimum acquise : 11 %.

MONTAGNES D'ARRÉE

Eau de source* captée à Commana dans le Finistère.
Catégorie : très faiblement minéralisée.
pH à 20 °C : 5,4.
Minéralisation totale : 36 mg/l.

MONTAGNY

Vins* blancs produits en Bourgogne*, A.O.C.* depuis le 11 septembre 1936. Pour les vins récoltés sur des parcelles classées "Premier cru", l'appellation communale peut être complétée par le nom du climat* d'origine et (ou) par la mention "Premier cru"[1].
Aire de production : communes de Montagny, Buxy, Saint-Vallerin et Jully-lès-Buxy situées au sud-ouest de Chalon-sur-Saône.
Superficie du vignoble : 315 ha (en 2007).
Encépagement autorisé : Chardonnay*.
Rendement de base à l'hectare : 50 hl.

[1] « Vignes Saint-Pierre », « Les Combes », « Saint-Ytages », « Les Charmelottes », « Champ Toiseau », « Vignes sur le Cloux », « Les Garchères », « Vignes Couland », « Les Bouchots », « Les Burnins », « Les Perrières », « Les Treuffières », « Montcuchot », « Vigne du Soleil », « Les Maroques », « Les Beaux Champs », « Les Macles », *Creux de Beaux Champs* », « L'Epaule », « Les Platières », « Les Jardins », « Les Coères », « Saint Morille », « Les Vignes Derrière », « Les Bordes », « Les Las », « Les Gouresses », « Les Paquiers », « Montorge », « Les Resses », « Le Cloux », « Sous les feilles », *La Grande Pièce* », « *Le Clos Chaudron*", "Les Vignes des Prés », « *Le Vieux Château* », « *La Condemine du Vieux Château* », « *Le Clouzot* », « *Les Pidances* », « *Les Coudrettes* », « *Les Vignes Longues* », « *Cornevent* », « *Mont Laurent* », « *Les Bonneveaux* », « *Les Bassets* », « *Les Craboulettes* », « *La Moullière* », « *Les Resses* », « *Les Chaniots* » et « *Chazelle* ».

MONTASIO

Fromage* de lait* de vache fabriqué dans le nord de l'Italie, il doit son nom à un massif alpin situé dans sa zone de production. Le montasio bénéficie d'une Appellation d'Origine Contrôlée dans son pays et d'une A.O.P.* dans le cadre de l'U.E.
Type : pâte pressée non cuite demi-dure, croûte naturelle.
Forme : meule à talon légèrement convexe.
Taille : 30 à 40 cm de diamètre, 6 à 10 cm d'épaisseur.
Poids : 7 à 10 kg.
Teneur en M.G. : 40 % au minimum.
Qualité identique toute l'année.

MONTCALM

Eau de source* captée à Auzat dans l'Ariège.
Catégorie : très faiblement minéralisée.
pH à 20 °C : 6,8.
Minéralisation totale : 20 mg/l.

MONTCLAR

Eau de source* captée à Montclar dans les Alpes-de-Haute-Provence.
Catégorie : faiblement minéralisée.
pH à 20 °C : 8.
Minéralisation totale : 139 mg/l.

MONT-DES-CATS ou ABBAYE DU MONT-DES-CATS

Fromage* de lait* de vache fabriqué dans les Flandres. Il doit son nom à la colline où est installée l'abbaye qui le produit.
Type : pâte pressée non cuite, croûte naturelle lavée.
Forme : disque épais.
Taille : 25 cm de diamètre, 4 cm d'épaisseur.
Poids : 2 kg environ.
Teneur en M.G. : 45 à 50 %.
Qualité identique toute l'année.

MONTEPULCIANO D'ABRUZZO

Vins* rouges italiens issus de cépage Montepulciano et produits dans les Abruzzes. Ces vins bénéficient d'une D.O.C.*.

MONTHÉLIE

Vins* rouges et blancs produits en Bourgogne*, A.O.C.* depuis le 31 juillet 1937. Pour les vins dont

les récoltes proviennent de parcelles classées "Premier cru", l'appellation communale peut être complétée par le nom du climat* d'origine *(1)* et (ou) par la mention "Premier cru".
Aire de production: commune de Monthélie située au sud-ouest de Beaune.
Superficie du vignoble: 130 ha (en 2007) dont 108 ha en vins rouges et 22 ha en vins blancs.
Encépagement autorisé: Pinot noir*, Pinot Liébault*, Pinot Beurot*, Chardonnay* et Pinot blanc*.
Rendement de base à l'hectare: 40 hl pour les vins rouges et 45 hl pour les vins blancs.

(1) "Duresses", "La Taupine", "Le Cas-Rougeot", "Le Château-Gaillard", "Le Clos-Gauthey", "Le Meix-Bataille", "Les Champs-Fulliot", "Les Riottes", "Les Vignes-Rondes", "Le Village", "La Barbière", "Le Clou des Chênes", "Les Clous", "Le Clos des Toisières", et "Sur-La-Velle".

MONTILS
Cépage* blanc d'origine charentaise. Il est cultivé sur de faibles superficies dans la région de Cognac* où il produit des vins* destinés à la distillation ou à l'élaboration de Pineau des Charentes*.

MONTLOUIS-SUR-LOIRE
Vins* blancs produits dans la Vallée de la Loire, A.O.C.* depuis le 6 décembre 1938. La mention "Val de Loire" peut être éventuellement adjointe à l'appellation.
Aire de production: communes de Montlouis-sur-Loire, Saint-Martin-le-Beau et Lussault situées à l'est de Tours.
Superficie du vignoble: 370 ha (en 2008).
Encépagement autorisé: Pineau de la Loire*.
Rendement de base à l'hectare: 52 hl.

MONTLOUIS-SUR-LOIRE MOUSSEUX ou PÉTILLANT*
Vins* blancs effervescents produits sur les aires délimitées de l'appellation Montlouis-sur-Loire*, A.O.C.* depuis le 6 décembre 1938. La mention "Val de Loire" peut être éventuellement adjointe à l'appellation.
Encépagement autorisé: Pineau de la Loire*.
Rendement de base à l'hectare: 65 hl.

MONTMORENCY
Dénomination de plusieurs apprêts culinaires *(1)* contenant des petites cerises* de Montmorency
(1) Canard, caille*, tarte* et gâteaux divers.*

MONTOIRE
Fromage* de lait* de chèvre fabriqué dans le Vendômois. Il doit son nom à une localité de la vallée du Loir située dans sa zone de production.
Type: pâte molle, croûte naturelle.
Forme: petit cône tronqué.
Taille: 6 à 7 cm de diamètre de base, 5 cm de hauteur.
Poids: 100 g environ.
Teneur en M.G.: 45 %.
Meilleures saisons: printemps, été, automne.

MONTRACHET (fromage)
Fromage* de lait* de chèvre fabriqué en Bourgogne. Il doit son nom au célèbre cru de Côte de Beaune situé à proximité de sa zone de production. Le montrachet est généralement présenté dans une feuille de vigne ou de châtaignier.
Type: pâte molle, croûte naturelle.
Forme: petit cylindre présenté dans une feuille de châtaignier.
Taille: 6 cm de diamètre, 8 à 10 cm de hauteur.
Poids: 100 à 120 g.
Teneur en M.G.: 45 %.
Meilleures saisons: printemps, été, automne.

MONTRACHET (vin)
Vin* blanc produit en Bourgogne*, Grand Cru bénéficiant d'une A.O.C.* depuis le 31 juillet 1937.
Aire de production: parcelles délimitées situées sur les communes de Puligny-Montrachet et Chassagne-Montrachet*, d'une superficie totale de 7,99 ha.
Encépagement autorisé: Chardonnay*.
Rendement de base à l'hectare: 40 hl.

MONTRAVEL
Vins* blancs et rouges produits dans le Sud-Ouest, A.O.C.* depuis le 31 juillet 1937.
Aire de production: 14 communes de Dordogne situées à l'ouest de Bergerac*.

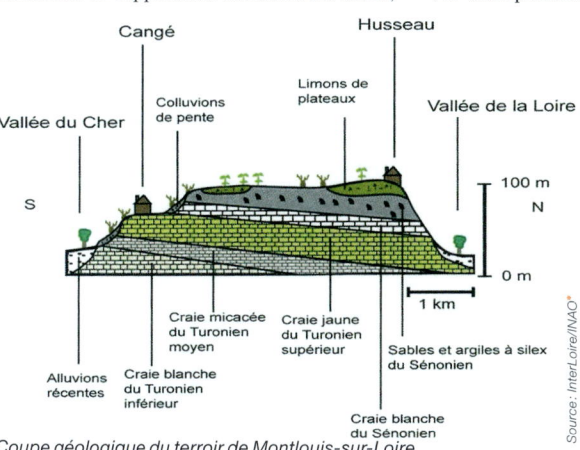

Coupe géologique du terroir de Montlouis-sur-Loire

217

Superficie du vignoble : 227 ha (en 2006).
Encépagement autorisé : Sémillon*, Sauvignon*, Muscadelle*, Merlot*, Cabernet-Sauvignon*, Cabernet franc* et Cot*.
Rendement de base à l'hectare : 58 hl pour les vins blancs et 50 hl pour les vins rouges.
Richesse alcoolique minimum acquise : 10 %.
Teneur maximale en sucre résiduel pour les vins blancs : 4 g/litre.

MORBIER

Fromage* de lait* de vache fabriqué en Franche-Comté. A.O.C.* depuis le 20 décembre 2000 et reconnu A.O.P.* dans le cadre de l'U.E. Il doit son nom à un village jurassien d'où il est originaire. L'aire d'appellation s'étend sur 1 157 communes réparties principalement dans le Doubs et le Jura mais aussi dans l'Ain et la Saône-et-Loire.
Type : pâte pressée non cuite(1), croûte morgée (2).
Forme : petite meule à talon légèrement convexe.
Taille : 30 à 40 cm de diamètre, 5 à 8 cm d'épaisseur.
Poids : 5 à 8 kg.
Teneur en M.G. : 45 % au minimum.
Meilleures saisons : printemps, été, automne.

(1) La ligne noire qui traverse le fromage en son centre était autrefois constituée de suie qui était déposée sur une première couche de caillé afin d'éviter son oxydation et écarter les insectes, le complément de caillé étant ajouté le lendemain. Aujourd'hui, la raie noire qui n'a plus qu'une fonction décorative, est réalisée avec du charbon végétal.

(2) La morge est une pellicule visqueuse obtenue en frottant la croûte avec du sel humide.

MOREY-SAINT-DENIS

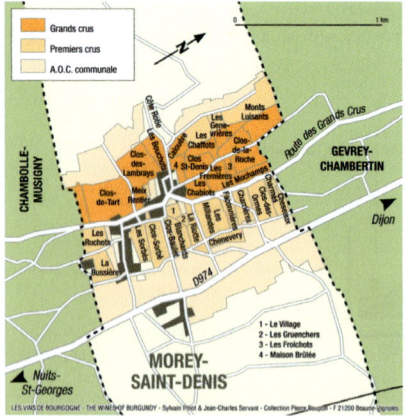

Source : Carte extraite des ouvrages Les Vins de Bourgogne et The Wines of Burgundy de Sylvain Pitiot et Jean-Charles Servant (Collection Pierre Poupon – Hameau de Chevignerot 21200 Beaune-Vignobles. Avec l'aimable autorisation des auteurs.)

Vins* rouges et blancs produits en Bourgogne*, A.O.C.* depuis le 8 décembre 1936. Pour les vins dont les récoltes proviennent de parcelles classées "Premier cru", l'appellation communale peut être complétée par le nom du climat* d'origine (1) et (ou) par la mention "Premier cru".
Aire de production : commune de Morey-Saint-Denis située au nord de Nuits-Saint-Georges.
Superficie du vignoble : 90 ha (en 2007) dont 86 ha en vins rouges et 4 ha en vins blancs.
Encépagement autorisé : Pinot noir*, Pinot Liébault*, Pinot Beurot*, Chardonnay* et Pinot blanc*.
Rendement de base à l'hectare : 40 hl pour les vins rouges et 45 hl pour les vins blancs.

(1) "Aux Charmes", "Aux Cheseaux", "le Village", "La Bussière", "Côte-Rotie", "La Riotte", "Le Clos-Baulet", "Le Clos-des-Ormes", "Le Clos-Sorbé", "Les Blanchards", "Les Chaffots", "Les Charrières", "Les Chenevry", "Les Façonnières", " Les Genevrières", "Les Gruenchers",, "Les Milandes", "Les Ruchots", "Les Sorbés", et "Monts-Luisants".

MORGON

Vins* rouges produits dans le Beaujolais, A.O.C.* depuis le 11 septembre 1936. La mention "Cru du Beaujolais" peut figurer sur l'étiquetage.
Morgon compte 7 climats* : *Grand Cras , Les Charmes , La Côte du Py , Corcelette , Les Micouds, La Javernière et Douby* .
Aire de production : commune de Villié-Morgon située au nord-ouest de Villefranche-sur-Saône.
Superficie du vignoble : 1 108 ha (en 2008).
Encépagement autorisé : le cépage principal est le Gamay*; sont tolérés en cépages accessoires dans une proportion limitée à 15 % : l'Aligoté*, le Chardonnay* et le Melon de Bourgogne *.
Rendement de base à l'hectare : 58 hl.

MORILLE

Champignon qui se caractérise par un chapeau conique alvéolé dont la couleur varie avec la variété. La morille, champignon de printemps rare, cher, très recherché pour son parfum, se consomme toujours cuite (1), à la crème ou en garniture de différents plats à base d'œufs*, volaille, ris* de veau, homard*, etc.
Principales variétés : *Morille commune, Morille blanche, Morille brune, Morille des dunes, Morille à pied épais, Morille des jardins, Morillon…*

(1) La cuisson permet de détruire certaines toxines contenues naturellement dans le champignon.

MORNAY (sauce)

Sauce béchamel* additionnée de jaunes d'œufs* et de gruyère* râpé.

MORTADELLE

Gros saucisson* d'origine italienne préparé avec de la viande de porc*, de veau*, de bœuf*, voire d'abats*. Il est légèrement fumé et contient quelquefois des pistaches*.

MORTERILLE
Cépage* noir cultivé dans le Sud-Ouest. Il est considéré par certains ampélographes* comme un synonyme de Cinsault*.

MORUE
Cabillaud* fendu, séché et salé. La morue séchée, non salée, porte le nom de *merluche*.
La *morue longue* est une autre dénomination de la lingue* ou julienne*.

MOSCATEL DE SETUBAL
V.D.L.* portugais blancs et rouges issus de cépage Moscatel. Ces vins bénéficient d'une D.O.C.*sont produits à proximité de Lisbonne, sur la rive gauche du Tage.

MOSCOVITE
Entremets* froid dont la composition est proche du bavarois*. "Moscovite" désignait autrefois des préparations glacées.

MOSELLE
Vins* blancs et rouges produits dans l'est de la France, A.O.V.D.Q.S.* depuis le 13 avril 1995.
Aire de production : 19 communes du département de la Moselle.
Superficie du vignoble : 30 ha (en 2005).
Encépagement autorisé : Auxerrois*, Gamay*, Gewurztraminer*, Meunier*, Müller-Thurgau*, Pinot noir*, Pinot blanc*, Pinot gris* et Riesling*.
Rendement de base à l'hectare : 60 hl.

MOSSER ou MOSER
Petit fouet utilisé pour éliminer le gaz carbonique contenu dans un vin effervescent*. L'usage de cet ustensile est à proscrire. En effet, enlever les bulles d'un vin effervescent, c'est le dénaturer complètement !

MOTHE-SAINT-HÉRAY (LA)
Fromage* de lait* de chèvre fabriqué dans le Poitou. Il doit son nom à une localité des Deux-Sèvres où est installée la coopérative laitière qui le produit.
Type : pâte molle à croûte fleurie.
Forme : disque plat.
Taille : 10 cm de diamètre, 3 cm d'épaisseur.
Poids : 225 g environ.
Teneur en M.G. : 45 %.
Meilleures saisons : printemps, été, automne.

MOUCLADE
Spécialité culinaire charentaise réalisée avec des moules* cuites au vin* blanc. Ces moules sont partiellement décoquillées et nappées du jus de cuisson crémé et lié au jaune d'œuf*.

MOUILLETTE
Languette de pain* spécialement taillée pour manger les œufs* à la coque.

MOULE
Mollusque lamellibranche bivalve provenant de la mytiliculture *(1)*. Les moules sauvages sont en effet peu consommées car leur pêche est réglementée. Elles sont aussi moins charnues et moins savoureuses que les coquillages d'élevage et elles peuvent présenter des risques d'intoxication souvent liés à la pollution du milieu aquatique côtier.
La France produit chaque année 65 000 tonnes de moules qui se répartissent en 2 variétés :
La moule commune qui mesure de 4 à 6 cm et que l'on élève sur les rivages de la Mer du Nord, de la Manche et de l'Atlantique.
La moule d'Espagne ou *moule méditerranéenne* qui mesure de 6 à 8 cm et que l'on élève en Méditerranée.
Les moules se consomment crues, comme les autres coquillages, ou cuites (à la marinière*, farcies, en mouclade*, en soupe*...).
Il existe plusieurs méthodes d'élevages :
L'ÉLEVAGE SUR BOUCHOTS *(2)* : des cordes de chanvre sur lesquelles sont agglutinées des larves de moules (ou naissains) sont enroulées sur des pieux plantés dans la mer. Protégées par des filets, les moules se développent pendant 12 à 18 mois en se nourrissant de plancton. Cette technique de mytiliculture est beaucoup pratiquée sur la côte atlantique.
L'ÉLEVAGE SUR CORDES : les coquillages sont accrochés à des cordes qui pendent verticalement dans l'eau. Cette méthode est employée en Méditerranée.
L'ÉLEVAGE À PLAT : les moules sont élevées sur des fonds plats, comme en ostréiculture. Technique propre à la côte atlantique.
L'ÉLEVAGE SUR FILIÈRES : forme nouvelle de mytiliculture qui consiste à accrocher des cordes d'élevage à une ligne munie de flotteurs.
La Moule de bouchot de la Baie du Mont-Saint-Michel bénéficie d'une A.O.C* depuis le 11 juillet 2006. Le coquillage doit être produit et conditionné sur 7 communes d'Ille-et-Vilaine situées dans la baie du Mont-Saint-Michel de Cancale à Cherrueix.

Source : Doc. CNC

(1) Élevage des moules.
(2) Le bouchot serait une invention de P. Walton qui fit naufrage en 1235 dans la baie de l'Aiguillon, au nord de la Rochelle. Cet Irlandais resta dans la région et décida de se consacrer à la capture des oiseaux. Pour ce faire, il tendit des filets entre des pieux plantés dans le fond de la mer. Constatant que ces

piquets se couvraient de moules qui engraissaient rapidement, il les multiplia et les réunit par des claies. Il appela ces bannières "bout choat", qui donnera naissance au terme "bouchot".

MOULIN-À-VENT

Vins* rouges produits dans le Beaujolais, A.O.C.* depuis le 11 septembre 1936. La mention "Cru du Beaujolais" peut figurer sur l'étiquetage.
L'appellation compte 15 climats* : *Les Carquelins, Les Rouchaux, Champ de cour, En Morperay, Les Burdelines, La Roche, La Delatte, Les Bois maréchaux, La Pierre, Les Joies, Rochegrès, La Rochelle, Champagne, Les Caves et Les Vérillats.*
Aire de production : communes de Chénas et Romanèche-Thorins situées au sud-ouest de Mâcon.
Superficie du vignoble : 644 ha (en 2008).
Encépagement autorisé : le cépage principal est le Gamay* ; sont tolérés en cépages accessoires dans une proportion limitée à 15 % : l'Aligoté*, le Chardonnay* et le Melon de Bourgogne*.
Rendement de base à l'hectare : 58 hl.

MOULIS ou MOULIS EN MÉDOC

Vins* rouges produits dans le Bordelais, A.O.C.* depuis le 14 mai 1938. Voir également *Châteaux du Bordelais*.
Aire de production : commune de Moulis et certaines parcelles des communes de Listrac, Lamarque, Arcins, Avansan, Castelnau et Cussac.
Superficie du vignoble : 609 ha (en 2006).
Encépagement autorisé : Cabernet-Sauvignon*, Cabernet franc*, Carmenère*, Merlot*, Malbec* et Petit Verdot*.
Rendement de base à l'hectare : 40 hl.
Richesse alcoolique minimum acquise : 10,5 %.

MOURTAYROL

Soupe* auvergnate au safran* préparée avec divers légumes et des morceaux de jambon*, de bœuf* et de poule*.

MOURVÈDRE

Cépage* noir d'origine espagnole. Son nom viendrait de "Murviedro", localité située à proximité de Valence.

Source : Photo CIVCP/F.Millo

Aires de culture : en Provence (Côtes de Provence*, Bandol*, Cassis*, etc.), Vallée du Rhône (Côtes-du-Rhône* Châteauneuf-du-Pape*, Gigondas*, etc.) Languedoc-Roussillon (Corbières*, Collioure*, etc.), Corse (vin de Corse*), etc.
Ce cépage, cultivé en France sur environ 7 500 ha, est également présent en Espagne (plus de 100 000 ha), en Australie, en Californie, en Afrique du Nord, etc.
Vins* produits : rouges colorés, tanniques et aromatiques (fruits noirs, truffe*, réglisse*). Ces vins de forte structure ont souvent besoin d'un élevage sous bois plus ou moins prolongé pour révéler pleinement leur potentiel.

MOUSQUETAIRE (sauce)

Sauce mayonnaise* additionnée d'échalotes* ciselées tombées au vin* blanc, ciboulette* hachée et piment* de Cayenne.

MOUSSAKA

Spécialité d'origine grecque et balkanique*. Il s'agit d'un gratin composé d'aubergines*, oignons*, hachis d'agneau* ou de bœuf* et sauce tomate*.

MOUSSE AU CHOCOLAT

Dessert réalisé à partir de chocolat* fondu dans lequel sont incorporés du beurre* et des jaunes d'œufs*. Cette composition de base est additionnée de blancs en neige pour obtenir une mousse légère.
Il existe de nombreuses mousses, avec des éléments de base variés, diversement parfumés, mais qui contiennent toujours un appareil à meringue* ou de la crème fouettée.

MOUSSELINE (sauce)

Sauce hollandaise* additionnée de crème fraîche* fouettée.

MOUSSERON

Petit champignon qui pousse dans les prés et les clairières. Il existe plusieurs variétés dont une des plus connues est *le Mousseron de printemps* ou *Tricholome de la Saint-Georges*.
Le mousseron se consomme en omelette ou en garniture forestière*.

MOUSSEUX ou PÉTILLANT DE SAVOIE

Voir vin de Savoie mousseux* ou vin de Savoie pétillant*.

MOUSSEUX ou PÉTILLANT DU BUGEY

Voir vin du Bugey mousseux* ou vin du Bugey pétillant*.

MOÛT

Jus de raisin* frais non fermenté. Le règlement communautaire du 16 mars 1987 définit le moût comme *"Le produit liquide obtenu naturellement ou par procédés physiques à partir de raisins frais. Un titre alcoométrique acquis du moût de raisins n'excédant pas 1 % vol. est admis".*
Le terme "moût" est également employé pour

désigner le jus d'un fruit ou d'un autre végétal destiné à fermenter pour obtenir une boisson alcoolisée (ex : moût de pomme* pour fabriquer du cidre* et moût de céréales pour élaborer les bières* ou certaines eaux-de-vies*).

MOUTARDE (plante/condiment)
Plante herbacée originaire des régions méditerranéennes dont les graines sont utilisées pour préparer un condiment* à saveur piquante. On distingue 3 variétés végétales : *La Moutarde noire* ou *Sénevé, la Moutarde brune* et *la Moutarde blanche*.
Dans notre pays, la dénomination "moutarde" est réservée à un produit issu de moutarde noire ou brune. Seule la "Moutarde d'Alsace" est élaborée avec des graines de moutarde blanche. Pour fabriquer ce condiment, les graines sont broyées avec du vinaigre*, du verjus*, du vin* blanc, de l'huile* etc. selon le produit souhaité. Il existe une multitude de moutardes dont les textures, les couleurs et les goûts varient suivant la nature des graines, la technique de broyage et les additifs (éléments liquides, aromates*, épices*, etc.). Parmi les moutardes françaises les plus connues, citons :
La Moutarde de Dijon préparée au vin blanc et au verjus.
La Moutarde de Bordeaux préparée au moût* dc raisin.
La Moutarde d'Orléans préparée au vinaigre.
La Moutarde de Meaux préparée au vinaigre avec des graines grossièrement concassées.
La Moutarde de Charroux préparée avec du verjus et du vin blanc de Saint-Pourçain*.
Condiment de base au restaurant, la moutarde est présentée avec de nombreux plats de viandes, abats*, poissons, etc. Elle entre bien évidemment dans la préparation des sauces* et autres apprêts culinaires.

MOUTARDE (sauce)
Sauce hollandaise* additionnée de moutarde* blanche.

MOUTON
Voir Agneau*.

MOUYSSAGUES
Cépage* noir cultivé sur de faibles superficies dans les vignobles du sud du Massif Central (Vins d'Entraygues et du Fel*, Vins d'Estaing*).

MOZZARELLA DI BUFALA CAMPANA
Fromage* de lait* de bufflonne élaboré en Italie. Il tire son nom du terme "mozzare", signifiant couper ou trancher et de l'animal produisant le lait de fabrication. La mozzarella di bufala campana bénéficie d'une Appellation d'Origine Contrôlée (A.O.C.) dans son pays et d'une A.O.P.* au niveau européen.
Type : pâte filée *(1)* sans croûte.
Forme : petite bourse ou petite boule.
Taille : variable.
Poids : 50 à 250 g (parfois plus).
Teneur en M.G. : 52 % au minimum.
Qualité identique toute l'année.
(1) Voir définition de cette pâte à Caciocavallo Silano.

MUESLI
Flocons d'avoine* et autres céréales mélangés avec des fruits secs. Originaire de Suisse alémanique, le muesli se consomme additionné de lait*, principalement au petit déjeuner.

MUFFIN
Petit pain au lait* de forme ronde, d'origine britannique, que l'on sert chaud (parfois grillé) avec le thé*, accompagné de confiture* ou de beurre*.

MUGE
Autre dénomination du mulet*.

MULARD
Voir Canard*.

MULET
Poisson de mer de la famille des mugilidés qui vit à proximité des côtes, dans les estuaires et dans les ports. On distingue plusieurs espèces dont les tailles varient de 40 à 60 cm. Les plus connues sont *le mulet cabot, le mulet lippu* ou *mulet à grosses lèvres, le mulet doré* et *le mulet porc*.
La chair du mulet ressemble à celle du bar* mais elle est moins fine.

MÜLLER-THURGAU
Cépage* blanc mis au point en 1882 par le professeur H. Müller originaire de Thurgau, en Suisse, en effectuant un croisement de Sylvaner* et de Riesling*. Pratiquement disparu des vignobles français, le Müller-Thurgau est cultivé en Allemagne, au Luxembourg, en Autriche, en Suisse, en Nouvelle-Zélande, en Australie, au Japon, aux États-Unis, etc.
Ce cépage produit des vins* blancs gouleyants et fruités à boire jeunes.

MUNSTER ou MUNSTER-GÉROMÉ
Fromage* de lait de vache fabriqué dans les Vosges, en Alsace et en Lorraine. A.O.C.* depuis le 21 mai 1969 et reconnu A.O.P.* dans le cadre de l'U.E. Il doit son nom à une localité du Haut-Rhin située dans sa région d'origine. L'aire géographique de l'A.O.C. Munster s'étend sur 1 341 communes réparties sur 7 départements.
Type : pâte molle à croûte lavée.
Forme : disque.
Tailles : 13 à 19 cm de diamètre, 2,4 à 8 cm d'épaisseur. 7 à 12 cm de diamètre, 2 à 6 cm d'épaisseur pour le petit munster ou munster-Géromé.
Poids : 0,450 à 1,5 kg. Au moins 120 g pour le petit munster ou munster-géromé.
Teneur en M.G. : 45 % au minimum.
Meilleures saisons : été, automne.

MÛRE

Petit fruit noir ressemblant à la framboise* (1) et récolté sur un mûrier de culture ou sur une ronce sauvage. La mûre peut être consommée crue mais elle est surtout employée pour fabriquer de la liqueur* (crème* de mûre), de la confiture* ou de la gelée*. Elle entre également dans la composition de certaines pâtisseries.

(1) Il existe aujourd'hui des variétés de fruits hybrides résultant d'un croisement de mûrier et de framboisier portant le nom de "mûroise", "baie de Logan" ou "boysenberry".

MÛROISE

Voir Mûre*.

MUROL

Fromage* de lait* de vache fabriqué en Auvergne. Il doit son nom à son village d'origine dans le Puy-de-Dôme.
Type : pâte pressée non cuite, croûte lavée.
Forme : disque plat percé d'un trou central (1).
Taille : 12 cm de diamètre, 3,5 à 4 cm d'épaisseur.
Poids : 450 g environ.
Teneur en M.G. : 45 %.
Qualité identique toute l'année.

(1) La partie extraite est employée pour fabriquer un petit fromage paraffiné d'une cinquantaine de grammes appelé "Murolait".

MUSARD

Préparation culinaire contenant une purée de flageolets*.

MUSCADE (noix de)

Épice* originaire des Moluques, archipel indonésien. La noix de muscade est l'amande contenue dans la graine du fruit du muscadier. De saveur légèrement sucrée avec des arômes épicés, elle est utilisée râpée pour relever des sauces*, les préparations à base de pommes de terre*, les pâtisseries, les compotes, les vins* chauds, etc. On la trouve aussi dans la composition de certaines liqueurs* (ex : Bénédictine*).
Le macis, appelé également "fleur de muscade", est l'enveloppe charnue et fibreuse qui entoure la noix de muscade. Séché et réduit en poudre, il constitue une épice aux arômes de cannelle* et de poivre* employée pour parfumer les charcuteries, les marinades*, les soupes*, les salades, etc. Il entre également dans certains mélanges aromatiques (ex : curry*).

MUSCADELLE

Cépage* blanc dont l'origine, incertaine, pourrait se situer dans le Sud-Ouest.
Aires de culture : en Bordelais (Graves*, Barsac*, Sauternes*, etc.) et autres vignobles du Sud-Ouest (Monbazillac*, Gaillac*, etc.). La Muscadelle est également cultivée en Roumanie, en Hongrie, en Ukraine, en Australie, en Afrique du Sud, en Californie…
Vins* produits : blancs aromatiques, souvent issus de vendanges tardives* botrytisées. Dans le Bordelais, la Muscadelle est associée au Sauvignon* et au Sémillon* pour la production de vins liquoreux*.

MUSCADET (cépage)

Cépage* blanc originaire de Bourgogne, également dénommé "Melon de Bourgogne".
Aires de culture : zones d'appellation des différentes A.O.C. de Muscadet : Muscadet*, Muscadet-Coteaux de la Loire*, Muscadet-Sèvre et Maine*, Muscadet-Côtes de Grand Lieu*.
Vins* produits : blancs secs, frais et légers, présentant un léger perlant avec une mise en bouteille "sur lie".

MUSCADET (vin)

Vins* blancs produits dans la Vallée de la Loire, A.O.C.* depuis le 23 septembre 1937. La mention "Val de Loire" peut être éventuellement adjointe à l'appellation.
Aire de production : 90 communes de Loire-Atlantique, de Vendée et du Maine-et-Loire situées au sud et à l'est de Nantes.
Superficie du vignoble : 3 706 ha (en 2008).
Encépagement autorisé : Muscadet* ou Melon de Bourgogne*.
Rendement de base à l'hectare : 65 hl et 55 hl pour les vins commercialisés avec la mention "Sur lie".
Les vins bénéficiant de la mention "Sur lie" doivent obligatoirement :
• Se trouver sur leur lie de vinification au moins jusqu'au 1ᵉʳ mars qui suit l'année de récolte.
• Être mis en bouteille dans les chais de vinification entre le 1ᵉʳ mars et le 30 novembre de l'année qui suit la récolte.
• Porter l'indication du millésime*.

MUSCADET-COTEAUX DE LA LOIRE

Vins* blancs produits dans la Vallée de la Loire, A.O.C.* depuis le 14 novembre 1936. La mention "Val de Loire" peut être éventuellement adjointe à l'appellation.
Aire de production : 16 communes de Loire-Atlantique et 8 communes du Maine-et-Loire situées au nord-est de Nantes.
Superficie du vignoble : 189 ha (en 2005).
Encépagement autorisé : Muscadet* ou Melon de Bourgogne*.
Rendement de base à l'hectare : 55 hl.
Les vins bénéficient de la mention "Sur lie" doivent obligatoirement :
- Se trouver sur leur lie de vinification au moins jusqu'au 1er mars qui suit l'année de récolte.
- Être mis en bouteille dans les chais de vinification entre le 1er mars et le 30 novembre de l'année qui suit la récolte.
- Porter l'indication du millésime*.

MUSCADET-CÔTES DE GRAND LIEU

Vins* blancs produits dans la Vallée de la Loire, A.O.C.* depuis le 29 décembre 1994. La mention "Val de Loire" peut être éventuellement adjointe à l'appellation.
Aire de production : 17 communes de Loire-Atlantique et 2 communes de Vendée situées au sud-ouest de Nantes
Superficie du vignoble : 290 ha (en 2005).
Encépagement autorisé : Muscadet* ou Melon de Bourgogne*.
Rendement de base à l'hectare : 55 hl.
Les vins bénéficient de la mention "Sur lie" doivent obligatoirement :
- Se trouver sur leur lie de vinification au moins jusqu'au 1er mars qui suit l'année de récolte.
- Être mis en bouteille dans les chais de vinification entre le 1er mars et le 30 novembre de l'année qui suit la récolte.
- Porter l'indication du millésime*.

MUSCADET-SÈVRE ET MAINE

Vins* blancs produits dans la Vallée de la Loire, A.O.C.* depuis le 14 novembre 1936. La mention "Val de Loire" peut être éventuellement adjointe à l'appellation.
Aire de production : 21 communes de Loire-Atlantique et 2 communes du Maine-et-Loire situées à l'est de Nantes.
Superficie du vignoble : 8 217 ha (en 2005).
Encépagement autorisé : Muscadet* ou Melon de Bourgogne*.
Rendement de base à l'hectare : 55 hl.
Les vins bénéficient de la mention "Sur lie" doivent obligatoirement :
- Se trouver sur leur lie de vinification au moins jusqu'au 1er mars qui suit l'année de récolte.
- Être mis en bouteille dans les chais de vinification entre le 1er mars et le 30 novembre de l'année qui suit la récolte.
- Porter l'indication du millésime*.

MUSCARDIN

Cépage* noir originaire du Sud-Est et faisant partie de l'encépagement de certaines A.O.C. de la Vallée du Rhône, dont Châteauneuf-du-Pape*. Il produit des vins* peu colorés, faiblement tanniques et relativement acides employés en assemblage avec d'autres cépages.

MUSCAT

Nom de cépage* qui désigne plusieurs variétés de raisins* (1) produisant des vins* qui ont en commun des arômes "muscatés" plus ou moins marqués.
On distingue principalement :
Le Muscat Ottonel : Il a été obtenu par le pépiniériste Moreau-Robert vers 1850. Sa culture est développée en Alsace où il génère des vins* ronds et bouquetés, secs, plus souples ou liquoreux selon les vendanges et les modes de vinification. On le trouve également dans certains vignobles étrangers, notamment en Autriche.
Le Muscat à petits grains : Il est vraisemblablement d'origine grecque. Très présent dans le Languedoc-Roussillon, dans le sud de la Vallée du Rhône et en Corse pour l'élaboration des V.D.N.* (Muscat de Frontignan*, Muscat de Rivesaltes*, Maury*, Muscat de Beaumes-de-Venise*, Muscat du Cap Corse* etc.) il produit aussi des vins blancs effervescents et tranquilles. Cultivé sur 7 000 ha en France, on le rencontre également dans les vignobles italiens, croates, bulgares, espagnols, grecs, turques, brésiliens, roumains, etc. La surface de culture planétaire approche les 45 000 ha.

Muscat cultivé en Alsace

Le Muscat d'Alexandrie : Il est d'origine méditerranéenne, probablement d'Afrique du Nord. Comme le précédent, ce cépage entre dans l'élaboration des V.D.N. du sud de la France. Il est également à la base d'autres types de vins blancs dont les différences sont dues aux méthodes de culture et de vinification. Avec des surfaces cultivées supérieures à 55 000 ha (dont 3 000 en France), il est le Muscat le plus répandu dans le monde. On le trouve au Chili, au Maroc, en Australie, en Afrique du Sud, en Espagne, en Grèce, en Turquie, en Italie, au Portugal, en Tunisie, etc.
Le Muscat de Hambourg : variété noire de la famille des Muscats, ce cépage a plutôt vocation à produire des raisins* de table. Il est cependant utilisé pour la fabrication de jus de fruit et de vins rouges

tranquilles et effervescents de qualité moyenne. Le Muscat de Hambourg est cultivé dans le sud de la France (Muscat du Ventoux*) mais aussi en Grèce, en Roumanie, en Hongrie, au Portugal, en Argentine, au Japon, en Chine, en Australie, etc.
(1) Les ampélographes ont répertorié plus de 200 variétés de ce cépage.*

MUSCAT DE BEAUMES-DE-VENISE
V.D.N.* blancs produits dans le Vaucluse, A.O.C.* depuis le 1er juin 1945.
Aire de production : Communes de Beaumes-de-Venise et d'Aubignan, situées au nord de Carpentras.
Superficie du vignoble : 494 ha (en 2007).
Encépagement autorisé : Muscat* à petits grains.
Rendement de base à l'hectare : 25 hl de moût*.
Richesse naturelle initiale en sucre : 252 g/litre au minimum.
Apport en alcool* pur : 5 à 10 % du volume de moût mis en œuvre, avec un alcool titrant au moins 95°.
Richesse alcoolique minimum acquise : 15 %.
Teneur minimale en sucre résiduel naturel après élaboration : 110 g/litre.

MUSCAT DE FRONTIGNAN
Appellation d'Origine Contrôlée identique à Frontignan*.

MUSCAT DE LUNEL
V.D.N.* blancs produits en Languedoc-Roussillon, A.O.C.* depuis le 27 octobre 1943.
Aire de production : 4 communes de l'Hérault - dont Lunel - situées à l'est de Montpellier.
Superficie du vignoble : 321 ha (en 2007).
Encépagement autorisé : Muscat* à petits grains.
Rendement de base à l'hectare : 30 hl de moût*.
Richesse naturelle initiale en sucre : 252 g/litre au minimum.
Apport en alcool* pur : 5 à 10 % du volume de moût mis en œuvre, avec un alcool titrant au moins 96°.
Richesse alcoolique minimum acquise : 15 %.
Teneur minimale en sucre résiduel naturel après élaboration : 110 g/litre.

MUSCAT DE MIREVAL
V.D.N.* blancs produits en Languedoc-Roussillon, A.O.C.* depuis le 28 décembre 1959.
Aire de production : communes de Mireval et de Vic-la-Gardiole dans l'Hérault.
Superficie du vignoble : 260 ha (en 2007).
Encépagement autorisé : Muscat* à petits grains.
Rendement de base à l'hectare : 30 hl de moût*.
Richesse naturelle initiale en sucre : 252 g/litre au minimum.
Apport en alcool* pur : 5 à 10 % du volume de moût mis en œuvre, avec un alcool titrant au moins 96°.
Richesse alcoolique minimum acquise : 16 %.
Teneur minimale en sucre résiduel naturel après élaboration : 110 g/litre.

MUSCAT DE PATRAS
V.D.L.*, V.D.N.* et V.N.D. *(1)* grecs produits à partir de cépage Muscat blanc* dans le nord du Péloponnèse. Ce V.Q.P.R.D.* bénéficie d'une appellation d'origine dans son pays.
(1) Vin Naturellement Doux.*

MUSCAT DE RIVESALTES
V.D.N.* blancs produits en Languedoc-Roussillon, A.O.C.* depuis le 29 août 1956.
Aire de production : 90 communes des Pyrénées-Orientales et 9 communes de l'Aude.
Superficie du vignoble : 5 309 ha (en 2007).
Encépagement autorisé : Muscat* à petits grains et Muscat* d'Alexandrie.
Rendement de base à l'hectare : 30 hl de moût*.
Richesse naturelle initiale en sucre : 252 g/litre au minimum.
Apport en alcool* pur : 5 à 10 % du volume de moût mis en œuvre, avec un alcool titrant au moins 95°.
Richesse alcoolique minimum acquise : 15 %.
Teneur minimale en sucre résiduel naturel après élaboration : 100 g/litre.

MUSCAT DE SAINT-JEAN-DE-MINERVOIS
V.D.N.* blancs produits en Languedoc-Roussillon, A.O.C.* depuis le 10 novembre 1949.
Aire de production : commune de Saint-Jean-de-Minervois dans l'Hérault.
Superficie du vignoble : 195 ha (en 2007).
Encépagement autorisé : Muscat* doré de Frontignan.
Rendement de base à l'hectare : 28 hl de moût*.
Richesse naturelle initiale en sucre : 252 g/litre au minimum.
Apport en alcool* pur : 5 à 10 % du volume de moût mis en œuvre, avec un alcool titrant au moins 95°.
Richesse alcoolique minimum acquise : 15%.
Teneur minimale en sucre résiduel naturel après élaboration : 125 g/litre.

MUSCAT DE SAMOS
Appellation identique à Samos*.

MUSCAT DU CAP CORSE
V.D.N.* blancs produits en Corse, A.O.C.* depuis le 26 mars 1993.
Aire de production : 17 communes de Haute-Corse situées dans la pointe nord de l'île.
Superficie du vignoble : 98 ha (en 2006).
Encépagement autorisé : Muscat* à petits grains.
Rendement de base à l'hectare : 30 hl de moût*.
Richesse naturelle initiale en sucre : 252 g/litre au minimum.
Apport en alcool* pur : 5 à 10 % du volume de moût mis en œuvre, avec un alcool titrant au moins 96°.
Richesse alcoolique acquise : 15 à 18 %.
Teneur minimale en sucre résiduel naturel après élaboration : 95 g/litre.

MUSCAT DU VENTOUX
Raisin* de table produit en Provence. A.O.C.* depuis

le 22 août 1997, il est reconnu A.O.P.* dans le cadre de l'U.E. La variété cultivée est le Muscat* de Hambourg. L'aire de production s'étend sur 56 communes du Vaucluse situées à proximité du Mont Ventoux.

MUSCOVADO ou MASCOBADO
Sucre* de canne complet de couleur ambrée qui n'a subi aucun raffinage. Ce produit au goût très prononcé provient de l'Ile Maurice.

MUSE VERTE (la)
Pastis* non sucré de couleur vert ambré qui s'affiche comme un vrai pastis à l'ancienne. Originaire du Sud-Ouest, *La Muse verte* est présentée dans une bouteille emballée dans une feuille de papier pour que la lumière n'altère pas sa couleur. Le produit est vendu avec une cuillère percée qui permet d'adjoindre le sucre* au moment où l'on verse l'eau pour la dégustation.

MUSELET
Lien constitué de fils métalliques coiffant le bouchon d'un vin effervescent*.
C'est lors de la mise au point de la Méthode champenoise* que Dom Pérignon dut trouver un moyen pour obturer les bouteilles de vin effervescent. Jusque là, les bouteilles étaient bouchées avec une cheville de bois entourée de chanvre imprégné d'huile. Le moine cellérier imagina le remplacement de ce système peu fiable par un bouchon* de liège maintenu avec une ficelle. C'est seulement vers 1880 qu'apparaît le premier muselet avec sa plaque métallique *(1)*.

(1) Cette petite plaque circulaire, posée sur le bouchon, évite au liège de s'incruster dans le muselet sous la pression du vin.

MUSIGNY
Vins* rouges et blancs produits en Bourgogne*, Grand Cru bénéficiant d'une A.O.C.* depuis le 11 septembre 1936.
Aire de production : parcelles délimitées des lieux-dits "Les Musigny", "Les Petits-Musigny" et "La Combe d'Orveau" sur la commune de Chambolle-Musigny, d'une superficie totale de 10,50 ha dont 9,85 ha en vins rouges et 0,65 ha en vins blancs.
Encépagement autorisé : Pinot noir*, Pinot Beurot*, Pinot Liébault* et Chardonnay*.
Rendement de base à l'hectare : 35 hl pour les vins rouges et 40 hl pour les vins blancs.

MUSTIMÈTRE
Instrument qui permet de mesurer la richesse en sucre d'un moût* en fonction de sa densité. Le mustimètre Salleron, gradué selon l'échelle centésimale de Gay-Lussac*, indique la teneur en sucre du raisin* au moment des vendanges. À partir de cette indication, on peut établir la probable teneur en alcool* du futur vin*.

MUTAGE
Opération de vinification* qui consiste à stopper la fermentation alcoolique* par addition d'alcool* dans le moût*. Les V.D.N.* et les V.D.L.* sont obtenus par ce procédé.
Le pommeau de Normandie*, le pommeau de Bretagne* et le pommeau du Maine* sont élaborés grâce à un procédé similaire, mais à partir d'un moût* de pommes.

Mustimètre Salleron

MUTTON CHOP
Pièce de mouton* ou d'agneau* constituée d'une côte* filet de double épaisseur. Elle est très souvent taillée en double côte.

MYRRHE
Résine aromatique fournie par un arbre des régions chaudes, le balsamier ou baumier. Cette substance est utilisée dans la fabrication de certaines liqueurs* comme la Bénédictine*.

MYRTE
Arbrisseau qui pousse dans le Bassin méditerranéen. Les feuilles très odorantes et les baies, de couleur noir-bleuté, servent à aromatiser certains plats corses, sardes, siciliens ou grecs. Les baies entrent également dans la composition de liqueurs* locales.

MYRTILLE
Petite baie bleue foncée à pulpe très colorée, cueillie sur un arbrisseau qui pousse naturellement dans les sous-bois de certaines régions montagneuses. Il existe maintenant des myrtilles de culture qui sont plus grosses mais moins aromatiques que les fruits sauvages.
La myrtille est consommée nature, en confiture* ou en gelée*, en garniture de tarte*, comme accompagnement de viandes ou gibiers et entre dans la fabrication de spiritueux*.

NO

NABUCHODONOSOR
Bouteille d'une contenance équivalente à 20 bouteilles classiques, soit 15 litres.

NAGE
Court-bouillon* spécialement préparé pour pocher des coquillages ou des crustacés.

NANTAIS
Autre dénomination du Curé nantais*.

NANTUA (sauce)
Sauce béchamel* additionnée de crème fraîche*, beurre* et queues d'écrevisses*.

NAPOLITAINE
Garniture* composée de spaghettis liés au beurre* avec sauce tomate*, tomates concassées et fromage* râpé (parmesan* ou gruyère*).

NATURÉ
Autre dénomination du cépage* Savagnin*.

NAVARIN
Sauté* d'agneau* ou de mouton garni de pommes de terre ou d'un assortiment de légumes (navets*, carottes*, petits oignons, petits pois, haricots verts*, pommes de terre*).

NAVET

Plante potagère d'origine européenne dont on consomme la racine. Le navet, qui fut pendant longtemps un légume de base de nombreux apprêts culinaires, a vu sa consommation considérablement diminuer (elle est passée de 250 000 tonnes avant la première guerre mondiale à 50 000 tonnes à la fin du 20ème siècle). Il reste cependant un des composants traditionnels du pot-au-feu* et il est encore employé en purée, en potage* et comme élément de garniture*.
Parmi les principales variétés citons : *le Rouge de Milan, le Blanc de Milan, le Nantais, le Croissy, le Rond de Nancy, le Jaune boule d'or…*

NAVETTE (pâtisserie)
Petit gâteau d'origine méridionale qui a la forme d'une barquette. Il est fait de farine*, beurre, sirop de sucre*, fruits confits* ou amandes* et il est parfumé à l'eau de fleur d'oranger*.

NAVETTE (plante)
Plante fourragère, proche du colza, cultivée aussi pour ses graines oléagineuses qui produisent une huile dont la flaveur* rappelle le rutabaga* ou le navet*.

NEAC
Vins* rouges produits dans le Bordelais, A.O.C.* depuis le 8 décembre 1936. Bien qu'existant toujours officiellement, cette appellation n'est plus revendiquée puisque les vins provenant de cette commune sont commercialisés sous l'A.O.C. Lalande-de-Pomerol*.

NECTAR DE FRUIT
Purée ou jus de fruit additionnés de sucre* et d'eau. Le nectar concerne les fruits pulpeux (abricot*, pêche*, poire*…) et les fruits acides (groseille*, cassis*, cerise* aigre…).

NECTARINE
Fruit à noyau originaire des États-Unis dont la chair est juteuse et la peau lisse. Contrairement à ce qui est communément affirmé, la nectarine n'est pas un hybride *(1)* obtenu par croisement d'un abricotier et d'un pêcher ou d'un prunier et d'un pêcher mais l'aboutissement d'une mutation naturelle du pêcher. La nectarine trouve les mêmes destinations culinaires que la pêche*.

(1) Il existe effectivement un hybride de prune et d'abricot appelé "prunabricot" en France et "pluot" aux États-Unis (contraction de "plum" qui signifie "prune" et "apricot", traduction du mot "abricot"). Ce fruit a été obtenu en 1958 par un pépiniériste américain, F. Zaiger.

Nectarine "Fantasia" à chair jaune

NECTAVIGNE
Fruit hybride de création récente résultant du croisement de pêche* de vigne et de nectarine*.

NÈGRE EN CHEMISE
Entremets* au chocolat* décoré avec de la crème Chantilly*.

NÉGRETTE
Cépage* noir probablement originaire du Sud-Ouest.
Aires de culture : vignobles du Frontonnais (Fronton*) et du Sud du Massif Central (Vins d'Entraygues et du Fel*, Vins d'Estaing*). Cultivé en France sur 1 300 ha, la Négrette est également présente sur de faibles superficies en Californie.
Vins* produits : rouges colorés et aromatiques, de faible acidité et de longévité moyenne.

NÉGRONI
Cocktail* (apéritif) préparé sur glace directement dans un tumbler.
2 cl de vermouth* italien
2 cl de Campari* bitter
3 cl de gin*
½ tranche d'orange*
Verser le vermouth, le Campari et le gin. Remuer et décorer avec la ½ tranche d'orange.

NEM
Spécialité vietnamienne semblable au pâté impérial*. L'enveloppe, une fine galette de riz*, est garnie d'une farce constituée de légumes, de poulet*, de crabe*, d'œufs*, etc.

NESSEL
Eau minérale naturelle* plate captée à Soultzmatt dans le Haut-Rhin, déclarée d'intérêt public le 29 mars 1865. Son nom lui vient du propriétaire des sources qui développa l'exploitation du site à partir de 1838.
Catégorie : moyennement minéralisée.

Composition physico-chimique (en mg/l)	
Cations	Anions
Sodium : 235 Calcium : 103,3 Magnésium : 51,8 Potassium : 34,7	Bicarbonates : 1 088,8 Sulfates : 75 Chlorures : 36,5 Nitrates : 2
Fluor : 1,69	
pH à 20°C : 6,1	Minéralisation totale : 1 400 mg/l

NEUFCHÂTEL
Fromage* de lait* de vache fabriqué en Normandie, A.O.C.* depuis le 3 mai 1969 et reconnu A.O.P.* dans la cadre de l'U.E. Il doit son nom à une localité du Pays de Bray d'où il est originaire. L'aire d'appellation couvre 133 communes de Seine-Maritime et 1 commune de l'Oise.
Type : pâte molle à croûte fleurie.
Le neufchâtel se présente sous plusieurs versions :
Bonde *ou* ***Bondon*** : 4,5 cm de diamètre, 6,5 cm de hauteur pour un poids de 100 g.
Double bonde : 5,8 cm de diamètre, 8 cm de hauteur pour un poids de 200 g.
Carré : 6,5 cm de côté, 2,4 cm de hauteur pour un poids de 100 g.
Briquette : 7 cm de longueur, 5 cm de largeur, 3 cm de hauteur pour un poids de 100 g.
Cœur : 8,5 cm du centre à la pointe, 10 cm d'un arrondi à l'autre, 3,2 cm de hauteur pour un poids de 200 g.
Grand cœur *ou* ***Gros cœur*** : 10,5 cm du centre à la pointe, 11 cm d'un arrondi à l'autre, 5 cm de hauteur pour un poids de 600 g.
Teneur en M.G. : 45 % au minimum.
Meilleures saisons : été, automne.

NIÇOISE (à la)
Dénomination d'apprêts culinaires comportant, selon la nature du plat (poisson, viande ou volaille), des olives*, des filets d'anchois, de l'ail*, des tomates* et des haricots verts*.

NIÇOISE (salade)
Salade composée constituée de rondelles de pommes de terre*, haricots verts*, quartiers de tomates* et décorée de filets d'anchois, olives* et câpres*. Feuilles de laitues*, poivrons* émincés, miettes de thon* et quartiers d'œufs* durs peuvent compléter la préparation.
Assaisonnement : sauce vinaigrette* (réalisée éventuellement avec de l'huile* d'olive).

NIELLUCCIO ou NIELLUCCIU
Cépage* noir originaire d'Italie où il est dénommé "Sangiovese".
Aires de culture : vignobles corses où il occupe environ 1 500 ha (Vin de Corse*, Ajaccio*, Patrimonio*).
Vins* produits : rouges charpentés, colorés, avec des arômes puissants. Le Nielluccio est également vinifié en rosé.

NIOKI
Voir Gnocchi*.

NIOLO
Fromage* de lait* de chèvre ou de lait de brebis fabriqué en Corse. Il doit son nom à un plateau de Haute-Corse, près de Corte, d'où il est originaire.
Type : pâte molle, croûte naturelle.
Forme : carré à bords arrondis.
Taille : 12 à 14 cm de côté, 4 à 6 cm d'épaisseur.
Poids : 400 à 700 g.
Teneur en M.G. : 45 %.
Meilleures saisons : été, automne.

NOAH
Cépage* blanc hybride *(1)* dont la culture est prohibée depuis 1935 *(2)*. François Baco réalisa le croisement de la Folle blanche* et du Noah pour obtenir le Baco blanc*.
(1) Résultat de l'hybridation Vitis Labrusca et Vitis Riparia.
(2) La culture fut officiellement interdite pour des raisons sanitaires, la quantité de méthanol contenue dans le vin issu de ce cépage étant jugée trop élevée. La consommation du raisin frais ne présente aucun danger puisque le méthanol n'apparaît qu'à la fermentation.

NOBLE
Cépage* figurant dans la liste des variétés autorisées pour l'élaboration du Touraine mousseux* rosé.

NOILLY PRAT
Vermouth* mis au point en 1813 par Joseph Noilly. Il est toujours élaboré à Marseillan sur les bords de l'étang de Thau, dans l'Hérault.
Ce Vermouth dry (18°), apprécié dans le monde entier, notamment aux États-Unis, est issu d'une formule originale où l'on retrouve des vins* de cépages* cultivés localement (Picpoul* et Clairette*) avec de nombreux composés aromatiques. Il est également prisé de certains cuisiniers qui l'emploient couramment dans leurs préparations.
La Maison Noilly Prat propose par ailleurs 2 autres produits : *un vermouth rouge* (créé en 1956) et *un vermouth doux et ambré* (créé en 1986).

NOIRIEN
Autre dénomination du cépage* Pinot noir*.

NOISETTE (fruit)
Fruit du noisetier, arbrisseau originaire d'Asie Mineure. La noisette est parfois consommée fraîche *(1)* mais on la trouve surtout sous forme de fruit sec et oléagineux qui contient 70 % de matières grasses *(2)*. Elle se prête aux mêmes utilisations culinaires que la noix* et sert de base à la fabrication de liqueurs*.
Parmi les principales variétés de noisettes, citons *l'Ennis, la Butler, la Fertile de Coutard, la Ségorbe, la Merveille de Bollwiller, la Davian, la Tonda…*
(1) Elle est alors présentée avec sa cupule, calice vert entourant le fruit.
(2) La noisette produit une huile très parfumée, utilisée froide pour les assaisonnements.*

NOISETTE (pièce de boucherie)
Terme désignant un petit morceau d'agneau* ou de chevreuil* constitué d'une côte-filet ou d'une côte* première désossée et bardée.

NOIX (de veau)
La noix, la sous-noix et la noix pâtissière sont les 3 morceaux qui constituent la cuisse (ou cuisseau) du veau*.

NOIX (fruit)
Fruit du noyer, arbre originaire des bords de la Mer Caspienne. La noix est constituée de 2 cerneaux *(1)* enfermés dans une coque dure (écale). Seulement 20 % de la production est commercialisé en noix fraîche, le reste est mis à sécher. Ce fruit sec et oléagineux trouve de nombreuses utilisations dans le domaine culinaire (huile*, pâtisserie, confiserie, salades, farces…). De la coque verte qui enveloppe la noix est extrait le "brou de noix", liquide brun, riche en tanin, utilisé comme matière colorante.

Noix fraîches

La Noix de Grenoble, A.O.C.*, depuis le 10 juillet 1996 est reconnue A.O.P.* dans le cadre européen. Sa production est limitée à une aire d'appellation qui s'étend sur 258 communes de l'Isère, la Drôme et la Savoie. Les variétés cultivées, *la Franquette, la Mayette* et *la Parisienne* peuvent être commercialisées sous forme de noix fraîches ou de noix sèches.
La Noix du Périgord, A.O.C.*, depuis le 2 mai 2002 est reconnue A.O.P.* dans le cadre de l'U.E. Sa production est limitée à une aire d'appellation qui s'étend sur 578 communes des départements de la Dordogne, du Lot, de la Corrèze et de la Charente.

Les variétés cultivées, *la Franquette, la Marbot, la Corne* et *la Grandjean* peuvent être commercialisées sous forme de noix fraîches, noix sèches ou cerneaux.

Notons que la nuciculture (culture de la noix) pour ces deux A.O.C. représente 2 850 producteurs sur 11 000 hectares de noyeraies.

(1) Le cerneau, en forme d'hémisphère cérébral, est la partie comestible de la noix extraite de sa coque par énoisage. Les 2 cerneaux d'une noix sont séparés par un "mésocarpe".

NOIX DE CAJOU
Fruit de l'anacardier *(1)*, arbre originaire d'Amérique du Sud. La noix de cajou, séchée, grillée et salée est souvent servie en accompagnement de l'apéritif.

(1) Pendant que la noix, en réalité la graine, se développe, le pédoncule se gonfle pour se transformer en une excroissance volumineuse de couleur rouge appelée "pomme de cajou". La pulpe juteuse et sucrée de ce faux fruit est employée pour faire de la confiture ou fabriquer un spiritueux* très prisé en Inde, le Fenny.*

NOIX DE COCO
Fruit exotique récolté sur le cocotier, variété de palmier originaire de Mélanésie. La noix de coco est constituée d'une coque fibreuse qui contient un liquide blanc, sucré et désaltérant appelé "lait de coco". En mûrissant, ce liquide se transforme progressivement en une pulpe blanche qui se consomme râpée ou en petits morceaux dans certaines préparations culinaires.

De la noix de coco on extrait également *le coprah* ou *copra*, matière oléagineuse qui fournit une huile* employée dans la fabrication de cosmétiques et de corps gras comme la Végétaline*.

NOIX DE PÉCAN ou NOIX DE PACANE
Fruit provenant du pacanier, arbre gigantesque originaire des États-Unis. La noix de Pécan contient une amande à 2 lobes, très goûteuse, souvent utilisée en pâtisserie.

NONNETTE
Petit pain d'épice* nappé de glaçage, initialement fabriqué par des nonnes.

NORMANDE (à la)
Dénomination d'apprêts culinaires comportant des produits du terroir normand: crème fraîche*, beurre*, pommes*, cidre*, calvados*, pommeau*, etc. ainsi que des coquillages ou crustacés présents sur le littoral de cette région.

NORMANDE (garniture)
Garniture* de poisson composée de moules* et huîtres* pochées, champignons*, queues de crevettes* décortiquées, écrevisses*, goujons* frits, lames de truffes* et croûtons de pain de mie*.

NORMANDE (sauce)
Velouté* de fumet* de soles* additionné d'essence de champignons*, de jus de moules* et d'huîtres*, lié au jaune d'œuf* et à la crème fraîche*.

NOUGAT
Confiserie traditionnellement préparée à partir de fruits secs (amandes*, pistaches*, noix* ou noisettes*), de sucre* et de miel*. On distingue plusieurs types de nougat, dont:

Le nougat de Montélimar qui contient au moins 30% de fruits (28 % d'amandes douces et 2 % de pistaches).

Le nougat de Provence qui contient au moins 25 % de miel avec une garniture composée de noisettes, d'amandes, de coriandre et d'anis*. Il est aromatisé à l'eau de fleur d'oranger*.

Le nougat au miel qui contient au moins 20 % de miel.

Le nougat ou *nougat blanc* qui contient au moins 15 % de fruits.

La pâte de nougat qui contient moins de 15 % de fruits.

Le nougat tendre qui est fait avec du sucre glace.

On rencontre également *le nougat parisien, le nougat rouge, le nougat noir, le nougat vietnamien*, etc.

Source: M. Rougemont/Cedus

NOUGAT GLACÉ
Dessert glacé réalisé à partir d'un appareil* composé de meringue* italienne, crème Chantilly* et petits morceaux de nougatine* éventuellement additionné de fruits confits*, amandes* concassées, pistaches*, zestes* d'orange confits… Il se sert accompagné d'un coulis* de fruits ou d'une crème anglaise*.

NOUGATINE
a) Préparation faite de caramel* et d'amandes* concassées ou effilées (éventuellement additionnée de noisettes*). Elle sert de support ou de décor à certaines pièces de pâtisserie. La nougatine est également employée pour fourrer des bonbons.

b) Génoise* fourrée de crème pralinée et garnie de noisettes ou d'amandes* hachées. Ce gâteau est glacée au fondant* chocolat*.

Couronne de nougatine

NOUILLES
Pâtes alimentaires détaillées en lanières plus petites que les tagliatelles*.

NOURRAIN
Voir Porc*.

NUITS-SAINT-GEORGES ou NUITS
Vins* rouges et blancs produits en Bourgogne*, A.O.C.* depuis le 11 septembre 1936. Pour les vins dont les récoltes proviennent de parcelles classées "Premier cru", l'appellation communale peut être complétée par le nom du climat* d'origine *(1)* et (ou) par la mention "Premier cru".
Aire de production : communes de Nuits-Saint-Georges et Prémeaux-Prissey situées au nord-est de Beaune. Superficie du vignoble : 308 ha (en 2007) dont 301 ha en vins rouges et 7 ha en vins blancs.
Encépagement autorisé : Pinot noir*, Pinot Gris*, Pinot Liébault*, Chardonnay* et Pinot blanc*.
Rendement de base à l'hectare : 40 hl pour les vins rouges et 45 hl pour les vins blancs.

(1) "Les terres Blanches", "Clos des Grandes Vignes", "Clos des Porrets Saint-Georges", "Château Gris", "Aux Argillas", "Aux Boudots", "Aux Bousselots", "Aux Chaignots", "Aux Champs-Perdrix", "Aux Cras", "Aux Crots", "Aux Damodes", "Aux Murgers", "Aux Thorey", "Aux Vignes-Rondes", "En la Chaîne-Carteau", "Les Perrières", "La Richemone", "La Roncière", "Les Argillières", "Les Cailles", "Les Chabœufs", "Les Hauts-Pruliers", "Les Poulettes", "Les Porrets Saint-Georges", "Les Procès", "Les Pruliers", "Les Saints-Georges", "Les Vallerots", "Les Vaucrains", "Rue-de-Chaux" , "Perrière-Noblot", "Aux Perdrix", "Clos -Arlots", "Clos-de-La-maréchale", Clos des Argillières", "Clos-des-Corvées", "Clos-des-Forêts Saint-Georges", "Le Clos-Saint-Marc", "Les Corvets-Pagets" et "Les Didiers".

NUOC-MÂM
Condiment* originaire du Sud-Est asiatique obtenu à partir d'une macération de petits poissons dans de la saumure*. Le nuoc-mâm, produit à goût relevé et à odeur forte, est employé pour assaisonner de nombreux plats des cuisines vietnamienne et indonésienne.

ŒCHSLE (degré)
Unité de mesure de la densité d'un moût* surtout utilisée en Alsace, en Allemagne et en Autriche.

ŒNOLOGIE
Discipline scientifique ayant pour objets la fabrication, l'élevage* et la conservation des vins*. Œnologue a un titre reconnu par la loi du 19 mars 1955 et officialisé par un diplôme d'état.
Louis Pasteur* a fait considérablement progresser l'œnologie moderne.

ŒNOPHILE
Personne passionnée par le vin*. L'œnophile, dégustateur éclairé, s'intéresse également à l'histoire et à l'élaboration des différents produits vinicoles.

ŒUF
Le terme "œuf" désigne en général un corps organique pondu par les ovipares (oiseaux, poissons, reptiles) mais, dans le domaine culinaire, ce terme désigne l'œuf de poule*. Pour les œufs provenant des autres oiseaux (caille*, canne*, oie*, autruche*, etc.) la dénomination "œuf" doit être suivie du nom de l'animal producteur. La France produit environ 15 milliards d'œufs par an grâce à la ponte de 60 millions de poules (une poule met environ 26 heures pour pondre un œuf). La consommation moyenne annuelle, par habitant, est évaluée à 250 unités.
Les règlements communautaires définissent précisément les critères sur lesquels sont basées la production et la commercialisation des œufs.

L'œuf de poule pèse en moyenne 60 grammes *(1)* mais des calibrages normalisés permettent de classer les œufs en 4 catégories de poids :

S → petit → moins de 53 g.
M → moyen → de 53 à 63 g.
L → gros → de 63 à 73 g.
XL → très gros → plus de 73 g.

Sur le critère de fraîcheur, on trouve essentiellement 2 catégories :

Les œufs "extra frais" (chambre à air inférieure à 4 mm) qui doivent être vendus dans les 7 jours qui suivent le conditionnement ou dans les 9 jours après la ponte.

Les œufs "frais" (chambre à air inférieure à 6 mm) ont une D.C.R.* de 28 jours.

Lorsque des œufs crus sont nécessaires à la réalisation de préparations culinaires ou de cocktails*, il est conseillé d'utiliser des œufs "extra-frais".

(1) Le blanc représente 60 %, le jaune 30 % et la coquille 10 %.

Chez les poules, comme chez les autres espèces vivantes, on rencontre des phénomènes étonnants ; c'est ainsi qu'en 1990, une poule a pondu un œuf de 1,21 g et qu'en 1994, une de ces congénères en a pondu de 202 g.

ŒUF À LA COQUE

Il existe plusieurs méthodes pour cuire un œuf *à la coque :

Œuf à la coque

a) L'œuf est plongé 3 minutes dans l'eau en ébullition *(1)*.

b) Il est plongé dans l'eau froide qui est ensuite portée à ébullition. Il est retiré dès que l'ébullition est atteinte *(1)*.

c) L'œuf est plongé 1 minute dans l'eau en ébullition. Il reste ensuite 3 minutes dans l'eau bouillante, hors du feu, avant d'être retiré *(1)*.

L'œuf à la coque doit être préparé avec un œuf "extra frais". Il se consomme en coquetier généralement accompagné de mouillettes*.

(1) Temps moyen pour un œuf de 60 g. à température ambiante.

ŒUF BROUILLÉ

Œuf* légèrement battu, salé, poivré et cuit à chaleur douce *(1)* en le remuant avec une spatule en bois dans un récipient beurré. La préparation, qui doit rester de consistance crémeuse, est additionnée de beurre* et de crème fraîche*. L'œuf brouillé est souvent garni de divers ingrédients.

(1) Au bain-marie par exemple.

ŒUF COCOTTE

Œuf* cassé dans une petite cocotte (ou autre récipient) préalablement beurrée, salée et poivrée *(1)*. La cuisson se fait au bain-marie. L'œuf cocotte est souvent garni d'ingrédients divers qui sont alors disposés en fond de récipient.

(1) L'assaisonnement n'est pas mis sur l'œuf pour éviter toute marque apparente sur le jaune et le blanc.

ŒUF DUR

Œuf* plongé dans l'eau bouillante 8 à 9 minutes avant d'être rafraîchi sous l'eau froide et écalé.

ŒUF FILÉ

Œuf* battu et poché en petits filaments dans de l'eau bouillante. L'œuf filé est employé comme garniture de consommé* ou de potage*.

ŒUF FRIT

Œuf* cassé dans un petit récipient et plongé dans un bain de friture ou autre corps gras très chaud (graisse d'oie, saindoux*, etc.). Après une cuisson rapide, environ 1 minute, le blanc doit bien enrober le jaune.

ŒUF MIROIR

Variante d'œuf sur le plat* cuit au four où le blanc devient laiteux et le jaune brillant.

ŒUF MOLLET

Œuf* plongé dans l'eau bouillante 5 à 6 minutes avant d'être rafraîchi sous l'eau froide et écalé. Il s'agit d'une cuisson intermédiaire entre l'œuf à la coque* et l'œuf dur*. Le blanc est ferme mais le jaune reste coulant

ŒUF MOULÉ

Œuf* cuit au bain-marie dans un moule beurré et parsemé ou chemisé d'ingrédients divers *(1)*. Il est ensuite démoulé sur un croûton, une croustade*, un toast*, un fond d'artichaut*, etc.

(1) Persil, truffe* ou jambon* hachés, feuilles de légumes, etc.*

ŒUF POCHÉ

Œuf* cassé dans un petit récipient et plongé dans l'eau bouillante salée et vinaigrée durant 3 minutes. Comme pour l'œuf frit*, le blanc doit bien enrober le jaune.

L'œuf peut également être poché dans du vin* rouge (ex : œuf en meurette*).

ŒUF SUR LE PLAT
Œuf* cassé dans un plat spécial préalablement beurré, salé et poivré (1). Classiquement, il est cuit doucement sur une plaque de cuisson ou un feu nu afin d'obtenir un blanc juste coagulé et un jaune coulant. La cuisson au four, totale ou partielle, est aussi utilisée.

(1) L'assaisonnement n'est pas mis sur l'œuf pour éviter toute marque apparente sur le jaune et le blanc.

ŒUFS À LA NEIGE
Voir Île flottante*.

ŒUFS À LA TRIPE
Œufs durs* détaillés par moitiés ou en rondelles et nappés de sauce soubise*.

ŒUFS AU LAIT
Entremets* froid qui se présente sous forme de crème prise à base d'œufs*, sucre*, lait* et vanille* (ou autre parfum).

ŒUFS AURORE
Demi-œufs durs* évidés et garnis d'une farce composée de sauce béchamel*, jaunes pilés et fines herbes avant d'être nappés d'une sauce béchamel tomatée. Après avoir été glacée, la préparation est parsemée de jaunes passés au tamis.

ŒUFS BRAGANCE
Œufs pochés* dressés sur demi-tomates* étuvées, nappés de sauce béarnaise* et entourés d'un cordon de fond de sauce* lié.

ŒUFS BROUILLÉS ARGENTEUIL
Œufs brouillés* additionnés de pointes d'asperges*.

ŒUFS BROUILLÉS PORTUGAISE
Œufs brouillés* additionnés de tomates* concassées.

ŒUFS DE CENT ANS
Préparation populaire asiatique qui consiste à conserver un œuf* de poule ou de cane pendant plusieurs semaines ou plusieurs mois dans un mélange formé de boue riche en chaux, de riz paddy*, de cendre, de feuilles de thé, de sel*, etc. La transformation de l'œuf, causée par une fermentation lente, est assez spectaculaire. Le jaune devient vert foncé avec une consistance crémeuse et une odeur forte, alors que le blanc prend une couleur brun foncé d'aspect translucide.

ŒUFS DE POISSON
La préparation à base d'œufs de poisson, la plus connue est bien évidemment le caviar* mais, hormis l'esturgeon*, d'autres poissons, qu'ils soient de mer ou d'eau douce, produisent des œufs qui sont employés pour garnir des canapés* ou confectionner divers apprêts culinaires.

Au naturel ou traités, nous trouvons ainsi des œufs de saumon*, de lump*, de truite*, de cabillaud* (1), de mulet* (2), de hareng, de brochet*... Les œufs de poisson sont parfois désignés collectivement sous le nom de "rogue".

(1) Les œufs de cabillaud entrent dans la composition du tarama*.
(2) La poutargue* est réalisée à partir d'œufs de mulet.

Œufs de saumon

ŒUFS EN MEURETTE
Œufs* pochés au vin* rouge (vin de Bourgogne de préférence) avec petits oignons*, lardons et dressés sur croûtons.

ŒUFS FARCIS CHIMAY
Demi-œufs durs* évidés et garnis d'une farce composée des jaunes passés au tamis, duxelles*, crème fraîche* et persil* haché. L'ensemble est nappé de sauce Mornay* et saupoudré de fromage* râpé avant d'être glacé.
La préparation doit son nom à la princesse de Chimay, habituée des dîners mondains sous le Directoire.

ŒUFS FRITS AU BACON
Œufs frits* dressés sur croûtons frits avec tranches de bacon* grillées et décorées de persil* frit.

ŒUFS HENRI IV
Œufs pochés* dressés en tartelette et nappés de sauce béarnaise*.

ŒUFS MASSENA
Œufs pochés* ou mollets* dressés sur un fond d'artichaut* garni de sauce béarnaise*. L'ensemble est nappé de sauce tomate* et surmonté d'une lame de moelle parsemée de persil* haché.

ŒUFS MIMOSA
Demi-blancs d'œufs durs* évidés et garnis d'une farce composée des jaunes passés au tamis, de sauce mayonnaise* et de persil* ciselé.

ŒUFS MIREILLE
Œufs pochés* ou mollets* dressés sur riz* pilaf safrané,

nappés de sauce crème* au safran* et entourés de petits croûtons frits et de tomates* concassées.

ŒUFS MOLLETS FLORENTINE
Œufs mollets* dressés sur un lit d'épinards* en branches étuvés au beurre* et nappés de sauce Mornay*.

ŒUFS MOSCOVITE
Œufs durs* dont les 2 extrémités ont été coupées pour leur donner l'apparence de petits tonnelets. Évidés, ils sont garnis de caviar*, cerclés de filets d'anchois* et décorés d'une pastille de truffe* pour imiter la bonde.
Dressage sur fonds d'artichauts* avec gelée hachée.

ŒUFS RIBAUCOURT
Œufs cocotte* additionnés d'une garniture zingara*.

ŒUFS SAINT-HUBERT
Œufs pochés* ou mollets* dressés en tartelettes sur hachis de gibier, nappés d'une sauce poivrade* et décorés de lames de truffes*.

ŒUFS SÉVIGNÉ
Œufs pochés* ou mollets* dressés sur croûtons garnis de laitue* braisée. L'ensemble est nappé de sauce suprême* et décoré de lame de truffe*.
Cette préparation est dédiée à la Marquise de Sévigné, célèbre femme de Lettres (1626-1696).

ŒUFS TOUPINEL
Œufs pochés* dressés dans de grosses pommes de terre* cuites au four qui sont évidées et garnies d'une purée Parmentier* crémée et d'épinards* étuvés au beurre*.
L'ensemble est nappé de sauce Mornay*.

ŒUFS VILLEROY
Œufs pochés* ou mollets* enrobés de sauce Villeroy* et refroidis avant d'être panés à l'anglaise pour être frits. Ils sont dressés avec du persil* frit et accompagnés de sauce tomate*.

ŒUFS VIROFLAY
Œufs pochés* ou mollets* dressés en croustades* sur épinards* en branches étuvés au beurre* et nappés d'une sauce suprême*.

OGEU (eau de source)
Eau-de-source* captée à Ogeu-les-Bains dans les Pyrénées-Atlantiques.
Catégorie : faiblement minéralisée.
pH à 20 °C : 7,7.
Minéralisation totale : 268 mg/l.

OGEU (eau minérale)
Eau minérale naturelle* gazeuse captée à Ogeu-les-Bains dans les Pyrénées-Atlantiques.

Autorisée par l'Etat en 1880.
Catégorie : faiblement minéralisée.

Composition physico-chimique (en mg/l)	
Cations	**Anions**
Calcium : 48	Bicarbonates : 183
Sodium : 31	Chlorures : 35
Magnésium : 12	Sulfates : 18
Potassium : 1	Nitrates : 4
pH à 20°C : 7,6	Minéralisation totale : 264 mg/l

OIE
Volaille de la famille des anatidés originaire de Chine. Ce palmipède à chair brune est aujourd'hui élevé dans de nombreux pays et dans plusieurs régions françaises, notamment dans le Sud-Ouest, en Alsace et dans l'Ouest. Il existe plusieurs espèces d'oies dont le poids varie de 3 à 12 kg. Les petits volatiles sont plutôt consommés farcis rôtis lors des repas festifs de fin d'année, alors que les grosses oies font l'objet d'un gavage pour la production de foie gras*. La chair de ces dernières, très riche en graisse, est surtout cuisinée en confit*, en cassoulet*, en rillettes*, etc.

Élevage d'oies en Périgord

OIGNON
Plante potagère bulbeuse probablement originaire de Palestine, dont la saveur et l'odeur sont fortes et piquantes. Elle a la particularité de contenir une substance lacrymogène (sulfure d'allyle) qui se dégage au ciselage et disparaît à la cuisson. Cru ou cuit, l'oignon est employé comme condiment*, garniture aromatique ou légume dans bon nombre de préparations culinaires.
On distingue 2 sortes d'oignons :
Les oignons frais : ils sont commercialisés au printemps et au début de l'été, ce sont généralement des "oignons blancs". Lorsqu'ils sont de petit calibre, ils portent le nom de "grelots". Parmi les principales variétés, citons : *La Merveilles de Pompéi, Le Malakoff, le Vaugirard, le Printanier parisien...*
Les oignons secs : on les trouve toute l'année, ce sont les "oignons jaunes" et les "oignons rouges". Parmi les principales variétés citons : *le Jaune paille des vertus, le Doux des Cévennes, l'Auxonne blond, le Doré de Parme, le Rosé de Roscoff, le Rouge pâle de Niort...*
L'Oignon doux des Cévennes, A.O.C.* depuis le 14 octobre 2003 est reconnu A.O.P.* dans le cadre de

l'U.E. Il est produit sur une quarantaine d'hectares dans une aire d'appellation qui s'étend sur 32 communes du Gard.

L'Oignon de Roscoff bénéficie d'une A.O.C.* depuis le 19 octobre 2009. Il est produit dans une aire d'appellation qui s'étend sur 24 communes du nord du Finistère situées dans la région de Roscoff.

OLÉAGINEUX

Nom donné à divers produits végétaux riches en matières grasses *(1)* et susceptibles de fournir des matières oléagineuses telles que les huiles*.

(1) Soja, tournesol*, olives*, arachides*, noix*, noisettes*, sésame*, pépins de raisin*...*

OLIVE

Petit fruit oléagineux* de forme ovoïde récolté sur l'olivier, arbre originaire d'Orient. La différence de couleur, verte ou noire, est liée au stade de maturité et à l'époque de cueillette: en septembre le fruit est vert, plus tard il jaunit puis devient violet et finalement noir.

La culture de l'olivier est concentrée sur le pourtour méditerranéen et 93 % de la production mondiale d'olives est dévolue à l'huilerie, le reste est traité de différentes façons (désamérisation, immersion dans le vinaigre* ou en saumure*...). La France cumule environ 40 000 ha d'oliveraies, essentiellement en région provençale.

Principales variétés cultivées dans notre pays:

Olives vertes: *Salonenque des Bouches-du-Rhône, Picholine du Gard, Lucques de l'Hérault...*

Olives noires: *Tanche de Baronnies, Grossane des Baux-de-Provence, Cailletier de Nice...*

Plusieurs productions françaises bénéficient d'une A.O.C.* et pour certaines d'une A.O.P.* dans le cadre de l'U.E.

Olives de Nice et ***Pâte d'olives de Nice*** : A.O.C. depuis le 20 avril 2001, reconnue A.O.P. Il s'agit d'olives noires de variété Cailletier de Nice récoltées sur 99 communes des Alpes-Maritimes.

Olives noires de Nyons : A.O.C. depuis le 10 janvier 1994, reconnue A.O.P. Il s'agit d'olives de variété Tanche de Baronnies produites sur 53 communes de la Drôme et du Vaucluse.

Olives noires de la Vallée des Baux-de-Provence: A.O.C. depuis le 27 août 1997, reconnue A.O.P. Il s'agit d'olives noires de variété Grossanne récoltées sur 16 communes de la région des Baux-de-Provence.

Olives cassées de la vallée des Baux-de-Provence: A.O.C. depuis le 27 août 1997, reconnue A.O.P. Il s'agit d'olives vertes de variété Salonenque et Béruguette récoltées sur 16 communes de la région des Baux-de-Provence.

Olives de Nîmes : A.O.C. depuis le 23 octobre 2006. Il s'agit d'olives de variété Picholines du Gard récoltées sur 223 communes du Gard et de l'Hérault.

OLIVER (Raymond)

Cuisinier français (Langon 1909 - Paris 1990). Issu d'une famille de restaurateurs, il travaille dans plusieurs maisons réputées avant d'acquérir *Le Grand Véfour* en 1948. Cet homme de talent, doté d'une grande culture, connaît rapidement le succès et fait de son établissement une véritable institution qui est distinguée avec trois étoiles au Guide Michelin* à partir de 1953. Raymond Oliver maîtrise parfaitement la communication et il est le premier cuisinier à faire entrer l'art culinaire à la télévision en assurant régulièrement des émissions dès les années 1950. On lui doit aussi plusieurs ouvrages gastronomiques dont *La gastronomie à travers le monde, La cuisine, Cuisine pour mes amis, Art et magie de la cuisine, Adieux fourneaux,* etc.

OLIVET

Fromage* de lait* de vache fabriqué dans le Loiret. Il doit son nom à une localité de la banlieue orléanaise située dans sa zone de production.

Type : pâte molle à croûte fleurie. Se présente également cendré* ou recouvert de foin.

Forme: disque plat.

Taille : 12 à 13 cm de diamètre, 2,5 cm d'épaisseur.

Poids : 300 g environ.

Teneur en M.G. : 40 à 45 %.

Meilleures saisons : printemps, été, automne.

OMBLE CHEVALIER

Poisson d'eau douce de la famille des salmonidés qui vit dans les eaux froides des lacs profonds. L'omble chevalier mesure généralement de 40 à 60 cm pour un poids de 1,5 à 2 kg, mais certains spécimens peuvent atteindre 5 kg et plus. Sa chair fine et savoureuse, pauvre en arêtes, est très appréciée.

OMELETTE

Préparation culinaire, salée ou sucrée, constituée d'œufs* battus cuits dans une poêle avec une matière grasse. L'omelette peut être nature ou comporter une garniture. La cuisine française et internationale compte une multitude de formules, classiques ou originales, que l'on retrouve dans les ouvrages culinaires.

Source : Y. Bagros/CNIPT

OMELETTE BRAYAUDE
Voir Brayaude*.

OMELETTE À L'ESPAGNOLE
Omelette plate garnie de tomates* concassées, julienne* de poivrons* et fondue d'oignons* ciselés.

OMELETTE AUX FINES HERBES
Omelette roulée garnie de persil*, estragon*, ciboulette* et cerfeuil* hachés.

OMELETTE FERMIÈRE
Omelette plate garnie de dés de jambon* et de fines herbes.

OMELETTE FORESTIÈRE
Omelette fourrée garnie de morilles*, cèpes*, lardons et entourée d'un cordon de fond de sauce* lié.

OMELETTE LYONNAISE
Omelette roulée garnie d'oignons* émincés sués au beurre*.

OMELETTE NORVÉGIENNE
Dessert constitué d'un fond de génoise* imbibée d'un spiritueux (Rhum*, Grand Marnier*...), de crème glacée et terminé d'un masquage et d'un décor de meringue*. Il est souvent flambé.
Il semble que ce dessert soit né d'une observation du physicien américain B. Rumford (1753-1814) qui établit le principe de l'inconductibilité des blancs d'œufs* en neige.

OMELETTE PARMENTIER
Omelette roulée garnie de dés de pommes de terre* sautés.

ON THE ROCKS
Terme utilisé pour désigner une boisson servie avec des cubes de glace.

ONDENC
Cépage* blanc du Sud-Ouest en forte régression. On le trouve sur certaines appellations du Sud-Ouest telles que Gaillac*, Bergerac sec* ou Côtes de Duras*. L'Ondenc est encore cultivé sur quelques terroirs étrangers, notamment dans l'état de Victoria en Australie. Vins* produits: blancs fins avec des arômes discrets et blancs effervescents.

ONGLET
Pièce de boucherie *(1)* très goûteuse à fibres longues prélevée près du diaphragme du bœuf*. Il se retrouve également chez le veau*, le porc* et le cheval*.
(1) Parfois considérée comme un abat.

OPUS ONE
Vin* rouge californien produit dans la Napa Valley, au nord de San Francisco.
Issu d'un vignoble de 55 hectares complanté de Cabernet-Sauvignon*, Cabernet franc et de Merlot*, ce vin est né d'une association entre R. Mondavi (célèbre viticulteur californien) et le Baron P. de Rothschild (propriétaire du Château Mouton-Rothschild). De production relativement récente (le premier millésime date de 1979), l'Opus One est élaboré selon les traditions et les techniques médocaines.

ORANGE
Agrume* originaire d'Asie qui fut longtemps le fruit de Noël et qui est devenu le 2ème fruit préféré des Français, juste derrière la pomme*. Aujourd'hui, les oranges que nous consommons toute l'année proviennent principalement du bassin méditerranéen et des États-Unis. L'orange représente à elle seule 60 % de la production mondiale d'agrumes.
Il existe des centaines de variétés qui peuvent se classer en 3 catégories *(1)*:
Les Navels qui possèdent une excroissance en forme de nombril *(2)*. C'est la catégorie la plus répandue (*Navelina, Navelate, Washington*...).
Les Blondes utilisées pour l'extraction du jus (*Jaffa, Salustiana, Valencia*...).
Les Sanguines, sans pépins, avec une pulpe rouge (*Maltaise, Sanguinello, Tarocco*...).
L'orange est employée en cuisine, en pâtisserie, en confiserie et dans la fabrication de nombreuses boissons, B.R.S.A.* ou spiritueux*.
(1) À ces 3 catégories, nous pouvons ajouter " l'orange amère" nommée communément "Bigarade".*
(2) Elles tiennent leur nom de l'anglais "navel" qui signifie "nombril".

ORANGE BLOSSOM
Cocktail* préparé au shaker.
5 cl de jus d'orange*
4 cl de gin*
Frapper et servir dans un verre à cocktail.

ORANGEAT
a) Confiserie à base d'écorces d'oranges* confites.
b) Petit gâteau préparé avec de la pâte d'amande* additionnée d'écorces d'oranges* confites.

Source : Photo BG

ORANGETTE
Confiserie réalisée avec des morceaux d'écorce d'orange* confits enrobés de chocolat* (Voir photo p 236).

ORANGINA
Soda* à base de jus et de pulpe d'orange* lancé en Algérie par Léon Beton en 1936. La recette de cette boisson avait été mise au point par le Dr Trigo, un pharmacien espagnol, qui commercialisait initialement le produit sous la marque "Naranjina".
Hormis l'Orangina classique, la marque diffuse aujourd'hui plusieurs produits dérivés : *Rouge, Light, Saveur grenadine*, *Saveur menthe*, *Saveur cassis**…

ORECCHIETTES
Pâtes alimentaires* en forme de petites oreilles.

ORÉE DU BOIS
Eau minérale naturelle* plate captée à Saint-Amand-les-Eaux dans le Nord. Autorisation ministérielle d'exploitation du 8 mars 1988.
Catégorie : moyennement minéralisée.

Composition physico-chimique (en mg/l)	
Cations	Anions
Calcium : 235 Magnésium : 70 Sodium : 41,5 Potassium : 8,6	Sulfates : 626 Bicarbonates : 289 Chlorures : 61 Nitrates : 0
Fluor : 2,1 Fer : inférieur à 0,02	
pH à 20°C : 7,17 Minéralisation totale : 1 280 mg/l	

OREILLE DE MER
Autre dénomination de l'ormeau*.

OREILLETTES
Beignets* languedociens à base de pâte sucrée diversement parfumée (eau de fleur d'oranger*, rhum*, etc.).

OREZZA

Composition physico-chimique (en mg/l)	
Cations	Anions
Calcium : 185 Magnésium : 16,5 Sodium : 7 Potassium : 1,55	Bicarbonates : 710 Sulfates : 14 Chlorures : 10
Fluor : 0,17	
pH à 20°C : 5,3 Minéralisation totale : 516 mg/l	

Eau minérale naturelle* gazeuse captée à Rappagio Orezza en Haute-Corse. Reconnue d'utilité publique en février 1866.
Catégorie : Moyennement minéralisée.

ORGE
Peu utilisée en cuisine, cette céréale constitue la matière première dans le processus de fabrication de la bière* et de nombreuses eaux-de-vie de grains, notamment le whisky*.

ORGEAT
Voir Sirop*.

Épis d'orge

ORIENTALE (salade)
Salade composée constituée de demi-tomates* cuites à l'huile* d'olive* avec une pointe d'ail*, dés de poivrons* verts et rouges grillés et pelés, haricots verts* en bâtonnets et riz* cuit à l'eau.
Assaisonnement : sauce vinaigrette* additionnée de dés de filets d'anchois*.

ORIGAN
Plante aromatique proche de la marjolaine* dont elle trouve sensiblement les mêmes destinations culinaires.

ORIOL
Eau minérale naturelle* gazeuse captée à Cornillon-en-Trièves dans l'Isère. Autorisée à l'exploitation en 1884.
Catégorie : moyennement minéralisée.

Composition physico-chimique (en mg/l)	
Cations	Anions
Calcium : 307,5 Magnésium : 26,1 Sodium : 23 Potassium : 2,9	Bicarbonates : 1 030,9 Sulfates : 32,3 Chlorures : 13,2 Nitrates : 2,5
Fluor : 0,27	
pH à 20°C : 5,8 Minéralisation totale : 1 240 mg/l	

ORLÉANS
Vins* rouges, rosés et blancs produits dans la Vallée de la Loire, A.O.C.* depuis le 23 novembre 2006.
Aire de production : 13 communes du Loiret situées à l'est et à l'ouest d'Orléans.
Superficie du vignoble : 88 ha (en 2005, alors qu'il était classé en A.O.V.D.Q.S*).
Encépagement autorisé : Meunier*, Pinot noir*, Pinot gris* et Chardonnay*.
Rendement de base à l'hectare : 55 hl pour les vins rouges et rosés, 60 hl pour les vins blancs.

ORLÉANS-CLÉRY
Vins* rouges produits dans la Vallée de la Loire, A.O.C.* depuis le 23 novembre 2006.
Aire de production : 5 communes du Loiret, dont Cléry-Saint-André, situées au sud-ouest d'Orléans.
Superficie du vignoble : 35 ha (en 2005, alors qu'il était classé en A.O.V.D.Q.S*).
Encépagement autorisé : Cabernet franc* et Cabernet-Sauvignon*.
Rendement de base à l'hectare : 50 hl.

ORLOFF (garniture)
Garniture* composée de céleris* et laitues* braisés, tomates* navarraises *(1)* et pommes château*.
(1) Tomates farcies d'une mousseline de volaille truffée.

ORLOFF (selle de veau)
Selle* de veau braisée, tranchée et fourrée de purée soubise *(1)* et lames de truffes. La pièce reconstituée est ensuite nappée de sauce mornay* soubisée avant d'être glacée.
Comme la garniture du même nom, cet apprêt culinaire fut dédié au Prince Orloff *(2)* par son cuisinier Urbain Dubois.
(1) Purée d'oignons.*
(2) Ministre et ambassadeur de Nicolas 1ᵉʳ.

ORLY
Dénomination d'un apprêt de poisson pané à l'anglaise et frit, servi accompagné d'une sauce tomate*.

ORMEAU
Gastéropode *(1)* marin doté d'une coquille ovale de 8 à 12 cm de longueur. L'ormeau, également appelé *oreille de mer*, en référence à sa forme, vit sur les fonds côtiers de l'Atlantique et de la Méditerranée. Il se consomme toujours cuit.
(1) Mollusque rampant sur un pied ventral.

ORONGE VRAIE
Champignon appelé également *Amanite des césars*. Il se caractérise par un chapeau convexe rouge-orangé de 8 à 18 cm de diamètre. Sa chair, excellente, est appréciée aussi bien cuite que crue.

ORTANIQUE
Agrume* hybride résultant d'un croisement d'orange* et de tangerine*.

ORTOLAN ou BRUANT ORTOLAN
Petit passereau classé en espèce protégée. Cependant, dans le Sud-Ouest où sa chasse fait partie des coutumes locales, il est encore capturé au filet pour être engraissé dans des caves obscures avant d'être étouffé *(1)*. Considéré par les gourmets comme l'oiseau au goût le plus subtil, symbole d'une gastronomie de tradition, il était consommé avec un cérémonial particulier *(2)* après avoir été cuit dans sa propre graisse.
(1) L'oiseau qui pèse environ 30 g à la capture arrive à plus de 100 g après engraissement.

(2) Les gastronomes le "gobaient" entier, la tête sous une grande serviette, afin de ne rien perdre de son fumet.

Source : Johann Friedrich Naumann/ Wikimedia Commons

ORTHOREXIE
Trouble du comportement alimentaire caractérisé par l'obsession de consommer une nourriture saine. Bien que cette fixation sur une alimentation "pure" ne soit pas vraiment considérée comme une pathologie, elle peut, dans des cas extrêmes, être assimilée à un T.O.C. (Trouble Obsessionnel Compulsif).
Rappelons qu'à la différence de *l'anorexie* et de *la boulimie*, qui portent essentiellement sur l'aspect quantitatif de l'alimentation, l'orthorexie concerne particulièrement le qualitatif.

OSEILLE
Plante potagère au goût aigrelet *(1)* originaire d'Europe ou d'Asie septentrionale. Ses feuilles sont consommées comme aromate*. On retrouve l'oseille en chiffonnade* dans les potages* ou les sauces* mais aussi associée aux poissons (alose*, brochet*, saumon*, etc.) ou aux œufs*.
(1) Goût dû à la présence importante d'acides organiques, notamment l'acide oxalique.

OSSAU-IRATY OSSAU-IRATY-BREBIS PYRÉNÉES

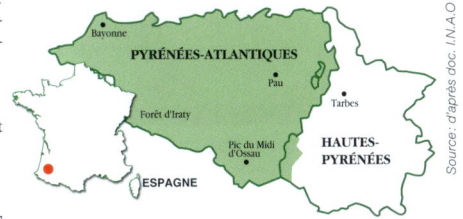

Source : d'après doc. I.N.A.O

L'aire géographique de l'AOC Ossau-Iraty s'étend sur 372 communes des Pyrénées-Atlantiques et 3 communes des Hautes-Pyrénées.

Fromage* de lait* de brebis fabriqué dans le Béarn et au Pays Basque, A.O.C.* depuis le 6 mars 1980 et reconnu A.O.P.* dans le cadre de l'U.E. Son nom lui vient de sa zone de production et du lait employé pour sa fabrication.

Type : pâte pressée non cuite, croûte naturelle.
Forme : petite meule à talon légèrement convexe.
Tailles : 18 à 28 cm de diamètre, 7 à 12 cm d'épaisseur.
Poids : 2 à 7 kg.
Teneur en M.G. : 50 % au minimum.
Meilleures saisons : fin du printemps, été, automne.

OSSO-BUCO
Préparation culinaire d'origine milanaise constituée de rouelles de jarret* de veau* braisées avec oignon*, tomate*, vin* blanc, zestes* d'orange* et de citron*. Les garnitures les plus classiques sont "à la milanaise" (spaghettis* avec sauce ou fondue de tomate et parmesan* râpé) et "à la piémontaise" (riz* pilaf crémé, dés de jambon* et parmesan râpé).

OUILLAGE
Opération qui consiste à remplir avec du vin* de même nature un tonneau qui a perdu, par évaporation ou absorption du bois, une partie de son contenu. Sans ouillage, le volume d'air présent dans le fût risque de favoriser le développement de maladies ou d'oxydations.

OURSIN
Animal marin doté d'une carapace sphérique hérissée de piquants mobiles. Nommé aussi *hérisson de mer* ou *châtaigne de mer*, l'oursin consommé en France provient essentiellement de Méditerranée ou de Bretagne. Sa pêche et sa vente sont soumises à une réglementation variable selon les secteurs de ramassage. La bonne époque de consommation se situe globalement entre le 1er septembre et le 30 avril.

On distingue 3 principales espèces d'oursins :
L'oursin violet gros comme une mandarine* et ***l'oursin conique rouge*** de la taille d'un pamplemousse*. Ils vivent sur les rochers côtiers du littoral français.
L'oursin blanc que l'on trouve surtout sur les côtes antillaises et sud-américaines.
La partie comestible d'un oursin est constituée par le "corail" (ou "langues") qui est en réalité l'appareil génital de l'animal. Elle se consomme crue ou cuite (en œufs* brouillés, en liaison de sauce*, en potage*, etc.).

OUZO
Spiritueux* anisé élaboré en Grèce à partir d'eau-de-vie*, d'anis* vert et de sucre*. Il se consomme nature avec de la glace ou allongé d'eau.

OVIN
Espèce animale qui concerne les agneaux*, les moutons* et les brebis. La France compte environ 30 races d'ovins classées en plusieurs catégories :
LES RACES PRÉCOCES qui ont un potentiel de croissance élevé et une grande aptitude de reproduction (*Suffolk, Île-de-France, Berrichonne, South Down…*).
LES RACES D'HERBAGE que l'on trouve dans les pâturages sous influence océanique (*Bleu du Maine, Rouge de l'Ouest, Vendéen, Texel, Avranchin…*).
LES RACES RUSTIQUES élevées dans les zones d'altitude (*Blanc du Massif central, Noire du Velay, Limousine, Préalpes du Sud…*).
LES RACES LAITIÈRES dont la vocation est de produire du lait, principalement pour la fabrication fromagère (*Lacaune, Basco-Béarnaise, Manech…*).
LES RACES PROLIFIQUES comme la *Romanov*, élevées pour accroître le cheptel français.
LES RACES MÉRINOS qui jadis produisaient essentiellement de la laine, mais que l'on oriente aujourd'hui vers la production de viande.

Ovins de race Berrichonne

3 viandes ovines bénéficient d'une A.O.C* :
Barèges-Gavarnie, A.O.C. depuis le 15 septembre 2003 et reconnue A.O.P.* dans le cadre de l'U.E.
Appellation réservée à des animaux nés et élevés à l'intérieur d'une aire géographique qui s'étend sur 17 communes des Hautes-Pyrénées.
Prés-salés de la Baie de Somme, A.O.C. depuis le 30 mars 2007.
Appellation réservée à des animaux nés et élevés à l'intérieur d'une aire géographique qui s'étend sur 30 communes de la Somme et 6 communes du Pas-de-Calais.
Prés-salés du Mont-Saint-Michel, A.O.C. depuis le 15 octobre 2009.
Appellation réservée à des animaux nés et élevés à l'intérieur d'une aire géographique qui s'étend sur 42 communes de la Manche et 10 communes de l'Ille-et-Vilaine.
Pour ces 2 dernières A.O.C., la flore saline et iodée des pâturages du littoral apporte une flaveur* particulière à la chair des agneaux.

P

PACAUD (Bernard)
Cuisinier français né à Rennes en 1947. Après un apprentissage chez la Mère Brazier*, il travaille dans plusieurs établissements de la capitale. En 1981, il ouvre son premier restaurant parisien, ***L'Ambroisie***. Sa cuisine, sobre, rigoureuse et raffinée lui vaut un succès immédiat. Le Guide Michelin* lui décerne une troisième étoile dès 1986. Bernard Pacaud est installé aujourd'hui Place des Vosges, toujours avec la même enseigne, mais dans le cadre somptueux de l'ancien Hôtel de Luynes.

PACHERENC DU VIC BILH
Vins* blancs produits dans le Sud-Ouest, A.O.C.* depuis le 19 juillet 1948.
Aire de production : 37 communes des Pyrénées-Atlantiques, des Hautes-Pyrénées et du Gers situées au nord-est de Pau.
Superficie du vignoble : 193 ha (en 2005).
Encépagement autorisé : Arrufiat*, Courbu, Gros Manseng*, Petit Manseng*, Sauvignon* et Sémillon*.
Rendement de base à l'hectare : 40 hl.
Richesse alcoolique minimum acquise : 12 %.
Teneur minimale en sucre résiduel : 35 g/litre.
Ces vins sont élaborés à partir de raisins arrivés à surmaturation (voir pourriture noble*).

PACHERENC DU VIC BILH SEC
Vins* blancs produits dans le Sud-Ouest, A.O.C.* depuis le 31 mai 1997.
Aire de production et encépagement : identiques à l'appellation Pacherenc du Vic Bilh*.
Rendement de base à l'hectare : 60 hl.
Teneur maximale en sucre résiduel : 3 g/litre.

PACIFIC
Boisson anisée sans alcool* élaborée par la maison Ricard*. Elle a lancé ce produit en 1982 pour le 50ème anniversaire de la société.

PAËLLA
Spécialité culinaire d'origine espagnole *(1)* composée de riz* et de différents éléments de garniture *(2)* cuisinés à l'huile d'olive* avec oignons*, poivrons* et tomates*. La paëlla est aromatisée au safran*.
(1) La "Paëlla valenciana", originaire de Valence, demeure la référence en la matière.
(2) Selon les traditions régionales et les produits dont on dispose localement, les garnitures sont variées. Les composants les plus courants sont le poulet, le lapin*, les moules*, les praires* ou les coques*, les langoustines*, les crevettes*, les haricots verts*, les petits pois*, etc.*

PAGEOT
Voir Daurade*.

PAGURE
Autre dénomination du bernard-l'ermite*.

P.A.I. (Persistance Aromatique Intense)
Temps pendant lequel persiste une perception aromatique lors de la phase finale d'une dégustation de vin* (après ingestion ou rejet).
Cette persistance, ou "longueur en bouche", est exprimée en caudalies *(1)*. La P.A.I. peut aller de 2 caudalies pour les vins légers à 15 caudalies et plus pour un grand vin.
(1) La caudalie est une mesure de persistance aromatique en bouche équivalant à 1 seconde.

PAILLETTES
Petits bâtonnets en pâte feuilletée* servis à l'apéritif ou en accompagnement de consommé*.

PAIN

Pains classiques et pains spéciaux

Le pain reste un élément capital de notre alimentation. Le Français d'aujourd'hui ne mange plus le même pain et les mêmes quantités que ses ancêtres *(1)* mais il n'imagine pas faire un repas sans ce précieux "compagnon". Classiquement, le pain est fait d'une pâte composée de farine*, d'eau, de sel* et d'un agent levant (levure* ou levain). À partir de cette formule ancestrale, la boulangerie, conditionnée par l'évolution des techniques et les goûts des consommateurs, propose une gamme de produits variés empreinte à la fois de traditions et de modernité.

Le restaurateur doit faire un effort particulier sur le choix et la qualité du pain qu'il sert à ses clients. N'oublions pas que le pain peut facilement valoriser (ou dévaloriser) le plat qu'il accompagne.

(1) vers 1890, le Français consommait entre 700 g et 1 kg de pain par jour, un pain rustique qui constituait pour certains l'essentiel de leur nourriture. Actuellement, la consommation journalière est en moyenne de 140 g.

PAIN AU CHOCOLAT
Viennoiserie* faite de pâte feuilletée* (ou briochée) garnie d'une ou deux barres de chocolat*.

PAIN AU LAIT
Viennoiserie en forme de petit pain réalisée à partir d'une pâte levée. Le dessus du pain au lait* étant souvent entaillé aux ciseaux avant cuisson, il se présente avec une série de petites pointes.

PAIN AUX RAISINS
Viennoiserie* réalisée à partir d'une abaisse de pâte levée enroulée en spirale avec de la crème pâtissière* et des raisins* secs. La pièce obtenue est détaillée en tranches qui sont couchées sur une plaque pour cuisson.

PAIN DE GÊNES
Gâteau préparé à partir d'un appareil composé de sucre*, de beurre*, de poudre d'amande*, d'œufs*, de farine* ou de fécule*, et parfumé avec une liqueur* ou une eau-de-vie* (curaçao*, Grand-Marnier*, rhum*, etc.).

PAIN DE MIE
Pain* spécial à texture serrée cuit en moule. Préparé à partir de farine*, sel*, sucre*, beurre*, lait* et levure*. Le pain de mie a de multiples utilisations au restaurant (toasts*, canapés*, sandwichs*, croûtons...).

PAIN D'ÉPICES

Pâtisserie réalisée avec une pâte levée à base de farine* et de miel*, additionnée de plusieurs épices (anis*, cannelle*, vanille*, clou de girofle*, coriandre*, muscade*, gingembre*, cardamone* etc.) et d'écorces d'oranges* et de citrons* confites.

PAIN PERDU
Dessert préparé avec des tranches de pain* rassis trempées dans du lait* ou de la crème anglaise* avant d'être passées dans l'œuf* battu sucré, puis colorées au beurre* à la poêle.

PALERON
Pièce de boucherie prélevée près de l'omoplate de certains animaux, notamment le bœuf*.

PALETTE (pièce de viande)
Morceau de porc* comportant l'omoplate et la chair attenante.

PALETTE (vin)
Vins* rouges, rosés et blancs produits en Provence, A.O.C.* depuis le 28 avril 1948. Cette appellation doit son nom au hameau de Palette situé au centre d'un cirque à proximité d'Aix-en-Provence.

Aire de production : territoires délimités de 3 communes des Bouches-du-Rhône (Meyreuil, Le Tholonet et Aix-en-Provence).

Superficie du vignoble : 43 ha (en 2005).

Encépagement autorisé : Clairette*, Ugni blanc*, Ugni rosé, Grenache blanc*, Muscats* blancs, Piquepoul*, Pascal blanc*, Picardan*, Araignan, Colombard*, Bourboulenc*, Clairette rose*, Colombaud, Furmint, Panse Muscade, Mourvèdre*, Grenache noir*, Cinsault*, Théoulier, Durif, Muscats noirs* (1), Carignan*, Syrah*, Castet*, Terret gris*, Brun-Fourcat, Petit-brun, Tibourenc, Cabernet-Sauvignon*.

Avec une trentaine de cépages autorisés, **Palette** est probablement l'appellation française qui dispose de l'encépagement le plus varié.

Rendement de base à l'hectare : 40 hl.

Richesse alcoolique minimum acquise : 11 %.

(1) Notamment le Muscat de Hambourg.

Vignoble du Château Henri Bonnaud sur l'A.O.C. Palette.

PALMIER
Gâteau sec réalisé à partir d'une tranche de double roulade de pâte feuilletée* sucrée.

PALOISE (sauce)
Sauce béarnaise* où l'estragon* est remplacé par de la menthe* fraîchement hachée.

PALOMBE
Voir Pigeon*.

PALOURDE
Mollusque lamellibranche bivalve vivant sur les fonds sablo-vaseux des côtes de la Manche, de l'Atlantique et de la Méditerranée. Ce petit coquillage de 3 à 8 cm de diamètre se consomme cru ou cuit.

PAMPARA
Eau de source* (1) captée à Dax dans les Landes.
Catégorie: faiblement minéralisée.
pH à 20 °C: 7,6.
Minéralisation totale: 282 mg/l.
(1) Existe aussi en version gazéifiée par adjonction de gaz carbonique.

PAMPLEMOUSSE
Agrume* originaire de Malaisie. Sa peau est jaune et sa pulpe acidulée, avec une pointe d'amertume. Sphérique ou piriforme (1), le plus gros des agrumes a une taille et un poids bien supérieurs au pomélo*. Le vrai pamplemousse est en réalité très rare. Ce terme est souvent employé, à tort, pour désigner un pomelo.
(1) En forme de poire.*

PANACHÉ
Boisson constituée d'un tiers de limonade* et de deux tiers de bière*.

PANAIS
Plante potagère d'origine méditerranéenne dont on consomme la racine allongée de couleur blanchâtre. Sa chair, un peu sucrée, rappelle le goût de la noisette*. Très consommé au Moyen-âge, ce légume est tombé dans l'oubli après la Renaissance. Il revient à la mode dans certaines préparations où il trouve les mêmes destinations culinaires que le navet* ou la carotte*.

PAN-BAGNAT
Sandwich* niçois fait avec une boule de pain tranchée par la moitié, imbibée d'huile* d'olive* et garnie de rondelles d'oignon* et de tomate*, filets d'anchois*, thon*, œuf* dur, poivron* et olives*.

PANCAKE
Spécialité américaine. Il s'agit d'une petite crêpe* épaisse consommée avec divers accompagnements (beurre*, sirop d'érable*, fruit, marmelade de fruit...).

PANETTONE
Gâteau italien fait d'une pâte briochée additionnée de raisins* de Corinthe et de zestes* d'orange* ou de citron* confits.

PANGA
Poisson d'eau douce (1) de la famille des pangasiidés qui se rapproche du poisson-chat. De croissance rapide et élevé assez facilement en aquaculture*, le panga est aujourd'hui produit en grande quantité dans le Sud-Est asiatique. La texture et la saveur de la chair de ce poisson sont liées, en partie, aux conditions d'élevage.
(1) Le panga vit aussi dans les eaux saumâtres.

PANISSES
À Marseille, beignets* préparés à partir d'une bouillie refroidie faite de farine* de pois chiche*, d'eau et d'huile d'olive*.

PANNEQUET
Crêpe* fourrée d'éléments variés, salés ou sucrés.

PANNES CENDRÉ
Fromage* de lait* de vache fabriqué dans l'Orléanais. Il doit son nom à un village situé près de Montargis, son lieu d'origine.
Type: pâte molle, croûte naturelle cendrée.
Forme: petit disque plat.
Taille: 12 cm de diamètre, 2,5 cm d'épaisseur.
Poids: 300 g environ.
Teneur en M.G.: 20 à 30 %.
Meilleures saisons: été, automne.

PANZAROTTI
Beignets* de riz* au citron* traditionnellement consommés en Corse.

PAPAYE
Fruit exotique originaire du Mexique qui se présente sous forme d'une grosse baie allongée de couleur jaunâtre avec une pulpe jaune-orangée ou rouge selon les variétés. Le centre du fruit est rempli de petites graines noires et molles. La papaye, appelée également *Melon des tropiques*, se consomme crue, râpée, bouillie, frite, en compote ou en sorbet*. Ce végétal possède une propriété originale: il contient un latex renfermant une enzyme, la papaïne, qui a

le pouvoir de dissoudre les fibres de tissu animal *(1)*. Une viande légèrement dure peut ainsi être attendrie si on la couvre de papaye râpée ou si on l'enveloppe dans des feuilles de papayer.

(1) Les propriétés de cette enzyme sont également utilisées en médecine et dans l'industrie.

PAPILLOTE (cuisson en)
Cuisson d'un aliment, accompagné ou non d'une garniture, dans une enveloppe en papier sulfurisé ou en papier d'aluminium.

PAPRIKA
Piment* doux de Hongrie séché et réduit en poudre. On distingue plusieurs saveurs plus ou moins fortes *(1)*. Cette épice est très présente dans les plats d'Europe Centrale (ex : goulache*, bœuf Stroganoff*).

(1) Selon les variétés de piment utilisées et le mode de fabrication.

PAQUET HYGIÈNE
Voir H.A.C.C.P. *.

PARADISE
Cocktail* préparé au shaker.
1 cl de jus d'orange*
2 cl d'apricot brandy*
4 cl de gin*
Frapper et servir dans un verre à cocktail.

PARFAIT
Dessert glacé onctueux préparé avec un appareil* riche en crème fraîche*.

PARIS-BREST
Gâteau constitué d'une couronne de pâte à choux* parsemée d'amandes* effilées et garnie d'une crème pralinée.
Cette pâtisserie fut conçue en 1910 par Louis Durand, pâtissier à Maisons-Laffitte (Yvelines). Il voulait ainsi rendre hommage aux cyclistes de la célèbre course Paris-Brest créée en 1891.

PARMENTIER (Antoine Augustin)
Pharmacien militaire et agronome français (Montdidier 1737 - Paris 1813) surtout connu pour ses recherches sur les végétaux de remplacement destinés à l'alimentation humaine *(1)*.
En 1772, il s'inscrit à un concours lancé par l'Académie de Besançon et présente un mémoire *"Recherche sur les végétaux nourrissants qui, dans les temps de disette, peuvent remplacer les aliments ordinaires, avec de nouvelles observations sur la culture de la pomme de terre"*. Ce mémoire est couronné de succès et intéresse la Faculté de médecine. Malgré quelques difficultés, commence alors la vulgarisation de la culture de la pomme de terre dans notre pays qui, jusque-là, était considéré comme un légume réservé au bétail.

(1) L'œuvre scientifique d'A. A. Parmentier est remarquable par sa diversité. Inspecteur général des services de santé, il fait adopter la vaccination antivariolique par l'armée. Il crée également l'École de boulangerie et participe activement à la réforme agraire. L'importance de ses travaux est reconnue par son entrée à l'Académie des sciences.

PARMENTIER (préparation culinaire)
Dénomination couramment utilisée pour désigner une préparation culinaire à base de pommes de terre* en référence à Antoine Augustin Parmentier*.

PARMESAN
Dénomination française du parmigiano-reggiano*.

PARMIGIANO-REGGIANO
Fromage* de lait* de vache fabriqué dans le nord de

l'Italie, il doit son nom à sa zone de production située dans les régions de Parme et de Reggio Emilia. Le Parmigiano-Reggiano bénéficie d'une Appellation d'Origine Contrôlée dans son pays et d'une A.O.P.* dans le cadre de l'U.E.
Type : pâte pressée cuite, dure, croûte naturelle graissée.
Forme : gros cylindre à talon légèrement convexe.
Taille : 35 à 40 cm de diamètre, 20 à 25 cm d'épaisseur.
Poids : 24 à 40 kg.
Teneur en M.G. : 32 % en moyenne.
La qualité de ce fromage est identique toute l'année. Il subit d'ailleurs un affinage très long, allant jusqu'à 2 ans selon le produit désiré.

PAROT
Eau minérale naturelle* gazeuse captée à Saint-Romain-le-Puy dans la Loire. Elle doit son nom à François Parot qui entreprit son exploitation à la fin du 19ème siècle.
Catégorie : riche en sels minéraux.

Composition physico-chimique (en mg/l)	
Cations	Anions
Sodium : 1010 Calcium : 110 Potassium : 110 Magnésium : 94	Bicarbonates : 3483 Chlorures : 99 Sulfates : 13 Nitrates : inf. à 1
pH à 20°C : 6,3	Minéralisation totale : N.C.

PART DES ANGES
Voir Armagnac* et Cognac*

PASCAL BLANC
Cépage* originaire du Sud-Est. On le trouve encore sur de très faibles superficies dans les vignobles de Cassis* et de Palette*. Il génère des vins* blancs légers.

PASSARD (Alain)
Cuisinier français né en 1956 à la Guerche-de-Bretagne (35). Son apprentissage commence à Liffré, dans sa Bretagne natale ; il travaille ensuite à Reims, Paris, Enghien et Bruxelles où il est déjà distingué par deux étoiles au Guide Michelin* alors qu'il a en charge les cuisines du Carlton. En 1986, il rachète L'Archestrate à Alain Senderens* pour en faire L'Arpège. Dix ans plus tard, le Guide rouge lui décerne sa troisième étoile. Ce virtuose du goût transforme avec bonheur les produits de la mer, les volailles, les viandes… mais dès 2001, il s'oriente avec passion vers une cuisine très "légumière" et met en place son premier potager travaillé à l'ancienne.

PASSE-CRASSANE
Voir Poire*.

PASSERILLAGE
Opération qui consiste à faire sécher des grappes de raisin* à peau épaisse sur un lit de paille ou suspendues à des fils de fer. Les vins de paille* sont élaborés ainsi dans le Jura, en Vallée du Rhône et en Alsace. Une autre forme de passerillage est pratiquée en laissant les grappes de raisin se déshydrater partiellement sur les pieds de vigne après avoir pincé le pédoncule pour stopper la circulation de la sève. Ce second procédé est utilisé pour obtenir des muscats* très concentrés.

PASSOA
Liqueur* exotique (titrant 17°) élaborée à partir de fruits de la passion*. Outre le spiritueux* originel, la marque propose aujourd'hui 3 nouveaux produits qui sont parfumés à la mangue*, à l'ananas* ou à la noix de coco*.

PASTÈQUE
Cucurbitacée* d'origine tropicale. La pastèque, sphérique ou ovoïde, possède une peau verte et une chair rose, légèrement sucrée, extrêmement juteuse et très rafraîchissante (elle contient 93% d'eau). Ce fruit, appelé aussi *Melon d'eau*, qui pèse en moyenne 3 à 5 kg (mais qui peut atteindre 20 kg, voire plus…) est très prisé dans les pays méditerranéens. Les Espagnols, grands amateurs de pastèque, la consomment aussi bien pour se nourrir que pour se désaltérer.
Principales variétés : *Charleston, Sugar Baby, Miyako, Orangeglo…*

PASTEUR (Louis)
Biologiste et chimiste français (Dôle 1822 - Villeneuve-l'Étang 1895). Ce grand savant, connu pour son vaccin antirabique *(1)* et ses recherches dans plusieurs domaines, notamment la microbiologie, demeure aussi le père de l'œnologie* moderne. Ses travaux sur les fermentations permirent de démontrer que le jus de raisin a besoin d'agents fermentaires microscopiques, les levures alcooliques*, pour se transformer en vin*. La somme considérable de ses travaux dans ce domaine fut présentée dans un ouvrage publié en 1866 : *Étude sur le vin, ses maladies, causes qui les provoquent, procédés nouveaux pour le conserver et le vieillir*. Pasteur est aussi l'inventeur d'un procédé de conservation révolutionnaire à l'époque : *la pasteurisation*.

Source : © Institut Pasteur

Louis Pasteur en 1857

Derrière ce chercheur s'est créé en 1888 un Institut qui porte son nom. 120 ans plus tard, l'Institut

Pasteur est l'un des plus importants centres mondiaux de recherche en biologie.

(1) Le 4 juillet 1885, Pasteur appliqua pour la première fois son vaccin à Joseph Meister, un jeune Alsacien de 9 ans mordu par un chien enragé.

PASTEURISATION
Procédé de conservation des aliments que l'on doit à Louis Pasteur*. Le principe consiste à porter la température d'un produit entre 63 et 85 °C pendant un temps allant de quelques secondes à une heure *(1)*. Ce traitement thermique est immédiatement suivi d'un refroidissement rapide. Les produits pasteurisés doivent être conservés en réfrigération* entre 3 et 6 °C, leur conservation est limitée et ils comportent une D.L.C*.

(1) Il existe, par exemple, des "pasteurisations basses" (à 63 °C pendant 30 minutes) et des "pasteurisations hautes" (entre 72 et 85 °C pendant 5 à 20 secondes).

PASTILLAGE
Pâte à base de sucre* glace, gomme adragante *(1)*, eau*, amidon, fécule, gélatine*, vinaigre* blanc ou jus de citron*. Le pastillage, non comestible, est utilisé pour réaliser des pièces artistiques.

(1) Produit extrait d'un arbuste oriental, l'astragale. Cet émulsifiant est répertorié sous la référence E 413.*

PASTIS
Anisé* plus particulièrement aromatisé à la réglisse* et coloré par adjonction de caramel*. Beaucoup de pastis sont originaires du Sud-Est.

PASTIS 51
Pastis* créé par la maison Pernod en 1951 *(1)*. De couleur jaune orangé, légèrement sucré, le Pastis 51 est marqué par des notes réglissées.

(1) La dénomination "51" fut donnée à ce produit car c'est en 1951 que les pouvoirs publics ont à nouveau autorisé l'élaboration d'anisés titrant 45°. Le gouvernement de Vichy avait en effet interdit la fabrication d'anisés excédant 16°.

PATATE DOUCE
Légume exotique originaire d'Amérique centrale se présentant sous forme de tubercule allongé de couleur rougeâtre. La patate douce possède une pulpe farineuse et sucrée qui s'apprête comme la pomme de terre*.

PÂTE À BRIOCHE
Pâte levée réalisée à partir d'un mélange de farine*, sel*, sucre*, œufs*, beurre* et levure*.

PÂTE À CHOUX
Pâte molle réalisée à chaud à partir d'une détrempe composée d'eau, sel*, beurre*, sucre* et farine* dans laquelle sont incorporés des œufs*.

PÂTE À CRÊPES
Pâte liquide réalisée à partir d'un mélange de farine*, sucre*, sel*, œufs*, lait* et beurre* fondu. Cette préparation peut être non sucrée et le lait est parfois remplacé partiellement par de la bière*.
Une liqueur*, une eau-de-vie*, de l'eau de fleur d'oranger* ou d'autres produits peuvent être ajoutés afin de parfumer l'appareil*.

PÂTE À FRIRE
Pâte montée de consistance moyenne réalisée à partir d'une base composée de farine*, sel*, huile* ou beurre fondu, œufs* et lait* ou bière* dans laquelle sont incorporés des blancs d'œufs* en neige.

PÂTE BRISÉE (ou pâte à foncer)
Pâte sèche réalisée à partir d'un mélange de farine*, beurre*, sel* et eau. Selon l'utilisation de cette pâte, il peut être ajouté du sucre* et des œufs* entiers ou des jaunes.

PÂTE D'AMANDE
Produit obtenu par broyage d'amandes* avec du sucre* glace et du glucose. Selon son usage, la pâte d'amande est diversement parfumée ou colorée.

PÂTE DE FRUITS
Confiserie faite avec de la pulpe de fruit, du sucre* et de la pectine *(1)*. La pâte de fruits faite avec un seul fruit est dénommée "pâte de (nom du fruit)". La pâte de fruits faite avec plusieurs fruits est dénommée "pâte de fruits au (nom du fruit principal)".

(1) Produit gélifiant* extrait industriellement du marc de pommes desséché, (il se trouve également à l'état naturel dans d'autres fruits).

PÂTE FEUILLETÉE

Pâte sèche réalisée à partir d'une détrempe composée de farine*, sel* et eau, qui est étalée et dans laquelle est incorporé du beurre* (ou autre corps gras) au cours de "tourages" successifs.

La pâte feuilletée ou feuilletage serait une création fortuite de Claude Gellée, apprenti pâtissier lorrain, qui devint plus tard un des peintres paysagistes les plus réputés du 17ème siècle.

PÂTE SABLÉE

Pâte sèche réalisée à partir d'un mélange de farine*, sucre*, sel*, beurre* et jaunes d'œufs*. Comme pour la pâte brisée*, il existe plusieurs variantes.

PÂTÉ IMPÉRIAL

Spécialité chinoise constituée d'une enveloppe de pâte aux œufs* et à la farine*, et d'une farce aux multiples composants: pousses de bambou ou germes de soja*, oignons*, champignons*, chair de porc*, queues de crevettes*, etc.

Frit ou éventuellement poêlé, le pâté impérial est servi avec des feuilles de laitue* et de menthe*, sans oublier le nuoc-mâm*.

PATELLE

Voir Bernique*.

PÂTES ALIMENTAIRES

Ce terme désigne l'ensemble des ***pâtes sèches***, obtenues par pétrissage de semoule* de blé dur* avec de l'eau*, du sel* et éventuellement des œufs* *(1)*, et des ***pâtes fraîches***, plutôt fabriquées avec de la farine* de blé tendre.

Bien qu'elles soient considérées comme une spécialité italienne, les pâtes alimentaires sont connues en Chine depuis l'Antiquité. Ce serait Marco Polo qui aurait rapporté le principe de fabrication d'Asie à la fin du 13ème siècle.

*(1) La dénomination **Pâtes alimentaires aux œufs** ne peut être utilisée que pour les pâtes contenant au moins 140 g d'œufs entiers (ou jaunes) pour 1 kg de semoule.*

PÂTISSON

Variété de courge blanche originaire d'Amérique Centrale qui se caractérise par une forme ronde et bombée avec des dentelures arrondies en périphérie. Le pâtisson, parfois appelé *Bonnet de prêtre* ou *Artichaut d'Israël*, possède une chair ferme et douce qui rappelle celle de l'artichaut*.

PATRIMONIO

Vins* rouges, rosés et blancs produits en Corse, A.O.C.* depuis le 23 octobre 1984.

Aire de production: 7 communes de Haute-Corse situées entre le golfe de Saint-Florent et Bastia.

Superficie du vignoble: 410 ha (en 2006).
Encépagement autorisé: Nielluccio*, Grenache*, Sciacarello*, Vermentino*.
Rendement de base à l'hectare: 50 hl.

PAUILLAC

Vins* rouges produits dans le Bordelais, A.O.C.* depuis le 14 novembre 1936. Voir également *Châteaux du Bordelais**.

Aire de production: commune de Pauillac et certaines parcelles des communes de Cissac, Saint-Julien, Saint-Estèphe et Saint-Sauveur.
Superficie du vignoble: 1 204 ha (en 2006).
Encépagement autorisé: Cabernet-Sauvignon*, Cabernet franc*, Carmenère*, Merlot*, Malbec* et Petit Verdot*.
Rendement de base à l'hectare: 45 hl.
Richesse alcoolique minimum acquise: 10,5 %.

PAUPIETTE

Fine tranche de viande, de volaille, de poisson… garnie d'une farce, roulée et ficelée.

PAVÉ BLÉSOIS

Fromage* de lait* de chèvre fabriqué dans le Loir-et-Cher. Il doit son nom à sa zone de production.
Type: pâte molle, croûte naturelle saupoudrée de charbon de bois pulvérisé.
Forme: carré.
Taille: 10 à 11 cm de côté, 2,5 cm d'épaisseur.
Poids: 250 g environ.
Teneur en M.G.: 45 %.
Meilleures saisons: printemps, été, automne.

PAVÉ D'AUGE

Fromage* de lait* de vache fabriqué en Normandie. Son nom lui vient de sa forme et de sa région d'origine.
Type: pâte molle à croûte lavée.
Forme: carré.
Taille: 11 cm de côté, 5 à 6 cm d'épaisseur.
Poids: 600 à 800 g.
Teneur en M.G.: 50 %.
Meilleures saisons: printemps, été, automne.

PAVIN

Fromage* de lait* de vache fabriqué en Auvergne. Il doit son nom à un lac du Puy-de-Dôme situé dans sa zone de production.
Type: pâte pressée non cuite, croûte lavée.
Forme: disque.
Taille: 13 cm de diamètre, 4 cm d'épaisseur.
Poids: 500 g environ.
Teneur en M.G.: 45 %.
Meilleure saison: de début juin à fin décembre.

PAYSANNE

Terme désignant un mélange de légumes taillés en carrés, rectangles ou triangles de 2 mm d'épaisseur.

PAYS D'AUGE (cidre)

Cidre* produit en Normandie, A.O.C.* depuis le 19 mars 1996.

Aire de production: 248 communes situées dans l'est du Calvados, dans l'ouest de l'Eure et dans le nord de l'Orne. Lorsque la mention "Cambremer" figure en complément de l'appellation, le cidre doit obligatoirement provenir de certaines communes des cantons de Cambremer, Lisieux 3 ou Mézidon-Canon.

Principales variétés de pommiers présents dans les vergers:
Catégorie "amère": *Domaine, Fréquin rouge, Mettais* et *Moulin à vent*.
Catégorie "douce-amère": *Bedan, Binet rouge, Bisquet, Noël des champs* et *Saint-Martin*.
Catégorie "douce": *Germaine* et *Rouge Duret*.
Catégorie "acidulée": *Rambault* et *René Martin*.
Rendement maximum à l'hectare: 20 tonnes pour les vergers "hautes tiges" et 30 tonnes pour les vergers "basses tiges".
Rendement maximum au pressurage: 750 litres de moût*/tonne de fruits.
Richesse saccharimétrique minimale naturelle du moût: 108 g/litre.
Teneur minimale en sucre résiduel après la prise de mousse: 20 g/litre.
Richesse alcoolique minimale acquise en fin d'élaboration: 3,5 %.

PÉCHARMANT

Vins* rouges produits dans le Sud-Ouest, A.O.C.* depuis le 12 mars 1946.
Aire de production: communes de Bergerac, Creysse, Lembras et Saint-Sauveur.
Superficie du vignoble: 442 ha (en 2005).
Encépagement autorisé: Cabernet-Sauvignon*, Cabernet franc*, Côt* et Merlot*.
Rendement de base à l'hectare: 45 hl.

PÊCHE

Fruit à noyau originaire de Chine dont la chair est juteuse et la peau veloutée. La pêche que nous consommons aujourd'hui vient du sud de la France, d'Italie, d'Espagne...
Principales variétés:
La Mayflower, pêche blanche primeur, peu goûteuse.
La Ribet, pêche blanche plus parfumée.
La Dixie red, pêche jaune juteuse mais insipide.
La Cardinal, pêche jaune courante.
La Red haven et la *Sun haven*, pêches jaunes de qualité, juteuses et goûteuses.
La Charles Roux, excellente pêche de vigne à chair blanche.
La Redwing, pêche blanche de bonne qualité.
La Robin, petite pêche blanche goûteuse et parfumée.
La Pavie, variété particulière dont la chair adhère au noyau. Elle est principalement destinée à la conserverie.

La pêche se consomme crue ou cuite, en salades de fruits, pâtisseries, soufflés, sorbets, confitures*, compotes... Elle accompagne également certaines préparations salées (ex: canard*) et entre dans la composition de liqueurs*.

Pêches de vigne

Source : Photo BG

PECORINO ROMANO

Fromage* de lait* de brebis italien fabriqué dans le Latium mais aussi en Toscane et en Sardaigne. Son nom vient du terme italien "pecora", signifiant brebis, et de sa région d'origine. Le pecorino romano bénéficie d'une Appellation d'Origine Contrôlée (A.O.C.) dans son pays et d'une A.O.P.* dans le cadre de l'U.E. L'Italie produit d'autres "pecorini", toujours élaborés avec du lait de brebis, dont le **Pecorino Sardo**, le **Pecorino Siciliano**, le **Pecorino Toscano** et le **Pecorino di Filiano** qui sont aussi classés A.O.P.
Type: pâte pressée cuite, croûte naturelle lavée.
Forme: petite meule.
Taille: 20 à 26 cm de diamètre, 14 à 22 cm d'épaisseur.
Poids: 6 à 20 kg.
Teneur en M.G.: 36 % au minimum.
Meilleures saisons: hiver, printemps, été.

PÉCOUI-TOUAR

Autre dénomination du cépage* Calitor*.

PÉLARDON

Fromage* de lait* de chèvre fabriqué dans le Languedoc, A.O.C.* depuis le 25 août 2000 et reconnu A.O.P.* dans le cadre de l'U.E. Son nom vient d'un terme dialectal cévenol. L'aire d'appellation s'étend sur 502 communes de l'Aude, de l'Hérault, du Tarn, de la Lozère et du Gard.
Type: pâte molle, croûte naturelle.
Forme: petit palet.
Taille: 6 à 7 cm de diamètre, 2,2 à 2,7 cm d'épaisseur.
Poids: 60 g environ.
Teneur en M.G.: 45 %.
Meilleures saisons: printemps, été, automne.

PELLAPRAT (Henri Paul)

Cuisinier français (Paris 1869 - 1950). Après avoir exercé dans plusieurs restaurants parisiens, il est le co-fondateur, en 1895, de l'école de cuisine *Le Cordon bleu* où il officie en tant que professeur pendant 32 ans. On lui doit plusieurs ouvrages culinaires de référence tels que : *L'Art culinaire moderne, La Cuisine familiale et pratique, Le poisson dans la cuisine française, Les Desserts : recueil de pâtisserie et entremets simples, Cuisine végétarienne et régimes alimentaires,* etc.

PENEDÉS
Vins* blancs et rouges espagnols issus de cépages Maccabéo*, Xarel-Lo, Garnacha, Cariñena, etc. et produits en Catalogne, au sud-ouest de Barcelone. Ces vins bénéficient d'une D.O.*.

PENNES
Pâtes alimentaires* en forme de petits tubes striés, coupés en biseau.

PEPSI-COLA
Soda* à base de noix de kola *(1)* et de feuilles de coca *(2)* créé en 1898 par Caleb Bradham, pharmacien de New Bern (Caroline du Sud). Pepsi-Cola, comme son concurrent direct Coca-cola*, propose aujourd'hui une gamme de produits comprenant plusieurs sodas et jus de fruits.
(1) Fruit du kolatier, arbre d'origine africaine. Kola peut aussi s'orthographier "cola".
(2) Petit arbre d'Amérique du Sud dont les feuilles ont une action stimulante.

PERAIL ou PERRAIL
Fromage* de lait* de brebis fabriqué dans le Rouergue. Il est produit à une période où les brebis ne fournissent plus assez de lait pour l'élaboration des roqueforts*.
Type : pâte molle à croûte naturelle.
Forme : petit disque.
Taille : 8 à 10 cm de diamètre, 1,5 à 2 cm d'épaisseur.
Poids : 80 à 150 g.
Teneur en M.G. : 46 %.
Meilleures saisons : hiver, printemps, été.

PERCHE

Poisson d'eau douce de la famille des percidés qui vit dans les eaux calmes des rivières et des étangs.

Il est aussi élevé en pisciculture*. La perche, qui se rencontre sous une centaine d'espèces dans le monde, peut mesurer jusqu'à 50 cm pour un poids de 3 kg. Sa chair blanche a un goût agréable mais elle renferme de nombreuses arêtes.

PERCHE AMÉRICAINE
Autre dénomination du black-bass*.

PERDRIX
Gibier* à plumes sédentaire dont la chasse et la vente sont réglementées. Il faut distinguer :
La perdrix rouge : oiseau des zones bocagères, céréalières et viticoles qui pèse de 350 à 600 g.
La perdrix grise : oiseau des plaines céréalières et betteravières qui pèse de 350 à 400 g.
La perdrix bartavelle : espèce voisine de la perdrix rouge que l'on rencontre en montagne et qui pèse de 450 à 750 g. Cette perdrix, devenue rare, n'est pas commercialisable.
Une très jeune perdrix prend le nom de *pouillard*. Ensuite et jusqu'à 8 mois, ce gibier est appelé *perdreau*.
La perdrix se prépare rôtie, farcie, en salmis*, en chartreuse*, etc.

PERDRIX DES NEIGES
Voir Lagopède*.

PERIGORD
Autre dénomination du cépage* Mérille*.

PÉRIGOURDINE (sauce)
Sauce demi-glace* à la purée de foie gras* garnie d'une brunoise* de truffes*.

PÉRIGUEUX (sauce)
Sauce madère* additionnée de jus et de brunoise* de truffes*.

PERLES DU JAPON
Apprêt culinaire réalisé à partir d'une pâte confectionnée avec de la fécule de manioc* ou du sagou* et détaillée en petites perles. Elles sont employées dans les potages* ou les desserts.

PERNAND-VERGELESSES
Vins* rouges et blancs produits en Bourgogne*, A.O.C*.depuis le 31 juillet 1937. Pour les vins dont les récoltes proviennent de parcelles classées "Premier cru", l'appellation communale peut être complétée par le nom du climat* d'origine *(1)* et (ou) par la mention "Premier cru".
Aire de production : commune de Pernand-Vergelesses située au nord de Beaune.
Superficie du vignoble : 133 ha (en 2007) dont 81 ha en vins rouges et 52 ha en vins blancs.
Encépagement autorisé : Pinot noir*, Pinot Liébault*, Pinot Beurot* Chardonnay* et Pinot Blanc*.

Rendement de base à l'hectare : 40 hl pour les vins rouges et 45 hl pour les vins blancs.
(1) "En Caradeux", "Creux-de-la-Net", "Ile-de-Vergelesses", "Les Vergelesses", "Sous Frétille", "Clos Berthet", "Clos du Village" et "Les Fichots".

PERNOD 45
Anisé* titrant 45° créé par la maison du même nom en 1928. Il ne contient ni réglisse*, ni caramel*, ce qui lui confère une couleur jaune beaucoup plus claire que les pastis traditionnels. À la dégustation, il présente un nez assez frais avec une bouche légèrement citronnée. Le Pernod 45 est aujourd'hui présent dans plus de 110 pays.

PERNOD aux extraits de plantes d'absinthe.
Inspiré de la recette originale qui fit la renommée de la Maison Pernod au 19ème siècle, ce spiritueux anisé aux extraits de plante d'absinthe* a été lancé en 2001. Sans sucre et titrant à 68°, il possède un taux de thuyone conforme à la nouvelle législation en vigueur.

PERRIER
Eau minérale naturelle* gazeuse captée à Vergèze dans le Gard. En 1863 est signé le décret d'exploitation de la source des bouilleurs et c'est en 1891 que les travaux du Docteur Perrier, propriétaire de la source, révèle le produit Perrier. Aujourd'hui, la plus célèbre des eaux minérales françaises est présente dans près de 125 pays.
Catégorie : faiblement minéralisée.

Composition physico-chimique (en mg/l)	
Cations	**Anions**
Calcium : 155	Bicarbonates : 445
Sodium : 11,8	Sulfates : 46
Magnésium : 6,8	Chlorures : 25
Potassium : 1,3	Nitrates : 4,8
Fluor : 0,14	
pH à 20°C : 5,5	Minéralisation totale : 479 mg/l

En 2003, Perrier a lancé **L'Eau de Perrier**, finement pétillante, de même minéralisation que l'eau originelle mais moins riche en gaz carbonique (1).
(1) L'eau est naturellement gazeuse au gisement de la source mais, pour la mise en bouteille, on sépare le gaz de l'eau. Ensuite le gaz est réinjecté en quantité voulue. Pour l'Eau de Perrier, la gazéification est volontairement réduite.

PERROQUET
Apéritif constitué d'une mesure d'anisé* additionnée d'un trait de sirop* de menthe*.

PERSAN
Cépage* noir qui produit des vins* rouges colorés et tanniques en région savoyarde.

PERSIL
Plante aromatique d'origine grecque dont on utilise les feuilles, les tiges ou les racines.
Les variétés les plus employées sont **le persil commun** à feuilles plates (le plus parfumé) et **le persil frisé** (plus décoratif mais moins goûteux). Le persil bulbeux, cultivé pour ses racines, est plutôt consommé en Europe centrale.

Persil commun

PERSILLADE
Mélange d'ail* et de persil* hachés (éventuellement additionné de mie de pain* tamisée) ajouté à certains apprêts culinaires (ex : carré d'agneau*, tomates* à la provençale*).

PERSILLÉ DES ARAVIS
Fromage* de lait* de chèvre, ou de laits de chèvre et de vache mélangés, fabriqué en Savoie. Il doit son nom à la nature de sa pâte et à son lieu de production. La région savoyarde produit d'autres "persillés" : le **Persillé du Mont Cenis**, le **Persillé de Sainte-Foix**, le **Persillé de Thônes,** le **Persillé du Grand Bornand**, etc.
Type : pâte persillée, croûte naturelle brossée.
Forme : cylindre.
Taille : 8 à 10 cm de diamètre, 12 à 15 cm de hauteur.

Poids: 0,5 à 1 kg.
Teneur en M.G.: 45 % en moyenne.
Meilleures saisons: été, automne.

PERSIMON
Variété de kaki* cultivé dans la région de Valence, en Espagne. Sans pépins ni noyau, avec une peau comestible et une chair légèrement acidulée, le persimon se consomme nature, en gratin, en sorbet, en composition de divers desserts…

PESSAC-LÉOGNAN
Vins* rouges et blancs produits dans le Bordelais, A.O.C.* depuis le 9 septembre 1987.
Les mentions "Grand vin de Graves" ou "Vin de Graves" peuvent figurer en plus de l'appellation. Voir également *Châteaux du Bordelais**.
Aire de production: 10 communes dont Pessac-Léognan, situées au sud de Bordeaux.
Superficie du vignoble: 1 610 ha (en 2006) dont 1 365 ha en vins rouges et 245 ha en vins blancs.
Encépagement autorisé: Merlot*, Cabernet-Sauvignon*, Cabernet franc*, Côt*, Petit Verdot*, Carmenère*, Sémillon*, Sauvignon* et Muscadelle*.
Rendement de base à l'hectare: 45 hl pour les vins rouges et 48 hl pour les vins blancs.
Teneur maximale en sucre résiduel pour les vins blancs: 4 g/litre.

PESTO
Sauce d'origine italienne réalisée à partir d'huile* d'olive, de basilic*, d'ail*, de pignons* de pin et parmesan* râpé. Le pesto accompagne les pâtes, le minestrone* ou d'autres préparations italiennes.

PET-DE-NONNE
Petit* beignet à base de pâte à choux* appelé aussi "soupir de nonne" ou "beignet venteux".

PETER HEERING
Voir Cherry Peter Heering*.

PÉTILLANT DE RAISIN
Produit effervescent résultant de la fermentation partielle de jus de raisin* et présentant une teneur alcoolique située entre 1 et 3 %.

PETIT BESSAY
Fromage* de lait* de vache fabriqué dans le Bourbonnais. Il doit son nom à une localité de l'Allier d'où il est originaire.
Type: pâte molle, croûte naturelle.
Forme: disque.
Taille: 8 à 10 cm de diamètre, 2 à 3 cm d'épaisseur.
Poids: 200 à 250 g.
Teneur en M.G.: 40 à 45 %.
Meilleures saisons: été, automne.

PETIT CHABLIS
Vins* blancs produits en Bourgogne*, A.O.C.* depuis le 5 janvier 1944. L'appellation peut être éventuellement complétée par le nom de la commune d'origine.
Aire de production: territoire délimité de l'appellation Chablis* augmenté de plusieurs communes.
Superficie du vignoble: 768 ha (en 2007).
Encépagement autorisé: Chardonnay*.
Rendement de base à l'hectare: 50 hl.

PETIT FOUR
Pièce de pâtisserie ou de confiserie de petite taille servie sur un buffet* ou en accompagnement du café* ou du champagne*.

PETIT MANSENG
Cépage* blanc d'origine béarnaise.
Aires de culture: vignobles du Sud-Ouest, notamment les terroirs du Jurançon*, mais aussi dans les zones d'appellation Pacherenc du Vic Bilh*, Béarn*, Irouléguy*, Floc de Gascogne*, etc.
Le Petit Manseng est souvent associé au Gros Manseng*.
Vins* produits: blancs moelleux et aromatiques ou blancs secs, frais et fruités.

PETIT POIS
Plante potagère originaire de Chine dont on consomme les graines fraîches contenues dans les gousses. Une fois écossés, les petits pois sont préparés cuits (à la Française*, en purée, en potage*, etc.).
Principales variétés: *Provençal, Express, Téléphone à rame, Merveille de Kelvédon, Cador, Serpette Guilloteaux, Orféo , Obéron…*

Source: Photo BG

Petits pois « Téléphone à rame »

PETIT SALÉ
Morceau de porc* *(1)* ayant subi un traitement au sel* (immersion en saumure* ou au sel sec) et qui doit être dessalé avant préparation.
(1) Palette*, longe*, jarret*, jambonneau*, poitrine*, etc.

PETIT SUISSE
Fromage* de lait* de vache d'origine normande mais fabriqué dans plusieurs régions françaises. Vers 1850, un vacher suisse employé dans une ferme de

Villers-sur-Auchy, dans le Pays de Bray, aurait eu l'idée de créer ce fromage.
Type : pâte fraîche non salée enrichie de crème.
Forme : petit cylindre.
Taille : 3 à 4 cm de diamètre, 4 cm de hauteur.
Poids : 30 g environ.
Teneur en M.G. : 60 à 75 %.

PETIT VERDOT

Cépage* noir originaire du Sud-Ouest.
Aires de culture : en Bordelais, sur environ 400 ha, notamment dans la partie ouest des vignobles (Médoc*, Saint-Estèphe*, Pauillac*, Saint-Julien*, Moulis*, Listrac*, Margaux*, Graves*, Pessac-Léognan*, etc.). On rencontre également ce cépage en Espagne, aux États-Unis, en Argentine, au Chili, en Australie, etc.
Vins* produits : rouges colorés, charpentés, tanniques, avec des notes aromatiques épicées.

PETITE CHAMPAGNE

a) Une des 6 zones qui constituent l'aire d'appellation Cognac*. Elle enserre la Grande Champagne*, au sud du fleuve Charente, avec un vignoble de 15 246 ha (en 2008).
b) Eaux-de-vies* à A.O.C.* produites sur la zone délimitée de la " Petite Champagne". Appellation régie par le décret du 13 janvier 1938 (voir critères de production à Cognac*).

PETITE FINE CHAMPAGNE

Eaux-de-vies* à A.O.C.* produites sur l'aire délimitée de la Petite Champagne* (voir critères de production à Cognac*).

PETITE MARMITE

Désignation d'un type de pot-au-feu* de bœuf* ou de volaille* servi avec son bouillon, dans la marmite où il a cuit.
Le terme "petite marmite" est aujourd'hui employé pour différentes sortes de pot-au-feu servis en récipient de cuisson, y compris le pot-au-feu de poisson.

PÉTONCLE

Mollusque lamellibranche bivalve vivant sur les fonds sableux de plusieurs mers ou océans. Parfois comparé à la coquille Saint-Jacques*, mais de plus petite taille (4 à 6 cm de diamètre), le pétoncle est aussi appelé *vanneau*.

PHYLLOXERA

Puceron parasite introduit accidentellement dans les vignobles européens vers 1860. Ce pou térébrant fit son apparition dans le Gard vers 1864. Quelques années plus tard, presque tous les vignobles français étaient détruits.
En s'attaquant aux racines de la vigne, le phylloxera causait des dégâts irrémédiables sur la plante. Les vignerons de l'époque cherchèrent vainement des solutions pour lutter contre le fléau. Ils tentèrent notamment l'immersion des vignes ou les plantations dans le sable quand cela était possible, pratiquèrent l'injection de sulfure de carbone dans le sol, mais toutes ces tentatives furent peu concluantes. Le greffage de cépages* français sur des porte-greffes américains constitua le seul moyen efficace pour éradiquer la crise phylloxérique. Aujourd'hui, les vignobles français sont plantés de cépages greffés.

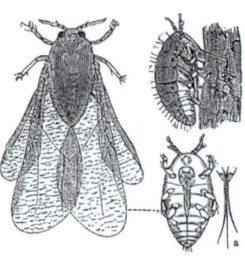

Source : Dactylosphaera Vitifoli

Quelques très rares vignobles ont survécu à l'attaque phylloxérique, c'est le cas du *Clos de Maulévier* dans la région de Chinon*. Cette minuscule parcelle de 40 ares possède encore des ceps de Cabernet-francs de pied (1) de plus de 150 ans qui produisent un vin* confidentiel nommé "Ante Phylloxera". À Soings-en-Sologne, dans le Loir-et-Cher, Henry Marionnet produit une petite cuvée nommée *Provignage* qui est issue d'une parcelle de 36 ares de cépage Romorantin* plantée vers 1850.

(1) Ceps de vigne non greffés.

Source : Photo H. Marionnet

Cep de Romorantin planté vers 1850

PHYSALIS

Fruit exotique originaire du Pérou qui se présente sous forme de baie globuleuse jaune-orangée de 2 à 3 cm de diamètre à laquelle reste accroché le calice séché. Appelé aussi *Coqueret du Pérou*, *Groseille du Cap* ou *Amour en cage*, le physalis, qui contient une pulpe juteuse acidulée, est employé comme élément de décor ou se consomme en salade de fruits, en confiture* et en sorbet*.

PHYSIOLOGIE DU GOÛT

Voir Brillat-Savarin (Jean-Anthelme) *.

PIBALE
Voir Anguille*.

PIC (André)
Cuisinier français (Saint-Peray 1893 - Valence 1984). Après des débuts auprès de sa mère Sophie dans l'auberge familiale du Pin, près de Valence, il poursuit son apprentissage dans divers établissements de la vallée du Rhône et de Paris. En 1924, cet excellent cuisinier reprend le restaurant familial qui acquiert une belle notoriété et en 1934 *l'Auberge du Pin* est auréolée de trois étoiles au Guide Michelin*. En 1936, André Pic, qui est devenu un des trois plus grands Chefs français de son époque avec Fernand Point* et Alexandre Dumaine*, décide de transférer son établissement dans le centre de Valence, au bord de la célèbre Nationale 7. Ainsi naît la *Maison Pic,* qu'il transmet à son fils Jacques dans les années 50.

PIC (Jacques)
Cuisinier français (Saint-Peray 1932 – Valence 1992), fils d'André Pic*. Après une formation qui passe par *La Réserve* à Beaulieu, le *Buffet Cornavin* à Genève et *Chez Dorin* à Paris, il revient dans le restaurant familial en 1956 et suit le chemin tracé par son père : émergence de nouvelles tendances culinaires en conservant une inspiration du grand Escoffier*. Cet homme exigeant, sincère, humble, crée une palette audacieuse d'accords de saveurs avec une orientation particulière pour les sauces et les poissons. Tout naturellement, son mérite est reconnu et en 1973, le Guide Michelin* lui octroie une troisième étoile. La *Maison Pic* retrouve alors sa place dans le monde de la haute cuisine. Jacques Pic disparaît brutalement en septembre 1992 mais la relève est assurée, d'abord par son fils Alain et ensuite par sa fille Anne-Sophie qui est aujourd'hui une Grande Dame de la gastronomie* française.

PIC (Anne-Sophie)
Cuisinière française née en 1969 à Valence, fille de Jacques Pic*. Après des études de gestion et de management international, elle est chargée de mission à l'étranger pour Moët et Chandon et Cartier. Au décès de son père, en 1992, elle intègre l'entreprise familiale de Valence. En 1995, elle "entre en cuisine", sa vraie vocation. Avec son époux, David Sinapian, elle préside désormais au devenir de la *Maison Pic,* haut-lieu de la gastronomie* française depuis plusieurs générations. Passionnée, perfectionniste, audacieuse, Anne-Sophie travaille dans un registre novateur et obtient la consécration suprême en 2007 avec trois étoiles au Guide Michelin* *(1).* Immense satisfaction pour cette jeune femme talentueuse qui a reconquis, avec une cuisine très personnelle, après son grand-père et son père, la plus haute des distinctions. Reconnue par ses pairs, c'est aussi en 2007 qu'elle reçoit le titre de "Chef de l'année" (pour la première fois attribué à une femme depuis sa création en 1987).

(1) Elle est la quatrième femme triplement étoilée après Eugénie Brazier* et Marie Bourgeois en 1933, et Marguerite Bise en 1951.

Source : Photo Jeff Nalin

PICADOU
Cabecou* enveloppé dans une feuille de noyer et mis à macérer dans un pot avec de l'eau-de-vie* de prune*.

PICALILLI ou PICALILLY
Condiment* composé britannique réalisé à partir de petits bouquets de choux-fleurs*, cornichons* émincés, échalotes* et aromates* macérés dans de la moutarde* diluée avec du vinaigre* de malt. Le picalilli est servi en accompagnement de viandes froides.

PICARDAN
Cépage* noir cultivé en faible quantité dans le Sud-Est. Il fait notamment partie de l'encépagement autorisé de l'A.O.C.* Châteauneuf-du-Pape*.

PICCATA
Terme d'origine italienne désignant une petite escalope de veau* ronde généralement sautée au beurre et accommodée avec du Marsala* ou du citron*.

PICKLES
Condiment* composé d'origine indienne fabriqué aujourd'hui dans les pays anglo-saxons. Les pickles sont réalisés à partir de légumes ou de fruits confits dans du vinaigre* aromatisé. Les éléments végétaux les plus couramment employés sont les choux-fleurs*, concombres*, petits oignons*, courgettes*, poivrons*, maïs, champignons*, tomates* cerises, etc. Ce condiment est servi en accompagnement de viandes et poissons froids, ou en amuse-bouche à l'apéritif.

PICODON
Fromage* de lait* de chèvre fabriqué dans le Vivarais et le Dauphiné, A.O.C.* depuis le 25 juillet 1983 et reconnu A.O.P.* dans le cadre de l'U.E. Il doit son nom à sa saveur particulière, un peu piquante, quand il est très affiné.

Type : pâte molle à croûte fleurie.
Forme : petit palet circulaire.
Taille : 5 à 7 cm de diamètre, 1,8 à 2,5 cm d'épaisseur *(1)*.
Poids : 60 g environ *(1)*.
Teneur en M.G. : 45 % au minimum.
Meilleures saisons : fin de l'été, automne.
(1) Les fromages "affinés méthode Dieulefit" doivent présenter un diamètre de 4,5 à 6 cm, une épaisseur de 1,3 à 2,5 cm et un poids minimal de 45 g.

L'aire géographique de l'AOC Picodon s'étend sur 372 communes essentiellement situées dans l'Ardèche et la Drôme.

PICON ou AMER PICON
Bitter* français originaire d'Afrique du Nord, créé en 1837 par Gaétan Picon. Cet amer de couleur brune, qui titre 21°, est élaboré à partir de vin*, d'alcool* et de macérations d'écorces d'orange*, de gentiane*, de quinquina*, etc. Il est consommé sur de la glace, avec ou sans sirop (grenadine*, cassis*, citron*), allongé d'eau gazeuse. Dans le Nord et en Alsace, le Picon se déguste additionné de bière*.

PICPOUL ou PIQUEPOUL BLANC
Cépage* blanc d'origine languedocienne.
Aires de culture : en Languedoc-Roussillon, notamment sur les terroirs des Coteaux du Languedoc Picpoul-de-Pinet* mais aussi en Vallée du Rhône.
Vins* produits : blancs secs, fruités avec un nez d'agrumes. Il sert également à la fabrication du Noilly Prat*.

PICPOUL ou PIQUEPOUL NOIR
Cépage* noir cultivé dans le Languedoc-Roussillon (Coteaux du Languedoc*, Corbières*, etc.), dans le Sud-Ouest et en Vallée du Rhône (Côtes-du-Rhône*, Châteauneuf-du-Pape*, etc.). Ce cépage génère des vins* rouges agréables et peu colorés ainsi que des rosés assez bien équilibrés.

PIÈCE MONTÉE
Symbole du dessert festif, la pièce montée est une pâtisserie de grande taille nécessitant un important travail de montage et de décoration. Le type de pièce montée le plus courant est le croquembouche*.

PIED-DE-CHEVAL
Voir Huître*.

PIED DE CUVE
Levain élaboré à partir de raisins* sélectionnés, riche en levures alcooliques* indigènes et très efficace pour démarrer la fermentation d'une cuve. 1 hl de ce levain est suffisant pour activer le début de fermentation de 40 hl de vendange.

PIED-DE-MOUTON
Champignon sylvestre appartenant à la famille des hydnes*. Il possède un chapeau beige dont le dessous est tapissé de petits piquants qu'il faut éliminer. Le pied-de-mouton se consomme sauté au beurre*, en garniture forestière*, en omelette…

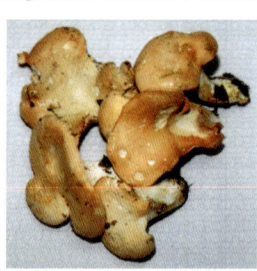

PIEDS-PAQUETS ou PIEDS ET PAQUETS
Spécialité culinaire provençale composée de tripes de mouton* ou d'agneau* farcies d'un hachis de porc* additionné d'ail* et de fines herbes. L'ensemble est ficelé en petits paquets et cuisiné au vin* blanc avec les pieds du même animal.

PIERRE-QUI-VIRE (LA)
ou ABBAYE DE LA PIERRE-QUI-VIRE
Fromage* de lait* de vache fabriqué par les moines de l'abbaye éponyme implantée dans l'Yonne.
Type : pâte molle à croûte lavée*(1)*.
Forme : petit disque.
Taille : 10 cm de diamètre, 2,5 cm d'épaisseur.
Poids : 200 g environ.
Teneur en M.G. : 45 à 50 %.
Meilleures saisons : été, automne.
(1) Les religieux préparent également une "Boulette de La Pierre-qui-Vire" qui est une boule d'environ 7,5 cm de diamètre pour un poids de 150 à 200 g. Ce fromage est une pâte fraîche aromatisée aux fines herbes.

PIERVAL
Eau de source* captée à Pont-Saint-Pierre dans l'Isère.

Catégorie : faiblement minéralisée.
pH à 20 °C : 7,1.
Minéralisation totale : 433 mg/l.

PIEUVRE
Autre dénomination du poulpe*.

PIGEAGE
Opération de vinification* qui consiste à enfoncer le "chapeau" *(1)* d'une cuve de vin rouge* en fermentation. Le pigeage favorise les échanges entre les éléments solides et les éléments liquides d'un moût*.
(1) Partie flottante constituée des éléments solides du moût en fermentation (pellicules, pépins, rafles).

PIGEON
Volatile sauvage ou domestique de la famille des colombidés. Le pigeon possède une chair brune dense, moelleuse et parfumée.
Il convient de distinguer :
Le pigeon ramier ou **palombe** *(1)*, **le pigeon biset** et **le pigeon colombin** qui sont des espèces sauvages, répertoriées comme gibier* et dont la chasse et la vente sont réglementées.
Le pigeon domestique, produit en élevage et qui a une chair moins fine et moins goûteuse que les espèces sauvages.
Le terme "pigeonneau" désigne un jeune oiseau de 4 à 5 semaines dont la chair est très tendre.
Les pigeons et les pigeonneaux se consomment rôtis, grillés, en salmis*, en chartreuse*, etc.
(1) Oiseau migrateur dont la chasse fait partie des traditions du Sud-Ouest. Elle se pratique à l'affût dans les "palombières".

PIGNON DE PIN
Graine allongée extraite de la pigne *(1)* du pin parasol. Le pignon est employé en pâtisserie, dans des préparations telles que le pesto* ou salé, en accompagnement de l'apéritif. Il existe également une huile* alimentaire préparée à partir de cette graine.
(1) Le pin parasol est une plante gymnosperme dont les graines nues (non protégées par un fruit) sont logées dans les écailles de ses cônes couramment désignés sous les noms de "pigne" ou "pomme de pin".

PILAF ou PILAW
Préparation culinaire d'origine orientale composée de riz* pilaf *(1)* accompagné d'une garniture (fruits de mer, poisson, viande hachée, volaille, abat*, etc.).
(1) Le riz pilaf est nacré au beurre avec de l'oignon* ciselé avant d'être mouillé d'un bouillon de cuisson et additionné d'un bouquet garni* pour être cuit au four, à couvert.*

PILCHARD
Voir Sardine*.

PIMENT
Plante dont les fruits sont consommés comme épice*, condiment* ou légume. Probablement originaire de Colombie, ce végétal fut ramené en Europe par Christophe Colomb. Il est aujourd'hui produit dans beaucoup de pays. Les variétés sont multiples dont *le Piment de Cayenne, le Piment des Antilles* ou *Piment cerise, le Piment oiseau, le Piment rouge, le Piment vert,* etc. Le Piment d'Espelette *(1)* est beaucoup utilisé dans la cuisine basque.
La plupart des piments présentent une odeur animale et une saveur chaude, parfois brûlante. Il convient donc de les employer avec modération.
*(1) **Le Piment d'Espelette** ou **Ezpeletako Biperra**, A.O.C.* depuis le 29 mai 2000 est reconnu A.O.P.* dans le cadre de l'U.E. L'aire géographique de l'appellation est limitée à 10 communes, dont Espelette, situées dans l'ouest des Pyrénées-Atlantiques. Le produit doit impérativement être récolté, transformé et conditionné à l'intérieur de cette zone. Il se présente sous 3 formes : entier frais (destiné à la transformation), en corde (encordé sur une ficelle) ou en poudre.*

Source : Photo BG

PIMM'S N° 1 (cocktail)
Cocktail* (apéritif) préparé sur glace directement en Pimm's cup.
4 cl de Pimm's N° 1*
8 cl de soda*
½ tranche d'orange*
1 zeste* de citron*
2 cerises* à l'eau-de-vie
Verser le Pimm's et le soda. Remuer et décorer avec la ½ tranche d'orange, le zeste de citron et les cerises à l'eau-de-vie.
Compléter éventuellement avec une peau de concombre* et une feuille de menthe* fraîche.

Source : Photo BG

PIMM'S N° 1 (spiritueux)

Spiritueux* anglais créé en 1840 par un restaurateur londonien, J. Pimms. Élaboré à partir de gin* édulcoré au caramel*, d'essences d'oranges* et d'extraits de différentes plantes, **le Pimm's N° 1** qui titre 25°, s'emploie essentiellement pour réaliser le cocktail* du même nom.
Il existe également :
Le Pimm's N° 2 (à base de whisky*)
Le Pimm's N° 3 (à base de Brandy*)
Le Pimm's N° 4 (à base de rhum*)
Le Pimm's N° 5 (à base de rye whisky*)
Le Pimm's N° 6 (à base de vodka*).

PIÑA COLADA

Cocktail* préparé au shaker ou au mixer.
2,5 cl de crème de coco*
3,5 cl de rhum* blanc
6 cl de jus d'ananas*
1 quartier d'ananas frais
2 cerises* à l'eau-de-vie
Frapper énergiquement et servir dans un tumbler. Décorer avec le quartier d'ananas et les cerises à l'eau-de-vie.

PINEAU ou PINOT DE LA LOIRE

Autre dénomination du cépage* Chenin blanc*.

PINEAU CHARENTAIS

Appellation identique au Pineau des Charentes*.

PINEAU D'AUNIS

Cépage* noir originaire de la Vallée de la Loire. Il doit son nom à un prieuré situé près de Saumur. Le Pineau d'Aunis est essentiellement vinifié en rosé sur plusieurs appellations ligériennes (Anjou*, Touraine*, Coteaux du Loir*, Coteaux du Vendômois*, Cheverny*, Valençay*, etc.). Ce cépage est également utilisé pour l'élaboration de vins effervescents*.

Source : Photo BG

PINEAU DES CHARENTES

V.D.L.* blancs et rosés produits dans la région du Cognac*, A.O.C.* depuis le 12 octobre 1945.
Aire de production : territoires délimités des appellations Cognac*, eau-de-vie de Cognac* et eau-de-vie des Charentes*.
Volume de production : 91 500 hl (en 2008).
Encépagement du vignoble : Ugni blanc*, Folle blanche*, Colombard*, Jurançon blanc*, Montils*, Sémillon*, Sauvignon*, Merlot blanc*, Blanc Ramé*, Cabernets*, Malbec* et Merlot*.
Rendement de base à l'hectare : 60 hl de moût*.
Mutage* du moût, présentant une teneur en sucre supérieure à 170 g/litre, pour du Cognac rassis provenant de la même exploitation et titrant au moins 60 %.
Richesse alcoolique acquise : 16 à 22 %.
Teneur en sucre après élaboration : 125 à 140 g/litre.
Le Pineau des Charentes ne peut être commercialisé qu'en bouteille (1) portant une capsule ou un timbre de garantie du Syndicat des producteurs et de propagande du Pineau des Charentes.

(1) La circulation du produit en fût ou en bonbonne n'est autorisée que pour l'exportation ou à l'intérieur de la région délimitée de Cognac.

Source : Doc. Marnier Lapostolle

PINENC

Autre dénomination du cépage* Fer Servadou* dans le Béarn.

PINK GIN

Cocktail* (apéritif) préparé dans un verre à cocktail.
Angostura* bitter
4 cl de gin*
Faire tourner 2 traits d'Angostura dans le verre et verser le gin.
Se sert accompagné d'un verre d'eau glacée.

Source : Photo BG

PINK LADY

Cocktail* (apéritif) préparé au shaker.

1 cl de sirop de grenadine*
2 cl de jus de citron*
4 cl de gin*
Frapper et servir dans un verre à cocktail.

PINOT AUXERROIS
Voir Auxerrois *

PINOT BEUROT
Autre dénomination du cépage* Pinot gris* en Bourgogne. On le rencontre dans l'encépagement de plusieurs A.O.C.* de cette région.

PINOT BLANC
Cépage* qui est certainement une mutation blanche du Pinot noir*.
Aires de culture : en Alsace, mais aussi en Bourgogne dans la Côte de Beaune, dans le Jura (Arbois*), dans l'Est (Moselle*), etc. La superficie plantée est estimée à 1 900 ha.
Le Pinot blanc est également présent dans certains vignobles d'Allemagne, d'Autriche, d'Italie, de République Tchèque, de Hongrie, de Slovénie, du Chili, de Californie, du Canada, ...
Vins* produits : blancs de différents types, généralement fins, fruités et aromatiques. Ce cépage est aussi utilisé pour élaborer des vins effervescents*.

PINOT-CHARDONNAY-MÂCON
A.O.C.* réservée à certains vins blancs produits sur l'appellation Mâcon*.

PINOT GRIS
Cépage* probablement originaire de Bourgogne et dont l'identification est variable selon les régions : Tokay en Alsace jusqu'en 2007 *(1)* ou Pinot Beurot* en Bourgogne par exemple. Cultivé en France sur 1 700 ha, on le trouve également en Allemagne, au Luxembourg, en Autriche, en Suisse, en Italie, en Hongrie, en Nouvelle-Zélande, etc.
Le Pinot gris produit des vins* différents selon les terroirs, les périodes de vendanges et les types de vinification qui peuvent être secs, moelleux, liquoreux, voire effervescents. Ces vins sont généralement bien structurés, d'une grande finesse, avec des arômes complexes de fumé et de sous-bois.
(1) Suite à une requête de la Hongrie devant l'Union Européenne, l'usage de la dénomination "Tokay" ou "Tokay-Pinot-gris" n'est plus autorisée en France depuis le 1er avril 2007.

PINOT LIÉBAULT
Cépage* noir bourguignon dont la culture a pratiquement disparu. Il fait encore partie de l'encépagement autorisé de nombreuses A.O.C.* de sa région d'origine.

PINOT MEUNIER
Cépage* noir vraisemblablement apparenté au Pinot noir*. Il doit son nom au léger duvet blanchâtre, d'aspect farineux, qui recouvre les feuilles et les baies.
Aires de culture : en Champagne* où il est vinifié en blanc pour être associé au Pinot noir et au Chardonnay* dans la constitution des cuvées. On rencontre également ce cépage sur les terroirs du Val de Loire (Orléans*) et dans l'Est (Moselle*, Côtes de Toul*, etc.). Cultivé en France sur plus de 10 000 ha, le Pinot Meunier est aussi présent en Allemagne, en Autriche et en Australie.
Vins* produits : rouges fruités, blancs effervescents et agréables rosés.

PINOT NOIR
Cépage* noir d'origine bourguignonne. Il doit son nom à la forme de sa grappe qui ressemble à une pomme de pin. En constante progression dans le vignoble français, le Pinot noir couvre plus de 25 000 ha.
Aires de culture : sur tous les terroirs des crus rouges de Bourgogne*, en Champagne*, en Alsace, en Vallée de la Loire (Sancerre*, Menetou-Salon*, etc.). Ce grand cépage est aussi cultivé dans les vignobles allemands, autrichiens, italiens, suisses, nord-américains, sud-américains, australiens, sud-africains, etc.
Vins* produits : rouges élégants, puissants, de belle couleur rubis avec des arômes de fruits rouges (cerise*, framboise*) qui s'épanouissent au vieillissement. En Champagne, il est surtout vinifié en blanc où il constitue les assemblages de cuvée avec le Chardonnay* et le Pinot Meunier*.

PINOTAGE
Cépage* sud-africain résultant d'un croisement de Pinot noir* et de Cinsault*.

PINTADE

Volaille de la famille des numididés originaire de Numidie, ancienne région d'Afrique du Nord. La pintade possède une chair brune au goût sauvage très appréciée dans notre pays (1). Elle est apprêtée rôtie "sur canapé", farcie, en fricassée*, en salmis*, en ballottine*...

Il convient de distinguer plusieurs espèces : *la pintade de Numidie, la pintade noire, la pintade à poitrine blanche, la pintade plumifère, la pintade de Pucheran, la pintade vulturine* et *la pintade à plumage strié.*

(1) Avec une méléagriculture (élevage des pintades) produisant 50 millions de volatiles par an, la France est le premier producteur mondial de pintades.

Pintades fermières de Loué

PIPERADE

Préparation basque à base de fondue de poivron*, de tomate* et d'oignon*. Elle peut être additionnée d'œufs* ou accompagnée d'autres produits locaux comme le jambon* de Bayonne.

PIPPERMINT GET ou GET 27

Liqueur* à base de menthe* créée en 1796 à Revel (Haute-Garonne) par Jean Get. Son nom vient de l'anglais "peppermint" signifiant "menthe poivrée". Afin de concevoir une bouteille originale pour sa liqueur, son inventeur s'inspire des lampes à pétrole qui illuminent les auberges de l'époque.

Ce spiritueux*, qui titre 21°, est élaboré à partir de sept variétés de menthe. Depuis 1976, la marque diffuse un autre produit, plus alcoolisé et incolore, **le Get 31** (24°).

PIQUANTE (sauce)

Sauce* réalisée à partir d'une réduction d'échalotes* ciselées, vin* blanc et vinaigre*, mouillée de sauce espagnole* et garnie de cornichons* et fines herbes hachées.

PIROJKI

Préparation culinaire d'Europe centrale se présentant sous forme de petits pâtés en croûte garnis d'éléments divers (champignons*, viande, poisson et riz*, abat*, volaille, gibier*, fromage*...).

PIRONEAU

Voir Daurade*.

PISANG AMBON

Liqueur* d'origine indonésienne élaborée à partir de petites bananes* vertes de l'île d'Ambon (1). Elle titre 20°.

(1) Petite île de l'archipel des Moluques en Indonésie.

PISSALADIÈRE

Tarte à l'oignon* méridionale garnie d'olives* noires et de filets d'anchois*. Elle doit son nom au pissalat, produit employé dans la recette originelle.

PISSALAT

Condiment de la région niçoise confectionné avec une purée d'anchois* additionnée de sel*, poivre*, cannelle*, clou de girofle*, thym*, laurier*, huile d'olive*... Le produit obtenu est tamisé puis conditionné en bocaux.

PISSENLIT

Plante vivace à feuilles dentelées connue pour ses vertus diurétiques (d'où son nom). Le pissenlit, appelé aussi *Dent-de-lion*, est également classé comme une variété de chicorée*.

Il convient de distinguer :

Le Pissenlit sauvage dont les petites feuilles vertes sont amères.

Le Pissenlit de culture à feuilles plus tendres (*Amélioré très hâtif, Amélioré à cœur plein, Vert de Montmagny amélioré*).

Le pissenlit se consomme principalement cru, en salade, agrémenté de lardons, croûtons et œufs* durs.

PISTACHE

Graine du pistachier, arbre résineux originaire de Syrie. La pistache, considérée comme un fruit oléagineux, est entourée d'une coque lisse, légèrement entrouverte. Elle est utilisée principalement dans la fabrication de charcuteries, de glaces* et de pièces de confiserie. On la consomme également grillée et salée, en accompagnement de l'apéritif.

PISTOU

Condiment provençal à base de basilic* pilé avec de l'ail* et de l'huile* d'olive.

Le terme "pistou" désigne également une soupe de légumes et de pâtes additionnée de pistou.

Le pistou, soupe provençale traditionnelle

PITHIVIERS (fromage)
Fromage* semblable au bondaroy au foin*.

PITHIVIERS (pâtisserie)
Gâteau fait de pâte feuilletée* garnie de frangipane*. Cette pâtisserie est une spécialité de la ville de Pithiviers, dans le Loiret.

PIZZA
Spécialité italienne constituée d'un fond de pâte à pain* diversement garni. La tomate* et le fromage* demeurent cependant les éléments de base des multiples garnitures.

*Pizza au Haddock**

PLANCOËT
Eau minérale naturelle* plate captée dans la région de Plancoët, dans les Côtes d'Armor. Classée eau minérale le 2 août 1928 (source Sassay).
Catégorie : faiblement minéralisée.

Composition physico-chimique (en mg/l)	
Cations	Anions
Sodium : 31 Calcium : 23 Magnésium : 14 Potassium : 4,5	Bicarbonates : 122 Sulfates : 38 Chlorures : 36 Nitrates : limite de détection
Fluor : 0,21	
pH à 20°C : 6,5	Minéralisation totale : 254 mg/l

PLANTER'S PUNCH
Cocktail* préparé sur glace directement dans un grand tumbler.
2 cl de jus de citron*
2 cl de jus d'orange*
2 cl de jus d'ananas*
1 cl de curaçao* orange
1 cl de marasquin*
4 cl de rhum* blanc
1 cl de rhum ambré
1 quartier d'ananas
2 cerises* à l'eau-de-vie
Verser les jus de fruits, le curaçao, le marasquin et le rhum blanc. Remuer et terminer avec le rhum ambré.
Décorer avec le quartier d'ananas et les cerises à l'eau-de-vie.

PLAQUEMINE
Voir Kaki*.

PLAT DE CÔTES ou PLATES CÔTES
Pièce de bœuf* prélevée dans la partie latérale de la cage thoracique de l'animal. Ce morceau est le plus souvent employé pour la préparation de pot-au-feu*.

PLEUROTE
Champignon qui pousse naturellement sur les troncs ou les souches de feuillus, mais qui est également produit en culture.
On peut distinguer 2 variétés principales :
Le Pleurote du panicaut ou **Oreille de chardon** qui est un champignon sauvage de saveur agréable.
Le Pleurote en huître ou **en coquille**, cultivé, plus fade et moins savoureux que le précédent.
Autres variétés : *Pleurote corne d'abondance* et *Pleurote du chêne.*
Le pleurote se consomme cuit, comme les autres champignons.

Pleurote en huître jaune

PLIE
Autre dénomination du carrelet*.

PLOMBIÈRES
Entremets glacé réalisé à partir d'une crème anglaise* au lait d'amande* additionnée de crème fouettée et de fruits confits* macérés au kirsch*.

PLOUSSARD ou PLOUSARD
Autre dénomination du cépage* Poulsard.

PLUM-PUDDING
Voir Christmas-pudding*.

PLUVIER
Petit échassier migrateur dont la chasse est réglementée et la commercialisation interdite. Il existe plusieurs espèces dont **le pluvier doré**, de la taille d'une tourterelle, et **le pluvier gris**, de la taille d'un gros merle.
Le pluvier s'apprête comme la caille* ou la bécasse*.

POCHOUSE
En Bourgogne, matelote* de poisson d'eau douce cuisinée au vin* blanc.

POGNE
Brioche* dauphinoise ou franc-comtoise parfois garnie de fruits confits*.

POIGNARD
Voir Brochet*.

POINT (Fernand)
Cuisinier français (Louhans 1897 - Vienne 1955). Issu d'une famille d'aubergistes, il fait ses classes à Paris et à Evian avant de rejoindre le restaurant familial de Vienne qu'il nomme *La Pyramide*. Ce "Géant", autant par sa corpulence que par son professionnalisme, fait de son établissement une véritable institution *(1)*. Il devient un des trois plus grands Chefs de l'entre-deux-guerres avec André Pic* et Alexandre Dumaine*. En 1933, Fernand Point est l'un des premiers à être honoré par trois étoiles au Guide Michelin*. Sa cuisine, réellement novatrice, fit école et fut source d'inspiration pour plusieurs grands cuisiniers contemporains.
Cinquante-cinq ans après sa disparition, *La Pyramide* a encore une belle place dans la gastronomie grâce à Patrick et Pascale Henriroux.

(1) Sacha Guitry disait : "Pour bien manger en France, un Point c'est tout".

POIRAT
Spécialité berrichonne constituée d'une tourte* garnie de morceaux de poires* macérés dans de l'eau-de-vie* avec du poivre*.

POIRE (fruit)
Fruit à pépins originaire d'Asie. On dénombre actuellement plus de 5000 variétés de poires à travers le monde, mais seulement une bonne dizaine constitue un réel intérêt économique. Comme pour d'autres fruits ou légumes, les variétés difficiles à cultiver, moins rentables et souvent d'excellente qualité gustative ont tendance à être délaissées.
On distingue 3 types de poires :
Les Poires d'été ou *Poires précoces* :
La Williams, fruit jaune à peau lisse avec une chair juteuse, parfumée et un goût légèrement musqué.
La Docteur Guyot, poire à peau vert-clair avec une chair fondante.
Les Poires d'automne ou *Poires de demi-saison* :
La Doyenné du Comice, grosse poire à peau jaune-vert et à chair fondante et parfumée.
La Conférence, fruit jaune allongé avec une chair juteuse et légèrement acidulée.
La Beurré Hardy, fruit trapu de couleur jaune-verdâtre avec une chair fondante, sucrée et parfumée.
La Louise-bonne d'Avranches, poire à peau vert-roux avec une chair fine et acidulée.
L'Alexandrine-Douillard, fruit de couleur jaune-doré à chair ferme et sucrée.

Les Poires d'hiver ou *Poires tardives* :
La Passe-Crassane, grosse poire presque sphérique avec une peau épaisse jaune-doré, rugueuse et une chair granuleuse, fondante et un peu acidulée qui se voit parfois remplacée par *l'Angélys*.
La Général Leclerc, fruit trapu à peau épaisse jaune-clair avec une chair sucrée et parfumée.
La poire, crue ou cuite, trouve de multiples utilisations culinaires. Elle est également employée dans la fabrication de diverses boissons (poiré*, jus de fruits, spiritueux*...).

Doyenné du Comice

POIRE (viande)
Petit morceau de viande de bœuf* rond et charnu *(1)* prélevé dans la cuisse de l'animal. La finesse de son grain lui confère une extrême tendreté.

(1) Sa forme rappelle celle du fruit éponyme.

POIRE TAPÉE DE RIVARENNES
Il s'agit d'une spécialité de Rivarennes, petite localité d'Indre-et-Loire. La poire est épluchée et ébouillantée avant d'être disposée sur une claie pour subir une longue déshydratation dans un four à bois. Le fruit est ensuite aplati à l'aide d'une *platissoire*. Un dernier passage au four permet de parfaire la déshydratation pour une longue conservation.

POIRE WILLIAMS (eau-de-vie)
Eau-de-vie blanche* élaborée à partir de poires* Williams *(1)*. Mise au point dans les années 1930, cette eau-de-vie est aujourd'hui fabriquée dans plusieurs régions, notamment en Vallée du Rhône, en Anjou, en Touraine, dans le Sud-Ouest et en Alsace.
Comme d'autres eaux-de-vie blanches, la poire Williams se déguste dans un verre "frappé". En effet, le froid révèle son potentiel aromatique.

(1) Il ne faut pas moins de 28 kg de fruits pour obtenir 1 litre d'eau-de-vie à 100°.

POIRÉ
Boisson plus ou moins effervescente issue de la fermentation du jus de poires*. Les régions productrices se situent dans l'ouest du pays, notamment la Normandie et la Bretagne.
Élaboré comme le cidre*, le poiré est aussi utilisé

pour la fabrication des eaux-de-vie de poiré* et de calvados*.
Le Poiré de Domfront* bénéficie d'une A.O.C.* depuis le 20 décembre 2002. Sa production est limitée à 42 communes de la Manche, de l'Orne et de la Mayenne.

POIREAU
Plante potagère originaire du Proche-Orient. La partie comestible est constituée d'un fût cylindrique formé de feuilles très serrées, vertes dans la partie aérienne et blanches dans la partie souterraine. Végétal consommé depuis l'Antiquité *(1)*, le poireau est aujourd'hui employé comme légume ou comme élément aromatique.
Principales variétés : *Géant de Saulx, Monstrueux de Carentan, Malabar du Nord, Gros jaune du Poitou, Long de Mezières, Géant d'hiver race Goliath, Bleu de Solaise…*

(1) Introduit en Grande-Bretagne par les romains, le poireau est même devenu l'emblème du Pays de Galles.

POIS CASSÉ
Graine de petit pois* arrivée à maturité, divisée en deux et séchée. Ce minuscule légume demi-sphérique, riche en amidon, est surtout utilisé pour confectionner des potages* et des purées.

POIS CHICHE
Graine issue de la gousse d'une légumineuse originaire d'Asie occidentale. Chaque gousse contient 2 graines ridées de couleur beige. Le pois chiche entre comme légume sec dans plusieurs préparations culinaires méridionales.

POIS GOURMAND
Type de pois mange-tout* dont les 2 principales variétés sont *le Carouby de Maussane* et *la Corne de bélier.*

POIS MANGE-TOUT
Catégorie de petits pois* dont les graines de petite taille et les cosses aplaties sont comestibles.

POITRINE
Partie charnue située dans la région pectorale d'un animal de boucherie ou d'un porc*. Les destinations culinaires de ce morceau sont variables selon l'animal (farcie, braisée, en ragoût*, en blanquette*, en préparations charcutières, etc.)

POIVRADE (sauce)
Sauce* réalisée à partir d'une mirepoix* mouillée de vinaigre* et de marinade* qui, après réduction, est additionnée de sauce espagnole*, de marinade et de grains de poivre* écrasés.

POIVRE
Épice* originaire de l'Inde, le poivre est la baie du poivrier, arbuste tropical grimpant. Il existe des dizaines de variétés cultivées essentiellement au Viêt Nam, en Indonésie, au Brésil, en Inde, en Malaisie, en Chine, à Madagascar… Le poivre est une des épices les plus anciennes mais aussi l'épice la plus répandue dans le monde.
Épice universelle par excellence, le poivre est presqu'aussi présent que le sel* dans les assaisonnements de base.
Du point de vue culinaire, on distingue :
Le Poivre vert, baies récoltées vertes et conservées dans le vinaigre* ou la saumure*. Son arôme est fruité et sa saveur légèrement épicée.
Le Poivre noir, baies fermentées et séchées d'aspect fripé et de couleur foncée. Il dégage un arôme puissant et possède une saveur boisée et piquante.
Le Poivre blanc, baies séchées et débarrassées de leur enveloppe par trituration dans de l'eau salée. Il est plus doux que le poivre noir.
Le Poivre gris, mélange de poivre blanc et de poivre noir.
Le Poivre rose, baies roses provenant d'un arbrisseau d'Amérique du Sud qui n'est pas vraiment considéré comme un poivrier.
Il convient de préciser que *Le Poivre du Sichuan* (province du centre de la Chine) n'est pas, lui non plus, un vrai poivre. Il est issu d'un petit épineux qui n'a rien à voir avec les espèces de poivriers traditionnels.

Baies de poivre noir

POIVRE D'ÂNE

Fromage* semblable au banon* mais affiné dans une corbeille avec des brins de sarriette*.

POIVRON

Originaire des régions tropicales d'Amérique et rapporté en Europe par Christophe Colomb, le poivron est le fruit d'une espèce de piment* doux. Ce fruit est de couleur et de formes différentes selon la variété. On trouve ainsi :

Les Poivrons carrés, fruits anguleux de couleur verte, jaune, rouge ou orange.

Les Poivrons demi-longs ou **longs**, de forme plus allongée et de couleur verte ou rouge.

Le Poivron long des Landes, variété très longue de couleur verte.

Le Poivron se consomme en salade, grillé, farci, en ratatouille* ou piperade*, etc.

Source : Photo BG

POJARSKI ou POJARSKY

Spécialité culinaire d'origine russe réalisée à base de chair de veau* hachée additionnée de mie de pain* (1). Ce hachis est ensuite reconstitué en forme de côte, fariné, pané à l'anglaise et cuit au beurre*. La préparation doit son nom à Pojarski, aubergiste qui créa la recette au 19ème siècle.

(1) Selon le même principe, on trouve des pojarskis de volaille, de lièvre* ou de saumon*.

POLENTA

En Italie, bouillie de farine* ou de semoule* de maïs agrémentée d'éléments divers (viande, jambon*, légumes, truffe, fromage*, etc.). Les Corses préparent une polenta à la farine de châtaignes*.

POMIANE (Édouard Alexandre de)

Médecin et gastronome français (Paris 1875 - 1964). Ce chercheur, chef de laboratoire de physiologie de l'alimentation à l'Institut Pasteur, s'intéressa à la gastronomie* et plus particulièrement à l'hygiène alimentaire et aux phénomènes physico-chimiques subis par les aliments pendant leur cuisson. Chroniqueur gastronomique à la radio, il fut aussi l'auteur de nombreux ouvrages (1) dont certains sont réédités aujourd'hui.

(1) Il publia son premier ouvrage en 1922 sous le nom d'Édouard Pozerski, patronyme d'origine polonaise. Durant l'Occupation, il proposa des recettes adaptées aux restrictions ("Cuisine et restrictions" et "Manger quand même").

POMELO

Agrume* originaire de Porto-Rico qui est actuellement produit dans plusieurs pays dont la Floride, la Californie et Israël. Le pomelo est un hybride résultant d'un croisement entre une orange* et un pamplemousse*. Appelé parfois "grapefruit" et très souvent à tort "pamplemousse*", cet agrume est un fruit sphérique de 9 à 12 cm de diamètre avec une peau jaune ou orangée et une pulpe jaune, rose ou rouge, plus ou moins sucrée.

Les 2 principales variétés sont *le Start Ruby* et *le Marsh Seedless*. Il se consomme nature, au sucre* et il est employé dans la fabrication de sorbets* ou de B.R.S.A.*.

Source : Photo BG

POMEROL

Vins* rouges produits dans le Bordelais, A.O.C.* depuis le 8 décembre 1936. Voir également *Châteaux du Bordelais*.

Aire de production : commune de Pomerol et une partie de la commune de Libourne.

Superficie du vignoble : 767 ha (en 2006).

Encépagement autorisé : Cabernet-Sauvignon*, Cabernet franc*, Bouchet, Malbec* et Merlot*.

Rendement de base à l'hectare : 42 hl.

Richesse alcoolique minimum acquise : 10,5 %.

POMMARD

Vins* rouges produits en Bourgogne*, A.O.C.* depuis le 11 septembre 1936. Pour les vins dont les récoltes proviennent de parcelles classées "Premier cru", l'appellation communale peut être complétée par le nom du climat* d'origine (1) et (ou) par la mention "Premier cru".

Aire de production : commune de Pommard, située au sud-ouest de Beaune.

Superficie du vignoble : 312 ha (en 2007).

Encépagement autorisé : Pinot noir*, Pinot Beurot et Pinot Liébault*.

Rendement de base à l'hectare : 40 hl.

(1) "Clos-Blanc", "Clos-de-la-Commaraine", "Clos du Verger", "Les-Charmots", "Derrière-Saint-Jean", "La Chanière", "La Platière", "La Refène", "Le Clos-Micault", "En

Largillière", "Les Arvelets", "Les Bertins", "Les Boucherottes", "Les Chaponnières", "Les Chanlins-Bas", "Les Combes-Dessus", "Les Croix-Noires", "Les Grands Epenots" "Clos des Epeneaux"., "Les Fremiers", "Les Jarolières", "Les Petits-Epenots", "Les Pézerolles", "Les Poutures", "les Rugiens-Bas", "Les Rugiens-Hauts" et "Les Saucilles".

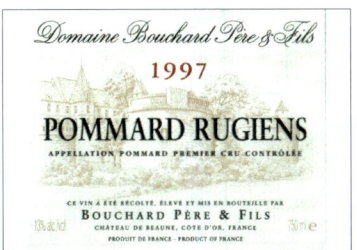

Source : Doc. Bouchard Père & Fils

POMME
Fruit à pépins dont l'origine remonte à la nuit des temps et dont les premières cultures se seraient développées en Asie du Sud-Ouest. La pomme existant aujourd'hui sous plusieurs milliers de variétés *(1)* est le fruit le plus consommé dans notre pays.
Parmi les variétés de pommes de table les plus connues, citons :
La Golden delicious (2): fruit de gros calibre et de bel aspect dont les qualités gustatives sont discutables. C'est pourtant la variété la plus consommée par les Français.
La Royal gala : pomme rouge à chair très sucrée
La Red delicious : belle pomme rouge au goût sucré.
La Granny smith : pomme verte à chair acidulée.
La Melrose : pomme rouge à chair juteuse et sucrée.
La Starkrimson : pomme rouge à chair légèrement farineuse et peu goûteuse.
La Jonagold : fruit bicolore à chair un peu amère.
La Reine des reinettes, la Reinette du Mans, et *la Reinette clochard* : fruits dont la chair au goût typé est très appréciée des connaisseurs, notamment en pommes à consommer nature.
La Reinette du Canada : gros fruit de couleur grise qui convient bien pour les cuissons au four.
La Calville : pomme tardive de couleur vert-clair avec une chair tendre et sucrée.
L'Idared : fruit à peau striée et à chair très juteuse.
L'Elstar : pomme bicolore rouge et jaune à chair juteuse et acide.
La Belle de Boskoop : fruit bosselé avec un épiderme bicolore rugueux, chair ferme, juteuse et acidulée.
La pomme, crue ou cuite, trouve de multiples utilisations culinaires, en pâtisserie comme en cuisine. Elle est également employée pour fabriquer diverses boissons (jus de fruits, cidre*, pommeau*, calvados*...).

La Pomme du Limousin, A.O.C*. depuis juin 2004 est reconnue A.O.P.* dans le cadre de l'U.E. Elle est produite à partir de la variété *Golden delicious* sur 100 communes de 4 départements : la Creuse, la Haute-Vienne, la Corrèze et la Dordogne.
(1) 7 000 variétés sont actuellement recensées, dont 6 000 pommes de table et 1 000 pommes à cidre.
(2) C'est en 1860 que H. Hiat, fermier de l'Iowa (U.S.A.), développa la culture de cette variété qui est issue d'un semis accidentel.

POMME-CANNELLE
Variété d'annone* dont la forme évoque à la fois l'artichaut* et le cône de pin. Elle possède une peau verte et une chair blanche parsemée de graines noires. Ce fruit exhale un parfum de cannelle*, ce qui justifie son nom.

POMME DE TERRE
Tubercule d'une plante originaire du Pérou ou de Bolivie qui est introduite en Europe, via l'Espagne, vers 1535. La pomme de terre fait son apparition en France, sans grand succès, en 1598. Nos compatriotes de l'époque la cultivaient comme plante d'ornement trouvant les tubercules tout juste bons pour alimenter les porcs. Alors qu'elle prospère chez nos voisins, notre pays continue à la dédaigner. Un arrêt rendu en 1630 par le parlement de Besançon la proclame même dangereuse pour la santé, sa culture devient interdite au motif qu'elle donne la lèpre. Il faudra attendre la terrible disette de 1770 pour que, suite à un concours lancé en 1772, Antoine Augustin Parmentier* vulgarise la culture de ce légume dans l'hexagone.
Selon la F.A.O *(1)*, la pomme de terre est aujourd'hui la quatrième culture vivrière au monde après le blé*, le riz* et le maïs* (production estimée à 325 millions de tonnes en 2005). La France, avec plus de 100 000 hectares de culture et une récolte annuelle de 4,5 millions de tonnes, se positionne comme 10ème producteur de la planète. N'oublions pas que le célèbre tubercule reste le légume préféré des français …
Il existe une multitude de variétés ayant chacune des destinations culinaires spécifiques. Parmi les plus connues, citons :
Les pommes de terre à chair ferme (cuisson vapeur/eau, rissolées-sautées) : *Amandine, Annabelle, Charlotte, Chérie, Franceline, Pompadour, Belle de Fontenay, Ratte, Roseval, B.F 15, etc.* Les pommes de terre à chair fondante (cuisson au four ou mijotées) : *Agata, Monalisa, Nicola, Samba, etc.*
Les pommes de terre à chair farineuse (purées, potages, frites) : *Bintje, Caesar, Manon, Marabel, Vitelotte, etc.*
La dénomination "nouvelle" ou "primeur" s'applique aux tubercules mis en vente jusqu'au 15 août, avant complète maturité et avec une peau qui se détache au grattage.
La Pomme de terre de l'île de Ré A.O.C.* depuis

Variétés de pommes cultivées dans le verger-conservatoire de Mont-près-Chambord dans le Loir-et-Cher.

février 1998 est reconnue A.O.P.* dans le cadre européen. Cette appellation est réservée aux pommes de terre "primeurs" issues de variétés *Alcmaria, Carrera, Goulvena, Pénélope, Starlette, Amandine, B.F 15, Charlotte* et *Roseval*. L'aire d'appellation est limitée à un territoire de 10 communes totalement inclus dans l'île. Le rendement à l'hectare ne doit pas dépasser 25 tonnes.

La Pomme de terre primeur du Roussillon bénéficie d'une A.O.C.* depuis juin 2006. Cette appellation est réservée aux pommes de terre "primeurs" issues de la variété *Béa*. L'aire d'appellation est limitée à un territoire de 22 communes des Pyrénées Orientales. Le rendement à l'hectare ne doit pas excéder 30 tonnes.

(1) Food and Agriculture Organization ou Organisation des Nations-Unies pour l'Alimentation et l'Agriculture.

Source : D. Chenot/CNIPT

POMMEAU DE BRETAGNE

Apéritif élaboré à partir de moût de cidre* et d'eau-de-vie de cidre de Bretagne*, A.O.C. * depuis le 31 mai 1997.

Aire de production : 349 communes du Finistère, des Côtes-d'Armor, d'Ille-et-Vilaine, du Morbihan et de Loire-Atlantique. Sous certaines conditions, l'appellation peut être complétée de la mention "Cornouaille"*.

Variétés de pommiers plantées dans les vergers : celles autorisées pour le cidre Cornouaille (les variétés acidulées *Rouget de Dol* et *Petit-jaune* pouvant remplacer *la Guillevic*).

Rendement maximum à l'hectare : 25 tonnes pour les vergers "hautes tiges" et 30 tonnes pour les vergers "basses tiges".

Richesse saccharimétrique minimale naturelle du moût* : 108 g/litre.

Titrage alcoolique minimum de l'eau-de-vie utilisée pour le mutage* : 65°.

Richesse alcoolique acquise du pommeau en fin d'élaboration : entre 16 et 18 %.

Teneur minimale en sucre résiduel : 90 g/litre.

Après le mutage, il est imposé un élevage en fûts de chêne d'au moins 14 mois.

POMMEAU DE NORMANDIE

Apéritif élaboré à partir de moût de cidre* et de calvados*, A.O.C. * depuis le 10 avril 1991.

Aire de production : identique à l'aire d'appellation Calvados*.

Principales variétés de pommiers plantées dans les vergers :

Catégorie "amère" : *Chevalier jaune, Domaines, Doux Evêque, Doux Joseph, Fréquin rouge*, etc.

Catégorie "douce-amère" : *Bedan, Binet rouge, Bisquet, Cartigny, Clozette, Douce Mœn*, etc.

Catégorie "douce" : *Clos Renaud, Douce Cœt Ligné, Doux Normandie, Doux Veret de Carrouges*, etc.

Catégorie "acidulée" : *Avrolles, Blanc sûr, Locart blanc, Locart vert, Petit jaune*, etc.

Rendement maximum à l'hectare : 15 tonnes pour les vergers "hautes tiges" et 30 tonnes pour les vergers "basses tiges".

Richesse saccharimétrique minimale naturelle du moût* : 108 g/litre.

Titrage alcoolique minimum du Calvados utilisé pour le mutage* : 65°.

Richesse alcoolique acquise du Pommeau en fin d'élaboration : entre 16 et 18 %.

Teneur minimale en sucre résiduel : 69 g/litre.

Après le mutage, il est imposé un élevage en fûts de chêne d'au moins 14 mois.

POMMEAU DU MAINE

Apéritif élaboré à partir de moût de cidre* et d'eau-de-vie de cidre du Maine *, A.O.C. * depuis le 29 octobre 2009.

Aire de production : 141 communes du Maine-et-Loire et de la Mayenne.

Pommiers plantés dans les vergers : 29 variétés à "hautes tiges" ou "basses tiges" dont *la Bedan, l'Aurolles, la Blanc sûr, la Blanchet, la Ciré rouge, la Damelot, la Douce Moën*, etc.

Rendement maximum à l'hectare : 25 tonnes pour les vergers "hautes tiges" et 30 tonnes pour les vergers "basses tiges".

Richesse saccharimétrique minimale naturelle du moût* : 123 g/litre.

Titrage alcoolique minimum de l'eau-de-vie utilisée pour le mutage* : 65°.

Richesse alcoolique acquise du pommeau en fin d'élaboration : entre 16 et 18 %.

Teneur minimale en sucre résiduel : 90 g/litre.

Après le mutage, il est imposé un élevage en fûts de chêne d'au moins 21 mois.

POMMES ALLUMETTES

Pommes de terre* frites taillées en bâtonnets de 5 mm de côté sur 5 à 6 cm de longueur.

POMMES ANNA

Pommes de terre* émincées en fines rondelles, rangées avec du beurre* clarifié dans un moule à pommes Anna et cuites au four.

Cette recette fût créée par Adolphe Dugléré* en l'honneur d'Anna Deslions, Dame célèbre du Second Empire.

POMMES ARLIE
Pommes de terre* cuites au four, évidées et farcies avec la pulpe additionnée de ciboulette*, crème fraîche* et beurre*. La préparation est saupoudrée de fromage* râpé avant d'être gratinée.

POMMES BERNY
Appareil à pommes croquettes* additionné de truffes* hachées, moulé en forme d'abricots, pané avec amandes* effilées et frit.

POMMES BOULANGÈRE
Pommes de terre* en rondelles additionnées d'oignons* émincés et cuites au four avec un léger mouillement au consommé*.

POMMES CHÂTEAU
Pommes de terre* tournées, blanchies et cuites au beurre* clarifié.

POMMES CHATOUILLARD
Pommes de terre* taillées en ruban et cuites en friture.

POMMES COCOTTE
Pommes de terre* tournées en forme d'olive, blanchies et cuites au beurre* clarifié.

POMMES CROQUETTES
Appareil à pommes duchesse* détaillé en croquettes allongées, panées et frites.

POMMES DARPHIN
Pommes de terre* taillées en julienne* et cuites comme les pommes Anna*, mais dans une poêle.

POMMES DAUPHINE
Appareil à pommes duchesse* additionné de pâte à choux* non sucrée et détaillé en croquettes qui sont panées à l'anglaise et frites.

POMMES DAUPHINOISE
Pommes de terre* émincées et cuites au four avec lait* et gruyère* râpé. *Le gratin dauphinois* est une préparation similaire dans laquelle il est parfois ajouté des œufs* et de la crème.

POMMES DUCHESSE
Purée de pommes de terre* additionnée de beurre* et de jaune d'œuf*. Cette préparation peut être moulée ou dressée à la poche.

POMMES EN ROBE DES CHAMPS
Pommes de terre* uniquement lavées (non épluchées) et cuites dans l'eau salée.

POMMES MACAIRE
Pulpes de pommes de terre* cuites au four et écrasées avec du beurre* frais. Cette préparation est ensuite terminée au four avec beurre clarifié dans un moule à pommes Anna*.
L'apprêt culinaire doit son nom à R. Macaire, personnage de théâtre du 19ème siècle.

POMMES MIETTES
Pommes de terre en robe des champs* épluchées, détaillées en rondelles et sautées au beurre*.

POMMES MIGNONNETTE
Pommes de terre* frites taillées plus grosses que des pommes allumettes*.

POMMES MOUSSELINE
a) Pommes de terre en robe des champs* pelées, passées au tamis et additionnées de beurre*, crème fouettée et jaune d'œuf*.
b) Pommes de terre cuites à l'eau, passées au tamis et additionnées de crème fouettée.
c) Pommes de terres cuites à l'eau, passées au tamis et additionnées de lait*, beurre*, parmesan* râpé, crème fouettée* et blanc d'œuf* en neige.

POMMES NOISETTES
Pommes de terre* détaillées à la cuillère à pommes noisettes, blanchies et cuites au beurre* clarifié.

POMMES PAILLE
Pommes de terre* frites taillées en julienne.

POMMES PONT-NEUF
Pommes de terre* frites taillées en bâtonnets de 1 cm de côté sur 6 à 7 cm de longueur.

POMMES SARLADAISE
Pommes de terre* émincées, sautées à la graisse d'oie* et saupoudrées d'ail* et persil* haché.

POMMES VOISIN
Pommes Anna* additionnées de gruyère* râpé.

POMPONNETTES
Petites rissoles* en forme de bourses faites de rognures de feuilletage diversement garnies (purée, salpicon, etc.).

PONTARLIER-ANIS
Anisé* élaboré à partir d'anis* vert dans une distillerie du Doubs. Il est présenté en 2 versions: *le Ponsec* titrant 45° et *le Pondoux* titrant 40°. Ses notes gustatives rappellent l'absinthe*, autre produit originaire de la région.

PONT-L'ÉVÊQUE
Fromage* de lait* de vache fabriqué en Normandie, A.O.C.* depuis 30 août 1972 et reconnu A.O.P.* dans le cadre de l'U.E. Il doit son nom à une localité du Calvados d'où il est originaire.
Type: pâte molle à croûte lavée.
Forme: carré (ou rectangle pour le ½ format).

Taille : 9 à 21 cm de côté, 3,5 cm d'épaisseur.
Poids : variable selon la taille, le classique pesant de 350 à 400 gr et les plus grands formats pouvant atteindre 850 gr.
Teneur en M.G. : 45 % au minimum.
Meilleures saisons : été, automne, hiver.

L'aire géographique de l'AOC Pont-l'Evêque s'étend sur 6 départements

POP-CORN
Grains de maïs* soufflés, éclatés à la chaleur.

PORC
Animal domestique descendant du sanglier*, plus de 300 races sont recensées dans le monde. La viande de porc est la viande la plus consommée dans notre pays *(1)*, notamment à cause des traditions *(2)* et de son coût d'achat modéré. Le porc est aujourd'hui élevé industriellement dans beaucoup de régions et plus particulièrement en Bretagne. Notre production annuelle est d'environ 25 millions d'animaux.
Les principales races élevées en France sont : *le Large White, le Piétrain, le Landrace français ou belge, le Blanc de l'Ouest, le Gascon, le Cul noir de Limousin…*
Selon l'âge ou le sexe, le porc prend différents noms :
Cochon de lait : jeune porc de 5 à 6 semaines pesant environ 10 kg et nourri exclusivement au lait.
Porcelet, ***nourrain*** ou ***goret*** : jeune porc sevré.
Porc charcutier : animal de 5 à 6 mois pesant de 90 à 115 kg.
Truie : femelle du porc.
Verrat : mâle reproducteur.
La chair du porc se prête à une multitude de préparations en cuisine, mais surtout en charcuterie où elle constitue la matière première essentielle.
(1) 36 % de la consommation globale, devant le bœuf* (30 %), la volaille (30 %), les ovins* et caprins* (4 %).

(2) Depuis des temps immémoriaux l'abattage du porc (on dit plutôt le cochon !) est ancré dans les traditions paysannes. Le sacrifice de cet animal reste encore une pratique courante dans nos campagnes. N'oublions pas que pendant très longtemps la viande de porc et ses dérivés furent, avec les légumes et les œufs*, les éléments de base de l'alimentation du monde rural.

PÖRKÖLT
Préparation culinaire de la cuisine hongroise qui se présente sous forme de ragoût* au paprika* semblable au goulache*.

PORRIDGE
Bouillie de flocons ou de farine* d'avoine* consommée au petit déjeuner par les Anglo-Saxons.

PORTO (sauce)
Sauce* demi-glace* additionnée de porto*.

PORTO (vin)
V.D.L.* portugais blancs et rouges produits dans la Vallée du Haut-Douro, au nord-est du pays, à une centaine de km en amont de la ville éponyme.
Cette région du Portugal produit du vin depuis bien longtemps, mais c'est au 17ème siècle que les négociants anglais mirent au point l'élaboration du porto tel que nous le connaissons. Ils s'aperçurent en effet qu'en ajoutant de l'alcool au moût* de raisin, on bloquait la fermentation alcoolique et on obtenait ainsi un vin qui se conservait plus facilement que le vin traditionnel. Qualité non négligeable quand les fûts doivent être embarqués en mer pour de longues traversées … En 1756, le Marquis de Pombal, Premier ministre portugais, institua une compagnie qui délimita la région de production et définit les règles d'élaboration et de commercialisation du porto.
Depuis 1933, l'Institut du Vin de Porto veille à l'application des normes propres à l'appellation et attribue un sceau officiel apposé sur le goulot des bouteilles. Ces vins, mondialement connus, entrent évidemment dans la catégorie D.O.C.*.
Le vignoble, complanté de multiples cépages *(1)*, représente environ 25 000 hectares dans une zone délimitée de 250 000 hectares.
L'élaboration du porto se fait par un mutage* avec une eau-de-vie* de vin titrant 78° dans une proportion d'environ 20 % du moût mis en œuvre. Le type de porto est déterminé par le moment où s'effectue le mutage. Selon la teneur en sucre résiduel en fin de fermentation, on trouve les types suivants :
Sec (20 à 40 g de sucre par litre).
Demi-sec (40 à 60 g de sucre par litre).
Doux (60 à 100 g de sucre par litre).
Très doux (100 à 140 g de sucre par litre).
Différents portos sont proposés sur le marché en fonction de leur origine et de leur vieillissement :
Portos blancs : ils sont exclusivement issus de raisins blancs. Leurs robes sont plus ou moins colorées en fonction de l'âge.

Portos "ruby" : jeunes portos rouges à robe rubis.
Portos "tawny" : portos plus âgés provenant d'assemblages de vins de millésimes différents et ayant subi un long vieillissement en barriques. Ils peuvent être présentés avec indication du millésime ou de l'âge (10 ans, 20 ans, 30 ans, plus de 40 ans).
Portos "L.B.V" (Late Bottled Vintage) : vins mis en bouteilles après 4 à 6 ans d'élevage en barriques.
Portos "vintage" : certainement les plus prestigieux. Élaborés avec des vins d'un seul millésime, ils sont mis en bouteilles après 2 ans de fûts et ils vieillissent ensuite 10 à 15 ans avant consommation.

(1) Plus de 15 cépages rouges, dont le Touriga-nacional, l'Avarelhão et le Tinta-Francisca, et 5 cépages blancs dont le Rabigato, le Malvasia fina et le Moscatel.

Portos rouges et porto blanc

PORTO FLIP

Cocktail* (apéritif) préparé au shaker.
1 cuillère à café de sucre*
1 jaune d'œuf*
2 cl de cognac*
4 cl de porto*
Noix de muscade*
Frapper et servir dans un verre à cocktail.
Saupoudrer de noix muscade râpée.

POT DE BEAUJOLAIS

Bouteille de commercialisation d'une contenance de 50 cl. Dans la région lyonnaise, le pot traditionnel est une petite bouteille trapue d'environ 45 cl qui fait fonction de pichet pour servir le vin* à table ou au comptoir.

POT-AU-FEU

Plat traditionnel de la cuisine française constitué de viande de bœuf bouillie (plat de côtes*, macreuse*, gite*, jumeau*, tendron*, flanchet*, queue*...) avec une garniture aromatique et différents légumes (carottes*, navets*, poireau*, céleri*...).

POTAGE

Préparation culinaire liquide généralement servie chaude en début de dîner*. Ce terme, comme son synonyme soupe*, est souvent employé pour désigner des mets liquides bien différents par leurs composants et leurs modes d'élaboration (voir également crème*, consommé* et velouté*).

POTAGE AMBASSADEUR

Potage* purée constitué d'une base de potage Saint-Germain et garni de riz* créole, chiffonnade* de laitue* et d'oseille* et pluches de cerfeuil*.

POTAGE CULTIVATEUR

Potage* taillé composé de carottes*, navets*, choux* et céleris* en paysanne*, petits pois*, haricots verts*, dés de lard de poitrine et pluches de cerfeuil*. Il est accompagné de rondelles de pain* séchées au four et de gruyère* râpé.

POTAGE GERMINY

Potage* à base de chiffonnade* d'oseille* mouillée au consommé* blanc et lié au jaune d'œuf* et à la crème fraîche*. Il est accompagné de paillettes* au parmesan*.

POTAGE JULIENNE DARBLAY

Potage* constitué d'une base de potage Parmentier* lié au jaune d'œuf* et garni d'une julienne* de navets*, céleris*, carottes* et blancs de poireaux*.

POTAGE MUSARD

Potage* à base de purée de flageolets*, crémé, garni de petits flageolets* et accompagné de petits croûtons frits.

POTAGE PARMENTIER

Potage* purée à base de blancs de poireaux* sués au beurre, pommes de terre* et crème fraîche*. Ce potage est garni de pluches de cerfeuil* et accompagné de petits croûtons frits.

POTAGE SAINT-GERMAIN

Potage* à base de purée de pois cassés*, crémé, garni de pluches de cerfeuil* et accompagné de petits croûtons frits.

POTÉE

Désignation d'une préparation culinaire qui était initialement cuite dans un pot en terre. Plusieurs régions françaises ont leur "potée" dont les composants, essentiellement de la viande et des légumes, sont choisis en fonction des traditions et des approvisionnements locaux.

POTIMARRON

Cucurbitacée* originaire de Chine. Le potimarron tient à la fois du potiron*, dont il rappelle la couleur et la forme, et du marron*, dont le goût farineux est assez proche. Il se prépare en purées, potages*, tartes*, quiches*...

POTIRON

Fruit appartenant à la famille des cucurbitacées*. Le potiron est originaire d'Amérique mais il est aujourd'hui cultivé dans beaucoup de pays, notamment en France.
Cet énorme fruit qui peut peser jusqu'à 100 kg possède une écorce côtelée orange, jaune ou verte et une chair de couleur orangée, ferme, un peu farineuse et plus ou moins sucrée. Il est utilisé pour préparer des purées, potages*, flans, tartes*...
Principales variétés : *Rouge vif d'Etampes, Gros jaune de Paris, Potiron turban ou Giraumon, Blanc de Mayet...*

POTJEFLEICH ou POTJEVLESCH

Terrine flamande réalisée avec un mélange de viandes de porc*, de veau* et de lapin*.

POUCE-PIED ou POUSSE-PIED

Crustacé marin, devenu très rare, qui possède un pédoncule charnu comestible. Il se cuit poché au court-bouillon pour être consommé comme du crabe*.

POUILLARD

Dénomination courante d'un jeune faisan* ou d'une jeune perdrix*.

POUILLY-FUISSÉ

Vins* blancs produits en Bourgogne*, A.O.C.* depuis le 11 septembre 1936. Le nom du climat* d'origine peut compléter l'appellation.
Aire de production : communes de Fuissé, Pouilly, Solutré, Vergisson et Chaintré situées à l'ouest de Mâcon.
Superficie du vignoble : 768 ha (en 2007).
Encépagement autorisé : Chardonnay*.
Rendement de base à l'hectare : 50 hl.

POUILLY-FUMÉ

Vins* blancs produits dans la Vallée de la Loire, A.O.C.* depuis le 31 juillet 1937. La mention "Val de Loire" peut éventuellement être adjointe à l'appellation.
Aire de production : 7 communes de la Nièvre, dont Pouilly-sur-Loire.
Superficie du vignoble : 1 205 ha (en 2008).
Encépagement autorisé : Blanc fumé*.
Rendement de base à l'hectare : 60 hl.

POUILLY-LOCHÉ

Vins* blancs produits en Bourgogne*, A.O.C.* depuis le 27 avril 1940. Le nom du climat* d'origine peut compléter l'appellation.
Aire de production : commune de Loché située à l'ouest de Mâcon.
Superficie du vignoble : 32 ha (en 2007).
Encépagement autorisé : Chardonnay*.
Rendement de base à l'hectare : 50 hl.

POUILLY-SUR-LOIRE

Vins* blancs produits dans la Vallée de la Loire, A.O.C.* depuis le 31 juillet 1937. La mention "Val de Loire" peut être éventuellement adjointe à l'appellation.
Aire de production : 7 communes de la Nièvre, dont Pouilly-sur-Loire.
Superficie du vignoble : 33 ha (en 2008).
Encépagement autorisé : Chasselas* et éventuellement Blanc fumé* en assemblage.
Rendement de base à l'hectare : 60 hl.

POUILLY-VINZELLES

Vins* blancs produits en Bourgogne*, A.O.C.* depuis le 27 avril 1940. Le nom du climat* d'origine peut compléter l'appellation.
Aire de production : communes de Vinzelles et Loché situées à l'ouest de Mâcon.
Superficie du vignoble : 53 ha (en 2007).
Encépagement autorisé : Chardonnay*.
Rendement de base à l'hectare : 50 hl.

POULARDE

Jeune poule* élevée en liberté ou en cage, dans la pénombre, afin qu'elle engraisse sans atteindre la maturité sexuelle. Volaille de choix, avec une chair moelleuse et savoureuse, la poularde s'apprête comme le chapon*.

Poulardes fermières de Loué

La poularde de Bresse bénéficie d'une A.O.C.* depuis le 1er août 1957, reconnue A.O.P.* dans le cadre de l'U.E. L'aire d'appellation s'étend sur 275 communes des départements de l'Ain, du Jura et de Saône-et-Loire.

Cette A.O.C. est réservée à des animaux dont le poids mort effilé est égal ou supérieur à 1,8 kg et qui ont été élevés, abattus et présentés à la vente dans des conditions particulières imposées par les normes de l'appellation.

POULE
Volaille de la famille des gallinacés. Essentiellement élevée pour la ponte *(1)*, la poule est abattue entre 18 mois et 2 ans. Elle possède alors une chair relativement ferme plutôt destinée à être pochée.
(1) Voir œuf*.

POULE AU POT
Poule* farcie préparée en pot-au-feu*. Cher à Henri IV, qui voulait que chaque laboureur de son Royaume ait une poule dans le pot *(1)* du dimanche, ce plat demeure un symbole de la cuisine rurale béarnaise.
(1) Grosse marmite qui était chauffée dans l'âtre de la cheminée.

POULET
Volaille de la famille des gallinacés. Grâce à un élevage bien maîtrisé, le poulet est devenu le volatile le plus consommé en France. En effet, depuis une cinquantaine d'années, cette aviculture est passée de la basse-cour traditionnelle à une forme de production intensive. On trouve ainsi sur le marché :

Le poulet standard ou **poulet industriel**: volaille élevée en claustration complète avec une alimentation industrielle de la naissance à l'abattage qui intervient à environ 45 jours. Produit sans intérêt gastronomique mais beaucoup consommé grâce à son faible prix.

Le poulet Atout Certifié : il est élevé selon un cahier des charges mis au point par le producteur lui-même. C'est une volaille de qualité intermédiaire entre le poulet "standard" et le poulet "Label rouge".

Le poulet Label rouge* : il est élevé en semi-liberté ou en liberté avec une alimentation à base de céréales. Produit de bonne qualité dont le marché est en constante progression.

Le poulet AB (Agriculture Biologique) : il s'agit d'une volaille élevée aux conditions du Label rouge mais avec une alimentation issue de l'agriculture biologique.

Le poulet de Bresse : il bénéficie d'une A.O.C.* depuis le 1er août 1957, reconnue A.O.P.* dans le cadre de l'U.E. L'aire d'appellation s'étend sur 275 communes des départements de l'Ain, du Jura et de la Saône-et-Loire. Cette A.O.C. est réservée à des animaux de grande qualité dont le poids mort effilé est égal ou supérieur à 1,2 kg et qui ont été élevés, abattus et présentés à la vente dans des conditions particulières imposées par les normes de l'appellation *(1)*.

Le poulet "PAC" (Prêt à cuire) est présenté sans tête ni pattes. Il est éviscéré (débarrassé des intestins et de tous les abats) ou effilé (sans les intestins mais avec le gésier, le cœur, le foie et les poumons).
Entier ou en morceaux, le poulet se prête à de multiples préparations culinaires.
(1) Parmi ces normes, retenons :
L'aire d'élevage : sur un parcours herbeux de 10 m² minimum par sujet.
L'alimentation : à partir de 5 semaines, nourriture naturelle à base d'herbes, céréales, petits mollusques... et finition en épinette (cage).
L'âge d'abattage : 16 semaines.
La présentation : avec bague d'identification sur une patte et scellé tricolore sur le cou.

Poulet fermier de Loué bénéficiant d'un Label Rouge

Source : Les fermiers de Loué

POULETTE (sauce)
Sauce* réalisée à partir d'un velouté* à l'essence de champignons* lié aux jaunes d'œufs* et additionné de jus de citron* et de persil* haché.

POULIGNY-SAINT-PIERRE
Fromage* de lait* de chèvre fabriqué dans le Berry, A.O.C.* depuis le 14 février 1972 et reconnu A.O.P.* dans le cadre de l'U.E. Il doit son nom à un village de l'Indre situé dans sa zone de production. L'aire géographique de l'A.O.C. Pouligny-Saint-Pierre s'étend sur 22 communes à l'est de l'Indre.
Type : pâte molle, croûte naturelle.
Forme : pyramide légèrement tronquée.
Taille : 7 à 8 cm de côté à la base, 3 cm de côté au sommet, 12,5 cm de hauteur.
Poids : 250 g environ.
Teneur en M.G. : 45 % au minimum.
Meilleures saisons : printemps, été, automne.

POULPE

Céphalopode marin vivant sur les côtes rocheuses de l'Atlantique et de la Méditerranée. Le poulpe, également appelé *pieuvre*, se présente avec une tête munie d'un bec et de 8 tentacules dotés de ventouses. Il mesure de 30 à 80 cm.
La chair du poulpe est souvent battue pour être attendrir; elle est ensuite pochée avant d'être apprêtée de différentes façons (en beignets*, frite, à l'américaine*, etc.).

Pièce artistique à base de poulpe

POULSARD

Cépage* noir probablement originaire du Jura. Son nom vient d'un terme dialectal local désignant le fruit du prunellier *(1)*.
Aires de culture : vignobles jurassiens (Arbois*, Côtes du Jura*, l'Etoile*) et terroirs des vins du Bugey*. Les surfaces plantées représentent environ 300 ha.
Vins* produits : rouges peu colorés, fins et bouquetés.

(1) Ce fruit ressemble vaguement aux baies de cette variété de raisin.

POUNTI

Préparation culinaire auvergnate composée d'un hachis de lard additionné de jambon cru*, de bettes*, d'oignons*, de persil*, d'œufs* et de lait*. Le pounti est cuit au four, en cocotte ou en terrine.

POURLY

Fromage* de lait* de chèvre fabriqué en Bourgogne. Il doit son nom à un village de la région auxerroise situé dans sa zone de production.
Type : pâte molle, croûte naturelle.
Forme : petit cylindre bombé.
Taille : 10 cm de diamètre, 6 cm de hauteur.
Poids : 250 à 300 g.
Teneur en M.G. : 45 %.
Meilleures saisons : printemps, été, automne.

POURPIER

Plante vivace à petites feuilles épaisses et charnues originaire de l'Inde dont une espèce comestible est préparée en salade, confite au vinaigre* et comme élément de garniture d'omelette* ou de potage*.

POURRITURE NOBLE

Pourriture occasionnée par le développement du botrytis cinerea* sur des grains de raisin arrivés à un stade de surmaturation. Lorsque les conditions climatiques automnales sont favorables avec une alternance d'humidité et de soleil, cette moisissure attaque progressivement les grappes en provoquant une modification importante de l'aspect des grains (ils se flétrissent à cause d'une dessiccation naturelle et ils prennent une couleur violacée). Par ailleurs, la richesse en sucre augmente, la teneur en acidité diminue, ce qui génère, après vendanges, des moûts* tout à fait propices à la fabrication de vins liquoreux*. Dans le Sud-Ouest et en Vallée de la Loire où les Sauternes*, Barsac*, Monbazillac*, Coteaux du Layon* sont obtenus grâce à la pourriture noble, les vendanges s'effectuent par tries successives pour ne recueillir que les raisins mûris à point. L'Alsace*, avec ses "Vendanges tardives*" et ses "Sélections de grains nobles*", mais aussi d'autres pays tels que l'Allemagne et la Hongrie, ont recours à ce procédé pour élaborer certains de leurs vins* liquoreux.

POUSSIN

Très jeune poulet* âgé de 4 à 5 semaines *(1)* dont le poids se situe entre 250 et 300 g. Sa chair blanche, un peu fade, comme celle du coquelet*, nécessite un apprêt qui relève son goût.

(1) Le petit poussin, encore porteur de son duvet, ne présente aucun intérêt culinaire et n'est donc pas consommé.

POUTARGUE

Voir Boutargue*.

POUTINE

Alevins de sardines* et d'anchois* préparés en friture. La poutine est une spécialité méridionale.

PRAIRE

Mollusque lamellibranche bivalve vivant sur les fonds sablo-vaseux de la Manche et de l'Atlantique. Ce petit coquillage de 3 à 6 cm de diamètre se consomme cru, farci ou en soupe.

PRALINE ou PRASLINE

Confiserie faite d'un noyau (une amande*) enrobé de plusieurs couches de sucre* caramélisé ; la dernière étant colorée et aromatisée. La praline serait une création de Clément Jaluzot, cuisinier du Maréchal de Plessis-Praslin (1598-1675).

PRALINÉ
Pâte obtenue en broyant des amandes* et (ou) des noisettes* torréfiées dans du sucre* arrivé à caramélisation.

PRÉLONGEAU ou PROLONGEAU
Cépage* noir cultivé dans la région bordelaise, notamment sur l'aire d'appellation Blaye*.

PREMIÈRES CÔTES DE BLAYE
Vins* rouges et blancs produits dans le Bordelais, A.O.C.* depuis le 11 septembre 1936.
Aire de production : 40 communes des cantons de Blaye, Saint-Ciers-sur-Gironde, Saint-Savin-de-Blaye et commune de Pugnac.
Superficie du vignoble : 6712 ha (en 2006) dont 6473 ha en vins rouges et 239 ha en vins blancs.
Encépagement autorisé : Cabernet-Sauvignon*, Cabernet franc*, Merlot*, Côt*, Sémillon*, Sauvignon*, Muscadelle*, Merlot blanc* Colombard* et Ugni blanc*.
Rendement de base à l'hectare : 50 hl pour les vins rouges et 60 hl pour les vins blancs.

PREMIÈRES CÔTES DE BORDEAUX
Vins* rouges et blancs produits dans le Bordelais, A.O.C.* depuis le 31 juillet 1937.
Pour certains vins rouges titrant au minimum 11,5%, le nom de la commune d'origine peut être adjoint à l'appellation.
Aire de production : 37 communes de la Gironde situées sur la rive droite de la Garonne, de Langon à Bordeaux.
Superficie du vignoble : 3688 ha (en 2006) dont 3410 ha en vins rouges et 278 ha en vins blancs.
Encépagement autorisé : Cabernet-Sauvignon*, Cabernet franc*, Carmenère*, Merlot*, Côt*, Petit Verdot*, Sémillon*, Sauvignon* et Muscadelle*.
Rendement de base à l'hectare: 50 hl.
Richesse alcoolique minimum acquise : 10,5 % pour les vins rouges, 11,5 % pour les vins blancs avec une richesse en sucre résiduel supérieure à 4 g/litre.

PRÉS-SALÉS DE LA BAIE DE SOMME
Voir Ovin*.

PRÉS-SALÉS DU MONT-SAINT-MICHEL
Voir Ovin*.

PRÉSIDENT
Voir Lièvre*.

PRESSAC
Autre dénomination du cépage* Malbec* dans la région de Saint-Émilion.

PRESSURAGE
C'est l'extraction finale du jus de raisin lors d'une vinification*. L'opération a lieu avant la fermentation alcoolique* pour les vins* blancs, après le décuvage et la fermentation pour les vins rouges et à un stade intermédiaire pour les vins rosés, souvent après une saignée de cuve*. D'un pressurage on obtient le vin de presse* et le marc*.
L'élaboration du cidre* compte également une phase de pressurage.

PRÉSURE
Enzyme extraite de la caillette de jeunes ruminants tels que le veau* ou le chevreau* et utilisée pour la coagulation du lait* dans la fabrication des fromages*. Il existe également des présures d'origine végétale provenant notamment de la chardonnette (fleur de l'artichaut* sauvage) et du figuier.

PRINTANIÈRE (à la)
Dénomination d'apprêts culinaires dont la garniture est constituée de légumes nouveaux (carottes*, navets*, pommes de terre*, petits pois*, haricots verts*...).

PROFITEROLE
Petit chou salé ou sucré fourré d'appareil* qui varie selon sa destination. La profiterole salée est souvent utilisée comme garniture de potage* alors que la profiterole sucrée, garnie de crème Chantilly*, crème pâtissière* ou glace*, est consommée en dessert.

PROGRÈS
a) Meringue* aux amandes* et aux noisettes* utilisée pour réaliser des fonds de pâtisserie.
b) Gâteau constitué de plusieurs disques en pâte à progrès qui sont fourrés de crème au beurre* diversement parfumée, le dessus étant glacé au fondant*.

PROSECCO DI CONEGLIANO-VALDOBBIADENE
Vins* blancs effervescents italiens produits en Vénétie. Issus essentiellement de cépage* Prosecco et élaborés par la Méthode Charmat* ou la Méthode traditionnelle*, ces vins bénéficient d'une D.O.C.G.*.

PROTOCOLE
Au restaurant, ensemble des usages et des règles qui président à l'organisation et au déroulement d'une réception et plus particulièrement d'un repas.
Selon les circonstances, les règles protocolaires sont plus ou moins strictes. Elles portent essentiellement sur le dressage de la table, l'accueil et le placement des convives, le service des mets et des vins.
En dehors des manifestations à caractère officiel *(1)*, le protocole et l'étiquette de la table se sont simplifiés avec l'évolution de la Société, mais ils reflètent encore la bonne éducation et un certain savoir-vivre issus de nos traditions et de notre Histoire.

(1) La République possède un protocole clairement codifié dont une partie concerne les déjeuners* ou les dîners* officiels accueillant ses hôtes français ou étrangers.

PROVENÇALE (à la)
Dénomination d'apprêts culinaires habituellement cuisinés à l'huile d'olive* et à l'ail*. Ils comportent, selon les cas, des tomates* étuvées, des champignons* farcis à la duxelles*, des haricots verts*, des pommes château*, etc.

PROVIDENCE
Autre dénomination du Bricquebec*.

PROVOLONE VALPADANA
Fromage* de lait* de vache originaire du sud de l'Italie mais fabriqué aujourd'hui dans le nord de la péninsule.
Il bénéficie d'une Appellation d'Origine Contrôlée dans son pays et d'une A.O.P.* au niveau européen.
Type : pâte filée *(1)*, croûte naturelle.
Formes : poire, gros saucisson, boule.
Taille : variable selon la forme.
Poids : 2 à 6 kg.
Teneur en M.G. : 44 % au minimum.
Qualité identique toute l'année.
(1) Voir définition de cette pâte à caciocavallo silano*.

PRUINE
Matière cireuse présente sur certains fruits tels que le raisin* ou la pomme*. La pruine permet de retenir les levures alcooliques* qui séjournent naturellement dans l'environnement des cultures.

PRUNE (eau-de-vie)
Eau-de-vie* élaborée dans plusieurs pays d'Europe *(1)* à partir de variétés de prunes* différentes selon les régions. L'eau-de-vie de prune se prête très bien au vieillissement en fût de frêne, ce qui lui permet de développer ses arômes et prendre une légère coloration.
(1) France, Allemagne, Suisse, et dans plusieurs pays des Balkans, notamment en Ex-Yougoslavie où est produite la célèbre Slivovitz*.

PRUNE (fruit)
Fruit à noyau originaire du Moyen-Orient ou d'Asie qui se caractérise par une peau lisse et une chair juteuse et sucrée. On rencontre une multitude de variétés de prunes qui se différencient par leur taille, la couleur de leur peau, la couleur et la texture de leur chair.
Nous distinguons principalement :
Les variétés européennes :
La Reine-Claude, variété de taille moyenne à chair juteuse et parfumée. Elle doit son nom à Claude de France, épouse de François 1ᵉʳ, qui l'appréciait beaucoup.
La Mirabelle, fruit jaune de petite taille qui possède une chair sucrée. Son nom viendrait d'un village de l'Est de la France où le roi René aurait, le premier, fait cultiver cette petite prune dorée.
La Quetsche, fruit oblongue de couleur violette surtout cultivé en Alsace. Sa chair jaune est plus ou moins sucrée.
La Président, variété voisine de la quetsche mais de plus grosse taille.
La Bonne de Brie, fruit de couleur bleue avec une chair jaune juteuse et parfumée.
La Prune d'Ente, variété de couleur violette utilisée pour produire le pruneau*.
Les variétés américaines et japonaises parmi lesquelles on peut citer : *La Golden japan, l'Allo, La Santa Rosa, la Methley, la Friar, l'Angelo*…
La prune se consomme crue ou cuite (pâtisseries, confitures*, garnitures* de porc* ou de gibiers...). Certaines variétés sont employées pour la fabrication d'eaux-de-vie*.

PRUNEAU
Produit obtenu par déshydratation ou séchage (au soleil ou au four) d'une prune violette de forme allongée. La variété la plus employée est *la Prune d'Ente*.
Aujourd'hui, **le Pruneau d'Agen** représente 95 % des 50 000 tonnes de la production française.
Il faut 2,5 à 3 kg de prunes fraîches pour obtenir 1 kg de pruneaux. Dans le commerce, les pruneaux sont calibrés en fonction du nombre de fruits contenus dans 500 g de produit : *géants* (35 à 44), *très gros* (44 à 55), *gros* (55 à 66), *moyens* (66 à 77).

PUDDING
Entremets d'origine anglaise, servi chaud ou froid, réalisé à partir de nombreuses recettes. Les composants sont donc très variés et, selon la formule retenue, on peut trouver des biscuits*, de la brioche*, de la mie de pain*, du riz*, de la semoule*, des fruits confits*, des raisins secs*, des œufs*, de la crème fraîche*, du sucre*, des épices* …

PUDDING DIPLOMATE
Entremets* préparé à partir d'un appareil à moscovite*, de biscuits à la cuillère imbibés de kirsch*, de fruits confits, de raisins* de Corinthe et de confiture* d'abricot*. Après démoulage, ce dessert est servi avec une crème anglaise*.

PUISSEGUIN-SAINT-ÉMILION
Vins* rouges produits dans le Bordelais, A.O.C.* depuis le 14 novembre 1936.
Aire de production : commune de Puisseguin, située au nord-est de Saint-Émilion*.
Superficie du vignoble : 756 ha (en 2006).
Encépagement autorisé : Cabernet-Sauvignon*, Cabernet franc*, Malbec* et Merlot*.
Rendement de base à l'hectare : 45 hl.
Richesse alcoolique minimum acquise : 11 %.

PUITS D'AMOUR
Petit gâteau à base de pâte feuilletée* qui a la forme d'une bouchée et dont l'intérieur est garni de confiture* ou de crème pâtissière*.

PUITS-SAINT-GEORGES
Eau minérale naturelle* gazeuse captée à Saint-Romain-le-Puy dans la Loire. Déclarée d'intérêt public en 1898.
Catégorie : moyennement minéralisée.

Composition physico-chimique (en mg/l)	
Cations	Anions
Sodium : 430	Bicarbonates : 1 421
Calcium : 45	Chlorures : 38
Magnésium : 33	Sulfates : 9
Potassium : 18	Nitrates : 7,4
Fluor : 0,42	Silice : 38
pH à 20°C : 6,5	Minéralisation totale : 1 315 mg/l

PULIGNY-MONTRACHET
Vins* blancs et rouges produits en Bourgogne*, A.O.C.* depuis le 31 juillet 1937. Pour les vins dont les récoltes proviennent de parcelles classées "Premier cru", l'appellation communale peut être complétée par le nom du climat* d'origine (1) et (ou) par la mention "Premier cru".
Aire de production : commune de Puligny-Montrachet située au sud-ouest de Beaune.
Superficie du vignoble : 202,5 ha (en 2007) dont 199 ha en vins blancs et 3,5 ha en vins rouges.
Encépagement autorisé : Chardonnay*, Pinot blanc*, Pinot noir*, Pinot Beurot* et Pinot Liébault*.
Rendement de base à l'hectare : 45 hl pour les vins blancs et 40 hl pour les vins rouges.
(1) "Clavaillon", "Hameau-de-Blagny", "La Garenne", "Le Cailleret", "Le Champ-Canet", "Les Chalumeaux", "La truffière", "Les Demoiselles", "Les Perrières", "Champ Gain", "Clos de la Garenne", "Clos de la Mouchère", "Les Combettes", "Les Folatières", "Les Pucelles", "les Referts" et " Sous-le-Puits".

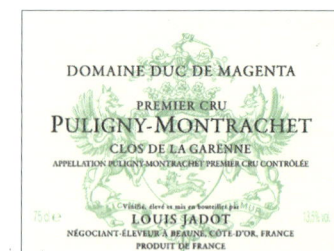

Source : Louis Jadot

PULQUE
Boisson mexicaine obtenue par fermentation du suc de certains agaves (1).
(1) Les agaves sont également employés pour fabriquer la tequila* et le mescal*.

PUMPERNICKEL
Pain* de seigle* d'origine allemande. Réalisé à partir d'une farine* grossièrement écrasée, il présente une couleur foncée, une texture très dense et un goût particulier avec une saveur acide.

PUNCHES OU PUNCHS
Long drinks*, froids ou chauds, ayant pour base une eau-de-vie* (souvent du rhum*), du jus de fruit et des fruits.
Un punch peut être préparé à l'avance et servi dans une grande "cup" (punch bowl) lors d'une réception.

PUNT E MES
Voir Carpano*.

PUSSY FOOT
Cocktail* sans alcool préparé au shaker.
1 jaune d'œuf
3 cl de jus de citron*
8 cl de jus d'orange*
1 cl de sirop de grenadine*
Frapper le jaune d'œuf, le jus de citron et le jus d'orange. Servir sur glace dans un tumbler et terminer par un trait de grenadine.

Source : Photo BG

PYRÉNÉES VALLÉE DE LA BAROUSSE
Eau de source* captée à Ferrère dans les Hautes-Pyrénées.
Catégorie : faiblement minéralisée.
pH à 20 °C : 7,9.
Minéralisation totale : 149 mg/l.

QUALITÄTSWEIN BESTIMMER ANBAUGEBIETE (QbA)
V.Q.P.R.D.* (Vins de Qualité Produits dans des Régions Déterminées) allemands produits selon certains critères propres au pays et à l'Union Européenne.
Ces vins*, surtout des blancs, plus de 80 % de la production, sont élaborés à partir de nombreux cépages, dont le Müller-Thurgau*, dans 13 régions déterminées.

QUALITÄTSWEIN MIT PRÄDIKAT (QmP)
Qualitätswein* présentant une mention ou un label attribué en fonction du stade de maturité ou de certains procédés de traitement de la vendange.
Kabinett : vendanges à maturité normale, vins* légers.
Spätlese : vendanges tardives ayant lieu au moins 1 semaine après les vendanges normales, vins plus doux.
Auslese : sélection de grappes très mûres, vins doux.
Beerenauslese : sélection de raisins atteints par la pourriture noble* (edelfaüle), vins de dessert onctueux.
Trockenbeerenauslese : raisins passerillés et atteints par l'edelfaüle, vins liquoreux* rares et chers.
Eiswein : raisins de vendanges très tardives dans la saison où les grappes sont récoltées et pressurées gelées, vins liquoreux rares et de prix très élevés *(1)*.
La chaptalisation* est interdite pour les vins vendus avec la mention "Prädikat".
(1) Voir Vin de glace.

QUARTENIER
Voir Sanglier*.

QUARTIROLO LOMBARDO
Fromage* de lait* de vache fabriqué dans le nord de l'Italie. Son nom vient de l'expression "erba quartirola" (herbe du troisième regain) et de sa région de production. Ce produit bénéficie d'une Appellation d'Origine Contrôlée dans son pays et d'une A.O.P.* au niveau européen.
Type : pâte molle légèrement pressée, croûte lavée très fine.
Forme : carré.
Taille : 25 cm de côté, 6 à 8 cm d'épaisseur.
Poids : 2,5 kg environ.
Teneur en M.G. : 48 %.
Meilleures saisons : automne, hiver.

QUARTS DE CHAUME
Vins* blancs produits dans la Vallée de la Loire, A.O.C.* depuis le 10 août 1954. La mention "Val de Loire" peut être éventuellement adjointe à l'appellation.
Aire de production : certaines parcelles de la commune de Rochefort-sur-Loire située au sud d'Angers.
Superficie du vignoble : 54 ha (en 2005).
Encépagement autorisé : Chenin blanc*.
Rendement à l'hectare : 25 hl.
Richesse alcoolique minimum acquise : 12 %.
Teneur minimale en sucre résiduel : 34 g/litre.
Vins élaborés à partir de raisins arrivés à surmaturation (voir Pourriture noble*).

QUASI
Pièce de veau* située dans la partie arrière supérieure de l'animal, au dessus de la noix*. Ce muscle fessier est un excellent morceau à rôtir.

QUATRE-ÉPICES
Mélange aromatique généralement composé de poivre* moulu, noix de muscade* râpée, cannelle* et clou de girofle* en poudre. Ensemble éventuellement complété de gingembre*.
Avec une saveur et des arômes puissants, le quatre-épices est employé comme assaisonnement de préparations charcutières et de plats en sauces*.

QUATRE-QUARTS
Pâtisserie constituée en quantités égales, de beurre*, de sucre*, de farine* et d'œufs*.

QUENELLE
Préparation culinaire à base de farce fine de volaille, de poisson ou de viande. Façonnées en boudin ou à la cuillère, les quenelles sont généralement pochées pour être servies en sauce* ou comme élément de garniture*.

QUESO NATA DE CANTABRIA
Fromage* de lait* de vache fabriqué dans les monts Cantabriques, au nord de l'Espagne. Il bénéficie d'une

A.O.C.* dans son pays d'origine et d'une A.O.P.* au niveau européen.
Type : pâte pressée non cuite.
Forme : parallélépipède rectangle ou cylindre.
Taille : variable.
Poids : 0,500 à 2,500 kg.
Teneur en M.G. : 45 %.
Qualité identique toute l'année.

QUETSCHE (eau-de-vie)
Eau-de-vie blanche* *(1)* élaborée à partir de grosses prunes* oblongues de couleur violette *(2)*. L'Alsace, mais aussi la Haute-Marne et la Haute-Saône sont les principales régions productrices de quetsche.
(1) Cette eau-de-vie peut également subir un court vieillissement "sous bois" qui lui apporte une légère coloration.
(2) Il faut environ 25 kg de fruits pour obtenir 1 litre d'eau-de-vie pure à 100°.

QUETSCHE (fruit)
Voir Prune*.

QUEUE
Appendice flexible qui prolonge la colonne vertébrale des animaux de boucherie et du porc*. Cet abat* osseux, dont la chair est savoureuse, nécessite une cuisson relativement longue (en pot-au-feu* par exemple).

QUÉZAC
Eau minérale naturelle* gazeuse captée à Quézac en Lozère. Reconnue eau minérale en 1901.
Catégorie : riche en sels minéraux.

Composition physico-chimique (en mg/l)	
Cations	**Anions**
Sodium : 135 Magnésium : 75 Calcium : 195 Potassium : 40	Bicarbonates : 1 220 Sulfates : 100 Chlorures : 22 Nitrates : <1
Fluor : 2,1	
pH à 20°C : 5,5 Minéralisation totale : 1 244 mg/l	

QUICHE
Tarte salée constituée d'un fond de pâte brisée* garni d'un appareil à base d'œufs*, de crème fraîche* et de fromage* râpé. Divers ingrédients *(1)* complètent l'appareil en fonction du type de quiche souhaité.
(1) Dans la quiche lorraine il est ajouté des lardons. Dans la quiche aux fruits de mer il est inclus des moules et des queues de crevettes*. On rencontre également des quiches au saumon*, aux légumes*, etc.*

QUINCY
Vins* blancs produits dans la Vallée de la Loire, A.O.C.* depuis le 6 août 1936. La mention "Val de Loire" peut être éventuellement adjointe à l'appellation.

Aire de production : 2 communes du Cher, Quincy et Brinay, situées au sud-est de Vierzon.
Superficie du vignoble : 236 ha (en 2008).
Encépagement autorisé : Sauvignon*.
Rendement de base à l'hectare : 60 hl.

QUINOA
Originaire d'Amérique du Sud et constituant pendant très longtemps la nourriture de base des Incas, cette petite graine qui a l'aspect d'une céréale n'est pourtant pas considérée comme telle par les botanistes *(1)*. Très riche en protéines et en minéraux, le quinoa est un des végétaux les plus nutritifs du monde. Il est produit principalement au Pérou, en Bolivie et en Equateur. Cette graine se consomme pochée, froide ou chaude, dans des salades ou autres apprêts culinaires.
(1) Le quinoa appartient à la famille des chénopodiacées dans laquelle on retrouve, par exemple, la betterave et les épinards*.*

QUINQUINA (plante)
Arbuste originaire d'Amérique du Sud dont l'écorce *(1)* est exploitée dans le domaine alimentaire pour la fabrication d'A.B.V.* à saveur amère portant le même nom.
(1) La quinine, substance extraite de l'écorce du quinquina, fut isolée en 1823 par deux pharmaciens français : J.B. Caventou et P.J. Pelletier. Cette découverte permit de mettre au point un médicament utilisé pour soigner le paludisme.

QUINQUINA (spiritueux)
A.B.V.* élaboré à partir de vins* et mistelles* parfumées à l'écorce de quinquina* et autres substances aromatiques telles que zestes* d'oranges* amères ou racines de gentiane*. Le Saint-Raphaël, le Byrrh*, l'Ambassadeur*... sont des quinquinas.

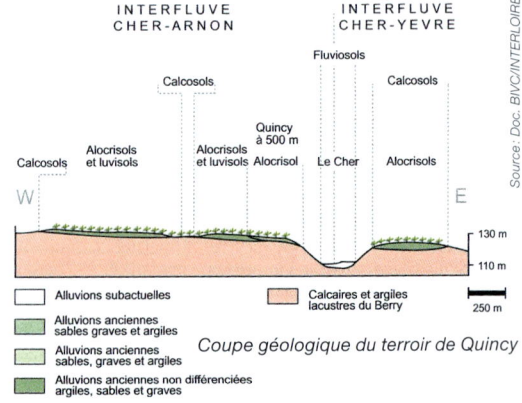

Coupe géologique du terroir de Quincy

R

RÂBLE
Partie dorsale d'un lapin* ou d'un lièvre*. Ce morceau est très prisé pour diverses préparations culinaires (à la moutarde*, farci, en civet* ou en gibelotte*, etc.).

RACHEL (garniture)
Préparation culinaire composée de fonds d'artichauts* garnis de lames de moelle pochées.
Cette garniture, comme la salade du même nom, doit sa dénomination à une tragédienne *(1)* qui avait comme pseudonyme "Rachel".
(1) Elisabeth Félix (1821-1858).

RACHEL (salade)
Salade composée constituée d'une julienne* de fonds d'artichauts*, pommes de terre*, céleris* en branches et truffes*; pointes d'asperges* en garniture.
Assaisonnement: sauce mayonnaise* légère.

RACLETTE
Plat d'origine suisse préparé en chauffant la tranche d'une demi-meule de fromage* à pâte pressée. La partie exposée à la chaleur est raclée au fur et à mesure qu'elle fond. Elle est ensuite dégustée avec des pommes de terre* cuites à l'eau, du jambon* cru, des cornichons*, des petits oignons* au vinaigre*, etc.

RADIS
Plante potagère originaire de Chine dont la racine *(1)* comestible se consomme crue. Elle peut être accompagnée de beurre* et de sel* ou râpée et assaisonnée de sauce vinaigrette*. Les fanes (ou feuilles) entrent parfois dans la composition de potages*.
Il faut distinguer plusieurs variétés de radis :
Les Radis ronds, de petite taille, complètement rouges ou rouges et blancs *(Cerise, Gaudry, National, Rond écarlate, Saxa...).*
Les Radis demi-longs, de forme plus allongée, rouges avec l'extrémité blanche *(Flamboyant, De dix-huit jours, Pernot, Clipo, Callisto, Disco, Expo, Fluo, Prélude...).*
Les Radis à grosse racine, monochrome, de couleur noire, rouge ou blanche *(Gros long, Poids d'horloge, Noir long, Minowase, Ostergruss...).*
(1) La partie que nous consommons est en réalité une excroissance de la base de la tige. Cette excroissance se termine d'ailleurs par une petite, mais véritable racine.

RAFFIAT ou RAFFIAT DE MONCADE
Cépage* blanc originaire du Sud-Ouest et cultivé sur de faibles superficies dans cette région.

RAGOT
Voir Sanglier*.

RAIE
Poisson de mer appartenant à la famille des rajidés et vivant sur les fonds sableux de l'Atlantique et de la Méditerranée. La raie est un poisson plat, cartilagineux et dépourvu d'arêtes. Il existe plusieurs espèces dont les plus connues sont : *la raie bouclée* (la plus appréciée), *la raie papillon, la raie pocheteau noire ou grise, la raie ponctuée* et la *raie cendrée*.
La raie se prépare à la grenobloise*, aux câpres*, tiède accompagnée d'une sauce vinaigrette*, etc.

Aile de raie en gelée

RAGOÛT
Apprêt culinaire à base de morceaux de viande, de gibier*, de volaille, de poisson... qui sont revenus dans un corps gras, singés *(1)* et mouillés d'un liquide (fond de sauce*, bouillon, eau) pour une cuisson plus ou moins longue.
On distingue 2 types de ragoût :
Le ragoût "à blanc" où la viande (ou autre produit de base) est simplement saisie, sans coloration.
Le ragoût "à brun" où il y a rissolage pour obtenir une coloration.
(1) Opération qui consiste à saupoudrer de farine pour obtenir une liaison de la préparation.*

RAIFORT

Plante condimentaire originaire d'Asie occidentale dont on utilise la racine à saveur âcre et piquante. Le raifort, condiment traditionnel des pays du Nord et de l'Est, se consomme à l'état frais, finement râpé, citronné et éventuellement additionné de crème fraîche*. Il entre également dans la composition de certaines sauces*, moutardes* ou beurres composés.

RAIFORT JAPONAIS

Voir Wasabi*.

RAINBOWS

Appelés également "pousse-café", ces short drinks* sont des boissons digestives préparées directement dans un verre tulipe en superposant des liquides de densités et de teneurs en alcool* différentes.

RAIPONCE

Autre dénomination de la mâche*.

RAISIN

Le raisin, fruit de la vigne, sert principalement à fabriquer du vin*, mais parmi les milliers de variétés (cépages*) répertoriées dans le monde, certaines sont plutôt consommées comme n'importe quel autre fruit. Il s'agit de "raisins de table". Parmi les variétés les plus courantes, citons :
Le Chasselas : fruit jaune à petits grains avec une chair juteuse et sucrée. *Le Chasselas de Moissac*, bénéficie d'une A.O.C.*
Le Muscat de Hambourg* : fruit rouge à saveur musquée. Issu de cette variété, *Le Muscat du Ventoux* bénéficie d'une A.O.C.
Le Muscat d'Alexandrie : raisin blanc légèrement acide.
L'Alphonse Lavallée : raisin noir à gros grains charnus.
L'Italia : raisin blanc à gros grains ovoïdes.
Le Cardinal : raisin à grosses baies rouges violacées.

Chasselas et Muscat de Hambourg

Source : Photo BG

RAISINÉ

Confiture* fabriquée à partir de jus de raisin* concentré par ébullition, éventuellement additionné de quartiers de poires*, de coings* ou autres fruits.

RAÏTA

Spécialité culinaire indienne à base de concombre* râpé, yaourt*, ail*, oignon*, fines herbes*, etc. Il existe de nombreuses variantes pour cette préparation qui est consommée comme élément d'accompagnement.

RAKI

Spiritueux* anisé fabriqué en Turquie titrant entre 45 et 50°. Il est consommé pur, suivi d'une gorgée d'eau glacée ou allongé d'eau fraîche comme tout autre anisé*. On trouve 2 types de raki :
Le yeni raki élaboré avec 80 g de graines d'anis* et 4 g de sucre* par litre. Il subit une macération en barriques d'au moins 1 mois.
Le kulüp raki élaboré avec 100 g de graines d'anis et 6 g de sucre par litre. La macération en barriques est alors supérieure à 2 mois.

RAMBOUTAN

Fruit exotique originaire de Malaisie. Le ramboutan a l'aspect d'une petite châtaigne* dont la coque rouge est recouverte de poils (1). Sa pulpe blanche, translucide et juteuse, rappelle celle du litchi*.

(1) Son nom vient du terme malais "rambut" qui signifie "cheveux".

Source : COLEACP

RASCASSE

Poisson de mer de la famille des scorpénidés qui se caractérise par une tête hérissée d'épines. On rencontre plusieurs espèces de rascasses : *la rascasse brune*, *la rascasse rouge* et *la rascasse du nord*. Elles se différencient par leur taille (de 20 à 50 cm), la couleur de leur peau et leur habitat (plusieurs mers du globe).
La rascasse possède une chair ferme qui la destine tout naturellement aux soupes* de poissons et aux bouillabaisses*.

RASTEAU

V.D.N.* blancs, rosés et rouges produits dans le Vaucluse, A.O.C.* depuis le 5 janvier 1944.
La mention "rancio" peut être adjointe à l'appellation pour les vins qui ont subi un vieillissement particulier de 12 mois minimum et qui ont pris un goût de "rancio".

Aire de production : communes de Rasteau, Cairanne et Sablet, situées au nord-est d'Orange.
Superficie du vignoble : 52 ha (en 2007).
Encépagement autorisé : Grenache noir*, Grenache gris*, Grenache blanc* et accessoirement cépages autorisés pour l'appellation Côtes-du-Rhône*.
Rendement de base à l'hectare : 27 hl de moût*.
Richesse naturelle initiale en sucre : 252 g/litre au minimum.
Apport en alcool* pur : 5 à 10 % du volume de moût mis en œuvre, avec un alcool titrant au moins 96°.
Richesse alcoolique minimum acquise : 15 %.

RATAFIA
V.D.L.* produit en Champagne (1) par mutage* de moût* de raisin, soit avec de l'eau-de-vie de vin ou de l'eau-de-vie de marc*, soit avec de l'alcool* neutre d'origine vinique.

(1) On retrouve du ratafia dans d'autres régions viticoles, notamment en Bourgogne.

RATATOUILLE
Plat provençal fait de poivrons*, aubergines*, courgettes*, oignons* et tomates* cuisinés à l'huile d'olive* et aux aromates*.

RAVIGOTE (sauce)
Sauce vinaigrette* additionnée de câpres*, persil*, cerfeuil*, estragon* et oignons* hachés.

RAVIOLES
Petites poches en pâte à nouilles farcies de fromages* ou d'un hachis de légumes (épinards*, bettes*...) avant d'être pochées à l'eau. Les garnitures de ravioles évoluent beaucoup et il n'est pas rare de rencontrer aujourd'hui des farces à base de crustacé, poisson, volaille, etc.

RAVIOLIS
En Italie, petites poches carrées en pâte à nouilles garnies d'une farce de viande ou de légumes. Cuits à l'eau, les raviolis sont servis avec une sauce tomate* et du fromage* râpé (parmesan* de préférence).

REBÊCHE (vin de)
En Champagne, le vin* de rebêche est extrait lors d'un second pressurage*. Consommé en vin courant, ce produit doit être séparé des vins bénéficiant d'une A.O.C.*.

REBLOCHON ou REBLOCHON DE SAVOIE
Fromage* de lait* de vache fabriqué en Savoie, A.O.C.* depuis le 7 août 1958 et reconnu A.O.P.* dans le cadre de l'U.E. Son nom vient du terme dialectal local "reblocher", qui signifie traire une seconde fois. L'aire géographique de l'appellation s'étend sur 176 communes de Haute-Savoie et 9 communes de Savoie.
Le reblochon est authentifié par une petite plaque de caséine incrustée dans la croûte, rouge pour les fromages laitiers et verte pour les fromages fermiers, et il est présenté sur un faux fond d'épicéa tranché.
Type : pâte légèrement pressée, non cuite. Croûte lavée.
Forme : disque.
Taille : 14 cm de diamètre, 3,5 cm d'épaisseur (9 cm de diamètre et 3 cm d'épaisseur pour le petit format).
Poids : 450 à 550 g (240 à 280 g pour le petit format).
Teneur en M.G. : 45 % au minimum.
Meilleures saisons : été, automne.

RED LION
Cocktail* préparé au shaker.
1,5 cl de jus de citron*
1,5 cl de jus d'orange*
2 cl de Grand-Marnier*
2 cl de gin*
Frapper et servir dans un verre à cocktail.

RÉFRACTOMÈTRE
Instrument qui permet d'évaluer la richesse en sucre* d'un moût* en mesurant son indice de réfraction. Cet ustensile, qui est plus simple d'utilisation que le mustimètre*, est beaucoup utilisé par le vigneron pour suivre l'évolution de la maturité du raisin.

RÉFRIGÉRATION
Procédé de conservation par le froid sur une courte durée. Selon les denrées, les températures maximales préconisées vont de 0 à 8° C.

0 à 2° C **sur glace fondante** pour les poissons, crustacés et coquillages autres que vivants.
2° C pour les viandes hachées
3° C pour les préparations de viandes contenant des abats*
4° C pour les saucisses* crues, chairs à saucisse, denrées animales ou végétales cuites ou précuites, fonds de sauce*, abats, volailles, découpes de viandes, fromages* découpés ou râpés préemballés, produits décongelés…
8° C pour les produits laitiers frais, beurres* et matières grasses, desserts lactés…
Les températures de stockage en réfrigération sont donc variables selon les produits à conserver. Quand il s'agit de produits emballés, il est conseillé de prendre en compte la température mentionnée sur l'étiquetage sans oublier de respecter la D.L.C.*

RÉGENCE (salade)
Salade composée constituée de minces copeaux de truffes*, rognons* de coqs* émincés en lamelles, julienne* de céleris* et pointes d'asperges*.
Assaisonnement : sauce vinaigrette* au jus de citron.

RÉGLISSE
Arbrisseau d'origine méditerranéenne dont on exploite les racines pour leurs propriétés aromatiques et médicinales. Le suc de réglisse est utilisé pour fabriquer des confiseries ou parfumer des boissons.

Rouleau de réglisse

RÉGNIÉ
Vins* rouges produits dans le Beaujolais, A.O.C.* depuis le 8 décembre 1988. La mention "Cru du Beaujolais" peut figurer sur l'étiquetage.
L'appellation compte 2 climats* : *La Plaigne* et *Grange Charton*.
Aire de production : communes de Régnié-Durette et Lantignié situées au nord-ouest de Villefranche-sur-Saône.
Superficie du vignoble : 369 ha (en 2008).
Encépagement autorisé : le cépage principal est le Gamay* ; sont tolérés, en cépages accessoires, dans une proportion limitée à 15 % : l'Aligoté*, le Chardonnay* et le Melon de Bourgogne *.
Rendement de base à l'hectare : 58 hl.

REHOBOAM
Bouteille d'une contenance équivalente à 6 bouteilles classiques, soit 4,5 litres.

REINE-CLAUDE
Voir Prune*.

REINE DES BASALTES
Eau minérale naturelle* gazeuse captée à Asperjoc dans l'Ardèche. Autorisée à la commercialisation en 1876.
Catégorie : moyennement minéralisée.

Composition physico-chimique (en mg/l)	
Cations	Anions
Sodium : 204,7 Calcium : 145 Magnésium : 70 Potassium : 23,2	Bicarbonates : 1 433,1 Chlorures : 10,5 Sulfates : 7,3 Nitrates : inf. à 0,2
Manganèse : 0,6 Fluor : 0,57	
pH à 20°C : 6 Minéralisation totale : 1 246 mg/l	

REINETTE
Voir Pomme*.

RELIGIEUSE
Pâtisserie constituée d'un gros et d'un petit chou* garnis de crème pâtissière* *(1)*, glacés au fondant* et décorés de crème au beurre*. Ce terme désigne plus rarement d'autres pièces de pâtisserie (tartelettes diversement garnies ou petite pièce montée constituée d'éclairs* et de choux dressés en dôme).
(1) Parfumée principalement au café ou au chocolat*.

REMONTAGE

Opération de vinification* qui consiste à pomper le moût* contenu au fond d'une cuve pour arroser le "chapeau" *(1)*. Le remontage favorise l'aération de la masse en fermentation* et un meilleur échange entre les éléments solides et les éléments liquides d'un moût.

(1) Partie flottante constituée des éléments solides du moût en fermentation (pellicules, pépins, rafles).

RÉMOULADE (sauce)

Sauce mayonnaise* additionnée de moutarde* et de câpres*, cornichons*, persil, cerfeuil*, et estragon* hachés. Quelques gouttes d'essence d'anchois* peuvent être ajoutées en finition.

RÉPERTOIRE DE LA CUISINE (Le)

Ouvrage culinaire de Théodore Gringoire et Louis Saulnier, disciples d'Auguste Escoffier*. Bien que rédigé au début du 20ème siècle, ce manuel de conception originale et pratique *(1)* reste une référence de la cuisine française au même titre que *Le Guide culinaire* *. La publication originelle de 1914 a été rééditée des dizaines de fois et elle se trouve toujours en bonne place dans les bibliothèques professionnelles..

(1) Ce répertoire présente, d'une manière concise, environ 7000 recettes ou compositions de plats. Il est un outil tout à fait adapté aux besoins des cuisiniers et maîtres d'hôtel qui souhaitent connaître, succinctement, les caractéristiques d'une préparation culinaire.*

RESTAURANT

Établissement commercial *(1)* où l'on sert des repas sous différentes formes, au menu* ou à la carte*. Jadis, ce terme désignait non pas le lieu où l'on se restaurait, mais les mets eux-mêmes que le restaurateur proposait à ses clients. "Restaurant" n'étant que le participe présent du verbe restaurer.

Le premier restaurant, dans l'acception moderne, a été fondé à Paris vers 1765 par un nommé Boulanger. Jusque-là, on ne trouvait à manger que dans les tavernes et les auberges. À partir de la Révolution, les restaurants se sont multipliés dans la capitale et en province, fortement influencés par l'évolution de la Société.

(1) Aujourd'hui, la Restauration collective s'est considérablement développée dans un contexte plus social que commercial. Elle n'en demeure pas moins une activité économique à part entière.

RESTAURANT (catégories)

Le classement des *Restaurants de tourisme* établi en 1963 *(1)* devenu obsolète, le Ministère chargé du tourisme en concertation avec les professionnels de la restauration a officialisé un nouveau classement en septembre 1999, ce classement a été abrogé le 25 juillet 2009 en aboutissant à la disparition des *Restaurants de Tourisme*.

On peut considérer que la création du titre de *Maître-restaurateur*, institué par le décret du 14 septembre 2007, est une nouvelle façon de distinguer le professionnalisme des établissements de restauration.

Il existe cependant 2 associations de restaurateurs notoirement connues :

- ***Les Restaurateurs de France*** : Un label reconnu par l'Etat, véritable contrat d'engagement entre des restaurateurs volontaires et des partenaires régionaux ou nationaux. Les *Restaurateurs de France* garantissent aux consommateurs des prestations de qualité en proposant une cuisine française traditionnelle basée sur des produits régionaux ou locaux. Ces établissements s'engagent à respecter une charte en justifiant d'une qualification professionnelle et en développant une politique d'accueil où le client est un hôte privilégié. En outre, un audit initial sur 300 points, une formation continue et des contrôles tous les 3 ans pour vérifier l'évolution des établissements sont inclus dans la charte. La procédure de classement se fait auprès de l'association *Restaurateurs de France*.

Source : Doc. Restaurateurs de France

- ***Les Cuisineries Gourmandes des Provinces françaises*** : Établissements certifiés par "Qualité France". Ils accèdent au titre de *Maître-restaurateur* avec un audit complémentaire. Il s'agit de restaurants qui font preuve d'un grand professionnalisme avec 3 objectifs clairement affichés :

Source : Cuisineries Gourmandes des Provinces françaises

Authenticité, en faisant vivre au quotidien le patrimoine culinaire régional (promotion des produits locaux et régionaux, menus saveurs...).

Qualité, en garantissant le respect des traditions par un engagement professionnel.
Art de vivre, en transmettant une philosophie du bien-être reposant sur le savoir-faire et la passion dans le domaine culinaire.
Cette certification passe également par un audit initial et des contrôles annuels des inspecteurs de "Qualité France". La procédure de classement se fait auprès de l'association *Cuisineries Gourmandes des Provinces françaises*.

(1) Ce classement distinguait alors 5 catégories d'établissements: 1 étoile (★), 2 étoiles (★★), 3 étoiles (★★★), 4 étoiles (★★★★) et 4 étoiles luxe (★★★★L).

RETSINA
Vins* blancs et rosés grecs produits à partir de cépages Savatiano et Rhoditis.
L'incorporation de morceaux de résine de pin au moût*, avant et pendant la fermentation, apporte à ces vins une saveur et des arômes très particuliers.

REUILLY
Vins* blancs, rouges et rosés produits dans la Vallée de la Loire, A.O.C.* depuis le 9 septembre 1937. La mention "Val de Loire" peut être éventuellement adjointe à l'appellation.
Aire de production : Reuilly et Diou dans l'Indre et 5 communes du Cher situées au sud de Vierzon.
Superficie du vignoble : 186 ha (en 2008).
Encépagement autorisé : Sauvignon*, Pinot noir* et Pinot gris*.
Rendement de base à l'hectare : 60 hl pour les vins blancs et 55 hl pour les vins rouges et rosés.

RHUBARBE
Plante originaire de Chine dont les pétioles charnus de couleur vert rougeâtre sont consommés cuits. Ils sont préparés en confiture* en compote ou comme garniture* de tarte*.

RHUM
Eau-de-vie* provenant de la distillation de jus ou de mélasses résiduelles de canne à sucre* fermentées.
Originaire de plus de 70 pays ou régions dont Porto Rico, la Jamaïque, Cuba, Haïti, la Martinique, la Guadeloupe, la Guyane, le Brésil, la Réunion... le rhum est l'eau-de-vie la plus consommée dans le monde, devant la vodka* et le whisky*.
Il existe 2 types de rhum qui se caractérisent par des produits de base et des procédés de fabrication différents :
Le rhum agricole :
Il est élaboré en Martinique à partir d'un jus de canne à sucre, le "vesou", qui fermente environ 48 heures pour donner un liquide titrant 5 à 6° appelé la "grappe". De la distillation de cette "grappe", on obtient une eau-de-vie titrant 50 à 55° qui peut donner 2 produits :
La grappe blanche, rhum incolore et corsé qui est surtout utilisé pour la préparation des cocktails*.

Le rhum vieux, élevé au moins 3 ans "sous bois", en fûts de chêne de 200 litres. Ce vieillissement apporte à l'eau-de-vie une belle couleur ambrée et de subtils arômes.
Depuis 1996, un rhum agricole bénéficie de l'A.O.C.* Martinique*.
Le rhum industriel ou rhum de sucrerie :
Il est obtenu par la distillation de "mélasses" fermentées provenant de résidus de l'industrie sucrière. À la sortie de l'alambic, l'eau-de-vie titre de 65 à 75°. Les rhums industriels sont commercialisés sous plusieurs dénominations :
Le rhum jeune qui est un produit de grande consommation, souvent coloré au caramel*.
Le rhum léger, eau-de-vie très légère en goût et faiblement colorée.
Le rhum "grand arôme", très puissant en arômes et essentiellement utilisé dans les assemblages.
Le rhum "double arôme", eau-de-vie titrant 54° fabriquée spécialement pour parfumer les préparations culinaires, pâtisseries ou confiseries.
Le rhum vieux qui subit un vieillissement de 3 ans en fûts de chêne de 650 litres.

Source : F.L. Athénas/Cedus

Distillerie de Savanna sur l'Ile de la Réunion

RHUM COLLINS
Cocktail* identique au Tom Collins* où le gin* est remplacé par du rhum* blanc.

RHUM FIZZ
Cocktail* identique au Gin fizz* où le rhum* blanc remplace le gin*.

RIBERA DEL DUERO
Vins* rouges espagnols issus de cépages Tinto del Pais, Garnacha, Malbec*, Merlot*, etc. et produits en Castille, au nord de Madrid.
Ces vins bénéficient d'une D.O.*.

RICARD
Pastis* créé par Pierre Ricard en 1932. Titrant initialement 40°, le "Vrai pastis de Marseille" est maintenant

commercialisé à 45°. La marque, diffusée dans 150 pays, est leader du marché des anisés*.
De couleur ambrée, le Ricard se caractérise par une saveur d'anis très marquée due à la badiane.

RICEYS (LES) ou CENDRÉ DES RICEYS
Fromage* de lait* de vache fabriqué en Champagne. Il doit son nom à un village de l'Aube situé dans sa zone de production.
Type : pâte molle, croûte naturelle cendrée.
Forme : disque.
Taille : 12 à 13 cm de diamètre, 3 cm d'épaisseur.
Poids : 250 à 300 g.
Teneur en M.G. : 30 à 45 %.
Meilleures saisons : été, automne.

RICHEBOURG
Vin* rouge produit en Bourgogne*, Grand Cru bénéficiant d'une A.O.C.* depuis le 11 septembre 1936.
Aire de production : parcelles délimitées du lieu-dit "Richebourg" sur la commune de Vosne-Romanée, d'une superficie totale de 8,03 ha.
Encépagement autorisé : Pinot noir*, Pinot Liébault* et Pinot Beurot*.
Rendement de base à l'hectare : 35 hl.

RICHELIEU (garniture)
Garniture* composée de tomates* et champignons* farcis, pommes château* et laitues* braisées.

RICOTTA
Fromage* frais italien fabriqué à partir du petit lait provenant de l'élaboration de divers fromages de laits* de vache, de brebis ou de chèvre. Ce produit, très utilisé en cuisine, doit son nom au terme "ricotta", qui signifie recuite, technique utilisée pour sa fabrication.

RICQLÈS
Soda* parfumé à la menthe*. Suite à la création de l'alcool de menthe par Henri de Ricqlès en 1938, *le Quart Ricqlès,* premier soda à la menthe, est lancé en 1954.

RIESLING

Cépage* blanc probablement originaire de la Vallée du Rhin.

Aires de culture : en Alsace*, où il cultivé sur 3 000 ha et considéré comme le meilleur élément de l'encépagement, en Moselle et dans plusieurs pays étrangers tels que l'Allemagne (22 000 ha), l'Autriche, le Luxembourg, certains pays d'Europe centrale et de la C.E.I., la Californie, l'Australie, l'Afrique du Sud, la Nouvelle-Zélande…
Vins* produits : blancs élégants, très aromatiques (tilleul*, acacia*, miel*, épices*), en vendanges tardives, grands vins liquoreux*.

RIGOTTE DE CONDRIEU
Fromage* de lait* de chèvre fabriqué au sud-ouest de Lyon. Il doit son nom à une localité du Rhône située dans sa zone de production qui s'étend sur 35 communes de la Loire et 13 communes du Rhône.
A.O.C.* depuis le 13 janvier 2009.
Type : pâte molle, croûte naturelle.
Forme : petit palet circulaire.
Taille : 4,2 à 5 cm de diamètre et 1,9 à 2,4 cm d'épaisseur.
Poids : 30 à 50 g.
Teneur en M.G. : 40 % au minimum.
Meilleur saison : du printemps à l'automne.

RILLETTES
Préparation charcutière faite de viande de porc* cuite dans la graisse, effilochée et mélangée à cette graisse avant refroidissement. Tours et Le Mans ont fait des rillettes de porc une de leurs spécialités. Nous trouvons également des rillettes d'oie*, de lapin*… voire de poisson (thon*, anguille*, saumon* par exemple).

RILLONS
Morceaux de poitrine de porc* cuits dans du saindoux*. Les rillons sont une spécialité tourangelle.

RINCE-DOIGTS
Au restaurant, bol rempli au ⅔ d'eau tiède et complété d'une tranche de citron*(1). Accompagné d'une petite serviette, le rince-doigts se présente avec les plats où l'usage des doigts est nécessaire pour déguster (ex: coquillages, crustacés, asperges*, artichauts*, petits volatiles…).
(1) Une tranche de citron cannelée produit un plus bel effet… et surtout n'oublions pas de retirer les pépins apparents.

RIOJA
Vins* rouges, blancs et rosés espagnols produits dans la région de Pampelune et issus essentiellement de cépages* Tempranillo, Vivra et Garnacha. Ce sont les seuls vins d'Espagne à bénéficier d'une D.O.C.*.
Le vignoble couvre environ 60 000 ha. On distingue 3 types de Rioja, déterminés par la situation des terroirs :
Le Rioja Alta (ouest du vignoble)
Le Rioja Baja (est du vignoble)
Le Rioja Alavesa (petite zone située dans le nord du vignoble)

L'étiquetage du Rioja précise également le vieillissement du vin par plusieurs mentions :
Joven (vin n'ayant subi aucun vieillissement en barrique)
Crianza (vin sans 3ème année de vieillissement avec un passage en barrique supérieur à 12 mois)
Reserva (vin n'ayant au moins 3 ans de vieillissement avec un passage en barrique supérieur à 12 mois)
Gran Reserva (vin de bon millésime* ayant au moins 5 ans de vieillissement avec un passage en barrique supérieur à 24 mois).

Estampille du Conseil régulateur d'un Rioja "Crianza" de millésime 2005

RIS

Dénomination culinaire du thymus *(1)* du veau*, de l'agneau* ou du chevreau*. Cet abat*, très prisé, se prépare de diverses façons (poché, braisé, grillé, en sauce*, comme élément de garniture*, en fritots*, etc.).
La consommation de ris de bovin* a été temporairement interdite à cause de l'E.S.B. (Encéphalopathie Spongiforme Bovine). Aujourd'hui, les ris n'étant pas classés comme M.R.S. (Matériels à Risques Spécifiés*), ils sont de nouveau consommables.
(1) Glande située devant la trachée, dans la partie inférieure du cou. Développée chez les jeunes animaux, elle s'atrophie lorsqu'ils deviennent adultes.

RISOTTO ou RIZOTTO

Plat d'origine italienne composé de riz* *(1)* diversement condimenté ou garni (safran*, fromage*, légumes*, fruits de mer, dés de jambon*, etc.).
(1) Ce riz est nacré dans un corps gras avec de l'oignon haché et cuit avec un bouillon.*

RISSOLE

Petit chausson à base de pâte feuilletée* ou de pâte brisée*, garni d'une farce de viande, de volaille, de poisson, de fruits de mer, de légumes, etc. La rissole est cuite au four ou en friture.

RIVESALTES

V.D.N.* rouges, rosés et blancs produits en Languedoc-Roussillon, A.O.C.* depuis le 6 août 1936. Les mentions "Ambré", "Tuilé", "Hors d'âge", "Grenat" ou "Rancio" peuvent être rajoutées à l'appellation sous certaines conditions *(1)*.
Aire de production : 86 communes des Pyrénées-Orientales et 9 communes de l'Aude.
Superficie du vignoble : 5 240 ha (en 2007).
Encépagement autorisé : Muscat* à petits grains, Muscat* d'Alexandrie, Grenache noir*, Grenache gris*, Grenache blanc*, Maccabéo*, Tourbat*, Carignan noir*, Cinsault*, Syrah* et Listan*.
Rendement de base à l'hectare : 30 hl de moût*.
Richesse naturelle initiale en sucre : 252 g/litre au minimum.
Apport en alcool* pur : 5 à 10 % du volume de moût mis en œuvre, avec un alcool titrant au moins 96°.
Richesse alcoolique minimum acquise : 15 %.
(1) "Ambré" : mention réservée aux vins blancs élevés en milieu oxydatif à la propriété jusqu'au 1er septembre de la seconde année suivant celle de la récolte.

"Tuilé" : mention réservée aux vins rouges élevés en milieu oxydatif à la propriété jusqu'au 1er septembre de la deuxième année suivant celle de récolte.

"Hors d'âge" : mention rajoutée aux mentions "Ambré" et "Tuilé" pour les vins ayant subi un élevage de 5 ans minimum après élaboration.

"Rancio" : mention réservée aux vins blancs ou rouges qui ont, en raison de leur âge et des conditions particulières liées au terroir, pris un goût de "rancio".

"Grenat" : mention réservée aux vins rouges élevés à la propriété en milieu réducteur.

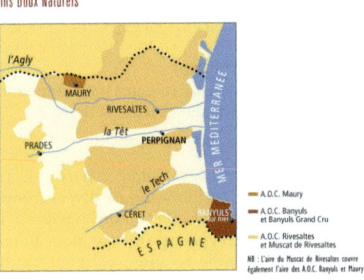

Les Vins Doux Naturels

Source : Doc. CIVR

RIZ

Probablement originaire du sud de l'Inde, le riz est la 2ème céréale cultivée dans le monde après le blé. L'Asie fournit la majeure partie de la production mondiale qui représente environ 400 millions de tonnes. Parmi les autres pays producteurs, citons le Brésil, le Japon, les Etats-Unis... Le riz consommé en France est majoritairement importé, mais les rizières camarguaises (1) en produisent une quantité non négligeable qui couvre 30% de la demande nationale (près de 100 000 tonnes en 2008).
Il existe 2 principales variétés de riz : **le riz à grains longs** (Oryza indica) et **le riz à grains ronds** (Oryza japonica). On rencontre cependant une multitude de produits qui se différencient par leur région d'origine, les techniques de récolte et les traitements particuliers subis après récolte.
Le Riz paddy : il est encore entouré de son enveloppe.
Le Riz brun ou riz cargo : il est débarrassé de sa balle mais il conserve son péricarpe. Il est aussi appelé "riz complet".

Le Riz blanc : riz cargo débarrassé de son péricarpe.
Le Riz précuit : il s'agit d'un riz précuit à la vapeur et déshydraté.
Le Riz étuvé ou prétraité : riz paddy étuvé, décortiqué et blanchi.
Le Riz camolino : riz blanc rendu brillant après avoir été légèrement enrobé d'huile* de colza.
Le Riz glacé : riz enrobé d'un mélange de talc et de glucose.
Le Riz basmati : riz à grains longs d'origine indienne qui a une saveur légère et parfumée.
Le Riz surinam : riz à grains longs et fins provenant du pays éponyme.
Le Riz sauvage : il ne s'agit pas réellement d'un riz mais d'une graminée aquatique (2) qui se présente sous forme de petits grains noirs, très fins, au goût de noisette.

Pour une partie de la population mondiale, notamment la population asiatique, le riz constitue la denrée alimentaire de base. Dans la cuisine occidentale, le riz trouve de multiples utilisations (salades, garnitures, risottos*, paëllas*, pilafs*, gâteaux, entremets*…). Enfin n'oublions pas que le riz sert aussi à élaborer certaines boissons telles que le saké*.

(1) Ce sont des indochinois qui implantèrent les premières rizières en Camargue durant la Seconde Guerre mondiale.
(2) Zizanie ou Zizania

ROB ROY
Cocktail* (apéritif) préparé au verre à mélange.
Quelques gouttes d'Angostura* bitter
1,5 cl de vermouth* italien
5,5 cl de scotch whisky*
1 cerise* à l'eau-de-vie
Frapper et servir dans un verre à cocktail. Décorer avec la cerise à l'eau-de-vie.

ROBERT (sauce)
Sauce* moutardée réalisée à partir d'oignons* ciselés fondus au beurre* et mouillés au vin* blanc, vinaigre* et sauce demi-glace*.

ROBUCHON (Joël)
Cuisinier français né à Poitiers en 1945. Il a Commencé par un apprentissage dans un restaurant poitevin, sa carrière connaît une ascension fulgurante. Compagnon du Tour de France, puis M.O.F. en 1976, le Guide Michelin* lui attribue trois étoiles en 1993 à la tête du restaurant *Jamin*. Professionnel d'une grande rigueur, pédagogue, homme de communication et entrepreneur, Joël Robuchon développe de multiples activités : conseil, élaboration de nouveaux produits, émissions de télévision, ouvrages culinaires, implantations de nombreux établissements de prestige à travers le monde … En 2009-2010, douze des ses restaurants français et étrangers cumulent vingt-cinq étoiles dans les différents guides rouges Michelin, dont trois triplement étoilés à Las Vegas, Tokyo et Macao.

ROCAMADOUR
Fromage* de lait* de chèvre fabriqué dans le Quercy. A.O.C.* depuis le 16 janvier 1996 et reconnu A.O.P.* dans le cadre de l'U.E.
Il doit son nom à une localité du Lot, haut lieu touristique du Sud-Ouest. La zone de production s'étend sur 266 communes situées essentiellement dans le Lot mais aussi dans le Tarn-et-Garonne, l'Aveyron, la Corrèze et la Dordogne.
Type : pâte molle, croûte naturelle.
Forme : petit palet.
Taille : 5 à 6 cm de diamètre, 1,5 cm d'épaisseur.
Poids : 35 g environ.
Teneur en M.G. : 45 %.
Meilleures saisons : printemps, été, automne.

ROCHE DES ÉCRINS
Eau de source* captée à Chorges dans les Hautes-Alpes.
Catégorie : faiblement minéralisée.
pH à 20 °C : 7,6.
Minéralisation totale : 240 mg/l.

ROCHER
Pièce de confiserie ou de pâtisserie dont l'aspect rocailleux et irrégulier rappelle celui d'un rocher. L'intérieur est de composition variable alors que l'enrobage est généralement composé de noisettes* ou d'amandes* hachées et de chocolat*.

ROCOU
Colorant* alimentaire naturel extrait des graines du rocouyer, arbuste d'Amérique tropicale.

ROCROI ou CENDRÉ DE ROCROI
Fromage* de lait* de vache fabriqué dans les Ardennes. Il doit son nom à une localité située dans sa zone de production.
Type : pâte molle, croûte naturelle cendrée.
Forme : disque plat ou pavé.
Taille : variable selon la forme.
Poids : 200 g environ.
Teneur en M.G. : 20 à 30 %.
Meilleures saisons : été, automne.

ROELLINGER (Olivier)
Cuisinier français né en 1955 à Saint-Malo. Après des études en Maths Sup et une préparation des Arts et Métiers, il se dirige vers la cuisine en autodidacte. Printemps 1982, il crée une table d'hôte dans sa maison d'enfance de Cancale, ouvrant ainsi la première *Maison de Bricourt*. Son cheminement culinaire associe subtilement les produits de la mer locaux avec les épices* lointaines. Symbole de la Bretagne gourmande et reconnu comme un des grands Chefs de sa génération, il est auréolé de nombreuses distinctions, notamment une troisième étoile au Guide Michelin* en 2006. Olivier Roellinger publie plusieurs ouvrages et développe de multiples activités. Marqué par le destin en 1976, travailleur infatigable pendant plus de 30 ans, il décide, en 2008, de fermer son restaurant pour prendre un nouveau cap.

Source : © C. Lejalé

ROGNON
Dénomination culinaire du rein d'un animal de boucherie ou du porc* *(1)*. Les rognons des jeunes animaux, notamment le veau*, sont les meilleurs. Cet abat* se prépare grillé, sauté ou éventuellement braisé pour les pièces les plus fermes.

(1) Ce terme s'applique également aux reins de certains animaux de basse-cour (coq ou lapin* par exemple).*

ROGNON BLANC
Voir Animelles*.

ROGNONNADE
Morceau de longe* de veau désossée et roulée à l'intérieur de laquelle se trouve un rognon*.

ROGUE
Voir Œufs de poisson*.

ROLLE
Cépage* blanc cultivé essentiellement sur les aires d'A.O.C.* Bellet* et Côtes de Provence* sous cette dénomination. Il est également appelé Vermentino* en Corse et dans d'autres vignobles du Sud. Ce cépage génère des vins de couleur jaune pâle, bien équilibrés avec des arômes floraux et fruités.

ROLLMOPS
Voir Hareng*.

ROLLOT
Fromage* de lait* de vache fabriqué en Picardie. Il doit son nom à une localité de la Somme située dans sa zone de production.
Type : pâte molle à croûte lavée.
Forme : disque ou cœur.
Taille : variable selon la forme.
Poids : 200 à 250 g.
Teneur en M.G. : 45 % au minimum.
Meilleures saisons : printemps, été, automne.

ROMAINE
Voir Laitue*.

ROMANÉE (LA)
Vin* rouge produit en Bourgogne*, Grand Cru bénéficiant d'une A.O.C.* depuis le 11 septembre 1936.
Aire de production : parcelle délimitée du lieu-dit "La Romanée" sur la commune de Vosne-Romanée, d'une superficie de 0,85 ha. En 2007, la production est de 4 030 bouteilles. La Romanée demeure la plus petite A.O.C. viticole française.
Encépagement autorisé : Pinot noir*, Pinot Beurot* et Pinot Liébault*.
Rendement de base à l'hectare : 35 hl.

ROMANÉE-CONTI
Vin* rouge produit en Bourgogne*, Grand Cru bénéficiant d'une A.O.C.* depuis le 11 septembre 1936.
Aire de production : parcelles délimitées du lieu-dit "Romanée-Conti" sur la commune de Vosne-Romanée, d'une superficie de 1,63 ha. En 2007, la production est de 5 460 bouteilles.
Encépagement autorisé : Pinot noir*, Pinot Beurot* et Pinot Liébault*.
Rendement de base à l'hectare : 35 hl.
Vin mythique parmi les plus grands, la Romanée-Conti incarne l'image du produit français d'exception réservé à quelques privilégiés.

ROMANÉE-SAINT-VIVANT

Vin* rouge produit en Bourgogne, Grand Cru bénéficiant d'une A.O.C.* depuis le 11 septembre 1936.
Aire de production: parcelles délimitées du lieu-dit "Romanée-Saint-Vivant" sur la commune de Vosne-Romanée, d'une superficie de 8,98 ha.
Encépagement autorisé: Pinot noir*, Pinot Beurot* et Pinot Liébault*.
Rendement de base à l'hectare: 35 hl.

ROMARIN

Plante aromatique d'origine méditerranéenne. Les feuilles de romarin, en forme d'aiguilles, dégagent des arômes puissants et possèdent une saveur piquante. On utilise cet aromate* dans la préparation des marinades*, viandes blanches (notamment le lapin*), poissons, sauce tomate*, etc.

ROMORANTIN

Cépage* blanc vraisemblablement originaire du Loir-et-Cher.
Aires de culture: essentiellement le vignoble du Cour-Cheverny* dont il est l'unique cépage.
Vins* produits: blancs secs, légers et fruités en vendanges traditionnelles. En vendanges tardives, vins plus amples sans douceur excessive.

RONCAL

Fromage* de lait* de brebis fabriqué en Espagne qui doit son nom à une localité de Navarre située dans sa zone de production. Le roncal bénéficie d'une Appellation d'Origine Contrôlée dans son pays et il est reconnu A.O.P.* dans le cadre de l'U.E.

Type: pâte pressée non cuite, croûte naturelle.
Forme: petite meule.
Taille: 18 à 20 cm de diamètre, 9 à 10 cm d'épaisseur.
Poids: 2,5 à 3 kg.
Teneur en M.G.: 60 % au minimum.
Meilleures saisons: hiver, printemps, été.

RONCIN

Sorte de pudding* franc-comtois généralement garni de cerises*.

ROOIBOS

Arbuste cultivé en Afrique du Sud dont on utilise les feuilles et les tiges pour préparer une infusion de couleur rouge-brun appelée, à tort, "thé rouge". Contrairement au thé, cette infusion de saveur douce ne contient pas de théine et peu de tanins.

ROQUEFORT

Fromage* fabriqué avec du lait* de brebis collecté sur 561 communes des départements de l'Aveyron, de l'Aude, du Gard, de l'Hérault, de la Lozère et du Tarn, mais affiné exclusivement dans les caves de Roquefort-sur-Soulzon (Aveyron). Il doit d'ailleurs son nom à ce lieu d'affinage *(1)*.
Le Roquefort bénéficie d'une appellation d'origine depuis le 26 juillet 1925. Il a été un des premiers fromages à obtenir l'A.O.C.* et il est reconnu A.O.P.* dans le cadre de l'U.E.
Il est présenté emballé dans du papier d'aluminium sur lequel figurent l'appellation "Roquefort" avec le label "Brebis rouge", marque confédérale créée en 1930.
Type: pâte persillée, croûte naturelle raclée.
Forme: cylindre.
Taille: 19 à 20 cm de diamètre, 8,5 à 11,5 cm de hauteur.
Poids: 2,5 à 2,9 kg.
Teneur en M.G.: 52 % au minimum.
Meilleures saisons: automne, hiver.

(1) L'affinage du fromage a lieu dans les caves situées dans la zone d'éboulis du plateau du Combalou. Ces caves sont dotées de "fleurines", failles naturelles dans la roche qui permettent la circulation d'un courant d'air frais et humide favorisant le développement des moisissures générées par le « Pénicillium Roqueforti ».

ROQUETTE

Plante odorante qui pousse autour du bassin méditerranéen. Ses jeunes feuilles dentelées et lisses se consomment en salade, notamment dans le mesclun*.

ROSBIF

Terme désignant communément un rôti de bœuf bardé et ficelé. Un rosbif peut être confectionné avec du rumsteck*, de la tranche*, du faux-filet*, du gite*, etc.

ROSE

Cocktail* (apéritif) préparé au verre à mélange.
4 cl de vermouth* dry
1,5 cl de cherry brandy*
1,5 cl de kirsch*
1 cerise* à l'eau-de-vie
Frapper et servir dans un verre à cocktail. Décorer avec la cerise à l'eau-de-vie.

Source : Photo BG

ROSÉ D'ANJOU

Vins* rosés produits sur les aires délimitées de l'appellation Anjou*. La mention "Val de Loire" peut être éventuellement adjointe à l'A.O.C.*.
Superficie du vignoble : 2 400 ha (en 2008).
Encépagement autorisé : Cabernet franc*, Cabernet-Sauvignon*, Pineau d'Aunis*, Gamay*, Cot* et Groslot noir et Groslot gris*.
Rendement de base à l'hectare : 60 hl.
Richesse alcoolique minimum acquise : 9 %.
Teneur minimale en sucre résiduel : 7 g/litre.

ROSÉ DE LOIRE

Vins* rosés produits dans la Vallée de la Loire sur les aires délimitées des appellations Anjou* et Touraine*. A.O.C.* depuis le 4 septembre 1974.
Superficie du vignoble : 1 593 ha (en 2005).
Encépagement autorisé : Cabernet franc*, Cabernet-Sauvignon*, Pineau d'Aunis*, Pinot noir*, Gamay* et Grolleau*.
Rendement de base à l'hectare : 60 hl.
Richesse alcoolique minimum acquise : 9 %.
Teneur maximale en sucre résiduel : 3 g/litre.

ROSÉ DES PRÉS

Petit champignon qui pousse pendant les périodes chaudes et humides dans les prés et les clairières. Son chapeau et son pied sont blancs et ses lames roses. Appelé également *Agaric champêtre*, il trouve les mêmes apprêts culinaires que le champignon de Paris*.

ROSÉ DES RICEYS

Vins* rosés produits en Champagne, A.O.C.* depuis le 2 février 1971.
Aire de production : commune des Riceys dans l'Aube.
Encépagement autorisé : Pinot noir*.
Rendement de base à l'hectare : 50 hl.
Réputé pour être l'un des meilleurs vins rosés de France, le Rosé des Riceys est produit sur un vignoble d'une vingtaine d'hectares.

ROSETTE (charcuterie)

Saucisson* sec de porc* fabriqué dans la région lyonnaise. Il est nommé "rosette" à cause du boyau de couleur rose utilisé pour sa préparation.

ROSETTE (vin)

Vins* blancs produits dans le Sud-Ouest, A.O.C.* depuis le 12 mars 1946.
Aire de production : commune de Bergerac et 5 autres communes situées à proximité.
Superficie du vignoble : 21 ha (en 2005).
Encépagement autorisé : Sémillon*, Sauvignon* et Muscadelle*.
Rendement de base à l'hectare : 40 hl.
Richesse alcoolique minimum acquise : 11 %.
Teneur en sucre résiduel : 8 à 54 g/litre.

ROSSINI

Garniture* composée d'escalopes de foie gras* sautées et de lames de truffe*.
Le tournedos* Rossini est une pièce dressée sur croûton frit et surmontée d'une tranche de foie gras et de lames de truffe. La sauce est une demi-glace à l'essence de truffe. Ce grand classique culinaire doit son nom au compositeur italien Gioacchino Rossini (1792-1868).

RÖSTI

Spécialité suisse qui se présente sous forme d'une galette de pommes de terre* et d'oignons* râpés, éventuellement additionnée de lardons.

ROTHSCHILD (soufflé)

Soufflé* réalisé à base de crème pâtissière*, jaunes d'œufs* et de blancs en neige additionné d'un salpicon* de fruits confits* ou de fruits frais macéré dans de l'eau-de-vie de Dantzig*.

ROUELLE

Tranche ronde et épaisse débitée dans un morceau de viande (ex : veau*) ou un légume (ex : oignon* ou carotte*).

ROUGET ou ROUGET BARBET

Poisson de mer de la famille des millidés dont la chair fine est très appréciée des gourmets. Le rouget barbet doit son nom aux 2 barbillons qu'il porte à la lèvre inférieure.

On distingue 2 espèces présentes dans la Manche et les eaux européennes de l'Atlantique et de la Méditerranée :

Le rouget de roche ou **surmulet** qui mesure 20 à 25 cm et que l'on pêche sur les fonds sableux et rocheux.

Le rouget de vase, qui mesure 10 à 20 cm et qui vit sur les fonds sableux et vaseux.

De qualité plus commune, on rencontre également **Le rouget du Sénégal** dont la taille dépasse rarement 20 cm et que l'on pêche dans l'Atlantique tropical.

Filets de rouget barbet aux figues

ROUILLE (sauce)

Sauce* d'origine provençale réalisée à partir d'une sauce mayonnaise* à l'huile d'olive* additionnée d'une purée d'ail*, de piment* et de safran*.

Un autre procédé consiste à piler de l'ail avec du piment, de la mie de pain* ou de la pulpe de pomme de terre* et de monter cette base avec de l'huile d'olive.

ROULEAU DE PRINTEMPS

Spécialité vietnamienne constituée d'une fine crêpe* de riz* farcie de viande de porc*, de crevettes*, de germes de soja*... et accompagnée de nuoc-mâm*.

ROUSSAN

Cépage* blanc cultivé en Provence sur les terroirs de l'A.O.C.* Bellet. Certains ampélographes* le signalent comme un synonyme de l'Ugni blanc*.

ROUSSANNE

Cépage* blanc originaire de la Vallée du Rhône septentrionale.

Aires de culture : vignobles rhodaniens (Saint-Joseph*, Hermitage*, Saint-Peray*, Châteauneuf-du-Pape*...) et vignobles de Savoie (Vin de Savoie*).

Vins* produits : blancs d'une grande finesse avec une belle structure aromatique (pêche*, abricot*, aubépine, chèvrefeuille, iris).

ROUSSELOU

Cépage* blanc cultivé dans le sud du Massif Central, notamment sur l'aire d'appellation des Vins d'Estaing*. Selon certaines sources ampélographiques, il s'agirait d'un synonyme de la Muscadelle*.

ROUSSETTE (cépage)

Autre dénomination du cépage* Altesse*.

ROUSSETTE (poisson)

Poisson de mer de la famille des scyliorhinidés. Ce petit requin, également appelé *chien de mer*, vit dans les eaux littorales des mers d'Europe.

Il faut distinguer **la petite roussette** ou **saumonette**, dont la taille dépasse rarement 60 cm, et **la grande roussette** qui peut mesurer jusqu'à 1,50 m.

La roussette se prête aux mêmes utilisations culinaires que la raie*. Elle est aussi préparée en matelote*.

ROUSSETTE DE SAVOIE

Vins* blancs produits en Savoie, A.O.C.* depuis le 4 septembre 1973. L'appellation peut être suivie du nom de l'un des 4 crus *(1)*.

Aire de production : 52 communes de Savoie et de Haute-Savoie ainsi qu'une commune de l'Isère et deux communes de l'Ain.

Superficie du vignoble : 37 ha (en 2002).

Encépagement autorisé : Roussette*.

Rendement de base à l'hectare : 59 hl (53 hl pour les vins faisant mention du cru d'origine).

(1) Frangy, Marestel, Montermínod et Monthoux.

ROUSSETTE DU BUGEY

Vins* blancs produits dans l'Ain, A.O.V.D.Q.S.* depuis le 27 septembre 1963. L'appellation peut être suivie du nom de l'un des 2 crus *(1)*.

Aire de production : 67 communes du sud de l'Ain.

Superficie du vignoble : 22 ha (en 2008).

Encépagement autorisé : Roussette*.

Rendement de base à l'hectare : 60 hl (54 hl pour les vins faisant mention du cru d'origine).

(1) Montagnieu et Virieu-le-Grand.

ROUX (Albert et Michel)

Cuisiniers français, le premier est né en 1935 à Semur-en-Brionnais et le second à Charolles en 1941. Pâtissiers de formation, les deux frères furent longtemps les brillants ambassadeurs de la cuisine française à Londres. Albert reçut trois étoiles au Guide Michelin* en 1982 pour son restaurant *Le Gavroche* et Michel obtint la même distinction en 1985 avec *Le Waterside Inn*.

ROUX (préparation culinaire)

Mélange composé de beurre* (ou autre corps gras) et de farine* en quantités égales. Cet ensemble, plus ou moins cuit selon la coloration désirée, constitue l'élément de liaison de nombreuses sauces*.

ROUY

Fromage* de lait* de vache fabriqué en Bourgogne. Il porte le nom de son créateur.
Type : pâte molle à croûte lavée.
Forme : carré.
Taille : 9 cm de côté, 3 cm d'épaisseur.
Poids : 225 g environ.
Teneur en M.G. : 45 à 50 %.
Qualité identique toute l'année.

ROXANE

Eau de source* captée à Ardenay-sur-Merize dans la Sarthe.
Catégorie : faiblement minéralisée.
pH à 20 °C : 5,1.
Minéralisation totale : 300 mg/l.
"Roxane" est une eau plate, mais la marque propose également une eau gazéifiée par adjonction de gaz carbonique. Notons que cette marque est aussi utilisée pour désigner d'autres eaux de sources françaises captées dans différentes régions.

ROYALE

Préparation réalisée avec un appareil à base d'œufs* et de consommé* poché au bain-marie. Détaillée après refroidissement, la royale sert de garniture* à certains consommés.

ROZANA

Eau minérale naturelle* gazeuse captée à Beauregard-Vendon dans le Puy-de-Dôme. Reconnue d'intérêt public en 1933.
Catégorie : fortement minéralisée.

Composition physico-chimique (en mg/l)	
Cations	Anions
Sodium : 493	Bicarbonates : 1 837
Calcium : 301	Chlorures : 649
Magnésium : 160	Sulfates : 230
Potassium : 52	Nitrates : 1
Fluor : 0,75	
pH à 20°C : 6,3	Minéralisation totale : 3 022 mg/l

RUCHOTTES-CHAMBERTIN

Vin* rouge produit en Bourgogne, Grand Cru bénéficiant d'une A.O.C.* depuis le 31 juillet 1937.
Aire de production : parcelles délimitées des lieux-dits "Ruchottes-du-Dessus" et "Ruchottes-du-Bas" sur la commune de Gevrey-Chambertin, d'une superficie totale de 3,07 ha.
Encépagement autorisé : Pinot noir*, Pinot Beurot* et Pinot Liébault*.
Rendement de base à l'hectare : 37 hl.

RUFFEC

Fromage* de lait* de chèvre fabriqué dans le Poitou. Il doit son nom à une localité de la Charente, lieu principal de sa commercialisation.
Type : pâte molle, croûte naturelle (présenté dans une feuille de châtaignier).
Forme : petit disque épais.
Taille : 10 cm de diamètre, 4 cm d'épaisseur.
Poids : 250 à 300 g.
Teneur en M.G. : 45 %.
Meilleures saisons : printemps, été, automne.

RULLY

Vins* rouges et blancs produits en Bourgogne, A.O.C.* depuis le 13 janvier 1939. Pour les vins récoltés sur des parcelles classées "Premier cru", l'appellation communale peut être complétée par le nom du climat* d'origine *(1)* et (ou) par la mention "Premier cru".
Aire de production :

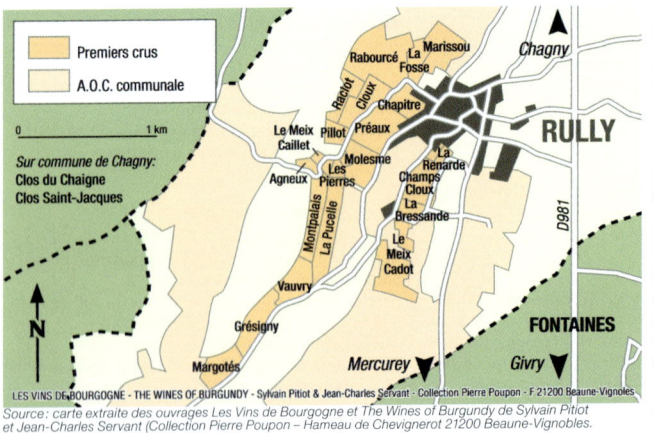

Source : carte extraite des ouvrages *Les Vins de Bourgogne* et *The Wines of Burgundy* de Sylvain Pitiot et Jean-Charles Servant (Collection Pierre Poupon – Hameau de Chevignerot 21200 Beaune-Vignobles). Avec l'aimable autorisation des auteurs.)

communes de Rully et Chagny situées au nord-ouest de Chalon-sur-Saône.
Superficie du vignoble : 351 ha (en 2007) dont 222 ha en vins blancs et 129 ha en vins rouges.
Encépagement autorisé : Pinot noir*, Pinot Liébault*, Pinot Beurot* et Chardonnay*.
Rendement de base à l'hectare : 46 hl pour les vins rouges et 50 hl pour les vins blancs.

(1) "Le Meix Cailleret", "Marissou", "La Fosse", "Les Pierres", "Pillot", "Raclot", "Cloux", "Rabourcé", "Chapitre", "Préaux", "Molesme", "Agneux", "La Bressande", "Champs Cloux", "Le Meix Cadot", "Montpalais", "Grésigny", "Margotés", "La Renarde", "Vauvry", "La Pucelle", "Clos du Chaigne" et "Clos Saint-Jacques".

RUMSTECK ou ROMSTECK
Pièce de bœuf* située dans l'aloyau*, à l'arrière du faux-filet* et du filet*.

RUSTY NAIL
Cocktail* (digestif) préparé sur glace directement dans un verre à old fashioned.
3,5 cl de liqueur de scotch whisky*
3,5 cl de scotch whisky*.

RUTABAGA
Légume qui serait le résultat de l'hybridation d'une variété de chou* et d'un navet*. Il s'apprête d'ailleurs comme ce dernier. Le rutabaga, comme le topinambourg*, furent peu consommés pendant quelques décennies car ils avaient laissé un triste souvenir à ceux qui avaient vécu les périodes de disette de la Seconde Guerre mondiale. En effet, ces deux légumes symbolisaient les aliments de base des sombres années de l'occupation allemande.

RYE COLLINS
Cocktail* identique au Tom Collins* où le gin* est remplacé par du rye* whiskey.

RYE SOUR
Cocktail (apéritif) préparé au shaker.
1 cuillère à café de sucre*
2 cl de jus de citron*
5 cl de rye whiskey*
2 cerises* à l'eau-de-vie
Frapper et servir dans un verre à cocktail. Décorer avec les cerises.

RYE WHISKEY
Whiskey* distillé aux États-Unis à partir d'un moût* de céréales contenant au moins 51 % de seigle*.

SABAYON

Crème onctueuse d'origine italienne (zabaglione) réalisée à partir d'un mélange de jaunes d'œufs* et de sucre* fouetté au bain-marie auquel est ajouté un vin* *(1)* ou un spiritueux* *(2)*. Le sabayon est servi tiède ou froid, seul ou en nappage de certains desserts.
Il existe maintenant des sabayons salés, diversement aromatisés, qui accompagnent poissons, coquillages ou crustacés.
(1) Champagne, vins blancs liquoreux*, V.D.L.*, V.D.N.*.
(2) Kirsch, rhum*, liqueurs* diverses.*

SABLÉ

Gâteau sec préparé avec une pâte faite de farine*, de beurre*, d'œufs* et de sucre. Il est souvent parfumé aux zestes* d'orange* ou de citron*.

SABLEAU

Fromage* de lait* de chèvre fabriqué dans le Poitou. Il doit son nom à une localité de Vendée, son lieu d'origine.
Type : pâte molle, croûte naturelle.
Forme : triangle *(1)*.
Taille : 10 à 12 cm de côté, 2 à 3 cm d'épaisseur.
Poids : 200 à 300 g.
Teneur en M.G. : 45 %.
Meilleures saisons : printemps, été, automne.
(1) Sa forme lui vaut aussi le nom de « trois cornes ».

SABRE

Poisson de mer de la famille des trichiuridés qui vit en Méditerranée. Long et plat, le sabre *(1)* est surtout employé dans les soupes* de poissons.
(1) Il s'agit de la dénomination courante du lépidode.

SACCHARINE

Édulcorant de synthèse* découvert en 1878. Il a un pouvoir sucrant de 300 à 400 fois supérieur à celui du sucre*. Cet additif alimentaire* est parfois associé à l'aspartame*.

SACHERTORTE

Spécialité viennoise créée par Franz Sacher au début du 19ème siècle. Il s'agit d'un biscuit chocolaté garni de confiture* d'abricot* et glacé au chocolat*. Le sachertorte se sert traditionnellement avec de la crème fouettée.

SACRISTAIN

Gâteau sec confectionné avec un bâtonnet de pâte feuilletée* torsadé et parsemé d'amandes* hachées.

SACY

Cépage* blanc vraisemblablement originaire de l'Allier.
Aires de culture : vignobles bourguignons pour les A.O.C.* Bourgogne ordinaire*, Bourgogne grand ordinaire* et Crémant de Bourgogne*.
Vins produits : blancs légers, acides, de qualité moyenne.

SAFARI

Liqueur* exotique élaborée aux Pays-Bas à partir de mangue*, papaye*, maracuya* et citron* vert. Ce spiritueux titre 20°.

SAFRAN

Épice* originaire d'Asie Mineure et produite aujourd'hui dans de nombreux pays, notamment l'Espagne, l'Iran, le Maroc, l'Inde, la Grèce, l'Italie, l'Azerbaïdjan… La production mondiale est d'environ 300 tonnes.
La France, qui en consomme 12 tonnes par an, en produit 20 kg qui proviennent de safranières implantées principalement dans le Gâtinais, le Perche vendômois, le Quercy, la Charente, la Provence et le Languedoc.

Source : Photo S. Thévenet.

Fleurs de Crocus Sativus avec leurs filaments de safran

Le safran est le stigmate de la fleur d'un crocus de variété *Sativus*. Cette épice très colorante se présente sous forme de filaments séchés ou de poudre de couleur rouge soutenu. Il faut entre 150 000 et 300 000

stigmates cueillis à la main pour obtenir 1 kg de safran. La plus chère des épices du monde appelée aussi "l'or rouge", a suscité naturellement l'apparition de produits frauduleux qui se trouvent sous forme de succédanés végétaux ou de vrai safran chargé de produits divers (sucre*, miel*, glucose*, nitrate de soude, etc.)
Le safran est employé dans les soupes* de poisson, bouillabaisses*, rizottos*, paellas*, desserts*... ainsi qu'en liquoristerie. Produit culinaire mythique, le safran est également utilisé dans d'autres domaines pour ses vertus médicinales, aromatiques et colorantes.

SAGOU
Fécule extraite de la moelle du sagoutier, variété de palmier. Elle est employée comme le tapioca*, pour réaliser des liaisons ou confectionner des desserts.

SAIGNÉE DE CUVE
Opération de vinification* qui consiste à effectuer un écoulage partiel d'une cuve de moût* de raisins* rouges en cours de fermentation. La saignée de cuve est pratiquée pour obtenir un moût partiellement coloré destiné à fabriquer du vin* rosé.

SAINDOUX
Corps gras obtenu par fusion de graisse de porc*.

SAINGORLON
Fromage* de lait* de vache de type "pâte persillée" fabriqué dans l'Ain et dans d'autres régions fromagères. Son élaboration a commencé au début de la Seconde Guerre mondiale pour pallier le manque de gorgonzola* que l'Italie n'exportait plus.

SAINT-ALBAN
Eau minérale naturelle* gazeuse captée à Saint-Alban-Les-Eaux dans la Loire. Reconnue eau minérale en 1878.
Catégorie : riches en sels minéraux.

Source : Doc. Saint-Alban

Composition physico-chimique (en mg/l)	
Cations	Anions
Sodium : 250 Calcium : 180 Magnésium : 50 Potassium : 28	Bicarbonates : 1 300 Chlorures : 20 Sulfates : 8 Nitrates : <1
Fluor : 2	
pH à 20°C : 6,2	Minéralisation totale : 1 200 mg/l

SAINT-ALBRAY
Fromage* de lait* de vache fabriqué industriellement.

Son nom est une marque commerciale choisie par son fabricant.
Type : pâte pressée non cuite, croûte lavée.
Forme : disque épais godronné, percé d'un trou central.
Taille : 23 cm de diamètre, 5 cm d'épaisseur.
Poids : 2 kg environ.
Teneur en M.G. : 50 %.
Qualité identique toute l'année.

SAINT-AMAND
Eau minérale naturelle* plate (1) captée à Saint-Amand-les-Eaux dans le Nord, exploitée depuis 1914 et reconnue par le Ministère de la Santé en juin 1979.
Catégorie : moyennement minéralisée.

Composition physico-chimique (en mg/l)	
Cations	Anions
Sodium : 28 Calcium : 176 Magnésium : 46 Potassium : 5	Bicarbonates : 312 Chlorures : 37 Sulfates : 372 Nitrates : inf. à 0,5
Fluor : 2	Fer : 0,07
pH à 20°C : 7,25	Minéralisation totale : 854 mg/l

(1) Existe également en version gazeuse obtenue par adjonction de gaz carbonique avec minéralisation totale légèrement plus faible.

SAINT-AMOUR
Vins* rouges produits dans le Beaujolais, A.O.C.* depuis le 8 février 1946. La mention "Cru du Beaujolais" peut figurer sur l'étiquetage.
L'appellation compte 12 climats* : *La Côte de Besset, Le Clos de la Brosse, Les Champs grillés, Le Clos des Guillons, Le Mas des Tines, Vers l'Eglise, Le Chatelet, Le Clos des Billards, Les Bonnetes, En Paradis, La Folie et Clos du Chapitre.*
Aire de production : commune de Saint-Amour située au sud-ouest de Mâcon.
Superficie du vignoble : 322 ha (en 2008).
Encépagement autorisé : le cépage principal est le Gamay*; sont tolérés en cépages accessoires dans une proportion limitée à 15 % : l'Aligoté*, le Chardonnay* et le Melon de Bourgogne*.
Rendement de base à l'hectare : 58 hl.

SAINT-ANTONIN
Eau minérale naturelle* plate captée à Saint-Antonin-Noble-Val dans le Tarn-et-Garonne. Reconnue d'utilité publique en mars 1913.
Catégorie : Riche en sels minéraux.

Composition physico-chimique (en mg/l)	
Cations	Anions
Calcium : 528 Magnésium : 78 Sodium : 9 Potassium : 3	Sulfates : 1 342 Bicarbonates : 329 Chlorures : 9 Nitrates : <1
Fluor : 1,3	
pH à 20°C : 7	Minéralisation totale : 2 225 mg/l

SAINT-AUBIN

Vins* rouges et blancs produits en Bourgogne*, A.O.C.* depuis le 31 juillet 1937. Pour les vins dont les récoltes proviennent de parcelles classées "Premier cru", l'appellation communale peut être complétée par le nom du climat* d'origine *(1)* et (ou) par la mention "Premier cru".
Aire de production : commune de Saint-Aubin située au sud-ouest de Beaune.
Superficie du vignoble : 172 ha (en 2007) dont 123 ha en vins blancs et 49 ha en vins rouges.
Encépagement autorisé : Pinot noir*, Pinot Beurot*, Pinot Liébault*, Chardonnay* et Pinot blanc*.
Rendement de base à l'hectare : 40 hl pour les vins rouges et 45 hl pour les vins blancs.

(1) "Derrière la Tour", "En Créot", "Village", "Les Champlots", "En Remilly", "La Chatenière", "Sur Gamay", Les Murgers-des-dents-de-Chien", "Les Combes", "Le Charmois","Les Castets", "Derrière-chez-Edouard", "Le Puits", "Sur-le-Sentier-du-Clou", "Sous Roche Dumay", "LesPerrières", "Les Cortons", "Pitangeret" ,"Vigne Moingeon" "Les Frionnes".

SAINT-BENOÎT

Fromage* de lait* de vache fabriqué dans l'Orléanais. Il tire son nom d'une abbaye du Loiret située dans sa zone de production.
Type : pâte molle à croûte fleurie.
Forme : disque.
Taille : 13 à 15 cm de diamètre, 3 cm d'épaisseur.
Poids : 350 à 400 g.
Teneur en M.G. : 40 %.
Meilleures saisons : printemps, été, automne.

SAINT-BRIS

Vins* blancs produits en Bourgogne*. L'A.O.V.D.Q.S.* "Sauvignon de Saint-Bris" est devenue A.O.C.* "Saint-Bris" le 10 janvier 2003.
Aire de production : 5 communes de l'Yonne, Saint-Bris-le-Vineux, Chitry, Irancy, Quenne et Vincelottes, situées au sud-est d'Auxerre.
Superficie du vignoble : 128 ha (en 2007).
Encépagement autorisé : Sauvignon*.
Rendement de base à l'hectare : 58 hl.

SAINT-CHINIAN

Vins* rouges, rosés et blancs produits en Languedoc-Roussillon, A.O.C.* depuis le 2 mai 1982. Sous certaines conditions, l'appellation peut être complétée du nom de "Berlou" ou "Roquebrun" (vins rouges uniquement produits sur des aires géographiques limitées).
Aire de production : 20 communes de l'Hérault, dont Saint-Chinian, situées au nord-ouest de Béziers.
Superficie du vignoble : 3 126 ha (en 2005).
Encépagement autorisé : Carignan*, Cinsault*, Grenache*, Lladoner pelut*, Mourvèdre*, Syrah*, Marsanne*, Roussanne* et Rolle*.
Rendement de base à l'hectare : 50 hl (40 hl pour les vins commercialisés avec la mention "Berlou" ou "Roquebrun").

SAINT-DIÉRY

Eau minérale naturelle* gazeuse captée à Saint-Diéry dans le Puy-de-Dôme. Autorisation ministérielle d'exploitation en avril 1872.
Catégorie : riche en sels minéraux.

Composition physico-chimique (en mg/l)	
Cations	Anions
Sodium : 385	Bicarbonates : 1350
Calcium : 85	Chlorures : 285
Magnésium : 80	Sulfates : 25
Potassium : 65	Nitrates : 1,9
pH à 20°C : 6	Minéralisation totale : 1 650 mg/l

SAINTE-CROIX-DU-MONT

Vins* blancs produits dans le Bordelais, A.O.C.* depuis le 11 septembre 1936.
Aire de production : commune de Sainte-Croix-du-Mont.
Superficie du vignoble : 372 ha (en 2006).
Encépagement autorisé : Sémillon*, Sauvignon* et Muscadelle*.
Rendement de base à l'hectare : 40 hl.
Richesse alcoolique minimum acquise : 12,5 %.
Ces vins sont élaborés à partir de raisins arrivés à surmaturation (voir Pourriture noble*).

SAINTE-FOY-BORDEAUX

Vins* rouges et blancs produits dans le Bordelais, A.O.C.* depuis le 31 juillet 1937.
Aire de production : 19 communes situées sur la rive gauche de la Dordogne, dans l'est de la Gironde.
Superficie du vignoble : 41 ha (en 2006).
Encépagement autorisé : Cabernet-Sauvignon*, Cabernet franc*, Merlot*, Malbec*, Petit Verdot*, Sémillon*, Sauvignon*, Muscadelle*, Merlot blanc*, Colombard*, Mauzac* et Ugni blanc*.
Rendement de base à l'hectare : 50 hl pour les vins rouges et 55 hl pour les vins blancs.
Richesse alcoolique minimum acquise : 10,5 % pour les vins rouges et 11 % pour les vins blancs.

SAINTE-MARGUERITE

Eau minérale naturelle* gazeuse captée à Saint-Maurice, dans le Puy-de-Dôme. Elle doit son nom à une chapelle située sur le site de gisement. Commercialisée depuis 1929.
Catégorie : riche en sels minéraux.

Composition physico-chimique (en mg/l)	
Cations	Anions
Sodium : 400	Bicarbonates : 1386
Magnésium : 130	Chlorures : 379
Calcium : 194	Sulfates : 173
Potassium : 39	Nitrates : 7,4
pH à 20°C : 5,8	Minéralisation totale : 1 980 mg/l

SAINTE-MAURE DE TOURAINE

Fromage* de lait* de chèvre fabriqué en Touraine, A.O.C.* depuis le 29 juin 1990 et reconnu A.O.P. dans le cadre de l'U.E. Il doit son nom à une localité d'Indre-et-Loire d'où il est originaire. Bien que

cela ne soit pas obligatoire, ce fromage est presque toujours présenté avec un brin de paille de seigle* qui le traverse.
Type : pâte molle, croûte naturelle souvent saupoudrée de charbon de bois pulvérisé.
Forme : bûche tronconique.
Taille : 15 à 20 cm de longueur, 4,5 cm de diamètre à une extrémité et 5,5 cm à l'autre.
Poids : 250 g au minimum.
Teneur en M.G. : 45 % au minimum.
Meilleures saisons : printemps, été, automne.

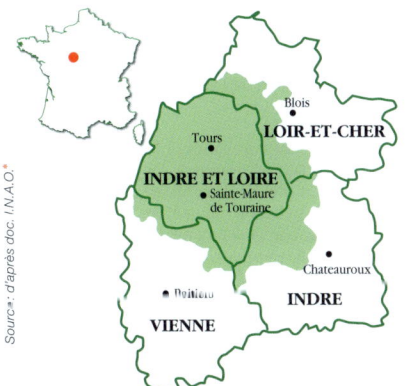

L'aire géographique de l'A.O.C. Sainte-Maure de Touraine s'étend sur 453 communes réparties sur 4 départements.

SAINT-ÉMILION
Vins* rouges produits dans le Bordelais, A.O.C.* depuis le 14 novembre 1936. Voir également *Châteaux du Bordelais*.
Aire de production : commune de Saint-Émilion et 7 autres communes situées à proximité.
Superficie du vignoble : 1 826 ha (en 2006).
Encépagement autorisé : Merlot*, Cabernet-Sauvignon*, Cabernet franc*, Carmenère*, Malbec*.
Rendement de base à l'hectare : 45 hl.
Depuis 1999, *la Juridiction de Saint-Émilion,* ou région viticole de Saint-Émilion, est classée au patrimoine mondial de l'humanité par l'U.N.E.S.C.O.

SAINT-ÉMILION GRAND CRU
Vins* rouges produits dans le Bordelais, A.O.C.* depuis le 14 novembre 1936.
Les mentions "Premier Grand Cru classé" et "Grand Cru classé" sont réservées aux domaines viticoles bénéficiant d'un classement officiel (voir *Châteaux du Bordelais**.)
Aire de production et encépagement : identiques à l'appellation Saint-Émilion*.
Superficie du vignoble : 3 739 ha (en 2006).
Rendement de base à l'hectare : 40 hl.
Richesse alcoolique minimum acquise : 11 %.

SAINT-ESTÈPHE
Vins* rouges produits dans le Bordelais, A.O.C.* depuis le 14 novembre 1936. Voir également *Châteaux du Bordelais*.
Aire de production : commune de Saint-Estèphe.
Superficie du vignoble : 1 236 ha (en 2006).
Encépagement autorisé : Cabernet-Sauvignon*, Cabernet franc*, Carmenère*, Merlot*, Malbec* et Petit Verdot*.
Rendement de base à l'hectare : 45 hl.
Richesse alcoolique minimum acquise : 10,5 %.

SAINT-FÉLICIEN
Fromage* de lait* de chèvre fabriqué dans le Vivarais *(1).* Il doit son nom à une localité de l'Ardèche située dans sa zone de production.
Type : pâte molle, croûte naturelle.
Forme : petit disque plat.
Taille : 6 à 7 cm de diamètre, 2 cm d'épaisseur.
Poids : 100 à 125 g.
Teneur en M.G. : 45 %.
Meilleures saisons : automne, hiver, printemps.
(1) Cette dénomination est également employée pour la commercialisation d'un fromage de lait de vache fabriqué industriellement dans le Dauphiné.

SAINT-FLORENTIN
Fromage* de lait* de vache fabriqué en Bourgogne. Il doit son nom à une localité de l'Yonne située dans sa zone de production.
Type : pâte molle à croûte lavée.
Forme : disque plat.
Taille : 12 à 13 cm de diamètre, 3 cm d'épaisseur.
Poids : 450 à 500 g.
Teneur en M.G. : 45 à 50 %.
Meilleures saisons : automne, hiver, printemps.

SAINT-GEORGES-SAINT-ÉMILION
Vins* rouges produits dans le Bordelais, A.O.C.* depuis le 14 novembre 1936.
Aire de production : commune de Saint-Georges, située au nord de Saint-Émilion.
Superficie du vignoble : 200 ha (en 2006).
Encépagement autorisé : Merlot*, Cabernet-Sauvignon*, Cabernet franc*, Malbec* et Bouchet*.
Rendement de base à l'hectare : 45 hl.
Richesse alcoolique minimum acquise : 11 %.

SAINT-GERMAIN
Garniture* composée de fonds d'artichauts* remplis d'une purée de pois cassés* ou de pois verts.

SAINT-GÉRON
Eau minérale naturelle* gazeuse captée à Saint-Géron en Haute-Loire. La source gallo-romaine est commercialisée depuis le 19ème siècle.
Catégorie : moyennement minéralisée.

Composition physico-chimique (en mg/l)	
Cations	Anions
Sodium : 255	Bicarbonates : 1 128
Magnésium : 53	Chlorures : 44
Calcium : 79	Sulfates : 20
Potassium : 18	Nitrates : < 0,1
pH à 20°C : 6	Minéralisation totale : 1 158 mg/l

SAINT-HONORÉ
Pâtisserie faite d'un fond de pâte brisée* ou de pâte feuilletée* qui est surmonté d'une couronne de pâte à choux* sur laquelle sont collés des choux* glacés au caramel*. L'intérieur du gâteau est garni de crème Chiboust* ou de crème Chantilly*.

SAINT-JOSEPH
Vins* rouges et blancs produits dans la Vallée du Rhône, A.O.C.* depuis le 15 juin 1956.
Aire de production : 23 communes de l'Ardèche et 3 communes de la Loire situées sur la rive droite du Rhône au nord de Valence.
Superficie du vignoble : 1 100 ha (en 2007).
Encépagement autorisé : Syrah*, Marsanne* et Roussanne*.
Rendement de base à l'hectare : 37 hl.

SAINT-JULIEN
Vins* rouges produits dans le Bordelais, A.O.C.* depuis le 14 novembre 1936. Voir également *Châteaux du Bordelais*.
Aire de production : commune de Saint-Julien-Beychevelle ainsi que certaines parcelles des communes de Cussac et Saint-Laurent.
Superficie du vignoble : 906 ha (en 2006).
Encépagement autorisé : Cabernet-Sauvignon*, Cabernet franc*, Carmenère*, Merlot*, Malbec* et Petit Verdot*.
Rendement de base à l'hectare : 40 hl.
Richesse alcoolique minimum acquise : 10,5 %.

SAINT-LAMBERT
Eau de source* captée à Saint-Lambert-des-Bois dans les Yvelines.
Catégorie : faiblement minéralisée.
pH à 20 °C : 7.
Minéralisation totale : N.C.

SAINT-LÉGER
Eau de source* captée à Pérenchies dans le Nord.
Catégorie : moyennement minéralisée.
pH à 20 °C : 7,4.
Minéralisation totale : 568 mg/l.

SAINT-MAIXENT
Fromage* de lait* de chèvre fabriqué dans le Poitou. Il doit son nom à une localité des Deux-Sèvres, lieu principal de sa commercialisation.
Type : pâte molle, croûte naturelle (présenté à nu ou sous feuille de châtaignier).
Forme : carré.
Taille : 9 à 10 cm de côté, 3 cm d'épaisseur.
Poids : 250 à 300 g.
Teneur en M.G. : 45 %.
Meilleures saisons : printemps, été, automne.

SAINT-MARCELLIN
Fromage* de lait* de vache fabriqué dans le Dauphiné. Il doit son nom à une localité de l'Isère située dans sa zone de production.
Type : pâte molle, croûte naturelle.
Forme : palet circulaire.
Taille : 7 à 8 cm de diamètre, 2 à 2,5 cm d'épaisseur.
Poids : 80 à 90 g.
Teneur en M.G : 40 à 50 % environ.
Qualité identique toute l'année.

SAINT-MONT
Vins* rouges, rosés et blancs produits dans le Sud-Ouest, A.O.V.D.Q.S.* depuis le 25 mars 1981 sous l'appellation "Côtes de Saint-Mont" et le 23 octobre 2007 sous l'appellation "Saint-Mont".
Aire de production : 48 communes du Gers et 1 commune des Landes sur les rives de l'Adour.
Superficie du vignoble : 1 112 ha (en 2005).
Encépagement autorisé : Tannat*, Cabernet-Sauvignon*, Cabernet franc*, Merlot*, Fer*, Arrufiac*, Clairette*, Courbu*, Gros Manseng* et Petit Manseng*.
Rendement de base à l'hectare : 60 hl.
Richesse alcoolique minimum acquise : 10 % pour les vins rouges et 10,5 % pour les vins rosés et blancs.
Teneur maximale en sucre résiduel pour les vins blancs : 4 g/litre.

SAINT-NECTAIRE

Source : Photo BG

Fromage* de lait* de vache fabriqué en Auvergne, A.O.C.* depuis le 1er décembre 1955 et reconnu A.O.P.* dans le cadre européen. Il doit son nom à un village du Puy-de-Dôme d'où il est originaire. L'aire de production s'étend sur 72 communes du Puy-de-Dôme et du Cantal.
Le saint-nectaire est authentifié par une plaque de caséine verte incrustée dans la croûte, ovale pour

les fromages fermiers et rectangulaire pour les fromages laitiers *(1)*.
Type : pâte pressée non cuite, croûte naturelle.
Forme : disque épais.
Taille : 21 cm de diamètre, 5 cm d'épaisseur *(2)*.
Poids : 1,7 kg environ *(2)*.
Teneur en M.G. : 45 % au minimum.
Meilleures saisons : été, automne.

(1) Cette marque indique le numéro du département d'origine (63 ou 15) suivi de 2, 3 ou 4 lettres pour le code de la commune et du producteur ainsi que le numéro attribué au fromage.

(2) Il existe un "Petit Saint-Nectaire" dont les dimensions sont de 13 cm de diamètre, 3,5 à 4 cm d'épaisseur pour un poids de 600 g environ.

SAINT-NICOLAS-DE-BOURGUEIL

Vins* rouges et rosés produits dans la Vallée de la Loire, A.O.C.* depuis le 31 juillet 1937. La mention "Val de Loire" peut être éventuellement adjointe à l'appellation.
Aire de production : commune de Saint-Nicolas-de-Bourgueil, située à l'ouest de Tours.
Superficie du vignoble : 1 050 ha (en 2008).
Encépagement autorisé : Cabernet franc* et Cabernet-Sauvignon*.
Rendement de base à l'hectare : 55 hl.

SAINT-PAULIN

Fromage* de lait* de vache fabriqué en Bretagne. Inspiré des productions monastiques, ce produit porte un nom choisi par les professionnels de l'industrie laitière.
Type : pâte pressée non cuite, croûte lavée.
Forme : disque épais.
Taille : 20 à 22 cm de diamètre, 4 à 5 cm d'épaisseur.
Poids : 1,5 à 1,8 kg.
Teneur en M.G. : 45 à 50 %.
Qualité identique toute l'année.

SAINT-PÉRAY

Vins* blancs produits dans la Vallée du Rhône, A.O.C.* depuis le 8 décembre 1936.
Aire de production : communes de Saint-Péray et Toulaud, dans l'Ardèche, situées à l'ouest de Valence.
Superficie du vignoble : 65 ha (en 2007).
Encépagement autorisé : Roussanne* et Marsanne*.
Rendement de base à l'hectare : 39 hl.

SAINT-PÉRAY MOUSSEUX

Vins blancs effervescents* produits sur les aires délimitées de l'appellation Saint-Peray*.

SAINT-PIERRE

Poisson de mer de la famille des zéidés qui vit dans les secteurs rocheux des mers tempérées. Ses flancs portent 2 taches qui seraient, selon la légende, les marques des doigts de l'apôtre Pierre (il aurait en effet saisi le poisson pour retirer une pièce d'or de

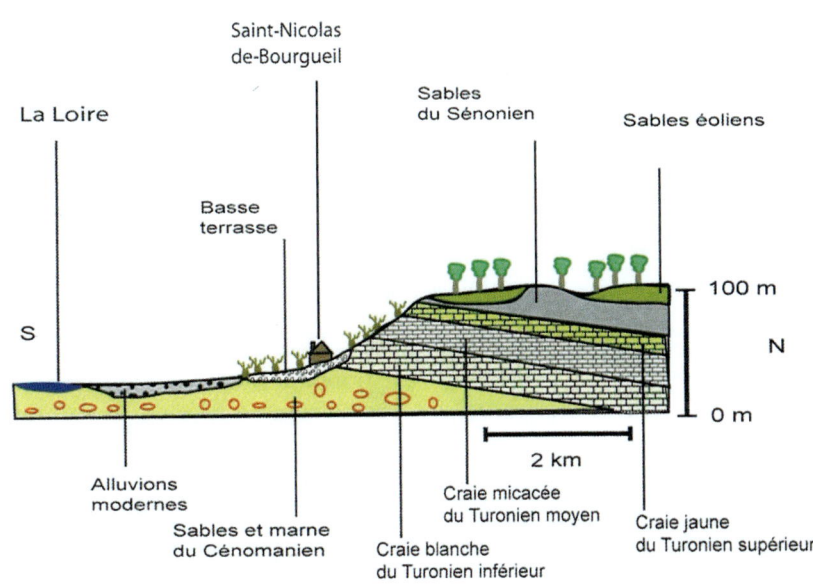

Coupe géologique du terroir de Saint-Nicolas-de-Bourgueil.

sa bouche). Le Saint-Pierre mesure de 30 à 50 cm pour un poids de 800 à 900 g. Malgré une apparence disgracieuse, il possède une chair excellente qui se prête à des préparations culinaires variées.

SAINT-POURÇAIN
Vins* rouges, rosés et blancs produits dans l'Allier, A.O.V.D.Q.S.* depuis le 20 décembre 1951 et A.O.C.* depuis le 20 octobre 2009.
Aire de production : 19 communes de l'Allier, dont Saint-Pourçain-sur-Sioule, situées au sud-ouest de Moulins.
Superficie du vignoble : 577 ha (en 2008).
Encépagement autorisé : Gamay*, Pinot noir*, Tressalier*, Chardonnay* et Sauvignon*.
Rendement de base à l'hectare : 48 hl.

SAINT-RAPHAËL
A.B.V.* de la famille des quinquinas* créé en 1830 par un pharmacien lyonnais, le Docteur Juppet. Cet apéritif, qui titre 14°, est élaboré à partir d'une mistelle* vieillie en fût de chêne et coupée avec du vin* blanc ou rouge. Le mélange est aromatisé avec une infusion de substances végétales, notamment des écorces de quinquina*, zestes* de citrons* et d'oranges* amères, cacao*, etc.

SAINT-RÉMY
Fromage* de lait* de vache fabriqué en Lorraine. Son nom est une marque de commercialisation reprenant le nom d'un village de la région.
Type : pâte molle à croûte lavée.
Forme : carré.
Taille : 9 à 10 cm de côté, 2,5 à 3 cm d'épaisseur.
Poids : 200 à 250 g.
Teneur en M.G. : 45 à 50 %.
Qualité identique toute l'année.

SAINT-ROMAIN
Vins* blancs et vins rouges produits en Bourgogne, A.O.C.* depuis le 31 juillet 1937. L'appellation peut être suivie du nom du climat* d'origine et de la mention "Côte de Beaune" (pour les vins rouges uniquement).
Aire de production : commune de Saint-Romain située au sud-ouest de Beaune.
Superficie du vignoble : 93,5 ha en 2007, dont 49,5 ha en vins blancs et 44 ha en vins rouges.
Encépagement autorisé : Pinot noir*, Pinot Beurot*, Pinot Liébault*, Chardonnay* et Pinot blanc*.
Rendement de base à l'hectare : 45 hl pour les vins blancs et 40 hl pour les vins rouges.

SAINT-SARDOS
Vins* rouges et rosés produits dans le Sud-Ouest, A.O.V.D.Q.S.* depuis le 1er septembre 2005.
Aire de production : 20 communes du Tarn-et-Garonne et 3 communes de Haute-Garonne situées au sud-ouest de Montauban.
Superficie du vignoble : 150 ha (en 2008).

Encépagement autorisé : Syrah*, Tannat*, Merlot*, Cabernet franc*.
Rendement de base à l'hectare : 60 hl.

Source : Caves des vignerons de Saint-Sardos

SAINT-VÉRAN
Vins* blancs produits en Bourgogne*, A.O.C.* depuis le 6 janvier 1971. Le nom du climat* d'origine peut compléter l'appellation.
Aire de production : communes de Saint-Verand (1), Chânes, Chasselas Davayé, Leynes, Prissé et Solutré-Pouilly situées à l'ouest de Mâcon.
Superficie du vignoble : 680 ha (en 2007).
Encépagement autorisé : Chardonnay*.
Rendement de base à l'hectare : 55 hl.
(1) Le nom de la commune s'écrit avec un "d" alors que celui de l'appellation s'écrit sans "d".

SAINT-YORRE
Eau minérale naturelle* gazeuse provenant d'émergences situées sur les communes de Saint-Yorre et Hauterive dans l'Allier, ainsi que Saint-Priest-Bramefant et Saint-Sylvestre-Pragoulin dans le Puy-de-Dôme.
Catégorie : fortement minéralisée.

Source : SNC Neptune

Composition physico-chimique (en mg/l)	
Cations	Anions
Sodium : 1708 Potassium : 132 Calcium : 90 Magnésium : 11	Bicarbonates : 4368 Chlorures : 322 Sulfates : 174 Nitrates : 1,4
Fluor : 1	
pH à 20°C : 6,6	Minéralisation totale : 4774 mg/l

SAKÉ
Boisson alcoolisée japonaise élaborée à partir de riz fermenté. Incolore, plutôt doux avec une fin de bouche un peu amère et titrant entre 12 et 17°, le saké se consomme tiède ou froid.
On distingue 3 principales catégories de saké :
Le Mirin couramment employé en cuisine.

Le Toso, boisson douce et épicée que l'on déguste traditionnellement au Nouvel An.
Le Seishu, produit raffiné exporté vers l'Occident.

SALADE COMPOSÉE
Préparation culinaire constituée d'éléments divers (légumes, fruits, condiments*, œufs*, poissons, crustacés, coquillages, volailles, viandes, abats*, etc.). La coupe ou la taille des composants, leur dressage et l'assaisonnement sont variables selon la salade.

SALAMI
Gros saucisson* d'origine italienne fabriqué avec de la viande de porc* (ou d'autres animaux selon les pays).

SALAMMBÔ
Petit gâteau de forme ovale à base de pâte à choux* garnie de crème pâtissière* parfumée au kirsch*. Le glaçage est réalisé avec du fondant* vert.

SALERS (fromage)
Fromage* de lait* de vache fabriqué en Auvergne, A.O.C.* depuis le 21 décembre 1961 et reconnu A.O.P. dans le cadre de l'UE. Il tire son nom d'un village du Cantal d'où il est originaire. L'aire de production s'étend sur 167 communes réparties principalement dans le Cantal, les autres se situant dans le Puy-de-Dôme, la Corrèze, l'Aveyron et la Haute-Loire.
La fabrication du Salers est limitée à une période allant du 1er mai au 31 octobre, avec du lait de vache ayant séjourné tout l'été dans des pâturages situés à plus de 850 m d'altitude. Ce fromage est authentifié par une plaque d'aluminium de couleur rouge apposée sur la croûte.
Type : pâte pressée non cuite, croûte sèche brossée.
Forme : gros cylindre.
Taille : 38 à 48 cm de diamètre, 30 à 45 cm de hauteur.
Poids : 35 à 55 kg.
Teneur en M.G. : 45 %.
Qualité pratiquement identique toute l'année.

SALERS (spiritueux)
Gentiane* (A.B.A.*) créée par Alfred Labounoux en 1885. Ce spiritueux*, qui titre 16°, est fabriqué à Turenne en Corrèze.

SALICORNE
Petite plante aquatique qui pousse sur les côtes rocheuses et dans les marais salants. Les jeunes pousses de salicorne se consomment cuites, préparées comme des haricots verts*, ou en condiment*, confites dans du vinaigre*.

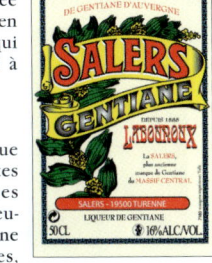

Source : doc. Pagès-Vedrenne

SALMANAZAR
Bouteille d'une contenance équivalente à 12 bouteilles classiques, soit 9 litres.

SALMIS
Préparation particulière de certains gibiers à plumes (faisan*, colvert*, bécasse*) ou volailles domestiques (pintade*, canard*, pigeon*). Le volatile est partiellement rôti avant d'être découpé pour terminer sa cuisson dans une sauce* au vin*, blanc ou rouge selon les cas.
L'origine du terme vient de *salmigondis*. Ce mot désignait jadis un ragoût fait de viandes déjà cuites.

SALOMON
Voir Melchior*.

SALPICON
Terme désignant un aliment détaillé en petits dés.

SALSIFIS
Plante potagère originaire du bassin méditerranéen dont on consomme la racine charnue. Il ne faut pas confondre le salsifis, qui possède une racine blanche en forme de carotte allongée, et *la scorsonère* qui a une racine cylindrique noire, longue et mince. L'un et l'autre se préparent cuits, en beignets* ou en gratin par exemple.

SALVETAT (la)
Eau minérale naturelle* gazeuse captée à La Salvetat-sur-Agout dans l'Hérault. Reconnue eau minérale en 1848.
Catégorie : moyennement minéralisée.

Composition physico-chimique (en mg/l)	
Cations	Anions
Calcium : 253	Bicarbonates : 820
Magnésium : 11	Sulfates : 25
Sodium : 7	Chlorures : 4
Potassium : 3	Nitrates : inf. à 1
Silice : 72	
pH à 20°C : 6	Minéralisation totale : 850 mg/l

SAMOS
V.D.L.*, V.D.N.* et V.N.D. *(1)* grecs produits dans l'île de Samos. Ces vins, issus de cépage Muscat*, bénéficient d'une appellation d'origine. Le Samos est considéré comme l'un des meilleurs muscats au monde.
Le Samos "Nectar" n'est pas muté mais élaboré avec les raisins séchés au soleil.
(1) Vin Naturellement Doux.

SAMSOË
Fromage* de lait* de vache fabriqué au Danemark. Il doit son nom à l'île d'où il est originaire.
Type : pâte pressée ferme, croûte paraffinée.
Forme : petite meule.
Taille : 44 cm de diamètre, 10 cm d'épaisseur.
Poids : 14 kg environ.

Teneur en M.G. : 45 %.
Qualité identique toute l'année.

SANCERRE

Vins* blancs, rouges et rosés produits dans la Vallée de la Loire, A.O.C.* depuis le 14 novembre 1936. La mention "Val de Loire" peut être éventuellement adjointe à l'appellation.

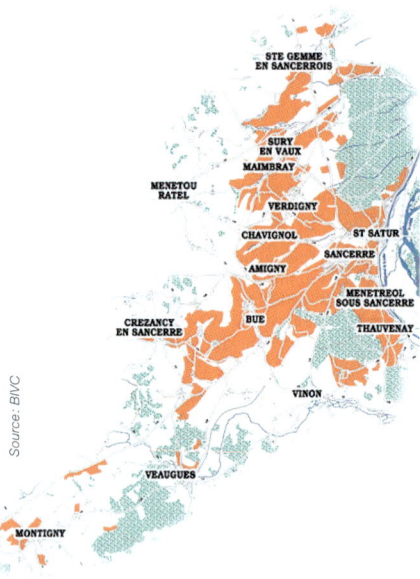

Aire de l'appellation Sancerre

Aire de production : 14 communes du Cher, dont Sancerre, situées au nord-est de Bourges.
Superficie du vignoble : 2 808 ha (en 2008) dont 2 189 ha en vins blancs et 619 ha en vins rouges et rosés.
Encépagement autorisé : Sauvignon* et Pinot noir*.
Rendement de base à l'hectare : 60 hl pour les vins blancs et 55 hl pour les vins rouges et rosés.

SANDRE

Poisson d'eau douce de la famille des percidés qui vit, comme la perche*, dans les eaux calmes des rivières, des étangs ou des lacs. Le sandre peut mesurer plus d'un mètre avec un poids atteignant 10 à 12 kg. Il possède une chair fine, délicate, avec peu d'arêtes qui trouve les mêmes destinations culinaires que le brochet*.

SANDWICH

Préparation constituée de deux tranches de pain* entre lesquelles se trouve un aliment froid (charcuterie, viande, fromage*...). Au 18ème siècle, cette collation simple fut imaginée par le cuisinier du Comte de Sandwich afin de permettre à ce dernier de se restaurer sans quitter sa table de jeu. La formule originelle, qui contenait des tranches de gigot* ou du jambon fumé*, a permis de concevoir de nouvelles compositions (club sandwich*, pan-bagnat*, hamburger*, kebab*, etc.).

SANG DE TAUREAU

Vins* rouges hongrois issus de cépages Kékfrankos, Kadarka, Merlot*, Cabernet*, etc. Ces vins, dénommés également *Egri Bikavér*, sont produits dans l'Eger, région viticole située au nord-est du pays.

SAN GEMINI

Eau minérale naturelle* gazeuse captée à San Gemini, en Ombrie, dans le centre de l'Italie.
Catégorie : moyennement minéralisée.

Composition physico-chimique (en mg/l)	
Cations	Anions
Calcium : 346,7 Sodium : 18,6 Magnésium : 16 Potassium : 3,2	Bicarbonates : 1 091,9 Sulfates : 52,1 Chlorures : 18,7 Nitrates : 1,1
Fluor : 0,3	
pH à 20°C : 6,1	Minéralisation totale : 1 022 mg/l

SANGLIER

Gros mammifère sauvage dont la chasse et la commercialisation sont réglementées. Le mâle pèse de 120 à 150 kg, alors que la femelle atteint environ 100 kg.
Selon le sexe ou l'âge, ce gibier porte plusieurs noms : *laie* pour la femelle, *marcassin* pour le petit de moins de 6 mois, *bête rousse* entre 6 mois et 1 an, *bête de compagnie* entre 1 et 2 ans, *ragot* ou *bête noire* vers 2 ans et demi, *tiers-an* à 3 ans, *quartenier* ou *quartan* à 4 ans, *grand cochon* un peu plus tard et enfin *solitaire* pour les animaux d'âge avancé.
La chair des jeunes sangliers est tendre et savoureuse, mais chez les sujets âgés elle devient ferme et le goût plus prononcé. Il est alors nécessaire de la faire mariner avant de la rôtir ou de la destiner à des préparations en sauce (civet* ou daube* par exemple). La hure* de sanglier est un apprêt culinaire ayant comme élément de base la tête de l'animal.

Sangliers dans le Domaine de Chambord

SANGRIA

Cocktail* de réception préparé dans un grand récipient un certain temps avant consommation.
Il existe de nombreuses variantes, exemple pour 10 à 15 personnes :
2 litres de vin* rouge espagnol
100 g de sucre* en poudre (ou sirop* de sucre de canne)
10 cl de cognac*
10 cl de Cointreau*
8 cl de jus d'orange*
4 cl de jus de citron*
1 orange
½ citron
2 pêches*
1 pomme*
½ litre de soda*

Faire macérer plusieurs heures et au frais le vin, le sucre, le cognac, le Cointreau, les jus de fruits et les fruits coupés.
Au moment de servir, ajouter quelques glaçons et le soda.
Remuer et servir dans des verres givrés au sucre.

SANGUETTE

Plat campagnard préparé avec le sang d'une volaille *(1)* additionné d'oignon* (ou d'échalote*) et de fines herbes hachés.

(1) La tradition voulait que l'on prépare ce plat avec le sang frais de la volaille qui venait d'être sacrifiée.

SAN PELLEGRINO

Eau minérale naturelle* gazeuse captée à San Pellegrino, en Lombardie, dans les Alpes italiennes.
Depuis 1907, San Pellegrino est connue sur les 5 continents. Elle est aujourd'hui distribuée dans plus de 80 pays et elle est l'eau minérale la plus présente sur les tables des restaurants dans le monde.
Catégorie : moyennement minéralisée.

Composition physico-chimique (en mg/l)	
Cations	**Anions**
Calcium : 179 Magnésium : 52 Sodium : 33,6 Potassium : 2,5	Sulfates : 445 Bicarbonates : 239 Chlorures : 54,8 Nitrates : 2,9
Fluor : 0,5	
pH à 20°C : 7,6	Minéralisation totale : 948 mg/l

SANTENAY

Vins* rouges et blancs produits en Bourgogne*, A.O.C.* depuis le 31 juillet 1937. Pour les vins dont les récoltes proviennent de parcelles classées "Premier cru", l'appellation communale peut être complétée par le nom du climat* d'origine *(1)* et (ou) par la mention "Premier cru".
Aire de production : communes de Santenay et Remigny situées au sud-ouest de Beaune.
Superficie du vignoble : 328 ha (en 2007) dont 283 ha en vins rouges et 45 ha en vins blancs.
Encépagement autorisé : Pinot noir*, Pinot Liébault*, Pinot Beurot*, Chardonnay* et Pinot Blanc*.
Rendement de base à l'hectare : 40 hl pour les vins rouges et 45 hl pour les vins blancs.

(1) "Beauregard", "Beaurepaire", "Clos de Tavannes", "La Comme", "La Maladière", "Le Passe-Temps", "Les Gravières", "Clos Faubard", "Clos des Mouches", "Clos Rousseau" et "Grand Clos Rousseau".

SANTRANGES

Fromage* de lait* de chèvre fabriqué dans le Berry.
Il doit son nom à son village d'origine dans la région sancerroise.
Type : pâte molle, croûte naturelle.
Forme : petite boule aplatie.
Taille : 6 cm de diamètre, 3 cm d'épaisseur.
Poids : 120 à 150 g.
Teneur en M.G. : 45 %.
Meilleures saisons : printemps, été, automne.

SÃO JORGE

Fromage* de lait* de vache fabriqué au Portugal. Il doit son nom à une île de l'archipel des Açores d'où il est originaire. Le são jorge bénéficie d'une Appellation d'Origine Contrôlée dans son pays et il est reconnu A.O.P.* dans le cadre de l'U.E.
Type : pâte pressée non cuite, croûte naturelle.
Forme : cylindre.
Taille : 30 à 35 cm de diamètre, 12 cm de hauteur.
Poids : 7 à 12 kg.
Teneur en M.G. : 45 % au minimum.
Qualité identique toute l'année.

SAPOTILLE

Fruit du sapotillier *(1)*, arbre originaire d'Amérique Centrale. La sapotille, grosse comme un œuf de poule, possède une peau rugueuse brun-clair et une chair fondante, douce, délicatement parfumée, qui se déguste nature.

(1) Cet arbre produit aussi le latex qui sert de base pour la fabrication du chewing-gum.

SARCELLE

Gibier d'eau voisin du canard* sauvage. De plus

petite taille que ce dernier, il trouve sensiblement les mêmes apprêts culinaires.
La chasse de la sarcelle est réglementée et sa commercialisation interdite.

SARDINE
Petit poisson de mer, de la famille des clupéidés qui vit dans l'Atlantique et la Méditerranée. La sardine, caractérisée par un dos bleu-vert et un ventre argenté, mesure entre 10 et 20 cm ; les spécimens plus grands étant appelés *pilchards*. Ce poisson très populaire se consomme frais, notamment grillé, ou sous forme de différents produits de conserve.

SARRASIN
Céréale originaire de Chine produisant une farine* de couleur grise avec des points noirs, essentiellement employée pour fabriquer des crêpes* et des galettes. Le sarrasin est parfois appelé "blé noir".

SARRIETTE
Plante aromatique originaire du sud de l'Europe. Elle se caractérise par des parfums rappelant à la fois le thym*, la menthe* et l'origan*. La sarriette est utilisée dans les marinades*, les charcuteries, l'aromatisation des condiments*, la cuisson des viandes (lapin*, agneau*), etc.

SARTAGNADO
En Provence, petit poisson frit dans l'huile d'olive*.

SARTENE
Fromage* de lait* de chèvre ou de lait de brebis (ou les 2 mélangés) fabriqué en Corse du Sud. Il doit son nom à une localité située dans sa zone de production.
Type : pâte pressée non cuite, croûte lavée.
Forme : boule aplatie.
Taille : 12 à 13 cm de diamètre, 9 à 10 cm d'épaisseur.
Poids : 1 à 1,5 kg.
Teneur en M.G. : 45 % environ.
Meilleures saisons : printemps, été, automne.

SASHIMI
Spécialité japonaise constituée d'un assortiment de poissons crus et de fruits de mer finement découpés. Le sashimi, harmonieusement présenté sur une assiette, est servi avec divers éléments d'accompagnement (raifort*, gingembre* frais, citron*, sauce soja*…).

SAUCE
Préparation culinaire plus ou moins liquide qui accompagne ou sert à cuisiner un mets.
"Les sauces représentent la partie capitale de la cuisine. Ce sont elles qui ont créé et maintenu l'universelle prépondérance de la cuisine française". (Auguste. Escoffier*).
Le terme "sauce" vient du latin "salsus" qui signifie salé ; le sel* étant considéré comme le condiment* de base de la cuisine.

SAUCISSE
Préparation charcutière constituée d'un morceau de boyau rempli d'un hachis de viande. Si le porc* est la viande le plus couramment employée, il existe de nombreuses variétés de saucisses crues ou cuites fabriquées avec des chairs d'animaux de boucherie, de volailles, de gibiers* ou de poissons.

SAUCISSE DE FRANCFORT
Petite saucisse* d'origine allemande réalisée avec une farce de porc* très fine, parfois colorée en jaune ou fumée.

SAUCISSE DE MORTEAU
Grosse saucisse* de porc* fumée originaire de Franche-Comté. Elle a la particularité d'être fermée par de petites chevilles de bois.

SAUCISSE DE STRASBOURG
Petite saucisse* réalisée avec une farce de porc* très fine et dont le boyau est coloré en rouge.

SAUCISSE DE TOULOUSE
Saucisse* réalisée avec une farce de porc* hachée grossièrement. Elle est présentée en portion ou en brasse (sans coupe du boyau).

SAUCISSON
Préparation charcutière constituée d'un "emballage", généralement du boyau, rempli d'un hachis de viande. Il existe plusieurs variétés de saucissons qui se caractérisent par leur taille, leur forme, leur(s) composant(s) et leur traitement. Contrairement à la saucisse*, le saucisson se consomme cru après un temps de maturation et de dessiccation plus ou moins long.

SAUGE

Source : Photo BG

Plante aromatique et médicinale aux feuilles duveteuses d'origine méditerranéenne. Elle exhale une odeur camphrée et présente un goût astringent et épicé. Dans le domaine culinaire, la sauge sert à cuisiner les viandes blanches, le porc*, les gibiers, etc.

Elle entre également dans la préparation de potages* ou de légumes.

SAUMON

Poisson migrateur de la famille des salmonidés qui naît, vit en eau douce et rejoint ensuite les océans. Plus tard, il remonte les cours d'eau pour frayer et se reproduire sur son lieu de naissance. La pisciculture* pratiquée dans plusieurs pays fournit aujourd'hui de grandes quantités de saumons en complément des poissons prélevés dans le milieu sauvage.

On distingue plusieurs espèces de tailles et de poids variables :

Le Saumon de l'Atlantique ou *Salmo Salar* qui peut atteindre 1,50 m de longueur et un poids de 30 kg.

Le King ou *Saumon royal*, qui mesure de 75 cm à 1,00 m pour un poids moyen de 7 kg. Sa chair est de couleur rouge orangé.

Le Sockeye ou *Saumon rouge*, qui mesure de 65 à 90 cm pour un poids moyen de 3 à 4 kg. Sa chair est de couleur rouge profond.

Le Coho ou *Saumon argenté*, qui mesure de 65 à 85 cm pour un poids moyen de 3 kg. Sa chair est de couleur rouge orangé.

Le Chum ou *Saumon Keta*, qui mesure environ 65 cm pour un poids moyen de 3 kg. Sa chair est de couleur rose.

Le Pink ou *Saumon rose*, de plus petite taille, 60 cm pour un poids moyen de 1,5 kg, qui, comme son nom l'indique, possède une chair de couleur rose.

Le saumon trouve de multiples emplois dans le domaine culinaire. Il est également très prisé sous forme de *saumon fumé**.

Filets de saumon sockeye

SAUMON FUMÉ

Demi-saumon* ayant subi un fumage artisanal ou industriel.

Les 2 filets du poisson sont d'abord levés avec la peau afin de donner 2 "bandes" ou "planches" qui sont ensuite salées (au sel sec* ou par immersion en saumure*), séchées et fumées. Cette dernière opération se réalise de 2 façons :

À froid, pendant 4 à 6 h, à une température n'excédant pas 30 °C. Ce fumage s'effectue au-dessus d'une combustion lente de sciures de chêne, de hêtre, de bouleau ou de noyer *(1)*, éventuellement additionnées d'éléments aromatiques (sauge* ou genièvre* par exemple).

À chaud, dans un four à air pulsé. Procédé plus rapide mais qui donne un produit de moindre finesse.

La qualité d'un saumon fumé est donc liée à l'espèce du saumon *(2)*, au lieu et à la technique de pêche (au filet ou à la ligne) et enfin aux différents traitements, notamment le procédé de fumage.

Le saumon fumé se sert en tranches fines, accompagné de toasts*, beurre* et citron* ou de blinis* et crème acidulée. Les vins* blancs secs de caractère s'harmonisent très bien avec ce plat, mais le champagne* et la vodka* constituent également d'agréables alliances.

(1) Nombreuses essences, sauf les résineux.

(2) 4 espèces sont couramment utilisées : le Saumon de l'Atlantique, le King, le Coho et le Chum.

SAUMONETTE

Autre dénomination de la roussette*.

SAUMUR

Vins* blancs et rouges produits dans la Vallée de la Loire, A.O.C.* depuis le 9 septembre 1937. La mention "Val de Loire" peut être éventuellement adjointe à l'appellation.

Aire de production : 20 communes du Maine-et-Loire *(1)*, 9 communes de la Vienne et 2 communes des Deux-Sèvres.

La dénomination géographique **Puy-Notre-Dame**, complétant l'appellation **Saumur**, est réservée à des vins rouges produits sur 17 communes, dont Puy-Notre-Dame, situées au sud-est de Saumur.

Superficie du vignoble : 1 400 ha (en 2008).

Encépagement autorisé : Chenin blanc*, Chardonnay*, Sauvignon*, Cabernet franc*, Cabernet-Sauvignon* et Pineau d'Aunis*.

Rendement de base à l'hectare : 60 hl pour les vins blancs et 55 hl pour les vins rouges.

Teneur maximale en sucre résiduel pour les vins blanc : 7g/l (sauf pour les vins élaborés sans enrichissement et issus de vendanges présentant une richesse en sucre naturel supérieure à 213 g/l).

(1) 28 communes pour les vins blancs.

SAUMUR-CHAMPIGNY

Vins* rouges produits dans la Vallée de la Loire, A.O.C.* depuis le 31 décembre 1957. La mention "Val de Loire" peut être éventuellement adjointe à l'appellation.

Aire de production : Saumur et 8 autres communes du Maine-et-Loire situées à proximité.

Superficie du vignoble : 1 500 ha (en 2008).

Encépagement autorisé : Cabernet franc*, Cabernet-Sauvignon* et Pineau d'Aunis*.

Rendement de base à l'hectare : 55 hl.

SAUMUR MOUSSEUX

Vins* blancs et rosés effervescents produits dans la Vallée de la Loire, A.O.C.* depuis le 24 août 1976. La mention "Val de Loire" peut être éventuellement adjointe à l'appellation.

Aire de production : 66 communes du Maine-et-Loire, 17 communes des Deux-Sèvres et 9 communes de la Vienne.
Encépagement autorisé : Chenin blanc*, Chardonnay*, Sauvignon*, Cabernet franc*, Cabernet-Sauvignon*, Cot*, Gamay*, Grolleau*, Pineau d'Aunis* et Pinot noir*.
Rendement de base à l'hectare : 60 hl.

SAUMUR PÉTILLANT
Vins* blancs pétillants* produits sur les aires délimitées de l'appellation Saumur*.

SAUMURE
Mélange d'eau et de sel*, souvent additionné de salpêtre et d'aromates*. La saumure est utilisée pour immerger des aliments en vue de les saler ou de les conserver.
Ce terme désigne également un liquide refroidisseur contenu dans certains appareils de glacerie.

SAUSSIGNAC
Vins* blancs produits en Dordogne, A.O.C.* depuis le 28 avril 1982.
Aire de production : 4 communes, dont Saussignac, situées à l'ouest de Monbazillac.
Superficie du vignoble : 53 ha (en 2005).
Encépagement autorisé : Sémillon*, Sauvignon*, Muscadelle* et Chenin*.
Rendement de base à l'hectare : 25 hl.
Richesse alcoolique minimum acquise : 12 %.
Teneur minimale en sucre résiduel : 45 g/litre.

SAUTÉ
Apprêt culinaire à base de morceaux de viande, de volaille ou de gibier sautés dans un corps gras, singés (1) et cuits avec un mouillement comme un ragoût*.
(1) Saupoudrés de farine* pour obtenir une liaison de la préparation.

SAUTERNES
Vins* blancs produits dans le Bordelais, A.O.C.* depuis le 30 septembre 1936. Voir également *Châteaux du Bordelais**.
Aire de production : communes de Sauternes, Bommes, Fargues, Preignac et Barsac.
Superficie du vignoble : 1 814 ha (en 2006).
Encépagement autorisé : Sémillon*, Sauvignon* et Muscadelle*.
Rendement de base à l'hectare : 25 hl.
Ce faible rendement s'explique par le fait que ces vins sont élaborés à partir de raisins arrivés à surmaturation et atteints par la pourriture noble*.
Richesse alcoolique minimum acquise : 12,5 %.

SAUVIGNON
Cépage* blanc dont l'origine est controversée. On relève sa présence dans le Sud-Ouest et en Vallée de la Loire au 18ème siècle.
Aires de culture : dans le Bordelais (Sauternes*, Barsac*, Graves*, Pessac-Léognan*, Entre-deux-mers*) et en Vallée de la Loire (Touraine*, Sancerre*, Quincy*, Pouilly-fumé*...), dans le Sud-Ouest (Monbazillac*, Rosette*...) dans le nord de la Bourgogne (Saint-Bris*), etc. Cultivé sur environ 15 000 ha dans notre pays, le Sauvignon est également présent sur de nombreux terroirs étrangers, notamment en Italie, en Autriche, en Espagne, en Hongrie, en Californie, en Amérique du Sud, en Australie, en Nouvelle-Zélande, en Afrique du Sud...
Vins* produits : blancs secs très typés avec des arômes complexes d'agrumes, de pierre à fusil et de fleur de genêt. En vendanges tardives* botrytisées et associé au Sémillon* et à la Muscadelle*, le Sauvignon génère de grands vins liquoreux*.

SAVAGNIN
Cépage* blanc (1) cultivé dans le Jura pour l'élaboration de vins jaunes*, notamment sur l'aire d'A.O.C.* Château-Chalon* où il constitue l'unique encépagement de l'appellation. Il couvre environ 300 ha sur l'ensemble du vignoble jurassien.
(1) Il existe une forme rose du Savagnin qui est cultivée sur 5 communes du Bas-Rhin, dont Heiligenstein. Cette variété porte le nom de Klevener d'Heiligenstein*.

SAVARIN
Gâteau en pâte levée en forme de couronne. Imbibé d'un sirop parfumé au rhum*, le savarin est garni de crème pâtissière*, de crème chantilly* ou de fruits.

SAVENNIÈRES
Vins* blancs produits dans la Vallée de la Loire, A.O.C.* depuis le 8 décembre 1952. La mention "Val de Loire" peut être éventuellement adjointe à l'appellation.
Aire de production : communes de Savennières, La Possonnière et Bouchemaine, situées au sud-ouest d'Angers.
Superficie du vignoble : 84 ha (en 2008).
Encépagement autorisé : Chenin blanc*.
Rendement à l'hectare : 50 hl (40 hl pour les vins commercialisés avec les mentions "Demi-sec", "Moelleux" et "Doux").

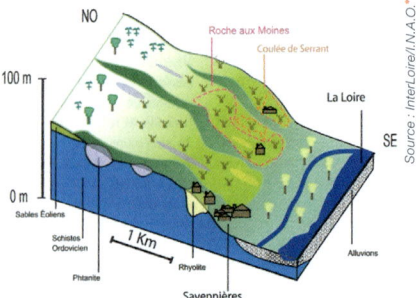

Coupe géologique du terroir de Savennières.

Teneur maximale en sucre résiduel : 8 g/l. Lorsque cette teneur est comprise entre 8 et 18 g/l la mention "Demi-sec" doit figurer sur l'étiquetage, quand cette teneur est comprise entre 18 et 45 g/l c'est la mention "Moelleux" qui complète l'appellation et lorsque cette teneur en sucre est supérieure à 45 g/l, la mention "Doux" doit apparaître en complément de l'A.O.C.

SAVENNIÈRES-COULÉE DE SERRANT

Vins* blancs produits dans la Vallée de la Loire, A.O.C.* depuis le 8 décembre 1952. La mention "Val de Loire" peut être éventuellement adjointe à l'appellation.
Aire de production : parcelles situées au lieu-dit "Coulée de Serrant" sur la commune de Savennières. Vignoble d'une superficie d'environ 7 hectares.
Encépagement et rendement à l'hectare : identiques à l'appellation Savennières*.

SAVENNIÈRES-ROCHE AUX MOINES

Vins* blancs produits dans la Vallée de la Loire, A.O.C.* depuis le 8 décembre 1952. La mention "Val de Loire" peut être éventuellement adjointe à l'appellation.
Aire de production : parcelles situées au lieu-dit "La Roche aux Moines" sur la commune de Savennières. Vignoble d'une superficie d'environ 33 hectares.
Encépagement et rendement à l'hectare : identiques à l'appellation Savennières*.

SAVIGNY ou SAVIGNY-LÈS-BEAUNE

Vins* rouges et blancs produits en Bourgogne*, A.O.C.* depuis le 31 juillet 1937. Pour les vins dont les récoltes proviennent de parcelles classées "Premier cru", l'appellation communale peut être complétée par le nom du climat* d'origine *(1)* et (ou) par la mention "Premier cru".
Aire de production : commune de Savigny-lès-Beaune, située au nord de Beaune.
Superficie du vignoble : 289 ha (en 2007) dont 250 ha en vins rouges et 39 ha en vins blancs.
Encépagement autorisé : Pinot noir*, Pinot Beurot*, Pinot Liébault*, Chardonnay* et Pinot blanc*.
Rendement de base à l'hectare : 40 hl pour les vins rouges et 45 hl pour les vins blancs.

(1) "Aux Cloux", "Aux Fourneaux", "Aux Gravains", "Champs Chevrey", "Aux Guettes", "Aux Serpentières", "Aux Vergelesses", "Bataillère", "Basses-Vergelesses", "La Dominode", "Les Charnières", "Les Jarrons", "Les Hauts-Jarrons", "Les Hauts-Marconnets", "Les Lavières", "Les Marconnets", "les Narbantons", "Les Peuillets", "Les Rouvrettes", "Les Talmettes", "Petits-Godeaux" et "Redrescul".

SAVOY (Guy)

Cuisinier français né en 1953 à Nevers. Après une formation en pâtisserie, son apprentissage passe par *Les Frères Troisgros* à Roanne, *Lasserre* à Paris et *l'Oasis* à la Napoule. Il dirige la brigade d'un restaurant parisien avant d'ouvrir sa première entreprise dans le 16ème arrondissement. Le succès est rapide et en 1987 il s'installe dans un nouvel établissement, *Le Guy Savoy*. Sa cuisine, marquée par le perfectionnisme et la créativité, est basée sur la qualité des produits, la subtilité des assaisonnements et la précision des cuissons. Pour ce Grand Chef, *"La Cuisine est l'art de transformer instantanément en joie des produits chargés d'histoire"*.
Auréolé des plus hautes distinctions, il reçoit notamment une troisième étoile au Guide Michelin* en 2002.
Professionnel avisé, Guy Savoy gère plusieurs restaurants gastronomiques de styles différents.

Source : Laurence Mouton/Guy Savoy

SBRINZ

Fromage* de lait* de vache fabriqué dans la région de Lucerne, en Suisse centrale. Il bénéficie d'une Appellation d'Origine Contrôlée depuis 2002.
Type : pâte pressée cuite dure, croûte naturelle grattée et huilée.
Forme : meule.
Taille : 60 cm de diamètre, 15 cm d'épaisseur.
Poids : 30 à 40 kg.
Teneur en M.G. : 46 à 52 %.
Qualité identique toute l'année.

SCAMPI

En Italie, grosse crevette* frite, sautée ou grillée. Lorsqu'elle est préparée en beignet*, elle est appelée *scampi fritti*.

SCAROLE

Voir Chicorée*.

SCHABZIEGER ou SCHABZIGER

Fromage* de lait* de vache écrémé fabriqué en Suisse dans le Canton de Glaris. Son nom vient d'un terme de la langue alémanique "zieg", qui signifie recuite. Le schabzieger est consommé essentiellement comme condiment*.
Type : pâte pressée cuite, dure, aromatisée de trigonelle *(1)*.
Forme : petit cône tronqué.
Taille (pour une pièce de 100 g) : 4,5 cm de diamètre de base, 7 cm de hauteur.
Poids : 100 à 200 g.
Teneur en M.G. : 0 à 5 %.

Qualité identique toute l'année.

(1) La trigonelle est une plante de la famille des papilionacées dont les variétés les plus connues sont le mélilot bleu et le fenugrec.

SCHNAPS ou SCHNAPPS

Eau-de-vie* de céréales ou de pommes de terre* fabriquée en Europe septentrionale, notamment en Allemagne, en Hollande et au Danemark. Le schnaps est un produit très proche de l'aquavit* que les allemands consomment parfois avec de la bière*.

SCHWEPPES Indian Tonic

Tonic* à base d'écorces de quinquina* et d'oranges* amères lancé en 1870. Les origines du produit remontent à 1783 lorsque Jacob Schweppe, bijoutier et scientifique amateur suisse, mit au point *l'eau de Schweppes*, créant ainsi le premier "soft drink"*. Le produit est d'abord vendu en officines. En 1798, la première usine Schweppes Water est ouverte à Londres.
Hormis *le Schweppes Indian Tonic* classique, la marque diffuse aujourd'hui plusieurs produits dérivés : *Agrum', Lemon, Pêch', Raisin, Fruits rouges, Coconut, Ginger Ale, Darkside* …

SCIACARELLO ou SCIACCARELLO

Cépage* noir corse très répandu dans les vignobles de l'île. Cultivé sur plus de 600 ha, il produit des vins* rouges et rosés fins et équilibrés avec des notes aromatiques fruitées et épicées.

SCIÈNE

Voir Maigre*.

SCORSONÈRE

Plante potagère voisine du salsifis*.

SCOTCH

Autre dénomination du whisky* écossais.

SCOTCH BROTH

Pot-au-feu* écossais constitué de viande de mouton*, de légumes et d'orge*.

SCOTCH COLLINS

Cocktail* identique au Tom Collins* où le gin* est remplacé par du scotch* whisky.

SCOTCH SOUR

Cocktail* (apéritif) préparé au shaker.
1 cuillière à café de sucre*
2 cl de jus de citron*
5 cl de scotch* whisky
2 cerises* à l'eau-de-vie
Frapper et servir dans un verre à cocktail.
Décorer avec les cerises à l'eau-de-vie.

SCREWDRIVER

Cocktail* préparé sur glace directement dans un tumbler.
8 cl de jus d'orange*
4 cl de vodka*
Décorer éventuellement d'une tranche d'orange.

SÉBASTE

Poisson de mer de la famille des scorpénidés proche de la rascasse*. Certains spécimens, notamment chez les grands sébastes, peuvent mesurer jusqu'à 1 m de longueur et peser 15 kg.

Source : Photo BG

SEICHE

Céphalopode marin vivant dans les herbiers des fonds côtiers de l'Atlantique et de la Méditerranée. La seiche, appelée aussi *supion*, se présente avec une tête pourvue de dix tentacules, dont deux, plus longs, projettent un liquide brun (sépia) lorsqu'elle est attaquée.
La chair de la seiche se prépare frite, en beignets*, à l'encre, farcie, à l'américaine*, etc.

SEIGLE

Céréale qui produit une farine* de couleur grise surtout employée pour fabriquer un pain* à mie très dense servi en accompagnement des fruits de mer. Le seigle est également utilisé pour élaborer certaines eaux-de-vie* (ex : vodka* ou whisky*).

SEKT

Désignation de vins mousseux* allemands élaborés à partir de différentes méthodes.

SEL

Substance condimentaire cristallisée, inodore et à saveur caractéristique.
Le sel de cuisine, composé essentiellement de chlorure de sodium, est le condiment* de base de notre alimentation. Jusqu'à l'invention de l'appertisation* et de la réfrigération*, le sel resta pendant des millénaires le principal moyen de conservation des aliments. Il eut donc un rôle considérable dans l'histoire et l'économie de l'humanité *(1)*.
On distingue 2 grandes variétés de sel en fonction de leurs origines :
Le sel marin, extrait de l'eau de mer par évaporation. Le milieu marin renferme une moyenne de 30 g de sel par litre d'eau *(2)*.
Le sel gemme, extrait de gisements terrestres. Nous trouvons en effet des sous-sols qui contiennent du sel sous formes de cristaux laissés par les étendues d'eau salées évaporées au cours de l'évolution de la planète.

Certains sels affichent une véritable identité liée à leur origine géographique et à leur composition spécifique. C'est le cas du *sel de Guérande* (sel marin du littoral Atlantique) ou du *sel rose de l'Himalaya* (sel gemme fossile riche de plus de 70 minéraux et oligo-éléments récolté dans les mines des contreforts du massif himalayen).

Cristaux de sel de Guérande

Les variétés commerciales sont nombreuses :
Le gros sel qui se présente sous forme de cristaux.
Le sel fin ou *sel de table* souvent additionné de produits tels que le carbonate de magnésium pour le rendre moins hygroscopique (ne trouve-t-on pas parfois quelques grains de riz* dans les salières pour éviter l'agglomération du condiment ?).
Le sel iodé, sel fin additionné d'iodure de sodium.
Le sel épicé, mélange de sel fin avec du poivre* blanc moulu et diverses épices*.
Le sel au céleri appelé à tort "sel de céleri", qui est un mélange de sel fin et de céleri* rave séché et pulvérisé.
Le sel de livèche, sel fin additionné de racines de livèche (3) séchées et pulvérisées.
Le sel de régime qui est un produit totalement ou partiellement dépourvu de chlorure de sodium.
On rencontre également des sels particuliers réservés à des usages spéciaux : *le sel nitrité*, additionné de nitrate de sodium ; *le sel attendrisseur* additionné de papaïne (4); *le sel de hickory*, additionné de sciure de hickory (5) fumée et pulvérisée.
Le sel apporte évidemment une saveur - fondamentale - aux aliments, mais il est aussi un révélateur de goût et demeure un agent conservateur non négligeable. Sa consommation excessive, liée à des habitudes ancestrales, a fait l'objet de campagnes de santé publique. L'O.M.S. (6) préconise une consommation journalière limitée à 5 ou 6 g.

(1) *Chez les romains, par exemple, il servait à rétribuer les soldats. Il s'agissait alors de "salarium", d'où l'étymologie du mot "salaire". Du 14ème siècle à la Révolution, rois et seigneurs de France mirent en place un impôt lié au sel, la gabelle.*
(2) *Le taux de salinité varie d'une mer ou d'un océan à l'autre. La Mer Morte, mer fermée du Proche-Orient, possède une eau de forte densité avec un taux de salinité exceptionnel de l'ordre de 25 à 30 %.*
(3) *Plante herbacée d'origine persane cultivée pour ses fleurs, ses feuilles et ses racines.*
(4) *Enzyme extraite du latex du papayer (arbre exotique producteur de la papaye*) qui active l'hydrolyse des protéines.*
(5) *Arbre d'Amérique du Nord, voisin du noyer.*
(6) *Organisation Mondiale de la Santé.*

SELECT
Cépage* blanc charentais qui est le résultat d'un croisement d'Ugni blanc* et de Jurançon blanc*. On le retrouve tout naturellement sur son terroir d'origine, en l'occurrence les aires d'appellation du Cognac*.
Les vins issus du Select sont des blancs légers, relativement acides, en principe destinés à la distillation.

SÉLECTION DE GRAINS NOBLES
Forme de "Vendange tardive*" pratiquée en Alsace* où les raisins atteints par le botrytis cinerea* sont récoltés grain par grain.

SELLE ANGLAISE
Morceau d'agneau* ou de mouton* situé dans la continuité des gigots* et constitué des filets non séparés. Ce terme est également employé pour désigner le même morceau chez certains cervidés (cerf*, chevreuil*, daim*, etc.).

SELLES-SUR-CHER
Fromage* de lait* de chèvre fabriqué dans le Berry, en Sologne méridionale et en vallée du Cher, A.O.C.* depuis le 21 avril 1975 et reconnu A.O.P.* dans le cadre de l'U.E. Il doit son nom à une localité du Loir-et-Cher située dans sa zone de production. L'aire géographique de l'A.O.C. Selles-sur-Cher s'étend sur 137 communes du Loir-et-Cher, de l'Indre et du Cher.
Type : pâte molle, croûte naturelle saupoudrée de charbon de bois pulvérisé.
Forme : petit disque plat à bords biseautés.
Taille : 8 à 9 cm de diamètre, 2 à 3 cm d'épaisseur.
Poids : 150 g environ.
Teneur en M.G. : 45 % au minimum.
Meilleures saisons : printemps, été, automne.

SEMI-CONSERVE
Denrée alimentaire ayant subi un traitement (pasteurisation*, parfois stérilisation*, saumurage) en vue d'en assurer une conservation limitée.

Contrairement à la conserve traditionnelle, la semi-conserve doit être stockée en réfrigération* jusqu'à sa consommation. Elle comporte une D.L.C.* et une date de fabrication (en clair ou en code).

SÉMILLON
Cépage* blanc d'origine bordelaise.
Aires de culture : en Gironde sur les terroirs de Sauternes*, Barsac*, Loupiac*… où il constitue environ 80 % de l'encépagement des vignobles producteurs de vins* liquoreux. Mais aussi dans les Graves*, Entre-deux-mers* et autres régions du Bordelais où il entre dans l'élaboration de vins blancs secs. Ce cépage se retrouve également sur d'autres aires d'A.O.C.* du Sud-Ouest telles que Monbazillac*, Côtes de Duras* et en Provence dans les appellations Coteaux d'Aix-en-Provence*, Côtes de Provence*… Cultivé sur près de 15 000 ha en France, le Sémillon est aussi présent dans plusieurs pays d'Europe Centrale, au Chili, en Argentine, en Australie, en Afrique du Sud, aux États-Unis (en Californie et dans l'Etat de Washington)…
Vins produits : en vendanges tardives* botrytisées, blancs liquoreux* de grande classe et de longue garde avec une palette aromatique complexe (miel*, fleur de tilleul*, acacia, abricot* confit) et une robe magnifique (jaune pâle). En vendanges traditionnelles, blancs secs bien équilibrés.

Source : Photo P. Mackiewicz/CIVB

SEMOULE
Produit obtenu à partir de grains de céréales *(1)* humidifiés, moulus grossièrement et tamisés.
(1) Blé dur, maïs*, riz*, sarrasin*, etc.*

SENDERENS (Alain)
Cuisinier français né en 1939 à Hyères. Après un apprentissage à Lourdes, il travaille à Paris dans différentes brigades. En 1968, il crée son premier restaurant, *L'Archestrate*. Cet amateur d'art, cuisinier passionné et grand créateur, connaît très vite la notoriété. Le Guide Michelin lui attribue une troisième étoile en 1978. En 1985, il reprend *Lucas-Carton*, le célèbre restaurant de la Place de la Madeleine. Pendant vingt ans, celui qui est considéré comme un des Chefs les plus emblématiques de sa génération va maintenir son établissement au plus haut niveau. En 2005, *Lucas-Carton* devient *Senderens*, restaurant transformé et plus accessible. En même temps, Alain Senderens fait savoir au Guide Michelin qu'il souhaite abandonner son statut de "Trois étoiles".

SERPA
Fromage* de lait* de brebis fabriqué dans l'Alentejo au Portugal ; il bénéficie d'une appellation d'origine contrôlée dans son pays et d'une A.O.P.* au niveau européen. Le serpa doit son nom à une ville située dans sa zone de production.
Type : pâte molle légèrement pressée, croûte naturelle rougie au piment* doux.
Forme : disque épais.
Taille : 18 à 20 cm de diamètre, 4 à 6 cm d'épaisseur.
Poids : 1 à 1,5 kg.
Teneur en M.G. : 45 à 50 %.
Meilleures saisons : automne, hiver, printemps.

SERPOLET
Plante aromatique dont les parfums rappellent ceux du thym* et de l'origan*.

SERRA DA ESTRELA
Fromage* de lait* de brebis fabriqué dans le centre du Portugal, il tire son nom de sa zone de production. La serra da estrela bénéficie d'une appellation d'origine contrôlée dans son pays et d'une A.O.P.* au niveau européen.
Type : pâte molle, croûte naturelle.
Forme : disque épais.
Taille : 13 à 14 cm de diamètre, 6 à 7 cm d'épaisseur.
Poids : 0,8 à 1 kg.
Teneur en M.G. : 45 % au minimum.
Meilleures saisons : printemps, été.

SERVANIN
Cépage* noir originaire de l'Isère et cultivé sur de petites superficies dans les vignobles de Savoie. Il produit des vins* rouges colorés, tanniques, avec une certaine acidité et une faible teneur alcoolique.

SERVICE (méthodes de)
En restauration classique, il existe plusieurs manières de servir le client qui varient en fonction du mets présenté, de la nature du repas, des compétences du personnel, du standing et des habitudes de l'établissement.
Service plat sur table : la méthode, simple, consiste à poser le plat, accompagné d'un couvert de service, directement sur la table. Le client se sert lui-même.
Service à l'assiette : l'assiette* dressée en cuisine, clochée ou non, est déposée devant le client en passant par sa droite. Lorsque plusieurs assiettes clochées arrivent sur une même table, il est indispensable que toutes les cloches soient retirées simultanément afin de préserver l'effet spectaculaire de ce service.

Service à la Française : il puise ses origines dans le cérémonial des fastueux repas servis sous le règne de Louis XIV. Peu utilisé en restauration, ce type de service est encore pratiqué dans les maisons bourgeoises. Le principe consiste à présenter le plat, accompagné d'un couvert de service, à gauche du convive. Ce dernier se sert lui-même selon ses souhaits.

Service à l'Anglaise : principe identique au service à la Française mais, muni d'un couvert de service dans la main droite, le serveur (ou la serveuse) effectue lui-même le service. Cette méthode est surtout employée pour les banquets*.

Service à la Russe ou ***service au guéridon*** : service de tradition qui remonte au Second Empire. Il aurait été introduit dans la haute société de l'époque par un Prince russe, ambassadeur du Tsar à Paris. Après avoir été présenté, le plat est posé sur un guéridon afin d'être dressé sur assiettes ; assiettes qui sont ensuite placées devant les clients en passant par la droite. Ce service est le seul qui permette de réaliser correctement des découpages, filetages, flambages et préparations diverses à la vue de la clientèle.

SERVIETTE
Voir Couvert*.

SÉSAME
Plante oléagineuse *(1)* originaire d'Afrique. Les graines, contenues dans les gousses, sont employées en confiserie, en pâtisserie ou pour agrémenter les pains*. Elles fournissent également une huile* claire et inodore.

(1) Le sésame est aussi considéré comme une céréale.

SETUBAL
Autre dénomination du Moscatel de Setubal*.

SEYSSEL
Vins* blancs produits en Savoie, A.O.C.* depuis le 11 février 1942.
Aire de production : communes de Seyssel *(1)* et Corbonod.
Superficie du vignoble : 69 ha (en 2005).
Encépagement autorisé : Roussette*.
Rendement de base à l'hectare : 53 hl.

(1) Il existe deux communes de Seyssel séparées par le Rhône, une se situant en Haute-Savoie et l'autre dans l'Ain. Pendant dix-huit siècles, les deux communes actuelles n'ont constitué qu'une seule. Avec les vicissitudes de l'Histoire entre la France et la Savoie, Seyssel a connu bien des changements.

SEYSSEL MOUSSEUX
Vins* blancs effervescents produits sur l'aire délimitée de l'appellation Seyssel*.
Superficie du vignoble : 14 ha (en 2005).
Encépagement autorisé : Molette*, Chasselas* et Roussette*.
Rendement de base à l'hectare : 67 hl.

SHAKER
Ustensile métallique (en inox ou en métal argenté) constitué d'une timbale et d'un couvercle emboîtant. Le shaker fait partie du matériel de base utilisé par le barman pour confectionner bon nombre de cocktails*.

SHARON
Dénomination d'un kaki* produit en Israël.

SHERRY
Autre dénomination du Xérès* en Grande-Bretagne.

SHERRY FLIP
Cocktail* identique au Porto flip* où le sherry* remplace le porto*.

SHITAKE ou SHIITAKE
Petit champignon d'origine asiatique dont la culture s'est considérablement développée en France, particulièrement en Touraine. Il se présente avec un chapeau brun parsemé de petits points blancs. Sa chair est excellente. Il se consomme sauté au beurre*, grillé, en omelette, en salade …

SHIZEN
Vin* blanc japonais issu d'un cépage autochtone, le Koshu. Arrivé sur le marché européen en 2008 *(1)*, le Shizen est élaboré avec le concours de Denis Dubourdieu, œnologue bordelais bien connu.
(1) L'importation des vins japonais dans l'espace européen fut longtemps interdite à cause de conditions de production peu réglementées, incompatibles avec les normes de l'UE.

SHORT DRINKS
Boissons "courtes" ou "petites boissons", cocktails* de 7 cl à 9 cl.

SIDE CAR
Cocktail* (apéritif) préparé au shaker.
1 cl de jus de citron*
2 cl de Cointreau*
4 cl de cognac*
Frapper et servir dans un verre à cocktail.

SIFFLET
Voir Brochet*.

SILURE
Poisson d'eau douce de la famille des siluridés. Originaire d'Europe centrale, ce grand poisson-chat, redoutable prédateur, peut atteindre 2 m et peser plus de 100 kg. Il se répand progressivement dans les cours d'eau et les étangs français. Le silure est aussi produit en aquaculture* sous le nom de *Merval*. Sa chair fibreuse, moelleuse, pauvre en arêtes et en lipides, est encore peu connue dans le domaine culinaire.

Source : Photo BG

SILVER FIZZ
Cocktail* identique au Golden fizz* où le jaune d'œuf* est remplacé par le blanc d'œuf.

SINGAPORE SLING
Cocktail* préparé au shaker.
1 cl de jus de citron*
3 cl de cherry brandy*
3 cl de gin*
Soda*
Frapper et servir dans un tumbler. Compléter de soda ou d'eau plate.

SINGAPOUR
Pâtisserie constituée d'une génoise fourrée avec de la confiture* d'abricots* et des morceaux d'ananas* macérés au kirsch*. La pièce est abricotée *(1)* et décorée avec de l'ananas et des fruits confits.
(1) Terme signifiant glacer la surface d'un gâteau avec un nappage blond, généralement une marmelade d'abricots tamisée.

S.I.Q.O. (Signes d'Identification de la Qualité et de l'Origine)
Le français est de plus en plus attentif à l'influence de l'alimentation sur sa santé et plus généralement à la qualité de ce qu'il consomme. Lorsqu'il achète un produit il veut souvent connaître son origine, son mode d'élaboration, ses conditions environnementales de production, sa traçabilité, etc. Les pouvoirs publics ont donc institué des signes officiels d'identification qui répondent à ces préoccupations. C'est ainsi que nous rencontrons couramment les signes ou sigles tels que A.O.C.*, A.O.P.*, I.G.P. *, Label rouge*, S.T.G.*, A.B.* etc. Le dispositif de garantie de la qualité et de l'origine des produits français est placé sous le contrôle de l'I.N.A.O.*.

SIROP
Solution obtenue par une dissolution plus ou moins concentrée de sucre* dans de l'eau* pure, dans de l'eau contenant des substances aromatiques ou dans du jus de fruit. Certains additifs alimentaires tels que colorants* ou acide citrique peuvent entrer dans la composition. Outre les indications classiques (fabricant, volume du contenant, etc.), l'étiquetage d'un sirop doit mentionner la date de fabrication et la D.L.U.O.*. Les sirops ne sont jamais consommés purs, ils sont mélangés à de l'eau plate ou gazeuse, de la limonade*, du soda*, de la bière*, du lait*, etc. ou entrent dans la composition de cocktails*.
Quelques sirops parmi les plus connus :
Le sirop de grenadine initialement élaboré avec des grenades*, ce sirop est aujourd'hui fabriqué avec des fruits rouges.
Le sirop d'orgeat qui était élaboré à partir d'une décoction* d'orge* et qui est maintenant produit avec du lait d'amande* et de la fleur d'oranger.
Les sirops de menthe*, *de citron*, *de citron vert*, *de fraise*, *de framboise*, *de cassis*, *de kiwi*, *d'orange*, *de pamplemousse*...
Le sirop de sucre de canne, incolore et inodore, contient au moins 62 % de sucre de canne. Il est utilisé pour édulcorer les cocktails ou les préparations culinaires.

SIROP D'ÉRABLE
Produit obtenu par réduction de la sève de certains érables* récoltée en fin d'hiver et début de printemps. La sève ou "eau d'érable", qui contient naturellement 2 à 3 % de sucre*, est recueillie grâce à une incision réalisée dans le tronc de l'arbre. Il faut 35 litres de sève condensée pour obtenir 1 litre de

sirop. L'acériculture *(1)* se pratique principalement au Canada mais aussi dans quelques états du Nord des États-Unis d'Amérique.
Le sirop d'érable est utilisé pour napper des glaces*, des crêpes*, des gaufres* et autres desserts; il entre également dans des préparations culinaires à base de volaille ou de porc*.

(1) Culture de l'érable et production de dérivés comme le sirop d'érable.

SKIN CONTACT
Courte macération pelliculaire préfermentaire pratiquée avant le pressurage* lors d'une vinification* en blanc.

SLIVOVITZ
Eau-de-vie* de prunes titrant de 40 à 45° produite dans des Balkans. Elle est obtenue par double distillation de prunes bleues récoltées sur des arbres âgés d'au moins 20 ans. La slivovitz subit ensuite un vieillissement en petites barriques avant d'être mise en bouteilles.

SMOOTHY ou SMOOTHIE
Préparation liquide onctueuse et mousseuse réalisée à partir de fruits ou légumes frais mixés, yaourt*, lait*, glace, sorbet*, etc.
Lancés dans les années 90 aux États-Unis, les smoothies rencontrent aujourd'hui un vrai succès dans de nombreux pays.

Source : M. Bury/Cedus

SOAVE
Vins* blancs italiens issus essentiellement de cépage Garganega. Ils sont produits en Vénétie, à l'est de Vérone, et bénéficient d'une D.O.C.G.
Depuis 2001, l'appellation *Soave Superiore* a pour objectif d'élever la qualité de la production.

SOCCA
Spécialité niçoise qui se présente sous forme de grande crêpe* ou grande galette fine réalisée avec une pâte constituée de farine* de pois chiche*, d'eau et d'huile d'olive*.

SODA
B.R.S.A.* gazéifiée et parfumée avec de la pulpe ou du jus de fruit, des essences ou des extraits aromatiques divers. Parmi les sodas les plus connus, citons le Coca-Cola*, le Pepsi-Cola*, l'Orangina*, le Schweppes*, le Gini*, le Canada dry*, etc.
Le terme "soda" est également utilisé pour désigner une eau gazeuse (Perrier* ou eau de Seltz*) entrant dans la composition d'un cocktail* ou présentée avec un apéritif.

SOFT DRINK (boisson)
Autre dénomination d'une B.R.S.A.*.

SOFT DRINK (cocktail)
Long drink* composé essentiellement de boissons non alcoolisées.

SOHO
Liqueur* à saveur exotique titrant 21° qui était initialement aromatisée au litchi*. Aujourd'hui, on la trouve aussi parfumée à la goyave*, au guarana *(1)* et à la carambole* *(2)*.
(1) Plante originaire le l'Amazonie brésilienne.
(2) Cette version n'est plus commercialisée en France.

SOISSONS
Voir Haricot en grain*.

SOJA
Plante probablement originaire de Manchourie qui existe sous plusieurs espèces. Le soja, très résistant, pousse facilement sur tous les terrains. Cette légumineuse constitue un produit alimentaire de base dans de nombreux pays d'Extrême-Orient. Elle se consomme de différentes façons, notamment sous forme de germes ou de fèves. La farine* de soja est couramment employée en boulangerie et en pâtisserie par les Chinois et les Japonais. Par ailleurs, les propriétés oléagineuses de ce végétal lui permettent également de fournir de l'huile*.

SOJA (sauce)
Condiment de la cuisine orientale fabriqué à partir de pâte de soja*, de blé, d'eau, de sel* et parfois additionné de gingembre*, de purée d'anchois*, de champignons, etc.

SOLE
Poisson de mer de la famille des pleuronectidés qui vit sur les fonds sableux et peu profonds de nombreuses mers du globe mais qui est aussi élevé en aquaculture*. La sole, considérée comme un poisson noble, possède une chair blanche de bonne tenue, fine et savoureuse. Sa taille se situe entre 20 et 35 cm et sa couleur varie en fonction des fonds de l'habitat. Elle se prépare à la meunière*, pochée, frite, à la dieppoise*, avec une garniture normande*, etc.

Source : © Photothèque Pernod

SOLEIL LEVANT

Fancy drink* préparé au shaker*.
1 cl de sirop de grenadine*
1 cl de nectar* d'abricot*
4 cl de jus d'orange*
4 cl de Soho*
Frapper et servir sur glace dans un tumbler.

SOLITAIRE

Voir Sanglier*.

SOMMELIER

Professionnel spécialisé dans la commercialisation et le service des vins* et spiritueux* au restaurant. Ce métier passionnant connaît actuellement un remarquable développement. En effet, de nombreux restaurateurs portent un intérêt grandissant au service des boissons dans leurs établissements et une clientèle de connaisseurs souhaite trouver au restaurant un service des vins soigné. Et puis la "culture du vin" n'est-elle pas dans l'air du temps ? En 2000, le métier a reçu un bel hommage et une authentique reconnaissance du monde du travail en intégrant le concours des M.O.F.*.

SORBAIS

Maroilles* de 540 g dont le format est légèrement inférieur au fromage traditionnel.

SORBET

Voir Glaces*.

SOT-L'Y-LAISSE (1)

Petits morceaux de chair très fine logés dans deux cavités situées à l'arrière d'une carcasse de volaille, au dessus du croupion*.

(1) En effet, par ignorance, le sot l'y laisse.

SOUBISE (sauce)

Sauce réalisée à partir d'oignons* émincés étuvés au beurre* et additionnée de sauce béchamel*. Après une finition de cuisson au four, la préparation est passée à l'étamine avant d'être crémée.

SOUBRESSADE

Spécialité espagnole sous forme de saucisse* de consistance molle au goût pimenté.

SOUFFLÉ

Mets chaud (1), salé ou sucré, servi dans son moule de cuisson immédiatement après être sorti du four.

Les soufflés salés sont généralement constitués d'une base de sauce béchamel* (ou de purée) diversement garnie et additionnée de blancs d'œufs* en neige.

Les soufflés sucrés sont, soit constitués d'une base de crème pâtissière* diversement garnie ou parfumée et additionnée de blancs en neige, soit réalisés à partir d'une purée de fruits au sucre*, cuite, également additionnée de blancs en neige.

Tous les soufflés ont la particularité de gonfler à la cuisson et déborder en hauteur le moule de préparation.

(1) Il existe aussi des soufflés glacés qui sont en réalité des entremets confectionnés avec un appareil glacé coulé dans un moule circulaire rehaussé d'une bande de papier sulfurisé. Lorsque l'appareil s'est solidifié au froid, la bande de papier est retirée pour laisser apparaître une pièce qui présente l'aspect d'un soufflé classique.*

Soufflé au thon

SOUMAINTRAIN

Fromage* de lait* de vache fabriqué en Bourgogne. Il porte le nom de son village d'origine situé dans l'Yonne.
Type : pâte molle, croûte lavée.
Forme : disque plat.
Taille : 12 à 13 cm de diamètre, 3 à 4 cm de hauteur.
Poids : 350 à 500 g.
Teneur en M. G. : 45 à 50 %.
Meilleures saisons : printemps, été, automne.

SOUPE

Préparation culinaire liquide servie comme un potage*. Elle diffère parfois de ce dernier par une composition plus rustique. Autrefois, en milieu rural, elle constituait le plat principal du dîner ou souper*. Dans le répertoire culinaire, on relève également des soupes de poissons composées principalement de poissons, coquillages ou crustacés.

SOUPE DE CHAMPAGNE
ou SOUPE CHAMPENOISE
Coktail de réception préparé dans un grand récipient (cup*).
Pour 12 à 15 personnes :
16 cl de Cointreau*(ou autre triple-sec*)
4 cl de curaçao* bleu
20 cl de jus de citron*
20 cl de sirop de sucre* de canne
2 bouteilles de champagne*brut (150 cl)
Frapper l'ensemble Cointreau, curaçao bleu, jus de citron et sirop de canne. Ajouter le champagne bien frais et servir rapidement en flûtes ou en coupes givrées au sucre. Il est impératif que le champagne soit intégré au dernier moment afin que le mélange conserve une certaine effervescence. Cette recette est une des plus classiques, mais ce cocktail connaît de nombreuses variantes.

SOUPER
Repas pris le soir, souvent comme dîner fin servi tardivement. Jusqu'à la Révolution, le souper était le dernier repas de la journée essentiellement constitué d'une soupe*.

SOURIS
Petite partie charnue attenante au manche d'un gigot*.

SOURS
Short drinks* au goût acide et astringent préparés au shaker avec jus de citron*, spiritueux* et complétés éventuellement avec un peu d'eau gazeuse.

SOUTHERN COMFORT
Liqueur* américaine fabriquée à Saint-Louis dans le Missouri. Elle est obtenue par une macération de pêches dans du bourbon* à laquelle sont ajoutées des essences de citron* et du sucre*. Ce spiritueux* titre 35°.

SOUTIRAGE
Opération de vinification* qui consiste à transvaser du vin* d'un récipient (1) à un autre afin de le séparer de ses lies*.
(1) Cuve ou tonneau.

SOUVAROV ou SOUWAROFF
Dénomination d'un apprêt de gibier à plumes ou d'une poularde*. L'animal est farci de truffe* et de foie gras*, partiellement poêlé et finalement mis dans une cocotte lutée (1) avec un déglaçage de madère*, de la truffe et un liquide de mouillement afin de terminer sa cuisson.
(1) Luter signifie souder le couvercle d'un récipient (cocotte ou terrine) avec un bourrelet de pâte.

SOUS-VIDE
Procédé de conservation de courte durée basé sur le conditionnement d'un aliment en emballage hermétique, soit en faisant le vide d'air, soit sous atmosphère modifiée (mélange gazeux).
Un produit sous-vide peut être cuisiné (1), subir une pasteurisation ou une stérilisation. Il doit être stocké au froid et comporte une D.L.C*.
(1) La cuisson sous-vide donne d'excellents résultats à condition de disposer de matériel adapté et de respecter certaines règles.

SPA BARISART
Eau minérale naturelle* gazeuse captée à Spa, près de Liège, dans les Ardennes belges.
Catégorie : très faiblement minéralisée.

Composition physico-chimique (en mg/l)	
Cations	Anions
Calcium : 5,5 Sodium : 5 Magnésium : 1,5 Potassium : 0,5	Bicarbonates : 18 Sulfates : 7,5 Chlorures : 5,55 Nitrates : 1,5
pH à 20°C : 4,1	Minéralisation totale : 49 mg/l

SPA MARIE-HENRIETTE
Eau minérale naturelle* gazeuse captée à Spa, près de Liège, dans les Ardennes belges.
Catégorie : faiblement minéralisée.

Composition physico-chimique (en mg/l)	
Cations	Anions
Calcium : 11 Sodium : 10,5 Magnésium : 7 Potassium : 1,3	Bicarbonates : 75 Sulfates : 6,5 Chlorures : 9,5 Nitrates : 0,5
pH à 20°C : 4,9	Minéralisation totale : 95 mg/l

SPA REINE
Eau minérale naturelle* gazeuse captée à Spa, près de Liège, dans les Ardennes belges.
Catégorie : très faiblement minéralisée.
Spa Reine est une des eaux minérales les plus faiblement minéralisées d'Europe.

Composition physico-chimique (en mg/l)	
Cations	Anions
Calcium : 3,3 Sodium : 2,5 Magnésium : 1,3 Potassium : 0,5	Bicarbonates : 10,6 Sulfates : 5,8 Chlorures : 2,7 Nitrates : 1,9
pH à 20°C : 5,8	Minéralisation totale : 33 mg/l

SPAGHETTIS
Pâtes alimentaires en forme de bâtonnets ronds, longs et fins.
Les spaghettis à la napolitaine sont liés au beurre*, additionnés de sauce* et fondue de tomate* ainsi que de fromage* râpé (1).
Les spaghettis à la bolognaise sont liés au beurre additionnés de sauce bolognaise (2), de fondue de tomate et de fromage râpé (1).
(1) Parmesan ou gruyère*.*
(2) Sauce réalisée avec des petits dés de queue de filet de bœuf*, des oignons* ciselés et du fond* brun de veau* tomaté.*

SPAGNOL ou ESPAGNOL
Autre dénomination du cépage* Mayorquin*.

SPÄTLESE
Voir Qualitätswein mit Prädikat*.

SPÄTZLES
Sorte de nouilles épaisses et irrégulières préparées avec de la farine* ou de la semoule* de blé dur, des œufs*, de la crème fraîche* et de la noix de muscade*. Elles sont pochées à l'eau bouillante et poêlées au beurre*.
Les spätzles sont une spécialité alsacienne et allemande.

SPÉCULOS ou SPÉCULOOS
Petit gâteau d'origine belge préparé à partir de farine*, cassonade*, beurre*, œufs*, cannelle*, clou de girofle* moulu, noix de muscade* râpée, gingembre* … Les épices entrant dans la préparation sont variables selon la formule préconisée.

Source : M. Bury/Cedus

SPIRITUEUX
Sont considérés comme spiritueux toutes les boissons contenant un certain pourcentage d'alcool*.
Une réglementation européenne de 1989 précise qu'une boisson spiritueuse doit présenter un titre alcoométrique minimal de 15 % vol. (sauf pour certaines liqueurs à base d'œuf où ce T.A.M. *(1)* est abaissé à 14 % vol.). Les eaux-de-vie*, les liqueurs*, les A.B.A.*, etc. sont des spiritueux. Les boissons alcoolisées dont l'alcool en présence est issu uniquement de la fermentation alcoolique (c'est le cas du vin*, de la bière*, du cidre*…) ne sont pas des spiritueux.
(1) T.A.M. : Taux d'alcool minimum.

SPOOM
Préparation glacée semblable au sorbet* dans laquelle est incorporée une certaine quantité de meringue* italienne, ce qui explique sa texture légère et mousseuse.

SPRAT
Petit poisson de mer de la famille des clupéidés pêché sur plusieurs côtes européennes de l'Atlantique, de la Manche, de la Mer du Nord et de la Baltique. Le sprat, voisin de la sardine*, mesure rarement plus de 15 cm.

STABILISANT
Additif alimentaire* qui maintient la texture et parfois la couleur d'une denrée.

STEAK
Terme désignant communément une tranche de viande de bœuf, sans précision du morceau d'origine.

STEAK TARTARE
Steak* haché cru *(1)* additionné de jaune d'œuf*, moutarde*, huile*, oignon* et persil* ciselés, câpres*, cornichons*, tabasco*, tomato ketchup*, Worcestershire sauce*, sel* et poivre*.
(1) Bien que très souvent il soit employé de la viande de bœuf, traditionnellement le steak tartare se prépare avec de la viande de cheval.*

STÉRILISATION
Procédé de conservation basé sur un traitement thermique ayant pour but de détruire toute forme microbienne vivante. On obtient une destruction totale des germes à partir 110° C.
Il faut distinguer :
La stérilisation classique : 115° C pendant 15 à 20 minutes.
La stérilisation Ultra Haute Température (U.H.T.) : 140° C pendant quelques secondes.
Les produits stérilisés sont distribués avec une D.L.U.O*.

STERLET
Variété d'esturgeon* mesurant jusqu'à 1 m pour un poids de 5 à 6 kg.

STEVIA
Plante originaire du Paraguay dont les feuilles sont utilisées pour extraire un édulcorant : *la Rébaudioside A*. Cet édulcorant* intense *(1)* est autorisé en France comme additif alimentaire* depuis septembre 2009.
(1) Un édulcorant intense, d'origine végétale ou chimique, possède un pouvoir sucrant élevé et une valeur énergétique quasiment nulle. Le pouvoir sucrant de cette substance est toujours évalué par rapport à celui du saccharose (voir sucre).*

S.T.G. (Spécialité Traditionnelle Garantie)
S.I.Q.O.* institué par l'Union Européenne. Cette attestation de spécificité ne fait pas référence à une origine mais elle a pour objet de mettre en valeur des produits obtenus à partir de matières premières issues des traditions ou par un mode de production traditionnel.

STILTON
Fromage* de lait* de vache fabriqué dans le centre de la Grande-Bretagne, reconnu A.O.P.* au niveau européen. Il doit son nom à une ville du comté de Leicester, lieu d'origine de sa commercialisation.
Type : pâte persillée, croûte naturelle (1).
Forme : haut cylindre.
Taille : 15 à 20 cm de diamètre, 25 cm de hauteur.
Poids : 4 à 5 kg.
Teneur en M.G. : 52 % au minimum.
Meilleures saisons : automne, hiver.
(1) Le "Stilton bleu" est très connu mais il existe également un "Stilton blanc" qui se présente sous forme de fromage frais.

STINGER
Cocktail* (digestif) préparé au shaker.
2 cl de crème de menthe* blanche
5 cl de cognac
Frapper et servir dans un verre à cocktail.
Préparé avec de la menthe verte, ce cocktail est appelé "émeraude".

STOCKFISH
Dans les pays scandinaves, dénomination de la morue* séchée à l'air grâce à des conditions climatiques particulières. Très sec, le stockfisch peut se conserver plusieurs années.

STRAIGHT WHISKEY
Whiskey* américain issu d'une seule distillerie. Le "Blended Whiskey" est un assemblage de plusieurs whiskeys.

STROGANOFF ou STROGANOV
Spécialité culinaire d'origine russe réalisée avec des lamelles de queue de filet* de bœuf*. Poudrées de paprika*, elles sont sautées et additionnées d'oignons* sués au beurre*, de champignons* et de crème fraîche*.

STRUDEL ou STROUDEL
Pâtisserie autrichienne constituée d'une pâte roulée garnie de dés de pommes* parfumés à la cannelle*, de raisins* secs et de zestes* de citron*. La préparation de cette pâtisserie compte de nombreuses variantes.

SUBRIC
Apprêt culinaire ayant l'aspect d'une petite crêpe* épaisse ou d'une petite croquette sautée au beurre*. Le subric est réalisé à partir d'un élément (légume, poisson, abat*...) lié avec de la sauce béchamel*, des œufs* et de la farine*, de la crème fraîche*, etc.

SUCCÈS
Gâteau constitué de 2 ronds de pâte à succès (1) fourrés de crème au beurre* pralinée. La pièce est masquée de crème au beurre et décorée d'amandes* effilées et de noisettes* façonnées en pâte d'amande*.
(1) Sorte de meringue aux amandes.*

SUCHET ou SOUCHET (sauce)
Sauce à base de fumet de poisson* et vin* blanc garnie d'une julienne* de carottes*, poireau et céleri*. Après réduction, elle est terminée au beurre*.

SUCRE
Substance édulcorante extraite principalement de la canne à sucre et de la betterave sucrière. Elle est cependant présente dans toutes les plantes qui contiennent de la chlorophylle, élaborée dans les feuilles par photosynthèse pour ensuite être mise en réserve dans les racines, les tiges ou les fruits. On peut ainsi fabriquer du sucre à partir de noix de coco*, de dattes*, de pommes de terre*, etc. Le terme "sucre", au singulier, est réservé au sucre de betterave ou de canne, appelé aussi *saccharose*. Son pouvoir sucrant est fixé à 1 (par comparaison, le fructose a un pouvoir sucrant égal à 1,1, le lactose à 0,15 et le miel* à 1,2). La production mondiale, 160 millions de tonnes, nous vient de 102 pays.
Le sucre est un des composants d'une multitude d'aliments solides ou liquides. Sa consommation, en France, est d'environ 25 kg par habitant et par an (1).
Principales présentations du sucre :
Le sucre cristallisé se présente sous forme de cristaux blancs obtenus par cristallisation d'un sirop de sucre.
Le sucre en poudre obtenu par broyage et tamisage de sucre cristallisé.
Le sucre en morceaux obtenu par moulage et compression de sucre blanc ou roux, encore chaud et humide.
Le sucre glace obtenu par broyage très fin de sucre cristallisé blanc qui est additionné de 3 % d'amidon pour éviter son agglomération.
Le sucre roux contient 85 à 98 % de saccharose et quelques impuretés qui lui donnent sa couleur et son goût particulier.
Le sucre candi se présente sous forme de cristaux bruns transparents obtenus par cristallisation lente d'un sirop concentré et chaud sur un fil de coton ou de lin.
Le sucre liquide ou ***sirop de sucre***, solution de sucre blonde ou transparente.
Le sucre inverti ou ***sucre interverti*** est composé

de glucose et de fructose obtenu par hydrolyse de saccharose. Ce produit, sous forme de pâte blanche très onctueuse, est employé par les pâtissiers, les confiseurs et les industriels pour ses propriétés humectantes et anti cristallisantes.

Le sucre gélifiant est un sucre cristallisé additionné de pectine et d'acide citrique alimentaire. Il est surtout employé pour la fabrication des confitures*.

La cassonade, la vergeoise* et le muscovado* (voir ces termes).

Cuillères de différents sucres.

À la cuisson, le sucre subit différentes transformations liées à l'élévation de la température. Les stades de cuissons ("nappé", "petit filet", "grand filet", "perlé", "petit boulé", "gros boulé", "petit cassé"...) correspondent à des températures précises bien connues des professionnels. Le sucre cuit travaillé par les spécialistes permet aussi la réalisation de remarquables pièces artistiques.

Au restaurant, on observera simplement que *le caramel**, parfois utilisé en base de flambage, se présente à 3 stades de cuisson: "caramel clair" 151-160 °C, "caramel" 161-170 °C et "caramel foncé" jusqu'à 190 °C. Ce stade ultime ne doit jamais être dépassé, au risque d'aboutir à un produit âcre, impropre à la consommation et qui risque de s'enflammer.

(1) Sucre consommé en l'état ou incorporé aux produits sucrés.

SUISSESSE

Cocktail* (apéritif) préparé au shaker.
½ blanc d'œuf*
2 cl de jus de citron*
5 cl de Pernod*
Soda*
Frapper ensemble le blanc d'œuf, le jus de citron et le Pernod.
Verser dans un tumbler et compléter de soda.

SULFITAGE

Opération de vinification* qui consiste à ajouter du SO^2 (anhydride sulfureux) à une vendange ou à un moût*. Le sulfitage a :
- Une action antiseptique en empêchant le développement de certaines levures alcooliques* ou bactéries.
- Une action clarifiante en retardant le départ de la fermentation alcoolique*, favorisant ainsi le débourbage*.
- Un effet acidifiant en détruisant les bactéries qui agressent les acides.
- Une action anti-oxydante en retardant la madérisation* des vins* blancs et la casse oxydasique *(1)*.

Un sulfitage excessif est préjudiciable à la qualité du vin. Une réglementation précise les teneurs maximales en SO^2 autorisées selon le type de vin traité.

(1) Altération qui se traduit par une oxydation des matières colorantes du vin, un goût désagréable et une formation de dépôt plus ou moins importante.

SUPION

Autre dénomination du calamar* dans le midi de la France.

SUPRÊME (pièce)

Terme désignant à la fois un blanc de volaille et un filet de gibier ou de poisson.
Les quartiers de certains agrumes (orange* ou pomelo* par exemple) sont aussi dénommés suprêmes.

SUPRÊME (sauce)

Sauce* réalisée à partir d'un velouté* de volaille réduit et additionné de crème fraîche* et de beurre*.

SURGÉLATION

Procédé de conservation par le froid négatif sur une durée plus ou moins longue. L'abaissement de la température doit atteindre rapidement - 18° C au cœur du produit par un traitement allant jusqu'à - 50° C *(1)*. Cette technique de conservation, pratiquée au niveau industriel, est proche de la congélation. C'est principalement le froid initial qui différencie les 2 méthodes. Les aliments surgelés ou congelés retrouvent sensiblement les mêmes conditions de stockage (voir à Congélation*).

(1) Il existe plusieurs techniques de surgélation, notamment la surgélation par contact (circulation d'un fluide à - 36° C), la surgélation par courant d'air glacial (air pulsé jusqu'à - 50° C) et la surgélation par immersion dans une solution liquide à très basse température. Dans tous les cas, l'objectif est de refroidir le produit le plus rapidement possible afin de préserver sa structure cellulaire.

SURIMI

Produit d'origine japonaise fabriqué à partir de pâte de poisson *(1)*, blanc d'œuf*, farine*, arômes divers et coloré au paprika*. Apparu en Europe dans les années 80, il connaît depuis un succès croissant. La France consomme annuellement près de 50 000 tonnes de surimi, le plus souvent aromatisé au crabe* ou à la langouste*.

(1) L'ADISUR (Association des industries du surimi) impose dans son cahier des charges un minimum de 35 % de pâte de poisson pour revendiquer la dénomination "surimi".

SUSHI

Spécialité culinaire japonaise se présentant sous forme de petites bouchées ou rouleaux garnis de riz* vinaigré, de poisson cru ou cuit, d'œuf*, etc. Cette garniture est souvent enveloppée dans une feuille de nori (1).

(1) Le nori est une algue rouge ou pourpre qui devient plus foncée, voire noirâtre, au séchage.

SUZE

Gentiane* (A.B.A.*) mise au point en 1889 par Fernand Moureaux. Elle doit son nom à Suzanne Gaspard, belle-sœur de l'inventeur. Plus sucrée qu'à l'origine (200 g/l au lieu de 80g) et moins alcoolisée (elle est passée à 15° récemment après avoir titré 16° depuis 1945 et 32° à sa création), la Suze, gentiane la plus vendue en France, est une marque du groupe Pernod*.

SUZETTE

Voir Crêpes Suzette*.

SYLVANER

Cépage* blanc d'origine vraisemblablement Autrichienne.
Aires de culture: en Alsace sur plus de 2 000 ha, en Allemagne, en Suisse, en Hongrie, dans le Tyrol italien, en Slovénie et sur de faibles superficies en Autriche, en Californie et en Australie.
Vins* produits: blancs légers et fruités.

SYRAH

Cépage* noir d'origine imprécise. Parmi les hypothèses avancées, la Syrah viendrait de la région de Schiraz, ville du sud de la Perse ou de la vallée du Rhône, issue du croisement de deux cépages à l'époque Gallo-romaine.
Aires de culture: en Vallée du Rhône (Côte Rôtie*, Saint-Joseph*, Hermitage*, Crozes-Hermitage*, Cornas*, Châteauneuf-du-Pape* …), en Provence (Côtes de Provence*, Les Baux de Provence*, Bandol* …), en Languedoc-Roussillon (Minervois*, Corbières*, Fitou*, Collioure*, Banyuls*, etc.) et dans d'autres vignobles méridionaux. Cultivé sur 140 000 ha dans le monde, dont plus de 60 000 en France, ce cépage est présent en Australie, en Argentine, en Afrique du Sud, aux États-Unis, au Chili, en Italie, en Grèce, en Espagne …
Vins* produits: rouges très colorés, puissants, tanniques, avec des notes aromatiques marquées (myrtille*, violette, truffe*, réglisse*, cuir) qui se développent au vieillissement.

T

TABAC

Le décret de novembre 2006 a officialisé l'interdiction de fumer dans les lieux publics *(1)*, cependant, le restaurateur a la possibilité, ce n'est pas une obligation, de proposer un local spécialement équipé *(2)* pour recevoir ses clients fumeurs.

Par ailleurs, il peut assurer la revente de tabac dans un cadre légal. N'étant pas débitant de tabac, cette revente devient pour lui une tolérance dont les modalités d'exercice sont contrôlées par les services des Douanes.

Il faut en retenir les points suivants :
- Seuls les établissements détenteurs d'une licence* III ou licence IV, ou d'une grande licence de restaurant, sont autorisés à revendre du tabac à leur clientèle. La publicité est interdite.
- L'approvisionnement doit se faire dans le débit de tabac le plus proche du restaurant *(3)*.
- Le revendeur doit posséder *un carnet de revente* ou *carnet d'approvisionnement*. Toutes les ventes doivent figurer sur ce carnet.
- Le stock de tabac détenu par le revendeur est limité à 50 kg.
- Enfin si le restaurateur souhaite majorer les prix de vente du tabac, cette majoration est libre à condition qu'elle soit intégrée dans les résultats comptables de l'entreprise.

Visuel apposé aux emplacements fumeurs.

Visuel indiquant l'interdiction de fumer.

(1) Applicable au 1ᵉʳ janvier 2008 dans les lieux de convivialité clos tels que les restaurants. En conséquence, elle ne concerne pas les terrasses, dès lors qu'elles ne sont pas couvertes ou que la façade est ouverte.

(2) Ce fumoir doit être un local clos, réservé à la consommation du tabac et dans lequel il ne peut y avoir de service. Sa surface maximum est limitée à 35 m² sans pouvoir occuper plus de 20 % de la surface totale de l'établissement. Il doit être doté d'un dispositif d'extraction d'air de capacité suffisante, de portes à fermetures automatiques et son accès est interdit aux mineurs de moins de 16 ans. En outre, le personnel chargé d'entretenir ce fumoir doit attendre au moins une heure après le départ du dernier client avant d'y pénétrer.

(3) Sauf pour les cigares* si le débitant de tabac le plus proche ne dispose pas des marques demandées par le restaurateur.

TABASCO

Condiment liquide *(1)* à saveur très forte fabriqué en Louisiane (États-Unis) à partir de piments* rouges broyés et macérés pendant 3 ans avec du sel* de la mine d'Avery Island. Le produit de cette longue macération, qui a lieu en fûts de chêne, est ensuite mélangé avec du vinaigre*. Après brassages successifs, la sauce est alors filtrée pour être mise en flacon stilligoutte. Le tabasco sert à relever les sauces*, les cocktails* (ex: Bloody Mary*), les steaks tartare* et autres préparations culinaires.

(1) Condiment traditionnel de la cuisine américaine, le tabasco porte le nom d'un état du Mexique méridional. Il a été inventé vers 1860 par un banquier épicurien, E. Mc. Ilhenny.

TABLE D'HÔTES ou TABLE D'HÔTE

Grande table où plusieurs convives sont réunis pour prendre un repas en commun. Cette pratique trouve son origine dans les auberges qui, jadis, installaient leurs clients autour d'une table commune. Pratiquement disparue dans la restauration traditionnelle, la table d'hôtes retrouve un certain succès dans les maisons d'hôtes ou en complément des chambres d'hôtes.

TABLIER DE SAPEUR

Dans la région lyonnaise, morceaux de gras-double* panés et poêlés ou grillés.

TABOULÉ ou TABOULLÉ ou TABBOULEH

Préparation culinaire d'origine libanaise faite de boulghour* *(1)* additionné de dés de tomate* et d'oignon*, de persil* et de menthe* ciselés *(2)*. L'assaisonnement se fait avec de l'huile d'olive* et du jus de citron*.

(1) Dans cette préparation, le boulghour est de plus en plus souvent remplacé par de la semoule* de blé.

(2) D'autres éléments tels que dés de poivron* ou raisins* secs peuvent s'ajouter à la préparation.

TACAUD

Poisson de mer de la famille des gadidés que l'on pêche dans la Manche et le Golfe de Gascogne. Proche du merlan*, il trouve les mêmes destinations culinaires que ce dernier.

TÂCHE (LA)

Vin* rouge produit en Bourgogne*, Grand Cru bénéficiant d'une A.O.C.* depuis le 11 septembre 1936.
Aire de production : parcelles délimitées du lieu-dit "La Tâche" sur la commune de Vosne-Romanée, d'une superficie totale de 6,06 ha.
Encépagement autorisé : Pinot noir*, Pinot Beurot* et Pinot Liébault*.
Rendement de base à l'hectare : 35 hl.

TACON

Jeune saumon* qui n'a pas encore rejoint le milieu marin.

TAFIA

Eau-de-vie* provenant de la distillation de mélasses résiduelles de l'industrie sucrière. "Tafia" fut le premier nom donné au rhum*. Aujourd'hui ce terme désigne souvent un rhum de médiocre qualité.

TAGLIATELLES

Pâtes alimentaires détaillées en larges lanières.

TAILLEVENT (Guillaume Tirel, dit)

Cuisinier français (Pont-Audemer 1310 - 1395) auteur *(1)* d'un des plus anciens livres sur la cuisine du Moyen-âge, *Le Viandier*. Ce traité culinaire demeure une référence jusqu'à la publication du *Cuisinier François* par François Pierre de la Varenne* en 1651.

(1) Auteur parfois contesté.

TAJINE ou TAGINE

Ce terme désigne à la fois un contenant et un contenu.
a) Ustensile de cuisson d'origine marocaine constitué d'un plat creux en terre cuite vernissée et d'un couvercle conique.
b) Préparation culinaire faite de viande, de volaille, de poisson, de légumes, d'aromates* et épices*, etc. cuits à l'étouffée dans le récipient du même nom.

TALEGGIO

Fromage* de lait* de vache fabriqué en Italie, il porte le nom de sa région d'origine, le Val Taleggio, située en Lombardie. Le Taleggio bénéficie d'une Appellation d'Origine Contrôlée dans son pays et d'une A.O.P.* dans le cadre de l'U.E.
Type : pâte molle légèrement pressée, croûte lavée.
Forme : pavé.
Taille : 20 cm de côté, 5 à 7 cm d'épaisseur.
Poids : 2 kg environ.
Teneur en M.G. : 48 %.
Meilleures saisons : été, automne, hiver.

TALIANS

Eau minérale naturelle* plate captée à la source Antica Fonte près de Brescia, dans le nord de l'Italie.
Catégorie : riche en sels minéraux.

Composition physico-chimique (en mg/l)	
Cations	Anions
Calcium : 596	Sulfates : 1530
Magnésium : 77	Bicarbonates : 290
Sodium : 7	Chlorures : 8
Potassium : 2	Nitrates : 0,5
Silice : 12 Fluor : 0,35	
pH à 20°C : 7,1 Minéralisation totale : 2 590 mg/l	

TALMOUSE

Préparation à base de pâte feuilletée* diversement garnie. Parmi les différentes talmouses, citons la talmouse en tricorne qui se présente sous forme de chausson triangulaire fourré de sauce mornay*, additionnée ou non d'éléments complémentaires (ex : dés de jambon*).

TAMARILLO
Fruit exotique originaire d'Amérique du Sud. Le tamarillo est une baie qui a l'apparence d'une grosse cerise dont la pulpe a une saveur acidulée. Pelé et débarrassé de ses pépins, il est employé en salades de fruits, confitures*, sorbets*, condiments*, etc.

TAMARIN
Fruit du tamarinier, arbre originaire d'Afrique orientale et cultivé dans les régions tropicales. Le tamarin se présente sous forme de gousse qui renferme une pulpe acidulée marron et des graines dures. Il est employé pour la préparation de confitures*, boissons et condiments*.

TAMIÉ ou ABBAYE DE TAMIÉ
Fromage* de lait* de vache fabriqué en Savoie. Il doit son nom à un monastère du massif des Bauges, son lieu de production.
Type : pâte molle légèrement pressée, croûte lavée.
Forme : disque épais.
Taille : 18 cm de diamètre, 4 à 5 cm d'épaisseur.
Poids : 1,2 kg environ.
Teneur en M.G. : 45 à 50 %.
Meilleures saisons : été, automne.

TAMPICO
Cocktail* préparé sur glace directement dans un tumbler.
2 cl de jus de citron*
3 cl de Campari* bitter
2 cl de Cointreau*
5 cl de tonic*
Verser le jus de citron, le Campari et le Cointreau. Remuer et ajouter le tonic.

Source : Photo BG

TANCHE
Poisson d'eau douce de la famille des cyprinidés qui vit dans les étangs et les eaux calmes des rivières. La tanche couramment consommée mesure environ 30 cm et pèse de 1 à 2 kg. Sa chair est appréciée quand elle est pêchée en eau claire, sinon elle révèle un goût désagréable dû à un séjour prolongé sur des fonds vaseux.

TANDOORI (épice)
Mélange d'épices*, aromates* et condiments* en poudre utilisé dans la cuisine indienne. Il est principalement composé de piment*, paprika*, curcuma*, thym*, coriandre*, cumin*, céleri*, ail*, carvi*, romarin*, laurier*, cannelle*, sel* et poivre*.

TANDOORI (préparation culinaire)
Préparation culinaire indienne à base de poulet* *(1)* enduit de yaourt* additionné de poudre de tandoori. Après avoir macéré une nuit, les morceaux de poulet sont cuits dans un four en terre cuite appelé *tandoor*.
(1) Le poulet peut être remplacé par de l'agneau, voire du poisson.*

TANGELO
Agrume* hybride résultant d'un croisement de mandarine* et de pomelo*.
Principales variétés : *Minneola, Seminole, Orlando...*

TANGERINE
Agrume* hybride résultant d'un croisement de mandarine* et d'orange* amère. Son nom vient de Tanger, ville marocaine, qui fut le principal port d'exportation.

TANGO
Boisson composée de bière* additionnée d'un trait de sirop de grenadine*.

TANGOR
Agrume* hybride issu d'un croisement de mandarine* et d'orange*.

TANIN ou TANNIN
Substance présente dans la rafle, les pellicules et les pépins du raisin*. De quantité variable selon le cépage*, le tanin apporte au vin* une certaine tenue qui contribue à son équilibre et lui donne une aptitude au vieillissement. L'excès de tanin, notamment dans les vins jeunes, se traduit par une astringence perceptible à la dégustation.
Le chêne, utilisé pour la fabrication des fûts, est également riche en tanin. Cette propriété est exploitée pour le vieillissement des vins et des eaux-de-vie* ambrées.

TANISAGE ou TANNISAGE
Opération de vinification* qui consiste à ajouter du tanin* à un moût* ou à un vin* pour équilibrer sa structure ou favoriser un collage*.

TANNAT
Cépage* noir d'origine béarnaise.
Aires de culture : vignobles du Sud-Ouest (Cahors*, Madiran*, Tursan*, Béarn*, Irouléguy*...). Cultivé sur près de 3 000 ha en France, le Tannat est aussi présent en Uruguay et en Argentine.
Vins* produits : rouges charpentés, très tanniques, de couleur intense avec des arômes de framboise et de fruits noirs.

TAPAS
En Espagne et au Pays basque français, assortiments d'amuse-bouche* servis en accompagnement de l'apéritif ou d'autres boissons.

TAPENADE
Condiment provençal composé de câpres*, d'olives* noires et de filets d'anchois* écrasés avec de l'huile d'olive* et différents aromates*. Il se tartine sur des tranches de pain* grillées, peut farcir des tomates* crues ou des œufs* durs ou simplement servir d'accompagnement comme tout autre condiment.

TAPIOCA
Produit réalisé à partir de fécule extraite de la racine du manioc* et utilisé pour la préparation de potages*, bouillies et entremets*. Le tapioca se présente sous forme de petites billes blanchâtres qui deviennent translucides à la cuisson.

TARAMA
Préparation d'origine grecque qui a l'aspect d'une pâte de couleur rose. Elle est préparée avec des œufs de cabillaud* plus ou moins fumés qui sont écrasés avec de la mie de pain* et émulsionnés avec de l'huile d'olive* et de la crème fraîche*.

TARTARE (préparation)
Dénomination d'une préparation à base de viande ou de poisson hachés crus, additionnée de différents éléments d'assaisonnement (voir steak tartare*).

TARTARE (sauce)
Sauce émulsionnée froide similaire à la sauce mayonnaise* où le jaune d'œuf* cru est remplacé par du jaune d'œuf dur écrasé. Cette sauce est additionnée d'oignons* et de ciboulettes* finement ciselés.

TARTE
Pièce sucrée ou salée, souvent de forme ronde, constituée d'un fond de pâte (brisée*, sablée* ou feuilletée*) et d'une garniture.

TARTIFLETTE
Spécialité savoyarde sous forme de gratin composée de rondelles de pommes de terre en robe des champs*, oignons* émincés, lardons*, vin* blanc de Savoie, crème fraîche* et reblochon*.

TASTE-VIN ou TÂTE-VIN
Petite tasse plate en argent ou en métal argenté utilisée pour la dégustation des vins*.

TATIN (tarte)
Tarte aux pommes* caramélisées cuite à l'envers et retournée pour être servie (1). Elle fut créée par les demoiselles Tatin dans leur hôtel-restaurant de Lamotte-Beuvron (localité solognote située au sud d'Orléans).

(1) Classiquement, cette tarte est servie chaude et nature. Il arrive cependant qu'elle soit présentée avec de la crème fraîche* ou de la glace* à la vanille*.

TAUREAU
Bovin* non castré élevé essentiellement pour la reproduction. La viande de taureau, beaucoup plus goûteuse que celle du bœuf*, est surtout consommée dans le Sud-Est.

L'A.O.C.* (1) **Taureau de Camargue**, instituée par le décret du 3 décembre 1996, est réservée aux bovins de races particulières nés et élevés dans une aire géographique qui s'étend sur 224 communes des départements des Bouches-du-Rhône, du Gard et de l'Hérault. Par ailleurs, les carcasses de ces animaux provenant de manades (2) ou de ganaderias (3) locales font l'objet d'analyses sensorielles organisées périodiquement sous la responsabilité de l'I.N.A.O.*.

(1) Reconnue A.O.P.* dans le cadre de l'U.E.
(2) Élevages de taureaux de race Camarguaise.
(3) Élevages de taureaux de race Brave.

TAVEL

Vins* rosés produits dans la Vallée du Rhône, A.O.C.* depuis le 15 mai 1936.

Aire de production : communes de Tavel et Roquemaure, dans le Gard, situées au nord-ouest d'Avignon.
Superficie du vignoble : 952 ha (en 2007).
Encépagement autorisé : Grenache*, Cinsault*, Clairettes blanche et rose*, Picpoul*, Calitor*, Bourboulenc*, Mourvèdre*, Syrah* et Carignan*.
Rendement de base à l'hectare : 42 hl.

T.A.V.N.M. (Titre Alcoométrique Volumique Naturel Minimum)

Il se traduit par la richesse alcoolique *(1)* minimale d'un vin* évaluée à partir de la teneur minimale en sucre naturel de son moût*. Le T.A.V.N.M. est également évalué pour la fabrication d'autres liquides alcoolisés. C'est le cas de la "grappe" servant de base à l'élaboration du rhum*.

(1) Voir degré alcoolique.

TAXO

Voir Fruits de la passion*.

T-BONE

Pièce de bœuf* prélevée dans l'aloyau* sous forme de tranche perpendiculaire à la colonne vertébrale. Le T-bone est constitué d'un morceau de faux-filet* et d'une partie de filet* attenant à l'os.

TELLIER (Charles)

Ingénieur français (Amiens 1828 - Paris 1913). Considéré comme l'inventeur du froid industriel, il crée à Auteuil, en 1869, la première usine frigorifique fonctionnant avec le froid artificiel.
En 1876, il équipe un navire *(1)* de cales frigorifiques pour transporter de la viande et des volailles entre Rouen et Buenos Aires. Ainsi va naître la chaîne industrielle du froid qui permettra l'échange de denrées périssables entre les continents. On peut facilement imaginer que l'invention de C. Tellier va apporter un profond changement dans la façon de conserver et consommer les aliments avec l'arrivée, quelques décennies plus tard, des premiers réfrigérateurs dans les foyers.

(1) Ce navire est tout simplement nommé "le Frigorifique".

TELLINE

Petit coquillage bivalve de 2 à 3 cm vivant dans le sable de nombreuses zones côtières. On le trouve notamment sur les littoraux bretons, vendéens et camarguais. Après avoir été mis à dégorger, il est consommé cru ou poché, en persillade ou à la crème.

TÉNARÈZE

Une des 3 zones qui constituent l'aire d'appellation de l'Armagnac* (voir Armagnac-Ténarèze*).

TENDRON

Morceau cartilagineux prélevé dans la partie abdominale du veau* ou du bœuf*.

TEQUILA

Eau-de-vie* mexicaine obtenue par distillation de la pulpe fermentée du fruit de l'agave (sorte de cac-

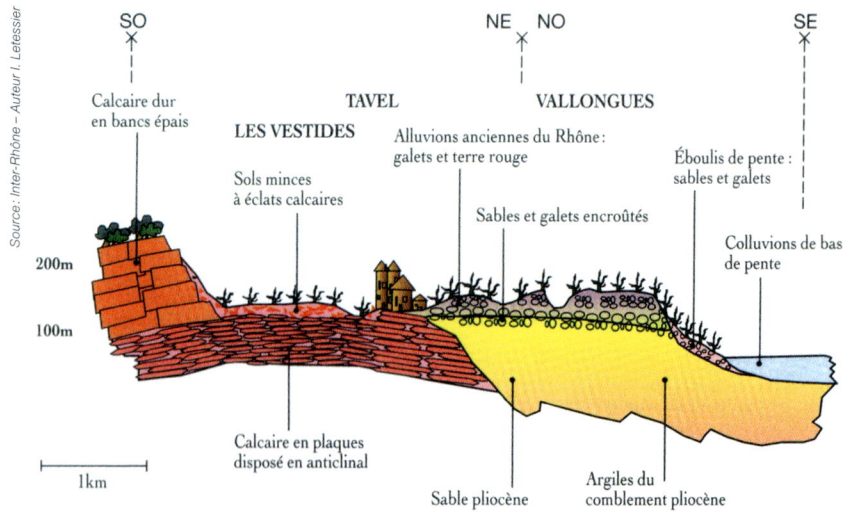

Coupe géologique du terroir de Tavel.

tus). Elle tire son nom d'une ville de l'état de Jalisco, région délimitée de sa production.

Élaboration de la tequila :
Les "pinas", fruits de l'agave, sont cuits à la vapeur, puis broyés. Le jus obtenu est mis en fermentation avec des levures* et du sucre*. Le liquide fermenté est ensuite distillé en 2 temps : la première chauffe donne un mescal* qui titre environ 20° et la deuxième chauffe génère une eau-de-vie de 50 à 55°.

On distingue 4 types de tequila :
Blanco ou ***silver***, eau-de-vie blanche classique.
Gold ou ***Joven o abocado***, eau-de-vie ayant subi un vieillissement de 2 mois en fût de chêne à laquelle on ajoute parfois un colorant* et des arômes*.
Reposado, eau-de-vie qui a subi un vieillissement de 2 mois à 1 an en fût avant la mise en bouteilles.
Añejo, eau-de-vie de couleur ambrée ayant vieilli en fût pendant une période allant de 1 à 10 ans.
Traditionnellement, la tequila se déguste avec du sel* et du citron* vert. Le (ou la) Margarita n'est-il pas servi dans un verre givré au sel fin ?

TEQUILA SUNRISE
Cocktail* préparé sur glace directement dans un tumbler.
8 cl de jus d'orange*
4 cl de tequila*
1 cl de sirop de grenadine*
Verser le jus d'orange et la tequila. Remuer et finir par le sirop de grenadine.

TERRET BLANC
Cépage* blanc *(1)* originaire du Languedoc.
Aires de culture : essentiellement dans le Languedoc-Roussillon (Languedoc*, Corbières*...). Le Terret blanc couvre près de 3 000 ha du vignoble français.
Vins* produits : blancs légers, neutres, de qualité moyenne.

(1) Il existe également une variété de Terret gris, plus rare, dont la culture est souvent associée au Terret blanc.

TERRET NOIR
Cépage* noir originaire du Languedoc.
Aires de culture : Languedoc-Roussillon (Languedoc*, Minervois*, Corbières*...), Vallée du Rhône (Côtes-du-Rhône*, Châteauneuf-du-Pape*...), Provence (Cassis*), etc.
Vins* produits : rouges légers, parfumés et peu colorés.

TÊTE-DE-MOINE
Fromage* de lait* de vache fabriqué dans le Jura suisse. Il tire son nom d'un usage qui obligeait les fermiers à remettre au prieur de l'abbaye de Bellelay un fromage par "tête de moine". Les moines recevaient ainsi une redevance en échange du droit de fabriquer un produit dont le monastère était le créateur. La tête-de-moine bénéficie d'une Appellation d'Origine Contrôlée depuis 2001.
Type : pâte pressée non cuite, croûte lavée.
Forme : cylindre.
Taille : 10 à 15 cm de diamètre, la hauteur étant de 70 à 100% du diamètre.
Poids : 700 à 900 g.
Teneur en M.G. : 51 % au minimum.
Meilleures saisons : hiver, printemps.
Ce fromage se déguste en "rosettes" réalisées avec une "girolle", instrument constitué d'une lame montée sur un axe central qui permet de racler la pâte par un geste circulaire.

TÊTE DE NÈGRE
a) Petit gâteau constitué de 2 meringues* hémisphériques assemblées et masquées avec de la crème au beurre* au chocolat*. Il est recouvert de vermicelle en chocolat et éventuellement de noix de coco* râpée.
b) Gâteau de riz* demi-sphérique recouvert de crème anglaise* au chocolat et décoré de crème Chantilly*.

TÊTE DE VEAU
Abat* blanc constitué de la tête de l'animal, y compris la langue* et la cervelle*. Souvent désossée, la tête de veau* est généralement pochée pour être servie avec une sauce* d'accompagnement (vinaigrette*, ravigote*, gribiche*...). On confectionne également des fritots* de tête de veau.

TETILLA
Fromage* de lait* de vache fabriqué en Galice, dans l'ouest de l'Espagne. Son nom vient du terme "tetilla", signifiant tétine (en évocation de sa forme originelle). Il bénéficie d'une Appellation d'Origine

Contrôlée dans son pays et d'une A.O.P.* au niveau européen.
Type : pâte molle, croûte naturelle presque inexistante.
Forme : grosse poire aplatie.
Taille : 20 à 25 cm de diamètre, 10 à 15 cm de hauteur.
Poids : 1 à 1,5 kg.
Teneur en M.G. : 40 à 45 %.
Qualité identique toute l'année.

TÉTRAGONE

Plante potagère originaire d'Australie appelée aussi "épinard d'été". En effet, la tétragone, dont les feuilles rappellent celles de l'épinard*, remplace souvent ce dernier durant les périodes estivales.

THÉ

Infusion* obtenue à partir des feuilles, légèrement fermentées ou non, d'un arbrisseau d'origine asiatique, le théier. Après l'eau*, le thé est la boisson la plus consommée sur la planète.
La légende raconte que le thé aurait été découvert plus de deux millénaires avant J.C. par un empereur chinois. Il a été introduit en Europe au début du 17ème siècle pour devenir dans certains pays une boisson traditionnelle.
La culture du théier nécessite un climat chaud et humide. Aujourd'hui, les principaux producteurs sont la Chine, l'Inde, le Sri Lanka (1), le Kenya, la Turquie, l'Indonésie, le Viêt Nam, le Japon, l'Argentine, l'Iran, le Bangladesh, la Malaisie, le Népal...
On distingue plusieurs variétés de thé :
Le thé blanc qui ne subit aucun traitement. Il est simplement séché à l'air libre. Originaire de Chine, le thé blanc est un produit rare.
Le thé vert, non fermenté, dont les feuilles subissent un chauffage rapide à 100 °C avant d'être roulées, séchées et triées. Ce thé donne une infusion assez claire au goût fort.
Le thé oolong, semi-fermenté, fournit une infusion légère.
Le thé noir ayant subi plusieurs opérations : le flétrissage (qui permet de déshydrater partiellement les feuilles), le roulage (où les cellules des feuilles roulées sont brisées pour libérer et mélanger les composants), une courte fermentation (2 à 3 heures en milieu humide à 90 % d'hygrométrie) et enfin un séchage ou dessiccation (15 à 20 minutes à 90 °C). Ce type de thé donne une infusion plus colorée au goût plus fin.
La qualité d'un thé est exprimée en grade établi en fonction de la qualité des feuilles. Celles de meilleure qualité, les plus récemment écloses, se trouvent à l'extrémité des tiges, on trouve ainsi :
Le Golden Flowery Orange Pekœ (G.F.O.P.), thé d'excellente qualité, riche en bourgeons terminaux.
Le Flowery Orange Pekœ (F.O.P.), thé de grande qualité à feuilles plus longues et plus matures.
L'Orange Pekœ (O.P.), produit classique.
Le Flowery Pekœ (F.P.).
Le Pekœ Souchong (P.S.).
Les bons thés sont présentés en feuilles entières. Lorsque celles-ci sont brisées, ils portent la mention "broken". Aux produits classiques s'ajoutent une gamme de thés parfumés ou aromatisés aux fleurs, aux fruits, voire aux épices*. Le plus connu est *l'Earl Grey* parfumé à la bergamote*.
La préparation et la dégustation du thé varient selon les pays et les traditions, on peut néanmoins retenir les règles principales qui sont d'usage en Europe occidentale :
1) Mettre à bouillir de l'eau peu calcaire et non chlorée.
2) Ébouillanter la théière et la vider.
3) Mettre le thé dans le récipient à raison de 2 à 3 grammes pour une tasse.
4) Verser l'eau frémissante (85 à 95 °C) sur les feuilles de thé.
5) Laisser infuser 3 à 5 minutes (un peu plus longtemps pour le thé blanc). Si le temps d'infusion est excessif, les tanins n'apporteront qu'une astringence désagréable.
6) Remuer légèrement l'infusion et servir en tasses chaudes.
Le thé est présenté accompagné de sucre* (certains l'apprécient avec du miel*) et éventuellement de lait* froid ou d'une tranche de citron*. Il peut aussi être consommé glacé. Les vrais amateurs prennent soin de réserver une théière, en porcelaine ou en faïence, pour chaque type de thé préparé (thé classique, thé fumé ou thé parfumé). Certains préconisent même que la théière soit rarement lavée mais simplement rincée et séchée sans essuyage afin de conserver des parois "culottées" par le dépôt constitué lors des infusions successives.

(1) Dans le commerce du thé, le Sri Lanka est encore désigné sous le nom de Ceylan (l'Ile de Ceylan devint Sri Lanka en 1972).

Source : Doc Twinings

THÉ ROUGE
Voir Rooibos*.

THERMIDOR (homard)
Désignation d'une préparation de homard*. Le crustacé est d'abord partagé dans le sens de la longueur pour être grillé. La chair est ensuite détaillée en

médaillons* et replacée dans les demi-carapaces avec une sauce crème* moutardée. Saupoudrée de fromage râpé (gruyère* ou emmental*), la préparation est finalement glacée à la salamandre.
Cet apprêt culinaire doit son nom à une pièce de l'auteur dramatique Victorien Sardou (1831-1908).

THIOF
Autre dénomination du mérou* au Sénégal.

THIS (Hervé)
Physico-chimiste français né à Suresnes en 1955. Il est considéré comme le créateur de la "Gastronomie moléculaire*", nouvelle discipline scientifique lancée en 1988. Ce chercheur de l'I.N.R.A (1), passionné par la chimie et la cuisine, a publié plusieurs ouvrages sur le sujet. Il présente de nombreuses conférences et travaille en étroite collaboration avec des grands Chefs comme Pierre Gagnaire*. Par ailleurs, il dirige au Collège de France le groupe "Gastronomie moléculaire" qui est intégré à l'équipe de Jean-Marie Lehn, Prix Nobel de Chimie.

(1) Institut National de la Recherche Agronomique.

THON
Poisson de la famille des scombridés qui se présente sous plusieurs espèces:

Darnes de thon

Le thon blanc ou **germon**: il vit dans le Golfe de Gascogne et les mers tropicales. Son poids peut atteindre 30 kg et sa taille 1,20 m. La chair blanche de ce poisson est surtout destinée à la conserverie.
Le thon rouge ou **bluefin**: il migre souvent de l'Atlantique à la Méditerranée mais on le trouve également dans d'autres mers. Le plus grand des thons, jusqu'à 3,50 m pour 600 kg, possède une chair rouge presque toujours consommée fraîche.
Le thon albacore ou **yellowfin**: il se pêche dans le Golfe de Gascogne et les mers tropicales, son poids moyen se situe entre 10 et 60 kg. Les plus gros spécimens peuvent mesurer jusqu'à 2,50 m pour un poids de 200 à 250 kg. L'albacore est plutôt destiné à la conserverie.
Le thon obèse ou **patudo**: il vit dans l'Atlantique et se compare à l'albacore. Son poids moyen varie entre 80 et 90 kg mais les très gros poissons peuvent atteindre 300 kg pour une taille de 2 mètres. Il est surtout consommé frais.
La bonite ou **listao**: cette espèce de plus petite taille (de 5 à 20 kg) vit dans le Golfe de Gascogne, en Méditerranée et dans les mers tropicales. Sa chair rouge est et de saveur plus commune.

THONON
Eau minérale naturelle* plate captée à Thonon-les-Bains en Haute-Savoie. Reconnue source de santé publique par l'Académie de médecine en 1890.
Catégorie: faiblement minéralisée.

Composition physico-chimique (en mg/l)	
Cations	Anions
Calcium : 92 Magnésium : 19 Sodium : 5,7 Potassium : <1	Sulfates : 20 Bicarbonates : 340 Chlorures : 11 Nitrates : 8
Fluor : 1,9	
pH à 20°C : -	Minéralisation totale : 342 mg/l

THYM
Plante aromatique originaire du bassin méditerranéen. On distingue plusieurs variétés de thym, les principales sont :
Le thym commun appelé *farigoule*
Le thym sauvage
Le thym d'hiver appelé également *thym allemand*
Le thym-citron qui a la particularité d'exhaler des arômes citronnés.
Le thym, dont les petites feuilles et les fleurs sont les parties les plus odoriférantes, est utilisé comme élément aromatique dans de multiples préparations culinaires mais aussi comme base d'infusion*.

TIAN
En Provence, ce terme désigne à la fois un contenant et un contenu.
a) Plat creux en terre vernissée de forme variable.
b) Préparation culinaire faite de couches successives de courgettes*, aubergines*, tomates*... coupées en tranches et déposées sur un lit d'oignon* et d'ail* hachés. L'ensemble, agrémenté d'herbes de Provence et d'huile d'olive*, est cuit au four.

TIBOUREN
Cépage* noir provençal dont l'origine est incertaine. Il pourrait venir de Grèce ou du Moyen-Orient.
Aires de culture: en Provence (Côtes de Provence*, Coteaux Varois en Provence*...) sur près de 500 ha.
Vins* produits: rosés secs et fruités ou rouges légers.

TIGNARD
Voir Bleu de Tignes*.

TILAPIA
Poisson d'eau douce d'origine africaine appartenant à la famille des cichlidés. Essentiellement herbivore et facile à élever, avec une croissance rapide

, le tilapia est produit actuellement en aquaculture*
dans plus de 75 pays (1), principalement en Asie,
mais aussi en Amérique du Nord, en Amérique du
Sud, en Afrique …
Commercialisé en filets dont la chair blanche est
pratiquement dépourvue d'arêtes, il trouve de nombreuses destinations culinaires.

(1) Le tilapia est aujourd'hui le 2ème poisson le plus élevé sur la planète.

TILLEUL
Infusion* obtenue à partir des fleurs odorantes de l'arbre du même nom. Le tilleul est une infusion calmante et légèrement sédative.

TILSIT ou TILSITER
Fromage* de lait* de vache fabriqué dans le nord de la Suisse. Il tire son nom d'une ville de Prusse-Orientale d'où il était importé à la fin du 19ème siècle.
Type : pâte pressée non cuite, croûte naturelle brossée.
Forme : meule à talon convexe ou droit.
Taille : 25 cm de diamètre, 7 à 8 cm d'épaisseur.
Poids : 4 à 4,5 kg.
Teneur en M.G. : 45 %.
Qualité identique toute l'année.

TIMBALE
Dans le domaine culinaire, croustade* ronde cuite "à blanc" (1) et diversement garnie.

(1) Signifie que la croustade est vide au moment de la cuisson.

TIRAMISU ou TIRAMI-SÙ
Pâtisserie italienne constituée de couches de biscuit imbibées de café*, de marsala* ou d'Amaretto et de couches de crème au mascarpone*. Le tiramisu est recouvert de chocolat* en poudre.

TIRE-BOUCHON
Ustensile utilisé pour ouvrir les bouteilles de vin*. Il se présente sous plusieurs formes, le type "Sommelier" étant le plus employé par les professionnels de la restauration.

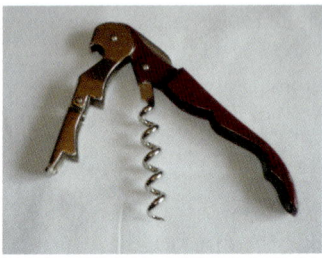

Tire-bouchon de type "Sommelier".

TOAST
Tranche de pain de mie* grillée et servie avec ou sans beurre* en accompagnement de certains plats (saumon fumé, foie gras*…).

TOAST MELBA
Voir Melba* (toast).

TOFU
Produit réalisé à partir de fèves de soja* trempées et réduites en une purée qui est ensuite bouillie et tamisée. Le liquide obtenu est additionné d'un coagulant qui donnera sa texture au tofu.

TOILETTE
Autre dénomination de la crépine*.

TOKAY ASZU (Tokaji aszú)
Vins* blancs hongrois issus de cépages Furmint et Hárslevelü. Ils sont produits dans le nord-est du pays, sur les rives du Bodrog. Depuis 2002, la région viticole de Tokaji est classée au patrimoine mondial de l'humanité par l'U.N.E.S.C.O.
Le Tokay Aszu, considéré comme un des meilleurs vins blancs du monde, est élaboré à partir d'un moût additionné d'une *pâte* obtenue par foulage de grains de raisins surmaturés et desséchés. Cette pâte, appelée aussi *âme du vin*, est ajoutée en quantité variable exprimée en "puttonyos" (petites hottes de 25 à 32 litres).
Les mentions 3, 4, 5 ou 6 puttonyos figurant sur les étiquettes correspondent au nombre de hottes de pâte ajoutées à un fût de 136 litres (le gönc).

TOM COLLINS
Cocktail* préparé sur glace directement dans un tumbler.
1 cuillère à café de sucre* ou 1 cl de sirop* de sucre de canne
2 cl de jus de citron*
4 cl de gin*
Soda*
1 tranche de citron
1 cerise* à l'eau-de-vie
Verser le sucre, le jus de citron, le gin et compléter au soda.

Remuer et décorer avec la tranche de citron et la cerise à l'eau-de-vie.

TOMATE (boisson)
Apéritif constitué d'une mesure d'anisé* additionnée d'un trait de sirop de grenadine*.

TOMATE (plante)
Plante rapportée d'Amérique par les conquistadors vers le milieu du 16ème siècle. On ne sait pas précisément si elle est originaire du Mexique ou du Pérou. La tomate, dont on consomme le fruit charnu et juteux, est devenue un légume mondialement connu et un des principaux légumes français. Notre pays en produit 750 000 tonnes par an, la consommation moyenne par habitant étant de 25 kg.

Il existe une multitude de variétés qui se différencient par leurs formes (ronde ou allongée), leurs tailles (de la tomate "cerise" au gros fruit), leurs couleurs (rouge, jaune ou verte) et leurs périodes de maturité (précoce à tardive). Parmi les variétés les plus classiques, citons *la Montfavet, la Marmande, La Saint-Pierre, La Plate de Chateaurenard, la Cornue des Andes, le Cœur de bœuf, le Téton de vénus, la Roma* ou *Olivette*...

Crue ou cuite, la tomate est présente dans de nombreuses préparations culinaires et dans certains condiments*.

Tomates à différents stades de maturité.

TOMME DES BAUGES *(1)*
Fromage* de lait* de vache fabriqué dans 55 communes de Savoie et de Haute-Savoie, A.O.C.* depuis le 12 novembre 2002 et reconnu A.O.P.* dans le cadre européen. Il tire son nom du massif alpin d'où il est originaire.
La plaque de caséine apposée sur la croûte du fromage est verte pour les fromages fermiers et rouge pour les fromages laitiers.
Type : pâte pressée non cuite, croûte fleurie.
Forme : cylindre.
Taille : 18 à 20 cm de diamètre, 3 à 5 cm de hauteur.
Poids : 1,1 à 1,4 kg.
Teneur en M.G. : 45 % au minimum.
Meilleures saisons : été et automne.

(1) "Tomme" ou "Tome" ? Les deux orthographes sont employées et il semblerait que ce terme dérive du grec "Tomos" ou de du latin "Toma".

TOMME BOUDANE
Comme la tome de Bauges, ce fromage* de lait* de vache fabriqué en Savoie est semblable à la tomme de Savoie.
Type : pâte pressée non cuite, croûte légèrement fleurie.
Forme : cylindre.
Taille : 18 à 20 cm de diamètre, 3 à 5 cm de hauteur.
Poids : 1 à 1,4 kg.
Teneur en M.G. : 45 % au minimum.
Meilleures saisons : été et automne.

TOMME DE BRACH
Fromage* de lait* de brebis fabriqué dans le Limousin. Il doit son nom à un hameau de Corrèze situé dans sa zone de production.
Type : pâte molle persillée légèrement pressée, croûte naturelle.
Forme : cylindre.
Taille : 10 cm de diamètre, 8 cm de hauteur.
Poids : 600 à 800 g.
Teneur en M.G. : 45 à 50 %.
Meilleures saisons : printemps, été.

TOMME DE SAVOIE
Fromage* de lait* de vache fabriqué en Savoie. Il doit son nom à sa région d'origine.
Type : pâte pressée non cuite, croûte naturelle brossée.
Forme : cylindre.
Taille : 18 à 30 cm de diamètre, 6 à 8 cm de hauteur.
Poids : 1,2 à 3 kg.
Teneur en M.G. : 20 à 40 %.
Meilleures saisons : printemps, été, automne.

TOMME DES ALLUES
Fromage* de lait* de chèvre fabriqué en Savoie. Il doit son nom à une localité située dans sa zone de production.
Type : pâte pressée non cuite, croûte lavée.
Forme : disque épais.
Taille : 20 à 25 cm de diamètre, 6 à 8 cm de hauteur.
Poids : 3 à 4 kg.
Teneur en M.G. : 45 % environ.
Meilleures saisons : printemps, été.

TOMME DU REVARD
Fromage* de lait* de vache savoyard, semblable à la tomme de Savoie*.

TOMME FRAÎCHE
Autre dénomination de l'Aligot*.

TONIC
Soda* incolore et amer aromatisé avec différentes

plantes et qui contient généralement de la quinine. Il se déguste nature ou avec du gin*. Le Schweppes* est un tonic.

TOPINAMBOUR
Plante originaire du Canada dont on consomme les tubercules bosselés difficiles à éplucher et qui ont un goût assez proche de l'artichaut*.
Le topinambour se prépare cru, râpé ou cuit en purée, sauté au beurre*, en beignets*, en gratin, etc.

Topinambours de variétés différentes.

TORTELLINIS
Spécialité italienne constituée de petits anneaux en pâte à nouilles garnis d'une farce (fromage*, jambon*, poulet*...). Pochés à l'eau, les tortellinis sont servis avec une sauce tomate* et du fromage* ou de la crème fraîche*.

TORTILLA
En Espagne, omelette plate garnie de pommes de terre*, d'oignons* ou de morue*. Au Mexique, galette de farine* de maïs* remplaçant le pain*.

TÔT-FAIT
Gâteau familial, de composition proche du quatre-quarts*, qui se prépare rapidement, d'où son nom.

TOURAINE
Vins* rouges, rosés et blancs produits dans la Vallée de la Loire, A.O.C.* depuis le 24 décembre 1939. La mention "Val de Loire" peut être éventuellement adjointe à l'appellation.
Aire de production : 101 communes de l'Indre-et-Loire et 42 communes du Loir-et-Cher.
Superficie du vignoble : 5 500 ha (en 2008).
Encépagement autorisé : Chenin blanc*, Menu Pineau*, Sauvignon*, Chardonnay*, Cabernet franc*, Cabernet-Sauvignon*, Pinot noir*, Pinot gris*, Pinot meunier*, Côt*, Gamay*, Pineau d'Aunis et Grolleau*.
Rendement de base à l'hectare : 60 hl pour les vins rouges et rosés, 65 hl pour les vins blancs.

TOURAINE AMBOISE
Vins* rouges, rosés et blancs produits dans la Vallée de la Loire, A.O.C.* depuis le 15 juillet 1955. La mention "Val de Loire" peut être éventuellement adjointe à l'appellation.
Aire de production : Amboise et 9 autres communes d'Indre-et-Loire situées à proximité.
Superficie du vignoble : 220 ha (en 2008).
Encépagement autorisé : Cabernet franc*, Cabernet-Sauvignon*, Côt*, Gamay* et Chenin blanc*.
Rendement de base à l'hectare : 55 hl pour les vins rouges et rosés, 60 hl pour les vins blancs.

TOURAINE AZAY-LE-RIDEAU
Vins* blancs et rosés produits dans la Vallée de la Loire, A.O.C.* depuis le 1er septembre 1977. La mention "Val de Loire" peut être éventuellement adjointe à l'appellation.
Aire de production : 8 communes d'Indre-et-Loire, dont Azay-le-Rideau, situées au sud-ouest de Tours.
Superficie du vignoble : 60 ha (en 2008).
Encépagement autorisé : Chenin blanc*, Cabernet franc*, Cabernet-Sauvignon*, Côt*, Gamay* et Grolleau*.
Rendement de base à l'hectare : 55 hl.
Teneur maximale en sucre résiduel pour les vins rosés : 3 g/l.

TOURAINE MESLAND
Vins* rouges, rosés et blancs produits dans la Vallée de la Loire, A.O.C.* régie par les décrets du 15 juillet 1955 et du 7 novembre 1966. La mention "Val de Loire" peut être éventuellement adjointe à l'appellation.
Aire de production : 6 communes du Loir-et-Cher, dont Mesland, situées à l'ouest de Blois.

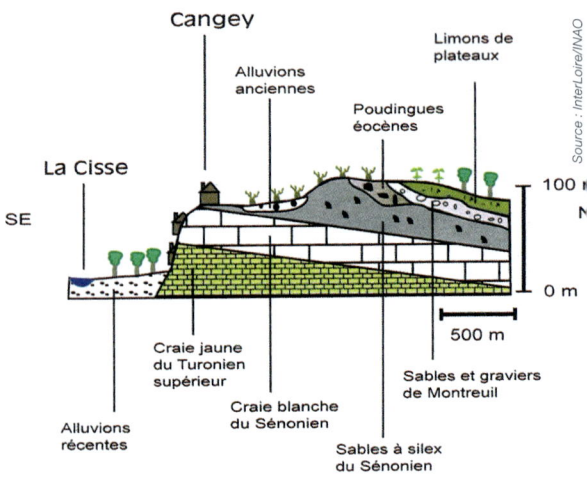

Coupe géologique du terroir du Touraine Amboise.

Superficie du vignoble : 105 ha (en 2008).
Encépagement autorisé : Cabernet franc*, Cabernet-Sauvignon*, Côt*, Gamay*, Chenin blanc*, Sauvignon* et Chardonnay.
Rendement de base à l'hectare : 55 hl pour les vins rouges et rosés, 60 hl pour les vins blancs.

TOURAINE MOUSSEUX

Vins* blancs, rosés et rouges effervescents produits sur les aires délimitées de l'appellation Touraine* pour les blancs et rosés et sur les aires délimitées des appellations Bourgueil, Saint-Nicolas-de-Bourgueil* et Chinon* pour les rouges. A.O.C.* depuis le 16 octobre 1946. La mention "Val de Loire" peut être éventuellement adjointe à l'appellation.
Encépagement autorisé : Chenin blanc*, Arbois*, Chardonnay*, Cabernet franc*, Cabernet-Sauvignon*, Pinot noir*, Pinot gris*, Pinot meunier*, Pineau d'Aunis*, Côt*, Grolleau*, Noble* et Gamay*.
Rendement de base à l'hectare : 65 hl pour les vins blancs et rosés, 55 hl pour les vins rouges.
Richesse alcoolique minimum avant l'adjonction de la liqueur d'expédition* : 9,5 %.

TOURAINE NOBLE JOUÉ

Vins* rosés ou gris produits dans la Vallée de la Loire, A.O.C.* depuis le 12 avril 2001. La mention "Val de Loire" peut être éventuellement adjointe à l'appellation.
Aire de production : 5 communes d'Indre-et-Loire, dont Joué-lès-Tours, situées au sud de Tours.
Superficie du vignoble : 28 ha (en 2008).
Encépagement autorisé : Pinot Meunier*, Pinot gris* et Pinot noir *.
Rendement de base à l'hectare : 55 hl.

TOURAINE PÉTILLANT

Vins* blancs, rosés et rouges pétillants* produits sur les aires délimitées de l'appellation Touraine* pour les blancs et rosés et sur les aires délimitées des appellations Bourgueil, Saint-Nicolas-de-Bourgueil* et Chinon* pour les rouges. A.O.C.* régie par le décret du 24 décembre 1939 modifié.

TOURANGELLE (garniture)

Garniture* composée de flageolets* et de haricots verts*.

TOURANGELLE (salade)

Salade composée* constituée de flageolets*, haricots verts* en losanges et julienne* de pommes de terre*. Assaisonnement : sauce mayonnaise* crémée additionnée d'estragon* haché.

TOURBAT

Autre dénomination du cépage Malvoisie*.

TOURIN

Dans le Sud-Ouest, soupe* à l'oignon* liée aux jaunes d'œufs*.

TOURNEDOS

Tranche de filet* de bœuf* bardée d'environ 2 cm d'épaisseur.

TOURNEDOS ROSSINI

Voir Rossini*.

TOURNON SAINT-MARTIN

Fromage* de lait* de chèvre fabriqué dans le Berry. Il doit son nom à un village de l'Indre situé dans sa zone de production.
Type : pâte molle, croûte naturelle.
Forme : tronc de cône.
Taille : 7 à 9 cm de diamètre de base, 8 à 9 cm de hauteur.
Poids : 200 à 300 g.
Teneur en M.G. : 45 %.
Meilleures saisons : printemps, été, automne.

TOURNON SAINT-PIERRE

Fromage* de lait* de chèvre fabriqué en Touraine, semblable au Tournon-Saint-Martin* *(1)*. Il doit son nom à une localité située dans sa zone de production.
(1) Les 2 communes sont contiguës, l'une se situant dans l'Indre et l'autre dans l'Indre-et-Loire.

TOURON ou TURRÓN

Confiserie à base d'amandes* ou noisettes*, de miel*, de blancs d'œufs, de sucre*, etc. rappelant le nougat*. D'origine espagnole, le touron est fabriqué dans plusieurs régions du sud de la France, notamment au Pays basque et dans la région de Perpignan.

TOURTE

Sorte de tarte* ou quiche* recouverte d'une abaisse* de pâte constituant un couvercle.

Tourte de la mer

TOURTEAU
Gros crabe* qui vit sur les fonds rocheux et sablonneux des côtes de l'Atlantique, de la Manche et de la Méditerranée. Appelé également *dormeur*, le tourteau atteint parfois une largeur de 30 cm et un poids de 4 à 5 kg. Poché dans un court-bouillon*, il se consomme généralement froid avec une sauce mayonnaise*.

TRAÇABILITÉ
Le Codex Alimentarius *(1)* a défini la traçabilité des produits alimentaires comme suit : *"La traçabilité correspond à la capacité de suivre les déplacements d'un aliment parmi des stades précis de la production, de la transformation et de la distribution"*. Dans le Paquet Hygiène* elle est plus simplement définie *"De la fourche à la fourchette"*.
(1) Programme commun de l'Organisation des Nations Unies pour l'alimentation et l'agriculture (F.A.O.) et de l'Organisation Mondiale de la Santé (O.M.S.) consistant en un recueil de normes, directives et autres recommandations relatives à la production et à la transformation des produits agro-alimentaires qui ont pour objet la sécurité sanitaire des aliments, mais aussi la protection des consommateurs, des travailleurs des filières agricoles et alimentaires ainsi que la protection de l'environnement.

TRAMA (Michel)
Cuisinier français né en 1947 à Constantine. À partir de 1970, cet ancien étudiant des Arts déco se tourne vers l'art culinaire en autodidacte complet. Il s'installe d'abord dans un petit restaurant parisien avant d'ouvrir en 1978 *L'Aubergeade*, à Puymirol. Dans cette bastide du Lot-et-Garonne rénovée avec élégance, le Maître des lieux élabore une cuisine raffinée autour de la truffe* et autres produits du Sud-Ouest. Les mérites de ce Chef talentueux sont reconnus dans l'univers de la gastronomie*, notamment par le Guide Michelin* qui lui décerne une troisième étoile en 2004.

TRANCHE ou TRANCHE GRASSE
Chez le bœuf*, morceau prélevé dans la partie antérieur de la cuisse.

TRANCHE NAPOLITAINE
Tranche rectangulaire d'un entremets glacé constitué de plusieurs couches de glace* ou sorbet* de parfums différents.

TRAPPISTE DE BELVAL
Voir Belval*.

TRAVERS
Morceau osseux prélevé dans la partie supérieure de la poitrine du porc*.

TRENTO
Vins* blancs et rosés effervescents italiens produits dans la région la plus septentrionale du pays. Issus de cépages* Chardonnay*, Pinot noir*, Pinot blanc* et Pinot Meunier*, ces vins élaborés par la Méthode traditionnelle* bénéficient d'une D.O.C.*

TRESSALLIER
Cépage* blanc synonyme de Sacy*, cultivé dans l'Allier sur l'aire d'appellation Saint-Pourçain*.

TRESSOT
Cépage* noir, probablement originaire de l'Yonne, dont la culture, très limitée, se pratique encore dans cette région.

TRÉVISE
Voir Chicorée*.

TRINITY
Cocktail* (apéritif) préparé au verre à mélange.
2 cl de vermouth* dry
2 cl de vermouth* italien
3 cl de gin*
1 zeste* de citron*
Frapper et servir dans un verre à cocktail.
Décorer avec le zeste de citron.

TRIPES
Préparations culinaires réalisées à partir de diverses parties de l'appareil digestif et de pieds de certains animaux de boucherie.

TRIPES À LA MODE DE CAEN
Tripes* de bovins cuisinées au cidre* avec divers aromates*.

TRIPLE-CRÈME
Dénomination légale d'un fromage* ayant une teneur en matière grasse égale ou supérieure à 75 % *(1)*.
(1) Pourcentage de matière grasse sur l'extrait sec du produit.

TRIPLE-SEC
Type de liqueur* douce élaborée à partir d'écorces d'oranges. Le Cointreau*, le Grand Marnier*, le curaçao* sont des triple-secs.

TRIPOUX ou TRIPOUS
En Auvergne, petits paquets de tripes de mouton* ficelés, cuisinés au vin* blanc et aux aromates*.

TROCKENBEERENAUSLESE
Voir Qualitätswein mit Prädikat*.

TROÏKA
Cocktail* de composition semblable au Balalaïka*.

TROIS CORNES
Autre dénomination du sableau*.

TROISGROS (Jean et Pierre)

Cuisiniers français nés à Chalon-sur-Saône, le premier en 1926 et le second en 1928. Jean est décédé en 1983.

Fils de Jean-Baptiste et Marie Troisgros, restaurateurs qui s'installent à Roanne en 1930, ils sont élevés dans un univers de bonne cuisine. Leur apprentissage passe par de grandes maisons telles que *Lucas-Carton* ou *Fernand Point**. En 1953, ils reviennent, dans l'entreprise familiale qui prend le nom de *Frères Troisgros*. Le restaurant connaît rapidement un grand succès basé sur une cuisine où se mêlent à la fois sobriété, authenticité, exigence et créativité *(1)*. Les deux frères mettent au point de grands classiques de l'art culinaire contemporain comme la célèbre "Escalope de saumon* à l'oseille*". Leur table, une des plus prestigieuses de France, est auréolée de trois étoiles au Guide Michelin* dès 1968. Après la disparition de son frère, Pierre poursuit sa carrière de grand Chef avec son fils et futur successeur, Michel.

(1) Jean Troisgros a également reçu le titre de M.O.F en 1965.*

Michel et Pierre Troisgros.

TROISGROS (Michel)

Cuisinier français, fils de Pierre Troisgros*, né en 1958 à Roanne. Après l'École hôtelière de Grenoble, il parcourt le monde pour parfaire ses connaissances dans des établissements de renom, notamment chez Frédy Girardet*, en Suisse. Il revient ensuite dans l'entreprise familiale, auprès de son père.

Plus tard, il transforme la maison en allant vers un style résolument moderne où le décor et l'ambiance desing servent d'écrin à une cuisine inspirée de ses périples internationaux. Changement de style mais même niveau de gastronomie : les trois étoiles du Guide Michelin* acquises par son père et son oncle en 1968 sont toujours bien présentes.

TROMPETTE-DES-MORTS ou TROMPETTE-DE-LA-MORT

Champignon sylvestre qui doit son nom à sa forme (pavillon de trompette) et à sa couleur (le noir, couleur du deuil). Il pousse généralement en touffes dans les endroits humides des forêts. La trompette-des-morts, également appelée *Craterelle* ou *Corne d'abondance*, possède une chair fine et savoureuse. Elle se prépare sautée au beurre*, en omelette et en garniture*.

TROO

Fromage* de lait de chèvre* ou de lait de vache semblable au Montoire*, fabriqué en vallée du Loir, dans la région vendômoise. Il doit son nom à un village du Loir-et-Cher d'où il est originaire.

TROU NORMAND

Pratique qui consiste à boire un verre de calvados* (ou autre eau-de-vie*) au milieu d'un repas afin de stimuler l'appétit (un effet qui n'a jamais été vraiment prouvé !). Actuellement, le verre de spiritueux* est bien souvent remplacé par un sorbet* au fruit arrosé d'eau-de-vie*.

TROUSSEAU

Cépage* noir d'origine jurassienne.
Aires de culture : dans le Jura (Côtes du Jura*, Arbois*). À l'étranger, il est cultivé en Californie et au Portugal. Sous le nom de Bastardo, il entre dans l'encépagement très varié des vignobles de Porto*.
Vins* produits : rouges corsés, tanniques, chaleureux, de belle couleur et de longue garde.

TRUFFADE

En Auvergne, plat fait de pommes de terre* sautées additionnées de tomme fraîche*.

TRUFFE

Champignon souterrain qui croît au pied de certains arbres *(1)*, notamment les chênes. On en rencontre plus rarement au pied des noisetiers, des châtaigniers ou des hêtres. *Le diamant noir*, autre dénomination de la truffe, est recherché et apprécié depuis l'Antiquité. Les Égyptiens, les Grecs et les Romains en faisaient déjà bon usage.

Pour faire face à la demande, la France s'est lancée dans la trufficulture dès 1810. Aujourd'hui les principales régions truffières sont le Périgord, le Quercy et le Sud-Est.

La récolte de la truffe, ou "cavage", exige la présence d'un animal spécialement dressé, porc ou chien, pour la détecter *(2)*.

Il existe des dizaines de variétés de truffes mais les plus courantes sont :

La Truffe noire du Périgord, considérée comme une des meilleures et donc très prisée.

La Truffe blanche du Piémont ou ***Truffe d'Alba***, qui pousse en Italie du Nord. La plus renommée mais aussi la plus chère, son cours peut atteindre plusieurs milliers d'euros le kilo.

Citons également *la Truffe de la Saint-Jean* ou *Truffe d'été*, *la Truffe de Bourgogne*, *la Truffe musquée*, *la Truffe de Chine*, *la Truffe blanquette*, *la Truffe de Bagnoli*, *la Truffe lisse*...

La truffe peut être achetée fraîche mais elle est surtout commercialisée sous forme de conserves. Une réglementation définit les différents types de produits :

TRUFFES SURCHOIX, pelées ou brossées : truffes mûres à chair ferme et noire présentées entières, de couleur et de taille uniformes, sensiblement rondes.

TRUFFES EXTRA, pelées ou brossées : truffes mûres à chair ferme plus ou moins noires, présentées entières, légèrement irrégulières.

TRUFFES 1er CHOIX, pelées ou brossées : truffes à chair plus ou moins ferme dont la couleur peut être relativement claire (présence de truffes grises tolérées). Elles sont présentées entières, irrégulières, plus ou moins écorchées.

MORCEAUX DE TRUFFES : morceaux de truffes plus ou moins foncés d'une épaisseur minimum de 5 mm.

PELURES DE TRUFFES : bandelettes résultant du pelage de truffes avec un maximum de 30 % de brisures.

BRISURES DE TRUFFES : débris de truffes.

Dans le domaine culinaire, la truffe demeure un produit précieux, synonyme de raffinement. Elle est employée crue ou cuite dans d'innombrables apprêts du répertoire classique et parfois avec plus de parcimonie dans les recettes contemporaines.

(1) En réalité, la racine de l'arbre est infectée par le mycélium du champignon (appareil végétatif constitué de filaments).
(2) Il existe aussi un type de mouche qui pond ses œufs sur les truffes afin que les larves s'en nourrissent. Avec de l'expérience, si l'on repère l'insecte qui vole en stationnaire au-dessus d'un emplacement précis, on peut chercher à cet endroit et, avec un peu de chance, y trouver une truffe.

TRUFFE EN CHOCOLAT

Petite confiserie réalisée avec de la ganache* détaillée en boule et enrobée de chocolat* couverture et de cacao* en poudre.

TRUFFIAT

Spécialité berrichonne faite de pommes de terre* râpées mélangées avec du fromage* frais ou des œufs* battus et du beurre* et cuite en cocotte ou en tourtière.

TRUITE

Poisson d'eau douce de la famille des salmonidés qui vit dans les lacs, les eaux vives des torrents et rivières ou qui est élevée en trutticulture *(1)*. Ce poisson carnassier se rencontre sous plusieurs espèces :

La truite de rivière ou *fario* qui se caractérise par des points rouges sur le dos.

La truite arc-en-ciel principalement produite en pisciculture*.

La truite de lac qui vit dans les lacs et dont la taille peut atteindre 90 cm à 1 m. Lorsque sa chair est de couleur rose, on l'appelle *truite saumonée*.

La truite de mer qui peut, elle aussi, atteindre une grande taille. Elle vit dans les fleuves côtiers et va jusqu'à la mer pour s'y nourrir.

La chair de la truite blanche, rosée ou orangée selon le type de poisson et son alimentation, se retrouve dans de multiples apprêts culinaires.

(1) Élevage intensif de la truite qui répond aux besoins du marché. En effet, la pêche de plusieurs espèces est sévèrement réglementée et la commercialisation interdite.

TTORO

Soupe* de poissons basque cuisinée avec fumet de poisson et vin* blanc et additionnée de tomates* concassées, piments* et poivrons*. Elle est servie avec une garniture de langoustines* et de moules*.

TUILE AUX AMANDES

Petit four sec moulé en forme de tuile, réalisé à partir d'un appareil composé de sucre* glace, amandes* en poudre ou effilées, farine*, œufs* et beurre*.

TULIPE

Petit four sec réalisé à partir d'un appareil composé de sucre glace*, farine*, beurre* et blancs d'œufs*. La pâte, cuite en forme de petit disque fin, est moulée dès la sortie du four dans un récipient creux afin de lui donner l'aspect d'une tulipe. Une fois refroidie, la tulipe est garnie de glace*, sorbet*, crème Chantilly*, fruits frais ou fruits pochés...

TURBOT

Poisson de mer de la famille des scophtalmidés qui vit sur les fonds sableux des mers européennes, notamment l'Atlantique, mais qui est également élevé en aquaculture* *(1)*. Son corps, en forme de losange,

mesure en moyenne 40 à 50 cm *(2)* pour un poids de 2 à 4 kg, le petit spécimen étant appelé *turbotin*.
Considéré comme un poisson noble, le turbot possède une chair blanche ferme et savoureuse particulièrement appréciée dans le domaine culinaire.
(1) Activité développée en Espagne et en France.
(2) La taille minimale de pêche autorisée par la réglementation communautaire européenne est de 30 cm.

TURINOIS
Gâteau fait d'un mélange, sans cuisson, de purée de marron*, de sucre*, de beurre* et de chocolat* râpé. Cet appareil, parfumé au kirsch*, est mis dans un moule au froid pour être servi plus tard, détaillé en tranches.

TURSAN
Vins* blancs, rouges et rosés produits dans le Sud-Ouest, A.O.V.D.Q.S.* depuis le 11 juillet 1958.
Aire de production : 35 communes des Landes et 1 commune du Gers situées au sud de Mont-de-Marsan.
Superficie du vignoble : 275 ha (en 2005).
Encépagement autorisé : Barroque*, Sauvignon*, Petit Manseng*, Gros Manseng*, Claverie*, Cruchinet*, Cabernets*, Tannat*, Fer Servadou* ou Pinenc*.
Rendement de base à l'hectare : 55 hl.
Richesse alcoolique minimum acquise : 10,5 % pour les vins blancs et rouges, 11 % pour les vins rosés.

TYROLIENNE (garniture)
Garniture* composée de rondelles d'oignons* frits et de tomates* concassées.

TYROLIENNE (sauce)
Sauce semblable à une sauce Choron* mais montée à l'huile*.

UV

UGLI

Agrume* hybride qui serait le résultat du croisement d'une tangerine* et d'un pamplemousse* ou un pomelo*. Produit en Jamaïque, l'ugli est un peu plus gros qu'une orange* avec une peau épaisse, ridée et une chair sucrée et juteuse

UGNI BLANC

Cépage* d'origine italienne très répandu dans le monde. Il est le cépage blanc le plus cultivé en France avec près de 100 000 ha de plantations.
Aires de culture : vignobles du Cognac, de l'Armagnac*, Bordelais (Bordeaux*, Crémant de Bordeaux*...), Sud-Ouest (Bergerac sec*, Montravel*...), Languedoc (Coteaux du Languedoc*), Vallée du Rhône (Côtes-du-Rhône*, Coteaux du Tricastin*, Costières de Nîmes*...), Provence (Côtes de Provence*, Coteaux Varois en Provence*, Bandol*, Cassis*...), Corse (Vin de Corse*, Ajaccio*, Patrimonio*). À l'étranger, l'Ugni blanc se rencontre dans les vignobles italiens, portugais, bulgares, roumains, grecs, mexicains, californiens, argentins, brésiliens, australiens, sud-africains, etc.
Vins* produits : blancs secs et nerveux, courts en bouche. Dans le Cognacais et l'Armagnacais, les vendanges sont précoces pour obtenir des vins acides et peu alcoolisés destinés à la distillation.

Source : M. Carossio/BNIA

U.H.T.

Voir Stérilisation*.

ULLOA

Fromage* de lait* de vache fabriqué en Galice, dans le nord-ouest de l'Espagne. Ce fromage est très proche du gallego*.

Type : pâte pressée non cuite, croûte naturelle grattée.
Forme : gros disque.
Taille : 20 cm de diamètre, 6 à 8 cm d'épaisseur.
Poids : 2 à 2,5 kg.
Teneur en M.G. : 45 % environ.
Meilleures saisons : printemps, été, automne.

VACCARÈSE

Cépage* noir originaire de la Vallée du Rhône.
Aires de culture : plusieurs terroirs de sa région d'origine, notamment celui de Châteauneuf-du-Pape*.
Vins* produits : rouges corsés, tanniques, avec des notes aromatiques poivrées.

VACHARD

Fromage* de lait* de vache fabriqué en Auvergne. Il doit son nom à l'animal producteur du lait de fabrication.
Type : pâte pressée non cuite, croûte naturelle.
Forme : disque épais.
Taille : 20 cm de diamètre, 4 à 5 cm d'épaisseur.
Poids : 1 à 1,5 kg.
Teneur en M.G. : 30 à 45 %.
Meilleures saisons : été, automne.

VACHERET

Fromage* franc-comtois identique au chevret* mais fabriqué avec du lait* de vache.

VACHERIN

Entremets glacé constitué d'un fond de meringue* surmonté de glace* et de crème Chantilly*.

VACHERIN D'ABONDANCE

Fromage* de lait* de vache fabriqué en Haute-Savoie. Il tire son nom de la nature du lait de fabrication et d'un val situé dans sa région de production.
Type : pâte molle à croûte lavée.
Forme : disque épais cerclé d'une lanière d'écorce d'épicéa.
Taille : 13 cm de diamètre, 3 cm d'épaisseur.
Poids : 400 à 500 g.
Teneur en M.G. : 45 %.
Meilleures saisons : hiver et printemps.

VACHERIN DES BAUGES

Fromage* de lait* de vache fabriqué en Savoie. Il doit son nom à la nature du lait de fabrication et à sa région de production.
Type : pâte molle à croûte lavée.
Forme : disque épais cerclé d'une lanière d'écorce d'épicéa.
Taille : 20 cm de diamètre, 4 à 5 cm d'épaisseur.
Poids : 1,4 kg environ.
Teneur en M.G. : 45 à 50 %.
Meilleure saison : hiver.

VACHERIN DU HAUT-DOUBS

Autre appellation du mont-d'or*.

VACQUEYRAS

Vins* rouges, rosés et blancs produits dans la Vallée du Rhône, A.O.C.* depuis le 9 août 1990.
Aire de production : communes de Vacqueyras et Sarrians, dans le Vaucluse, situées à l'est d'Orange.
Superficie du vignoble : 1 411 ha (en 2007).
Encépagement autorisé : Grenache*, Syrah*, Mourvèdre*, Cinsault*, Grenache blanc*, Clairette*, Bourboulenc*, Marsanne*, Roussanne* et Viognier* (il est également admis que 10 % de l'encépagement soit constitué d'autres cépages autorisés, sauf le Carignan*, pour l'appellation Côtes-du-Rhône*).
Rendement à l'hectare : 34 hl.

VALDEPEÑAS

Vins* blancs et rouges espagnols issus de cépages Airén* et Cencibel, produits dans la Mancha, au sud de Madrid.
Ces vins bénéficient d'une D.O.*.

VALENÇAY (fromage)

Fromage* de lait* de chèvre fabriqué dans le Berry, A.O.C.* depuis le 21 juillet 1998 et reconnu A.O.P.* dans le cadre de l'U.E. Il doit son nom à une localité du nord de l'Indre. Sa zone de production s'étend sur 233 communes situées essentiellement dans l'Indre mais aussi dans l'Indre-et-Loire, le Loir-et-Cher et le Cher.
Type : pâte molle, croûte naturelle saupoudrée de charbon de bois pulvérisé.
Forme : pyramide tronquée.
Taille : 6 à 7 cm de côté à la base, 7 à 8 cm de hauteur.
Poids : 220 à 250 g.
Teneur en M.G. : 45 %.
Meilleures saisons : printemps, été, automne.

VALENÇAY (vin)

Vins* blancs, rouges et rosés produits dans la Vallée de la Loire, A.O.C.* depuis le 17 mars 2004.
Aire de production : 13 communes du nord de l'Indre, dont Valençay, et une commune du Loir-et-Cher, Selles-sur-Cher.
Superficie du vignoble : 142 ha (en 2005).
Encépagement autorisé : Cabernet franc*, Cabernet-Sauvignon*, Côt*, Gamay*, Pinot noir*, Pineau d'Aunis*, Arbois*, Chardonnay* et Sauvignon*.

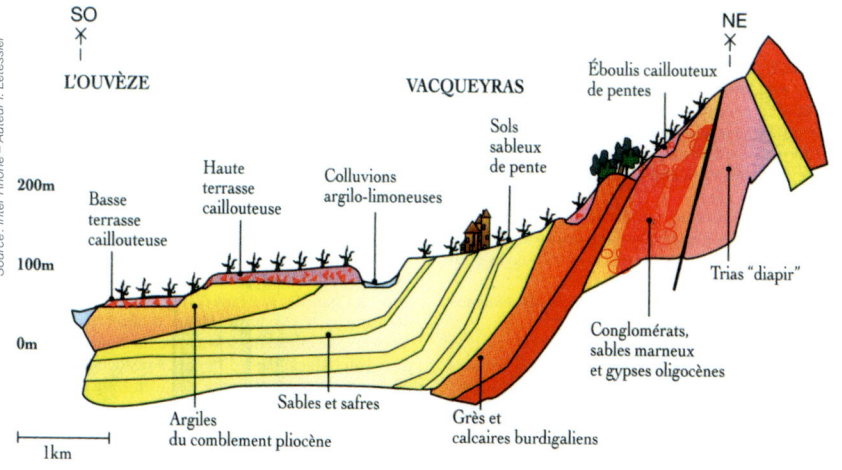

Rendement de base à l'hectare : 55 hl pour les vins rouges et rosés, 60 hl pour les vins blancs.
Teneur maximale en sucre résiduel pour les vins blancs et rosés : 3 g/l.

VALÉRIANELLE POTAGÈRE
Autre dénomination de la mâche*.

VALPOLICELLA
Vins* rouges italiens issus essentiellement de cépages Corvina Veronese et Rondinella. Ces vins, bénéficiant d'une D.O.C.*, sont produits en Vénétie, au nord de Vérone.
Le Valpolicella "recioto" est élaboré avec la partie supérieure des plus belles grappes de raisin vendangées à surmaturité.

VALS VIVARAISE
Eau minérale naturelle* gazeuse captée à Vals-les-Bains dans l'Ardèche.
Catégorie : riche en sels minéraux.

Composition physico-chimique (en mg/l)	
Cations	Anions
Sodium : 453 Calcium : 42,2 Potassium : 32,8 Magnésium : 21,3	Bicarbonates : 1 403 Sulfates : 38,9 Chlorures : 27,2 Nitrates : inf. à 1
pH à 20°C : 6,2 Minéralisation totale : 1 776 mg/l	

VALVERT
Eau minérale naturelle* plate captée à Etalle dans les Ardennes belges.
Catégorie : faiblement minéralisée.

Composition physico-chimique (en mg/l)	
Cations	Anions
Calcium : 67,6 Sodium : 1,9 Magnésium : 2 Potassium : 0,2	Bicarbonates : 204 Sulfates : 18 Chlorures : 4 Nitrates : 3,5
pH à 20°C : 7,7 Minéralisation totale : 201 mg/l	

VANILLE
Épice* constitué d'un fruit récolté sur une variété d'orchidée grimpante originaire d'Amérique centrale ou du Mexique. Aujourd'hui, elle est produite en Indonésie, en Chine, à Madagascar, à la Réunion, au Mexique, à Tahiti, aux Antilles, aux Comores, en Ouganda, etc. *(1)*
La gousse du vanillier renferme une pulpe aromatique constellée de minuscules graines. Elle présente, après traitement *(2)*, des arômes suaves et un goût sucré.
La vanille est proposée sur le marché sous 3 formes :
En gousses de 15 à 20 cm.
En poudre, pure ou sucrée.
En extrait liquide obtenu par macération de gousses dans de l'alcool ou par infusion dans un sirop.
Le sucre vanillé est un mélange de saccharose et de vanille (10 % minimum).
La vanille est employée en pâtisserie et en confiserie.

Elle sert aussi à aromatiser les vins* chauds, les sangrias*, les punchs*… Cette épice est également utilisée en parfumerie.

(1) La vanille "Leg" ou "Ley" vient du Mexique, elle est considérée comme la meilleure. Nous trouvons ensuite la vanille "Bourbon" principalement originaire de l'Océan Indien, de la Guyane et des Antilles.
(2) Les gousses sont plongées dans l'eau à 65 °C pendant quelques minutes avant d'être mises à étuver durant 24 heures. Intervient ensuite un séchage qui précède un séjour de plusieurs mois dans des malles en bois. C'est pendant cette période que l'arôme de la vanille se développe.

Source : Photo BG

Gousses de vanille.

VANILLINE
Molécule odorante présente dans la gousse de vanille*. C'est aussi la dénomination d'un produit de synthèse fabriqué industriellement à partir de différentes substances, notamment *l'eugénol*, essence extraite du clou de girofle*. La vanilline de synthèse peut remplacer la vanilline naturelle sans en posséder la finesse.

VANNEAU (coquillage)
Voir Pétoncle*.

VANNEAU (oiseau)
Petit échassier migrateur dont la chasse est réglementée et la commercialisation interdite. Le vanneau, de la taille d'un gros merle, se caractérise par une huppe noire sur la tête. Il s'apprête comme la grive* ou la caille*.
Les œufs* de vanneau, jadis très prisés, se préparent comme les œufs de caille.

VATEL (François) de son vrai nom
Fritz Karl Watel
Né à Paris (date incertaine, entre 1627 et 1635) et mort à Chantilly le 24 avril 1671.
Recruté en 1653 comme Maître d'hôtel* par Nicolas Fouquet, surintendant des finances de Louis XIV, François Vatel officie dans différentes résidences, dont le château de Vaux-le-Vicomte, jusqu'en 1661. Suite à l'arrestation de Fouquet, il part en exil en Angleterre.
De retour en France, il entre au service du Prince de Condé, au château de Chantilly, où il est nommé

"Contrôleur Général de la Bouche ". Dans cette magnifique demeure, Vatel met tout son talent pour organiser les réceptions les plus fastueuses.

En avril 1671, il est chargé de préparer une grande fête en l'honneur du Roi. Prévenu tardivement et connaissant plusieurs imprévus et incidents, Vatel voit la fête tourner à la catastrophe. Surmené, fatigué et s'estimant déshonoré par le retard de la livraison des poissons et crustacés, il se suicide en se transperçant le corps avec son épée. Pourtant les convois de chasse-marée (1) arrivent quelques instants après sa mort… Pour ne pas gêner les festivités, Vatel est inhumé discrètement. L'événement est raconté plus tard dans une lettre de Madame de Sévigné. Pour beaucoup, le personnage reste un grand professionnel et un organisateur remarquable. Patrice Gélinet en témoigne : *"En réalité, Vatel apparaît comme un symbole : celui des fastes de la cuisine au Grand Siècle. Qu'il ait été seulement un maître d'œuvre, et non un cuisinier, n'enlève rien à son talent, à son goût, à son sens de l'organisation, à son souci du bien-être de ceux qu'il servait comme de ceux qu'il recevait"*. (2)

(1) Transporteurs qui acheminaient les produits de la pêche vers les lieux de consommation intérieurs.

(2) P. Gélinet "2000 ans d'histoire Gourmande" (Perrin, 2008).

VAUBAN

Eau minérale naturelle* plate captée à Saint-Amand-les-Eaux dans le Nord. Autorisation ministérielle du 8 mars 1988.
Catégorie : moyennement minéralisée.

Composition physico-chimique (en mg/l)	
Cations	**Anions**
Calcium : 231 Magnésium : 66 Sodium : 40 Potassium : 7,3	Sulfates : 620 Bicarbonates : 278,8 Chlorures : 59,9 Nitrates : 0
Fluor : 2	Fer : 0,02
pH à 20°C : 6,91	Minéralisation totale : 1 200 mg/l

V.D.L. (Vin De Liqueur)

Produit obtenu par addition d'une eau-de-vie* à un moût* de raisin avant le début de la fermentation alcoolique*, le principe d'élaboration d'un V.D.L. est proche de celui utilisé pour fabriquer un V.D.N.*. Il faut cependant souligner quelques différences : le moment où intervient le mutage*, la nature de l'alcool* ou de l'eau-de-vie* utilisée et la teneur en sucre résiduel en fin d'élaboration.
Le pineau des Charentes*, le floc de Gascogne*, le macvin du Jura*, etc. sont des V.D.L.

V.D.N. (Vin Doux Naturel)

C'est au 13ème siècle qu'un savant roussillonnais, Arnaud de Villanova, réalisa le premier mutage* qui est à la base de l'élaboration des V.D.N. Le "Vin Doux Naturel" se définit ainsi :
"Vin" car il s'agit d'un produit provenant exclusivement de jus de raisin. "Doux" parce qu'il conserve une grande partie du sucre naturel du raisin grâce au mutage qui stoppe la fermentation alcoolique*. "Naturel" puisqu'aucune substance n'est ajoutée pour l'aromatiser.

Une réglementation définit rigoureusement les critères de production des V.D.N. :

- Aire de production : déterminée par une délimitation parcellaire.
- Encépagement des vignobles : Muscat* à petits grains ou Muscat d'Alexandrie, Maccabéo*, Malvoisie* et Grenache* (1).
- Rendement de base : 30 hl de moût* à l'hectare.
- Teneur minimale en sucre du moût : 252 g/l.
- Mutage : apport en alcool* neutre titrant au moins 95° dans une proportion de 5 à 10 % du volume de moût mis en œuvre.
- Richesse alcoolique acquise : entre 15 et 18°.
- Richesse minimale en sucre résiduel en fin d'élaboration : 45 g/l (100 à 125 g/l pour les muscats selon l'A.O.C.*).

Les V.D.N. français sont produits dans le Languedoc-Roussillon (Banyuls*, Maury*, Muscat de Frontignan*, etc.) et en Vallée du Rhône méridionale (Rasteau* et Muscat de Beaumes-de-Venise*).

(1) Il est toutefois admis de cultiver d'autres cépages dans la limite de 10 % de la plantation (ex : Grenache blanc*, Carignan*, Cinsault*, Syrah*, etc.).*

VEAU

Jeune bovin*, petit d'une vache et d'un taureau*, non sevré abattu à l'âge de quelques mois et dont le poids varie de 100 à 150 kg. Le veau "élevé sous la mère" est exclusivement nourri au pis de la vache. Lorsque l'animal commence à manger de l'herbe, il est appelé *broutard* et s'il n'est pas abattu et continue sa croissance, il deviendra un bœuf* ou un taureau.

Le veau possède une viande blanche. Les morceaux, classés en 3 catégories, trouvent de multiples utilisations culinaires, comme les autres viandes de boucherie.

Veaux de race Blonde d'Aquitaine.

Source : Doc. La Boucherie Française

VEGA-SICILIA

Célèbre vin* rouge espagnol issu de cépage Tinto fino, Cabernet-sauvignon*, Malbec* et Merlot*, produit en Castille sur les deux rives du Duero et commercialisé sous la D.O.* Ribera del Duero*.

Selon son origine et son âge, le Vega-Sicilia est mis en vente avec plusieurs mentions :
Valbuena (élevé 5 ans en barriques de chêne).
Reserva especial (assemblage de grands millésimes*).
Unico (vin de plus de 10 ans élevé en fûts de chêne).

VÉGÉTALINE
Corps gras fabriqué à partir de coprah ou copra, pulpe blanche oléagineuse extraite de la noix de coco*.

VÉGÉTALISME
Régime alimentaire basé sur la consommation de légumes, fruits, céréales... en excluant totalement les aliments d'origine animale (viandes, poissons, fruits de mer...) y compris les sous-produits (œufs*, produits laitiers, miel*, additifs alimentaires* ...). Certains végétaliens pratiquent une alimentation plus restrictive :
Les céréaliens ou macrobiotes consomment des céréales et des légumineuses, peu de légumes et pratiquement pas de fruits.
Les frugivores ne consomment que des fruits.

VÉGÉTARISME
Régime alimentaire excluant la consommation de viande. Cette doctrine diététique regroupe cependant des pratiques alimentaires plus restrictives :
Les lacto-végétariens ne consomment que des produits laitiers ou végétaux.
Les ovo-végétariens ne consomment que des œufs* et des produits végétaux.
Les pesco-végétariens ne consomment que du poisson et des produits végétaux.
Les pollo-végétariens ne consomment que des produits végétaux, mais tolèrent la volaille en excluant les œufs.

VELOUTÉ (potage)
Potage* onctueux réalisé à partir d'un fond blanc* lié (veau*, volaille, fumet de poisson*) dans lequel est cuit un ou plusieurs éléments (légume, volaille, poisson, crustacé) déterminant l'appellation.
Avant d'être servi, un velouté est terminé par une liaison au jaune d'œuf* et à la crème fraîche* *(1)*.
(1) Classiquement, la liaison finale ne se fait qu'au jaune d'œuf.

VELOUTÉ (sauce)
Fond* blanc (veau*, volaille ou fumet de poisson*) lié avec un roux* blanc. Le velouté constitue la base de certaines sauces* blanches ou potages* du même nom.

VELOUTÉ ALBUFEA
Potage velouté* à base de velouté d'écrevisses* et garni d'œufs* de pigeon* pochés.

VELOUTÉ CHOISY
Potage velouté* à base de velouté de veau* et laitues* blanchies, garni de chiffonnade* de laitues, pluches de cerfeuil* et accompagné de petits croûtons frits.

VELOUTÉ DIEPPOISE
Potage velouté* à base de velouté de poisson au jus de moules*, parures de champignons*, blanc de poireaux* et garni de moules ébarbées et queues de crevettes* décortiquées.

VELOUTÉ DUBARRY *(1)*
Potage velouté* à base de velouté de veau*, choux-fleurs*, garni de sommités de choux-fleurs et pluches de cerfeuil*.
(1) Voir également Dubarry.*

VENAISON
Terme désignant les gros gibiers (sanglier*, cerf*, chevreuil*, etc.) et plus particulièrement leurs chairs.

VENDANGE TARDIVE
Cette notion de "Vendange tardive" est apparue en Alsace* (voir ce terme) en 1985. Depuis, d'autres régions viticoles pratiquent ce type de récolte à surmaturation sans toutefois bénéficier d'une dénomination réglementée.

VENDÔME
Fromage* de lait* de chèvre *(1)* fabriqué dans le Loir-et-Cher. Il doit son nom à la sous-préfecture située dans sa zone de production et lieu principal de commercialisation.
Type : pâte molle, croûte naturelle saupoudrée de charbon de bois pulvérisé.
Forme : petit disque épais.
Taille : 6 à 7 cm de diamètre, 3 cm d'épaisseur.
Poids : 100 à 150 g.
Teneur en M.G. : 45 %.
Meilleures saisons : été, automne.
(1) Sous la même dénomination, nous trouvons un fromage de lait de vache à pâte molle et croûte naturelle d'un poids d'environ 225 g.

VENTADOUR
Eau minérale naturelle* gazeuse captée à Meyras dans l'Ardèche. Autorisée à l'exploitation par arrêté ministériel du 13 août 1868.
Catégorie : faiblement minéralisée.

Composition physico-chimique (en mg/l)	
Cations	**Anions**
Calcium : 45	Bicarbonates : 223,5
Sodium : 13,4	Sulfates : 6,3
Magnésium : 10,5	Chlorures : 2
Potassium : 2,1	Nitrates : inf. à 2
Silice : 45,3 Fluor : 0,31	
pH à 20°C : 5,16 Minéralisation totale : 500 mg/l	

VENTRÈCHE
Spécialité charcutière du Sud-Ouest constituée de poitrine de porc* salée, poivrée à la mignonnette*, roulée et légèrement séchée.

VERDESSE
Cépage* blanc originaire de l'Isère et cultivé sur des surfaces réduites dans les vignobles savoyards. La Verdesse produit des vins* blancs secs et bouquetés.

VERDOT
Autre dénomination du cépage* Petit Verdot*.

VERGÉ (Roger)
Cuisinier français né en 1930 à Commentry, dans l'Allier. La passion de la cuisine lui vient de sa tante Célestine qui le guide vers un apprentissage dans un restaurant de sa ville natale. Il travaille ensuite dans des brigades de la capitale, mais aussi à l'étranger et à l'Hôtel de Paris à Monaco. Installé au Moulin de Mougins en 1969, il en fait une des plus prestigieuses tables de France auréolée de trois étoiles au Guide Michelin* en 1974. Sa cuisine, inventive et légère, est marquée par les saveurs provençales. Pendant plus de 30 ans, ce grand Chef (M.O.F.* en 1972) contribue à la renommée de la gastronomie* française tout en formant quelques grands noms de la nouvelle génération comme Alain Ducasse*.

VERGEOISE
Sucre* de consistance moelleuse constitué de petits cristaux blonds ou bruns provenant d'un sirop* de canne ou de betterave.

VERJUS
Suc que l'on retire de raisins* verts, âpres et acides. Ce condiment* sert parfois de succédané au vinaigre*.

VERMENTINO ou VERMENTINU
Cépage* blanc vraisemblablement originaire d'Italie. Cependant certaines sources ampélographiques indiquent que le Vermentino viendrait de l'île de Madère.
Aires de culture *(1)*: essentiellement en Corse (Vin de Corse*, Patrimonio*, Ajaccio*) mais aussi en Provence (Coteaux d'Aix-en-Provence*) et en Languedoc-Roussillon (Corbières*, Côtes du Roussillon*...). Ce cépage est également présent en Sardaigne, en Italie continentale et au Portugal, notamment sur l'île de Madère.
Vins* produits: blancs de couleur jaune pâle, fins, avec des notes aromatiques agréables (pomme*, amande* fraîche).

(1) Dans certains vignobles de France continentale, le Vermentino est appelé "Rolle".*

VERMICELLE
Pâte à potage* en forme de mince filament. Il est employé comme garniture de consommés* et de potages, mais on l'utilise également pour préparer certains soufflés* et puddings*.

VERMOUTH
A.B.V.* élaboré à partir de vins* blancs *(1)*, de sirop de sucre*, de mistelle*, d'alcool*, etc. et aromatisé par macération de plantes diverses (genièvre*, clou de girofle*, absinthe*, quinquina*, gentiane*, camomille*, écorces d'oranges*, gingembre*, thym*, cola...). Il aurait été inventé en 1786 par un turinois, Antonio Benedetto Carpano, à partir de la recette d'un apéritif allemand à base de vin et de *Wermuth*, herbe sauvage utilisée dans la distillation de l'absinthe. L'Italie demeure encore le plus important producteur de vermouths. Le Martini*, le Cinzano*, le Noilly Prat*, le Dolin*, etc. sont des marques de vermouth bien connues.
Il existe plusieurs types de vermouth, du plus sec (dry) au plus doux. En général, un vermouth sec contient entre 50 et 60 g de sucre par litre.

(1) Les vermouths rouges ("rossi") ne sont pas fabriqués, comme on pourrait le croire, avec des vins rouges. Leur coloration est simplement obtenue par adjonction de caramel en cours d'élaboration.*

VERNET (ou Véritable Eau de Vernet)
Eau minérale naturelle* gazeuse captée à Lalevade-d'Ardèche dans l'Ardèche. Agréée par l'Académie de médecine en 1874.
Catégorie : moyennement minéralisée.

Composition physico-chimique (en mg/l)	
Cations	Anions
Sodium : 235 Calcium : 40 Potassium : 38 Magnésium : 20	Bicarbonates : 917 Sulfates : 6,6 Chlorures : 5,9 Nitrates : 0
Fluor : 1,9	
pH à 20°C : 5,5	Minéralisation totale : 869 mg/l

VERNIÈRE
Eau minérale naturelle* gazeuse captée sur la commune des Aires, près de Lamalou-les-Bains dans l'Hérault. Autorisation ministérielle de commercialisation accordée en 1861.
Catégorie : moyennement minéralisée.

Composition physico-chimique (en mg/l)	
Cations	Anions
Calcium : 168 Sodium : 105 Magnésium : 66 Potassium : 35	Bicarbonates : 946 Sulfates : 142 Chlorures : 18 Nitrates : <2
Fluor : 0,9	
pH à 20°C : 6	Minéralisation totale : 1 226 mg/l

VERNIS
Mollusque lamellibranche bivalve vivant sur les fonds sableux de la Manche, de l'Atlantique et de la Méditerranée. Ce coquillage, qui doit son nom à son aspect vernissé, mesure 6 à 10 cm de diamètre. Il se consomme cru ou cuit.

VERRE
Voir Couvert*.

VERRE À MÉLANGE
Ustensile de bar utilisé pour mélanger et rafraîchir les composants de certains cocktails*.

VERRINE
Petit récipient en verre destiné à contenir une préparation individuelle sucrée ou salée. En réalité, ce terme peut désigner le contenant et/ou le contenu.

VERT-CUIT
Désignation d'un point de cuisson où l'aliment est très légèrement cuit.

VERTE (sauce)
Sauce mayonnaise* additionnée d'une purée d'aromates* verts pilés et blanchis.
L'extrait chlorophyllien est obtenu en pilant des végétaux rapidement blanchis tels que cresson*, épinard*, cerfeuil*, persil* et estragon*.

VERT-PRÉ (garniture)
Garniture* composée de bouquet de cresson* et de pommes paille*. La pièce accompagnée de cette garniture est généralement présentée avec un beurre maître d'hôtel*.

VERVEINE (infusion)
Infusion* obtenue à partir des feuilles et des sommités fleuries de la variété médicinale d'une plante du même nom. La verveine, qui est parfois additionnée de menthe*, est une infusion aux propriétés digestives.

VERVEINE DU VELAY
Liqueur* auvergnate créée en 1859 au Puy-en-Velay par un herboriste et apothicaire, Joseph Rumillet-Charretier.
La Verveine du Velay est élaborée à partir d'une macération de 33 plantes dans de l'eau-de-vie* de vin*. Vient ensuite une distillation dont on tire un spiritueux* qui est vieilli en fûts de chêne avant d'être édulcoré avec du miel* et du sucre*.
La Verveine du Velay est présentée en 5 versions :
La Verveine du Velay verte (55°)
La Verveine du Velay jaune (40°)
La Verveine du Velay extra (40°)
La Verveine du Velay 5 ans d'âge (40°)
La Verveine du Velay 10 ans d'âge (40°)

Verveine verte.

VESIGA
Moelle épinière de l'esturgeon* employée dans certaines farces (voir Coulibiac*).

VEYRAT (Marc)
Qui ne connaît pas l'homme au chapeau noir ? Ce cuisinier né en 1950 à Annecy a grandi dans la ferme familiale de Manigod, dans le massif des Aravis. Habitué aux grands espaces et à la liberté, il est d'abord berger, moniteur de ski ou bucheron, et bien qu'intéressé par la cuisine, il a des difficultés à suivre un apprentissage traditionnel ; alors c'est en autodidacte complet qu'il s'engage dans cette voie. En 1976, il ouvre son premier restaurant au Col de la Croix Fry et propose des plats du terroir avec une touche de créativité. En 1983, il descend sur les bords du Lac d'Annecy où le succès se confirme. Le Guide Michelin* lui attribue une étoile en 1985 et une deuxième en 1987. L'année 1992 marque son installation à Veyrier-du-Lac, à *L'Auberge de l'Eridan*, devenue aujourd'hui *La Maison de Marc Veyrat*. En 1995, le Guide rouge lui apporte la consécration avec une troisième étoile. Il ouvre une autre maison à Megève en 1999, *La Ferme de mon père (1)*. Là aussi, la réussite est au rendez-vous puisqu'il se voit auréolé de trois étoiles en 2001. Il est un des rares Chefs français à obtenir simultanément la distinction suprême dans deux établissements différents.
La démarche culinaire de Marc Veyrat se veut novatrice en associant, par exemple, les plantes aromatiques sauvages aux techniques d'avant-garde de la gastronomie moléculaire*, alliance subtile de la tradition et de la modernité... Passionné par la botanique, il a également publié plusieurs ouvrages sur le sujet avec le botaniste François Couplan.

(1) Restaurant-musée, réplique de la ferme familiale de son enfance.

VIANDE DES GRISONS
Spécialité suisse originaire du canton des Grisons. Il s'agit d'une viande de bœuf* traitée par boucanage* qui est servie en fines tranches.

VICHY (purée)
Préparation culinaire constituée d'une purée de carottes*. Classiquement, les carottes sont cuites à l'eau de Vichy*.

VICHY-CÉLESTINS
Eau minérale naturelle* gazeuse captée à l'une des 9 émergences situées sur la commune de Vichy, dans l'Allier. Elle doit son nom à un couvent, lieu de naissance de la source. Déclarée d'intérêt public le 23 janvier 1861.
Catégorie : fortement minéralisée.

Composition physico-chimique (en mg/l)	
Cations	Anions
Sodium : 1 172 Calcium : 103 Potassium : 66 Magnésium : 10	Bicarbonates : 2 989 Chlorures : 235 Sulfates : 138 Nitrates : 2
Fluor : 6	
pH à 20°C : 6,8 Minéralisation totale : 3 325 mg/l	

VICTORIA (salade)
Salade composée* constituée de chair de langouste*, concombres* et truffes détaillés* en dés, pointes d'asperges* en garniture.
Assaisonnement : sauce mayonnaise* additionnée des parties crémeuses des langoustes et d'une purée de corail.

VIEILLE
Poisson de mer de la famille des labridés qui vit sur les fonds rocheux ou dans les herbiers de la Manche et de l'Atlantique. La couleur d'une vieille est déterminée par l'habitat (plutôt verte pour les fonds à herbiers et à dominante rouge pour les fonds rocheux).

La vieille, dont la taille varie entre 30 et 60 cm, s'emploie souvent dans les soupes* de poissons.

VIENNOISE (à la)
Dénomination d'apprêts culinaires (escalopes de veau* ou de volaille, filets de poisson) panés, sautés et garnis de tranches de citron*, filets d'anchois* enroulés autour d'olives, blanc et jaune d'œufs* durs hachés, câpres* et persil* ciselé.

VIENNOISERIE
Terme désignant un ensemble de produits de boulangerie tels que pains au lait*, croissants*, pains au chocolat*, brioches* ou pains aux raisins*.

VIEUX LILLE
Autre dénomination du gris de Lille*.

VIGNEAU
Autre dénomination du bigorneau*.

VILLEBAROU
Fromage* de lait* de vache fabriqué dans le Blésois. Il doit son nom à une localité du Loir-et-Cher située dans sa zone de production.
Type : pâte molle, croûte naturelle.
Forme : disque.
Taille : 18 cm de diamètre, 2,5 cm d'épaisseur.
Poids : 450 g.
Teneur en M.G. : 45 %.
Meilleures saisons : été, automne.

VILLEROY ou VILLEROI
Sauce allemande* très réduite additionnée d'essence de truffes*. Cette préparation peut être soubisée (voir sauce Soubise*) ou tomatée.

VIN
Breuvage quotidien pour certains, boisson festive pour d'autres, le vin garde une place particulière dans notre civilisation. Louis Pasteur* disait : *"Il y a plus de philosophie dans une bouteille de vin que dans tous les livres du monde"*. Depuis quelques décennies, les Français se sont orientés vers une consommation de qualité, basée sur l'exigence et la connaissance du produit ; phénomène qui a suscité une véritable "culture du vin". Dans le même temps la consommation moyenne, par habitant et par an, est passée de 120 litres en 1965 à 54 litres en 2008.
La vigne a probablement poussé à l'état sauvage dans

Coupe géologique de Vichy-Célestins.

plusieurs régions du globe, mais le bassin méditerranéen reste le berceau de l'arbrisseau que nous connaissons aujourd'hui. Dès 3000 ans avant J.C, la culture de cette plante se développa sur tout le croissant fertile. Des vestiges retrouvés en Mésopotamie confirment l'existence d'une viticulture dans cette région. Les Égyptiens, les Grecs et ensuite les Romains cultivèrent la vigne tout autour de la Méditerranée. Devenus de bons vignerons, en particulier grâce aux connaissances transmises par les Romains, les Gaulois étendirent leurs vignobles et inventèrent le tonneau pour remplacer l'amphore. Au Moyen-âge, les religieux firent progresser les techniques de culture et de vinification*, et les ordres religieux furent présents sur les grands terroirs du pays, notamment en Bourgogne. Au fil du temps, la production viticole n'a cessé de s'améliorer. Louis Pasteur, père de l'œnologie* moderne, fit les découvertes déterminantes dans plusieurs domaines et plus spécialement dans le processus de la fermentation alcoolique*. Les travaux de ce grand savant permirent de mieux maîtriser la fabrication, le traitement et la conservation des vins.
En 1864, l'invasion du phylloxera* détruisit presque totalement les vignobles français qui s'élevaient alors à 2 500 000 hectares, soit plus de la moitié de la surface plantée dans le monde. Suite à cette catastrophe, certains ne seront jamais replantés (1).

Une réglementation rigoureuse encadre la production et la commercialisation du vin. La définition de ce produit est instaurée légalement en France par la loi du 14 août 1889 (article 1er de la loi Griffe), le vin étant *"Le produit exclusif de la fermentation du raisin* frais ou du jus de raisin frais"*. Cette définition est reprise par le décret du 1er décembre 1936 à l'article 1er du Code du vin. Entre-temps, l'article 1er du décret du 3 septembre 1907 précise *"Qu'aucune boisson ne peut être détenue ou transportée en vue de la vente, mise en vente ou vendue sous le nom de vin que si elle provient exclusivement de la fermentation de raisin frais ou du jus de raisin frais"*. La définition légale actuelle émane du règlement communautaire du 16 mars 1987 en ces termes :*"Produit obtenu exclusivement par la fermentation alcoolique, totale ou partielle, de raisins frais, foulés ou non, ou de moût* de raisin frais"*.

La nouvelle réglementation distingue désormais les vins avec indication géographique (les vins A.O.C.*, A.O.V.D.Q.S* et Vins de Pays* I.G.P.*) des vins sans indication géographique (V.S.I.G.*).

Les techniques de vinification* varient en fonction du cépage* récolté, de la date des vendanges, des conditions environnementales, des traditions vitivinicoles locales, du type de vin souhaité, des impératifs réglementaires propres à chaque appellation. De nombreuses opérations ont lieu pendant la phase de vinification proprement dite ou lors de la période d'élevage*, période plus ou moins longue qui conduit jusqu'à la mise en bouteilles. On retrouvera dans l'ouvrage les définitions d'opérations telles que foulage*, cuvage*, pigeage*, sulfitage*, débourbage*,

chaptalisation*, levurage*, tanisage*, pressurage*, mutage*, collage*, soutirage*, ouillage*, etc.
Des vinifications spéciales, issues de traditions et de savoir-faire ancestraux, nous offrent V.D.N.*, V.D.L.*, vins effervescents*, vins jaunes*, vins de paille*, etc.

(1) En 2008, la surface totale des vignobles français s'élevait à 860 000 ha, dont 600 000 ha de cépages rouges et 260 000 ha de cépages blancs. La viticulture française, c'est aussi 80 000 exploitations qui représentent 10 % du vignoble de la planète.

Les plus grands vignobles du monde (1)	
Espagne	1 200 000 ha
France	860 000 ha
Italie	850 000 ha
États-Unis	400 000 ha
Portugal	220 000 ha
Argentine	210 000 ha
Chili	170 000 ha
Australie	150 000 ha
Afrique du Sud	120 000 ha
Allemagne	100 000 ha

(1) Superficies relevées pour la décennie 2000-2010. Sont exclus de ce classement des pays tels que la Grèce ou la Turquie dont une grande partie du vignoble ne produit pas de vin mais essentiellement des raisins de table ou des raisins secs.

Source : Photo BG

De la vigne au verre, un long chemin qui passe par des savoir-faire ancestraux et des techniques œnologiques de pointe.

VIN CUIT
Produit fabriqué à partir de moût* de raisin chauffé, concentré et aromatisé d'épices dans lequel il est ajouté du moût de raisin frais pour relancer la fermentation alcoolique*.
Ce terme est également employé pour désigner (improprement) certains V.D.L.* ou V.D.N.*

VIN D'ALSACE
Appellation d'Origine Contrôlée identique à Alsace*.

VIN DE BANDOL
Appellation identique à Bandol*.

VIN DE BELLET
Appellation identique à Bellet*.

VIN DE CORSE ou CORSE
suivi ou non d'une appellation locale *(1)*
Vins* rouges, rosés et blancs produits en Corse, A.O.C.* depuis le 2 avril 1976.
Aire de production : 182 communes de Haute-Corse et de Corse-du-Sud pour l'appellation "Vin de Corse". Zones plus limitées pour les appellations locales *(1)*.
Superficie du vignoble : 2 150 ha (en 2007).
Encépagement autorisé : Nielluccio*, Sciacarello*, Grenache*, Cinsault*, Mourvèdre*, Barbarossa*, Syrah*, Carignan*, Vermentino* et Ugni blanc* (le Codivarta* est autorisé uniquement sur l'appellation locale "Coteaux du Cap Corse").
Rendement de base à l'hectare : 50 hl (45 hl lorsqu'une appellation locale est précisée).
Richesse alcoolique minimum acquise : 11,5 %.

(1) Ces appellations locales sont :
Sartène *(16 communes situées dans le sud-ouest de l'île).*
Calvi *(32 communes de la région de Calvi et de l'Ile-Rousse).*
Coteaux du Cap Corse *(21 communes situées entre Bastia et la pointe nord de l'île).*
Figari *(3 communes situées au nord-ouest de Bonifacio).*
Porto-Vecchio *(8 communes situées dans le sud-est de l'île).*

VIN DE FRONTIGNAN
Appellation d'Origine Contrôlée identique à Frontignan*.

VIN DE GLACE
Vin* appelé ainsi en raison de sa vendange très tardive, s'effectuant l'hiver, lorsque les raisins sont gelés après une maturation extrême. Les grappes sont généralement cueillies la nuit quand la température est inférieure à -7° C. Le moût* obtenu est un véritable concentré des composants du raisin (sucre, acide, etc.).
Le vin de glace est produit en Autriche et en Allemagne depuis le 18ème siècle *(1)* et depuis 1973 au Canada. Ce pays est devenu aujourd'hui le premier producteur mondial. Quelques vignerons alsaciens élaborent une faible quantité de vin de glace qui n'a pas droit à la dénomination officielle *(2)*. La majeure partie du vignoble est composée de cépage Riesling* en Europe et de Vidal au Canada.
Vin liquoreux* aux qualités aromatiques exceptionnelles, le vin de glace reste un vin rare commercialisé à des prix très élevés.

(1) Surpris par les rigueurs d'un hiver précoce, les vignerons se virent contraints de vendanger des grappes de raisin gelées. Il en résulta un vin étonnant, issu d'une cryoextraction naturelle involontaire mais tout à fait concluante. Certains jugèrent l'expérience intéressante et c'est ainsi que naquit la tradition du vin de glace.

(2) Cette dénomination est réservée à l'Autriche, l'Allemagne et le Canada qui ont conclu un accord pour formaliser les conditions de production du vin de glace.

Vendange de vin de glace en Alsace.

VIN DE GOUTTE
Vin* rouge qui s'écoule spontanément d'une cuve par simple gravité en fin de fermentation alcoolique*.

VIN DE PAILLE
Produit essentiellement dans le Jura, sur le vignoble de l'Hermitage* et parfois en Alsace, le vin de paille est le résultat d'une vinification* particulière basée sur des moûts* issus de vendanges tardives et de passerillage*. Après une longue fermentation et un élevage en fût, on obtient un vin d'une belle robe dorée, riche en alcool (14 à 15°) et en sucre résiduel avec des arômes et des saveurs très marquées. Compte-tenu des difficultés de production et du faible rendement (environ 15 à 20 hl/ha), le vin de paille, commercialisé en bouteilles de 37,5 cl ou 50 cl, reste rare et cher.

VINS DE PAYS
En application de la nouvelle organisation commune du marché du vin* entrée en vigueur le 1er août 2009, les *Vins de Pays* existants deviennent automatiquement des *Indications Géographiques Protégées* (IGP*) viticoles. Les autorités françaises devront néanmoins transmettre à la Commission européenne un dossier technique (dénomination à protéger, nom et adresse du demandeur, cahier des charges, etc.) ainsi que la décision nationale d'approbation. Si ces éléments n'ont pas été communiqués au plus tard le 31 décembre 2011, les dénominations de vins perdront toute protection au niveau de l'U.E. La commission européenne a jusqu'au 31 décembre 2014 pour décider de retirer la protection accordée en tant qu'I.G.P. si les vins concernés ne remplissent pas les conditions définies par ce S.I.Q.O *.
L'I.N.A.O.* est désormais l'autorité compétente responsable des contrôles relatifs aux exigences établies pour les vins I.G.P. Pour bénéficier de cette I.G.P., les vins doivent répondre à des conditions de production, fixant notamment un rendement maximum à l'hectare, des règles d'encépagement, la provenance des raisins servant à produire le vin et des règles analytiques propres.
Sur l'étiquetage et la présentation des vins, la mention *Indication Géographique Protégée* peut être soit complétée, soit remplacée par la mention

traditionnelle *Vin de Pays*. Il ressort en effet de la réglementation communautaire que le terme *Indication Géographique Protégée* est une indication obligatoire à faire figurer sur l'étiquetage et la présentation de ces vins, mais qui peut être omise lorsqu'une mention traditionnelle équivalente figure sur l'étiquette (à savoir la mention V*in de Pays*).

Enfin précisons que les *Vins de Pays* peuvent être commercialisés en "Vins de primeurs"* à partir du 3ème jeudi du mois d'octobre suivant la récolte.

- **6 Vins de Pays portent une dénomination régionale.** Ils sont produits sur plusieurs départements d'une région.

Vin de Pays des Comtés rhodaniens (Ardèche, Loire, Rhône, Ain, Haute-Savoie, Savoie, Isère et Drôme).

Vin de Pays de Méditerranée (Ardèche, Drôme, Vaucluse, Hautes-Alpes, Alpes de Haute-Provence, Alpes-Maritimes, Var, Bouches-du-Rhône, Haute-Corse et Corse-du-Sud).

Vin de Pays "Pays d'Oc" (Pyrénées-Orientales, Aude, Hérault et Gard).

Vin de Pays du Comté tolosan (Landes, Pyrénées-Atlantiques, Hautes-Pyrénées, Gers, Lot-et-Garonne, Tarn-et-Garonne, Haute-Garonne, Ariège, Tarn, Aveyron, Cantal et Lot).

Vin de Pays du Val de Loire (Loire-Atlantique, Vendée, Maine-et-Loire, Deux-Sèvres, Sarthe, Indre-et-Loire, Vienne, Loir-et-Cher, Indre, Loiret, Cher, Nièvre , Allier et Puy-de-Dôme).

Vin de Pays de l'Atlantique (Charente-Maritime, Charente, Dordogne, Lot-et-Garonne et Gironde).

- **53 Vins de Pays portent une dénomination départementale.** Ils sont produits à l'intérieur d'un seul département *(1)*

Vin de Pays de l'Ain
Vin de Pays de l'Allier
Vin de Pays des Alpes-de-Haute-Provence
Vin de Pays des Hautes-Alpes
Vin de Pays des Alpes-Maritimes
Vin de Pays de l'Ardèche
Vin de Pays de l'Ariège
Vin de Pays de l'Aude
Vin de Pays de l'Aveyron
Vin de Pays des Bouches-du-Rhône
Vin de Pays du Calvados
Vin de Pays de la Charente
Vin de Pays de la Charente-Maritime
Vin de Pays du Cher
Vin de Pays de Corrèze
Vin de Pays de la Creuse
Vin de Pays de la Dordogne
Vin de Pays du Doubs
Vin de Pays de la Drôme
Vin de Pays du Gard
Vin de Pays de la Haute-Garonne
Vin de Pays du Gers
Vin de Pays "pays d'Hérault"
Vin de Pays de l'Indre
Vin de Pays de l'Indre-et-Loire
Vin de Pays de l'Isère
Vin de Pays des Landes
Vin de Pays du Loir-et-Cher
Vin de Pays du Loiret
Vin de Pays du Lot
Vin de Pays du Lot-et-Garonne
Vin de Pays du Maine-et-Loire
Vin de Pays de la Haute-Marne
Vin de Pays de la Meuse
Vin de Pays de la Nièvre
Vin de Pays du Puy-de-Dôme
Vin de Pays des Hautes-Pyrénées
Vin de Pays des Pyrénées-Orientales
Vin de Pays de la Haute-Saône
Vin de Pays de la Saône-et-Loire
Vin de Pays de la Sarthe
Vin de Pays de la Seine-et-Marne
Vin de Pays des Deux-Sèvres
Vin de Pays du Tarn
Vin de Pays du Tarn-et-Garonne
Vin de Pays du Var
Vin de Pays du Vaucluse
Vin de Pays de Vendée
Vin de Pays de la Vienne
Vin de Pays de la Haute-Vienne
Vin de Pays de l'Yonne

(1) Les noms des départements constituant une appellation d'origine (ex: Jura, Corse ou Savoie) ainsi que les noms de certains départements (l'Aube, la Marne, le Bas-Rhin, Le Haut-Rhin, la Côte-d'Or, le Rhône et la Gironde) ne peuvent pas être utilisés pour désigner un Vin de Pays.

- **92 Vins de Pays à dénomination de zone** sont produits sur des zones géographiques variables telles que communes ou cantons. Chaque vin est cité avec un repère géographique permettant de situer la zone de production.

Vin de Pays Cathare (région Cathare, dans l'Aude).

Vin de Pays Charentais suivi ou non de *L'Ile d'Oléron*, *L'Ile de Ré* ou *Saint-Sornin* (totalité des deux départements charentais).

Vin de Pays d'Aigues (sud-est du Vaucluse).

Vin de Pays d'Allobrogie (zones dispersées sur les départements de Savoie, de Haute-Savoie et de l'Isère).

Vin de Pays d'Argens (autour de Draguignan dans le Var).

Vin de Pays de l'Agenais (grande partie du Lot-et-Garonne).

Vin de Pays de la Bénovie (nord-est de l'Hérault).

Vin de Pays de Bérange (nord-est de Montpellier dans l'Hérault).

Vin de Pays de Bigorre (nord de Tarbes dans les Hautes-Pyrénées).

Vin de Pays de Cassan (nord de Béziers dans l'Hérault).

Vin de Pays de Cessenon (nord-ouest de Béziers dans l'Hérault).
Vin de Pays de l'Ile de Beauté (totalité du territoire Corse).
Vin de pays de Saint-Guilhem-le-Désert (autour de Saint-Guilhem-le-Désert dans l'Hérault).
Vin de Pays de la Cité de Carcassonne (autour de Carcassonne dans l'Aude).
Vin de Pays de la Côte Vermeille (sur le littoral sud des Pyrénées-Orientales, de Collioure à Cerbère).
Vin de Pays de la Vallée du Paradis (autour de Durban dans le sud de l'Hérault).
Vin de Pays de la Principauté d'Orange (autour d'Orange, zone située sur les départements du Vaucluse et du Gard).
Vin de Pays de Sainte-Marie-la-Blanche (sud de Beaune, zone située sur les départements de Côte-d'Or et de Saône-et-Loire).
Vin de Pays de Thézac-Perricard (est du Lot-et-Garonne).
Vin de Pays de la Vaunage (est de Sommières dans le Gard).
Vin de Pays de la Vicomté d'Aumelas (sud de Gignac dans l'Hérault).
Vin de Pays de la Vistrenque (autour de Nîmes dans le Gard).
Vin de Pays de Franche-Comté suivi ou non de *Coteaux de Champlitte* (zone couvrant la totalité des départements de Haute-Saône et du Jura).
Vin de Pays de la Haute Vallée de l'Aude (entre Quillan et Limoux dans l'Aude).
Vin de Pays de la Haute Vallée de l'Orb (région de Bédarieux dans l'Hérault).
Vin de Pays de la Sainte-Baume (à proximité du Massif de la Sainte-Baume dans le Var).
Vin de Pays des Cévennes suivi ou non de *Mont Bouquet* (zone centrale du Gard, du littoral à la limite de l'Ardèche).
Vin de Pays des Alpilles (à proximité des Alpilles, dans les Bouches-du-Rhône).
Vin de Pays des Balmes Dauphinoises (sur la rive gauche du Rhône dans le nord de l'Isère).
Vin de Pays des Collines de la Moure (entre l'étang de Thau et Montpellier dans l'Hérault).
Vin de Pays des Collines Rhodaniennes (en Vallée du Rhône sur les départements du Rhône, de l'Isère, de la Loire, de l'Ardèche et de la Drôme).
Vin de Pays du Comté de Grignan (sur la rive gauche du Rhône, dans le sud de la Drôme).
Vin de Pays des Coteaux de l'Ardèche (sur la rive droite du Rhône, dans le sud de l'Ardèche).
Vin de Pays des Coteaux de l'Auxois (sud-ouest de la Côte-d'Or).
Vin de Pays des Coteaux des Baronnies (sud-est de la Drôme).
Vin de Pays des Coteaux de Bessilles (est de Pézenas dans l'Hérault).
Vin de Pays des Coteaux de la Cabrerisse (sud-ouest de Narbonne dans l'Aude).
Vin de Pays des Coteaux de Cèze (nord-est du Gard).
Vin de Pays des Coteaux de Tannay (dans la Nièvre).
Vin de Pays des Coteaux de Montélimar (à proximité de Montélimar, dans la Drôme).
Vin de Pays des Coteaux du Cher et de l'Arnon (près de Vierzon, zones situées sur les départements du Cher et de l'Indre).
Vin de Pays des Coteaux de Coiffy (est de la Haute-Marne).
Vin de Pays des Coteaux d'Ensérune (ouest de Béziers jusqu'à la limite de l'Aude).
Vin de Pays des Coteaux Flaviens (zone littorale au sud du Gard).
Vin de Pays des Coteaux de Fontcaude (ouest de Béziers dans l'Hérault).
Vin de Pays des Coteaux de Glanes (nord du Lot).
Vin de Pays des Coteaux du Grésivaudan (région grenobloise dans l'Isère).
Vin de Pays des Coteaux de Laurens (centre de l'Hérault).
Vin de Pays des Coteaux du Libron (autour de Béziers dans l'Hérault).
Vin de Pays des Coteaux du Littoral Audois (zone littorale de l'Aude).
Vin de Pays des Coteaux de Miramont (est de Carcassonne dans l'Aude).
Vin de Pays des Coteaux de Murviel (nord de Béziers dans l'Hérault).
Vin de Pays des Coteaux de Narbonne (autour de Narbonne dans l'Aude).
Vin de Pays des Coteaux de Peyriac (ouest d'Olonzac, zone située sur les départements de l'Aude et de l'Hérault).
Vin de Pays des Coteaux du Pont-du-Gard (autour de Remoulins dans le Gard).
Vin de Pays des Coteaux du Salagou (autour de Lodève dans l'Hérault).
Vin de Pays des Coteaux et Terrasses de Montauban (autour de Montauban dans le Tarn-et-Garonne).
Vin de Pays des Coteaux du Verdon (nord-ouest du Var).
Vin de Pays des Côtes du Brian (nord-ouest d'Olonzac dans l'Hérault).
Vin de Pays des Côtes Catalanes (nord-est des Pyrénées-Orientales).
Vin de Pays des Côtes de la Charité (autour de la Charité-sur-Loire dans la Nièvre).
Vin de Pays des Côtes du Ceressou (autour de Clermont-l'Hérault dans l'Hérault).
Vin de Pays des Côtes du Condomois (autour de Condom, zone située sur les départements du Gers et du Lot-et-Garonne).
Vin de Pays des Côtes de Gascogne (totalité du département du Gers).
Vin de Pays des Côtes de Lastours (nord de Carcassonne dans l'Aude).

Vin de Pays des Côtes de Meuse (plusieurs communes de l'est de la Meuse, au nord du lac de Madine).
Vin de Pays des Côtes de Montestruc (autour de Montestruc dans le Gers).
Vin de Pays des Côtes de Pérignan (nord-est de Narbonne dans l'Aude).
Vin de Pays des Côtes de Prouilhe (nord-ouest de Limoux dans l'Aude).
Vin de Pays des Côtes du Tarn (ouest d'Albi dans le Tarn).
Vin de Pays des Côtes de Thau (ouest de l'étang de Thau dans l'Hérault).
Vin de Pays des Côtes de Thongue (nord-est de Béziers dans l'Hérault).
Vin de Pays des Côtes du Vidourle (autour de Sommières dans le Gard).
Vin de Pays des Sables du Golfe du Lion (zone littorale héraultaise d'Agde à la limite du Gard).
Vin de Pays des Terroirs Landais suivi ou non de *Coteaux de Chalosse*, *Côtes de l'Adour*, *Sables fauves* ou *Sables de l'Océan* (zones dispersées dans la partie sud du département des Landes).
Vin de Pays des Hauts de Badens (est de Carcassonne dans l'Aude).
Vin de Pays des Maures (sud-ouest du Var, de Draguignan au littoral).
Vin de Pays des Monts de la Grage (sud de l'Hérault, entre Saint-Pons et Béziers).
Vin de Pays Duché d'Uzès (à proximité d'Uzès dans le Gard).
Vin de Pays d'Hauterive suivi ou non de *Coteaux du Termenès*, *Côtes de Lézignan* ou *Val d'Orbieu* (sud de l'Aude).
Vin de Pays du Périgord suivi ou non de *Vin de Domme* (totalité du département de la Dordogne).
Vin de Pays du Torgan (sud de l'Aude).
Vin de Pays d'Urfé (partie de la Loire au nord-ouest de Saint-Etienne).
Vin de Pays du Mont Baudile (est de Lodève dans l'Hérault).
Vin de Pays du Mont Caume (ouest de Toulon dans le Var).
Vin de Pays du Val de Cesse (autour de Ginestas dans l'Aude).
Vin de Pays du Val de Dagne (centre de l'Aude).
Vin de Pays du Val de Montferrand (région de Saint-Martin-de-Londres dans l'Hérault).
Vin de Pays du Bourbonnais (totalité du département de l'Allier).
Vin de Pays "Pays de Bressan" (entre Béziers et l'étang de Thau dans l'Hérault).
Vin de Pays "Pays de Caux" (nord-ouest de Pézenas dans l'Hérault).
Vin de Pays "Pays de Cucugnan" (autour de Cucugnan dans le sud de l'Aude).

Dans les différents vignobles producteurs de *Vins de Pays* on rencontre des cépages bien connus du répertoire ampélographique.

- En Vallée de la Loire sont ainsi cultivés les Gamay*, Grolleau*, Cabernet franc*, Cabernet-Sauvignon*, Pinot noir*, Pineau d'Aunis*, Sauvignon*, Chardonnay*, Chenin blanc*...
- En Aquitaine et en Charentes, Cabernet-Sauvignon*, Cabernet franc*, Merlot*, Tannat, Côt*, Fer Servadou*, Sauvignon*, Sémillon*, Ugni blanc*, Muscadelle*, Chenin blanc*... constituent l'essentiel de l'encépagement.
- En Midi-Pyrénées et dans le Sud-Ouest, Cabernet-Sauvignon, Cabernet franc, Duras*, Côt*, Négrette*, Tannat*, Fer Servadou*, Abouriou*, Colombard*, Mauzac*, Len de l'El*, Gros Manseng*, Muscadelle*... sont les cépages les plus présents.
- En Languedoc-Roussillon, grande région des *Vins de Pays*, on cultive les Cabernet franc, Cabernet-Sauvignon, Merlot, Syrah, Cinsault*, Mourvèdre*, Grenache*, Chardonnay, Viognier*, Sauvignon, Mauzac*...
- En Provence-Côte d'Azur, Grenache, Syrah, Cinsault, Carignan*, Mourvèdre, Cabernet franc, Ugni blanc, Clairette*, Bourboulenc*, Grenache blanc*, Rolle*... constituent l'essentiel des plantations.
- La Corse fait une large place aux Barbarossa*, Aleatico, Sciacarello*, Grenache, Cinsault, Syrah, Vermentino*, Ugni blanc, Muscat à petits grains*, Chardonnay...
- En Rhône-Alpes et Auvergne, Grenache, Syrah, Cinsault, Carignan, Mondeuse*, Gamay, Pinot noir, Marsanne*, Roussane*, Viognier*, Clairette*, Bourboulenc*, Jacquère*, Altesse*, Chasselas*... sont cultivés selon les secteurs géographiques
- L'Est de la France et la Bourgogne ont plutôt recours aux Pinot noir, Gamay, Chardonnay, Auxerrois*, Aligoté*, Sauvignon …

VIN DE PRESSE

Vin* rouge résultant du pressurage* de la masse compacte restant dans la cuve après l'évacuation du vin de goutte*. Lorsqu'il s'agit d'une vinification* en blanc, le jus de presse n'est pas un "vin de presse" mais un "moût de presse", puisque le pressurage a lieu avant la fermentation alcoolique*.

VIN DE PRIMEUR

Certains vins* bénéficiant d'une A.O.C.* peuvent être présentés au consommateur à partir du 3ème jeudi du mois de novembre qui suit la récolte, sous réserve qu'ils portent le millésime* et la mention "Primeur" ou "Nouveau".
Depuis le 15 novembre 1967, un décret formalise la liste des Appellations autorisées à commercialiser des "Vins de primeur". Les Appellations retenues actuellement sont les suivantes :
Vins rouges : Beaujolais*, Beaujolais (suivi du nom de la commune d'origine), Beaujolais-Villages*, Côtes-du-Rhône*, Coteaux du Tricastin*, Côtes du Ventoux*, Languedoc*, Touraine* *(1)*, Anjou* *(1)*, Gaillac* *(1)*, Coteaux du Lyonnais* et Côtes du Roussillon*.
Vins rosés : Beaujolais, Beaujolais (suivi du nom de la commune d'origine), Beaujolais-Villages*, Mâcon*,

Côtes-du-Rhône, Tavel*, Coteaux du Tricastin, Côtes du Ventoux, Languedoc, Touraine, Rosé d'Anjou*, Cabernet d'Anjou*, Cabernet de Saumur*, Coteaux du Lyonnais et Côtes du Roussillon.

Vins blancs : Bourgogne*, Bourgogne Grand Ordinaire*, Bourgogne Aligoté*, Mâcon*, Mâcon supérieur*, Mâcon (suivi de la commune d'origine), Mâcon-Villages*, Coteaux du Tricastin, Côtes du Ventoux, Muscadet*, Gaillac*, Coteaux du Lyonnais et Côtes du Roussillon.

Les *Vins de Pays** ont également la possibilité d'être commercialisés en "Vins de primeur" avec une date de mise à la consommation fixée au 3ème jeudi du mois d'octobre suivant la récolte.

Les "Vins de primeur" doivent être bus rapidement. Légers, souvent issus de vinifications* spéciales de type macération carbonique*, ils présentent des qualités aromatiques à apprécier dès leur apparition sur le marché.

(1) Vins issus exclusivement de cépage Gamay*.

VIN DE SAVOIE

Vins* rouges, rosés et blancs produits en Savoie, A.O.C.* depuis le 4 septembre 1973. L'appellation peut être suivie du nom de l'un des 15 crus *(1)*.
Aire de production : 52 communes de Savoie et de Haute-Savoie ainsi qu'une commune de l'Isère et deux communes de l'Ain.
Superficie du vignoble : 1 755 ha (en 2005).
Encépagement autorisé (variable selon les communes et les départements de culture) : Gamay*, Pinot noir*, Mondeuse*, Persan*, Cabernet-Sauvignon*, Cabernet franc*, Etraire de la Dui*, Servanin*, Joubertin*, Aligoté*, Altesse*, Jacquère*, Chardonnay*, Malvoisie*, Marsanne*, Roussane*, Chasselas*, Gringet*, Verdesse*, etc... Le cépage Molette* est essentiellement cultivé pour la production de vins effervescents.
Rendement de base à l'hectare : 62 hl pour les vins rouges (60 hl pour les vins faisant mention du cru d'origine), 67 hl pour les vins rosés et blancs (65 hl pour les vins faisant mention du cru d'origine).

(1) Abymes, Arbin, Apremont, Ayze, Chautagne, Chignin, Chignin-Bergeron ou Bergeron, Cruet, Marignan, Montmélian, Ripaille, Saint-Jean-de-la-Porte, Marin, Saint-Jeoire-Prieuré et Jongieux.

VIN DE SAVOIE AYZE MOUSSEUX ou VIN DE SAVOIE AYZE PÉTILLANT

Vins* effervescents produits en Savoie sur les communes de Bonneville, Ayze et Marignier, situées au sud de Genève (voir Vin de Savoie*).

VIN DE SAVOIE MOUSSEUX ou VIN DE SAVOIE PÉTILLANT

Vins* effervescents produits en Savoie sur les aires délimitées de l'appellation Vin de Savoie*.

VIN DE TABLE

Catégorie de vin ayant disparu en 2009 et qui est remplacée par le V.S.I.G.*.

VIN DEMI-SEC

Vin tranquille* dont la teneur en sucre* résiduel en fin de fermentation est comprise entre 4 et 12 g/l.

VIN DOUX

Vin* dont la teneur en sucre résiduel est supérieure à 45 g/l (norme U.E.). La présence de ce sucre résiduel peut être due à un arrêt naturel de la fermentation alcoolique*, c'est le cas pour les vins de qualité, ou à un blocage du processus fermentaire provoqué artificiellement.

VIN EFFERVESCENT

Vin* contenant une quantité plus ou moins importante de gaz carbonique. Les vins mousseux* *(1)*, les crémants* et les vins pétillants* sont des vins effervescents.

(1) Voir ce terme pour les différentes méthodes d'élaboration des vins effervescents.

VIN EN TUBE

Nouveau concept mis au point pour le conditionnement du vin* en petites quantités. Sans remplacer les flaconnages traditionnels aptes au vieillissement, le tube permet de proposer au consommateur de petits volumes en préservant toutes les qualités du produit. Le procédé est basé sur le principe d'un conditionnement sous atmosphère contrôlée dans des tubes sérigraphiés d'une contenance allant généralement de 6 à 12 cl.

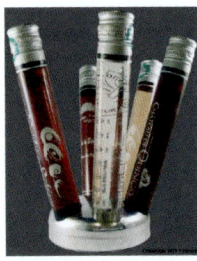

Source : Doc. WIT France

Présentation de vins en tube.

VIN GRIS

Vin* rosé faiblement coloré qui est élaboré à partir d'une vinification de cépage(s)* rouge(s) sans macération pelliculaire. Sa légère coloration résulte de la présence des anthocyanes* libérées lors du pressurage.

VIN JAUNE

Issu d'une vinification* propre au Jura, le vin jaune est un produit unique au monde. La vendange provenant de cépage Savagnin*, les raisins récoltés tardivement

subissent les fermentations successives d'un vin* blanc. Un an après la récolte, ce vin est soutiré dans des fûts de chêne où il séjourne au minimum 6 ans, sans ouillage* ni soutirage*. Durant cette période, le vin jaune acquiert une superbe robe et un "goût de jaune" aux arômes caractéristiques de noix*.
Gloire de l'appellation Château-Chalon*, ce vin est présenté à la dégustation en clavelin* de 62 cl (1). La structure exceptionnelle du vin jaune lui confère une remarquable aptitude au vieillissement. Une longévité qui peut dépasser les 100 ans...

Clavelin de Vin jaune de Château-Chalon.

(1) Cette contenance s'explique par le fait qu'un litre de moût* de raisin se réduit globalement à 62 cl de vin jaune à la fin de son vieillissement.

VIN LIQUOREUX
Voir Vin naturellement doux*.

VIN MŒLLEUX
Voir Vin naturellement doux*.

VIN MOUSSEUX
Dénomination courante d'un vin* effervescent. Au niveau européen, les meilleurs vins mousseux sont classés V.M.Q.P.R.D.*.
On peut élaborer les vins mousseux suivant plusieurs méthodes :
*La méthode champenoise**
*La méthode traditionnelle**
La méthode par transfert : comme pour les 2 précédentes méthodes, la prise de mousse se fait naturellement en bouteille. Il n'y a ni remuage, ni dégorgement. Le vin effervescent est extrait de la bouteille par siphonage pour être stocké en cuve où il sera filtré et complété de liqueur de tirage* avant sa mise en bouteille définitive.
La méthode ancestrale (voir Clairette de Die* ou Blanquette de Limoux*).
*La méthode gaillacoise**
La méthode Charmat ou *méthode en cuve close* : ce procédé mis au point en 1907 par Auguste Charmat consiste à faire subir au vin une seconde fermentation, dans une cuve hermétiquement close, pour le rendre mousseux.
La méthode Gancia : mise au point par C. Gancia, ce procédé est basé sur une vinification en 3 étapes où le moût* subit d'abord un début de fermentation en cuve jusqu'à ce que le titrage alcoolique atteigne 3 %, la fermentation continue ensuite en cuve close pour se terminer en bouteille.
La gazéification : méthode qui consiste à injecter du gaz carbonique dans un vin tranquille*. Les vins mousseux obtenus par ce procédé d'adjonction de gaz carbonique exogène sont généralement de médiocre qualité.

VIN NATURELLEMENT DOUX
Vin* élaboré à partir d'un moût* très riche en sucre et dont la teneur en sucre résiduel en fin de fermentation est relativement importante (1). Les vins naturellement doux sont généralement issus de vendanges tardives* (ex: Sauternes*, Barsac*, Coteaux du Layon*, etc.).

(1) Il est admis qu'un vin blanc avec 20 à 40 g/l de sucre résiduel est un vin moelleux et que lorsque cette teneur en sucre se situe entre 40 et 150 g/l nous sommes en présence d'un vin liquoreux. (Voir également vin doux*).
Le vin de glace*, qui est considéré comme vin liquoreux, peut contenir entre 200 et 300 g/l sucre résiduel.

VIN NOUVEAU
Autre dénomination d'un Vin de primeur*.

VIN PÉTILLANT
Vin effervescent* présentant une surpression de 1 à 2,5 atmosphères à 20 °C.

VIN PERLANT
Vin contenant une très faible quantité de gaz carbonique qui génère de fines bulles au moment du débouchage.
Ce phénomène est observé avec le "Gaillac* Fraîcheur perlée" ou le "Muscadet* sur lie".

VIN SEC
Vin tranquille* dont la teneur en sucre* résiduel en fin de fermentation est inférieure à 4 g/l.

VIN TRANQUILLE
Vin* traditionnel qui ne contient pas de gaz carbonique. Ce terme est souvent employé pour désigner le vin de base destiné à l'élaboration d'un vin effervescent*.
Le terme "vin tranquille" est également employé par opposition à "vin mousseux" pour désigner certains produits : les Coteaux champenois* sont des "vins tranquilles" de Champagne.

VINAIGRE
Condiment* acide résultant de la fermentation de vin* ou d'une autre solution alcoolisée. L'oxydation de l'alcool* en acide acétique est due à l'action d'une bactérie aérobie, *l'acétobacter*. Bien que le vinaigre soit connu depuis des millénaires, le processus d'acidification a été découvert seulement en 1865 par Louis Pasteur*.
Le vinaigre doit contenir au moins 6 % d'acide acétique.
Principales variétés de vinaigre :
Le vinaigre de vin traditionnel obtenu en versant du vin (rouge ou blanc) dans un tonneau (1) où est restée une "souche" constituée d'une certaine quantité de vinaigre.

Le vinaigre de vin industriel est élaboré à partir de vin mélangé avec des copeaux de hêtre trempés dans du vinaigre. Une insufflation d'oxygène permet une fabrication rapide en 24 heures.

Le vinaigre d'alcool est obtenu en quelques heures en insufflant de l'oxygène dans un mélange de vinaigre et d'alcool* de betterave. Ce vinaigre est naturellement incolore mais il peut être teinté avec du caramel*.

Le vinaigre à l'ancienne est un vinaigre traditionnel fabriqué artisanalement.

Les vinaigres aromatisés sont nombreux. Les parfums les plus souvent rencontrés sont l'estragon*, l'échalote*, le thym*, la framboise* et le citron*.

Le vinaigre balsamique est un vinaigre fabriqué à partir de moût* de raisin blanc vendangé tardivement, cuit et réduit. Il est ensuite vieilli plus ou moins longtemps en fûts de chêne, de châtaignier, de frêne, de cerisier ou de mûrier. Ce produit, de saveur légèrement douce, est une spécialité italienne d'Emilie Romagne.

L'Aceto balsamico tradizionale di modena et *L'Aceto balsamico tradizionale di Reggio Emilia* bénéficie d'une A.O.P.* Le vinaigre de Xérès est élaboré en Andalousie à partir de vins mutés locaux. Il est vieilli en fûts de chênes selon le principe de la solera appliqué au Xérès*. Ce vinaigre bénéficie d'une Appellation d'origine contrôlée (D.O.).

On trouve également *le vinaigre de cidre*, *le vinaigre de malt* (obtenu à partir d'un jus d'orge* germée), *le vinaigre de miel** (élaboré avec l'hydromel*), *le vinaigre de lait* (obtenu par culture de levures lactiques sur lactosérum), *le vinaigre de riz**, etc.

Le vinaigre est employé pour condimenter les préparations culinaires, mais aussi comme conservateur et antiseptique.

(1) Chez les maître-vinaigriers d'Orléans, ces fûts de chêne de 240 litres portent le nom de "vaisseaux".

Vignette d'authentification d'un vinaigre balsamique de Modène.

VINAIGRETTE (sauce)
Sauce* émulsionnée froide composée de sel*, poivre*, vinaigre* et huile*. Cette sauce peut constituer la base de sauces dérivées (ex : sauce ravigote*).

VINHO VERDE
Vins* blancs et rouges portugais issus essentiellement de cépages Alvarinho, Arinto, Loureiro, Trajadura, Azal, Amaral, Borraçal et Espadeiro. Ces vins, bénéficient d'une D.O.C.*, sont produits dans le nord-ouest du pays.
Le vignoble, le plus vaste du Portugal, couvre 35 000 ha.

VINIFICATION
Ensemble des opérations au cours desquelles un moût* de raisin devient progressivement du vin*. Ces opérations sont basées sur des savoir-faire traditionnels mais font aussi appel aux techniques œnologiques modernes. De nombreuses opérations de vinification sont décrites dans l'ouvrage.

VINS D'ENTRAYGUES ET DU FEL
Vins* rouges, rosés et blancs produits dans le Sud-Ouest, A.O.V.D.Q.S.* depuis le 18 février 1965.
Aire de production : 6 communes de l'Aveyron et 2 communes du Cantal situées au nord de Rodez.
Superficie du vignoble : 22 ha (en 2005).
Encépagement autorisé : Cabernet-Sauvignon*, Cabernet franc*, Fer*, Gamay*, Jurançon noir*, Merlot*, Mouyssagues*, Négrette*, Pinot noir*, Chenin* et Mauzac*.
Rendement de base à l'hectare : 45 hl.

VINS D'ESTAING
Vins* rouges, rosés et blancs produits dans le Sud-Ouest, A.O.V.D.Q.S.* depuis le 4 novembre 1965.
Aire de production : 3 communes de l'Aveyron - Estaing, Coubizou et Sebrazac - situées au nord de Rodez.
Superficie du vignoble : 18 ha (en 2005).
Encépagement autorisé : Fer Servadou*, Gamay*, Abouriou*, Jurançon noir*, Merlot*, Cabernet-Sauvignon*, Cabernet franc*, Mouyssagues*, Négrette*, Pinot noir*, Duras*, Castet*, Chenin*, Rousselou* et Mauzac*.
Rendement de base à l'hectare : 45 hl.

VINS DU THOUARSAIS
Vins* rouges, rosés et blancs produits dans les Deux-Sèvres, A.O.V.D.Q.S.* depuis le 10 août 1966.
Aire de production : 16 communes situées au sud-est de Thouars.
Superficie du vignoble : 25 ha (en 2008).
Encépagement autorisé : Cabernet franc*, Cabernet-Sauvignon*, Gamay*, Chenin blanc* et Chardonnay*.
Rendement de base à l'hectare : 50 hl.

VINSOBRES
Vins* rouges * produits dans la Vallée du Rhône dans le sud de la Drôme, A.O.C.* depuis le 15 février 2006.
Aire de production : Commune de Vinsobres.
Superficie du vignoble : 411 ha (en 2007).
Encépagement principal : Grenache*, Syrah* et

Mourvèdre*. Il est également admis qu'un pourcentage limité de l'encépagement soit constitué d'autres cépages autorisés pour l'appellation Côtes-du-Rhône*.
Rendement de base à l'hectare : 37 hl.

VIOGNIER ou VIONNIER
Cépage* blanc de la Vallée du Rhône septentrional cultivé sur les aires d'appellation Condrieu*, Château-Grillet*, Côte-Rôtie*, Côtes-du-Rhône Villages*, etc. Après avoir pratiquement disparu vers la moitié du 20ème siècle, sa culture s'est de nouveau développée en France pour couvrir 2 350 ha dans les années 2000. Le Viognier est également planté en Californie, Australie, Italie, Grèce, Espagne, Autriche, etc. Vins* produits : blancs généreux, puissants, gras, avec des arômes complexes d'abricot*, coing*, amande* grillée, fleur de tilleul* ou de violette.

VIOLET
Mollusque marin de forme allongée ayant l'aspect d'une grosse figue violacée (1). Il vit en Méditerranée où il se fixe sur les cailloux, les autres coquillages et les algues. Le violet se consomme cru ou cuit.

(1) Cet Aspect lui vaut aussi la dénomination de "figue de mer".

VIRÉ-CLESSÉ
Vins* blancs produits en Bourgogne*, A.O.C.* depuis le 26 février 1999. Le nom cadastral du lieu-dit d'origine peut être adjoint à l'appellation.
Aire de production : communes de Laizé, Clessé, Viré et Montbellet situées au nord de Mâcon.
Superficie du vignoble : 388 ha (en 2007).
Encépagement autorisé : Chardonnay*.
Rendement de base à l'hectare : 55 hl.

VIROFLAY
Garniture* composée de boules d'épinards* de Viroflay, quartiers d'artichauts* sautés et pommes château*.

VITTEL (Grande Source)
Eau minérale naturelle* plate captée à Vittel dans les Vosges. Déclarée d'intérêt public en 1903. Vittel est une des eaux minérales les plus commercialisées en restauration.
Catégorie : moyennement minéralisée.

Source : Nestlé Waters France

Composition physico-chimique (en mg/l)	
Cations	Anions
Calcium : 203,8	Bicarbonates : 399
Magnésium : 43,1	Sulfates : 328
Sodium : 5	Chlorures : 8
Potassium : 1,9	Nitrates : 4,3
Fluor : 0,16	
pH à 20°C : 7,6	Minéralisation totale : 844 mg/l

VIVANEAU
Poisson de mer de la famille des lutjanidés que l'on rencontre sous une centaine d'espèces. Il vit dans les eaux tropicales et subtropicales des océans Pacifique, Atlantique, Indien …
Le vivaneau ressemble à la dorade* et il se prépare de diverses façons (en papillote*, grillé, en marinade, poché dans un lait de coco*, au gingembre*, etc.).

VIVE
Poisson de mer de la famille des trachinidés vivant enfoui dans le sable et qui est redouté pour ses épines qui propagent un venin très dangereux (1). Il faut distinguer *la grande vive* (25 à 35 cm), la plus appréciée, et *la petite vive* (15 cm) dont la chair présente moins d'intérêt.

(1) Ce venin détruit les globules rouges du sang.

V.M.Q.P.R.D. (Vin Mousseux de Qualité Produit dans une Région Déterminée)
Catégorie de vin* instituée par la Communauté Européenne en 1992. Il s'agit de V.Q.P.R.D.* de type mousseux.
Cette catégorie de vin devrait prochainement disparaître et intégrer les A.O.P.*.

VODKA
Eau-de-vie* de céréales originaire de la région de Dantzig, en Pologne. Initialement fabriquée à partir de pommes de terre*, elle est aujourd'hui élaborée par distillation (1) d'une mélasse alcoolique de seigle*, blé*, orge*, maïs* ou, plus rarement, de betterave ou de riz*.
La vodka, spiritueux* presque inodore et insipide, est présentée au consommateur nature ou éventuellement aromatisée avec différentes substances (citron*, herbes*, piment*, etc.).

(1) Trois passages successifs en alambic donnent une eau-de-vie titrant 96 à 98° qui a perdu les arômes et les saveurs de la matière première. Filtrée ensuite sur du charbon de bois de pommier ou de bouleau, cette eau-de-vie est ramenée à 40-43° par addition d'eau distillée.

Source : Doc. Marie Brizard

VOL-AU-VENT
Croûte en pâte feuilletée* de forme ronde. Cette grande bouchée est destinée à être garnie d'une préparation en sauce*.

VOLNAY
Vins* rouges produits en Bourgogne*, A.O.C.* depuis le 9 septembre 1937. Pour les vins dont les récoltes proviennent de parcelles classées "Premier cru", l'appellation communale peut être complétée par le nom du climat* d'origine (1) et (ou) par la mention "Premier cru".
Aire de production : communes de Volnay et Meursault situées au sud-ouest de Beaune.

Superficie du vignoble : 223 ha (en 2007).
Encépagement autorisé : Pinot noir*, Pinot Liébault*
et Pinot Beurot*.
Rendement de base à l'hectare : 40 hl.

(1) "Clos de la Bousse-d'Or", "Clos de la Cave des Ducs", "Les Caillerets Clos de 60 ouvrées", "Lassolle", "Carelles-sous-la-Chapelle", "Le Village", "Les Caillerets", "En Champans", "En Chevret", "Clos de l'Audignac", "En Verseuil", "Fremiets Clos de la Rougeotte", "La Barre ou Clos-de-la-Barre", "Le Clos-des-Chênes", "Le Clos-des-Ducs", "Les Angles", "Clos de la Chapelle", "Les Brouillards", "Les Lurets", "Les Mitans", "Clos du Château des Ducs", "Les Pitures-Dessus", "Les Santenots", "Clos de la Rougeottes", "La Gigotte", "Ronceret", "Taille-Pieds", "Robardelle" et "Frémiets".

Source : Bouchard Père et fils

VOLNAY SANTENOTS

Vins* rouges produits sur un territoire de 28,39 ha limité aux lieux-dits "Les Santenots blancs", "Les Santenots du milieu", "Les Santenots dessous", "Les Ptures", "Petures", "Eptures" ou "Santenots" situés sur la commune de Meursault, à l'intérieur de l'appellation Volnay*.

VOLVIC

Eau minérale naturelle* plate captée à Volvic, dans le Puy-de-Dôme. Classée eau minérale en octobre 1965 (Source Clairvic).

Catégorie : faiblement minéralisée..

Composition physico-chimique (en mg/l)	
Cations	Anions
Sodium : 11,6 Calcium : 11,5 Magnésium : 8 Potassium : 6,2	Bicarbonates : 71 Chlorures : 13,5 Sulfates : 8,1 Nitrates : 6,3
Silice : 31,7	
pH à 20°C : 7	Minéralisation totale : 130 mg/l

VOSNE-ROMANÉE

Vins* rouges produits en Bourgogne*, A.O.C.* depuis le 11 septembre 1936. Pour les vins dont les récoltes proviennent de parcelles classées "Premier cru", l'appellation communale peut être complétée par le nom du climat* d'origine *(1)* et (ou) par la mention "Premier cru".
Aire de production : communes de Vosne-Romanée et Flagey-Échézeaux situées au nord de Nuits-Saint-Georges.
Superficie du vignoble : 150 ha (en 2007).
Encépagement autorisé : Pinot noir*, Pinot Beurot* et Pinot Liébault*.
Rendement de base à l'hectare : 40 hl.

(1) "Aux Brulées", "Aux Malconsorts", "La Croix Rameau", "Aux dessus des Malconsorts", "Cros Parentoux", "Les Rouges", "Les Orveaux", "Le Clos-des-Réas", "Les Beaux-Monts", "Les Chaumes", "Les Gaudichots", "Les Petits-Monts", "Les Suchots" et "Aux Reignots".

VOUGEOT

Vins* rouges et blancs produits en Bourgogne*, A.O.C.* depuis le 8 décembre 1936. Pour les vins dont les récoltes proviennent de parcelles classées "Premier cru", l'appellation communale peut être complétée par le nom du climat* d'origine *(1)* et (ou) par la mention "Premier cru".
Aire de production : commune de Vougeot située au nord de Nuits-Saint-Georges.
Superficie du vignoble : 15,9 ha (en 2007) dont 12 ha en vins rouges et 3,9 ha en vins blancs.
Encépagement autorisé : Pinot noir*, Pinot Liébault*, Pinot Beurot*, Pinot blanc* et Chardonnay*.
Rendement de base à l'hectare : 40 hl pour les vins rouges et 45 hl pour les vins blancs.

(1) "Clos-de-la-Perrière", "Le Clos Blanc", "Les Cras" et "Les Petits-Vougeots".

VOUVRAY

Vins* blancs produits dans la Vallée de la Loire, A.O.C.* depuis le 8 décembre 1936. La

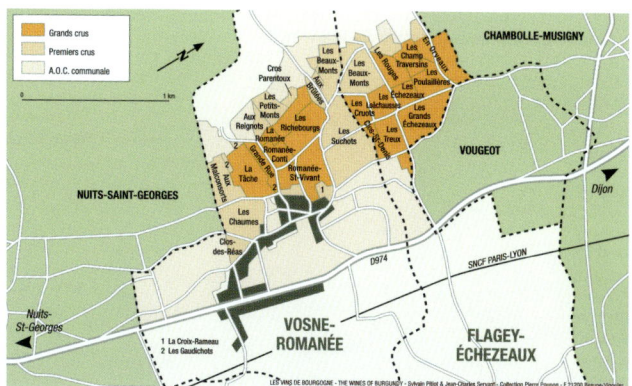

Source : Carte extraite des ouvrages Les Vins de Bourgogne et The Wines of Burgundy de Sylvain Pitiot et Jean-Charles Servant (Collection Pierre Poupon – Hameau de Chevignerot 21200 Beaune-Vignobles. Avec l'aimable autorisation des auteurs).

mention "Val de Loire" peut être éventuellement adjointe à l'appellation.
Aire de production : 8 communes d'Indre-et-Loire, dont Vouvray, situées à l'est de Tours.
Superficie du vignoble : 2 000 ha (en 2008).
Encépagement autorisé : Pineau de la Loire* et Menu Pinot*.
Rendement de base à l'hectare : 52 hl.

VOUVRAY MOUSSEUX ou PÉTILLANT*

Vins* blancs effervescents produits sur les aires délimitées de l'appellation Vouvray*, A.O.C.* depuis le 8 décembre 1936. La mention "Val de Loire" peut être éventuellement adjointe à l'appellation.
Superficie du vignoble : 1 165 ha (en 2005).
Encépagement autorisé : Pineau de la Loire* et Menu Pinot*.
Rendement de base à l'hectare : 65 hl.

V.Q.P.R.D. (Vin de Qualité Produit dans une Région Déterminée)

Catégorie de vin* instituée par la Communauté Européenne en 1987. Les A.O.C.* et les A.O.V.D.Q.S.* français sont classés V.Q.P.R.D. au niveau européen. Cette catégorie de vin devrait prochainement disparaître et intégrer les A.O.P.*.

V.S.I.G (Vin Sans Indication Géographique)

Nouvelle catégorie de vin* qui remplace les *Vins de table*. Elle offre la possibilité d'indiquer sur l'étiquette le cépage* et/ou le millésime* en plus de la mention "Vin de France" ou "Vin de cépage de France".

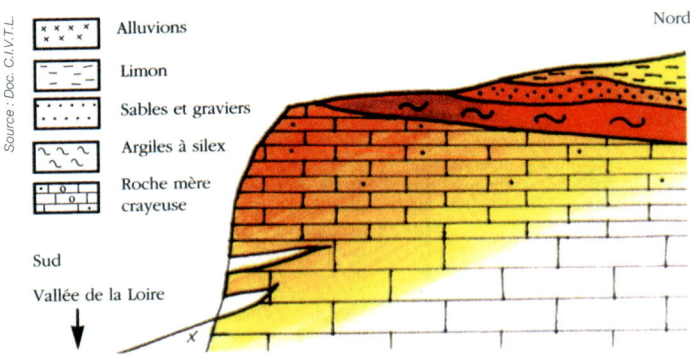

Coupe géologique du terroir de Vouvray.

WXYZ

WACHOLDER
Eau-de-vie* de céréales allemande parfumée aux baies de genièvre*. Ce spiritueux* est semblable au gin*.

WASABI
Condiment* d'origine japonaise au goût très relevé, préparé avec la racine de la plante éponyme. Il se présente sous forme de pâte verte souvent conditionnée en tube. Le Wasabi est également appelé *Raifort* japonais*.

WATERZOÏ
Soupe* de poissons flamande *(1)* liée à la crème fraîche* et au beurre*.

(1) On rencontre également du waterzoï de poulet*.

WATTWILLER Source Lithinée
Eau minérale naturelle* plate captée à Wattwiller dans le Haut-Rhin. Reconnue par arrêté ministériel en 1850, qualification "eau minérale" renouvelée en 1995 par le Ministère de la Santé.
Catégorie : faiblement minéralisée.

Composition physico-chimique (en mg/l)	
Cations	**Anions**
Calcium : 120	Sulfates : 210
Magnésium : 15	Bicarbonates : 160
Sodium : 3	Chlorures : <5
Potassium : 1,3	Nitrates : 0
Zinc : 0,05	
pH à 20°C : 7,3	Minéralisation totale : 450 mg/l

Doc. Wattwiller

WELSH RAREBIT
Spécialité anglaise constituée d'une tranche de pain de mie* grillée et nappée de fromage* fondu dans de la bière*, avec de la moutarde* et du poivre*.

WEST COUNTRY FARMHOUSE CHEDDAR
Voir Cheddar*.

WESTERMANN (Antoine)
Cuisinier français né en 1946 à Wissembourg (67). Son parcours professionnel passe par Strasbourg, Vittel, la Suisse, Paris… Il revient à Strasbourg en 1970 pour s'installer au *Buerehiesel* et en faire un haut-lieu de la gastronomie* couronné de trois étoiles au Guide Michelin* en 1994. Sa cuisine, à la fois traditionnelle et créative, magnifie les spécialités du terroir alsacien. En 2006, il transmet sa maison à son fils Eric et rachète *Drouant*, le célèbre restaurant parisien de l'Académie Goncourt.

WHISKEY
Eau-de-vie* de céréales d'origine irlandaise similaire au whisky*.

WHISKY
Eau-de-vie* de céréales d'origine écossaise. Cette origine remonterait à l'antiquité mais la référence la plus ancienne n'apparait seulement qu'en 1494 dans un écrit officiel. "Whisky" vient du terme gaélique "Visge Beatha" qui signifie "eau-de-vie". Au début du 17ème siècle apparaît le mot "Viskie" qui deviendra plus tard "Whisky".
Selon les matières premières mises en œuvre, on distingue 2 types de whisky :
Le whisky pur malt élaboré exclusivement avec de l'orge*.
Le whisky de grain dans lequel on trouve, outre l'orge maltée, du maïs*, du seigle*, du blé*, de l'avoine, etc.
À titre d'exemple, la fabrication d'un "Pur malt" se réalise avec les opérations suivantes :
- Le maltage : après avoir trempé 3 jours dans de l'eau de source, l'orge est étalée à même le sol en couche de 30 cm d'épaisseur. Commence alors une germination qui dure environ 12 jours. On obtient ainsi le "malt vert".
- Le séchage-fumage : l'orge germée est séchée et fumée sur une plaque perforée au dessus d'un feu de tourbe, ce qui confère au whisky un parfum et un goût tout à fait particuliers.
- Le brassage : le malt séché est broyé et mélangé avec de l'eau chaude.
- La fermentation : l'amidon se dissout et se transforme en une matière sucrée apte à amorcer une fermentation alcoolique qui est activée par un ajout de levures. Le "wash", produit obtenu à l'issue de la fermentation, titre environ 5°.
- La distillation : le "wash" est distillé en 2 chauffes successives, la première donnant un liquide de 25

à 30° appelé "low wine" et la seconde générant une eau-de-vie titrant 60°.
- Le vieillissement : réduite à 50° par addition d'eau de source, l'eau-de-vie est enfin mise dans des fûts de chêne d'Amérique ayant préalablement contenu du bourbon* ou du sherry*. Durant ce séjour "sous bois" qui va durer de 5 à 15 ans, le whisky se colore, développe ses qualités aromatiques et réduit sa teneur en alcool* qui se situe en général entre 40 et 45° lors de la mise en bouteille.

En dehors de la mention **Pur malt,** deux indications peuvent apparaître sur une bouteille de Whisky, il s'agit de :

Blend ou **Blended** pour désigner un assemblage de plusieurs eaux-de-vie. L'âge éventuellement porté sur l'étiquette est celui de la plus jeune entrant dans le mélange.

Single lorsque l'eau-de-vie provient d'une cuvée unique d'un même distillateur.

L'Écosse, qui reste le grand pays du whisky *(1)*, est divisée en 4 régions productrices :

Les Lowlands, au sud du pays.
Campbeltown, sur la péninsule de Kintyre.
Islay, île située à l'ouest de Kintyre.
Les Highlands, au nord du pays.

(1) D'autres pays tels que le Canada, les États-Unis, le Japon ou la France produisent également du whisky.

WHITE LADY

Cocktail* préparé au shaker.
1 cl de jus de citron*
2 cl de Cointreau*
4 cl de gin*
Frapper et servir dans un verre à cocktail.

WILLIAMINE

Eau-de-vie de poire williams* du Valais fabriquée par la distillerie Morand. C'est en 1953 que la marque "Williamine" fut déposée auprès des autorités suisses. Aujourd'hui, ce produit haut de gamme est mondialement connu.

WILLIAMS

Voir Poire*.

WORCESTERSAUCE ou WORCESTERSHIRE SAUCE

Condiment* liquide qui aurait été découvert aux Indes par un Britannique originaire du Comté de Worcester, ce qui expliquerait son nom. En France, il est communément appelé "sauce anglaise".
Actuellement fabriquée en Grande-Bretagne, la Worcestersauce est élaborée à partir de vinaigre* de malt, de sucre*, d'échalote, d'ail, de sel*, de tamarin*, de piment*, de girofle*, de noisette*, d'extrait de viande, d'essence d'anchois* et d'épices* diverses. Elle est utilisée pour aromatiser les steaks tartare*, les sauces (ex : sauce cocktail*), les ragoûts*, les potages*, les cocktails*, etc.

X

XÉRÈS

Vins* vinés espagnols produits en Andalousie et bénéficiant d'une D.O.*. Ils sont issus principalement de cépage* Palomino.
Les xérès sont élaborés à partir d'un vin* sec additionné d'eau-de-vie* de vin pour aboutir à un titrage alcoolique de 15,5° à 18°. Vient ensuite un vieillissement en fûts sans ouillage plus ou moins long, mais jamais inférieur à 3 ans.
C'est ensuite qu'intervient un processus original d'assemblage des vins jeunes avec des vins plus âgés appelé principe de *la solera* *(1)*.
On distingue plusieurs types de xérès :
Les Finos (secs et légers)
Les Manzanillas (fins et légers)
Les Amontillados (secs, charpentés, goût de noisette*)

Les Olorosos (corsés, goût de noix*)
Les Creams (assemblage d'Olorosos et de vins issus de cépage Pedro Ximenes).

(1) Dans les chais d'élevage, les tonneaux de 600 litres sont placés les uns sur les autres sur 3, 4 ou 5 rangées horizontales. Ces tonneaux ne sont remplis qu'aux 5/6èmes de leur capacité, la rangée inférieure contenant les vins les plus vieux et les rangées supérieures recevant les vins les plus jeunes. Lorsque le capataz (maître de chai) considère que le vin de la solera (rangée du sol) est apte à être consommé, il en soutire une petite partie. Le volume prélevé sera compensé par du vin provenant de la rangée supérieure et c'est ainsi que progressivement, les vins les plus jeunes descendront vers les barriques inférieures pour être assemblés aux vins les plus âgés.

YZ

YAOURT ou YOGHOURT

Produit obtenu par fermentation du lait* grâce à deux bactéries lactiques. En France, le yaourt est essentiellement fabriqué à partir de lait de vache, mais le lait de brebis est couramment employé au Pays basque ainsi qu'en Bulgarie et en Grèce.

Les effets bénéfiques du yaourt sur la santé humaine sont connus depuis longtemps (François 1er ne soigna-t-il pas une infection intestinale avec une cure de yaourt de brebis ?), mais c'est seulement au début du 20ème siècle qu' Elie Metchnikoff *(1)* prouva scientifiquement l'intérêt du produit dans notre alimentation. En 1919, la Société Danone, basée à Barcelone, produit ses premiers yaourts qui seront d'abord distribués en pharmacie.

(1) Biologiste d'origine ukrainienne, Professeur à l'Institut Pasteur, Prix Nobel de physiologie et de médecine. En isolant les deux bactéries lactiques Lactobacillus bulgaricus et Strep-* tococcus thermophilus *et en maîtrisant leur culture, il donna les moyens de fabriquer des yaourts de qualité régulière.*

ZAKOUSKI

En Russie, assortiments d'amuse-bouche* ou de petits hors-d'œuvre* servis avant le repas, avec de la vodka*.

ZARZUELA

Préparation culinaire catalane réalisée à partir de poissons et fruits de mer, à l'instar de la bouillabaisse*. La zarzuela est parfumée au safran* et agrémentée de jambon de Serrano*.

ZESTE

Partie superficielle de l'écorce d'une orange*, d'un citron* ou d'un autre agrume*. Le zeste doit être prélevé sur des fruits très propres et non traités.

Zestes d'orange.

ZILIA

Eau de source* captée à Zilia en Haute-Corse.
Catégorie : faiblement minéralisée.
pH à 20 °C : 7,5.
Minéralisation totale : 104 mg/l.

ZINGARA

Garniture* composée de tomates* concassées et de jambon*, langue écarlate*, champignons* et truffes* détaillés en julienne*. L'ensemble est sué au beurre*, déglacé au madère* et lié avec une demi-glace* tomatée additionnée d'estragon*.

Bibliographie et sources d'information diverses

ATLAS DES CHAMPIGNONS
par A. Rinaldi et V. Tyndalo.
BORDEAUX ET SES VINS
par C. Ferret et M.H Lemay, Ed. Ferret.
CATALOGUE DES VARIÉTÉS ET CLONES DE VIGNE CULTIVES EN FRANCE, Ministère de l'Agriculture, de la Pêche et de l'Alimentation.
CONNAISSANCE DES DENRÉES ET DES BOISSONS par C. Hacquemand, Ed J. Lanore.
CONNAISSANCES TECHNOLOGIQUES DE RESTAURANT par O. Sapelkine, Ed. B.P.I.
CONNAÎTRE POUR MIEUX VENDRE LES PRODUITS DE LA RESTAURARTION par P. Chauvin et P. Ducourtil, Ed. Jacques Lanore.
CUISINE DE RÉFÉRENCE par M. Maincent-Morel, Ed. B.P.I.
CUISINE ET TRAVAUX PRATIQUES par J. Planche et J. Sylvestre, Ed. J. Lanore.
CULINARIA, Ed Könemann.
DENRÉES ET BOISSONS par R. Dumoulin et D. Galopin, Ed. Nathan.
DICTIONNAIRE DE CUISINE ET DE GASTRONOMIE, Ed. Larousse.
DICTIONNAIRE DE LA DÉGUSTATION par E. Glatre, Ed. B.P.I.
DICTIONNAIRE DE LA PATISSERIE par E. Glatre, Ed. B.P.I.
DICTIONNAIRE DE LA VIANDE par E. Glatre, Ed. B.P.I.
DICTIONNAIRE DE NOS ALIMENTS par J. Stern, Ed. Garnier.
DICTIONNAIRE DES ALCOOLS, Ed. Larousse.
DICTIONNAIRE DES ALIMENTS ET DE LA NUTRITION par C. Craplet et J. Craplet-Meunier, Ed. Le Hameau.
DICTIONNAIRE DES APPELLATIONS DE TOUS LES VINS DE FRANCE par F. Woutaz, Ed. Marabout.
DICTIONNAIRE DES COCKTAILS, Ed. Larousse.
DICTIONNAIRE DES FROMAGES DU MONDE par P. Androuet, Ed Le Cherche Midi.
DICTIONNAIRE DES VINS, Ed. Larousse.
DICTIONNAIRE ENCYCLOPÉDIQUE ALPHA LE ROBERT.
DICTIONNAIRE PETIT LAROUSSE ILLUSTRÉ.
DICTIONNAIRE PETIT ROBERT 2.
DICTIONNAIRE ROBERT Langue Française.
DICTIONNAIRE UNIVERSEL DE CUISINE PRATIQUE par J. Favre, Ed. Omnibus.
Document cartographique PRINCIPAUX CÉPAGES DES VIGNOBLES DE France.
Documentation A.B.F.
Documentation A.N.I.V.I.T.
Documentation Alaska Seafood Marketing Institut.
Documentation Ambassade des Sauternes et Barsac.
Documentation Avèze.
Documentation B.I.V.B. Beaune.
Documentation B.N.I.A., Eauze.
Documentation B.N.I.C., Cognac.
Documentation B.N.I.C.E. Caen.
Documentation Bénédictine.
Documentation Brasseries Kronenbourg.
Documentation C.I.D.I.L.
Documentation C.I.V. d'A.O.C. Côtes-du-Rhône et Vallée du Rhône.
Documentation C.I.V.B. Bordeaux.
Documentation C.N.I.P.T.
Documentation C.O.L.E.A.C.P.
Documentation CEDUS.
Documentation Comité National du Pineau des Charentes.
Documentation Comité Français du café.
Documentation Comité National de la Conchyliculture.
Documentation Commission Nationale des Labels et certifications.
Documentation D.G.C.C.R.F.
Documentation Distilleries et Domaines de Provence.
Documentation Dolin.
Documentation Ducros.
Documentation Eau du Boulou.
Documentation Eaux minérales d'Évian.
Documentation F.A.O.
Documentation Graineterie Fabre.
Documentation Groupe Danone.
Documentation Groupe Neptune.
Documentation Groupement International et Union Européenne des Sources d'Eaux Minérales Naturelles.
Documentation Guide Michelin.
Documentation Hydroxydase.
Documentation I.N.A.O.
Documentation I.N.S.E.E.
Documentation Inter Beaujolais.
Documentation Inter Loire.
Documentation Inter Rhône.
Documentation Interprofession des vins A.O.C. Côtes-du-Rhône.
Documentation La Fiée des Lois.
Documentation Lillet.
Documentation Marie Brizard.
Documentation Nestlé Waters France.
Documentation Office National de la Chasse.
Documentation Pernod.
Documentation Petrossian.
Documentation Plancoët.
Documentation S.E.M. Saint-Nérée Barousse.
Documentation Saint-Diery.
Documentation Schutzenberger.
Documentation Schweppes.
Documentation SO. FA. BO. (Eau de Source Fontel).
Documentation Société des Eaux de Zilia.
Documentation Société des Eaux du Massif Armoricain.
Documentation Société des Eaux minérales de Luchon.
Documentation Société des Eaux minérales de Saint-Amand.
Documentation Société des Eaux minérales d'Ogeu.

Documentation Sources 77.
Documentation Sources Carola.
Documentation Sources de Soultzmatt.
Documentation Sources du Mont Roucous.
Documentation Sources du Mont-Dore.
Documentation Sources du Pestrin.
Documentation Syndicat de l'A.O.C. Fitou.
Documentation Syndicat National de l'industrie
et du commerce du café.
Documentation Syndicat Viticole de Pessac-Léognan
et crus classés de Graves.
Documentation Thermes-Adour.
Documentation Union des Grands Crus de Bordeaux.
Documentation Végétaline. N.H.R.M.
Documentation Volvic.
Documentation Wattwiller.
Documents administratifs du Journal Officiel
de la République Française.
EAUX-DE-VIE ET LIQUEURS par G. Renvoisé Ed. Solar.
Ed. Benoit France.
ENCYCLOPÉDIE DES FROMAGES, Ed. Gründ.
ENCYCLOPÉDIE DES VINS ET DES ALCOOLS
par A. Lichine, Ed. R. Laffont.
ENCYCLOPÉDIE VISUELLE DES ALIMENTS,
Ed. Chariot d'Or.
ÉPICES, AROMATES ET CONDIMENTS
par J.P et R Massard, Ed. Taillandier.
FICHES TECHNIQUES FROMAGES par Yannick
Quillien et Franck Jardin, Ed. B.P.I.
GÉOGRAPHIE GASTRONOMIQUE par P. Noël,
Ed. J. Lanore.
GÉOGRAPHIE GASTRONOMIQUE, CUISINES
ETRANGERES par P. Noël, Ed. J. Lanore.
GRAND LIVRE DES ROUTES DE France,
Ed. France-Loisirs.
GUIDE DES CÉPAGES par Ambrosi, Dettweiler-Münch,
Rühl, Schmid et Schuman, Ed. Ulmer.
GUIDE DES VINS DU MONDE DE A à Z par O. Clarke,
Ed. Hachette.
GUIDE DU FROMAGE par P. Androuët, Collection
Livre de poche.
GUIDE PRATIQUE DE LA VINIFICATION
par C Foulonneau, Ed. Colin.
HISTOIRE DE LÉGUMES DES ORIGINES À L'ORÉE
DU XXIeme SIÈCLE, I.N.R.A. EDITIONS.
HISTOIRE DE LA CUISINE ET DES CUISINIERS
par E. Neireinck et J.P Poulain, Ed. J.Lanore.
HISTOIRE NATURELLE ET MORALE DE LA
NOURRITURE par M. Toussaint-Samat, Ed. Bordas.
IDENTIFIER LES POISSONS DE MER ET D'EAU DOUCE
par G. Chauvin, Ed. J.P Gisserot.
L'ENCYCLOPÉDIE DU GOÛT par Christian Teubner,
Ed. GaultMillau.
LA CUISINE DE LA CHASSE par B. Vié, Ed. Dargaud.
LA CUISINE DES POISSONS D'EAU DOUCE
par J.P Semonin et J.C Dupont, Ed. J. Villette.
LA FRANCE VITIVINICOLE par R. Euvrard, C.R.D.P.
de Dijon.
LA GASTRONOMIE par J. Vitaux, Ed. PUF.
L'A.B.C. des plantes, Ed. Romart.
L'AIDE MÉMOIRE DU SOMMELIER par C. Tuor.
LAROUSSE DE LA CUISINE.
LAROUSSE DES COCKTAILS.
LAROUSSE GASTRONOMIQUE (éditions 1967, 1997
et 2007).

L'ART CULINAIRE FRANÇAIS, Ed. Flammarion.
L'ART DES ALCOOLS À TRAVERS LE MONDE
par G. Brown, Ed. Hachette.
LE BARMAN UNIVERSEL par P. Dagouret,
Ed Flammarion.
LE GUIDE CULINAIRE par A. Escoffier,
Ed. Flammarion.
LE GUIDE DES FROMAGES DE FRANCE ET D'EUROPE
Selection du Reader's Digest.
LE GUIDE DES POISSONS D'EAU DOUCE D'EUROPE
par J. Cihar, Ed. Hatier.
LE GUIDE DU BUVEUR D'EAU par E. Evina, Ed. Solar.
LE GUIDE DU SERVICE À TABLE par R. Armisen,
J. Koscher, J. Potfer et A. Martin, Librairie Istra.
LE LIVRE DE L'APPRENTI PATISSIER par B. Deschamps
et J.C Deschaintre, Ed. J. Lanore.
LE LIVRE DE L'OEUF par G. et S. Lenôtre, Ed. Stock.
LE LIVRE DES CÉPAGES par J. Robinson, Ed. Hachette.
LE LIVRE D'OR DU FROMAGE par P. Androuët,
Ed. Atlas.
LE LIVRE DU BOULANGER par J.Y. Guinard
et P. Lesjean, Ed. J. Lanore.
LE LIVRE DU CUISINIER par R. Lallemand
et R. Pruilhère, Ed. J. Lanore.
LE LIVRE DU PATISSIER par B. Deschamps
et J.C. Deschaintre, Ed. J. Lanore.
LE MANGEUR HYPERMODERNE par F. Ascher,
Ed. Odile Jacob.
LE MANUEL DU RESTAURATEUR par H. Heyraud,
Ed. Flammarion.
LE POTAGER AVEC SUCCÈS par G. Meudec, Ed Rustica.
LE QUID par D. et M. Frémy. Ed. R. Laffont.
LE RÉPERTOIRE DE CUISINE par T. Gringoire
et L. Saulnier.
LE RESTAURANT THÉORIE ET PRATIQUE (tome 1)
par J. Bessenay, P. Blot et P. Mazetti, Ed. J. Lanore.
LE SERVICE DU RESTAURANT, DES ÉTAGES,
DU SALON DE THÉ, DU BAR par A. Aurières
et A. Antonietti, Ed. Flammarion.
LE VIN ET LES VINS AU RESTAURANT
par P. Brunet, Ed. B.P.I.
LE VIN ET LES VINS ÉTRANGERS par P. Brunet,
Ed. B.P.I.
LÉGISLATION HOTELS, RESTAURANTS ET DEBITS
DE BOISSONS par A. Dinot, Ed. J. Lanore.
LÉGUMES ET FRUITS par M. Viard, Ed. Hatier.
LES ALCOOLS DU MONDE par G. Delos, Ed. Hatier.
LES BONS MARIAGES DU POTAGER par P. Asseray,
Ed. Rustica.
LES BORDEAUX. UN ATLAS par H. Duijker
et M. Broadbent, Ed. Gründ.
LES EAUX MINERALES par J.F Auby, Collection
«Que sais-je ?» Ed. P.U.F.
LES FRANÇAIS À TABLE, Ed. Cobra.
LES FROMAGES D'APPELLATION D'ORIGINE
par l'A.N.A.O.F. et Ed. Nathan.
LES PLANTES COMESTIBLES par D. Magnan,
Ed.du Rocher.
LES PRODUITS DE LA PÊCHE, Informations
Techniques des Services Vétérinaires.
LES PRODUITS DE LA RESTAURATION par P. Chauvin
et P. Ducourtil, Ed J. Lanore.
LES SECRETS DE L'ALAMBIC par R. Euvrard,
C.R.D.P. de Dijon.

LES SPÉCIALITÉS DU RAYON FRUITS ET LÉGUMES par le CTIFL.
LES VINS DE BORDEAUX par R. Parker, Ed. Solar.
LES VINS DE FRANCE par C. Carmenère et D. et P. Madevon, Ed. Nathan.
2000 ANS D'HISTOIRE GOURMANDE par P. Gélinet, Ed. Perrin.
Magazine BIEN-ÊTRE ET SANTÉ.
Magazine BIOFUTUR.
Magazine ÇA M'INTERESSE.
Magazine CAMPA.
Magazine CUISINE ET VINS DE France.
Magazine ÉTOILE.
Magazine GAULT-MILLAU.
Magazine GRAIN DE SUCRE.
Magazine L'EXPRESS.
Magazine LA VIE NATURELLE.
Magazine LA VITICULTURE EN VAL DE LOIRE.
Magazine LE CHASSEUR FRANÇAIS.
Magazine LE MONDE.
Magazine L'HÔTELLERIE.
Magazine MÉDITERRANÉE.
Magazine PROMOCASH.
Magazine RUSTICA.
Magazine SAVEURS.
Magazine SCIENCES ET AVENIR.
Magazine THURIES.
Magazine VIE PRATIQUE GOURMAND.
Magazine VINTAGE.
OENOLOGIE ET CRUS DES VINS par R. Piallat et P. Deville, Ed. J. Villette.
PATISSERIE, CONFISERIE, GLACERIE par B. Deschamps et J.C. Deschaintre, Ed. J. Lanore.
PETIT ATLAS DES PLANTES CULTIVÉES par Lisa Garnier, Ed. Larousse.
PHYSIOLOGIE DU GOÛT par J.A Brillat-Savarin, Ed. Flammarion.
PLANTES AROMATIQUES ET CULINAIRES par J. Kybal, Ed. Gründ.
PLANTES ET HERBES AROMATIQUES par A. Clevely et K. Richemond, Ed. Larousse.
PRATIQUE DU BAR ET DES COCKTAILS par M. Cailhol et B. Grosselin, Ed. B.P.I.
PRÉPARATION DES VIANDES par G. Gouet, Ed. SEPETA.
PRODUCTION CULINAIRE par A.Baratto, Ed. Nathan.
SAVOIRS ET TECHNIQUES DE RESTAURANT (Tome 1) par C. Ferret, Ed. B.P.I.
SAVOIRS ET TECHNIQUES DE RESTAURANT (Tome 2) par C. Ferret, Ed. B.P.I.
TECHNOLOGIE CULINAIRE par M. Maincent, Ed. B.P.I.
TRAVAUX PRATIQUES DE CUISINE par M. Maincent, Ed. B.P.I.
TRAVAUX PRATIQUES DE RESTAURANT (Tome 2) par T. Boulicot, Ed. B.P.I.
UN FROMAGE POUR CHAQUE JOUR par P. Androuët, Ed. De Vergeures.
VINS DE FRANCE par R.Rohn, Ed. J. Lanore.
VINS DE PAYS DE FRANCE par l'A.N.I.V.I.T., Ed. R. Pages.
VINS ET AUTRES BOISSONS par P. Brunet, Ed. B.P.I.
VINS ET FROMAGES DE FRANCE À LA CARTE par G. Boisseau-Deschouarts, Ed. B.P.I.
VINS ET FROMAGES DE L'UNION EUROPÉENNE A LA CARTE par G. Boisseau-Deschouarts, Ed. B.P.I.
VINS ET VIGNOBLES DE FRANCE Timée-Editions.
VINS ÉTRANGERS par R. Rohn, Ed. J. Lanore.
Site internet Acqua Panna.
Site internet Alaska Seafood Marketing Institute.
Site internet Association des Brasseurs de France.
Site internet Association des Meilleurs Ouvriers de France.
Site internet Bureau Interprofessionnel des Vins du Centre.
Site internet Bureau National Interprofessionnel de l'Armagnac.
Site internet Bureau National Interprofessionnel du Cognac.
Site internet Centre d'Information des Viandes.
Site internet Centre National pour la Promotion de l'œuf.
Site internet Chambre Syndicale des Eaux Minérales.
Site internet Comité Interprofessionnel des Vins d'Alsace.
Site internet Comité Interprofessionnel des Vins de Bordeaux.
Site internet Comité Interprofessionnel des Vins de Bourgogne.
Site internet Comité Interprofessionnel des Vins de Champagne.
Site internet Comité Interprofessionnel des Vins du jura.
Site internet Comité Interprofessionnel des Vins du Languedoc.
Site internet Comité Interprofessionnel des Vins du Sud-Ouest.
Site internet Comité Intersyndical des Vins de Corse.
Site internet Comité National Interprofessionnel de la Pomme de terre.
Site internet Comité National pour la Promotion de l'œuf.
Site internet Conseil Interprofessionnel des Vins de la région de Bergerac.
Site internet Conseil Interprofessionnel des Vins de Provence.
Site internet Conseil Interprofessionnel des Vins du Roussillon.
Site internet Direction Générale de la Concurrence, de la Consommation et de la Répression des Fraudes.
Site internet F.A.O.
Site internet FranceAgrimer.
Site internet Fromages de Suisse.
Site internet Hospices civils de Beaune.
Site internet Institut National des Appellations et de la Qualité.
Site internet Inter Beaujolais.
Site internet Interprofession des Vins du val de Loire.
Site internet Legifrance.
Site internet Maisons de Champagne.
Site internet Ministère de l'alimentation, de l'Agriculture et de la Pêche.
Site internet Organisation Internationale de la Vigne et du Vin.
Site internet Programme Nutrition Santé.
Site internet Veille Internationale des Techniques Effervescentes.
Site internet Wikipédia.

Index thématique

① BOISSONS

1.1 VINS FRANÇAIS
AJACCIO, **11**
ALOXE-CORTON, **14**
ALSACE, **14**
ALSACE GRAND CRU, **14**
ANJOU, **18**
ANJOU COTEAUX DE LA LOIRE, **19**
ANJOU GAMAY, **19**
ANJOU MOUSSEUX, **19**
ANJOU PÉTILLANT, **19**
ANJOU-VILLAGES, **19**
ANJOU-VILLAGES BRISSAC, **19**
ARBOIS, **21**
ARBOIS MOUSSEUX, **21**
ARBOIS PUPILLIN, **22**
AUXEY-DURESSES, **25**
BANDOL, **29**
BANYULS, **30**
BANYULS GRAND CRU, **30**
BARSAC, **31**
BÂTARD-MONTRACHET, **32**
BÉARN, **32**
BEAUJOLAIS, **32**
BEAUJOLAIS NOUVEAU, **33**
BEAUJOLAIS SUPÉRIEUR, **33**
BEAUJOLAIS-VILLAGES, **33**
BEAUMES-DE-VENISE, **33**
BEAUNE, **34**
BELLET, **34**
BERGERAC, **35**
BERGERAC SEC, **35**
BIENVENUES-BÂTARD-MONTRACHET, **37**
BLAGNY, **40**
BLANC FUMÉ DE POUILLY, **40**
BLANQUETTE DE LIMOUX, **41**
BLANQUETTE MÉTHODE ANCESTRALE, **41**
BLAYE, **41**
BONNES MARES, **44**
BONNEZEAUX, **45**
BORDEAUX, **45**
BORDEAUX CLAIRET, **45**
BORDEAUX CÔTES DE FRANCS, **45**
BORDEAUX HAUT-BENAUGE, **45**
BORDEAUX ROSÉ, **45**
BORDEAUX SUPÉRIEUR, **45**
BOURGOGNE, **48**
BOURGOGNE ALIGOTÉ, **48**
BOURGOGNE CHITRY, **48**
BOURGOGNE CLAIRET, **48**
BOURGOGNE CLAIRET CÔTE CHALONNAISE, **48**
BOURGOGNE CLAIRET CÔTE D'AUXERRE, **50**
BOURGOGNE CLAIRET HAUTES CÔTES DE BEAUNE, **50**
BOURGOGNE CLAIRET HAUTES CÔTES DE NUITS, **50**
BOURGOGNE CÔTE CHALONNAISE, **50**
BOURGOGNE CÔTE D'AUXERRE, **50**
BOURGOGNE CÔTE SAINT-JACQUES, **50**
BOURGOGNE CÔTES DU COUCHOIS, **50**
BOURGOGNE COULANGES-LA-VINEUSE, **50**
BOURGOGNE EPINEUIL, **50**
BOURGOGNE GRAND ORDINAIRE, **50**
BOURGOGNE GRAND ORDINAIRE CLAIRET, **50**
BOURGOGNE GRAND ORDINAIRE ROSÉ, **50**
BOURGOGNE HAUTES CÔTES DE BEAUNE, **50**
BOURGOGNE HAUTES CÔTES DE NUITS, **51**
BOURGOGNE MOUSSEUX, **51**
BOURGOGNE ORDINAIRE, **51**
BOURGOGNE PASSE-TOUT-GRAIN, **51**
BOURGOGNE ROSÉ, **51**
BOURGOGNE ROSÉ CÔTE CHALONNAISE, **51**
BOURGOGNE ROSÉ CÔTE D'AUXERRE, **51**
BOURGOGNE ROSÉ HAUTES CÔTES DE BEAUNE, **51**
BOURGOGNE ROSÉ HAUTES CÔTES DE NUITS, **51**
BOURGOGNE TONNERRE, **51**
BOURGOGNE VEZELAY, **51**
BOURGUEIL, **52**
BOUZERON, **52**
BOUZY, **52**
BROUILLY, **56**
BUGEY, **58**
BUGEY MOUSSEUX ou PÉTILLANT, **58**
BUGEY-CERDON MÉTHODE ANCESTRALE, **58**
BUGEY-MONTAGNIEU MOUSSEUX ou PÉTILLANT, **58**
BUZET, **58**
CABARDÈS, **59**
CABERNET D'ANJOU, **60**
CABERNET DE SAUMUR, **60**

CADILLAC, **60**
CAHORS, **62**
CANON FRONSAC, **65**
CASSIS, **70**
CÉRONS, **72**
CHABLIS, **73**
CHABLIS GRAND CRU, **73**
CHABLIS PREMIER CRU, **73**
CHAMBERTIN, **74**
CHAMBERTIN CLOS DE BÈZE, **75**
CHAMBOLLE-MUSIGNY, **75**
CHAMPAGNE, **75**
CHAPELLE-CHAMBERTIN, **78**
CHARLEMAGNE, **79**
CHARMES-CHAMBERTIN, **79**
CHASSAGNE-MONTRACHET, **80**
CHÂTEAU-CHALON, **81**
CHÂTEAU-GRILLET, **81**
CHÂTEAUMEILLANT, **81**
CHÂTEAUNEUF-DU-PAPE, **82**
CHÂTEAUX DU BORDELAIS, **82**
CHÂTILLON-EN-DIOIS, **86**
CHENAS, **87**
CHEVALIER-MONTRACHET, **88**
CHEVERNY, **88**
CHINON, **90**
CHIROUBLES, **90**
CHOREY-LÈS-BEAUNES
CLAIRETTE DE BELLEGARDE, **94**
CLAIRETTE DE DIE, **94**
CLAIRETTE DE DIE MÉTHODE DIOISE ANCESTRALE, **95**
CLAIRETTE DU LANGUEDOC, **95**
CLOS DE LA ROCHE, **95**
CLOS DE TART, **96**
CLOS DE VOUGEOT, **96**
CLOS DES LAMBRAYS, **96**
CLOS SAINT-DENIS, **96**
COLLIOURE, **99**
CONDRIEU, **100**
CORBIÈRES, **103**
CORBIÈRES-BOUTENAC, **103**
CORNAS, **103**
CORSE, **103**
CORTON, **104**
CORTON-CHARLEMAGNE, **104**
COSTIÈRES DE NÎMES, **104**
CÔTE DE BEAUNE, **104**

CÔTE DE BEAUNE-VILLAGES, **104**
CÔTE DE BROUILLY, **104**
CÔTE DE NUITS-VILLAGES, **105**
CÔTE ROANNAISE, **105**
CÔTE RÔTIE , **105**
COTEAUX CHAMPENOIS, **105**
COTEAUX D'AIX-EN-PROVENCE, **105**
COTEAUX D'ANCENIS, **105**
COTEAUX DE DIE, **106**
COTEAUX DE L'AUBANCE, **106**
COTEAUX DE PIERREVERT, **106**
COTEAUX DE SAUMUR , **106**
COTEAUX DU GIENNOIS, **106**
COTEAUX DU LAYON, **106**
COTEAUX DU LAYON CHAUME, **106**
COTEAUX DU LOIR, **107**
COTEAUX DU LYONNAIS, **107**
COTEAUX DU QUERCY, **107**
COTEAUX DU TRICASTIN, **107**
COTEAUX DU VENDÔMOIS, **107**
COTEAUX VAROIS EN PROVENCE, **107**
CÔTES DE BOURG, **108**
CÔTES D'AUVERGNE, **107**
CÔTES DE BERGERAC, **108**
CÔTES DE BLAYE, **108**
CÔTES DE BORDEAUX SAINT-MACAIRE, **108**
CÔTES DE CASTILLON, **108**
CÔTES DE DURAS, **108**
CÔTES DE MILLAU, **108**
CÔTES DE MONTRAVEL, **108**
CÔTES DE PROVENCE, **108**
CÔTES DE TOUL, **109**
CÔTES DU BRULHOIS, **109**
CÔTES DU FOREZ, **109**
CÔTES DU JURA, **109**
CÔTES DU JURA MOUSSEUX, **109**
CÔTES DU MARMANDAIS, **109**
CÔTES DU ROUSSILLON, **110**
CÔTES DU ROUSSILLON LES ASPRES, **110**
CÔTES DU ROUSSILLON VILLAGES, **110**
CÔTES DU VENTOUX, **110**
CÔTES DU VIVARAIS, **110**
CÔTES-DU-RHÔNE, **109**
CÔTES-DU-RHÔNE VILLAGES, **110**
COUR-CHEVERNY, **111**
CRÉMANT D'ALSACE, **113**
CRÉMANT DE BORDEAUX, **113**

- CRÉMANT DE BOURGOGNE, **113**
- CRÉMANT DE DIE, **113**
- CRÉMANT DE LIMOUX, **114**
- CRÉMANT DE LOIRE, **114**
- CRÉMANT DU JURA, **114**
- CRÉPY, **116**
- CRÉZANCY, **117**
- CRIOTS-BATARD-MONTRACHET, **117**
- CROZES-HERMITAGE, **118**
- ÉCHÉZEAUX, **135**
- EDELZWICKER, **136**
- ENTRE-DEUX-MERS, **137**
- ENTRE-DEUX-MERS-HAUT-BENAUGE, **137**
- ERMITAGE, **138**
- FAUGÈRES, **142**
- FIEFS VENDÉENS BREM, **144**
- FIEFS VENDÉENS MAREUIL, **144**
- FIEFS VENDÉENS PISSOTTE, **144**
- FIEFS VENDÉENS VIX, **144**
- FITOU, **145**
- FIXIN, **146**
- FLEURIE, **147**
- FLOC DE GASCOGNE, **147**
- FRONSAC, **153**
- FRONTIGNAN, **153**
- FRONTON, **153**
- GAILLAC, **155**
- GAILLAC DOUX, **155**
- GAILLAC MOUSSEUX, **155**
- GAILLAC PERLÉ, **155**
- GAILLAC PREMIÈRES CÔTES, **155**
- GEVREY-CHAMBERTIN, **159**
- GIGONDAS, **160**
- GIVRY, **162**
- GRAND ROUSSILLON, **165**
- GRANDE RUE (La)
- GRANDS-ÉCHÉZEAUX, **165**
- GRAVES, **166**
- GRAVES DE VAYRES, **166**
- GRAVES SUPÉRIEURES, **166**
- GRIGNAN-LES-ADHÉMARS, **167**
- GRIOTTE-CHAMBERTIN, **168**
- GROS PLANT DU PAYS NANTAIS, **168**
- HAUT-MÉDOC, **172**
- HAUT-MONTRAVEL, **173**
- HAUT-POITOU, **173**
- HERMITAGE, **173**
- HOSPICES DE BEAUNE, **174**
- IRANCY, **178**
- IROULÉGUY, **178**
- JASNIÈRES, **180**
- JULIÉNAS, **181**
- JURANÇON, **181**
- JURANÇON SEC, **181**
- KLEVENER DE HEILIGENSTEIN, **183**
- KLEVNER, **183**
- L'ÉTOILE, **189**
- L'ÉTOILE MOUSSEUX, **189**
- LADOIX, **184**
- LALANDE-DE-POMEROL, **185**
- LANGUEDOC, **186**
- LATRICIÈRES-CHAMBERTIN, **188**
- LAVILLEDIEU, **188**
- LES BAUX-DE-PROVENCE, **189**
- LIMOUX, **192**
- LIRAC, **192**
- LISTRAC MÉDOC, **193**
- LOUPIAC, **194**
- LUBERON, **194**
- LUSSAC-SAINT-ÉMILION, **195**
- MÂCON, **196**
- MÂCON SUPÉRIEUR, **197**
- MÂCON-VILLAGES, **197**
- MACVIN DU JURA, **197**
- MADIRAN, **197**
- MALEPÈRE, **199**
- MARANGES, **201**
- MARCILLAC, **202**
- MARGAUX, **203**
- MARSANNAY, **204**
- MARSANNAY ROSÉ, **204**
- MAURY, **206**
- MAZIS-CHAMBERTIN, **206**
- MAZOYÈRES-CHAMBERTIN, **206**
- MÉDOC, **206**
- MENETOU-SALON, **207**
- MERCUREY, **208**
- MEURSAULT, **211**
- MINERVOIS, **213**
- MINERVOIS-LA-LIVINIÈRE, **213**
- MONBAZILLAC, **215**
- MONTAGNY, **216**
- MONTHÉLIE, **216**
- MONTLOUIS-SUR-LOIRE, **217**

MONTLOUIS-SUR-LOIRE MOUSSEUX ou PÉTILLANT, **217**
MONTRACHET, **217**
MONTRAVEL, **217**
MOREY-SAINT-DENIS, **218**
MORGON, **218**
MOSELLE, **219**
MOULIN-À-VENT, **220**
MOULIS, **220**
MOUSSEUX ou PÉTILLANT DE SAVOIE, **220**
MOUSSEUX ou PÉTILLANT DU BUGEY, **220**
MUSCADET, **222**
MUSCADET-COTEAUX DE LA LOIRE, **223**
MUSCADET-CÔTES DE GRAND LIEU, **223**
MUSCADET-SÈVRE ET MAINE, **223**
MUSCAT DE BEAUMES-DE-VENISE, **224**
MUSCAT DE FRONTIGNAN, **224**
MUSCAT DE SAINT-JEAN-DE-MINERVOIS, **224**
MUSCAT DE LUNEL, **224**
MUSCAT DE MIREVAL, **224**
MUSCAT DU CAP CORSE, **224**
MUSCAT RIVESALTES, **224**
MUSIGNY, **225**
NÉAC, **226**
NUITS-SAINT-GEORGES, **230**
ORLÉANS, **236**
ORLÉANS-CLÉRY, **237**
PACHERENC DU VIC BILH, **239**
PACHERENC DU VIC BILH SEC, **239**
PALETTE, **240**
PATRIMONIO, **245**
PAUILLAC, **245**
PÉCHARMANT, **246**
PERNAND-VERGELESSES, **247**
PESSAC-LÉOGNAN, **249**
PETIT CHABLIS, **249**
PINEAU CHARENTAIS, **254**
PINEAU DES CHARENTES, **254**
PINOT-CHARDONNAY-MÂCON, **255**
POMEROL, **260**
POMMARD, **260**
POUILLY-FUISSÉ, **267**
POUILLY-FUMÉ, **267**
POUILLY-LOCHÉ, **267**
POUILLY-SUR-LOIRE, **267**
POUILLY-VINZELLES, **267**
PREMIÈRES CÔTES DE BLAYE, **270**
PREMIÈRES CÔTES DE BORDEAUX, **270**

PUISSEGUIN-SAINT-ÉMILION, **271**
PULIGNY-MONTRACHET, **272**
QUARTS DE CHAUME, **273**
QUINCY, **274**
RASTEAU, **276**
RATAFIA, **277**
RÉGNIÉ, **278**
REUILLY, **280**
RICHEBOURG, **281**
RIVESALTES, **282**
ROMANÉE (LA), **284**
ROMANÉE-CONTI, **284**
ROMANÉE-SAINT-VIVANT, **285**
ROSÉ D'ANJOU, **286**
ROSÉ DE LOIRE, **286**
ROSÉ DES RICEYS, **286**
ROSETTE, **286**
ROUSSETTE DE SAVOIE, **287**
ROUSSETTE DU BUGEY, **287**
RUCHOTTES-CHAMBERTIN, **288**
RULLY, **288**
SAINT-AMOUR, **291**
SAINT-AUBIN, **292**
SAINT-BRIS, **292**
SAINT-CHINIAN, **292**
SAINTE-CROIX-DU-MONT, **292**
SAINTE-FOY-BORDEAUX, **292**
SAINT-ÉMILION, **293**
SAINT-ÉMILION GRAND CRU, **293**
SAINT-ESTÈPHE, **293**
SAINT-GEORGES-SAINT-ÉMILION, **293**
SAINT-JOSEPH, **294**
SAINT-JULIEN, **294**
SAINT-MONT, **294**
SAINT-NICOLAS-DE-BOURGUEIL, **295**
SAINT-PÉRAY, **295**
SAINT-PÉRAY MOUSSEUX, **295**
SAINT-POURÇAIN, **296**
SAINT-ROMAIN, **296**
SAINT-SARDOS, **296**
SAINT-VÉRAN, **296**
SANCERRE, **298**
SANTENAY, **299**
SAUMUR, **301**
SAUMUR MOUSSEUX, **301**
SAUMUR PÉTILLANT, **302**
SAUMUR-CHAMPIGNY, **301**

SAUSSIGNAC, **302**
SAUTERNES, **302**
SAVENNIÈRES, **302**
SAVENNIÈRES-COULÉE DE SERRANT, **303**
SAVENNIÈRES-ROCHE AUX MOINES, **303**
SAVIGNY-LÈS-BEAUNE, **303**
SEYSSEL, **307**
SEYSSEL MOUSSEUX, **307**
TÂCHE (LA), **317**
TAVEL, **320**
TOURAINE, **326**
TOURAINE AMBOISE, **326**
TOURAINE MESLAND, **326**
TOURAINE MOUSSEUX, **327**
TOURAINE NOBLE JOUÉ, **327**
TOURAINE PÉTILLANT, **327**
TOURAINE AZAY-LE-RIDEAU, **326**
TURSAN, **331**
VACQUEYRAS, **333**
VALENÇAY, **333**
VIN D'ALSACE, **340**
VIN DE BANDOL, **340**
VIN DE BELLET, **341**
VIN DE CORSE, **341**
VIN DE FRONTIGNAN, **341**
VIN DE SAVOIE, **345**
VIN DE SAVOIE AYZE MOUSSEUX, **345**
VIN DE SAVOIE MOUSSEUX, **345**
VIN DE TABLE, **345**
VINS DU THOUARSAIS, **347**
VINS D'ENTRAYGUES ET DU FEL, **347**
VINS D'ESTAING, **347**
VINS DE PAYS, **341**
VINSOBRES, **347**
VIRÉ-CLESSÉ, **348**
VOLNAY, **348**
VOLNAY SANTENOTS, **349**
VOSNE-ROMANÉE, **349**
VOUGEOT, **349**
VOUVRAY, **349**
VOUVRAY MOUSSEUX, **349**

1.2 VINS ÉTRANGERS
ASTI SPUMANTE, **24**
AUSLESE, **25**
BARBARESCO, **30**
BARDOLINO, **31**
BAROLO, **31**
BEERENAUSLESE, **34**
BRUNELLO DI MONTALCINO, **57**
CAVA, **70**
CHIANTI, **89**
COMMANDARIA, **99**
CÔTEAUX DE MASCARA, **106**
CRÉMANT DU Luxembourg, **114**
D.O., **124**
D.O.C., **125**
D.O.C.G., **125**
DÃO, **121**
DÔLE, **125**
EGRI BIKAVÉR, **136**
EISWEIN, **136**
EST ! EST ! EST !!! DI MONTEFIASCONE, **139**
FENDANT, **142**
FIASQUE, **144**
FRANCIACORTA, **151**
FRASCATI, **151**
I.G.T., **177**
I.P.R., **178**
ICEWINE, **176**
JEREZ, **180**
JOHANNISBERG, **180**
KABINETT, **181**
LACRIMA CHRISTI, **184**
LAMBRUSCO, **185**
MADÈRE, **197**
MALAGA, **199**
MARSALA, **204**
MONTEPULCIANO D'ABRUZZO, **216**
MOSCATEL DE SETUBAL, **219**
MUSCAT DE PATRAS, **224**
MUSCAT DE SAMOS, **224**
OPUS ONE, **235**
PENEDÉS, **247**
PORTO, **265**–**266**
PROSECCO DI CONEGLIANO-VALDOBBIADENE, **270**
QUALITÄTSWEIN BESTIMMER ANBAUGEBIETE (Qba), **273**
QUALITÄTSWEIN MIT PRÄDIKAT (Qmp), **273**
RETSINA, **280**
RIBERA DEL DUERO, **280**
RIOJA, **281**
SAMOS, **297**
SANG DE TAUREAU, **298**
SEKT, **304**

SETUBAL, **307**
SHERRY, **307**
SHIZEN, **308**
SOAVE, **309**
SPÄTLESE, **312**
TOKAY ASZU, **324**
TRENTO, **328**
TROCKENBEERENAUSLESE, **328**
VALDEPEÑAS, **333**
VALPOLICELLA, **334**
VEGA-SICILIA, **335**
VINHO VERDE, **347**
XÉRÈS, **352**

1.3 VINIFICATIONS, ŒNOLOGIE, AMPÉLOGRAPHIE …

ABOURIOU, **8**
ACESCENCE, **8**
AIRÉN, **11**
ALIGOTÉ, **13**
ALTESSE, **15**
AMPÉLOGRAPHIE, **16**
ANTHOCYANES, **19**
ARBOIS, **21**
ARRUFIAC, **23**
ASPIRAN, **24**
AUBAINE, **25**
AUBIN, **25**
AUBUN, **25**
AUVERNAT, **25**
AUXERROIS, **25**
BACO BLANC, **27**
BAG-IN-BOX, **28**
BALTHAZAR, **29**
BARBAROSSA, **30**
BARBAROUX, **30**
BAROQUE, **31**
BEAUNOIS, **34**
BEGUIGNOL, **34**
BIANCO GENTILE, **37**
BLANC DAME, **40**
BLANC DE BLANCS, **40**
BLANC DE NOIRS, **40**
BLANC FUMÉ, **40**
BLANC-RAMÉ, **41**
BLANQUETTE, **41**
BORDELAIS, **45**
BOTRYTIS CINEREA, **45**
BOUCHET, **46**
BOUCHON, **46**
BOUCHON (goût de), **46**
BOURBOULENC, **48**
BRACHET, **53**
BRAQUET, **53**
BRETON, **54**
CABERNET (S), **59**
CAHORS, **62**
CALITOR, **63**
CAMARALET, **63**
CAMARÈSE , **63**
CAPSULE C.R.D, **66**
CARIGNAN, **67**
CARMENÈRE, **67**
CASTET, **70**
CÉPAGE, **71**
CÉSAR, **73**
CHALOSSE, **74**
CHAPTALISATION, **78**
CHARDONNAY, **79**
CHASSELAS, **80**
CHÂTEAU, **81**
CHENIN BLANC, **87**
CHEVRIER, **89**
CINSAULT, **93**
CLAIRET, **94**
CLAIRETTE, **94**
CLAVELIN, **95**
CLAVERIE, **95**
CLIMAT, **95**
CODIVARTA, **97**
CŒFFICIENT K, **97**
COLLAGE, **98**
COLOMBARD, **99**
COLOMBIER, **99**
COT, **104**
COUNOISE, **111**
COURBU, **111**
COURBU NOIR, **111**
CRÉMANT, **113**
CRYOEXTRACTION SÉLECTIVE, **119**
CRUCHINET, **118**
CUVAGE, **120**
D.S.A., **126**
DAME-JEANNE, **121**

DÉBOURBAGE, **122**
DÉCANTATION, **122**
DEGRÉ ALCOOLIQUE, **123**
DÉGUSTATION, **123**
DÉGUSTATION À L'AVEUGLE, **123**
DÉGUSTATION ANALYTIQUE, **123**
DÉGUSTATION D'AGRÉAGE, **123**
DÉGUSTATION HÉDONIQUE, **123**
DÉGUSTATION HORIZONTALE, **123**
DÉGUSTATION VERTICALE, **123**
DOM PÉRIGNON, **125**
DONGINE, **125**
DOUCILLON, **125**
DURAS, **127**
ÉGRAPPAGE, **136**
ÉLEVAGE, **136**
ÉRAFLAGE, **137**
ÉTRAIRE DE LA DRUI, **139**
FER SERVADOU, **143**
FERMENTATION ALCOOLIQUE, **143**
FERMENTATION MALOLACTIQUE, **143**
FOLLE BLANCHE, **148**
FOLLE NOIRE, **148**
FOULAGE, **149**
GAMAY, **156**
GAMAY BLANC, **156**
GAMAY DE BOUZE, **156**
GAMAY DE CHAUDENAY, **156**
GAY-LUSSAC (degré), **157**
GEWURZTRAMINER, **159**
GRAISSE, **164**
GRENACHE, **166**
GRENACHE BLANC, **166**
GRENACHE GRIS, **167**
GRINGET, **167**
GROLLEAU, **168**
GROS MANSENG, **168**
GROS PLANT, **168**
GUTEDEL, **170**
IMPÉRIALE, **177**
JACQUÈRE, **179**
JÉROBOAM, **180**
JOUBERTIN, **180**
JURANÇON BLANC, **181**
JURANÇON NOIR, **181**
KLEVNER, **183**
LAUZET, **188**

LEN DE L'EL, **188**
LEVURAGE, **190**
LEVURES ALCOOLIQUES, **190**
LIE, **191**
LIQUEUR D'EXPÉDITION, **192**
LIQUEUR DE TIRAGE, **192**
LISTAN, **193**
LLADONER PELUT, **193**
LONGUEUR EN BOUCHE, **194**
MACCABÉO, **196**
MACÉRATION CARBONIQUE, **196**
MADÈRISATION, **197**
MAGNUM, **198**
MALBEC, **199**
MALVOISIE, **199**
MANSENG, **201**
MANSENG NOIR, **201**
MARC, **201**
MARIE-JEANNE, **203**
MARSANNE, **205**
MATHUSALEM, **206**
MAUZAC, **206**
MAYORQUIN, **206**
MELCHIOR, **207**
MELON D'ARBOIS, **207**
MELON DE BOURGOGNE, **207**
MENU PINEAU, **208**
MERILLE, **209**
MERLOT, **209**
MERLOT BLANC, **209**
MESCLE, **211**
MESLIER SAINT-FRANÇOIS, **211**
MÉTHODE ANCESTRALE, **211**
MÉTHODE CHAMPENOISE, **211**
MÉTHODE CHARMAT, **211**
MÉTHODE DIOISE, **211**
MÉTHODE GAILLACOISE, **211**
MÉTHODE GANCIA, **211**
MÉTHODE PAR TRANSFERT, **211**
MÉTHODE TRADITIONNELLE, **211**
MEUNIER, **211**
MILGRANET, **213**
MILLÉSIME, **213**
MISTELLE, **214**
MOLETTE, **215**
MONDEUSE, **215**
MONDEUSE BLANCHE, **215**

MONTILS, **217**
MORTERILLE, **219**
MOURVÈDRE, **220**
MOÛT, **220**
MOUYSSAGUES, **221**
MÜLLER-THURGAU, **221**
MUSCADELLE, **222**
MUSCADET, **222**
MUSCARDIN, **223**
MUSCAT, **223**
MUSELET, **225**
MUSTIMÈTRE, **225**
MUTAGE, **225**
NABUCHODONOSOR, **226**
NATURÉ, **226**
NÉGRETTE, **227**
NIELLUCCIO, **227**
NOAH, **228**
NOBLE, **228**
NOIRIEN, **228**
ŒCHSLE (degré), **230**
ŒNOLOGIE, **230**
ONDENC, **235**
OUILLAGE, **238**
P.A.I., **239**
PASCAL BLANC, **243**
PASSERILLAGE, **243**
PÉCOUI-TOUAR, **246**
PERIGORD, **247**
PERSAN, **248**
PETIT MANSENG, **249**
PETIT VERDOT, **250**
PHYLLOXERA, **250**
PICARDAN, **251**
PICPOUL, **252**
PIED DE CUVE, **252**
PIGEAGE, **253**
PINEAU D'AUNIS, **254**
PINEAU OU PINOT DE LA LOIRE, **254**
PINENC, **254**
PINOT AUXERROIS, **255**
PINOT BEUROT, **255**
PINOT BLANC, **255**
PINOT GRIS, **255**
PINOT LIÉBAULT, **255**
PINOT MEUNIER, **255**
PINOT NOIR, **255**

PINOTAGE, **255**
PLOUSSARD, **257**
POT DE BEAUJOLAIS, **266**
POULSARD, **269**
POURRITURE NOBLE, **269**
PRÉLONGEAU, **270**
PRESSAC, **270**
PRESSURAGE, **270**
PRUINE, **271**
RAFFIAT, **275**
REBÊCHE (vin de), **277**
RÉFRACTOMÈTRE, **277**
REHOBOAM, **278**
REMONTAGE, **279**
RIESLING, **281**
ROLLE, **284**
ROMORANTIN, **285**
ROUSSAN, **287**
ROUSSANNE, **287**
ROUSSELOU, **287**
ROUSSETTE, **287**
SACY, **290**
SAIGNÉE DE CUVE, **291**
SALMANAZAR, **297**
SALOMON, **297**
SAUVIGNON, **302**
SAVAGNIN, **302**
SCIACARELLO, **304**
SELECT, **305**
SÉLECTION DE GRAINS NOBLES, **305**
SÉMILLON, **306**
SERVANIN, **306**
SKIN CONTACT, **309**
SOUTIRAGE, **311**
SPAGNOL, **312**
SULFITAGE, **314**
SYLVANER, **315**
SYRAH, **315**
T.A.V.N.M., **320**
TANIN, **318**
TANISAGE, **318**
TANNAT, **318**
TERRET BLANC, **321**
TERRET NOIR, **321**
TIBOUREN, **323**
TOURBAT, **327**
TRESSALLIER, **328**

TRESSOT, **328**
TROUSSEAU, **329**
UGNI BLANC, **332**
VACCARÈSE, **332**
VENDANGE TARDIVE, **336**
VERDESSE, **337**
VERDOT, **337**
VERJUS, **337**
VERMENTINO, **337**
VIN, **339**
VIN CUIT, **340**
VIN DE GOUTTE, **341**
VIN DE PAILLE, **341**
VIN DE PRESSE, **344**
VIN DE PRIMEUR, **344**
VIN DEMI-SEC, **345**
VIN DOUX, **345**
VIN EFFERVESCENT, **345**
VIN EN TUBE, **345**
VIN GRIS, **345**
VIN JAUNE, **345**
VIN LIQUOREUX, **346**
VIN MOUSSEUX, **346**
VIN NATURELLEMENT DOUX, **346**
VIN NOUVEAU, **346**
VIN PERLANT, **346**
VIN PÉTILLANT, **346**
VIN SEC, **346**
VIN TRANQUILLE, **346**
VINIFICATION, **347**
VIOGNIER, **348**

1.4 ALCOOLS ET SPIRITUEUX

A.B.A., **7**
A.B.V., **8**
ABSINTHE, **8**
ADVOCAAT, **9**
AGUARDIENTE, **10**
AKVAVIT, **11**
ALCOOL, **12**
ALCOOL D'INDUSTRIE, **12**
ALCOOL DÉNATURÉ, **12**
ALCOOL FERMIER, **12**
ALCOOL RÉCTIFIÉ, **12**
ALCOOLAT, **12**
AMARETTO, **16**
AMBASSADEUR, **16**
ANGOSTURA, **18**
ANISÉ, **18**
ANISETTE, **18**
APPLEJACK, **21**
APRICOT BRANDY, **21**
AQUAVIT, **21**
ARAK, **21**
ARMAGNAC, **22**
ARMAGNAC-TÉNARÈZE, **23**
AVÈZE, **26**
BACARDI, **27**
BAILEYS, **28**
BARDOUIN, **31**
BAS-ARMAGNAC, **31**
BÉNÉDICTINE, **35**
BERGER, **35**
BIRLOU, **39**
BITTER, **39**
BLANCHE ARMAGNAC, **41**
BOIS ORDINAIRES, **44**
BONAL, **44**
BONS BOIS, **45**
BORDERIES, **45**
BRANDY, **53**
BRANNVIN, **53**
BROU DE NOIX, **56**
BYRRH, **58**
CALVADOS, **63**
CALVADOS PAYS D'AUGE, **63**
CALVADOS DOMFRONTAIS, **63**
CAMPARI, **64**
CARPANO, **68**
CARTHAGÈNE, **69**
CASANIS, **70**
CATAROISE DE BÉZIERS, **70**
CHAMBÉRY, **75**
CHARTREUSE, **80**
CHERRY BRANDY, **87**
CHERRY PETER HEERING, **87**
CHOUM, **92**
CINZANO, **93**
CLACQUESIN, **94**
COCODY, **97**
COCONUT, **97**
COGNAC, **97**
COINTREAU, **98**
COMPTE D'ÂGE, **99**

CORN WHISKEY, **103**
CRÈME, **114**
CRÈME DE CASSIS DE DIJON, **114**
CURAÇAO, **119**
CYNAR, **120**
DOLIN, **125**
DRAMBUIE, **126**
DUBONNET, **126**
DUVAL, **127**
EAU-DE-VIE, **131**
EAU-DE-VIE BLANCHE, **131**
EAU-DE-VIE DE CIDRE DE BRETAGNE, **131**
EAU-DE-VIE DE CIDRE DE NORMANDIE, **131**
EAU-DE-VIE DE CIDRE DU MAINE, **131**
EAU-DE-VIE DE COGNAC, **131**
EAU-DE-VIE DE DANTZIG, **131**
EAU-DE-VIE DE MARC DE BOURGOGNE, **131**
EAU-DE-VIE DE MARC DE CHAMPAGNE, **131**
EAU-DE-VIE DE MARC DE SAVOIE, **131**
EAU-DE-VIE DE MARC DES CÔTES-DU-RHÔNE, **131**
EAU-DE-VIE DE MARC ORIGINAIRE DE FRANCHE-COMTÉ, **132**
EAU-DE-VIE DE MARC ORIGINAIRE DE PROVENCE, **132**
EAU-DE-VIE DE MARC ORIGINAIRE DES COTEAUX DE LA LOIRE, **132**
EAU-DE-VIE DE MARC ORIGINAIRE DU BUGEY, **132**
EAU-DE-VIE DE MARC ORIGINAIRE DU CENTRE-EST, **132**
EAU-DE-VIE DE MARC ORIGINAIRE DU LANGUEDOC, **132**
EAU-DE-VIE DE POIRÉ DE BRETAGNE, **133**
EAU-DE-VIE DE POIRÉ DE NORMANDIE, **133**
EAU-DE-VIE DE POIRÉ DU MAINE, **133**
EAU-DE-VIE DE VIN DE BOURGOGNE, **133**
EAU-DE-VIE DE VIN DE LA MARNE, **133**
EAU-DE-VIE DE VIN DE SAVOIE, **133**
EAU-DE-VIE DE VIN DES CÔTES-DU-RHÔNE, **133**
EAU-DE-VIE DE VIN ORIGINAIRE D'AQUITAINE, **133**
EAU-DE-VIE DE VIN ORIGINAIRE DE FRANCHE-COMTÉ, **134**
EAU-DE-VIE DE VIN ORIGINAIRE DE PROVENCE, **134**
EAU-DE-VIE DE VIN ORIGINAIRE DES COTEAUX DE LA LOIRE, **134**
EAU-DE-VIE DE VIN ORIGINAIRE DU BUGEY, **134**
EAU-DE-VIE DE VIN ORIGINAIRE DU CENTRE-EST, **134**
EAU-DE-VIE DE VIN ORIGINAIRE DU LANGUEDOC, **134**
EAU-DE-VIE DES CHARENTES, **134**
EAU-DE-VIE DE FAUGÈRES, **131**
EAU-DE-VIE DE VIN ORIGINAIRE D'AQUITAINE, **133**
ESPRIT DE COGNAC, **139**
FERNET-BRANCA, **143**
FINE BORDEAUX, **145**
FINE CHAMPAGNE, **145**
FINS BOIS, **145**
FLORANIS, **147**
FRAMBOISE, **151**
GÉNÉPI, **158**
GENEVER, **158**
GENIÈVRE, **158**
GENTIANE, **158**
GET 27, **158**
GIN, **161**
GRAND MARNIER, **164**
GRANDE ABSENTE, **165**
GRANDE CHAMPAGNE, **165**
GRANDE FINE CHAMPAGNE, **165**
GRAPPA, **166**
GUIGNOLET, **170**
HAUT-ARMAGNAC, **172**
IRISH WHISKEY, **178**
IZARRA, **179**
JENEVER, **180**
KAHLÚA, **181**
KIBOWI, **182**
KIRSCH, **182**
KORN, **183**
KUMMEL, **183**
LILLET, **191**
LIQUEUR, **192**
MALIBU, **199**
MANDARINE NAPOLÉON, **200**
MANZANA VERDE, **201**
MARASQUIN, **201**
MARC, **201**
MARC D'ALSACE GEWURZTRAMINER, **201**
MARC D'AUVERGNE, **201**
MARC DE BOURGOGNE, **201**
MARC DE CHAMPAGNE, **201**
MARC DE LORRAINE, **201**
MARC DE SAVOIE, **202**
MARC DU BUGEY, **202**
MARIE BRIZARD, **203**
MARTINI, **205**

MARTINIQUE (rhum), **205**
MESCAL, **210**
MIRABELLE, **213**
MIRABELLE DE LORRAINE, **214**
MOMINETTE, **215**
MUSE VERTE (la), **225**
NOILLY PRAT, **228**
OUZO, **238**
PART DES ANGES, **243**
PASSOA, **243**
PASTIS, **244**
PERNOD, **248**
PERNOD aux extraits de plantes d'absinthe, **248**
PETER HEERING, **249**
PETITE CHAMPAGNE, **250**
PETITE FINE CHAMPAGNE, **250**
PICON, **252**
PIPPERMINT GET, **256**
PISANG AMBON, **256**
POIRE WILLIAMS, **258**
POMMEAU DE NORMANDIE, **263**
POMMEAU DU MAINE, **263**
PONTARLIER-ANIS, **264**
PRUNE, **271**
PUNT E MES, **272**
QUETSCHE, **274**
QUINQUINA, **274**
RAKI, **276**
RHUM, **280**
RICARD, **280**
SAFARI, **290**
SAINT-RAPHAËL, **296**
SAKÉ, **296**
SALERS , **297**
SCHNAPS, **304**
SCOTCH, **304**
SLIVOVITZ, **309**
SOHO, **309**
SOUTHERN COMFORT, **311**
SPIRITUEUX, **312**
STRAIGHT WHISKEY, **313**
SUZE, **315**
TAFIA, **317**
TEQUILA, **320**
TRIPLE-SEC, **328**
TROU NORMAND, **329**
V.D.L., **335**

V.D.N., **335**
VERMOUTH, **337**
VERVEINE DU VELAY, **338**
VODKA, **348**
WACHOLDER, **351**
WHISKEY, **351**
WHISKY, **351**
WILLIAMINE, **352**

1.5 COCKTAILS
AFTER DINNER, **9**
AFTER LUNCH, **9**
ALASKA, **11**
ALEXANDER, **12**
AMERICANO, **16**
ARMAGNAC SOUR, **23**
B and B, **29**
BACARDI, **27**
BALALAÏKA, **28**
BANANA BLISS, **29**
BARBOTTAGE, **30**
BELLINI, **34**
BLACK RUSSIAN, **40**
BLOODY MARY, **43**
BLUE LAGOON, **43**
BOURBON COLLINS, **47**
BOURBON OLD FASHIONED, **47**
BOURBON SOUR, **48**
BOURBON WHISKEY, **48**
BRANDY COLLINS, **53**
BRANDY EGG NOGG, **53**
BRANDY FIZZ, **53**
BRANDY FLIP, **53**
BRANDY OLD FASHIONED, **53**
BRANDY SOUR, **53**
BRONX, **56**
BUCK FIZZ, **58**
CANARI, **64**
CARDINAL, **67**
CHAMPAGNE COCKTAIL, **76**
CHAMPAGNE PICK ME UP, **77**
CLOVER CLUB, **96**
COBBLERS, **96**
COCKTAIL, **96**
COFFEE, **97**
COLLINS, **99**
COOLERS, **102**

CRUSTAS, **118**
CUBA-LIBRE, **119**
CUPS, **119**
DAIQUIRI, **121**
DAISIES, **121**
DRY MARTINI, **126**
DUBONNET COCKTAIL, **126**
EGG NOGS, **136**
ÉMERAUDE, **136**
FANCY DRINK, **141**
FEUILLE MORTE, **143**
FIXES, **146**
FIZZES, **146**
FLIPS, **147**
FLORIDA, **147**
GARIBALDI, **157**
GIBSON, **160**
GIMLET, **161**
GIN FIZZ, **161**
GIN SOUR, **161**
GOD FATHER, **163**
GOD MOTHER, **163**
GOLDEN FIZZ, **163**
GRASSHOPPER, **166**
HIGHBALLS, **173**
IRISH COFFEE, **178**
JACK ROSE, **179**
JULEPS, **181**
KIR, **182**
KIR ROYAL, **182**
LARZAC, **187**
LONG DRINKS, **194**
MACCA, **196**
MANHATTAN, **200**
MARGARITA, **203**
MARQUISETTE, **204**
MAURESQUE, **206**
MOJITO, **214**
MOJITO CRIOLLO, **215**
MONACO, **215**
NÉGRONI, **227**
ORANGE BLOSSOM, **235**
PARADISE, **242**
PERROQUET, **248**
PIMM'S N°1, **253**
PIÑA COLADA, **254**
PINK GIN, **254**
PINK LADY, **254**
PLANTER'S PUNCH, **257**
PORTO FLIP, **266**
PUNCHS, **272**
PUSSY FOOT, **272**
RAINBOWS, **276**
RED LION, **277**
RHUM COLLINS, **280**
RHUM FIZZ, **280**
ROB ROY, **283**
ROSE, **286**
RUSTY NAIL, **289**
RYE COLLINS, **289**
RYE SOUR, **289**
RYE WHISKEY, **289**
SANGRIA, **299**
SCOTCH COLLINS, **304**
SCOTCH SOUR, **304**
SCREWDRIVER, **304**
SHERRY FLIP, **307**
SHORT DRINKS, **308**
SIDE CAR, **308**
SILVER FIZZ, **308**
SINGAPORE SLING, **308**
SOFT DRINK, **309**
SOLEIL LEVANT, **310**
SOUPE DE CHAMPAGNE, **311**
SOURS, **311**
STINGER, **313**
SUISSESSE, **314**
TAMPICO, **318**
TEQUILA SUNRISE, **321**
TOM COLLINS, **324**
TOMATE, **325**
TRINITY, **328**
TROÏKA, **328**
WHITE LADY, **352**

1.6 EAU, EAUX MINÉRALES, EAUX DE SOURCE ET AUTRES BOISSONS

ABATILLES, **7**
ACQUA PANNA, **8**
AIX, **11**
ALET, **12**
AMANDA, **15**
AMÉLIE-LA-REINE, **16**
APOLLINARIS, **20**

ARCENS, **22**
ARVIE, **24**
B.R.S.A., **57**
BADOIT, **27**
BIÈRE, **38**
BIÈRE DE MARS, **38**
BIÈRE SANS ALCOOL, **38**
BIOVIVE, **39**
BOMPART, **44**
BRU, **57**
CAFÉ, **61**
CAFÉ VIENNOIS, **62**
CAMOMILLE (infusion), **64**
CANADA DRY, **64**
CAPPUCCINO, **65**
CAROLA, **67**
CELTIC, **71**
CERVOISE, **73**
CHAMBON, **75**
CHAMPOREAU, **77**
CHANTEMERLE, **77**
CHANTEREINE, **77**
CHARRIER, **80**
CHÂTEAUNEUF-AUVERGNE, **81**
CHÂTELDON, **86**
CHOCOLAT, **90**
CHOUCHEN, **92**
CIDRE, **92**
CIDRE DE GLACE, **92**
COCA-COLA, **96**
CONTREX, **101**
CORNOUAILLE (cidre), **103**
COURMAYEUR, **112**
CRISTALINE GRANDS BOIS, **117**
CRISTALINE LA BONDOIRE SAINT-HIPPOLYTE, **117**
CRISTALINE SAINT-CYR LA SOURCE, **117**
CRISTALINE SAINTE-CÉCILE, **117**
CRISTALINE SAINT-MÉDARD, **117**
CRISTALINE SOURCE DE LA DOYE, **117**
DAX, **122**
DÉCAFÉINÉ, **122**
DECANTAE, **122**
DOMFRONT (poiré), **125**
EAU, **128**
EAU DE PERRIER, **128**
EAU DE SELTZ, **128**
EAU DE SOURCE, **128**
EAU MINÉRALE NATURELLE, **129**
EAU RENDUE POTABLE PAR TRAITEMENT, **131**
EVIAN, **140**
FERRARELLE, **143**
FIÉE DES LOIS, **144**
FONT VELLA, **149**
FONTAINE DE LA REINE, **149**
FONTAN, **149**
FONTEL, **149**
FRANÇAISE (La), **151**
GEROLSTEINER SPRUDEL, **158**
GINI, **161**
GRANDE SOURCE DU VOLCAN, **165**
GRENADINE, **167**
HENNIEZ, **173**
HÉPAR, **173**
HYDROXYDASE, **176**
HYDROMEL, **176**
INFUSION, **178**
ISABELLE, **178**
JOUVENCE DE WATTWILLER, **180**
KÉFIR, **182**
LAIT DE POULE, **185**
LAURIER, **188**
LIMONADE, **192**
LISDETH, **193**
LUCHON, **194**
MENTHE (infusion), **208**
MOKA, **215**
MONT ROUCOUS, **216**
MONTAGNES D'ARRÉE, **216**
MONTCALM, **216**
MONTCLAR, **216**
MONT-DORE, **215**
NECTAR DE FRUIT, **226**
NESSEL, **227**
OGEU, **233**
ORANGINA, **236**
ORÉE DU BOIS, **236**
OREZZA, **236**
ORGEAT, **236**
ORIOL, **236**
PACIFIC, **239**
PAMPARA, **241**
PANACHÉ, **241**
PAROT, **243**
PAYS D'AUGE (cidre), **246**

PEPSI-COLA, **247**
PERRIER, **248**
PÉTILLANT DE RAISIN, **249**
PIERVAL, **252**
PLANCOËT, **257**
POIRÉ, **258**
PUITS-SAINT-GEORGES, **272**
PULQUE, **272**
PYRÉNÉES VALLÉE DE LA BAROUSSE, **272**
QUÉZAC, **274**
REINE DES BASALTES, **278**
RICQLÈS, **281**
ROCHE DES ÉCRINS, **283**
ROOIBOS, **285**
ROXANE, **288**
ROZANA, **288**
SAINT-ALBAN, **291**
SAINT-AMAND, **291**
SAINT-ANTONIN, **291**
SAINT-DIÉRY, **292**
SAINTE-MARGUERITE, **292**
SAINT-GÉRON, **293**
SAINT-LAMBERT, **294**
SAINT-LÉGER, **294**
SAINT-YORRE, **296**
SALVETAT (la), **297**
SAN GEMINI, **298**
SAN PELLEGRINO, **299**
SCHWEPPES, **304**
SIROP, **308**
SMOOTHIE, **309**
SODA, **309**
SOFT DRINK, **309**
SPA BARISART, **311**
SPA MARIE-HENRIETTE, **311**
SPA REINE, **311**
TALIANS, **317**
TANGO, **318**
THÉ, **322**
THÉ ROUGE, **322**
THONON, **323**
TILLEUL, **324**
TONI, **325**
VALS VIVARAISE, **334**
VALVERT, **334**
VAUBAN, **335**
VENTADOUR, **336**

VERNET, **337**
VERNIÈRE, **337**
VERVEINE, **338**
VICHY-CELESTINS, **339**
VITTEL, **348**
VOLVIC, **349**
WATTWILLER, **351**
ZILIA, **353**

② PRODUITS AGROALIMENTAIRES

2.1 LÉGUMES, FRUITS, CÉRÉALES, AROMATES, ÉPICES, CONDIMENTS...

ABRICOT, **8**
ACHARD, **8**
AGARIC CHAMPÊTRE, **9**
AGRUME, **10**
AÏL, **11**
AIRELLE, **11**
ALKÉKENGE, **13**
AMANDE, **15**
AMANITE DES CESARS, **16**
AMARANTE, **16**
AMOUR EN CAGE, **16**
ANANAS, **16**
ANETH, **17**
ANGÉLIQUE, **17**
ANIS, **18**
ANONE, **19**
ARACHIDE, **21**
ARGAN, **22**
AROMATE, **23**
ARTICHAUT, **23**
ARTICHAUT D'ISRAËL, **24**
ASPERGE, **24**
AUBERGINE, **25**
AVELINE, **26**
AVOCAT, **26**
AVOINE, **26**
BADIANE, **27**
BANANE, **29**
BASILIC, **31**
BATAVIA, **32**
BERGAMOTE, **35**
BETTE, **36**
BETTERAVE ROUGE, **36**
BEURRÉ HARDY, **37**

BIGARADE, **38**
BIGARREAU, **39**
BLÉ, **41**
BLÉ NOIR, **42**
BLETTE, **42**
BOLET, **44**
BONNET DE PRÊTRE, **44**
BOUQUET GARNI, **47**
BOURRACHE, **52**
BOURSETTE, **52**
BRUGNON, **57**
CACAHUÈTE, **60**
CACAO, **60**
CACHIMENT, **60**
CANNELLE, **65**
CÂPRE, **65**
CARAMBOLE, **66**
CARDAMONE, **66**
CARDON, **67**
CAROTTE, **68**
CARVI, **69**
CASEILLE, **70**
CASSIS, **70**
CÉDRAT, **71**
CÉLERI-BRANCHE, **71**
CÉLERI-RAVE, **71**
CÈPE, **72**
CERFEUIL, **72**
CERISE, **72**
CHAMPIGNON DE PARIS, **77**
CHANTERELLE, **77**
CHÂTAIGNE, **80**
CHAYOTTE, **87**
CHÉRIMOLE, **87**
CHICORÉE, **89**
CHOU BROCOLI, **91**
CHOU CHINOIS, **91**
CHOU DE BRUXELLES, **91**
CHOU MINARET, **91**
CHOU POMMÉ, **91**
CHOU-RAVE, **92**
CHOU ROMANESCO, **92**
CHOU-FLEUR, **91**
CHUTNEY, **92**
CIBOULE, **92**
CIBOULETTE, **92**
CITRON, **94**

CITRONNELLE, **94**
CITROUILLE, **94**
CIVE, **94**
CLÉMENTINE, **95**
COCO, **97**
CŒUR-DE-BŒUF, **97**
COING, **98**
COLOMBO, **99**
COMBAVA, **99**
CONCOMBRE, **100**
CONDIMENT, **100**
CONFÉRENCE, **100**
COPRIN, **102**
COQUERET DU PÉROU, **102**
CORIANDRE, **103**
CORNE-D'ABONDANCE, **103**
CORNICHON, **103**
CORROSSOL, **103**
COULEMELLE, **111**
COURGETTE, **112**
CRATERELLE, **113**
CRESSON, **116**
CROSNE, **118**
CUCURBITACÉE, **119**
CUMIN, **119**
CURCUMA, **119**
CURRY, **120**
DATTE, **121**
DENT-DE-LION, **124**
DOUCETTE, **125**
ÉCHALOTE, **135**
ENDIVE, **136**
ÉPEAUTRE, **137**
ÉPICE, **137**
ÉPINARD, **137**
FARIGOULE, **141**
FENOUIL, **142**
FENUGREC, **143**
FEUILLE DE CHÊNE, **143**
FÈVE, **143**
FÈVE DE TONKA, **144**
FIGUE, **144**
FIGUE DE BARBARIE, **145**
FLAGEOLET, **146**
FRAISE, **150**
FRAMBOISE, **151**
FROMENT, **153**

FRUITS DE LA PASSION, **154**
GENIÈVRE, **158**
GENTIANE, **158**
GINGEMBRE, **161**
GIROFLE (clou de), **161**
GIROLLE, **162**
GOLDEN DELICIOUS, **163**
GOYAVE, **164**
GRENADE, **167**
GROSEILLE, **168**
GROSEILLE DU CAP, **169**
GUIGNE, **170**
GUYOT, **170**
HARICOT BEURRE, **172**
HARICOT EN GRAIN, **172**
HARICOT MUNGO, **172**
HARICOT VERT, **172**
HARISSA, **172**
HOUBLON, **174**
HYDNE, **176**
HYSOPE, **176**
IGNAME, **177**
JUJUBE, **180**
KAKI, **181**
KIWANO, **182**
KIWI, **182**
KUMQUAT, **183**
LAITUE, **185**
LAURIER-SAUCE, **188**
LAVANDE, **188**
LENTILLE, **189**
LÉPIOTE, **189**
LIME, **192**
LINGOT, **192**
LITCHI, **193**
LOLLO ROSSA, **194**
MÂCHE, **196**
MACIS, **196**
MAÏS, **198**
MANDARINE, **200**
MANGOUSTAN, **200**
MANGUE, **200**
MANIOC, **200**
MARACUJA, **201**
MARJOLAINE, **203**
MARRON, **204**
MASSALE, **205**

MÉLISSE, **207**
MELON, **207**
MELON D'EAU, **207**
MELON DES TROPIQUES, **207**
MENDIANT, **207**
MENTHE, **208**
MERISE, **209**
MESCLUN, **211**
MÉTEIL, **211**
MIGNONNETTE, **212**
MIRABELLE, **213**
MOGETTE DE VENDÉE, **214**
MORILLE, **218**
MOUTARDE, **221**
MÛRE, **222**
MÛROISE, **222**
MUSCADE (noix de), **222**
MUSCAT DU VENTOUX, **224**
MYRTE, **225**
MYRTILLE, **225**
NAVET, **226**
NAVETTE, **226**
NECTARINE, **226**
NECTAVIGNE, **227**
NOISETTE, **228**
NOIX, **228**
NOIX DE CAJOU, **229**
NOIX DE COCO, **229**
NOIX DE PÉCAN, **229**
OIGNON, **233**
OLÉAGINEUX, **234**
OLIVE, **234**
ORANGE, **235**
ORGE, **236**
ORIGAN, **236**
ORONGE VRAIE, **237**
ORTANIQUE, **237**
OSEILLE, **237**
PAMPLEMOUSSE, **241**
PANAIS, **241**
PAPAYE, **241**
PAPRIKA, **242**
PASSE-CRASSANE, **243**
PASTÈQUE, **243**
PATATE DOUCE, **244**
PÂTISSON, **245**
PÊCHE, **246**

PERSIL, **248**
PERSIMON, **249**
PETIT POIS, **249**
PHYSALIS, **250**
PICALILLI, **251**
PICKLES, **251**
PIED-DE-MOUTON, **252**
PIGNON DE PAIN, **253**
PIMENT, **253**
PISSALAT, **256**
PISSENLIT, **256**
PISTACHE, **256**
PISTOU, **256**
PLAQUEMINE, **257**
PLEUROTE, **257**
POIRE, **258**
POIRE TAPÉE DE RIVARENNES, **258**
POIREAU, **259**
POIS CASSÉ, **259**
POIS CHICHE, **259**
POIS GOURMAND, **259**
POIS MANGE-TOUT, **259**
POIVRE, **259**
POIVRON, **260**
POMELO, **260**
POMME, **262**
POMME DE TERRE, **262**
POMME-CANNELLE, **262**
POTIMARRON, **266**
POTIRON, **267**
POURPIER, **269**
PRUNE, **271**
PRUNEAU, **271**
QUETSCHE, **274**
QUINOA, **274**
QUINQUINA, **274**
RADIS, **275**
RAIFORT, **276**
RAIFORT JAPONAIS, **276**
RAIPONCE, **276**
RAISIN, **276**
RAMBOUTAN, **276**
REINE-CLAUDE, **278**
REINETTE, **278**
RHUBARBE, **280**
RIZ, **282**
ROMAINE, **284**
ROMARIN, **285**
ROOIBOS, **285**
ROQUETTE, **286**
ROSÉ DES PRÉS, **286**
RUTABAGA, **289**
SAFRAN, **290**
SALICORNE, **297**
SALSIFIS, **297**
SAPOTILLE, **299**
SARRASIN, **300**
SARRIETTE, **300**
SAUGE, **300**
SCAROLE, **303**
SCORSONÈRE, **304**
SEIGLE, **304**
SERPOLET, **306**
SÉSAME, **307**
SHARON, **307**
SHITAKE, **307**
SOISSONS, **309**
SOJA, **309**
STEVIA, **312**
TAMARILLO, **318**
TAMARIN, **318**
TANDOORI, **318**
TANGELO, **318**
TANGERINE, **318**
TANGOR, **318**
TÉTRAGONE, **322**
THÉ, **322**
THYM, **323**
TOMATE, **325**
TOPINAMBOUR, **326**
TROMPETTES DE LA MORT
OU TROMPETTES-DES-MORTS, **329**
TRUFFE, **329**
UGLI, **332**
VALÉRIANELLE POTAGÈRE, **333**
VANILLE, **334**
WILLIAMS, **352**

2.2 VIANDES, VOLAILLES, GIBIERS, ABATS …

ABATS, **7**
ABATTIS, **7**
AGNEAU, **9**
AIGUILLETTE, **11**

ALOUETTE, **14**
ALOYAU, **14**
AMOURETTE, **16**
ANIMELLES, **18**
ARAIGNÉE, **21**
AUTRUCHE, **25**
BARÈGES-GAVARNIE, **31**
BARON, **31**
BARTAVELLE, **31**
BAVETTE, **32**
BÉCASSE, **34**
BECFIGUE, **34**
BÊTE DE COMPAGNIE, **36**
BÊTE NOIRE, **36**
BÊTE ROUSSE, **36**
BICHE, **37**
BICOT, **37**
BIFTECK, **38**
BŒUF, **44**
BONNET D'ÉVÊQUE, **44**
BOUQUIN, **47**
BOURRE, **52**
BOUVILLON, **52**
BOVIN, **52**
BROCARD, **56**
BROUTARD, **57**
CABRI, **60**
CAILLE, **62**
CAPRIN, **65**
CAPUCIN, **66**
CARRÉ, **68**
CERF, **72**
CERVELLE, **73**
CHAPON, **78**
CHÂTEAUBRIAND, **81**
CHAUDIN, **86**
CHEVAL, **88**
CHEVRETTE, **88**
CHEVREUIL, **88**
CHEVRILLARD, **89**
CIMIER, **93**
CŒUR, **97**
COLLET, **99**
COLLIER, **99**
COLVERT, **99**
CONSEILLER, **101**
CONTRE-FILET, **101**

COQ, **102**
COQ DE BRUYÈRE, **102**
COQUELET, **102**
CÔTE, **104**
CRÉPINE, **116**
CRÊTE DE COQ, **116**
CROUPION, **118**
CUISSOT, **119**
DAGUET, **121**
DAIM, **121**
DINDE, **124**
ÉCHINE, **135**
ENTRECÔTE, **137**
ÉPAULE, **137**
ÉPIGRAMME, **137**
ESCALOPE, **138**
FAISAN, **141**
FAON, **141**
FAUX-FILET, **142**
FILET, **142**
FILET MIGNON, **145**
FIN GRAS DU MEZENC, **145**
FINANCIER, **145**
FLANCHET, **146**
FOIE, **147**
FRAISE DE VEAU, **150**
FRESSURE, **151**
FRICANDEAU, **152**
GÉLINE DE TOURAINE, **158**
GÉLINOTTE, **158**
GÉNISSE, **158**
GÉSIER, **158**
GIBIER, **159**
GIGOLETTE, **160**
GIGOT, **160**
GIGUE, **160**
GITE-GITE, **162**
GORET, **163**
GRAND TÉTRAS, **165**
GRENADIN, **167**
GRIVE, **168**
HALBRAN, **171**
HAMPE, **171**
HASE, **172**
JAMBON, **179**
JAMBONNEAU, **180**
JAMBONNETTE, **180**

JARRET, **180**
JUMEAU, **181**
LAGOPÈDE, **184**
LAIE, **184**
LAITON, **185**
LAMB CHOP, **185**
LANGUE, **186**
LAPIN, **187**
LEVRAUT, **189**
LIÈVRE, **191**
LONGE, **194**
MACREUSE, **197**
MAGRET, **198**
MAINE-ANJOU, **198**
MALART, **199**
MARCASSIN, **202**
MAUVIETTE, **206**
MÉDAILLON, **206**
MERLAN, **209**
MOUTON, **221**
MULARD, **221**
MUTTON CHOP, **225**
NOISETTE, **228**
NOIX, **228**
NOURRAIN, **230**
OIE, **233**
ONGLET, **235**
ORTOLAN, **237**
OSSO-BUCO, **238**
OVIN, **238**
PALERON, **240**
PALETTE, **240**
PALOMBE, **241**
PERDRIX, **247**
PERDRIX DES NEIGES, **247**
PIGEON, **253**
PINTADE, **256**
PLAT DE CÔTES, **257**
PLUVIER, **257**
POIRE, **258**
POITRINE, **259**
PORC, **265**
POUILLARD, **267**
POULARDE, **267**
POULE, **268**
POULET, **268**
POUSSIN, **269**

PRÉSIDENT, **270**
PRÉS-SALÉS DE LA BAIE DE SOMME, **270**
PRÉS-SALÉS DU MONT SAINT-MICHEL, **270**
QUARTENIER, **273**
QUASI, **273**
QUEUE, **274**
RÂBLE, **275**
RAGOT, **275**
RIS, **282**
ROGNON, **284**
ROGNON BLANC, **284**
ROGNONNADE, **284**
ROSBIF, **286**
ROUELLE, **286**
RUMSTECK, **289**
SANGLIER, **298**
SARCELLE, **299**
SELLE ANGLAISE, **305**
SOLITAIRE, **310**
SOT-L'Y-LAISSE, **310**
SOURIS, **311**
STEAK, **312**
SUPRÊME, **314**
TAUREAU, **319**
T-BONE, **320**
TENDRON, **320**
TÊTE DE VEAU, **321**
TOILETTE, **324**
TOURNEDOS, **327**
TRANCHE, **328**
TRAVERS, **328**
VANNEAU, **334**
VEAU, **335**
VENAISON, **336**
VIANDE DES GRISONS, **338**

2.3 POISSONS, COQUILLAGES, CRUSTACÉS…

ABLETTE, **7**
ACHATINE, **8**
AIGLEFIN, **11**
ALOSE, **14**
AMANDE DE MER, **16**
ANCHOIS, **17**
ANGUILLE, **18**
ARAIGNÉE DE MER, **21**
BAR, **30**

BARBUE, **31**
BAUDROIE, **32**
BERNARD-L'ERMITE, **36**
BERNIQUE, **36**
BIGORNEAU, **39**
BISMARCK, **39**
BLACK COD, **40**
BLACK-BASS, **39**
BONITE, **44**
BOUCAUD, **46**
BOUFFI, **47**
BOUQUET, **47**
BRÈME, **54**
BRÈME DE MER, **54**
BROCHET, **56**
BUCCIN, **57**
BUCKLING, **58**
BULOT, **58**
CABILLAUD, **60**
CALAMAR, **62**
CANTHARE, **65**
CARAMOTE, **66**
CARPE, **68**
CARRELET, **69**
CAVIAR, **70**
CÉTEAU, **73**
CHAPON, **78**
CHARBONNIÈRE COMMUNE, **78**
CHÂTAIGNE DE MER, **81**
CHIEN DE MER, **89**
CHINCHARD, **90**
CHIPIRON, **90**
CIGALE DE MER, **93**
CIVELLE, **94**
CLAM, **95**
CLOVISSE, **96**
COLIN, **98**
CONGRE, **101**
COQUE, **102**
COQUILLE SAINT-JACQUES, **102**
COURBINE, **111**
COUTEAU, **112**
CRABE, **112**
CRABE VERT, **113**
CRAQUELOT, **113**
CREVETTE, **116**
DAURADE, **122**

DEMOISELLE DE CHERBOURG, **124**
DORMEUR, **125**
ÉCREVISSE, **135**
ÉGLEFIN, **136**
EMPEREUR, **136**
ENCORNET, **136**
ÉPERLAN, **137**
ESCARGOT, **138**
ESPADON, **139**
ESTURGEON, **139**
ÉTRILLE, **139**
FÉRA, **143**
FIGUE DE MER, **145**
FLÉTAN, **146**
GAMBA, **156**
GARDON, **157**
GENDARME, **158**
GOUJON, **163**
GRENADIER, **167**
GRENADILLE, **167**
GRENOUILLE, **167**
GRONDIN, **168**
HADDOCK, **171**
HARENG, **171**
HÉRISSON DE MER, **173**
HOMARD, **174**
HOPLOSTÈTE, **174**
HUÎTRE, **175**
JULIENNE, **181**
KIPPER, **182**
KLIPPFISCH, **183**
LAMPROIE, **186**
LANGOUSTE, **186**
LANGOUSTINE, **186**
LÉPIDODE, **189**
LIEU, **191**
LIMANDE, **191**
LINGUE, **192**
LISETTE, **193**
LOTTE DE MER, **194**
LOUP, **194**
LUMP, **195**
MAIGRE, **198**
MAQUEREAU, **201**
MERLAN, **209**
MERLU, **209**
MERLUCHE, **210**

MÉROU, 210
MERVAL, 210
MOULE, 219
MUGE, 221
MULET, 221
ŒUFS DE POISSON, 232
OMBLE CHEVALIER, 234
OREILLE DE MER, 236
ORMEAU, 237
OURSIN, 238
PAGEOT, 239
PAGURE, 239
PALOURDE, 241
PANGA, 241
PATELLE, 245
PERCHE, 247
PERCHE AMÉRICAINE, 247
PÉTONCLE, 250
PIBALE, 251
PIED-DE-CHEVAL, 252
PIEUVRE, 253
PILCHARD, 253
PIRONEAU, 256
PLIE, 257
POIGNARD, 258
POUCE-PIED, 267
POULPE, 269
POUTINE, 269
PRAIRE, 269
RAIE, 275
RASCASSE, 276
ROGUE, 284
ROLLMOPS, 284
ROUGET, 287
ROUSSETTE, 287
SABRE, 290
SAINT-PIERRE, 295
SANDRE, 298
SARDINE, 300
SAUMON, 301
SAUMON FUMÉ, 301
SAUMONETTE, 301
SCIÈNE, 304
SÉBASTE, 304
SEICHE, 304
SIFFLET, 308
SILURE, 308

SOLE, 309
SPRAT, 312
STERLET, 312
STOCKFISCH, 313
SUPION, 314
TACAUD, 317
TACON, 317
TANCHE, 318
TAXO, 320
TELLINE, 320
THIOF, 323
THON, 323
TILAPIA, 323
TOURTEAU, 328
TRUITE, 330
TURBOT, 330
VANNEAU, 334
VERNIS, 337
VESIGA, 338
VIEILLE, 339
VIGNEAU, 339
VIOLET, 348
VIVANEAU, 348
VIVE, 348

2.4 FROMAGES ET PRODUITS LAITIERS
ABBAYE DE CITEAUX, 7
ABBAYE D'ÉCHOURGNAC, 7
ABBAYE DE LA MELLERAYE-DE-BRETAGNE, 7
ABBAYE DE LA PIERRE-QUI-VIRE, 7
ABBAYE DE MAREDSOUS, 7
ABBAYE DE TAMIÉ, 7
ABBAYE DU MONT-DES-CATS, 7
ABONDANCE, 7
AISY CENDRÉ, 11
ALIGOT, 13
APPENZELLER, 20
APPIGNATO, 21
ARÊCHES, 22
ARNÉGUY, 23
ARÔMES LYONNAIS, 23
ASCO, 24
ASIAGO, 24
BAGNES, 28
BAGUETTE LAONNAISE, 28
BANON, 29
BARBEREY, 30

BAROUSSE, **31**
BEAUFORT, **32**
BEAUMONT, **33**
BEL PAESE, **34**
BELLOCQ, **34**
BELVAL, **35**
BERGUES, **35**
BETHMALE, **36**
BEURRE, **36**
BITRY, **39**
BLEU D'AUVERGNE, **42**
BLEU DE CORSE, **42**
BLEU DE GEX HAUT-JURA, **42**
BLEU DE LAQUEUILLE, **42**
BLEU DE LOUDES, **42**
BLEU DE SEPTMONCEL, **42**
BLEU DE TERMIGNON, **42**
BLEU DE THIÉZAC, **42**
BLEU DE TIGNES, **43**
BLEU DES CAUSSES, **43**
BLEU DU HAUT-JURA, **43**
BLEU DU QUERCY, **43**
BLEU DU VERCORS-SASSENAGE, **43**
BONDARD, **44**
BONDAROY AU FOIN, **44**
BONDE, **44**
BOUGON, **47**
BOULETTE D'AVESNES, **47**
BOULETTE DE CAMBRAI, **47**
BOULE DE LILLE, **47**
BOURSAULT, **52**
BOURSIN, **52**
BOUTON DE CULOTTE, **52**
BRESSAN, **54**
BRESSE BLEU, **54**
BRICQUEBEC, **55**
BRIE DE COULOMMIERS, **55**
BRIE DE MEAUX, **55**
BRIE DE MELUN, **55**
BRILLAT-SAVARIN, **55**
BRINDAMOUR, **56**
BRIQUE DU FOREZ, **56**
BROCCIU CORSE, **56**
BROUSSE, **57**
BUCHETTE D'ANJOU, **57**
CABÉCOU D'ENTRAYGUES, **59**
CABÉCOU DE ROCAMADOUR, **59**

CABRALES, **60**
CABRION DE MÂCON, **60**
CACIOCAVALLO SILANO, **60**
CAILLEBOTTE, **62**
CAILLEBOTTE D'AUNIS, **62**
CAMEMBERT DE NORMANDIE, **63**
CANCOILLOTTE, **64**
CANTAL, **65**
CAPRICE DES DIEUX, **65**
CARRÉ DE BRAY, **69**
CARRÉ DE L'EST, **69**
CENDRÉS, **71**
CERVELLE DE CANUT, **73**
CHABICHOU DU POITOU, **73**
CHAOURCE, **77**
CHAROLAIS, **79**
CHAUMONT, **87**
CHAVIGNOL, **87**
CHEDDAR, **87**
CHESTER, **87**
CHEVRET, **88**
CHEVROTIN, **89**
CÎTEAUX, **93**
CLAQUEBITOU, **95**
CLAQUERET LYONNAIS, **95**
CŒUR D'ARRAS, **97**
CŒUR DE BRAY, **97**
COLONEL, **99**
COMTÉ, **100**
CORSICA, **104**
COUHÉ-VÉRAC, **111**
COULOMMIERS, **111**
COUPI, **111**
CRÈME FRAÎCHE, **115**
CREUSOIS, **116**
CROTTIN DE CHAVIGNOL, **118**
CURÉ NANTAIS, **119**
DAUPHIN, **121**
DÉLICE DE SAINT-CYR, **123**
DEMI-SEL, **123**
DERBY, **124**
DORNECY, **125**
DOUBLE-CRÈME, **125**
DREUX À LA FEUILLE, **126**
DUCS DE BOURGOGNE, **127**
ÉCHOURGNAC, **135**
ÉDAM, **136**

EMMENTAL FRANÇAIS, **136**
EMMENTALER, **136**
ENTRAYGUES, **137**
ÉPOISSES, **137**
ESBAREICH, **138**
ETIVAZ, **139**
EXPLORATEUR, **140**
FETA, **143**
FEUILLE DE DREUX, **143**
FIORE SARDO, **145**
FLEUR DU MAQUIS, **147**
FONTAINEBLEAU, **149**
FONTINA, **149**
FOUGERU, **149**
FOURME D'AMBERT, **149**
FOURME DE MONTBRISON, **150**
FOURME DE ROCHEFORT, **150**
FOURME DU CANTAL, **150**
FREMEGEYE, **151**
FRINAULT, **152**
FROMAGE, **152**
FYNBO, **154**
GALETTE DE LA CHAISE-DIEU, **156**
GALLEGO, **156**
GAPERON, **156**
GÉROMÉ, **158**
GIEN, **160**
GLOUCESTER, **162**
GORGONZOLA, **163**
GOUDA, **163**
GOURNAY, **163**
GOUZON, **164**
GRAÇAY, **164**
GRANA PADANO, **164**
GRAND VATEL, **165**
GRATARON D'ARÈCHES, **166**
GRIS DE LILLE, **168**
GRUYÈRE (Français), **169**
GRUYÈRE (Suisse), **169**
HERVÉ, **173**
IDIAZÁBAL, **176**
IGNY, **177**
JONCHÉE NIORTAISE, **180**
KASSERI, **182**
LAGUIOLE, **184**
LAIT, **184**
LANCASHIRE, **186**
LANGRES, **186**
LARUNS, **187**
LAVAL, **188**
LEVROUX, **189**
LIVAROT, **193**
LORMES, **194**
MÂCONNAIS, **197**
MAHÓN-MENORCA, **198**
MAMIROLLE, **199**
MANCHEGO, **199**
MAREDSOUS, **202**
MAROILLES, **204**
MASCARPONE, **205**
MEILLERAYE-DE-BRETAGNE (LA), **207**
MIGNON, **212**
MIGNOT, **212**
MIMOLETTE, **213**
MONSIEUR FROMAGE, **215**
MONTASIO, **216**
MONT-D'OR, **215**
MONT-D'OR DE LYON, **215**
MONT-DES-CATS, **216**
MONTOIRE, **217**
MONTRACHET, **217**
MORBIER, **218**
MOTHE-SAINT HÉRAY (LA), **219**
MOZZARELLA DI BUFALA CAMPANA, **221**
MUNSTER, **221**
MUROL, **222**
NANTAIS, **226**
NEUFCHÂTEL, **227**
NIOLO, **228**
OLIVET, **234**
OSSAU-IRATY, **237**
PANNES CENDRÉ, **241**
PARMESAN, **242**
PARMIGIANO-REGGIANO, **242**
PAVÉ BLÉSOIS, **245**
PAVÉ D'AUGE, **245**
PAVIN, **245**
PECORINO ROMANO, **246**
PÉLARDON, **246**
PERAIL, **247**
PERSILLÉ DES ARAVIS, **248**
PETIT BESSAY, **249**
PETIT SUISSE, **249**
PICADOU, **251**

PICODON, **251**
PIERRE-QUI-VIRE, **252**
PITHIVIERS, **257**
POIVRE D'ÂNE, **260**
PONT-L'ÉVÊQUE, **264**
POULIGNY-SAINT-PIERRE, **268**
POURLY, **269**
PROVIDENCE, **271**
PROVOLONE VALPADANA, **271**
QUARTIROLO LOMBARDO, **273**
QUESO NATA DE CANTABRIA, **273**
REBLOCHON, **277**
RICEYS (LES), **281**
RICOTTA, **281**
RIGOTTE DE CONDRIEU, **281**
ROCAMADOUR, **283**
ROCROI, **284**
ROLLOT, **284**
RONCAL, **285**
ROQUEFORT, **285**
ROUY, **288**
RUFFEC, **288**
SABLEAU, **290**
SAINGORLON, **291**
SAINT-ALBRAY, **291**
SAINT-BENOÎT, **292**
SAINTE-MAURE, **292**
SAINT-FELICIEN, **293**
SAINT-FLORENTIN, **293**
SAINT-MAIXENT, **294**
SAINT-MARCELLIN, **294**
SAINT-NECTAIRE, **294**
SAINT-PAULIN, **295**
SAINT-RÉMY, **296**
SALERS, **297**
SAMSOË, **297**
SANTRANGES, **299**
SÃO GORGE, **299**
SARTENE, **300**
SBRINZ, **303**
SCHABZIEGER, **303**
SELLES-SUR-CHER, **305**
SERPA, **306**
SERRA DA ESTRELA, **306**
SORBAIS, **310**
SOUMAINTRAIN, **310**
STILTON, **313**

TALEGGIO, **317**
TAMIÉ, **318**
TÊTE-DE-MOINE, **321**
TETILLA, **321**
TIGNARD, **323**
TILSIT, **324**
TOME DES BAUGES, **325**
TOMME BOUDANE, **325**
TOMME DE BRACH, **325**
TOMME DE SAVOIE, **325**
TOMME DES ALLUES, **325**
TOMME DU REVARD, **325**
TOMME FRAÎCHE, **325**
TOURNON SAINT-MARTIN, **327**
TOURNON SAINT-PIERRE, **327**
TRAPPISTE DE BELVAL, **328**
TRIPLE-CRÈME, **328**
TROIS CORNES, **328**
TROO, **329**
ULLOA, **332**
VACHARD, **332**
VACHERET, **332**
VACHERIN D'ABONDANCE, **333**
VACHERIN DES BAUGES, **333**
VACHERIN DU HAUT-DOUBS, **333**
VALENÇAY, **333**
VENDÔME, **336**
VIEUX LILLE, **339**
VILLEBAROU, **339**
WEST COUNTRY FARMHOUSE CHEDDAR, **351**
YAOURT, **353**

2.5 AUTRES PRODUITS AGROALIMENTAIRES

ACÉSULFAME K, **8**
ADDITIF ALIMENTAIRE, **9**
AGAR-AGAR, **9**
ALICAMENT, **13**
ANGLAISE (sauce), **18**
ANTIOXYDANT, **19**
ARROW-ROOT, **23**
ASPARTAME, **24**
CASSONADE, **70**
COLORANT, **99**
CONSERVATEUR, **101**
COPRAH, **102**
CRÈME DE COCO, **115**

EAU DE FLEUR D'ORANGER, **128**
ÉDULCORANT, **136**
ÉDULCORANT DE SYNTHÈSE, **136**
ÉMULSIFIANT, **136**
EXHAUSTEUR DE GOÛT, **140**
FARINE, **141**
FÉCULE, **142**
FEUILLE DE BRICK, **143**
FEUILLE DE FILO, **143**
FLEUR DE SEL, **147**
FONDANT, **148**
GÉLATINE, **157**
GELÉE, **157**
GÉLIFIANT, **157**
GIANDUJA, **159**
HUILE, **174**
KETCHUP, **182**
LAIT D'AMANDE, **185**
LAIT DE COCO, **185**
LEVURE, **190**
MAÏZENA, **198**
MARGARINE, **202**
MIEL, **212**
MUSCOVADO, **225**
MYRRHE, **225**
NUOC-MÂM, **230**
ŒUF, **231**
PRALINÉ, **269**
PRÉSURE, **270**
RÉGLISSE, **278**
QUATRE-ÉPICES, **273**
ROCOU, **284**
SACCHARINE, **290**
SAGOU, **291**
SAINDOUX, **291**
SEL, **304**
SEMOULE, **306**
SIROP D'ÉRABLE, **308**
STABILISANT, **312**
STEVIA, **312**
SUCRE, **313**
TABASCO, **316**
TAPIOCA, **319**
TARAMA, **319**
TOFU, **324**
VANILLINE, **334**
VÉGÉTALINE, **336**

VERGEOISE, **337**
VINAIGRE, **346**
WASABI, **351**
WORCESTERSAUCE, **352**

③ PRÉPARATIONS ET TERMES CULINAIRES

3.1 POTAGES ET CONSOMMÉS
AÏGO BOULIDO, **10**
BISQUE, **39**
BORTSCH, **45**
BRAYAUDE, **54**
BRÉJAUDE, **54**
CALDO VERDE, **62**
CONSOMMÉ, **101**
CONSOMMÉ BRUNOISE, **101**
CONSOMMÉ CANCALAISE, **101**
CONSOMMÉ CÉLESTINE, **101**
CONSOMMÉ CHASSEUR, **101**
CONSOMMÉ MADRILÈNE, **101**
CONSOMMÉ VATEL, **101**
CRÉCY, **113**
CRÈME, **114**
CRÈME AGNÈS SOREL, **114**
CRÈME ARGENTEUIL, **114**
CRÈME BOÏELDIEU, **114**
CRÈME GEORGETTE, **115**
GASPACHO, **157**
MINESTRONE, **213**
POTAGE, **266**
POTAGE AMBASSADEUR, **266**
POTAGE CULTIVATEUR, **266**
POTAGE GERMINY, **266**
POTAGE JULIENNE DARBLAY, **266**
POTAGE MUSARD, **266**
POTAGE PARMENTIER, **266**
POTAGE SAINT-GERMAIN, **266**
VELOUTÉ, **336**
VELOUTÉ ALBUFEA, **336**
VELOUTÉ CHOISY, **336**
VELOUTÉ DIEPPOISE, **336**
VELOUTÉ DUBARRY, **336**

3.2 ENTRÉES, HORS-D'ŒUVRE, ŒUFS…
ANTIPASTO, **19**
ASPIC, **24**

HORS-D'ŒUVRE, **174**
ŒUF À LA COQUE, **231**
ŒUF BROUILLÉ, **231**
ŒUF COCOTTE, **231**
ŒUF DUR, **231**
ŒUF FILÉ, **231**
ŒUF FRIT, **231**
ŒUF MIROIR, **231**
ŒUF MOLLET, **231**
ŒUF MOULÉ, **231**
ŒUF POCHÉ, **231**
ŒUF SUR LE PLAT, **232**
ŒUFS À LA TRIPE, **232**
ŒUFS AURORE, **232**
ŒUFS BROUILLÉS ARGENTEUIL, **232**
ŒUFS BROUILLÉS PORTUGAISE, **232**
ŒUFS DE CENT ANS, **232**
ŒUFS EN MEURETTE, **232**
ŒUFS FARCIS CHIMAY, **232**
ŒUFS FRITS AU BACON, **232**
ŒUFS HENRI IV, **232**
ŒUFS MASSENA, **232**
ŒUFS MIMOSA, **232**
ŒUFS MIREILLE, **232**
ŒUFS MOLLETS FLORENTINE, **233**
ŒUFS MOSCOVITE, **233**
ŒUFS RIBAUCOURT, **233**
ŒUFS SAINT-HUBERT, **233**
ŒUFS SÉVIGNÉ, **233**
ŒUFS TOUPINEL, **233**
ŒUFS VILLEROY, **233**
ŒUFS VIROFLAY, **233**
OMELETTE, **234**
OMELETTE À L'ESPAGNOLE, **235**
OMELETTE AUX FINES HERBES, **235**
OMELETTE BRAYAUDE, **235**
OMELETTE FERMIÈRE, **235**
OMELETTE FORESTIÈRE, **235**
OMELETTE LYONNAISE, **235**
OMELETTE PARMENTIER, **235**
TORTILLA, **326**

3.3 POISSONS, COQUILLAGES, CRUSTACÉS…

ANCHOYADE, **17**
ANGUILLE AU VERT, **18**
BOUILLABAISSE, **47**
BOUILLETURE, **47**
BOUILLINADA, **47**
BOURRIDE, **52**
BRANDADE, **53**
CATIGOT, **70**
CHAUDRÉE, **87**
COTRIADE, **111**
COURQUINOISE, **112**
DIEPPOISE (à la), **124**
ESCABÈCHE, **138**
GRAVLAKS, **166**
MARINIÈRE (à la), **203**
MARMITE DIEPPOISE, **203**
MATELOTE, **205**
MERLAN EN COLÈRE, **209**
MEUNIÈRE (à la), **211**
MOUCLADE, **219**
ORLY, **237**
POCHOUSE, **258**
SARTAGNADO, **300**
SCAMPI, **303**
THERMIDOR (homard), **322**
TTORO, **330**
WATERZOÏ, **351**
ZARZUELA, **353**

3.4 VIANDES, VOLAILLES, GIBIERS, ABATS…

ABIGNADE, **7**
ALICOT, **13**
ALSACIENNE (à l'), **15**
ATRIAU, **25**
ATTEREAU, **25**
ATTIGNOLE, **25**
AXOA, **26**
BÄECKEOFFE, **28**
BARBOUILLE (en), **31**
BLANQUETTE, **41**
BRAYAUDE , **54**
CABASSOL, **59**
CAGHUSE, **62**
CANARD À LA PRESSE, **64**
CANARD LAQUÉ, **64**
CARBONADE, **66**
CARPACCIO, **68**
CASSOULET, **70**
CHACHLYK, **74**

CHILI CON CARNE, **89**
CHOUCROUTE, **92**
CIVET, **94**
CONFIT, **100**
COU D'OIE FARÇI, **111**
DAUBE, **121**
DEMI-DEUIL (poularde), **123**
DODINE, **125**
ESTOUFFADE, **139**
FEIJOADA, **142**
FOIE GRAS, **147**
FONDUE BOURGUIGNONNE, **148**
FRICASSÉE, **152**
GARBURE, **157**
GIBELOTTE, **159**
GIGORIT, **160**
GIGOT DE SEPT HEURES, **160**
GOULACHE, **163**
HACHUA, **171**
HAGGIS, **171**
HALICOT, **171**
HOCHEPOT, **174**
MARENGO, **202**
MILANAISE (à la), **212**
MIROTON, **214**
MIXED GRILL, **214**
MOLE POBLANO, **215**
NAVARIN, **226**
ORLOFF, **237**
PETIT SALÉ, **249**
PETITE MARMITE, **250**
PICCATA, **251**
PIEDS-PAQUETS, **252**
POJARSKI, **260**
PÖRKÖLT, **265**
POT-AU-FEU, **266**
POTÉE, **266**
POULE AU POT, **268**
RAGOÛT, **275**
SALMIS, **297**
SAUTÉ, **302**
STEAK TARTARE, **312**
STROGANOFF, **313**
TAJINE, **317**
TANDOORI, **318**
TOURNEDOS ROSSINI, **327**
TRIPES, **328**
TRIPES À LA MODE CAEN, **328**
TRIPOUX, **328**

3.5 GARNITURES ET SALADES
AÏDA, **10**
ALGÉRIENNE, **12**
ALICE, **13**
ALIGOT, **13**
AMÉRICAINE (garniture), **16**
AMÉRICAINE (salade), **16**
ANDALOUSE , **17**
ARGENTEUIL (garniture), **22**
ARGENTEUIL (salade), **22**
ARLÉSIENNE, **22**
ARMENONVILLE, **23**
BAGATELLE, **28**
BAGRATION, **28**
BARIGOULE (à la), **31**
BASQUAISE (à la), **31**
BOULANGÈRE, **47**
BOUQUETIÈRE, **47**
BOURGEOISE, **48**
BOURGUIGNONNE, **52**
BRABANÇONNE, **53**
BRUXELLOISE, **57**
CARMEN, **67**
CHÂTELAINE, **86**
CHOISY, **91**
CHORON, **91**
CLAMART, **95**
CONDÉ, **100**
CONTI, **101**
CRÉCY, **113**
CRESSONNIÈRE, **116**
DEMI-DEUIL, **123**
DORIA, **125**
DUBARRY, **126**
DUXELLES, **127**
ESAÜ, **138**
ESPAGNOLE (à l'), **139**
ÈVE, **140**
FANCHETTE, **141**
FAVORITE (garniture), **142**
FAVORITE (purée), **142**
FLORENTINE, **147**
FLORIAN, **147**
FLORIDA, **147**

FORESTIÈRE, **149**
FRANÇAISE, **151**
FRANCILLON, **151**
FRENEUSE, **151**
GARNITURE, **151**
GRAND DUC, **164**
GRAND-MÈRE, **165**
GRATIN DAUPHINOIS, **166**
HENRI IV (garniture), **173**
IMPÉRIALE, **177**
ISABELLE, **178**
JARDINIÈRE, **180**
JOINVILLE, **180**
JUDIC, **180**
LORETTE, **194**
LOUISETTE, **194**
MAILLOT, **198**
MANON, **200**
MARIE-LOUISE, **203**
MASCOTTE, **205**
MIKADO, **212**
MIRABEAU, **213**
MONTMORENCY, **217**
MUSARD, **222**
NAPOLITAINE, **226**
NIÇOISE, **227**
NORMANDE, **229**
ORIENTALE, **236**
ORLOFF, **237**
PARMENTIER, **242**
POMMES ALLUMETTES, **263**
POMMES ANNA, **263**
POMMES ARLIE, **264**
POMMES BERNY, **264**
POMMES BOULANGÈRE, **264**
POMMES CHÂTEAU, **264**
POMMES CHATOUILLARD, **264**
POMMES COCOTTE, **264**
POMMES CROQUETTES, **264**
POMMES DARPHIN, **264**
POMMES DAUPHINE, **264**
POMMES DAUPHINOISE, **264**
POMMES DUCHESSE, **264**
POMMES EN ROBE DES CHAMPS, **264**
POMMES MACAIRE, **264**
POMMES MIETTES, **264**
POMMES MIGNONNETTE, **264**
POMMES MOUSSELINE, **264**
POMMES NOISETTES, **264**
POMMES PAILLE, **264**
POMMES PONT-NEUF, **264**
POMMES SARLADAISE, **264**
POMMES VOISIN, **264**
PRINTANIÈRE (à la), **270**
PROVENÇALE (à la), **271**
RACHEL (garniture), **275**
RACHEL (salade), **275**
RÉGENCE, **278**
RICHELIEU, **281**
ROSSINI, **286**
SALADE COMPOSÉE, **297**
TOURANGELLE (garniture), **327**
TOURANGELLE (salade), **327**
TYROLIENNE, **331**
VERT-PRÉ, **338**
VICHY, **339**
VICTORIA, **339**
VIENNOISE (à la), **339**
VIROFLAY, **348**
ZINGARA, **353**

3.6 SAUCES ET BEURRES COMPOSÉS
AÏOLI, **11**
ALLEMANDE, **13**
AMÉRICAINE, **16**
ANDALOUSE, **17**
ARLÉSIENNE, **22**
ARMORICAINE, **23**
AURORE, **25**
BATARDE, **32**
BÉARNAISE, **32**
BÉCHAMEL, **34**
BERCY, **35**
BEURRE BLANC, **37**
BEURRE COLBERT, **37**
BEURRE D'ANCHOIS, **37**
BEURRE D'ESCARGOTS, **37**
BEURRE HÔTELIER, **37**
BEURRE MAÎTRE D'HÔTEL, **37**
BEURRE NOISETTE, **37**
BEURRE SUZETTE, **37**
BIGARADE, **38**
CARDINAL, **67**
CHANTILLY, **77**

CHARCUTIÈRE, **79**
CHASSEUR, **80**
CHEVREUIL, **88**
CHORON, **91**
COCKTAIL, **96**
CRÈME, **114**
DEMI-GLACE, **123**
DIABLE, **124**
DIANE, **124**
DODINE, **125**
FINANCIÈRE, **145**
FOND DE SAUCE, **148**
FOYOT, **150**
FUMET DE POISSON, **154**
GLACE DE VIANDE, **162**
GRAND VENEUR, **165**
GRIBICHE, **167**
IVOIRE, **178**
JOINVILLE, **180**
MADÈRE, **197**
MALTAISE, **199**
MARCHAND DE VIN, **202**
MARINIÈRE, **203**
MAYONNAISE, **206**
MIKADO, **212**
MORNAY, **218**
MOUSQUETAIRE, **220**
MOUSSELINE, **220**
MOUTARDE, **221**
NANTUA, **226**
NORMANDE, **229**
PALOISE, **241**
PÉRIGOURDINE, **247**
PÉRIGUEUX, **247**
PESTO, **249**
PIQUANTE, **256**
POIVRADE, **259**
PORTO, **265**
POULETTE, **268**
RAVIGOTE, **277**
ROBERT, **283**
ROUILLE, **287**
SAUCE, **287**
SOUBISE, **310**
SUCHET, **313**
SUPRÊME, **314**
TARTARE, **319**

TYROLIENNE, **331**
VELOUTÉ, **336**
VERTE, **338**
VILLEROY, **339**
VINAIGRETTE, **347**

3.7 CRÈMES ET PÂTES
CRÈME ANGLAISE, **114**
CRÈME AU BEURRE, **114**
CRÈME CHANTILLY, **114**
CRÈME CHIBOUST, **114**
CRÈME PÂTISSIÈRE, **115**
FEUILLETAGE, **143**
FRANGIPANE, **151**
PÂTE À BRIOCHE, **244**
PÂTE À CHOUX, **244**
PÂTE À CRÊPES, **244**
PÂTE À FRIRE, **244**
PÂTE BRISÉE, **244**
PÂTE FEUILLETÉE, **245**
PÂTE SABLÉE, **245**

3.8 DESSERTS, ENTREMETS, PÂTISSERIES, CONFISERIES…
ALSACIENNE (tarte à l'), **15**
AMANDINE, **16**
BABA, **27**
BAKLAVA, **28**
BANANA SPLIT, **29**
BAVAROIS, **32**
BELLE HÉLÈNE (poire), **34**
BERLINGOTS DE CARPENTRAS, **36**
BÊTISES DE CAMBRAI, **36**
BETTELMAN, **36**
BEUGNONS, **36**
BIREWECK, **39**
BISCUIT DE REIMS, **39**
BISCUIT DE SAVOIE, **39**
BLANC-MANGER, **40**
BOMBE GLACÉE, **44**
BOTTEREAUX, **46**
BOURDALOUE (tarte), **48**
BOURDELOT, **48**
BRIOCHE, **56**
BÛCHE DE NOËL, **57**
BUGNES, **58**
CAFÉ LIÉGEOIS, **62**

CAJASSE, **62**
CAKE, **62**
CALISSON D'AIX, **62**
CANNELÉ, **65**
CARAMEL D'ISIGNY, **66**
CASSATE, **70**
CHARLOTTE, **79**
CHAUSSON, **87**
CHOCART, **90**
CHOCOLAT, **90**
CHOU, **91**
CHOUQUETTE, **92**
CHRISTMAS-PUDDING, **92**
CIGARETTE RUSSE, **93**
CLAFOUTIS, **94**
CONFITURE, **100**
CONGOLAIS, **101**
CONVERSATION, **101**
COOKIE, **101**
CRAMIQUE, **113**
CRÈME BRÛLÉE, **114**
CRÈME CATALANE, **114**
CRÈME RENVERSÉE AU CARAMEL, **115**
CRÈME VIENNOISE, **115**
CRÊPE, **115**
CRÊPES DU COUVENT, **115**
CRÊPES GEORGETTE, **115**
CRÊPES GIL-BLAS, **115**
CRÊPES NORMANDES, **115**
CRÊPES PAYSANNES, **115**
CRÊPES SUZETTE, **115**
CROISSANT, **117**
CROQUEMBOUCHE, **117**
CROQUIGNOLE, **117**
CRUMBLE, **118**
DESSERT, **124**
DOUILLON, **125**
DRAGÉE, **125**
ÉCHAUDÉ, **135**
ÉCLAIR, **135**
ENTREMETS, **137**
FAR BRETON, **141**
FIADONE, **144**
FINANCIER, **145**
FLAMRI, **146**
FORÊT NOIRE, **149**
FRUITS CONFITS, **153**
FRUITS DÉGUISÉS, **154**
GALETTE DES ROIS, **155**
GANACHE, **156**
GAUFRE, **157**
GAUFRETTE, **157**
GÉNOISE, **158**
GIMBLETTE, **160**
GLACE ROYALE, **162**
GLACES, **162**
GRANITÉ, **165**
ÎLE FLOTTANTE, **177**
IMBRUCCIATA, **177**
JALOUSIE, **179**
KOUGLOF, **183**
KOUING-AMAN, **183**
LAIT D'AMANDE, **185**
LANGUE-DE-CHAT, **186**
LECKERLI DE BÂLE, **188**
LOUKOUM, **194**
MACARON, **196**
MADELEINE, **197**
MANQUÉ, **200**
MARIGNAN, **203**
MARQUISE, **204**
MARRON GLACÉ, **204**
MASSEPAIN, **205**
MELBA (pêche), **207**
MERINGUE, **209**
MILLE-FEUILLE, **213**
MOKA, **215**
MOSCOVITE, **219**
MUFFIN, **221**
NAVETTE, **226**
NÈGRE EN CHEMISE, **227**
NONNETTE, **229**
NOUGAT, **229**
NOUGAT GLACÉ, **229**
NOUGATINE, **229**
ŒUFS À LA NEIGE, **232**
ŒUFS AU LAIT, **232**
OMELETTE NORVÉGIENNE, **235**
ORANGEAT, **235**
ORANGETTE, **235**
PAIN AU CHOCOLAT, **240**
PAIN AU LAIT, **240**
PAIN AUX RAISINS, **240**
PAIN D'ÉPICES, **240**

PAIN DE GÊNES, **240**
PAIN PERDU, **240**
PALMIER, **241**
PANCAKE, **241**
PANETTONE, **241**
PARFAIT, **242**
PARIS-BREST, **242**
PASTILLAGE, **244**
PÂTE D'AMANDE, **244**
PÂTE DE FRUITS, **244**
PETIT FOUR, **249**
PIÈCE MONTÉE, **252**
PITHIVIERS, **257**
PLOMBIÈRES, **257**
PLUM-PUDDING, **257**
POGNE, **258**
POIRAT, **258**
PRALINE, **269**
PROFITEROLE, **270**
PROGRÈS, **270**
PUDDING, **271**
PUDDING DIPLOMATE, **271**
PUITS D'AMOUR, **272**
QUATRE-QUARTS, **273**
RAISINÉ, **276**
RELIGIEUSE, **278**
ROCHER, **283**
RONCIN, **285**
ROTHSCHILD (soufflé), **286**
SABLÉ, **290**
SACRISTAIN, **290**
SAINT-HONORÉ, **294**
SALAMMBÔ, **297**
SAVARIN, **55**
SINGAPOUR, **308**
SORBET, **310**
SOUFFLÉ, **310**
SPÉCULOS, **312**
SPOOM, **312**
STRUDEL, **313**
SUCCÈS, **313**
TARTE, **319**
TATIN (tarte), **319**
TÊTE DE NÈGRE, **321**
TIRAMISU, **324**
TÔT-FAIT, **326**
TOURON, **327**

TRANCHE NAPOLITAINE, **328**
TRUFFE EN CHOCOLAT, **330**
TUILE AUX AMANDES, **330**
TULIPE, **330**
TURINOIS, **331**
VACHERIN, **332**
VIENNOISERIE, **339**

3.9 PRÉPARATIONS DIVERSES
ACRA, **9**
AGRAZ, **10**
AMUSE-BOUCHE, **16**
ANDOUILLE DE GUÉMÉNÉ, **17**
ANDOUILLE DE VIRE, **17**
ANDOUILLETTE, **17**
AZYME, **26**
BACON, **27**
BALLOTTINE, **28**
BEIGNET, **34**
BEURRE MANIÉ, **37**
BLINIS, **43**
BOUCHÉE À LA REINE, **46**
BOUDIN BLANC, **46**
BOUDIN NOIR, **47**
BOULGHOUR, **47**
BOUTARGUE, **52**
BRETZELS, **55**
CANNELLONIS, **65**
CARAMEL, **66**
CAROLINE, **68**
CERVELAS, **73**
CHAIR À SAUCISSE, **74**
CHAPATI, **77**
CHAPELURE, **78**
CHARTREUSE, **80**
CHAUD-FROID, **86**
CHEVEUX D'ANGE, **88**
CHIPOLATA, **90**
CHORIZO, **91**
CLUB SANDWICH, **96**
COQUILLETTES, **102**
CORN-FLAKES, **103**
COULIBIAC, **111**
COULIS, **111**
COURT-BOUILLON, **112**
COUSCOUS, **112**
CRÈME DE MARRONS, **115**

CRÉPINETTE, **116**
CROMESQUI, **117**
CROQUE-MONSIEUR, **117**
CROQUE-MADAME, **117**
CROUSTADE, **118**
CROZETS (pâtes alimentaires), **118**
CROZETS (préparation culinaire), **118**
CRUCHADE, **118**
ÉCUME, **135**
EMPANADA, **136**
ESPUMA, **139**
FAR DU POITOU, **141**
FARFALLES, **141**
FICELLE PICARDE, **144**
FIGATELLI, **144**
FLAMICHE, **146**
FLAMMENKÜCHE, **146**
FLAN, **146**
FLEURON, **147**
FOUACE, **149**
FOUGASSE, **149**
FRITELLE, **152**
FRITOT, **152**
FRITTO MISTO, **152**
GALANTINE, **155**
GASTRIQUE, **157**
GNOCCHIS, **162**
GODIVEAU, **163**
GOUGÈRE, **163**
GOYÈRE, **164**
GRAS-DOUBLE, **166**
GRATINÉE, **166**
GRATTONS, **166**
GRESSINS, **167**
GUACAMOLE, **170**
HAMBURGER, **171**
HOT DOG, **174**
HURE, **176**
IMAM BAYILDI, **177**
JAMBALAYA, **179**
JAMBON PERSILLÉ, **180**
JÉSUS, **180**
KACHA, **181**
KEBAB, **182**
KOULIBIAC, **183**
LANGUE ÉCARLATE, **186**
LASAGNES, **187**
LONGUET, **194**
MACARONIS, **196**
MARINADE, **203**
MELBA (toast), **207**
MELSAT, **207**
MERGUEZ, **209**
MÉZÈS, **211**
MIQUE, **213**
MORTADELLE, **218**
MOURTAYROL, **220**
MOUSSAKA, **220**
MUESLI, **221**
NAGE, **226**
NEM, **227**
NIOKI, **227**
NOUILLES, **230**
ORECCHIETTES, **236**
OREILLETTES, **236**
PAËLLA, **239**
PAILLETTES, **239**
PAIN, **239**
PAIN DE MIE, **240**
PAN-BAGNAT, **241**
PANISSES, **241**
PÂTÉ IMPÉRIAL, **245**
PÂTES ALIMENTAIRES, **245**
PENNES, **247**
PERLES DU JAPON, **247**
PERSILLADE, **248**
PET-DE-NONNE, **249**
PILAF, **253**
PIPERADE, **256**
PIROJKI, **256**
PISSALADIÈRE, **256**
PISTOU, **256**
PIZZA, **257**
POLENTA, **260**
POMPONNETTES, **264**
POP-CORN, **265**
PORRIDGE, **265**
POTJEFLEICH, **267**
POUNTI, **269**
POUTARGUE, **269**
PUMPERNICKEL, **272**
QUENELLE, **273**
QUICHE, **274**
RACLETTE, **275**

RAÏTA, **276**
RATATOUILLE, **277**
RAVIOLES, **277**
RAVIOLIS, **277**
RILLETTES, **281**
RILLONS, **281**
RISOTTO, **282**
RISSOLE, **282**
ROSETTE, **286**
RÖSTI, **286**
ROULEAU DE PRINTEMPS, **287**
SACHERTORTE, **290**
SALAMI, **297**
SANDWICH, **298**
SANGUETTE, **299**
SASHIMI, **300**
SAUCISSE, **300**
SAUCISSE DE FRANCFORT, **300**
SAUCISSE DE MORTEAU, **300**
SAUCISSE DE STRASBOURG, **300**
SAUCISSE DE TOULOUSE, **300**
SAUCISSON, **300**
SOCCA, **309**
SOUBRESSADE, **310**
SOUFFLÉ, **310**
SOUPE, **310**
SPAGHETTIS, **311**
SPÄTZLES, **312**
SUBRIC, **313**
SURIMI, **314**
SUSHI, **315**
TABLIER DE SAPEUR, **316**
TABOULÉ, **316**
TAGLIATELLES, **317**
TALMOUSE, **317**
TAPAS, **319**
TAPENADE, **319**
TARTIFLETTE, **319**
TIAN, **323**
TOAST, **324**
TORTELLINIS, **326**
TOURIN, **327**
TOURTE, **327**
TRUFFADE, **329**
TRUFFIAT, **330**
VENTRÈCHE, **336**
VERMICELLE, **337**
WELSH RAREBIT, **351**
ZAKOUSKI, **353**

3.10 TERMES CULINAIRES
ABAISSE, **7**
AIGUILLETTE, **11**
APPAREIL , **20**
AUMÔNIÈRE, **25**
BRUNOISE, **57**
BUISSON, **58**
CHIFFONNADE, **89**
CRAPAUDINE (en), **113**
CROQUE-AU-SEL (à la), **117**
DARNE, **121**
DÉCOCTION, **122**
DESSERTE, **124**
GOUJONNETTE, **163**
JULIENNE, **181**
MACÉDOINE, **196**
MIREPOIX, **214**
MOUILLETTE, **219**
PANNEQUET, **241**
PAPILLOTE (cuisson en), **242**
PAUPIETTE, **245**
PAYSANNE, **245**
ROUX, **288**
ROYALE, **288**
SABAYON, **290**
SALPICON, **297**
TARTARE, **312**
TIMBALE, **324**
VERRINE, **338**
VERT-CUIT, **338**
VOL-AU-VENT, **348**
ZESTE, **353**

④ GASTRONOMIE ET ART DE LA TABLE

4.1 HISTOIRE DE LA GASTRONOMIE ET DE L'ALIMENTATION
ADRIÀ (Ferran), **9**
APICIUS, **20**
APPERT (Nicolas), **20**
ARCHESTRATE, **22**
BLANC (Georges), **40**
BOCUSE (Paul), **43**

BRAS (Michel), **54**
BRAZIER (Eugénie), **54**
BRILLAT-SAVARIN (Jean-Anthelme), **55**
CARÊME (Marie-Antoine dit antonin), **67**
CHAPEL (Alain), **78**
CURNONSKY (Maurice Edmond SAILLANT,dit), **119**
DUBOIS (Urbain), **126**
DUCASSE (Alain), **126**
DUGLÉRÉ (Adolphe), **127**
DUMAINE (Alexandre), **127**
DUTOURNIER (Alain) , **127**
ESCOFFIER (Auguste), **138**
FAURE-BRAC (Philippe), **142**
FAVRE (Joseph), **142**
FRENCH PARADOX, **151**
GAGNAIRE (Pierre), **155**
GASTRONOMIE, **157**
GASTRONOMIE MOLÉCULAIRE, **157**
GILBERT (Philéas), **160**
GIRARDET (Fredy), **161**
GOUFFÉ (Jules), **163**
GRIMOD DE LA REYNIÈRE
(Alexandre Balthazar Laurent), **167**
GUÉRARD (Michel), **170**
GUIDE CULINAIRE (Le), **170**
LA VARENNE (François Pierre de), **188**
LAMLOISE (Jacques), **186**
LAROUSSE GASTRONOMIQUE, **187**
LENÔTRE (Gaston), **188**
LOISEAU (Bernard), **193**
M.O.F., **214**
MARCON (Régis), **202**
MARTIN (Guy), **205**
MENEAU (Marc), **207**
MENON, **208**
MICHELIN (guide), **211**
MONTAGNÉ (Prosper), **216**
OLIVER (Raymond), **234**
PACAUD (Bernard), **239**
PARMENTIER (Antoine Augustin), **242**
PASSARD (Alain), **243**
PASTEUR (Louis), **243**
PELLAPRAT (Henri Paul), **246**
PHYSIOLOGIE DU GOÛT, **250**
PIC (André), **251**
PIC (Anne-Sophie), **251**
PIC (Jacques), **251**

POINT(Fernand), **258**
POMIANE (Édouard Alexandre de), **260**
RÉPERTOIRE DE LA CUISINE (Le), **279**
RESTAURANT, **279**
ROELLINGER (Olivier), **284**
ROUX (Albert et Michel), **288**
SAVOY (Guy), **303**
SENDERENS (Alain), **306**
TAILLEVENT (Guillaume Tirel dit), **317**
TELLIER (Charles), **320**
THIS (Hervé), **323**
TRAMA (Michel), **328**
TROIGROS (Michel), **329**
TROISGROS (Jean et Pierre), **329**
VATEL (François), **334**
VÉGÉTALISME, **336**
VÉGÉTARISME, **336**
VERGÉ (Roger), **337**
VEYRAT (Marc), **338**
WESTERMANN (Antoine), **351**

4.2 ART DE LA TABLE
AIGUIÈRE, **11**
ALLIANCES METS ET VINS, **13**
ASSIETTE, **24**
BANQUET, **29**
BRUNCH, **57**
BUFFET, **58**
CARAFE À DÉCANTER, **66**
CARTE, **69**
CARTE DES VINS, **69**
CIGARE, **93**
COCKTAIL, **96**
COLLATION, **99**
COUTEAU, **112**
COUVERT, **112**
CUILLÈRE, **119**
DÉJEUNER, **123**
DINER, **124**
ÉTIQUETTE DE LA TABLE, **139**
FOURCHETTE, **149**
LUNCH, **195**
MAÎTRE D'HÔTEL, **198**
MENU, **208**
PROTOCOLE, **270**
SERVICE (méthodes de), **306**
SERVIETTE , **307**

SHAKER, **307**
SOMMELIER, **310**
SOUPER, **311**
TABLE D'HÔTE, **316**
TASTE-VIN, **319**
TIRE-BOUCHON, **324**
VERRE, **337**
VERRE À MÉLANGE, **338**

⑤ DIVERS

5.1 TERMES DIVERS RELATIFS À LA RESTAURATION ET À L'ALIMENTATION

A.O.C., **19**
A.O.P., **20**
A.O.V.D.Q.S., **20**
AGRICULTURE BIOLOGIQUE, **10**
AGRICULTURE RAISONNÉE, **10**
AGUEUSIE, **10**
ANOSMIE, **19**
APPERTISATION, **20**
AQUACULTURE, **21**
ARÔME, **23**
BI-MÉTAL, **39**
BOUCANAGE , **46**
BOUCHON (droit de), **46**
CHAINE DU FROID, **74**
CONGÉLATION, **100**
D.C.R., **123**
D.L.C., **123**
D.L.U.O., **124**
ESCULENCE, **138**
FAISANDAGE, **141**
FLAVEUR, **146**
FRAGRANCE, **150**
FUMAGE, **154**
GAMMES DE PRODUITS, **156**
GROUPES DE BOISSONS, **169**
H.A.C.C.P., **171**
I.G.P., **177**
I.N.A.O., **177**
LABEL ROUGE, **184**
LABELS ET CERTIFICATIONS, **184**
LICENCE, **190**
LYOPHILISATION, **195**
MAÎTRE-RESTAURATEUR, **198**
MATÉRIELS À RISQUES SPÉCIFIÉS, **206**
MOSSER, **219**
ŒNOPHILE, **230**
ON DE ROCKS, **235**
ORTHOREXIE, **237**
PAQUET HYGIÈNE, **242**
PASTEURISATION, **244**
RÉFRIGÉRATION, **277**
RESTAURANT (catégories), **279**
RINCE-DOIGTS, **281**
S.I.Q.O., **308**
S.T.G., **312**
SEMI-CONSERVE, **305**
SOUS-VIDE, **311**
STÉRILISATION, **312**
SURGÉLATION, **314**
TABAC, **316**
TRAÇABILITÉ, **328**
U.H.T., **332**
V.M.Q.P.R.D., **348**
V.Q.P.R.D., **349**
V.S.I.G., **349**

Remerciements

Je voudrais témoigner toute ma gratitude à celles et ceux qui m'ont permis de mener à bien la rédaction de cet ouvrage ; que ce soit par la mise à disposition d'une abondante documentation, le prêt de pièces iconographiques, la rédaction de la préface, les relectures *(1)* ou les aides de différentes natures. Qu'ils trouvent ici l'expression de mes sincères remerciements pour leur fructueuse collaboration.

Bernard Galliot

(1) Remerciements particuliers à Jaqueline LERIN pour ses relectures minutieuses.

NOTE DE L'AUTEUR
Les boissons alcoolisées ou marques de boissons alcoolisées figurant dans cet ouvrage sont simplement citées comme produits couramment commercialisés en restauration. Les citations de marques sont faites à titre gratuit et ne constituent en aucun cas une forme de publicité. Par ailleurs, il est rappelé que *l'abus d'alcool est dangereux pour la santé* et qu'il convient de consommer les boissons alcoolisées avec modération. La vente de ces boissons est encadrée par la Loi. Il est conseillé de se reporter aux termes Alcool*, Groupes de boissons* et Licences* dans le dictionnaire.

Création et exécution : Zadig - Paris 17ᵉ
Imprimerie Chirat - Saint Just-La-Pendue (42)
N° Imprimeur 201406.0317
N° Éditeur 585 - mars 2011